Learning to Teach

(Ninth Edition)

学会教学

（第九版）

［美］理查德·I·阿伦兹（Richard I. Arends） **著**

丛立新　马力克·阿不力孜　张建桥 等 **译**

中国人民大学出版社

·北京·

推荐序

了解西方教学论的典型样本

——［美］理查德·I·阿伦兹著《学会教学》(第九版）中译本读后

过去一段时间，国内翻译、介绍了很多西方国家课程方面的研究论著和教材，相对而言，对西方教学研究方面的论著或教材译介比较少。这导致不少人形成一个错觉，以为西方国家只有课程论学科和相关的教材，而没有教学论学科，也没有教学论教材。我于2007年去美国访学时，专门就此进行了了解，并搜集到了美国几本比较流行的教学论教材，其中就有美国中央康涅狄格州立大学的理查德·I·阿伦兹教授所著的《学会教学》。后来发现，北京师范大学丛立新教授组织翻译出版了这本教材的第六版。最近，丛立新教授又组织翻译了《学会教学》的最新版——第九版。对比美国其他教学论著，我感觉这本教学论是一本比较有代表性的美国教学论教材。

《学会教学》全书分为五个部分：

第一部分是本书的导论，主要探讨了两个问题。一是在回顾不同历史时期教学面临的不同问题及其对教师身份和特质提出不同要求的基础上，重点讨论了面向21世纪的教学的终极目标和有效教师的特质。二是讨论了适应学生背景（包括特殊学生以及不同文化、种族、语言、性别、社会阶层的学生）的多样化，教学应如何促进所有学生都获得发展。

第二、三、四、五部分是本书的核心，主要是围绕“教师职责”这一概念组织起来的。作者认为，所有教师都有三个重要职责，这三个职责同时体现了教学在三个层面的特点：(1) 管理学生群体——教学的领导层面（第二部分）；(2) 对学生实施直接的、面对面的教学——教学的互动层面（第三、四部分）；(3) 与同事、家长合作，保障教学——教学的组织层面（第五部分）。其中，又将教学的互动层面分为两个部分。第三部分（七至九章）介绍传统的、以教师为中心的三种教学方法，第四部分（十至十三章）着重介绍以学生为中心进行主动建构的三种教学方法，以及综合运用多种方法来实现差异化教学的问题。

研读《学会教学》(第九版)，发现它具有以下几个突出的特点：

(1) 关注当代社会发展对教学理论与实践的影响。比如，作者提出21世纪的教师和教学应该积极回应新的时代要求和挑战，如现代信息技术、建构主义的学习观、多元文化社会、促进学生主动学习、新的智力和能力观、教学中的多样性与选择、重视培养学生的责任感等对教学的影响。作者在全书内容叙述中充分体现了适应这种新时代要求的新教学论的建构。

（2）独特的教学论框架结构设计。全书的主体部分——第二至第五共四个部分，实际上是以教师的日常行为职责为线索来组织教学论的主要知识，这体现了美国教学论在体系框架设计上的一个突出特征——以具体的教学行为作为分析单位。这与我国流行的教学论教材主要以教学活动的构成要素（教学目的、内容、过程、原则、方法、组织形式等）为分析单位有很大的差异。以教学行为作为分析单位其最大的好处在于，分析结论便于直接应用。

（3）突出教学论知识的研究基础和实践应用。《学会教学》（第九版）致力于为读者提供支持教学原则与教学实践的深层理论基础。比如，每章都设置“研究摘要”栏目，这个栏目紧扣每章的主题。所选用的研究材料不仅有助于阐释正在讨论的主题的理论基础，而且提供了研究者所采用的独特的调查模式。另外还设有“资源手册：阅读与应用研究”栏目，主要是指导读者阅读、理解专业期刊上的研究文献。在突出实践应用方面，各个章节都提供了有关如何设计和实施课程、评估学生的学习、创设有效学习环境的具体指导。

（4）精心设计教学活动。教材区别于专著的一个重要特征是，它不仅呈现学科的系统知识，还对学科知识如何进行有效教与学的过程及方式进行设计。该书设计了很多专门的环节和栏目，以促进学生更好地学习教学论知识。如：每章一开始设置“读前反思”专栏，提供激发学生认真思考自身生活和课堂经验的小情境和系列问题，以为即将学习的内容做准备；每一章结尾设置“对课堂的反思”，要求学习者反思自身的课堂经验，并与两名专家教师的课堂经验进行对比分析；各章中的每节内容之后设置“检测—拓展—探索”栏目，以促进学生检查和加深对本节内容的学习和理解；章末还设置“档案袋与教学实践活动”，指导准教师们收集和解释数据信息，检视自己的经历，形成自己的专业成长档案。

（5）关注现代信息技术在教学中的应用。如全书每一章都有专栏介绍与本章内容相关的信息技术发展动态与实践应用问题；另外，在教学活动设计方面，也非常重视利用专门建设的网站、互动性光盘等资源进行本课程的教学。

综上，《学会教学》（第九版）的翻译出版，对于国内教学论学人深入、具体地了解美国教学论发展状况，如美国教学论的核心理念、结构体系、知识呈现方式、教学活动设计等，提供了最新的、很有代表性的样本。无疑，研读这本教材对于促进我国教学论学科发展和教材建设也极具启发意义。

陈佑清

2015 年 2 月

于华中师范大学

序　言

学做一名教师是一个漫长而又复杂的旅程，其间充满着刺激与挑战。这个过程始于我们与父母和兄弟姐妹共处时的许多经历，继之以学生生涯期间我们对教师十多年的观察。从形式上说，这个旅程在职前培训时达到顶峰，但实际上却贯穿整个教学生涯。

目　标

本书是《学会教学》（*Learning to Teach*）的第九版，旨在为教师展现一门通常被称作“普通教学法”的课程。这类课程有时会使用各种五花八门的名称，比如教学分析、教学研究、教学原理与实践，或者教学策略。不论名称如何，其内容通常都涵盖所有学科领域、所有年级水平的教学中所运用的教学模式、教学策略和教学方法。

这类课程的总体目标是一致的，即希望帮助教师：

- 发展基本的教学模式、教学策略和教学方法。
- 理解教与学背后的理论基础。
- 理解教学在课堂内外的动力机制。
- 认识并理解支持当前教学实践的理论基础。
- 认识并理解多元化课堂中的教学所面临的机遇与挑战。
- 理解和掌握评价学生学习的技能。
- 理解如何改进教学来满足所有学生的需要。
- 掌握对教学进行观察、记录和反思的技能。

内　容

《学会教学》（第九版）希望对教学进行全面综合的审视。为达此目的，本书分为五个部分。

第一部分是本书的导论，主要探讨了有效教学的含义，并探讨了新教师转变成为资深教师的历程以及所经历的阶段。第一部分还点明了本书的主题和现代社会环境下教学的特点，描述了课堂教学怎样才能照顾到全体学生，以及教师怎样才能帮助每个学生认识到自己的学习潜力。

第二、第三、第四和第五部分是本书的核心，主要是围绕“教师职责”这一概念组织起来的。这几部分假定所有教师都有三项重要职责：(1) 管理学生群体——教学的领导层面；(2) 对学生实施直接的、面对面的教学——教学的互动层面；(3) 与同事、家长合作，保障教学——教学的组织层面。其中，教学的互动层面分为两个部分：第三部分（七至九章）介绍以教师为中心的传统教学方法；第四部分（十至十三章）着重介绍当代以学生为中心进行主体建构的教学方法，以及运用多种方法来达到教学目标的教学形式。

研究在教学实践过程中的运用

要想获得成功，教师必须明确认识研究对有效教学实践的帮助。他们还必须掌握有关学生如何学习和学生学习策略的实践性知识。以此为目的，本书强调研究对教与学的重要性，以及通过研究可以解决教师日常教学中面临的一些问题。

教学的研究与实证部分

过去 30 年来，对基于教和学的知识进行阐述和组织已经取得了很大的进展。掌握半个世纪以来累积的专业知识对 21 世纪的教师来说是一件非常重要的事情。对这些知识的掌握将会使他们与普通人区分开来，并保证他们以专业教育者的身份进行最好的教学实践。

理论与实践的联系 本书致力于为读者提供支持教学原则与教学实践的深层理论基础。每章都有包含“理论与实践支持”的内容，提供研究样本并告诉读者如何使用书中所推荐的教学原则或教学方法，而且还会为读者阐明这些原则或方法为什么有效。

研究摘要 每章都设有名为“研究摘要”的栏目，这个重要的栏目紧扣每章的主题。所选用的研究材料不仅有助于阐释正在讨论的主题的理论基础，而且为研究者提供了所采用的独特的调查模式。其中一些研究是较为传统的实证研究，而另一些研究则能代表当代的质的研究方法。许多研究堪称经典，代表了教育研究领域 50 年的重要成果。虽然经过大幅缩写，这些摘要仍然能忠实于研究者的方法和结论。

资源手册：阅读与应用研究 主要是指导读者阅读、理解专业期刊上的研究文献。任何一个想成为教师的人都必须认真理解这些文献，而这个单元为我们创造了一个良好的开端。

教学的实践部分

教学虽然是以教育研究和理论总结的知识为主，但它仍然具有很强的实践性。本书就是为了帮助教师解决日常问题而设计的，包括为那些需要学会教学的学生通过讲台提供具有实践和现实意义的教学观点。各个章节也提供有关如何设计和实施课程，如何评估学生的学习、创造和管理有效学习环境的具体指导。向读者提供具体的知识和技能，以便有效应用于具体的课堂情境，这就是本书的一大目标。

多样模式与分类 本书讨论有关教学的各种途径和模式，以便向教师提供一种基于研究的综合性教学模式，但在现实中教师一般很少独立运用一种教学方法，而是在一堂课或单元的教学中会采用多种方法。在这个版本中，有一章会专门描述在一堂课或单元教学中如何使用多元模式，以及如何实施适合个别差异的教学来支持学生个体的学习过程。

多元化与差异性 有关多元化与差异性的讨论会贯穿全书。它始于第二章学生在多元化课堂上的学习，一直延续到其他章节有关学生学习的多元化与差异性的所有主题。这些章节专门讨论教师怎样通过实施适合个别差异的教学来适应和满足具有不同能力、多元文化背景和多种特殊需求的学生。

利用技术促进教学 对于即将走进教室的新教师来说，通过使用计算机、通信设备和数字技术来提高自己的教学质量和优化学生的学习过程是非常重要的。本书几乎每一章都包含一个“利用技术促进教学”的栏目，帮助教师达到以上目标。本书把计算机和数字技术结合到有关章节中，讨论这些技术是如何影响现在和将来的教学的。

家校合作 越来越多的证据表明：在有关学生学习的过程中，家庭和社区的作用与日俱增。这个栏目在第八版中已有过介绍，第九版进一步充实了这方面的内容，比如，强调家庭内部合作关系，以及学校与学生家庭和社区进一步加强联系的重要性等。这个栏目在有关的章节里都做了适当安排，并将为新教师提供如何跟家长和社区合作的具体指导。

帮助学生学习

本书有多个促进学习和便于读者获取与掌握本书内容的特色栏目。

学习目标：每章开头的学习目标便于学生迅速了解关键内容。

检测—拓展—探索：每章都有“检测”问题帮助读者评估自己的学习；“拓展”问题可以促进反馈和提供在“在线学习中心”回答的问题；“探索”提供通过“在线学习中心”可以链接的网站名单。

边注提示：在所有章节都有小方框内容代表的边注提示，突出主要观点，界定重要概念。

总结：同各章开头的“学习目标”相对应，将各章重要内容和观点依次加以回顾和总结。

应用与互动

虽然课堂教学在很多方面都有坚实的理论做指导，但仍存在不同观点和视角的争议，这需要教师来反思和解决。本书提供了几个与实践紧密相关的栏目，让准教师们有机会对重要问题进行反思，把他们的想法和见解同那些经验丰富的教师做比较，并在实际教学中践行他们所学到的东西。

- **读前反思** 每一章开篇都提供一个情境和一系列问题，设计这些情境和问题是为了使读者反思自己的生活和课堂经验，并为本章学习做好准备。读者能通过“在线学习中心”对这些问题做出回应。

- **对课堂的反思** 每一章都包括一个课堂案例或教学情境，并附有两位教师对此案例情境的反思。

- **档案袋与教学实践活动** 本书各章节在这一部分都提供了实际指导，帮助准教师们收集和解释数据信息，检视自己的经历，形成自己的专业档案袋。这些活动都可以在“在线学习中心”找到，每一个都对应一条或多条 INTASC 原则。

- **备课练习和实践活动** “在线学习中心”设计了两种互动活动，给准教师们提供备课和开展多种教学实践的机会，来帮助他们应用所学。备课练习引导学习者根据某种特定的教学方法设计一堂课，同时给他们提供教学任务和相关资料（一堂课的背景信息、学生情况、教学视频、备课样例等）。每个教学任务都包括依据某种教学模式进行备课的步骤。单独的实践环节可以让学习者完成一个真正教师所需要做的那些活动。

- **档案袋资源** 今天许多准教师都需要建立一个职业发展档案袋（portfolio）。为了帮助学生建立档案袋，“在线学习中心”的“档案袋与教学实践活动”部分介绍了档案袋以及建立档案袋的具体过程，此外，还介绍了怎样利用档案袋来展示学生的成长历程。

第九版的创新之处

与以前的几次修订一样，这次修订是以我自己在学校的经验和从全国各地系统收集起来的反馈意见为基础。虽然保留了以前版本的总体目标、主体和特征，但还是根据读者反馈、教学理论的发展以及重要的社会和政策变化进行了很多修改。

根据读者的建议和教学领域的发展，这个版本在以下几个主题上进行了更新和拓展：

- 关于教学的认知主义和建构主义观点。
- 数字技术和全球通信技术与教、学以及教育目的之间的关系。
- 多元化与文化竞争的意义。
- 标准化教育对教师做教学计划的影响，包括教师如何为自己的教学工作设定标准。
- 形成性评价对促进学生学习的重要性。
- 探究教学和教师应如何使用它来教学生思考。
- 哈佛大学的可视化思维项目和运用思维程序来促进课堂思维。

第九版还包括已修订完善的“利用技术促进教学”栏目，这个栏目进行了更新，介绍了技术领域的最新发展和它在课堂中的运用，以及对当今课堂中“网络一代”学生的关注。追随教学知识的最新发展，我们增补了多达 125 种参考文献。

补　充

第九版还为教师和学习者提供了丰富的补充资源和学习指导。

针对教师

- **在 www.mhhe.com/arends9e 的教师在线学习中心** “在线学习中心”的教师区域具有密码保护功能，收录有教师手册、PPT 课件、在线测试题、相关网站链接等资料。可联系你所在地的销售代理获得登录指导。
- **课堂教学方法** 提供包括 12 个片段的第一手录像资料，向教师展示如何实施本书所涉及的以及其他教学过程所需要的教学模式。
- **PPT 课件** 为教师提供对应每一章教学的整套 PPT 课件。它们都可以在“在线学习中心”找到。采用该书作教材的教师可向 McGraw-Hill 公司北京代表处联系索取教学课件资料，传真：（010） 62790292，电子邮件：instructorchina@mcgraw-hill.com。

针对学生

● **在 www. mhhe. com/arends9e 的学生在线学习中心**　“在线学习中心”的学生区域包括“备课练习和实践活动”“档案袋与教学实践活动”，本书中引用的“教学中的教师”的音频剪辑，行动研究指导手册，教案制作指导和一系列的学习辅导资料。在学生的学习辅导资料中，包括带有答案的自评测验、关键术语抽认卡、章节大纲，以及供进一步学习的外网链接等。学生还可以利用“在线学习中心”对“反思性”问题和“拓展问题投票栏”中提出的问题进行回应，并同国内其他在线学生的答案进行参照。

学习者和教师的反馈

跟以往版本一样，读者可就本书的各个方面提出建议。如有问题，请发送邮件跟作者联系：arends@ccsu. edu。

智能课堂网站（Course Smart）上的电子教科书

作为一种供教师获取和浏览电子教科书的新途径，本书的电子版教科书也可以在智能课堂网站上获得。对于那些对通过网络途径获取课程资料感兴趣同时也想节省开支的学生来说，这也是个不错的选择。智能课堂网站提供了由多家高等教育出版机构推出的百余种课程、几千套被广泛采用的教科书。它是唯一能让教师浏览和比较一本教科书全部文本的地方，可以即刻获取而不会因为要求复印文本造成对环境的影响。在智能课堂网站，相比复印整本书，学生可以节省 50%的开销，此举有效减少了环境污染，还获得了强大的网络学习工具，其中包括全文本搜索、笔记和重点，以及同学之间分享笔记的电子邮件系统等。想要了解详情，可以联系网站的代理或直接登录 www. coursesmart. com。

麦格劳-希尔创新网站（www. mcgrawhillcreate. com）

依据你的教学方式来创建你的教学资源！借助麦格劳-希尔创新网站，你可以轻松地重新安排教学章节，整合其他内容源的资料，快速上传你的写作内容，比如教学大纲和讲课笔记。这个网站存有上千本麦格劳-希尔教科书，你可以找到你需要的内容，调整你拥有的教材并使之适合你的教学风格。该网站甚至还允许你选择个性化的封面，在上面添上自己的姓名、学校和课程信息。订购该网站一本书，你将在 3～5 个工作日内收到一个免费打印的文本，或者在一个小时内收到一个赠送的电子文本。现在就可以登录 www. mcgrawhillcreate. com 进行注册。体验麦格劳-希尔创新网站如何使你更好地用自己的方式教授学生。

致　谢

因为教和学的场景正趋于综合化和复杂化，对自己专业领域以外的主题，我都委托我的同事来协助。在以前的版本中负责撰写了一些章节的理查德·简兹博士（Dr. Richard Jantz）、弗吉尼亚·理查森博士（Dr. Virginia Richardson）和南希·温尼茨基博士（Dr. Nancy Winitzky）都对本书做出了杰出的贡献。

我还想感谢我的很多同事和搭档，他们给予了我很大支持，而且还为以前的书稿和这次修订提供了很多资料。他们是希尔达·博尔科博士（Dr. Hilda Borko）、莎伦·卡斯尔（Sharon Castle）、帕特·克里斯滕森（Pat Christensen）、莉诺·科恩（Lenore Cohen）、尼尔·戴维森（Neil Davidson）、玛格丽特·费拉拉（Margaret Ferara）、吉姆·赫克曼（Jim Henkelman）、南希·霍夫曼（Nancy Hoffman）、谢利·英格拉姆（Shelley Ingram）、保莉特·勒马（Paulette Lemma）、弗兰克·莱曼（Frank Lyman）、琳达·莫罗（Linda Mauro）、乔·马克卡雷布（Joe McCaleb）、罗纳德·莫斯（Ronald Moss）、卡伦·雷姆（Karen Riem）、凯茵·罗克伍德（Kathy Rockwood）、苏珊·瑟迪尔（Susan Seider）、卡萝尔·舒马赫（Carole Shmurak）和萝尔·泽格尔（Roger Zieger）。

我想进一步感谢乔治梅森大学的同行莎伦·卡斯尔博士（Dr. Sharon Castle），她是案例练习和实践活动的主要开发者，并负责了早期的音频和视频的编辑和剪辑工作。在这儿也感谢我的夫人维多利亚·福尔曼（Victoria Foreman），她帮助我完成了很多编辑任务，并对教学生如何思维方面提出了建设性建议。

本书“对课堂的反思”中的内容都是愿意与大家分享个人经验的一线教师提供的，谢谢你们：

安杰拉·亚当斯（Angela Adams）、肯德拉·甘泽（Kendra Ganzer）、费伊·艾雷（Faye Airey）、迈克·吉拉德（Mike Girard）、伊恩·考尔（Ian Call）、丹尼斯·霍尔特（Dennis Holt）、埃米·卡伦（Amy Callen）、帕特里夏·默克尔（Patricia Merkel）、戴安娜·卡鲁索（Diane Caruso）、贾森·奥布赖恩（Jason O'Brien）、林恩·乔蒂（Lynn Ciotti）、珍妮弗·帕特森（Jennifer Patterson）、埃伦·科维尔（Ellen Covell）、阿迪·斯坦（Addie Stein）、桑德拉·弗雷德里克（Sandra Frederick）、薇姬·威廉斯（Vickie Williams）。

我想特别感谢在本版写作过程中提供反馈意见和建设性建议的那些读者：

东伊利诺伊州大学的朱迪思·巴伯（Judith Barbour）、东密歇根大学的温迪·伯克（Wendy Burke）、费城圣经大学的德博拉·麦卡洛（Deborah MacCullough）、自由大学的伦纳德·帕克（Leonard Parker）、康卡迪亚大学的迈克尔·拉瑞那·罗森伯格（Michal Larraine Rosenberger）、蒙特利特学院的唐纳德·舍皮森（Donald Shepson）、印第安纳卫斯理大学的罗伯特·汤森（Robert Townsend）。

感谢编辑和制作团队对本书的制作和市场运行方面的巨大支持：编辑部经理贝丝·梅加（Beth Mejia），资深编辑艾利森·麦克纳马拉（Allison McNamara），自由投稿发展部编辑安德烈亚·爱德华兹（Andrea Edwards），执行编辑马莉·马加齐纳（Marley Magaziner），市场部执行经理帕梅拉·库珀（Pamela Cooper），项目经理埃琳·梅洛依（Erin Melloy），采购员休·卡伯特森（Sue Culbertson），设计协调员布伦达·A·罗尔维斯（Brenda A. Rolwes），还有媒体项目经理斯里德文·帕拉尼（Sridevi Palani）。

目录

第一部分 当今课堂上的教和学

第二部分 教学的领导

第三部分　以教师为中心的教学模式

第四部分　以学生建构为中心的教学模式

第五部分　教学的组织

第一部分

当今课堂上的教和学

《学会教学》的第一部分主要是关于教师与教学、学生与学习的内容。第一部分两章的目标就是为读者提供有关教和学的背景信息，是理解后面各章将要阐述的各种教学模式、策略和技巧的基础。

第一章，“教学艺术的科学基础”介绍了从殖民时代至今有关教学历史的演进过程，它既有传统的稳定性，又有时代的进步性。正如读者将要读到的那样，教学的某些方面与一个世纪前并无多大差别。但是，另外一些方面在过去的20年里却发生了巨大变化，尤其是在需要适应21世纪教学发展而面临重大挑战的那些方面。

第一章作为本书最重要的部分，全面概括了有效教学的目标和概念，这影响到全书的整体规划和组成内容。本章认为，教学既是一门艺术又是一门科学，资深教师把他们的教学实践建立在两个传统之上：一方面，他们运用对教和学的研究成果去选择能够提高学生学习效果的教学实践；另一方面，教学又是建立在资深教师的集体智慧基础上的艺术。资深教师都认为教学没有捷径可走。然而，优秀的教师却具有激发学生动机和促进学生学习的全部教学实践技能。具体教学实践的选择是依据教师要尽力达到的目标、特定学习者的特点以及教师共同体的价值和期望来决定的。

第二章，“学生在多元化课堂上的学习”抓住了今天教师所面临的最困难的挑战之一，即不管儿童的能力大小或者进校时的背景如何，怎样做才能确保他们都能得到最大限度的发展。这一章阐述了差异所呈现的挑战和机会，描绘了不同于以往的现今课堂的特点。当今课堂以学生类别的多样性为特点，并被这样的社会信念所支配，即必须发展所有儿童的学习潜力：“不让一个孩子掉队。”天才学生和学习有障碍的学生被标以特殊学生，学生之间的差异得到了重视。同样，在种族、民族、宗教、文化、语言和性别方面的差异也得到了描述。本章不仅描述了多元化的不同表现形式，还提供了在教室里对不同背景学生开展教学和促进他们共同学习的指导原则和多种策略。

第一章

教学艺术的科学基础

学习目标 ▶▶▶

学习本章之后，你应当掌握以下内容：

教学艺术的科学基础	解释“教学艺术的科学基础”的意义。
教学的历史视角	从历史和人口学角度来描述有效教学的演变和教师角色的变化。
21 世纪有效教学的视角	区分和讨论 21 世纪学校有效教师的本质属性。
学会教学	阐明学会教学如何是一个持续发展的过程，叙述教师从新手成长为专家所经历的多样灵活的阶段。

读前反思 ▶▶▶

也许你也像很多教师一样，在开始本书和本课程的学习时，既感到兴奋，又似乎怀有压力，或许还有些担忧。你已经决定要当一名教师，但同时你也知道今天的教师将面临怎样的挑战，如果要迎接这样的挑战，你将有很多东西要学。在阅读本章之前，先花几分钟时间，思考一下今天的教师、教学和教育。

- 回忆你曾经遇到过的最好的老师。你是否还记得他们的名字？为什么说他们是好老师？他们是如何影响你的生活的？
- 回忆那些你觉得不是很好的老师，为什么你认为他们不是好老师？先不考虑他们到底好不好，他们是否对你的生活产生了影响？
- 你最期望了解的是教学的哪个方面？你最关注的是哪个方面？你认为今天教师遇到的最大挑战是什么？
- 在一般的意义上思考教育。你是否认为现在许多学校工作做得很好？或者你认为学校存在很多问题并且需要进行重大的改革？你是否认为自己能够帮助学校更好地改革？

请登录“在线学习中心”（www. mhhe. com/arends9e），回答以上问题。

教学为那些能够迎接在智力和社会层面上的挑战的人们提供了一项光明而又值得去努力的事业。尽管在过去的许多年里，对于学校和教师的批评报道屡见不鲜，但大多数公众仍然继续支持着我们的学校，并表达了自己对学校教育的坚定信念。教导儿童的任务十分复杂和重要，我们无法将这项任务全部扔给家长或以往那些非正式机构。现代社会需要配备专业教师的学校来为儿童提供教学，并在父母工作时照管孩子。

在我们的社会中，教师被赋予了专业地位和身份。人们期望专业教育者能够运用最好的教学实践让学生学到重要的技能和态度。在现今时代，对于教师开展教学而言，仅仅有对学生的热情和爱心已经远远不够了。同样，仅仅根据个人的直觉、喜好和惯常的经验智慧也是远远不够的。当代的教师有责任掌握有效的教学实践技术，就像其他职业如医学、法律和建筑都需要达到一定的实践标准那样。本书正是关于如何学习和使用最佳的教学实践——以科学为基础的教学实践，它旨在帮助新教师熟练地掌握一个专业教育者所需的知识基础和技能。

教学具有科学的基础——教学实践是建立在实证研究和科学证明的基础上的。

本书对教学的另外一个方面也有所探讨，即教学的艺术。如同人类大多数的活动一样，教学在一些方面不能够仅仅由科学的知识维系或指导；相反，在这些方面需要教师基于个人经验作出一系列复杂的个人判断。纳撒尼尔·盖奇（Nathaniel Gage，1984）是美国最著名的教育研究者之一，在许多年前他曾将教学的艺术描述为：

> （教学的艺术）是一种工具性的或实用的艺术，并非旨在为其自身创造美的纯粹艺术。作为一种工具性的艺术，教学与处方、公式或是数学算法不同。它要求教师必须是即兴的和自发性的，能驾驭好有关教学形式、风格、步调、节奏和适宜性等各种问题，并且是以一种从总体上讲非常复杂的方式进行的，就连计算机也无法望其项背，正如计算机无法做到像一位母亲对其五岁的孩子所做的一切，或者任何时候一位恋人对其挚爱的人所表白的一切一样。

卡罗尔·安·汤姆林森和埃米·吉曼德森（Carol An Tomlinson & Amy Germundson，2007）也把教学的非科学性跟创造爵士乐进行了比较：

> 教学很像创作爵士乐。爵士乐是把一种传统乐声跟其他乐声混合起来，包含多种节奏。教学也采用反馈形式，即一个人的表现跟其他人的评论有着密切的关系，并且需要不断地改进和完善。

请注意一下盖奇、汤姆林森和吉曼德森描绘教学艺术所选择的这些词——“自发性”“步调”“节奏”“反馈”和“改进”。这些词为我们描绘了一些在研究教学时难以准确测量的东西，但这些却是最佳的教学实践必不可少的重要特点，而这些特点是包含在资深教师的专业智慧中的。本书力求为我们展示出教学的复杂性——教师面对的两难处境以及教师在完成日常工作时所做的富有艺术性的选择。同时，本书还展现了一种将教学视为科学与艺术的整合体的思想，这种思想所强调的是，我们所知道的有关教学的知识并不能转变为某种简单的规定或实用的处方。

教学同样是一种基于教师经验和实践智慧的艺术。

本章从对教学做历史性概述开始。今天教学的基本类型是与以往的历史和文化背景相互交织在一起的，这就会影响学会教学的过程。在对历史进行介绍之后紧跟着是对有效教学的介绍，有效教学的观点指导了《学会教学》全书的设计和写作。本章最后一部分描述了有关学会教学的一小部分内容，它会告诉我们一个新教师如何通过学习关于教学的基本知识、积累实践智慧和反思自己的经验而进入学习有效教学的正轨。

> “梦想始于一个信任你的教师激发你、引导你走向另一个高峰。”
>
> ——丹·拉瑟（Dan Rather）

第 1 节　教学的历史视角

教学的概念反映着宏观的社会价值观念和哲学思想，而当后者发生改变时，社会对教师的看法和观点也会发生变化。理解当今社会教师的角色，需要对过去三个世纪里有关教学和学校教育方面发生的重要变化作一个简要的历史回顾。

早期的角色期待

我们今天所理解的教师角色，在美国历史上的殖民时期还不存在。起初，一些有文化的人——常常是一些学习知识以便将来成为牧师的人，被同一个社区中较为富裕的人家雇来监督和教育他们的孩子。即便到了 18 世纪，学校开始出现，各地区聘任做教师的人也都未曾受过任何专业的训练，而这些人大多数是中产阶级，他们都是在寻找更赚钱的工作之前才担任教师。

在 1825—1850 年间，公立学校开始在美国出现，与今天相比，在这期间以及整个 19 世纪，学校基本没有什么明确的目标，教师的角色也极为简单。教授基本的读写能力和计算能力是 19 世纪教育的主要目标，而课程主要是我们后来称为“三 R”的科目：阅读、写作、算术（reading，writing，and arithmetic）。绝大部分年轻人并未被要求或期望去学校上学，而去上学的年轻人待在学校的时间相对来说也很短暂。另一些社会组织——家庭、教堂及工作场所——担负起了培养教育年轻人以及帮助他们从家庭顺利进入职场的主要责任。

> 19 世纪教师的标准，相比其专业能力，更强调的是教师个人的谋生需求。

教师大多是从本地的社区中招募而来的。公众对于教师的专业训练并不十分重视，教学也不一定被认可为一种职业。这一时期的教师常由一些达到一定文化水平的年轻女性担当，她们自己也愿意在其他一些机会出现之前留在学校教书。指导教学活动的标准基本上不存在——尽管指导教师个人生活的制度是存在的，并且在一些社区中，对教师的道德要求十分严格。例如，图 1—1 中展示的便是在北卡罗来纳州教书的女老师必须签订的协议。这些内容跟同时代的其他协议相比可能更为严密，它们清楚地表明 19 世纪美国社会对教师道德品质和行为的重视，以及明显缺乏对教师教学能力的考量。

> ● 承诺对星期日学校所有方面的工作都抱有兴趣，贡献自己的时间、服务和金钱。毫不计较一己之利，努力提升本地人的素质。
>
> ● 承诺不跳舞，避免穿不庄重的衣服以及做出其他任何不符合一名教师和女士身份的行为。
>
> ● 承诺不与任何年轻男子外出，除非出于星期日学校的工作需要。
>
> ● 承诺不谈恋爱、订婚以及秘密结婚。
>
> ● 承诺在不参加学校和教堂工作时，只待在宿舍或学校的校园内。
>
> ● 承诺绝不鼓励和容忍对男学生任何一点点亲昵的举动和行为。
>
> ● 承诺一天睡眠八小时，吃饭时举止得体……

图 1—1 19 世纪教师合同的样本

资料来源：Brenten，1970，p. 74。

20 世纪教师的角色期待

在 19 世纪末 20 世纪初，教育目的迅速扩展，教师角色的内涵也不断丰富。我们今天所熟知的综合性中学在这一时期开始建立，美国大部分州通过了义务教育法，规定所有学生必须入校读书直至 16 周岁，并且教育的目标已经越出了原先训练基本阅读、写作技能的狭小范围。巨大的经济变化使得工厂作坊里的学徒制被淘汰，教育年青一代并使其完成从家庭到社会过渡的责任渐渐转移到学校。而且，从外国到来的移民加上从农村涌入城市的另一种新型移民制造了大量的、多样化的学生群体，他们产生了除培养读写能力以外的更广泛的教育需求。我们可以看看 1918 年由国家教育协会（National Education Association，NEA）发布的中学七项教育目标，值得注意的是，这七项目标超出了早前教育所关注的“3R”部分：

1. 健康
2. 基本常识的掌握
3. 良好的家庭关系
4. 职业的准备
5. 公民教育
6. 闲暇时间的合理使用
7. 道德品质①

这种宽泛和多元化的目标使得 20 世纪的学校成为更为综合化的机构，并使其变成处理和解决 20 世纪一些重要问题和实践社会改革的场所。学校逐渐成为一些人获得发展机会的工具，先是欧洲移民，之后是非裔美国人、西班牙裔及其他一些早期被剥夺了受教育机会的少数族裔群体。除了扩大学科学习的范围之外，学校还提供了诸如健康保护、接送学生、延长每日对学生的照看时间以及早餐和午餐供应等服务。同时学校还担负起各类咨询和心理健康教育的功能——这些责任在过去是由家庭或教堂承担的——旨在确保年青一代的心理和思想健康。

显然，学校教育目标的扩大会影响社会对于教师角色的期待。绝大多数州和

---

① 这些目标被命名为“七大基本准则”（Seven Cardinal Principles）。一些历史学家认为，这些目标是人们对新兴工业社会中的学校所被赋予使命进行的一种象征性描述，而并非对当时现实的陈述。

地区开始设置针对教师的标准，后来变成对教师从业资格的要求。专门的师范学校开始创立，用来训练教师胜任所要教授的科目并保证他们通晓一些教学法的知识。20世纪初教师需要在专业学院有两年的学习准备，到了20世纪中叶，大多数教师持有学士学位。教师逐渐被认可为一门职业，针对教师的专业组织如国家教育协会及美国教师联合会（American Federation of Teachers，AFT）对定义教师这一职业的影响以及对教育政策的影响作用越来越大。尽管人们期望教师能够很好地教育孩子，但这一时期的教学活动很少得到科学研究的支持，社会只是靠一些模糊笼统的标准来判定其优劣，如“熟悉学科知识”“教学行为很专业”“善于沟通”以及“衣着得体”等。当然，这一时期的学校教学还是有所进步的，特别是针对所有主要学科领域的课程开发，如阅读课、数学课、社会课和科学课。同时，在帮助我们了解人的身心发展与潜能开发以及学习行为如何发生等方面的重要研究，也都有所突破。

我们把对教学的科学性和艺术性的研究称作教育学。

21世纪的教学挑战

没有什么魔力水晶球之类的东西可以让我们对未来有准确的预测。但一些发展趋势会延续下去，如教育和教学的某些方面将会保持原样，而另一些则可能发生重大改变（见图1—2）。一方面，通过计算机和数字技术来储存和获取信息的方式发生了巨大变化，这将可能极大地改变教育的许多方面。今天及未来，网络具备了将学生与他们过去不可能获得的大量资源和世界其他地方的人们联系起来的潜力。很多评论家，例如弗里德曼（Friedman，2006）、戈尔（Gore，2007）和塔普斯科特（Tapscott）等预言，网络将取代电视成为主要的政治、社会对话工具，并且会成为全球协作社区的“公共知识资源”。许多人相信，即使互联网现在还没有成为信息传播的主要媒介，但是这一点在未来将会实现，同时它也将从根本上重新定义印刷品和其他视觉出版物。很显然，这会对教育目标和课程产生重大影响。

另一方面，至少在不久的将来，社会仍然可能继续要求青年一代进入学校接受教育。学校教育仍将肩负众多目标，并且可能还会增加新的目标，但是学科学习仍将是最重要的。被称为“学校”的物理存在不可能在可预见的将来发生重大改变。也许有关教学的组织和设想将会发生变化，网络教育和实体教育都将会扩展，但从历史的视角看，这种变化将是缓慢发生的。学校很可能继续扎根于社区之中，而教师将继续在长方形的教室中为一群学生上课。

当代改革的努力表明了现今时代乃至将来可能会出现崭新而又激进的观念。这些观念包括学科学习到底意味着什么，以及如何才能最有效地做到学科教学，这些观念还包括组成社区群体的成员是谁以及社区与公立学校的关系。学生群体的性质及社会公众对教师的期望等有可能在未来几十年面临剧烈变化。

平面世界和网络一代（iGeneration） 托马斯·弗里德曼（2005）在自己非常有趣的一本书里面描述说，技术会推倒并重构我们的世界和生活。在这儿“推倒”的意思是指技术的进步会提供更多的信息和工作机会，而且信息将是世界性

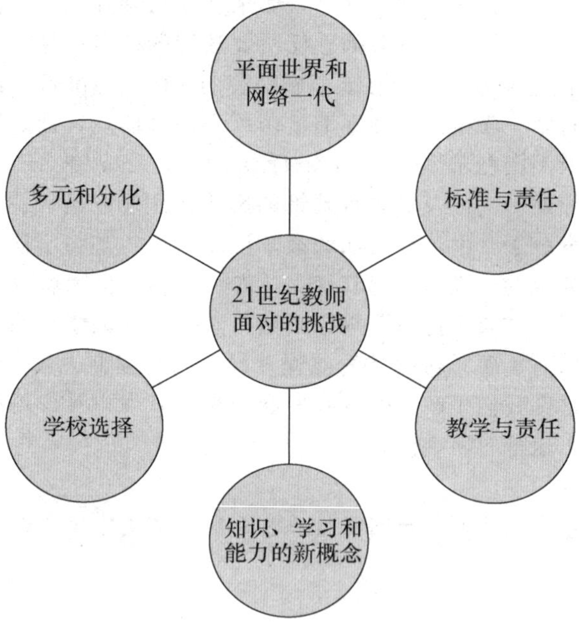

图 1—2　21 世纪教师面对的挑战

的和即时的。网络在全世界的普及会使服务和产品对任何人、任何地方都有效，并且一个地方的一项发明也对其他地方产生全球化的影响。

弗里德曼指出，美国社会已经完成了进入信息化时代的转变，学校和教学要跟以往从农业社会到工业社会过渡一样做出相应的改变。在弗里德曼看来，学生在平面世界①的学习比以前容易了，但是这也使得教育变得复杂和困难了。学生可以获取对上一代人来说完全陌生的信息，网络尤其是社交网络成了他们的最爱。同时，这些因素让信息的可信度和有效性成为疑问，而且让一些学生在学校的学习方式完全背离了传统。塔普斯科特和罗森把现在的学生归类为“网络一代”。他们指出，未来的教师“需要远离陈旧的、广播式的教学法（例如讲授和灌输）而向以学生为中心、多种模式融合的教学法过渡，这种模式下教师已经不是数据的传递者，而是学生个性化学习经验的指导者”（Tapscott & Rosen，2010，p. 1）。

我们还不能对 21 世纪中叶的学校状况有清楚的认知，但未来学家认为，现今我们构想和实施的正规学校教育在未来时代的教育体系中会如同马和四轮马车在现代交通系统中遭遇的命运一样，成为陈旧和过时的东西。教育正在不断变化，这从几乎有 200 万中小学生正参与各种形式的网络教育或在线学习的事实中可以明显看出来。

将技术整合融入对网络一代的教学中，这对于 21 世纪的教师而言是个重大挑战，因此我们在《学会教学》一书中设计了一个特别栏目，名为“利用技术促进教学”。在本书的部分章节插入这个栏目，是为了帮助读者认识到，技术是如何影响着当今教师所做的几乎每一件事情，以及技术的应用怎样改变着学生的学校生活和学习行为。从

① 托马斯·弗里德曼的畅销书《世界是平的：一部 21 世纪简史》，其中“平的世界”或“平面世界”是指信息技术发展带来的全球化过程。——译者注

"利用技术促进教学"的视角，本章针对技术与网络一代提供了一种总体的看法。在后面的章节，我们会详细阐述技术的特定方面与相应内容的密切联系。

多元和分化　21 世纪教师最主要一个挑战是要改革学校，以及改变那种（产生于过去）基于大多数学生都是西欧人的后裔并且都说英语的教学方法，以适应一个更加多元化的学生群体的需要。哈罗德·霍奇金森曾写道："每一个社会都是建立在人口假设（demographic assumptions）的基础上的，当这种假设发生改变，正如他们一直不定期地表现出来的那样，结果将是对整个社会造成震荡。"（Hodgkinson，1983，p. 281）在过去的 40 年中，美国学校曾经经历过这样的人口震荡，而且它将持续影响学校和教师直至 21 世纪。最为重要的人口改变是那些身为非欧洲后裔，且将英语作为第二语言，同时生活在贫困中的学生数量的增加。如图 1—3 所示，少数族裔在校学生比例已从 20 世纪 70 年代的略超 1/5 增至 2007 年的 44%，而同时期白人学生的比例从 78%滑落到 56%。绝大多数增加的学生是西班牙裔，尤其聚集在美国西部，在那里来自非主流文化的学生比重已超过 50%（*Conditions of Education*，2002，2009）。

我们生活在多元文化社会中，这就是我们的文化现状。

当越来越多不讲英语的孩子进入公立学校时，语言多样性是变化最大的。图 1—4 显示，将英语作为第二语言学习的学生从 1979 年的 380 万增长到 2007 年超过了 1 800 万，即从 9%增加到 20%（*Conditions of Educations*，2002，2009）。今天，英语非母语学生群体中 80%讲西班牙语，还有诸如阿拉伯语、越南语、俄语及塔加拉族语。

今天，美国学校中几乎 20%的学生所使用的第一语言不是英语。

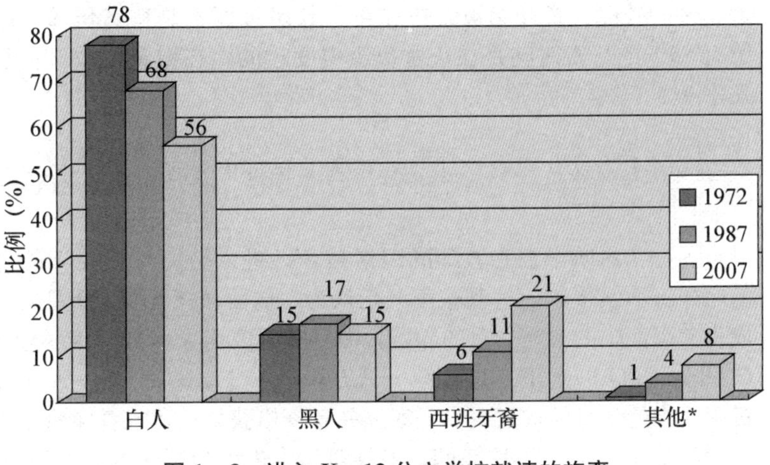

图 1—3　进入 K～12 公立学校就读的族裔比例（1971—2007 年）

＊其他包括亚洲人、夏威夷原住民、美国印第安人等其他族裔的学生。

资料来源：U. S. Department of Commerce，Census Bureau，Current Population Survey (CPS)，October Supplement，selected years，1972—2007。

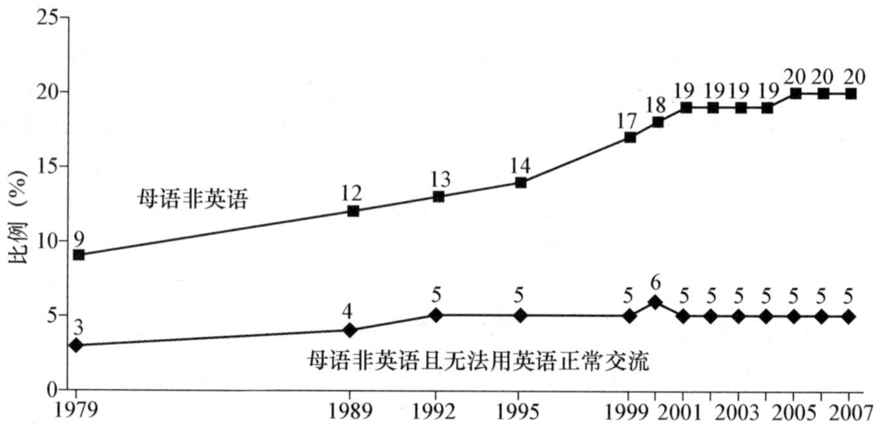

图 1—4　母语非英语的 5～17 岁儿童及其中无法用英语正常交流的在校残障儿童比例（1979—2007 年）

资料来源：U. S. Department of Commerce，Census Bureau，Current Population Survey（CPS），1979 and 1989 November Supplement and 1992，1995，and 1999 October Supplement，and American Community Survey（ACS），2000—2007。

学校教育的历史趋势是将教育机会扩大至越来越多的学生。20 世纪初通过的义务教育法案向穷困的白人儿童打开了一扇门。当今著名的联邦最高法院决议——“布朗诉托皮卡教育委员会案”（*Brown v. Board of Educations of Topeka*，1954），将教育的机会扩大到非裔美国学生。1975 年的《残疾儿童教育法案》（The Education for all Handicapped Children Act，现被称为《残障生教育法案》，即 The Individuals with Disabilities Education Act）结束了那种拒绝让残障儿童获得教育的政策，并改变了学校的入学形式。例如在 20 世纪 70 年代中期，当残疾法案刚通过的时候，仅有 8%的在校学生被确认为残障者并因此接受照顾，而到了 2005—2006 年间，这一比例上升至 15%（*Conditions of Education*，2009）。同样的，越来越多的残障儿童开始被安排在正常的班级而不是特殊班级。超过一半的残障儿童有 80%的日常时间是在正常班级中度过的，在数量上较 20 世纪 80 年代增长了几乎 1/3。

今天的学校必须适应一系列广泛的学习差异和文化差异。

另一个影响学校和教师的因素是今天进入公立学校就读的许多学生生活在贫困之中。事实上，一些观察家开始认为，贫困和社会阶层差距已经取代了种族歧视成为美国面临的最为严重的问题，而且贫困成为大多数学生学业失败的最直接原因（Children's Defence Fund，2000；*A Broader*，*Bolder Approach to Education*，2008）。贫困生指的是身处贫困线以下家庭并有资格获得免费或者廉价午餐的学生。图 1—5 显示的是在 2006—2007 年间，各族裔学生进入全国为普通贫民开办的学校的比例。该图显示，贫困生主要集中于黑人、西班牙裔和印第安人。2006—2007 年间，33%的黑人、35%的西班牙裔和 25%的印第安人/阿拉斯加土著的孩子就读于这些贫民学校。

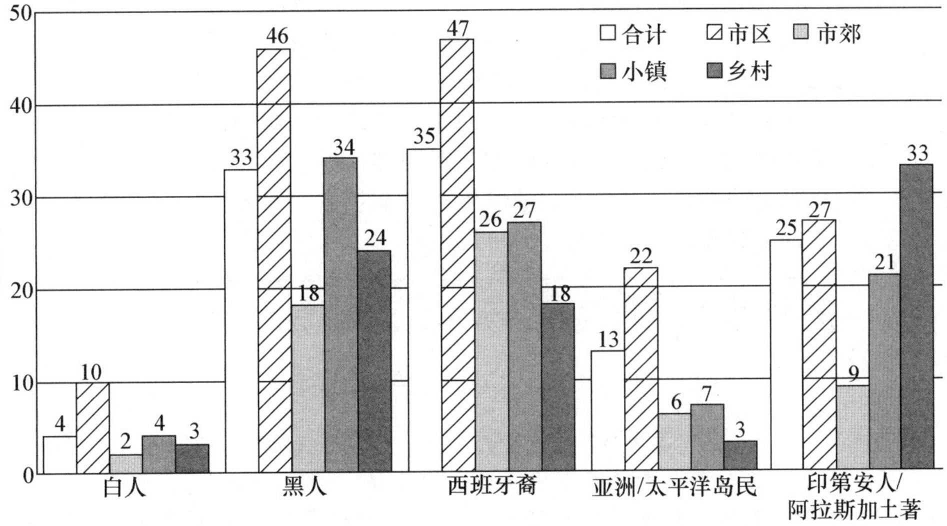

图 1—5　为美国贫困生开办的公立初等和中等学校中不同族裔和区域的学生比例（采自 2006—2007 学年）

资料来源：U. S. Department of Education，National Center for Education Statistics，Common Core of Data（CCD），"Public Elementary/Secondary School Universe Survey，" 2006—2007。

这些人口统计上的趋势对于教学及准教师们至少有三点重要的影响。

首先，基于社会和经济发展的原因，大城市中的人们将继续履行让每个孩子都有机会接受教育的承诺。社会同样需要让少数族裔学生及残障学生在学校中有良好表现，这些学生有的可能来自贫困家庭，有的父母不会讲英语，还有一些可能在情感表达或身体特征上与同龄伙伴存在差异。这些孩子对于学校的体验将与那些父母本来就在美国学校接受教育，而且父母已经为他们的入学做好充分准备的孩子大不相同。要对这些来自不同文化背景且有着各种不同需要的孩子进行教育，教师就必须具备比以前更多、更有效的教学策略和方法。教师同样要针对那些在学校面临巨大困难和难以融入学校生活的学生调整自己的课程与教学，以便让他们更快适应学校生活。

其次，学校有可能会继续关注校内的族裔平衡问题。因最高法院在 2007 年的判决，传统意义上维持种族平衡的方式（比如为不同种族学生分配定额）已不再适用。在"父母参与社区学校诉西雅图校区"和"麦迪逊诉杰弗逊学区教育董事会"（*Parents Involved in Community Schools V. Seattle School District and Meredith V. Jefferson County Board of Education*）的案例中，法院判决认为，借种族平衡来满足多样性的做法违反了宪法第十四修正案保护平等的条款。然而，在那些入学限制发生变化的学校，教师能预想到自己会经历情形更复杂的社会及学校组织上的人员流动，同时也需要尽力通过开放招生和改进办学来适应学生群体多样化的特征，教师自身也较之以往有更频繁的流动，尤其是基础较差学校的教师。

今天的学校要求教师有一整套的有效教学的策略，以便所有学生的需要都能得到满足。

最后，也是最重要的，少数族裔、移民群体以及母语非英语的群体的声音不再被忽视。这些家长也不会再容忍没有足够设备的教室和未经训练的教师来教自己的孩子。他们不再由着学校将自己的孩子按能力编进不同班级，并武断判定他们不适合接受中高级教育。他们要求自己的儿女要接受同主流群体的孩子一样的课程和教学方法，以保证他们获得同样的学业和社会事业上的成功。听听多元文化社会的声音，并为所有的学生提供有效的学习经验，可能是年青一代教师所面临的最困难，也是最有趣的挑战。

利用技术促进教学

当今视角

在 20 世纪 90 年代早期的《学会教学》版本里，我们就开始设置“利用技术促进教学”的特色专栏。当时我们的目标是探讨教师和学生运用技术来提高教学和学习效率，以及向学生介绍与计算机有关的学习资源。我们主要关注的是个人计算机，因为当时计算机价格开始下降，学校可以买几台来组建他们的机房了。在 1994 年，网络还非常少见，只有社会上少数几个领域和不到 5%的学校才拥有网络。1996 年《教育周刊》（*Education Week*）在自己的“技术数量报告”（Technology Counts Report）里非常自豪地写道：“巨额资金被投入教育领域，以帮助学校和学生更好地应对未来的技术变革和挑战。”（2007，p. 8）

我们最早的“利用技术促进教学”的专栏里，曾介绍了 L. 佩雷尔曼一部名为《学校的终结：超级学习、新技术和教育的终结》（*L. Perelman，School's Out：Hyperlearning，the New Technology，and the End of Education*，1992）的著作。他认为，在我们了解了新技术之后，学校将会走向灭亡。以计算机、信息网络及多媒体为代表的新技术将会给每个人提供学习的机会，这是学校自其 19 世纪末诞生以来一直未能做到的。按照佩雷尔曼的观点，新技术将淘汰那种在“教室盒子”（classroom box）里才能发生的学习，将来的学习会渗入社会生活的每一个方面。人们将不再认为学习是一件仅仅局限在儿童身上的事情，每个人在每个年龄阶段都应当有权利学习。在 1992 年，佩雷尔曼就认为改革学校没有意义，比如择校与制定更高学业标准的改革努力只是他所预测的重要教育变革的细枝末节。他认为未来真正出现的变革是：

- 完成教育的私有化。
- 以各种学习渠道和信息高速公路替代学校的物理建筑。
- 废除一切认证制度，包括教师认证制度（他认为这妨碍了教育的进步）。
- 创建没有校园或正式工作人员的国立职业技术学校。

佩雷尔曼的一些推断似乎变成了现实。今天，在全国各地，家庭教育和在线学习规模已经大幅度扩张（E-learning，2010）。作为网络一代的一员，你也许每天都在利用互联网、社交网络和一系列数字设备学习你想学的任何内容。比起十年以前，现在的每个教室都有计算机，很多学校给学生提供笔记本电脑，超过 95%的学校拥有宽带网络（*Technology Counts*，2007）。过去的十年我们见证了多场数字技术革命，许多（也许是绝大部分）学生都有 MP3、手机、苹果手机和 iPad。绝大多数家庭都拥有数字摄像机和照相机，而且学生可以经常拍视频并分享彼此的作品。互动技术的发展，比如博客、播客和社交网络允许学生上传他们的日记和媒介图像，与全世界的同龄人交流。十年之前，网络教育并不存在，但到了2010年，几百万学生已经参与到网络学习当中（E-learning，2010）。2007年，超过170所网络特许学校已经培养了将近10万名学生。

乍一看，人们可能认为技术已经得到广泛应用并对教育产生了巨大影响。但事实并非如此。不过，很多学区倒是发现面对面授课同网络学习相结合非常有效，一些州开始设立网络学习入学点（Gustke，2010），许多教师也都在利用计算机、数字技术和社交网络资源。但柯林斯和霍尔沃森也指出“学校没让数字技术进入学校的核心研究领域”（Collins & Halverson，2009，p.6），另外，基维尔特兹也观察到数字技术在教学上的整合运用是零散的，他还说：“相对于校内生活，年轻人在校外更依赖数字技术。”（Grewertz，p.9）下面我们看看两名学生的评论：

“当走出校门时我就会有很棒的高技术生活，当走进校门时我就不再是我自己了。”（Gewertz，2007，p.25）

“我痛恨学校。他们让我坐在那儿听那些又老又死脑筋的教师讲些毫无新意的东西。我必须把内容背下来然后在考试时再吐回去，直到毕业上大学为止。哇！对了，那些书有图画，但都是一维的。上帝！图片？他们根本就不知道相关视频和孩子的兴趣所在。每周仅有一次一个小时的机房学习时间，而且绝大多数我喜欢的网页和站点都被屏蔽了。我实在是等不及走出这里向大学奔去……在那儿他们知道如何对待像我这样的网络一代。”（Rosen，2010，p.1）

最后，特罗特指出，多数学校仅仅把数字资源作为给学生提供练习的机会和追踪他们标准化考试分数的工具，但其作用远非如此，数字化工具还没有引起一些教师的足够重视，它们所能发挥的真正的创新功能也被忽略了。美国教育考试服务中心（ETS）的研究表明，年轻人对技术的运用可能是“表面现象”，因为，只有52%的中学生和大学生能够正确判断一个网站的客观作用，只有40%的中学生和大学生在网络搜索中使用多个术语（Trotter，2007）。

这种状况不应该让我们大惊小怪。几年前戴维·泰亚克及拉里·库班（David Tyack & Larry Cuban，2000）就指出，计算机、通信和其他数字技术之所以对教学产生影响，是因为它们在年轻人生活中已经成为非常普遍的现象，以及它们比起其他教育工具有着无法比拟的优势。他们对教育技术的有效性提出了警告，并认为我们不应当期望教育借助技术会实现“登月计划”。

尽管技术的应用是断断续续的，其有效性也不够明晰，但今天仍有一些熟悉技术的教师把教学与技术有机地结合起来并运用得卓有成效。他们清楚，用多媒体展示比在黑板上写几行字要更为有趣和有效。他们也知道，网络可以为普通人提供以前无法想象的资源，社交网络对智力开发和社会发展而言也是一种有价值的工具。

也许最重要的是，准备当教师的这一代（你们这一代）是跟数字技术一起成长的。在信息社会，这一代人更能意识到技术对教学和学生学习的重要意义。

标准与责任 一种名为“标准化教育”（standards-based education）的新学习系统在美国、加拿大和绝大多数发达国家开始流行。这个新系统包含：（1）接受统一标准，即规定学生应该知道的和能够去做的；（2）相信每个学生都能达到这个标准；（3）坚持教师的教学实践立足于实际；（4）责任，主要是运用标准化测验来评估学生的学习。这种对学校教育的看法在某些重要的方面不同于19世纪和20世纪那种基于教科书和常模参照的视角，因此对教师来说是很大的挑战。它也改变了对学生应该学习什么和达到何种掌握程度的认识。对学生的期望是让他们达到这些标准，而不仅仅是为了“升学”，而且这些标准是针对所有学生而不仅仅是个别能力突出的学生。沙洛克等人指出，这种学习系统要求“把标准与教学结合起来；教学、课程和评估之间获得整合；进行有差别的教学以适应不同学生的学习经历和个体需要”（Schalock，2007，p. 2）。在基于标准运作的学习系统中，联系、整合和差异划分成为教师工作的核心。

这种对学习概念的新理解不是一夕之间形成的，而是经历了多年的积累。作为现代学校标志的标准化运动，可以追溯到20世纪早期第一次运用标准化测验来衡量学生的能力和成绩。1983年名为《国家在危急中：教育改革势在必行》（*A Nation at Risk*：*The Imperative of Educational Reform*）的国家报告鼓励学校设立更高且严格的标准，以及采用标准化测验来衡量学生的成绩。1994年，国会通过了《2000年目标法案》（the Goals 2000 Act）。这个法案承诺在2000年之前要达成几项教育目标，其中包括让所有适龄儿童入学接受教育，以及保证90%的中学毕业率。虽然上述报告的内容和法案的目标没能实现，但给我们的教育观念带来了颠覆性的变化，也是促成2002年《不让一个孩子掉队》（NCLB）法案出台的一个重要因素。法案要求每个州的学校都要按照国家设立的标准展开课堂教学、进行年度测验以保证学校对学生的学习负起责任，并惩罚那些执行不力的学校。当本书在2010年进行修订时，奥巴马政府已经建议对《不让一个孩子掉队》法案进行修改，但这些改变看起来仍然保留了标准化教育的核心要素。

虽然许多人持保留意见，但当前的很多教育者都认同这种新学习系统。例如，标准化运动推出了一系列的标准并引导了政府机构对教育的要求，以更加严谨的姿态要求学生在毕业前应学习越来越多的课程。但这个策略没有产生预想的效果。例如，过去十年“国家教育进步评估”（National Assessment of Educational Progress）发现学生的成绩提升非常有限，许多学生从九年级开始离开学校。再比如，2009年全国学生的平均阅读成绩仅比2007年高了1分，相比于1992年，也仅高出4分（Gewertz，2010）。兰兹伯格（Landsberg，2008）的报告指出，加利福尼亚辍学研究项目组发现了洛杉矶公立学校毕业率出现下降（现在低于50%）。根据这项研究，当加利福尼亚州提高标准并要求学生必须通过毕业考试才能获得毕业证起，毕业率下降就开始了。最终，作为《不让一个孩子掉队》法案坚定支持者的黛安娜·拉维奇写了一本书（Diana Ravitch，2010）来表示自己对联邦政府改革政策的失望之情，因为联邦政府过多干预了本来是由州和地方机构管理的领域。就像我们在以后章节中将更具体讨论的，越来越多的学生认为学校的学习没有意义且无关紧要。除去这些不足，基于标准化的学习概念已经成为非常重要的政策内容并影响着教学和学习活动。不久的将来它将产生更大的影响，并且继续给21世纪的教师带来更多挑战。

学校选择　许多不同于传统标准学校的学校体系已经在美国许多地区出现，其中包括提供精英教育的磁石学校（magnet school）和特殊学校（special-focus）。在这些学校，课程是围绕艺术表演或科学与技术来设置的。这类替代性学校由公立基金资助，学生和家长可以不选择社区其他较为传统的学校而选择这类替代性学校。1993—2007 年间就读于这种学校的学生比例从 11%提高到 15%，而就读于私立学校的学生人数也增加了大约 1%（*Conditions of Education*，2009）。虽然很多家长仍然倾向于让孩子就近入学，但 2007 年的报告显示，将近 50%的家长表示会选择替代性公立学校（*Conditions of Education*，2009）。将来这种选择趋势会继续保持，替代性公立学校的数量也将会大幅度增加。

美国比较大的城市学校里，学生人口往往是最为多元化的，且这些较大城市中资助公立学校的资源极为有限。但是，从佛罗里达州到加利福尼亚州，一些大城市的学校系统开始与私人公司合作运营，后者以营利为目的。付费的在线教育也开始出现，这使得家长们有更多的机会来进行选择。这些公司使课程更适合各州的具体情况，并通过电子邮件为家长和教师提供课程和课程计划。有些公司借助网络来监督学生的出勤和作业情况，以及一些实地考察活动。

择校在大城市里非常普遍，实体学校也能满足绝大部分农村和偏远地区学生的需要。但这种择校教育的效果到目前为止仍是个未知数。批评者们对在线学习的有效性以及目的在于营利的教育系统同国家努力维持稳定强大的公立学校系统之间的对立和竞争持怀疑态度。公立的特许学校在这个国家的某些地区也受到抨击。批评者指出，双轨系统已经产生并在人口和经济领域造成了严重的不平等。地方资助的磁石学校和特许学校变成公共资助的私立学校，并向那些知道如何运用选择权的富裕家庭开放。越来越多的中产家庭孩子就读于这类学校，使得邻近的其他普通公立学校成为了低收入家庭的主要选择。

在过去 20 年间，有关选择问题的另一趋势是家庭教育运动。许多原因促成了家长担负起教育孩子的责任。一些是由于主要的宗教团体害怕公立学校的世俗性会削弱其子女的信仰，另外一些则是他们想把孩子同被认为是公立学校特征的青年文化以及毒品和暴力隔离开来。还有一些家长是想让他们的孩子在一个单一文化而非多元文化的氛围中长大。根据国家教育统计中心的统计（*Conditions of Education*，2009），接受家庭教育的孩子从 1999 年的 85 万增加到了 2003 年的 110 万，到了 2007 年春季，大概有 150 万名学生，或者说 2.9%的学生在家接受教育。

最新的择校趋势是特许学校运动（charter school movement）。特许学校是一种以公立为基础，由家长、公民或教师策划和发起的学校。在某些方面，它们的运作就像私立学校一样独立于当地的公立学校学区，并且免除了许多州和地方对公立学校的规定。当个人或团体获得来自学区或政府的特许状后，他们将获得公众资金用以运营学校，并通过特许代理负责使学校达到预定的办学标准。2004—2005 年间，美国有超过 3 000 所特许学校，占公立学校的 4%。根据梅罗（Merrow，2009）的统计，目前全美国 40 个州有 130 万学生在4 000所特许学校就读。这些学校的规模通常比那些公立学校小得多，入学的主要是西班牙裔和非裔学生，还包括少数符合获得免费或廉价午餐资格的贫困学生（*Conditions of education*，2007）。

看起来家长会因不同的原因而选择让孩子就读特许学校、替代性学校或者在家里接受教育。绝大多数城市家庭和少数族裔家庭因邻近学校的失败以及种族隔离等问题而选择了特许学校；与此不同，白人中产家庭选择特许学校则集中反映了他们对于抚养和教育孩子的自由价值观念。那些选择家庭教育的父母是因为担忧公立学校的环境，同时或者更多考虑到能够给予孩子更多的宗教和道德方面的引导。

在子女入学问题上，赋予家长更多选择权对传统意义的标准化公立学校构成了挑战。

对择校与学校私有化既有支持也有反对的声音。支持者认为特许的、私立的和以营利为目的的学校将会给教育系统引入竞争的元素，这些学校一旦脱离了公立学校特有的那种官僚作风和行政束缚，必然通过更经济有效的创新过程和更有效的人力资源利用来为学生提供更优质的教育。许多人乐于看到这些试验继续下去是因为他们认为当前公立学校的运作并不尽如人意。

然而，许多教育者和关心教育的有识之士担心私立学校和替代性学校会排斥问题学生，结果使得公立学校成为越来越多学业失败的学生的去处。另一些人则关心在以营利为目的的学校中正式或非正式反映出的价值观和道德体系。还有一些人担心，国内最好的教师将会被吸引到特许学校或者营利学校中，而留下一些能力较差的教师去教那些急需要好教师来引导的学生。

最后，从建构主义的视角来看，标准化学校提供了多种选择，可能会有助于从多个目标来努力营造一种标准化的教育系统。这引发了许多质疑。例如，所有学生都需要在同样的时间以同样的方式在特定科目中接受同样的观点吗？所有的学生都应该被要求去上同样的学校，并在同样的时间内学习同样的课程吗？所有的学生都应该被要求达到同样的学业水平和满足同样的评价标准吗？我们会发现一个有趣的现象，那就是越来越多的政策制定者、家长和教育者开始对这些问题说“不”了，虽然他们同时还拥戴着标准化教育的模式。

知识、学习和能力的新概念 我们的教育系统，包括标准化教育都有一种对知识和学习的客观主义视角。从客观主义的角度来看，知识是稳定不变的，教学是以事实概念、原则的形式向学生传递知识。既然知识是一致和固定的（相对而言），受这一观念指导的正规学校就致力于将已知的知识组织到一系列的课程中以供所有学生学习。反过来，学校的成功来自学生对课程的掌握，由标准化测验予以测量。这一视角促成了全国范围的测验运动以及《不让一个孩子掉队》法案与《力争上游》(Race to the Top) 等法案的通过实施。

对知识的传统观点是认为“真理”是存在的，且人类已取得一种客观的知识，可以通过探索发现来学习它。

继客观主义之后，是过去20年来在教育界获得推崇的建构主义。在建构主义看来，知识不都是已知的、固定的和可传递的，而是个体的、独特的，意义是学习者通过经验来建构的。学习是一个社会和文化的行为，学习者在其中建构意义时会受到先前知识和新的学习过程相互作用的影响。

建构主义观念认为学习是一种社会和文化的活动，知识是比较个体化的，学习者是通过与他人的交流来建构意义的。

从建构主义的视角来看，学习不是学生被动地从教师那里接受信息，而是主动参与到相关的经验之中，并有机会进行对话，使得意义产生并被建构。学习不是发生在被动的教室里，而是发生在以高水平的参与与投入为特征的群体之中。在本书中，我们将反复强调这样一种观点，即学习是一个对原有经验进行再理解的过程，并且你将会发现，为主动学习而教的教师同迄今你所观察过的那些教师相比有很大的差异。

传统的理论和实践认为个体有特定的思维能力。在19世纪来临之时，一些像法国的艾尔弗雷德·比内（Alfred Binet）和美国斯坦福大学的刘易斯·特曼（Lewis Terman）等心理学家开发出了旨在测量人类智力和能力的测验。这些测验在欧洲被广泛使用，以决定谁会在高等学校教育中受益。在美国，这些测验很快被应用于将学生依照能力划分至不同教学小组的实践，还用以帮助确定谁更适合参军等。虽然仅时隔半个世纪，但IQ测验已被人冷落，基本能力测试以及学术能力测试（Scholastic Assessment Test，SAT）等取代了先前那种简单测验，并被广泛应用以对学生进入何种学校、读哪类大学作出决定。这一个世纪的工作为我们留下了三个尚未解决的问题：智力是一个还是多个维度的东西？智力是否可以遗传？智力是否可以被准确测量出来？

许多当代的实践教育家认为IQ测验与对基本知识的测验对某个体的能力或其对知识的理解能力仅有微乎其微的影响，但却反映了一个人的社会和文化背景。例如，来自主流文化背景下的家庭和群体中的孩子要比那些生活在贫困之中或刚刚移民到美国及那些母语不是英语的孩子在测验中有更好的表现。

最后需要指出的是，一些当代的心理学家，例如加德纳（Howard Gardner，1983，2009）和斯滕伯格（Sternberg，1985，2009）对传统的智力理论提出了挑战。取而代之的理论认为，人类的智力包括许多种类，而大部分的智力和能力倾向测试所测量的仅是语言和数理逻辑智力。对此，本书第二章将会有更详细的阐述。

教学与责任 直至最近一个时期，教师在就业前都没有什么准备，社会公众对他们的表现也没什么期待。然而，20世纪的标准化运动开始强调大学文科教育的准备（liberal arts preparation）及教育学学科的学习。在21世纪最初的一段时期，这一趋势显著加速了。新教师将会逐渐被要求较获取证书而言更多地展现他们关于教育学和专业问题的知识，并且他们将对在其职业生涯中实施最好的教学实践负有责任。例如，目前，美国所有州都要求在对教师颁发初级教学证书之前进行某种形式的测验。目前大多数州采用的是由美国教育考试服务中心所开发的实习考试（praxis test），但是其他替代方案和更偏重于现实表现的测试正在被一些州筹备使用。

今天的教师对于他们的教学实践和他们的学生学习负有责任。

在拿到教师从业证书之前，准教师们可能需要通过考试来展示教学知识和技能。仅仅具有学术学科的资格是远远不够的，特别是在文化多元化和需求多元的学生课堂中。光有对学生的热爱对于未来教师也是不够的。21世纪的教师需要对多种基于学科的、教育学的、社会的和文化的知识都有所掌握并且具备反思和解决问题的能力。琳达·达林-哈蒙德和约翰·布兰斯福德（Linda Darling-Hammond & John Bransford，2005）为国家教育研究院（the National Academy of Education）起草的报告中用如下词汇来描述未来教师应该掌握的知识和能力：

> 相对于知识而言，所有新教师都应该掌握有关学生如何学习和发展，以及学生如何掌握和运用语言等的基础知识。专业教师应该进一步将理论联系实际，以满足学生、教学内容和教育的社会目标的需要，即多元学生的具体问题、课堂管理、学生学习成果的评估以及教育技术的运用等。

1986年，卡耐基教学专业工作小组（Carnegie Task Force on Teaching as a Profession）曾建议为教师建立一种职业竞赛机制，并尝试创办国家专业教育标准委员会（National Board for Professional Teaching Standards，NBPTS）。在这之后一年，NBPTS正式成立，如今它由63名会员指导监督，其中绝大部分是K—12的教师，但也包括行政人员、课程专家、州与地方官员、工会和商业领袖及学院和大学教授。委员会已制定了符合严格标准的国家教育资格证。该资格证的获取是自愿的，而且这种认证也没有取代由各州提供的系列认证或更高级的资格认证。

检测—拓展—探索

检测

- 教师角色在这些年来是如何演变的？是什么力量促成了这种改变？
- 人口统计上的哪些改变影响了学生人口的变化？这些趋势如何影响学校和教师？
- 21世纪最主要的教育挑战是什么？

拓展

- 你能预料到在未来十年中传统学校会发生什么变化吗？20年后呢？
- 你是否同意教师对每位学生的学习负有责任是公平的？为什么？登录在线学习中心，在“拓展问题投票栏”作出回答。

探索

- 请登录“在线学习中心”（www.mhhe.com/arends9e），并链接到有关“21世纪教学”的网站。

第2节　21世纪有效教学的视角

在学会教学的过程中，处于中心位置的是有关学生学习方式、教育基本目标以及有效教师定义的观点。在一个复杂变动的社会中，教育目标是多样化的，许多人也在不断努力地设想自己关于有效教师的各种定义。例如，在媒体上我们有传统的有效教师的形象，如和蔼可亲的德芙小姐和喜欢装模作样却很有爱心的齐普斯先生。前不久，严肃而专断的乔·克拉克（Joe Clark）的有效形象也被媒体刻画了出来。正如在著名电影《为人师表》（*Stand and Deliver*）中的詹姆斯·艾斯克兰内德一样，他能够使后进的西班牙裔学生掌握高等数学并取得骄人的成绩。在音乐电影作品《霍兰德先生》（*Mr. Holland's Opus*）中的戴夫·霍兰德则是又一个证明普通人可以通过音乐帮助他的学生达到自己理想而成为一名优秀教师的例子。

在教育群体中定义有效教师时，多元性应当引起注意。一些人主张，有效教师就是可以与学生建立融洽关系并为个人发展提供一个适宜环境的那种人。另一些人则把有效教师定义为热爱学习，对特定专业学科掌握得很好，并有能力将学科知识有效地传授给学生的人。还有一些人认为，有效教师是一种能够积极鼓舞学生致力于更加公平和人性化的社会秩序的人。很多公民和政策制定者认为，有效教师应该指的是通过年复一年的标准化测验帮助学生完成学习任务的人。

教师教育课程的内容本身就是陈述有效教师需要知道一些什么。关于教师的实践经验和从业资格的测试，如“美国教师资格考试评价体系”（PRAXIS Ⅰ or PRAXIS Ⅱ）中的内容，以及各个学校所使用的评价和指导信任教师的评估体系，都是围绕这些陈述建立的。①

教育目标及有效教师的概念同处在一本有关学会教学的书的中心位置，并且还会影响其写作计划、组织结构、对主题的统合，以及设计主题的选择等。以下章节描述了本书对于这些问题的观点。

关于儿童如何学习的观点与有效教师的定义是学会教学的核心。

教学的终极目标

生活在像我们这样一个多元和复杂的社会中的公民会期望他们的学校达到许多不同的目标——可以举出一些在大众传媒上常见的看法：教授基本学科技能，建立学生的自尊，为学生上大学做好准备，促进全球化意识，为学生工作做准备，传递文化遗产等。如果教师们不能够专心于自己的教学目标，那么时下这些多元化的教育目标只会导致教学迷失在泛滥的教育目标之中。本书采取的观点认为，教育的最终目标是帮助学生成为独立、自律的学习者。这一目标并不否认其他教育目标，我们将以这一目标为中心，在其之下可以设定所有其他目标和教师的活动。这一基本观点源自两个潜在的假设：一个是当代的观点，即认为知识不完全是固定可传递的，而是一种所有个体（学生和成人）通过个人和社会经验积极建构的；二是相信学生应该学习的最重要内容就是如何学习。

教学的终极目标是帮助学生成为独立、自律的学习者。

---

① 美国教师资格考试评价体系又称普瑞克西斯考试体系（PRAXIS），它包括三个部分，分别是系列Ⅰ学术技能评价、系列Ⅱ学科专业评价和系列Ⅲ课堂行为评价。——译者注

关于有效教师的观点

指导本书的计划与撰写的有效教学的概念，并不包含任何一种像齐普斯先生、乔·克拉克，或霍兰德先生所表现的那些刻板印象，同时也不包括学术研究能力与培养学生孰轻孰重的争论。有效教学有其底线，即教师应当是有知识的，对自己教授的科目能够熟练掌握，并且关心孩子和青年一代的幸福。它也要求教师要有成果产出，主要是指学生的学业成就和社会学习。这些特征是教学的前提，但谈到有效教师，缺少了以下五种高级属性却是不够的：

（1）有效教师能与学生、家长、同事建立互相信赖的关系。

（2）有效教师能为孩子和青少年们创造一个民主、公平的课堂环境。

（3）有效教师对于知识有着积极的态度，他们必须掌握至少三类知识，即有关学科的广泛知识，有关人类发展和学习的知识，以及教育学知识。他们应利用这些知识指导其教学研究与实践。

（4）有效教师掌握整套教学技能，能激发学生的动机，提高学生的基本技能，提高学生的思维能力，并培养自律的学习者。

（5）有效教师善于反思、解决问题，他们认为学会教学是一个终身的过程，并且能够根据实际情况作出判断与调整，同时能恰当地利用专业知识提高学生的学习成绩，促进学校的发展。

图1—6列出了有效教师的特征。

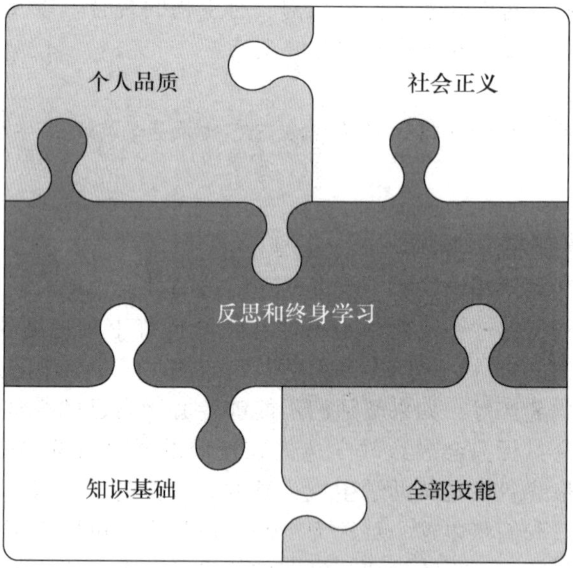

图1—6　有效教师的特征

在本书中，上述有效教师的特征是十分重要的主题，并被编入各章之中。在本书中，这些主题犹如百老汇音乐剧中的主旋律——贯穿始终，反复出现，与主要思想和人物密切相关，读者可以看到，在此总结的主题将会在本书中反复提及。

> 有效教学要求教师认真反思自己的行为对学生社会学习和学科知识学习的影响。

发展相互信赖的人际关系所需的个人品质

许多年来，人们都认为教师的个人品质是有效教学的最重要因素。人们通常认为，热情的、有爱心的教师比那些看起来冷酷、淡漠的教师的教学效果会更好。如同大多数观念一样，这一点也是要通过事实检验的，同时它还有待补充，因为有效教学需要的远远不只是热情和有爱心。

我们的视角围绕着这样一个观点，即对于教师来说，对孩子和青年一代关心负责并相信所有学生的学习能力是十分重要的。正如在随后章节中要提到的，通常不是所有的教师都会对每个孩子抱有较高期望。相反，他们常常觉得，一些孩子（主要是那些来自少数族裔群体的孩子）没有学习的能力，并因此而限制了这些学生学习的机会。通过在课堂的学习群体中创造民主、公平的环境以打破早先潜藏在我们教育系统中的这种恶性循环，明显是十分重要的。

有效教学要求创造民主和公平的课堂。

我们的视角还围绕着这样一种观点，即教师必须拥有足够的人际交往能力和组织技能，以建立一种与其学生和同事相互信赖的人际关系。他们必须同样拥有对学习的“激情”，以感染和影响学生的学习。霍勒斯·曼（Horace Mann ）在很久以前说过，“试图进行教学，却不用学习的渴望来激励学生，就是在做无用功”。同样，一所学校之所以有统一的目标，这些目标之所以能实现，也正是因为教师相互信赖，工作中拥有激情。

与学生建立相互信赖的关系是有效教学的先决条件。

课堂的民主和公平

课堂是社会的镜子。学生从小就在课堂中学习有关公平、公正的知识，这些知识伴随着他们的成长。有效教学需要教师创造这样一种学习共同体，即民主、公平以及对所有学生同样高的期望。这一点我们将在以后的章节中详述。有些教师认为，那些来自非主流文化的学生缺乏学习能力，这种消极的态度和期望会限制这些学生的学习机会。21 世纪应该是打破这种恶性循环在教育系统中继续存在的时候了。

引导实践艺术的知识基础

有效教师能够很好地掌握知识基础，这决定着他们的教育行为，无论是在课上还是在课下。事实上，专家就是掌握信息的人，这使他们在处理问题时比一般人更有洞察力，也更有成效。同时，没有哪一个专家，包括医生、工程师和律师，具有足够的、能够回答所有问题或回应质疑的知识，而且并不是采用最好的实践方法就能解决所有的问题——病人会死亡，设计方案会被否决，案件会败诉。在教学中也是一样，尽管教师应用了最好的实践方法，但还是会有一些学生不认真学习，而另一些则选择离开学校。

对于那些正在学习如何教学的人来说，弄清楚教学知识基础，以及针对教师的知识基础所开展的科学研究的贡献与不足是十分重要的。同样值得指出的是，尽管指导教学的知识基础仍然不够完善，但与二三十年前支离破碎、断断续续的情况相比，它在当下已经获得巨大改善。

我们应当考虑三个关于教学知识基础的问题：（1）获得教学的知识基础意味着什么？哪些领域的知识与教学关系最为密切？（2）教师如何获得和使用教学的知识？（3）现今教与学的知识有何局限？

知识的本质与知识的领域 科学知识实质上探讨的是变量之间的关系。在社会科学领域和应用科学领域（如教育），这意味着探讨一个变量与其他变量的关系，或在某些情况下探讨一组变量在一定条件下如何影响其他变量。在教育中，人们研究最多且与教学关系最密切的变量，是与学生学习及学生学习如何被教师行为影响相关的变量。约翰·布兰斯福德、琳达·达林-哈蒙德和帕梅拉·勒佩奇（John Bransford，Linda Darling-Hammond & Pamela Lepage，2005，p. 15）把所有教师的知识、技能和人格倾向分为三类：

（1）在社会情境中有关学习者和人生发展的知识，包括在其一生中获得的有关学习和人类发展的知识，以及更特别的语言发展知识。

（2）主题和课程目标的知识，指掌握教学的主题和技能并把这些跟学校的课程和社会目标结合起来。

（3）对教学内容和学生学习过程的深入理解，包括与特定教学内容相关的教育学知识、评估的作用和多元化背景下的课堂管理等。

许多领域的知识对教学贡献极大，其中一些来自教育研究，另外一些则是来自一线教师的经验。

图1—7显示了三个领域的知识。本书综合了人类在过去40年中所创造的大量知识，让我们对下述问题有更深入的了解：包括学生是如何学习的，激励学习的因素，以及怎样在复杂的教学环境中发挥领导作用，已经发现的教师期望与教师行为和学生成就的联系（这一点尤其重要）。我们对于这些主题与关系曾一度掌握得十分有限，而今，我们可以自信地去思考运用许多领域的知识，其中一些知识已经通过实验证实并能在不同条件下重复使用。

实际论证是基于知识和信仰的推理，是教师借以作出教育教学决定的手段。

教师对知识的运用 教育哲学家加里·芬斯特马赫（Gary Fenstermacher，1986）曾提出，为了教师而进行的教育研究之最大的价值就在于它可以提高教师的实际论证能力。他作出这一论断的依据大致如下：

教师及其他专业人员所拥有的知识与观念之所以重要，不仅仅因为这些知识、观念本身是重要的，还在于它们能够促使专业人员采取行动。指导该行动的是一系列假设——假定正确的、按某种逻辑格式连接在一起的观念，有些时候，教师们很清楚这些假设与潜在逻辑，而在其他许多时候，他们并未意识到自己在进行实际论证。芬斯特马赫提供了一个教师的例子，该教师以实际论证支持她所采用的阅读教学方法：

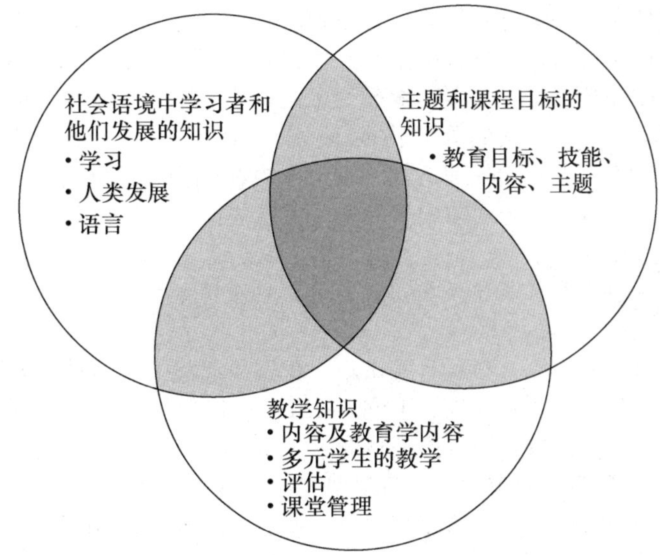

图 1—7　教与学的知识基础

（1）对于学生来说，知道怎样阅读是非常重要的。

（2）对于不知道怎样阅读的孩子，从读初级读本入手是最好的。

（3）所有阅读能力差的孩子通过齐声读初级读本，都能继续读下去（阅读的重要性决定，制定齐声读初级课本的标准无可厚非）。

（4）阅读的技能极有可能通过大声齐读初级读本再加上时不时地让个别学生朗读而掌握。

（5）这是一群阅读能力较差的学生，我是他们的老师。

活动：（我在分发初级读本，准备让全班学生读给我听。）

在这个例子中，假设 1 是有关价值的表述，在这一点上大多数人的意见是一致的。假设 5 是事实的表述，教师假定其十分准确。而假设 2、3、4 是教师持有的有关学生学习方式与教学的观念。这些信念影响了初级读本和齐读方式的应用。在这一特例中，这些观念显然未经阅读教学研究证实。

芬斯特马赫指出，研究结果及关于“最好”的实践的知识——如果被大家了解——将会引导这位教师去怀疑自己的观念，然后重新思考支持她的教育行为和教学实践的假设。了解和使用研究成果是一种方法，让我们理解、质疑并挑战我们的观念：儿童如何学习，用以促进这种学习的最好途径是什么。这与基于传统、习惯思维或民俗做事的风格截然相反。

因而，教学研究可以消除有关教学的各种愚昧见解，正如其他领域的研究可以破除教育之外自然界及人类社会方方面面的神话一样。基于这种理由，教师牢牢地掌握有关教学的知识基础，包括知识在不同背景下的应用，显然是非常重要的。然而，每一个人都应当谨记，教学是一个极为复杂的过程，它在不断地否定既定方法与规则。我们同样也应当记住教育研究和当今教学知识的局限性。

教育研究的局限　有几个因素可以解释，为什么教育研究只能在某些情况下为教学活动提供资料，而在另一些时候却不行。

没有一成不变的公式或处方。即便针对今天的教师而言，有一些有关最好实践的指导性原则可供借鉴，新教师也不应当轻易下结论，认为基于研究的原则可以在任何时间、对所有学生、在任何背景下都起作用，因为这显然是错误的。相反，教和学是极易随实际情况的不同而变化的，在某些背景下适于某一组学生的原则不一定适于其他情况下的另一组学生。同样，专家及资深教师所使用的策略和方法不一定被新教师仿效。教师应当在他们自己能力和技术的范围之内，在特定的学生、班级与团体中采取并应用某些指导方针与细则。

对于有效教学而言，没有简易的处方可寻。

细则并不能自动成为建议。一线教师常常要求研究者提供基于其研究的建议，他们所问的问题有："我们可以在三年级使用能力分组吗?""在十年级的社会课上，什么才是最应当教授的概念?""约翰每天带着倦容来上课，我怎么让他打起精神来?"答复只有一个：仅靠研究不能解决具体、实际的问题。以第二个问题为例，即便一个研究者可能会提供一些教学经验，说明其他学区给十年级学生教什么，或15岁左右的孩子对历史概念有怎样的理解力，他也无从告诉一名教师，在给定的学生群体中，在特定教学目标下，在有特定群体价值观念的情况下——这些是必须要考虑的重要因素——应该教授哪些概念。

社会观念与群体价值观，影响教师教什么和如何教。

细则不是创新。教学研究的致命局限在于它关注的是现有的实践。描述、解释目前教师正在做什么的确有价值，但这不应该妨碍新的探索和实践。如下的两个例子可能会说明这一点的重要性：

第一个例子，许多基于实地调查的课堂管理实践是从研究中得来的。在进行这些研究时，研究者比较了他们心目中的有效教师与低效教师的课堂管理方式，有效课堂管理模式便诞生于这样的调查研究之中。但是，有了这些模式并不表明我们不能继续探寻更好的课堂管理模式。这仅仅意味着，在特定条件下，一些课堂管理方式要好于其他方式。

第二个例子，许多关于有效教学的研究是在这样一种教室里进行的，后者代表了更为传统的教学方式：一名教师与一群学生为了完成传统的学习目标——掌握基本知识、技能而学习。尽管这种研究可以让我们了解传统教学范式中的最佳教学实践，但是它并没有告诉我们更多有价值的创新成果及可能在将来出现的新范式。

达菲和基尔（Duffy & Kear，2007）非常恰当地指出，这个职业应该继续鼓励教师运用基于研究的教学实践，但我们更应该让他们在自主的环境下因地制宜地采用。我们应该告诉新教师，对政策制定者挂在嘴边的"研究表明"要保持怀疑的态度，因为那只是为了论证他们自己的观念而已。最后，有效教师应该让父母和公众认识到，现在的很多研究被市场操纵，不应该轻信而让那些所谓的大师们赚到钱。

有效教学实践的全部技能

有效教师拥有一整套保留剧目——"保留剧目"（repertoire）这个词主要用在

音乐与戏剧当中，指一个演员所能演出节目（例如，语言类节目、歌剧、喜剧、音乐等）的数量。很显然，资深的专业演员要比新手拥有更为丰富的保留剧目。教师亦是如此。

本书强调的是，有些教师拥有多种技能，并不局限于个别自己偏爱的技能或方式。这与早期的一些观点形成了对比。那些观点试图证明，某种教学方法优于另一种教学方法——如归纳和演绎教学法之争，读音法和全语法教学孰优孰劣，以及讲座式与讨论式教学之争。这种争论是无益的，且容易误导人。没有哪一种方法在所有情况下都优于另一种。相反，许多教学方法是合理的，选择哪一种特定的模式依赖于教师的目标、具体的学习者群体的特征，以及群体的价值观和期望。

本书描述的教学实践，只是新教师全部技能中的一小部分。其中一些是大而复杂的教学模式，另外一些仅是简单的方法和技术。教学实践显然不止这些，有效教师将在其职业生涯中不断发展他们的技能。

“保留剧目”这一概念承载的是这样一种思想，即某一行动的过程与这一工作的不同方面相关。再用音乐来打比方，一个熟练的音乐家可能有若干古典音乐保留剧目，一种适于在夜晚俱乐部中或流行音乐会上演奏，而另一种可能适于在家庭聚会时演奏。本书是围绕一个特定的教学视角设计的，其内容也是围绕教师教学实践这一概念和教师三个工作领域的“保留剧目”展开的。

无论教师的级别水平、专业领域或所任教的学校类型有何不同，他们都需要履行三项重要的职责：他们领导并管理学生，面对面地直接教育学生，并与同事、家长和其他人共同改进班级和学校的工作。教学的这三个方面见图 1—8。很显然，这三个方面并不总是互不相关的，教师也不能只履行其中某一工作职责，不考虑其他两个方面。不过，这样标示方便新教师弄清楚复杂的学校环境中一系列与教学相关且容易让人困惑的事情。

图 1—8　教学的三个方面

领导　在许多方面，当代教师的角色类似于其他类型组织中的领导者。人们期望领导者作出计划，激励他人，协调工作，以便使个体相互合作，同时还希望他们协助团队成员阐明、评估重要的组织目标。

有关教学是领导艺术的观点经常遭到批评。批评者认为，“领导”一词源于工业时代高效率管理者的概念，这一比喻会使人们像看待工厂一样看待学校，而且过分地强调教学的技术和技能层面。“教师作为领导”的隐喻还会导致人们过多关注支配权、程序以及效率，而牺牲了创造力和自发性。

除了“教师作为领导”比喻的不恰当使用外，教师和领导在其他领域的确有很多相似性。本书将在不违反教师的创造力和自发性原则下介绍领导技能。

教师对学生的“领导”，是通过教学准备、激发学生以及为学生学习提供便利而实现的。

教学 当大多数人考虑教师的职责时，他们想到的是日复一日地教授学生知识。事实上，教学理论的整体架构是由以下三部分组成的：（1）由布鲁斯·乔伊斯和玛莎·韦尔（Bruce Joyce and Marsha Weil，1972）及卡尔霍恩（Calhoun，2003）提出的“教学模式”的概念；（2）学者们基于过去 40 年的研究（Gage，1963；Richardson，2001；Travers，1973，Wittrock，1986）提出的教学策略及教学方法；（3）资深教师的全部技能中所蕴含的教育智慧（Shulman，2004）。

经过多年的探索，许多教学方法得以创造出来。其中一些是在教育研究者调查学生如何学习及教师的行为如何影响学生的基础之上形成的；另一些则是通过教师在课堂中实践自己的教学以解决具体问题形成的；还有一些是由心理学家、企业培训人员甚至如苏格拉底这样的哲学家创造出来的。

教师最重要的工作是在课堂中为学生提供面对面的教学。

乔伊斯、韦尔和卡尔霍恩将每一种方法归为一种教学模式。在此定义的“模式”一词的含义，要比方式或策略更为丰富些。它是指一个整体的计划或类型，用以帮助学生学习具体类别的知识、态度或技能。一种教学模式，正如随后要讲到的，具有一种理论背景或哲学基础，以及围绕着达成预期教育结果的具体教学步骤。

教学模式这一术语用以形容一种整体的教学方法或教学计划。教学模式有以下属性：它是一个清晰的理论框架，能指明学生应该学习什么，包含具体的教学步骤、教学体系。

每一种模式在基本原理、哲学基础以及目标设置方面都有不同，但具体的步骤和策略基本相同，例如，每一种模式都需要激励学生、明确要求或就某些问题进行讨论。

教师要采取多种方法来实现对多元化背景的学生的教育期望。单一的方法或方式是不够的。有了多种模式可供选择，教师就能选取最有助于完成特定目标的模式，最适合一个班级学生的模式，或可以连续提高学生的学习动力、参与程度和成绩的模式。

差不多有几十种教学模式已经被确认和描述了，但其中有多少应该是新教师需要掌握的呢？很显然，要求一个新教师熟练掌握所有这些模式是不现实的——这要用一生来掌握，要求其掌握单一的模式同样不现实。看起来，让新教师在其职业生涯初期掌握适量的技能才是合情合理又实际的，因此，我们选择了六种模式，如果学好这六种模式，就可以满足绝大多数教师的需要。它们包括：讲授模式、直接教学模式、概念教学模式、合作学习模式、基于问题的学习模式及课堂讨论模式。在表1—1中，你会发现前三种教学模式——讲授模式、直接教学模式及概念教学模式都以较传统的学习观为基础，源自教师中心的教学原则；而合作学习模式、基于问题的学习模式与课堂讨论模式则更多来自建构主义的学习观以及以学生为中心的教学原则（Donovan & Bransford，2005；Tobias & Duffy，2009；Weimer，2002）。

表1—1　　六种教学模式

传统的/教师中心的	建构主义的/学生中心的
讲授模式	合作学习模式
直接教学模式	基于问题的学习模式
概念教学模式	课堂讨论模式

> 今天的教师除了要和学生在一起交流，还要为了学校的整体计划和工作协调而与学校里的其他工作者合作。

组织　关于教学的普遍观点是把绝大部分注意力放在教师与学生的互动上，而这对于理解当代学校中的教学现状是不够充分的。教师不仅要进行教学计划、实施教学，还要在复杂的工作环境中承担组织者与领导的职责。

学校不仅是学生学习的地方，同样是成年人担当教育角色——校长、教师、资源专家、助手等——的地方。学校同其他工作场所既有相似之处也有不同之处。相似之处是，学校也要制定制度，保障各项工作顺利完成。新教师会发现，成人在学校里的工作与在其他组织中的工作十分相像。除了完成学校的任务外，他们要努力工作，以满足个人需求及动机。同时，曾在别的组织中工作过（也许是在暑期工作或职前的工作中）的人会发现一些学校工作的独特之处。这包括：学校的规章制度赋予教师大量自主权，同时把他们与同事隔绝开来；"客户"（学生）们不是自愿参与这一组织的；由于学校受各方公众高度关注，其目标多变、模糊，这反映了当代多元文化社会的多元价值与信念。

> 学生的学习不仅有赖于教师在课堂中的行为，同样也受特定学校中教师与家长相互协调的结果的强烈影响。

同其他组织一样，学校需要随周围大环境的改变而变化。很多准备当教师的人都有一种想要改善教育与学校的强烈理想主义动机。然而，理想主义者并不总能找到合适的策略将优秀的教育理念付诸实践，尽管在过去的二十多年中，支持教育变革与学校改善的知识基础得到了充分发展。现在我们已有完备的知识基础可以解释为什么许多早期的教育改革都未能付诸实施，这些知识基础可以为教师推行学校改善计划提供理论支持。

由于两个主要的原因，掌握一整套组织技能对教师而言十分重要。首先，承担组织角色、领导学校、管理班级的能力将极大影响你的职业。正是通过出色地承担组织角色，新教师才会被其他教师、校长及家长所认识。例如，当一名教师在授课时，很少有同事来听课，但是，他们却有很多机会看到其他教师在员工会议上发言，主动为学校委员会开展重要工作提供帮助，在学校的开放日或家长教师协会的公开会议上与学生家长交流。通过这些额外的机会，教师和其同事一道成长为有影响力的专家，并且其影响力不再局限于学校之内。与此同时，新教师缺乏有效履行组织职责的能力可能是其被学校解聘的最重要原因。许多教师很早就终止了教学生涯，不是因为他们教学能力欠缺，而是由于他们缺乏在复杂的组织中与他人相处、关注自身发展，同时保持良好心态的能力。

其次，研究者和教育工作者开始认识到，学生的学习不仅与个别教师的行为相关，而且和学校里教师们的共同行为相关。要想在学校中有效地工作，就需要发展一些组织协作能力，如与同事及家长培养良好的关系，参与合作性计划，以及为达到上述目的而在愿景及方法上与他人取得共识。有效教师应具有一整套技能，以在学校和社区里就重要的教育问题取得话语权，并且可以与同事们合作，共同促进学生学习。

反思和问题解决

许多教师面临的问题都是情境性的，并各有特点。独特性与情境性呼唤“实践艺术”，即不可能通过阅读书本学到的东西。有效教师抱着解决问题的态度应对特殊情境，并通过反思自身实践学习如何教学。

另外，现在教师面对的许多问题是有关价值观和选择的问题，在这些问题上，科学知识或许可以给出一定的解释，但却无法帮助教师作出决定。舍恩（Schon，1983）着重提出了一线教师的价值困惑：“一线教育工作者常常身陷价值、目标、效果及利益的冲突中不能自拔。在预算减少的背景下，还要其提高效率；要求高效负责地教授基本的内容，又要求鼓励创新能力，培养公民意识，帮助学生形塑其价值观。凡此种种，使教师感到沉重的压力。”（p. 17）

兰珀特（Lampert，2001）也指出了教学的复杂性及反思和解决问题能力的重要性：“教学工作之所以复杂的原因之一在于，教师在引导学生学习时，很多问题会同时发生，而不是依次出现。由于同时发生，几种不同的问题需要在同一个教学行动中解决。一方面教师的教学行为是独立的，另一方面又与学生个体或群体产生互动。教师在行动时要考虑到教学的时段安排，还要考虑到教学活动的不同水平，这些又都是在与学生的互动中实现的，其中包括与学生个体、小组和班级的互动，所有这些构成了一堂完整的课。”

如果知识不能为有效的实践提供系统的指导，那么实践者怎样才能技艺纯熟、胜任其职？舍恩（Schon，1983）又提出了富有价值的深刻论断。他认为，在专业实践艺术中，有一点不可或缺：天才的实践者，无论是工程师、科学家、管理者还是教师，都在日复一日的实践中展示着职业艺术。虽然我们并不总是知道怎样教授专业实践艺术，但我们确定，对于某些人来说，这是可以学会的。

本书致力于通过一种特殊的方式来展现作者希望传达的信息：这种方式提醒

每位教师，我们所面对的教学领域内，所有相应的知识都是分散与不完整的，在这种教学情境中，作为一名教师，我们必须要努力展示自己解决问题和反思教学实践的能力。“在线学习中心”（Online Learning Center）将会帮助你熟悉问题和反思你的教学实践。反思技能及解决问题的技能是复杂的，并且不易学会。但是，如前所述，专业实践艺术是习得的，凭着经验以及缜密的分析与反思，就能掌握。

检测—拓展—探索

检测

- 有效教师的主要特点是什么？
- 有效教师具有哪些典型的个人品质？
- 为什么教师要尽可能地使其教学策略、技能多样化和灵活可变？
- 教师工作的三个主要方面是什么？

拓展

- 在你个人发展的现阶段，你认为自己更倾向于以教师为中心的教学方法还是以学生为中心的教学方法？登录“在线学习中心”，在“拓展问题投票栏”做出回应。
- 你对教师工作的组织方面怎么看？你认为它重要吗？为什么重要？或为什么“不重要”？

探索

- 请登录“在线学习中心”（www.mhhe.com/arends9e），并链接到有关“有效教学”的网站。

第3节　学会教学

有些教师就像陈年美酒，任教时间越久就越优秀。另一些教师虽然经过数年的实践，但教学技能并没有提升，仍旧停留在他们第一次进入课堂时所处的能力水平上。为什么有些教师善于钻研教学艺术而且善于反思？为何这类教师有创新精神、心态开放、大公无私、乐意让自己和学生接受挑战，并且能在工作中作出重要决策，而另一些教师所展现的却是截然相反的风格？

任何人要想在芸芸众生中取得卓越成就都需要很长的时间。许多职业运动员在很小的时候就展示了天赋，但只有经过多年专心的训练，到了二三十岁的时候，才能达到巅峰状态；许多伟大的小说家也是在写了很多低水平、不成熟的作品之后，在其晚年写成了最精彩的著作；天才音乐家和画家的自传也常常说明，他们苦心孤诣多年，才在艺术上趋于成熟。要想成为一名真正有造诣的教师也是一样的，需要在期望完美的动力之下有目的地行动，也即需要这样一种态度：学会教学是一个终身发展的过程，在这期间，教师通过反思和质疑会逐渐找到适合自己的风格。

成为真正成熟的教师需要很长时间。要用“学会教学是一辈子的事”的态度来激励自己。

这一部分描述了学会教学的过程，并着重指出学会教学是一个终身的、不断发展的过程，而不仅限于从上第一节教学方法课到获得教师资格证的这一段时间，没有哪个教师仅通过课堂学习就能成为有效教师的。相反，他们关注自身的学习，发展个人的教学特色与技能，然后才逐渐成熟起来。

教师的发展模式

正如你随后要看到的，当代有关儿童如何学习的观点也适用于教师的学习，这意味着认知发展和情感发展是阶段性的。教师学习教学的时候，是以已有的认知结构来处理经验的。很显然，每个人在进入教学行业的时候都是带着一个十分复杂的认识结构的，因为他们在校读书数年，曾用很长时间观察过自己的教师。当教师获得新的经验时，便有所发展，进入一个更为复杂的阶段。然而发展并非自动生成，而是产生于合适的经验为个人的认知和情感发展提供了一个刺激时。当环境状况不是很适宜，即过于简单或过于复杂时，学习就会停滞不前。换句话说，由于教师自身在学会教学过程中不断复杂化，如果他们想继续以理想的速度发展下去，教学环境就必须相应地更为复杂。虽然很多时候环境都不可能轻易改变，但是你可以试着寻找到与个人职业发展水平相匹配的环境，从中学习教学。

这意味着，同其他职业的从业者一样，成为一名教师是一个系统的、逐步发展的过程，如果没有合适的经验、阅历，就可能止步不前。以下是关于教师如何学会教学的具体发展理论。

发展阶段及其关注的方面 已故的弗朗西斯·富勒（Frances Fuller，1969）曾在20世纪六七十年代对得克萨斯州大学的师范生、新教师及资深教师进行了研究。在随后的八九十年代，莎伦·费曼-南姆斯（Sharon Feiman-Nemser，1983）等人以及理查森和皮莱斯（Richardson & Placier，2001）也指出了新教师成长为资深教师要经历哪些阶段。这一阶段最早是被富勒所创建的，随后得到了费曼-南姆斯以及最近一些研究者的确认（Conway & Clark，2003）。以下是关于教师如何学会教学的具体发展阶段理论的总结：

> 新教师在成长为资深教师的过程中要经历大致相同的阶段。

（1）适应阶段。当新教师第一次考虑教学时，当他们第一次面对学生而不是躲在讲台后面时，他们大多首先考虑自己的适应问题。他们十分担心并迫切地想知道他们是否善于人际交往，学生及上司是否会喜欢自己。并且，他们也十分关注班级的控制，担心局面失控。事实上，许多新教师在初始阶段都做过学生失控的噩梦。

（2）实际教学阶段。在某种意义上——当然不同的人情况有所不同——新教师此时感到较为胜任工作，并且渡过了适应阶段。同学生的互动及对学生的控制也开始按部就班起来。在这一阶段，教师开始将他们的注意力与精力转向教学情境本身。他们开始处理教学时间紧迫的问题，以及课堂中一些现实的问题，如学生人数过多，教材不合时宜，自身教学技能、策略的不足等。

（3）关注学生、得心应手阶段。最终，教师成熟起来，并且找到了处理或解决前两个阶段所遇到问题的方法。在这一阶段，教师掌握了教学及课堂管理的基本原则，开始按部就班、卓有成效地开展工作。直到这时，教师才开始触及高水平教学的问题，并且开始试着了解学生的社会与情感需要，一视同仁地对待学生，根据教学内容与学生的需要调整教学策略。最为重要的是，正是在这一时期，教师开始关注学生学习，对之全权负责。

最后阶段，教师会发展成为资深教师，与新教师不同，资深教师对所教科目和教育学得心应手，而且他们非常清楚什么时候、运用哪些具体的教学方法（Bransford，Brown & Cocking，2000）。他们也有能力对课堂上出现的各种状况加以控制，而这对新教师来说来是个噩梦（Darling-Hammond & Bransford，2005；Hammerness et al.，2005；Sabers，Cushing & Berliner，1991）。

后来，上述理论逐渐淡出人们的视野，并为另一种观点（Griffiths and Tan，1992；Richardson and Placier，2001）所取代。后一种观点认为，教师的发展过程是逐步演进的，并非像富勒和费曼-南姆斯所指出的那样精细、准确。但是，富勒和费曼-南姆斯总结的模式对于思考学会教学的过程是有帮助的，有助于教师明确现阶段关注的问题，并为进一步关注更高水平的问题做好准备。例如，一个十分担忧遇到问题的新教师可能会借鉴他人的经验或通过培训来培养自信和独立解决问题的能力。如果在班级管理上耗费的精力过多，新教师应尝试着找到改变这一情形的方法。在“在线学习中心”，你可以找到测试你现今所处职业阶段的问卷。

学会教学发展模式的含义 当新教师正在经历学会教学的过程时，发展模式有多重含义。首先，这些模式表明，学会教学是一个发展的过程，在这个过程中，每一个个体都是从简单而具体的阶段发展至复杂和抽象的阶段。这样，发展模式就为教师审视自身成长提供了一个框架。

其次，教师可以利用这些模式判断出自己的教学水平和发展阶段。这一知识可以使教师坦然接受在最初几年内必然会有的焦虑和担忧。更为重要的是，这些模式可以使教师对自己今后的学习做出规划，以便发展更成熟、更高水平的技能。

教学受到的早期影响

看起来，学会教学的某些方面会受到人们成长和学习过程中身边重要的年长者特别是教师的影响。在 20 世纪 70 年代早期，芝加哥大学的一位社会学家丹·洛特（Dan Lortie）花费数年研究了为什么人们会选择做一名教师，什么是专业教学，以及什么样的经验会影响学会教学。他采访了大量的教师，并问他们什么样的经验最能影响其教学。许多资深教师告诉洛特，教师在生活早期面对的重要年长者，如自己的老师和父母，极大地影响了他们对教学的理解，并使他们后来选择了教师行业。我们可以在下文“研究摘要”中看到洛特的研究成果。

> 我们从教的期望，我们关于有效教学的看法，都源于家长和老师的深远影响。

以下将是你看到的第一个“研究摘要”，以后本书的各章均会出现这一栏目。这些摘要将有助于你感受教育领域的研究，并可以使你基于教学的知识进行正确评估。把这些研究摘要编入本书，或者是因为它们在专业领域被认为是经典性研究，或者是因为它们展示了多样、丰富的教育研究方法。

全书所有“研究摘要”的范式大致一样，首先介绍研究者想要研究的问题，然后简单介绍研究内容，以及步骤、类型，需要的话，会提供阅读提示，以帮助你阅读这个研究报告。每个研究摘要都描述了重要成果，并陈述了该研究在实践中的应用。

使用这种范式是因为，懂得教和学的理论基础是十分重要的，学会如何阅读、评价和使用研究成果也同样重要。本书附录的“资源手册”中专门讲了与“阅读与应用研究”相关的内容，使读者进一步认识教学研究的本质。你可能迫不及待想提前看看了吧！

有关学会教学的具体过程，人们已经知道得很多了，而且远远超出了本章的内容。但是，通过总结概括，本书的学习者可以对自己以往的相关经验加以分析评价，从而真正认识到他们对教学已经了解很多了。同时，他们也应当承认自己还有很多需要学习的地方。有效教师必须学会使用复杂的（特别是有效的）步骤及方法。他们必须挑战自身已有的认识，并学会如何像资深教师一样思考问题。这并不总是很容易的，因为资深教师与新手的想法是不一样的。在所有学会教学时要面对的挑战中，精通教学过程的行为及思想是最为重要的挑战之一，一旦逾越，你将获得极大的回报。

研究摘要

好的教师与好的教学

Murphy，P. K.，Delli，L. M.，and Edwards，M. N. （2004）. The good teacher and good teaching：Comparing beliefs of second grade students，preservice teachers，and inservice teachers. *Journal of Experimental Education*，72，2，69－93.

问题与方法：绝大多数学生、家长和教师都想要好的教学，教师培训项目也很认真地教学生如何成为好教师。然而，好教师和好教学的准确特征是什么，对此不同的受教育者有不同的看法。在一项独特、有趣的研究里，凯伦·墨菲和她的同事在二年级学生、准备做教师的大学生和在职教师三种样本间做了有关好教师与好教学的特征和观点的比较研究。

样本：研究者选择了三个小组（二年级学生、职前教师和在职教师）来参与这次研究。二年级学生是来自中西部小学的 32 名女生和 28 名男生，61 名职前教师（50 名女士和 11 名男士）就读于中西部一所大学里的职前培训硕士项目，以及 22 名（19 名女士，3 名男士）来自城市和农村中小学的在职教师。

方法和步骤：采用“塔克曼教师反馈表格”（The Tuckman Teacher Feedback Form，Tuckman，1995）来测量有关好教师的观点。这个工具提供一系列特征并要求被测者进一步回答哪一种具体特征影响了有关好教师的观点。二年级学生理解不了的特征在问卷上被划掉了。针对成人的李克特四分量表在二年级学生组被换成了“微笑的脸蛋”。另外，三个小组都被要求画一幅有关好教师、好教学的画。

阅读研究时的线索：表 1—2 呈现的是典型的教育研究数据。研究者比较了三个小组的平均值（M）和标准差（SD），本书后面的“资源手册”里有对平均值和标准差的详细定义。

表 1—2　　教育研究数据

特征	总体		二年级学生		职前教师		在职教师	
	平均值（M）	标准差（SD）	平均值（M）	标准差（SD）	平均值（M）	标准差（SD）	平均值（M）	标准差（SD）
有爱心	1.08	0.44	1.05	0.39	1.10	0.47	1.14	0.47
耐心	1.20	0.58	1.27	0.58	1.13	0.56	1.18	0.66
沉闷*	1.21	0.59	1.10	0.44	1.25	0.65	1.41	0.73
有礼貌	1.27	0.58	1.12	0.37	1.36	0.66	1.41	0.73
有条理	1.36	0.65	1.25	0.51	1.39	0.69	1.59	0.80
捉摸不透*	1.51	0.79	1.37	0.69	1.64	0.86	1.55	0.86
可爱	1.61	0.68	1.20	0.55	1.93	0.63	1.82	0.59
健忘*	1.62	0.89	1.62	0.94	1.54	0.83	1.86	0.89
害羞	1.67	0.77	1.45	0.77	1.74	0.70	2.09	0.75
言语温柔	2.13	0.80	1.93	1.06	2.25	0.54	2.32	0.48
平易近人	2.32	0.97	1.97	1.16	2.64	0.68	2.41	0.73
严厉	2.57	0.93	2.93	1.21	2.38	0.52	2.14	0.56

* 这些负面特征为反向计分。

结果：第一步是运用“塔克曼教师反馈表格”来分析表 1—2 里的数据。

从表格我们可以看到，三个小组都认为好教师应该“有爱心”和“耐心”，然而，进一步的统计分析显示了一些区别，如职前和在职教师认为“严厉”比较重要，而二年级学生则认为“害羞”、“可爱”和“平易近人”是最重要的特征。

研究者通过有关“好教师”的图画（图 1—9 和图 1—10）发现了很有趣的现象。绝大多数二年级学生（60%）和职前教师（72%）把教师画得很高大，而在职教师的图画中教师和学生的大小比例是相等的。

图 1—9　在职教师画的户外活动图

图 1—10　二年级学生从小鸟的视角画的课堂图景

研究者指出，图片比例的不同说明，二年级学生和职前教师都强调教师与学生权利的差别，而在职教师则淡化这一差异。另外，研究者发现，绝大多数二年级学生（68%）画的都是教师给全班学生上课，而职前教师（65%）和在职教师（64%）画的则是教师给小组上课的画面。当被问及画面上的教师正在做什么时，三个小组给出的答案都是一样的。根据研究者的发现，“好教师应该参与到教学活动中（如指导、引导、挑战、思考），并跟学生进行有效沟通”。其中只有一个领域有所区别，职前教师（40%）认为，教师应该参与一些课堂管理活动，而二年级学生和在职教师则持否定态度。这并不令人奇怪，我们在第四章、第五章将探讨这一点，职前教师经常花费大量时间进行课堂管理。

讨论和启示：有关好教师的一系列描述，如有爱心、礼貌、幽默和活泼等，是很普遍的现象，这些特征很久以前在文献资料中已比比皆是。然而，有趣的一点是，有关好教学的印象很可能跟学生幼年时期的经历有关联，因为当他们进入职前培训时就已经持有有关好教学的观点了（就像积累了几十年一样）。职前教师的许多观点就是从在职教师反馈到他们身上的。对教师培训者和学习教学的教师来说，非常重要的一点启示是，有关好教师、好教学的观点从二年级就已经形成并逐步强化，而且成型后就很难改变。

检测—拓展—探索

检测

● 在成长为有效教师的过程中，教师一般要经历哪几个阶段？

● 是什么力量影响许多人做出进入教师行业的决定？这种情况有何好处和坏处？

拓展

● 想想你个人的经验，谁或什么力量影响你选择做教师？这些如何影响你对于教学的看法？

● 你是否见过在某个阶段止步不前的教师？你认为是什么原因造成了这种情况？你将采取何种办法使这些情况不发生在你身上？

探索

● 请登录“在线学习中心”（www. mhhe. com/arends9e），并链接到有关“有效教学”的网站。

对课堂的反思

在度过了教学的第一年后，母校的一位教授邀请你在她的教学策略课上谈谈自己对有效教学的看法。你对恩师选择你来谈论这个问题感到非常荣幸，与此同时，你知道，确切地回答“有效教学是由什么构成的”这个问题并不是件容易的事。因此，你开始追问自己：当我还在学习教学的时候，是什么样的观念支配着我的行动？我的教学实践是如何同我对于学生学习的看法相结合的？科学研究如何影响了我的教学实践？我自身已有的经验或者同事们的教学经验如何影响着我的实践？我的教学实践在这过去的一年里是怎样变化的？

在你准备讲演时，请反思一下上述这些问题，并将之与如下一些资深教师的观点对比分析。选择那些与你任教的年级水平与学科范围最接近的老师的观点。

黛安娜·卡鲁索（Diane Caruso），马萨诸塞州塞勒姆市，索顿斯托尔中学，四、五年级

很多年来，有效教学与最佳教学实践一直是我追求的目标。对我自己的教学，以及同事的教学、教学研究的反思，一直是促使我不断成长的重要因素。在我辅导新教师时，我总是强调，尽管有效教学的一些特点和有效教学的部分技能总是固定不变的，但为了学生的幸福和成长，为了实现我们的目标，为了消除天天面对的挫折，我们必须成为终身的学习者。

若对指导我教学长达25年之久的教育观进行反思的话，我想有效教师应具备一些特定的品质和技能，例如奉献、敏感、善于质疑、知识渊博、有条理等。我依然坚持着这样一种信念，即所有的孩子都可以学习，并且能够在迈向目标的过程中体验到成功，认识到自我价值。我相信一位好老师总能真诚地努力与学生、家长、管理者以及教育专家进行很好的沟通。他们同样致力于为他们的学生尽可能地提供有价值的教育。

总而言之，我所建议的有效教学的策略为：

(1) 坚信每个孩子都能够学习，都能够体验成功。

(2) 通过职业培训与终身学习保持对新思想和新技术的开放心态。

(3) 与所有人有效地沟通。或许最重要的是，教师必须乐意向学生学习。学习他们是谁，他们有什么样的个性和文化，他们需要什么，以及什么刺激了他们对知识的渴望。

特雷莎·卡特（Theresa Carter），十年级

如果让我在一堂方法课上介绍我对于有效教学的看法，我会强调两个重要的问题：对所教授学科的热情和专业知识；与学生沟通的能力。大体上说，我对学生的学习持建构主义的观点，也就是说，仅仅向学生讲授知识，让他们做笔记，之后通过测验来反馈，对我来说是不够的。我要我的学生建立和发展他们自己的知识和意义体系。这就要求我充分地了解我任教的学科，直到我能理解这一领域各种精确细微的东西。只有这样，我才能教一堂能够将新知识同学生已有经验相结合的课。同样，我必须对学生提出的问题进行认真的回答，并且以一种他们能够理解的方式给出解释。

我想，有效教师必须同样向学生表明，教师非常关注作为独立个体的学生，对学生的工作有很高的期望。同时，有效教师必须花费时间为每一位学生提供深入的、建设性的反馈，在课堂之外对学生生活中的行为予以关注和关心。

总　结

解释“教学艺术的科学基础”的意义。

● 教学存在可以指导其实践的科学基础，并同样有其艺术基础，要达到这一点就需要有效教学。

从历史和人口学角度来描述有效教学的演变和教师角色的变化。

● 教师的角色是复杂的，受到历史与当代各种力量的影响，对于教师的期望发生了变化，在18—19世纪，关注的重点在于教师的道德品质，而今天我们更为关注教师的教学技能。

● 今天，我们的学生中有几乎1/3是来自非西欧移民后裔背景的家庭，其中有许多是将英语作为第二语言的，而其中的大部分属于贫困生，这三种因素的结合重新定位了教师的角色。教师被期望在一种复杂的多元文化教育背景中工作，为所有的孩子提供良好的教育经验。

● 今天的教师被期望能够帮助学生建构他们自己的知识，并且积极投身于他们自己的学习。

● 人们开始期望新教师能在教学之前有更为充分的准备，并同时展现其学科知识和教育学知识。

区分和讨论21世纪学校的有效教师的本质属性。

● 有效教师拥有一种能够发展与学生相互信赖的人际关系的个人品质，理解基于教与学的知识，熟练地掌握运用整套最佳实践之技能，有着反思与问题解决所必需的态度和技能，并认定学会教学是一个终身的过程。

● 教学的科学基础主要通过学习研究以及专业教师多年积累的实践智慧。通过科学知识演化出特定的教学原则和教学建议，将会成为最佳的教学实践的特点。

● 但是，研究所得的原则，不能够直接地转变为固定的“菜谱”和公式，从而随时有效地使用，这是毫无疑问的，因为教学总是情境性的，特定学生、班级、学校和社区的特征会影响对什么是有效的以及什么是不起作用的回答。

● 保留剧目指的是教师准备使用的一定数量的教学策略及过程。有效教师摸索出的包括方法和技巧在内的全部技能可以成功地完成不同方面的工作。

● 教师的工作可以概括为三个主要方面：领导、教学以及组织。

● 教师工作中的领导是指教师在其班级中承担的领导角色，例如激励学生、制定计划、合理分配资源。

● 教师工作中的教学是指教师在日常教学中所使用的教学方法与具体教学过程。

● 组织是指教师在学校群体中的工作，包括与同事、家长以及学校领导人员一同共事。

● 有效的教学实践包括以反思和解决问题的方式来处理班级活动的能力。

解释学会教学是一个发展过程，叙述教师从新手到专家阶段的灵活性。

● 学会教学是一个终身的、发展的过程，教师要经过一些必经的阶段，起初他们关注自我的生存，之后则是关注教学情境，最后则是关注学生的学业发展和社会性发展的实际需要。

● 家长与教师常常会影响一个人是否从事教学和从事教学之后的视界。对自己喜爱教师的模仿，不一定是发展自己教学风格的最好办法，因为这些教师可能没有他们看起来那样有效。

● 学会教学是一个复杂的过程，对于资深教师有用的信息不一定对新手有价值。

互动学习与应用学习

学习与探索

● 从“在线学习中心”取得学习指南，包括练习题。

观察与练习

● 倾听在线学习中心“教师的教”栏目里埃米（Amy Callen）和罗纳德·莫斯（Ronald Moss）有关什么是有效教师的谈话。

完成有关第一章的以下专题练习：

● 专题练习 1.1：21 世纪挑战对教师的含义。

● 专题练习 1.2：21 世纪趋势与有效教师。

● 专题练习 1.3：分析有效教学。

档案袋与教学实践活动

我们可以借助大学的课堂学习和阅读相关书籍去学习如何教学，但教学还有很多方面是需要通过实践和亲身经历才能真正学到的。本书每一章后面的这一部分既是用来帮助你加强实践学习，也是旨在帮助你获得有用的材料和学习成果来建立和充实本章的专业档案袋。许多教师培养方案总是要求或鼓励学习者去建立自己的专业学习档案袋，以便来显示他们是如何达到教师培养要求的，同时用来确认他们所达到的培养标准是同美国州际新教师评价与支持联盟（INTASC）的要求相符合的。因此，我们将显示专业档案袋活动是怎么同 INTASC 的原则和标准相联系的。完成下面本章的“档案袋与教学实践活动”规定的内容，所需要的帮助材料可以从在线学习中心获得。

（1）完成本章最后的“对课堂的反思”练习，并使用推荐的陈述或反思性短文以展示你对有效教学的看法。

（2）活动 1.1：评估你现在对学习做教师所做的努力，将成果总结并以展品的形式收入你的档案袋中。

（3）活动 1.2：评估你教学的关注点，评估目前你关注的层次。

（4）活动 1.3：对教师进行有关“教学艺术的科学基础”的访问，找出有关的信息。

（5）活动 1.4：建成一个能够表达你现在有关教和学思考的“教学平台”。

专业参考书目

Danielson, C. (2007). *Enhancing progressional practice: A framework* for teaching (2nd ed.). Alxandia, VA: Association for Supervision and Curriculum Development.

Darling-Hammond, L., & Bransford, J. (eds.). (2005). *Preparing teachers for a changing world: What teachers should learn and be able to do*. San Francisco: Jossey-Bass.

Kottler, J., Zehm, S., & Kottler, E. (2005). *On being a teacher: The human dimension* (3rd ed.). Thousand Oaks, CA: Corwin Press.

Marzano, R. (2007). *The art and science of teaching: A comprehensive frame-*

work for effective instruction. Alexandria, VA: Association for supervision and curriculum development.

Pelech, J., & Pieper, G. (2010). *The comprehensive handbook of constructivist teaching: From theory to practice*. Charlotte, NC: Information Age.

Ravitch, D. (2010). *The death of and life of the great American school system: How testing and choice are undermining education*. New York: Basic Books.

Richardson, V. (ed.). (2001). *Handbook of research on teaching* (4th ed.). Washington, DC: American Educational Research Association.

Tobias, S., & Duffy, T. (eds.). (2009). *Constructivist instruction: Success or failure?* New York: Routledge.

Willis, J. (2006). *Research-based strategies that ignite student learning*. Alexandria, VA: Association for supervision and curriculum development.

第二章
学生在多元化课堂上的学习

学习目标

学习本章之后，你应当掌握以下内容：

观点与概述	描述学生群体发生的变化，讨论为什么教师帮助每一位学生学习是重要的。
理论支持与实践支持	在谈到学生学习时，“公平”“区别对待”“学习能力差异”这些观念是如何成为焦点的。
特殊学生	讨论今天的残障儿童和天才儿童是如何受教育的，简述教师应怎样指导这样的学生。
文化、民族和种族	概述目前关于文化和种族的观点，将它们与以前的观点相互比较，说明在文化和种族多元化的班级里，有效教师为提高所有学生的学习效率应该做些什么。
宗教多样性	描述当今学校存在的宗教差异，老师可以采取哪些行动去识别和应对学生的宗教信仰的差异。
语言多样性	讨论语言差异在今天课堂上的重要意义，说明指导英语学习者的有效策略。
性别差异	描述性别差异在今天课堂上的重要意义，讨论有效教师怎样处理和应对性别上的差异。
社会阶层差异	描述社会低阶层学生的基本特征，说明他们的特殊需要，分析讨论针对他们的有效指导策略。
最后的思考	解释为什么需要整个学校采取行动以确保所有学生的成功。

读前反思

作为一名教师，在课堂上积极地指导那些不同文化、不同性别、不同语言、不同社会经济背景以及有特殊需要的学生是你的责任。在阅读本章之前，说说你对下列观点的态度，以四种水平来区分：“强烈同意”“同意”“不同意”“强烈不同意”。

- 我知道在自己课堂上可能会有多种文化的呈现。
- 我意识到了基于不同文化背景的学习风格。
- 我会排除文化的干扰因素，对所有学生的期望都很高。
- 我会有意识地作出努力，以让所有学生都参与到学习活动之中。

- 我会有意识地做出努力，以便给予所有学生同等的关注与鼓励。
- 我曾经参与过帮助人们更好地理解多元化的活动。
- 我承认在自己心中、在面对学生时以及在课程资料中可能存在种族偏见和文化偏见。
- 我知道如何使用全纳式教学方法（例如合作学习）。
- 在我的课堂上，我的教学和方法不会与某些学生的文化信仰产生冲突。
- 我知道如何在评估学生的能力时使用不同的任务、测试和材料，以避免评估时无意的偏见。

资料来源：Based on original ideas from Sara LaBrec，*How to Respond to a Culturally Diverse Student Population*（Alexandria，VA：Association for Supervision and Curriculum Development，1994）。

请登录“在线学习中心”（www.mhhe.com/arend9e），回答以上问题。

第 1 节　观点与概述

在学校最初创建的年代，大多数能入学的孩子都来自西欧裔家庭，讲英语，我们在 20 世纪时已经逐渐认识到这一点。当时只有一小部分孩子和年轻人能去学校学习，移民的孩子和农民的孩子一般都留在家里帮助父母干活；残障孩子和那些有严重学习障碍的孩子或者留在家里，或者被送往专门为他们开办的特殊学校。在第二次世界大战以前，人们并不想让女孩子完成中学或大学学业。创建于 19 世纪单一文化背景的学校，受到学习潜力遗传决定论和文化决定论的影响，认为教师所能发挥的作用是相对微弱的，并且认为，让某些学生处于学业发展的低水平是社会可以接受的现实。

今天，这一切都发生了根本的变化。所有的孩子都要进学校学习。这些孩子有着不同的文化背景、天赋和需要。许多人来自缺少支持和鼓励的家庭，这一点在那些赤贫家庭或者是特别富有的家庭同样存在。一些学生有学习障碍，而另外一些学生却是天才。社会不再容忍把一些学生放在特殊的教室里，也不再容忍一些学生中途退学，更不能容忍学生们一个年级接一个年级地读完了，却没有掌握基本的阅读与计算技巧。学校是属于所有孩子的，教师必须注意到每个孩子的学习潜力。课堂上的多样性不再是某个政策、价值观、个人取向的问题，而是真实存在的事实。

承认学生的多样性，理解不同学生是如何学习的，是教师将要面临的最重要的挑战之一。幸运的是，关于学生如何学习有令人鼓舞的新理论帮助，与多元化有关的教育、教学知识储备也在不断增加，借此可了解到教师如何能够创建一个与多元文化相适应的课堂，使每一个学生都得到尊重，每一个学生都能够学习。

理解多元化课堂中的学生是教学中最重要的挑战之一。

这一章的基本目标是帮助你理解学生在当今的多元化课堂中是如何学习的，这样你便能迎接多样化的挑战。现在让我们看看一位教师在课堂上的经历及她每天面对的学生。

卡利恩多女士喜爱她教的七年级科学课。在第五年的教学中，她非常成功地提升了学生的成绩，并且被认为是全校最好的教师。她的成功部分源自对自己学生的理解以及长期以来对每一个人的尊重。卡利恩多女士花了很多时间参与社区活动，同学生的父母交谈。如果我们观察她的班级会发现，学生背景之复杂（如表 2—1 所描绘的），真不是能轻易应付的。

表 2—1　　卡利恩多女士七年级的科学课

名字	种族	母语	父亲的职业	母亲的职业
社会经济地位低				
雅克（Jacques）	海地裔美国人	法语	打零工	打零工
汉纳（Hannah）	非裔美国人	黑人英语	不详	餐厅服务员
乔（Joe）	波希米亚裔美国人	英语	海员	不详
多恩特（Dontae）	非裔美国人	英语	不详	不详
塔米（Tammy）	苏格兰裔爱尔兰人	阿巴拉契亚山区语	管理员	家庭妇女
朱厄妮塔（Juanita）	墨西哥裔美国人	西班牙语	农场工人	清洁女工
劳动阶层				
特瑞恩（Tran）	越南人	越南语	菜农	菜农
托马斯（Tomas）	墨西哥裔美国人	西班牙语	木匠	办公室勤杂工
玛丽亚（Maria）	波多黎各裔美国人	西班牙语	餐厅厨师	餐厅服务员
克米克（Komiko）	日裔美国人	英语	推销员	商店职员
格雷丝（Grace）	墨西哥裔美国人	英语	出租车司机	不详
帕特里夏（Patricia）	非裔美国人	英语	码头装卸工	数据录入员
霍华德（Howard）	非裔美国人	英语	无业	教师助理
中产阶层				
里奇（Ritchie）	非裔美国人	两种方言	政府公务员	护士
魏平（Wei-ping）	中国人	普通话	建筑师	家庭妇女
尤吉（Yoshi）	日裔美国人	英语	计算机专家	教师
彼得（Peter）	德裔美国人	英语	银行家	社会工人
娜塔莎（Natasha）	俄裔美国人	俄语	教授	教师
伊莱恩（Elaine）	非裔美国人	英语	商店经理	商店职员
安娜（Anna）	爱尔兰裔美国人	英语	医生	护士
凯特（Kate）	苏格兰裔美国人	英语	电视播音员	托儿所所长
里卡多（Ricardo）	墨西哥裔美国人	西班牙语	教师	教师
上等阶层				
霍娃（Houa）	非洲人（尼日尔）	部落语/法语	外交官	家庭妇女
亚伯多（Abdul）	科威特裔美国人	阿拉伯语/法语	石油总裁	家庭妇女

资料来源：Cushner，McClelland & Safford，2005。

卡利恩多女士能够很好地理解并敏锐地察觉班级里各种不同的文化，这些文化是操着不同母语的学生带到学校来的。她尽量开设与文化相关的课程，采用与文化相关的教学法。她总是小心翼翼地避免压制任何一位学生的话语权，无论学生的语言表达水平是高还是低，她都能让学生在自我表达时感到有信心。最重要的是，她已经创建了一个学习者的群体，与每一位学生建立了深入的、有意义的联系。

卡利恩多女士班级里学生背景多元化的现象并不是一个特例，这其实是一个普遍现象。像她那样与学生相处，并不是自动发生的。相反，她的教学经验源自她对多样性及学生如何学习的深入理解。这一章将向你介绍课堂上体现出来的多元化，教师对多元化的理解，以及教师在这类课堂上进行成功教学的技巧。前两节研究当今课堂的本质、多元化带来的挑战与机会，以及理解这些挑战的理论框架。第三节介绍那些被贴了标签的处于两个极端的学生——有学习障碍的学生及有超常天赋的学生。随后几节介绍课堂上其他方面如种族、民族、文化、语言、性别、社会阶层所表现出的差异。每一节都将介绍有关差异的最贴切的理论，为那些在多元化课堂中进行教学工作的教师提供指导。最后有一个很重要的讨论，它将会说明教师依靠个人力量解决所有问题的希望是多么渺茫，在学校领域发起改革是多么有必要。

有必要指出的是，本章后面的内容分类是依据文化背景所决定的社会结构来进行的。任何一种类别的社会成员都可能依据生理特征来划分，如肤色和身体是否残障，这是我们人为设计的分类。不同类别的特征在另一种文化中可能具有不同的意义。例如，在美国，如果一个人的祖先是非洲人，通常被认为属于黑人阶层；然而，在波多黎各，同一个人，如果他所处的地位较高就会被划入白人阶层。残障是否就会构成缺陷，这要视社会因素而定。例如，在技术社会，能否熟练地处理符号信息就显得比较重要，而这在农业社会就没那么重要。缺少某一技能的人在一个社会被认为有学习障碍，而在另一个社会中人们却不这样认为。同样的，任何一个人都不可能归属于某个单一的类别。我们不仅仅是男人或女人，黑人或白人，富人或穷人。在现实生活中，我们都归属于许多不同类别的群体。

我们所处的类别是社会建构的，受到文化的影响。

最后，在讨论多样性，提及种族群体或者是有特殊需要的学生时，学习如何使用正确的语言是很重要的，特别是当我们社会对具有不同血统和残障问题的个体变得更加敏感时。在提及父母具有非洲血统的学生时，使用“非裔美国人”显得非常重要，使用正确的语言描述具有西班牙背景或亚洲背景的学生也很重要。我们也需要意识到地区间的差异和群体差异，它将影响我们用以描述某个特定群体的语言。例如，主要分布在东海岸的波多黎各人通常被称为“波多黎各人”而不是西班牙裔。在西海岸，墨西哥人被称为“奇卡诺人”。住在美国的拉丁美洲人通常被称为西班牙裔美国人或拉美原住民。今天，大多数人认为谈及某些人时使用“残疾”（handicapped）一词是不合适的，因为这个词语有一个演变过程。根据弗兰德和布塞克（Friend and Bursuck，2002）的说法，历史上的某个时期，残疾人不得不靠乞讨为生，被称为“帽子拿在手中的人”（cap-in-handers），后来他们又被称为“手放在帽子里的人”（hand-in-cappers），很明显，这个词与“残疾”（handicapped）有相似之处。当一些人提及有特殊需要的学生时，更偏向于使用“缺陷”（challenged）或“能力不同”（differently abled）以代替“残障”（disability）。例如，一个不能行走的人，可能被说成是“生理缺陷”（physically challenged），一个有学习障碍的学生可能被称为有“认知缺陷”（cognitively challenged）。一些人偏爱“缺陷”（challenged）这个术语，是因为它传达了一种可以被克服的积极意义；相反，“残疾”似乎表达了一种永久性状态。不过，“残疾”

（handicapped）这个术语还是可以接受的，你会常常在课本中发现它，在其他的文献资料和本书中它也会出现。

使用恰当的语言讨论多样性或学生的背景和能力是至关重要的。

检测—拓展—探索

检测

- 在 19 世纪，关于谁应该受教育的社会期望是如何发生变化的？
- 为什么在讨论差异性以及学生的背景和能力时，使用正确的语言很重要？

拓展

- 回想你自己的求学经历：在你们班存在哪几种多样性？作为一名学生，你是如何回应这种形势的？

探索

- 请登录“在线学习中心”（www.mhhe.com/arends9e），并链接到有关“论述多元化观点”的网站。

第 2 节　理论支持与实践支持

价值观、哲学观和政治生态影响着多元化课堂的教学实践，这些问题对于刚刚走上教学岗位的新教师而言是必须关注的。与此同时，教师应该关注以下两个方面的相关理论：有特殊需要的学生、来自多元文化背景的学生在求学时到底会是怎样的境遇；在与这些孩子共处时，哪种方式最佳。“平等”和“区别对待孩子的差异”是许多多元化研究的主题。同样，关于学生的学习能力、学习风格和学习偏好，也有一种重要的理论。这些将在本节一一探讨。

平等

从历史来看，平等的条件在美国的学校中是不存在的。即使到了 21 世纪初，许多学生的受教育机会仍受到限制。课本短缺仍然是许多学校存在的问题，一些有非裔学生和拉丁美洲裔学生就读的学校，能提供给学生的计算机设备、网络学习机会和大学预备课程仍然十分有限（*Conditions of Education*，2009；Oakes，Joseph & Muir，2004；Oakes & Saunders，2002）。学校的教师往往过于注重少数族裔学生对基本技能的教学，而忽略了他们更高的发展需求和问题解决能力。而且这些教师当中有许多很可能是不合格的——一些人没有学位，一些人缺少教育学知识，一些人缺少所教学科的知识（Banks et al.，2005；Darling-Hammond，2000；Darling-Hammond & Bransford，2005）。最重要的是，少数族裔的学生在学校的表现往往比白人学生差得多。最近 20 年，虽然大多数族裔群体学生的 SAT 平均分数有所提高，但是他们仍低于白人学生 50～100 分。在国家教育进步评估和许多地方成就测试中，非裔和西班牙裔的学生也落后于白人学生（Banks et al.，2005；*Conditions of Educations*，2009）。2007 年，白人学生与黑人学生在阅读成绩上的差距是 27 分，比 1992 年的情况稍好一些（*Conditions of Education*，2009）。数学方面的差距虽然比以往缩小了一些，但仍然很大。与过去相比，虽然越来越多的非裔和西班牙裔学生完成了中学的学习，但与白人学生相比仍存在很大的差距（*Conditions of Education*，2009；Rothstein，2004）。

在白人学生和其他族裔群体的学生之间存在着严重的、令人担忧的成绩差距。

贫穷是另一个难题。在 20 世纪末和 21 世纪初，美国和世界其他地区经历了一个经济繁荣的最好时期。然而，并不是所有的个体与族裔群体都经历了同等的经济提升。整体贫困率在上升，中产阶级在萎缩。据人口统计局最新估计：3 290 万美国人生活在贫困线以下（28 年来最高水平），其中 1 170 万在 18 岁以下。虽然这个比率略有下降，但仍然很高，还有 15％以上的儿童生活在贫穷之中。预测显示，到 2020 年，将会有 20％的美国儿童生活在贫困之中（U. S. Census Bareau，2002，Pallas，Natriello & McDill，1989）。对于多数贫困学生来说，工作或照顾家人等生活重担迫使他们中途退学。一个著名的教育家团队发布的报告《更广泛、更无畏的教育途径》（*A Broader，Bolder Approach to Education*，2008）指出：贫穷和恶劣环境是对教育的根本挑战，如果这些问题得不到解决，学校改革的其他努力都会失败。

在一个充斥着多元文化和多样性的世界中，教师除了创建一个包容和公平的课堂外，别无选择。

有些人可能会问，为什么教师必须面对“平等”这一较为宏观的社会问题？也许，期望教师和学校来解决长期存在于社会中的不平等问题是不公正的，甚至是不现实的。不过，我们至少可以从两方面回答这个问题。第一，这些问题是每一个公民都必须关注的——我们作为公民，义不容辞地为公众利益工作，努力解决这些问题，而教育能做的部分是确保每一个年轻人得到平等学习的机会，确保每个学生都能够发挥自己最大的潜力。第二，美国人非常相信，受教育的权利是通往日后成功生活的途径——包括经济的、政治的和文化的成功。这个信念被许多研究所证实：教育与收入的关系已被反复论证。人们据此呼吁，教育应关注平等问题，因为受过教育的人就有希望掌握逃离贫穷、参与到经济和政治体制中来的工具。作为教师，我们有责任帮助他们从贫穷中逃离出来。

教育者有责任确保每一个年轻人都得到“平等”学习的机会。

对学生的区别对待

一个研究团体证明，整个教育领域均存在不公平的现象；另一个研究团体则证明在课堂上教师会区别对待有差异的学生。发生区别对待的部分原因是教师有意或无意之中对一些学生有某种期待，而对另外一些学生却没有。让我们来看一下这种情况是如何产生的。

区别对待涉及多数群体与少数族裔在种族、阶级、文化或性别方面的不同教育经历。

自我实现预言 1968年，罗伯特·罗森塔尔和莉诺·雅各布森（Robert Rosenthal & Lenore Jacobson）出版了《课堂中的皮格马利翁效应》（*Pygmalion in the Classroom*）一书。这本书迅速在专业人士及普通读者中流行开来，它介绍了“自我实现预言”的概念，以及教师期望对学生成绩和学生的自我评估所产生的影响。在研究中，罗森塔尔和雅各布森给某一小学里的教师提供了这些教师所带班级中的几个学生的资料。他们告诉教师们，这几个学生已经通过一个特殊的测试，被认定为“最有前途”的学生，并且他们预计这些学生在来年能获得更好的成绩。事实上，这些学生只是被随意指定的，根本就不存在什么特殊的测试资料。然而，一年以后，这些被指定为“最有前途”的学生，特别是那些处于较低年级的学生，取得了令人瞩目的好成绩。罗森塔尔和雅各布森指出，学生取得这些成绩，是因为教师接受了虚假期待从而对他们区别对待。总之，对学生能力判断并不准确的自我实现预言，导致教师按照这种认识采取了相应的行动，反而使这些随机的预见在几年后变成了现实。

“自我实现预言”是指下述情况：教师对学生的行为或学习的期望和预言使得这种行为真的发生。

教师期望 虽然方法上的缺陷给这个实验留下了一点小小的缺憾（Brophy & Good，1974；Claiborn，1969），但是罗森塔尔和雅各布森的研究引发了研究人员对“教师期望对学生成绩有何影响”这一问题的兴趣。在过去的30年里，研究人员发现，尽管教师期望对学生成绩的影响并不像罗森塔尔和雅各布森研究所指出的那样直接，但是，这种影响是真实的。教师的期望在师生之间创建一个行为循环模式。这个模式是从古德和布罗菲的研究（Good & Brophy，2008）中总结提出的，我们综合了多个学者的研究成果（Good & Brophy，2008；Oakes，1985；Oakes，Lipton，2006），将这个循环过程用图2—1展现出来。

我们对这一过程可以问两个问题：最初期望是怎样形成的？这些期望是如何传达给学生的？

课堂同其他社会场合一样，别人总是给我们留下印象。学生的衣着、使用的语言、身体特征、与人相处的技巧等都影响着教师。甚至在教师未遇到学生之前，学生的家庭资料或者学习资料就已经给教师留下印象，使他们产生某种期望。只要最初的印象是准确的，那就没有问题。但如果教师根据最初的印象形成了不准确的期望，然后又习惯性地区别对待学生，那就有问题了。

一旦形成期望（不管是正面的还是负面的），教师就会用多种方法同学生交流。你可能会回忆起几个例子。某位教师向你传达他对你的期望，这些期望直接影响了你在他的课堂上的态度和学习。你可能记得一位对你持有高期望的教师，从第一天上课起，她就接近你，给你分配重要的任务；她在你的作业上写下正面

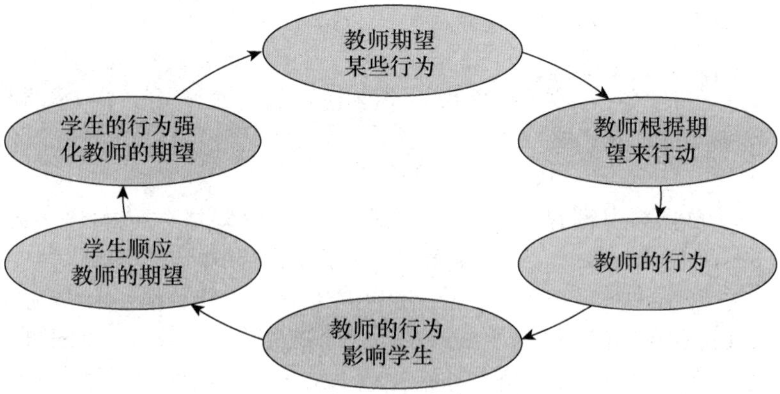

图 2—1　教师期望的循环流程

的评语；她请你起来回答难度较大的问题。这些很可能会导致你因为这位教师而努力学习，甚至能超水平发挥。又或者，你可能记得一位对你持有低期望的教师，他很少在公众场合认可你的学习，即使你举了手，他也很少让你回答问题。如果这位教师坚持他的行为，就有可能使你在他的课堂上忽略自己的学习，而将注意力放到别的地方。

表 2—2 列举了一些教师将他们的期望传达给学生的方法，以及他们对待那些自己持有高期望或低期望的学生的不同方式。

表 2—2　　教师和学校如何把不同的期望传达给学生

教师行为或学校行为	认为这些学生才能较高	认为这些学生才能较低
课程，步骤，进度，环境的质量	更多在公众面前履行任务的机会；更多提高的机会；更多的资源；更多的思考机会	较少在公众面前承担有意义的任务的机会；少有提高的机会；较少思考的机会；学习以练习为目的
团体练习	给高能力团体分配的学习任务以理解为目的	给低能力团体分配的任务更多是按工作表来安排、以操练为主的任务
学习的自主性	更自主和更有选择性	缺少自主性，而且时常需要教师指导和监督
反馈和评价	有更多自我评价和反馈的机会	缺少自我反馈的机会
激励性策略	更坦诚、更直接、随机性更强的反馈	不够坦诚、没有价值的反馈
教师资质	更合格、更资深的教师	资历较浅、经验较少的教师
师生关系的质量	教师更尊重学习者，把他们作为有独特需求的个体来尊重	教师不太把学习者当成有独特需求的个体来尊重

资料来源：Good and Brophy，2003；Good and Weinsten，1986；and Oakes and Lipton，2006。

关于这个问题，讨论的焦点是教师对特定学生持有不准确期望的情况。事实上，还有一种被称作“持续性期望效应”的效应。这种效应存在于下述情况中：一个教师准确了解了某个学生的能力，并且用恰当的行为对待这个学生；过了一段时间以后，无论这个学生的成绩是提高了，还是退步了，教师的期望都不会改变。你可能记得自己求学时或其他经历中有这样的事例。或许你在英语课上是一个优秀学生。你总是很细心地完成教师布置的作业。你写得条理清晰，展示了创造性的思考，用语言创造了美妙的形象。你的努力总是换来“A”。然而，有一周你患流感，你完成了其他的功课后，不得不在匆忙中未加思考写完文章，可是当这篇作业发还回来的时候，你又得了一个“A”，教师还写了这样的评语——“又一篇出色的文章”。你便会明白，教师的判断依据已经不是这篇文章本身，而是因为你先前写出的文章总是很好。

“持续性期望效应”是指教师不改变他对一个学生的期望，甚至在这个学生的表现发生变化以后也维持以前的期望。

你也可能会想到另外一些“持续性期望效应”的例子。或许你经常不能完成历史阅读作业，因此声名狼藉。老师每次让你回答问题，你的回答或者糊涂，或者漫不经心。你的这种行为遭到同学的嘲笑，但同时能为你没有准备功课做掩护。有一天，你决定中止这种行为，开始很认真地阅读功课，准备在课堂上谈论你的观点。你一遍一遍地举起手，想回答老师的提问，而老师却总是点其他同学而不点你。当你得到回答问题的机会时，还没有表达完观点，同学们就开始大笑，老师也在笑。此时你已经改变了你的行为，但你的老师却还停留在过去对你的期望中。

分轨制和按能力分组　分轨制和按能力分组也导致了对学生的区别对待（Banks et al.，2005；Hallinan，2003）。社会经济地位低的学生和少数族裔的学生被不相称地分在低能力小组和差班。低能力小组和差班的教学质量与优质班级的教学质量相比要差得多。用以指导分班或分组决策的标准，有时会是一些靠不住的判断。那些惯常使用的标准是标准化的智力测验分数（这种方法被广泛使用，至少测试的编制者认为是有效的）和教师的判断。不幸的是，教师的判断又受到种族和阶层的影响。即使教师准确地判断出学生的能力，种族和阶层在多数时候仍会成为分班或分组的决定性因素。今天，分轨制和按能力分组已经不再像以前那样大受追捧。但是，你将在本书第十三章的叙述中看到，我们仍应留意它残留的影响和对学生可能由此产生的区别对待。

分轨制（正式的或非正式的）限制了处于低等级的学生的受教育机会。

学习能力、学习风格和学习偏好

对教师来说，关于多样性第三个主要的理论关注学生在课堂中体现出的能力差异、个人天赋差异和学习风格差异。下面探讨的是如何定义学习者的能力，学生的学习能力有哪些明显差异，同时也讨论学生的学习方法有何不同，他们加工认知信息和情感信息的方法有何不同。

学习能力和智力　人类的学习能力有差异，这种观点并不新颖。事实上，早期的希腊人曾苦苦思索这些不同，正如几千年以来其他先哲们所思考的一样。理解学生，理解他们在多元化课堂上的学习，重要的是理解学生学习能力的差异，以及如何定义和检测这些能力。

一般智力 传统理论认为个人具备特定的心理能力，这种能力可以通过个人对特定认知任务的表现得到检测。如：分析词与词之间的联系，做算术题，猜谜语。在进入20世纪时，一些心理学家，如法国的艾尔弗雷德·比内和美国的刘易斯·特曼开发出了第一个测试人类智力和能力的量表。一开始这些理论家将人的智力看成一种单一的能力。例如，比内想找到一些测试孩子学习能力的方法，以此来帮助那些有特殊需要的孩子们，而不是将他们从学校里赶出去——当时法国和欧洲其他国家的学校都是这么做的。比内在研究中提出了“心理年龄”这个概念。如果一个孩子能够像同龄群体中的其他孩子一样通过相同数量的测试项目，那么他就具备了该年龄群体的心理年龄。智商这个概念，按照伍尔福克的说法，是在比内智力量表引进美国之后添加进去的（Woolfolk，2002）。智商（IQ）的数值等于一个人的心理年龄除以他的实际年龄，再乘以100。例如：

IQ＝心理年龄(10)/实际年龄(10)×100＝100

> 智力是指解决问题、适应自然环境和社会环境的一种或几种能力。

20世纪前20年，各种各样的智力测试结果高度相关，相互补充，为单一能力理论提供了支持。这些测试在欧洲得到了广泛的应用，常被用来确定谁能接受高等教育。在美国，人们很快应用这些测试为学生定位，以确定谁更适合在军队中服役，谁应该上大学。如今美国人对智力测验的热情虽然有所下降，但其他测试（如SAT）取而代之，被广泛地用作决策参考，如学生在学校中应处于什么位置，他们可以上哪个层次的大学等。

多元智力 在过去的30年中，几个同时代的心理学家，如，罗伯特·斯滕伯格（Robert Sternberg，1985，1999a，2009）和霍华德·加德纳（Howard Gardner，1983，1993，2006）向普通智力理论（也叫单一智力理论）发起了挑战。他们的研究表明，智力和能力远不止是单一的逻辑思维和语言能力。斯滕伯格认为人有三种智力类型：分析型智力、创造型智力、实践型智力。分析型智力主要指一个人的认知过程；创造型智力是一个人应对新经验的洞察力；实践型智力是个人适应和重塑自身所处环境的能力。斯滕伯格指出，一种场合或背景下的“智力行为”可能和另一种场合或背景下的“智力行为”有所不同。智力行为的变化依赖于一个人所处的环境，一个人的先前经验，以及特定任务或情况所必需的认知过程。根据斯滕伯格的说法，成功的生活不取决于每个人三类智力水平的高低，而取决于每个人如何理解他们自己的优势和劣势，如何取长补短。成功也依赖于个人如何利用过去的经验应对新的局面，如何调整自己的行为以适应特定的环境。在某些情况下，个体的智力表现在能否选择一个推动其成功的环境。这一观点有助于解释为什么同一名学生在某个大学取得了成功，而在另一个大学却失败了；为什么有些人能胜任这份工作，却不能胜任另一份工作。

霍华德·加德纳是当代主张存在多种智力的理论家中最著名的一个。加德纳的多元智力理论提出了八种单独的智力：言语—语言智力（linguistic）、逻辑—数理智力（logical-masthematical）、视觉—空间智力（spatial）、音乐—节奏智力（musical）、身体—动觉智力（body-kinesthetic）、交往—交流智力（interpersonal）、自知—自省智力（intrapersonal）、自然智力（naturalist）。表2—3列举了这些不同的智力和它们的属性。加德纳认为，个体能力的差异在于他们各自的智力不一样。一些人可能擅长逻辑和算术推理，另外一些人可能有音乐方面的天赋，或者是身体非常灵敏。加德纳随后（2009）进一步拓展了心理能力的种类，又提出了在信息发达的21世纪非常重要的五种智力（思维）：专业学术智力、综合统筹智力、开拓创意智力、尊重包容智力、道德责任智力。他介绍了在学校和其他环境中如何运用和培养这些智力。加德纳，斯滕伯格和他们的追随者们主张，教师和学校应当扩展评估智力的范围，采用多种教学方法以适应不同的智力类型。不幸的是，今天许多学校仍然继续强调语言能力和算术能力决定着一个人的成功，极大地忽略了学生的其他智力形式。斯滕伯格和他的同事发现，多元智力理论之所以没有广泛引起教师教学的反思，原因是它们没有来自经验研究的有力支持。为此，斯滕伯格等人（Sternberg & Grigorenko，2004；Sternberg，Torff & Grigorenko，1998）进行了许多对比研究：把传统的教学策略（以记忆为主）与使用成功智力的教学策略进行对比。这些研究给出了令人信服的证据：使用成功智力的教学策略和使用分析的、创造的、实践的多维评估手段，能让学生取得更好的学习效果和更高的学习成就。

斯滕伯格和加德纳假定智力不是单一的能力，而是包括许多能力、天赋，并且这些能力和天赋是情境性的。

表 2—3　　加德纳的八种智力类型

类型	描述
言语—语言智力	对词语的发音、节奏、词义和不同语言功能的敏感度
逻辑—数理智力	识别逻辑模式和数字模式，处理一连串推理的能力
视觉—空间智力	准确感知视觉空间的能力，在精神和物质世界两个方面理解空间变化的能力
音乐—节奏智力	创作和欣赏音高、音质、节奏和不同的音乐表达形式的能力
身体—动觉智力	控制身体运动，熟练移动物体的能力
交往—交流智力	识别和恰当回应他人的心情、脾气、动机和渴望的能力
自知—自省智力	认识或反省自我情感状态，了解自我优势和劣势的能力
自然智力	能区分有生命的物体，敏锐感知自然界特征的能力

情感智力（情商）　最后一个令教师们感兴趣的智力是情感智力（Goleman，1995）。情商（EQ）是一种认可和控制个人情感，承认他人感情，处理与他人关系的能力。这个概念已经受到各个领域管理课程的普遍欢迎。有证据显示，一个成功的领导更多依靠的或许是情商而不是智商（Goleman，McKee，and Bayatzis，2002）。关注课堂实践的脑认知领域的研究也开始承认人类的认知与情感之间的相互影响力（Sousa，2006；Willis，2006；Zull，2002）。要提高学生的情商，对教师来说最重要的是承认情感是一种能力，而且意识到情感与其他能力一样，能够受到影响且可以习得。教学生体谅他人、调节愤怒等强烈的情绪，是许多人际交往课的重要内容。教会学生为期望的目标而努力，行动上不受情感的摆布，是学校课程的另一项重要内容。

> 情感和认知在人的所有机能活动中相互影响，包括学生在学校的学习活动。

天性还是教养？ 智力是源自遗传还是源自后天的教养，这个问题已经争论了很多年。一方认为，我们一出生时，智力类别及其高低就已经确定了，这些智力能够发展，但却不可能超出某个范围（Herrnstein & Murphey，1994）。另一方如珀金斯（Perkins，1992；1995）、冈垣町（Okagaki，2000）则认为，智力是一种可学习的能力，大部分是由人们所处的环境决定的。今天大部分心理学家持折中的态度，他们认为智力既来源于遗传，也受后天环境的影响。遗传划定了一个能力范围，而后天环境重在影响个人能用能力来做什么。

今天，许多实践型教育工作者认为，智商测试和普通知识测试对判断一个人的才能和学习能力只起到很小的作用，它们仅仅反映了一个人的社会和文化背景。例如，与较为贫困、刚移民到美国以及母语非英语的儿童相比，那些家庭背景属于主流文化的儿童在这些测试中表现得更好。重要的是，教师要记住，所有学生的理解能力与技能是能够提升的，许多差异，尤其是那些年龄较大的学生的差异，是学校的教学内容与教学方式导致的。

> 大多数心理学家认为，一个人的智力和学习能力受遗传和环境两方面的影响。

认知风格与学习风格的差异 认知风格和学习风格的差异，是教师应该意识到的又一个特别重要的领域，这些差异主要体现在学生感知周围世界、加工和处理信息的方法之不同。其中的一些不同似乎是由大脑的不同导致的，而另一些是由个人的偏好引起的，还有一些是由文化背景导致的。我们已经描述了许多不同的认知风格、学习风格和学习偏好，这里只列出几个例子。

认知风格 心理学家观察到，人们感知信息和处理信息的能力有所不同（Wanpner & Demick，1991）。一些人似乎是场依存型——他们把某种状况“作为一个整体”而不是“一部分”进行感知，在大多数情境下能“统观全局”。一些人似乎是场独立型——他们倾向于把一个整体的事物分解成相对独立的许多部分。一般来说，场依存型的人多数情况下要依靠他人来确定自己的位置，对他们来说，社会关系是比较重要的，他们在一个团体中能工作得不错；而场独立型的人有很强的分析能力，多数情况下，他们自己监控信息处理，而不去管与他人的关系。这对课堂教学的意义是很明显的。场独立型的学生需要外部的帮助才可能拥有更全面的视野，喜欢自己独立工作；相反，场依存型的学生则喜欢从事于长期的、基于具体问题的任务。迈耶和马萨（Mayer & Massa，2003）关注不同认知风格的人如何思考和加工信息材料。他们识别出两种重要的群体：言语型学习者和视觉型学习者。言语型学习者能轻松地学习言语信息，而视觉型学习者则主要通过视觉图像来思考和学习。

学习风格 个人的学习风格也存在差异性。一个重要的学习风格差异是，有的学习是“情境内的学习”，有的学习是“情境外的学习”。就一定范围而言，这

些差异的出现受文化的影响。在一些文化和家庭的亚文化中，教和学产生于情境之内，而在美国的主流学校中，占支配地位的是情景之外的学习。“情境内的学习”意味着什么呢？它意味着儿童在真实的生活情境中获取他们所需要的技能和知识。例如，孩子可以在父母准备饭菜的时候，在父母的帮助下学习使用削皮刀，或者当外卖公司来送餐的时候，通过计算价格来学习分数的乘法。“情境外的学习”意味着学习不用和真实、即时的需要相联系。当父母与婴儿一起玩“这是什么”的游戏时，或者教师训练学生练习某个运算法则而不让他们解决真实的数学问题时，就会发生脱离情境的学习。情境内和情境外的教与学都很重要，两者无疑都能生效，但是习惯“情境内的学习”的儿童在脱离情境时会不知所措。

学习偏好　最后，有证据显示，学生对学习环境、学习方式有自己的偏好。许多年以前，邓恩夫妇（Dunn and Dunn，1978，1993）提出的“学习偏好”概念特别流行。格雷戈奇（Gregorc，1982）也提出了一种学习偏好的模式。他指出，学生对学习环境（声音、灯光、座位模式）的要求，对情感支持的广度，课堂的严谨程度和与同伴交流的程度都存在着不同的偏好。根据邓恩的说法，学习者偏好的学习方式也不同。一些学生倾向于依靠视觉来获取信息，而另一些学生则更喜欢通过听觉来获取信息。

显然，让教师认识到学生对信息的处理方式及学习方式的不同是很重要的。教师应尽最大努力调整他们的教学，以适应学生的学习风格、学习偏好和大脑工作的方式（Kotulak，1996；Wolfe，2001）。成功的资深教师早已懂得这点了。下面是为刚走上教学岗位的新教师提出的三点忠告：（1）几种认知风格和学习风格哪种最重要，哪种需要教师重点关注，目前并没有一致的意见。一些研究者认为有关学习风格和学习偏好的研究远远不够（Brody，2001；Coffield et al.，2004；Stahl，2002）。（2）有些学生喜欢对他们而言最简单的学习风格，或者执着于单一的学习风格。这些学生必须在他人的帮助下了解、接纳全面的学习风格，教师还要教会他们如何在特定的学习环境中选择最适宜的那种。（3）围绕不同的学习风格设计教学的确有缺陷。有时学生的学习风格差别太大，让教师适应每个学生的学习风格是不现实的。但是，这并不意味着教师可以忽略不同的学习风格和学习表现，或不去学习多样性的策略以满足学生不同的需要。这个问题将在第十三章详细展开。

检测—拓展—探索

检测

- 教师为什么要关心平等，关心课堂上的包容性和公正性？
- 比较“自我实现预言”和“持续性期望效应”。
- 举例比较说明教师如何对待他们寄予高期望的学生和寄予低期望的学生。
- 比较传统的智力定义与罗伯特·斯滕伯格和霍华德·加德纳的观点。
- 当思考多样性课堂的时候，认知风格的概念和学习风格的概念为什么是最重要的？

拓展

- 想一想你求学时教师对你寄予不正确期望的情景，教师为什么会持有这些期望？你是如何回应的？

- 你认为能力源自遗传和源自后天教育的比例各占多少？

探索

- 请登录“在线学习中心”（www. mhhe. com/arends9e），或在其他网站查询有关多元智力和学习风格的介绍。

第3节　特殊学生

学生的特殊情况是造成今天一些课堂上出现多样化的最重要因素。在任何一个班级里，教师都会发现有严重学习障碍的学生，或者是有特殊需要的学生、天才学生、智力超常的学生。这一部分介绍残障学生和智力超常的学生，同时也为你提供与各种特殊学生交往的教学策略。

残障学生

有学习障碍的学生，或者是有缺陷的学生，如果他们在校内外活动的话，必定会有特殊的需要。在第二次世界大战以前，社会并没有太多地注意到这个群体，他们大多是在特殊学校接受教育。由于立法和法庭诉讼的结果，在过去的30年里这一点已经发生了巨大的变化。1975年，《残疾儿童教育法案》（即公共法案94—142）的通过是一个具有里程碑意义的事件，现在这一法案叫作《残障生教育法案》（IDEA）。这部法案在国会修订过多次。现在IDEA保护了从出生到21岁所有在认知、情感和生理等方面有障碍的个体的权益。执行这些法律，还有大多数由法院作出的决议，都是为了回应社会服务（这些服务是专为残障的、有特殊需要的儿童及成人提供的）中的不公平及歧视现象。以教育为例，一些地方曾经禁止有特殊需要的孩子上学；在另一些地方，这些孩子所接受的教育时常是被隔离的、低劣的。《残障生教育法案》已经完全改变了这一切。正如图2—2所示，从1976年到2006年，由于联邦法案的作用，残障儿童的入学率有了极大的提高。

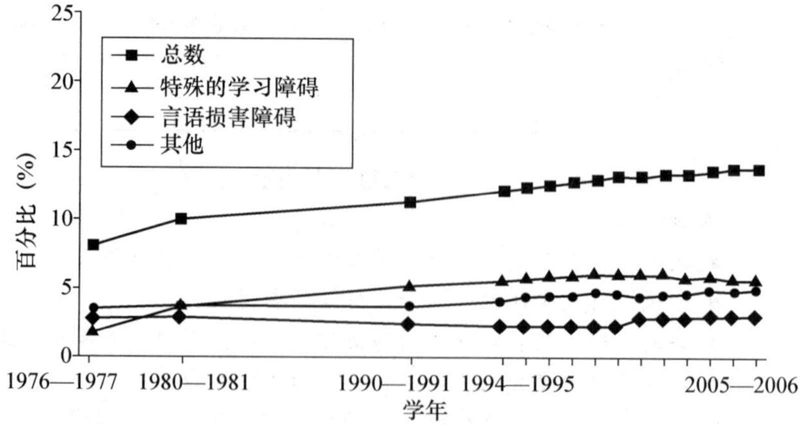

图2—2　受益于《残障生教育法案》的残障儿童的百分比（1976—2006年）

资料来源：*Conditions of Education*，2009。

当代特殊教育的特征　《残障生教育法案》的目标就是确保所有的残障儿童在最适合他们需要的前提下，享受免费的、适当的公共教育。这个法案也保证了程序的正当化。它提出了回归主流的概念，主要目的是让残障儿童从他们所处的特殊教育环境中脱离出来，尽可能达到进入常规班（回归主流）就读的程度。最初，只有轻微残障的儿童可以被编入常规班级，全纳教育紧随其后，提出一种更高的目标——班级要容纳所有的学生，甚至那些有严重残障的学生。与回归主流不同的是，全纳教育一开始就把有特殊需要的学生编入了常规班级，只有当他们有特殊需求的时候，才把他们单独编班，并为他们提供相应的服务。

全纳教育就是把轻微残障的学生和较为严重残障的学生编入常规班级，仅在有需要时才把他们编入特殊的班级中。

即使没有法律的强制规定，回归主流和全纳教育也是重要的。这么做不但能减轻歧视，还有助于教育活动开展。例如，在正规班级里，有特殊需要的儿童有机会观察和模仿其他儿童的行为，学习适当的社会行为和学习行为。正常儿童也可以观察这些残障同学的长处和可能作出的贡献，进而观察他们所受到的限制，从中得到启示。整个学校环境、社会环境因此而丰富起来。

公共法案 94—142 和随后的《残障生教育法案》建立在四个前提之下：(1) 学生应当在没有太多限制的环境中接受教育；(2) 每一个有特殊需要的孩子应当有一个个人教育计划；(3) 评价程序应当是公平且没有歧视的；(4) 学生的权利应当通过合法程序得以保障。

儿童将会在限制最少的环境中接受教育——意味着在可能的范围内，残障儿童应当被纳入常规的班级里。那些有轻微的生理、情感和学习障碍的学生是完全可以在常规的班级里度过他们的学校生涯的。问题比较严重的学生可以从特殊教育者那里接受额外的帮助，不管他们是在常规班级还是在特殊教育班级。当残障问题变得更严重时，常规班级教师的责任通常会相对减轻，这些孩子所接受的大部分教育应在特殊班级中进行。这样一来，大部分的残障儿童每天都能在某个时间段进入常规班级学习。

限制最少的环境是指专门为残障学生安排的，非常像正规班级的环境。

每个残障儿童有个别化教育计划（individualized education plan，IEP）。IEP 是由正规班级的教师、儿童的父母、特殊教师和其他专业人员——如心理学家、语言治疗专家、医学人员——共同组成的委员会所发起的。IEP 描述了儿童当前的学业表现水平，建立了未来的发展目标。这个过程中 IEP 的作用和教师的作用将在后面进行更详细的介绍。

学校接收了联邦政府为每一个残障学生提供的特殊基金，学校的分类工作也迫在眉睫了。然而，当前存在的特殊儿童评估手段是否合法、有效？从本质上讲，学生是否愿意被贴上“残障儿童”的标签？与此相关的争论普遍存在。倡导分类的人认为，这种方法有助于满足特殊学生的需要，把特殊基金花在刀刃上。同时他们也承认，目前的评估系统与分类系统有不足之处。但如果废除分类系统，就好像倒洗澡水时把孩子一起倒掉。

反对者认为，分类系统带来的问题要比它解决的问题更多。例如，他们提出了公平问题。一方面，由于使用级别划分，孩子们被纳入不同的群体。身处下层社会的学生，以及少数族裔的学生经常被纳入特殊教育计划。另一方面，残障儿童的比率在各州、各地区之间有较大差异。反对者还宣称，类别的划分会使教师认为某些与常人的差异是这个孩子先天的缺陷，持这种观点的教师会在教学中忽略这种缺陷而不予帮助。同时，"残障"的标签贴上容易，揭下难——一旦学生被纳入特殊教育计划，这种分类可能会固定，他们可能会永远陷在里面。当然，不管鉴别残障学生的问题有多少，多数家长和教师都不愿回到过去残障学生及其教育得不到法律保护的时代。

指导残障学生 大多数刚刚走上教学工作岗位的新教师会疑惑，在教室里他们应采取哪些措施帮助残障学生。他们可以做的工作如下：首先，了解与特殊需要学生有关的地方政策，以及教师在转诊介绍、提供保护以及在 IEP 中所扮演的角色。熟悉地方政策和转诊介绍与鉴别程序，注意有问题或有特殊潜能的学生。并问自己：班级里有学业表现远远低于年级水平或者是远远高于年级水平的学生吗？有行为上远远低于同龄人成熟水平或远远高于同龄人成熟水平的学生吗？在完成学习任务时，有没有学生的耐性特别好或是特别差？通常，地方政府期望教师能把具有某些特征——学业表现不正常、有行为问题或者是情感问题、注意力缺失——的学生转给相关的专业教师作进一步的诊断。

教师也应该留意联邦法律中所阐述的有关残障的具体分类。凡是具有表 2—4 所描述的残障类别中之某一种的学生，都有资格享受特殊教育服务。学校应该对每个被认定为某种残障的学生设计一个 IEP。在多数学区，IEP 是由常规班级的教师、孩子的家长、特教老师和其他一些能提供协助的人员所组成的委员会来制定的。IEP 方案应该包括以下内容：目前的学业表现水平，长期教育目标，短期教育目标，实现这些目标的策略，该生在常规班级学习时间的比例，以及评估方案。IEP 每年修订一次。

表 2—4　　联邦残障分类概述

联邦残障分类	特征
发展障碍或延迟	在以下一个或多个方面发展延迟：生理发展、认知发展、表达能力情绪控制、适应能力（包括自闭症）
盲聋	听力和视力皆受损，有程度上的差异
聋	严重听力缺陷
听力受损	显著的听力受损，有程度上的差异
情绪紊乱	有情感方面的困难，社会关系紧张
心智迟缓	心智功能和认知能力明显低于平均水平
综合性残障	两种以上的残障并发
肢体受损	严重的身体残障，运动能力受损
其他方面的健康受损	长期的健康问题或慢性疾病导致的问题
特殊学习障碍	理解和使用语言时，存在一个或多个心理过程紊乱
语言能力受损	语言结巴，妨碍交流

续前表

联邦残障分类	特征
严重的脑损伤	由大脑损伤引起的智力和身体受损
视力受损	显著的视力受损，有程度上的差异

资料来源：Adapted from data from U. S. Department of Education，2010，and Turnbull，Turnbull，and Wehmeyer，2009。

一个学生的 IEP，应该写明其学习表现、长期目标、短期目标，以及评价方式等。

有特殊需要的学生的评估方法是与 IEP 联系在一起的，且按照法律程序，评估不能带有歧视性。在诊断一个需要特殊服务的学生时，学校官方人员必须使用各种不同的测试方法，而且必须考虑到儿童的文化和语言背景。同时让家长参与评价过程，没有他们的同意就不能做出重要的教育决定。学校必须用家长所使用的语言通知他们学校打算做什么。

在具体的课堂上，教师可以为这些有特殊需要的学生开发适合他们能力的学习资料和学习活动，就像教师为满足班级里学生的个体差异而对课程做出调整一样。为了实现这种教学，教师应当尝试同特殊教师和其他相关人员密切合作。大多数学校提供这类支持性服务。经常使用合作学习策略，不仅能帮助学生提高成绩，也有助于特殊学生和正常学生之间的相互接纳和相互欣赏。

把有轻微学习障碍、行为障碍或情感障碍的学生编入普通班级后，采用什么方法进行教学最佳？当前有两种观点。

特恩布尔（Turnbull，2002）和汤姆林森（Tomlinson，1999）主张用组织严谨的直接教学法。他们提出了以下建议：

- 使用组织严谨的学习材料。明确地告诉学生目标是什么。避免分心。
- 允许通过书面语言以外的其他方式参与测试，如，录制录音带或者参与口头测试。
- 不急于求成。
- 强化恰当的行为。示范、解释什么是恰当的行为。
- 及时提供反馈，增加训练和练习的机会。

你将会发现，这些方法与第八章所描述的许多有效教学行为没有很大的区别。

然而，并非所有的人都认为这些措施是针对这个群体唯一有效的教学策略。比如科恩和罗腾（Cohen and Lotan，2004）、哈伯曼（Haberman，1991）、斯莱文（Slavin，1996）和韦利盖斯（Villegas，2002）认为，残障学生的学习应源自他们的兴趣，教师不应该强调基本信息的获得，而应该提高学生解决问题和批判思维的能力。他们推荐的策略类似于推荐给天才儿童的策略：小组调查，解决社区难题，基于问题的学习和强调积极学习的活动。合作学习和互动教学等策略能向学生传达这样的观念：所有学生都有能力学习，所有学生都可以对学习过程有所贡献，所有学生的观点都是有价值的。

教师也必须认真思考教室的空间布局，做出适当调整，以使所有的学生易于活动，特别是那些坐轮椅的学生和那些需要借助特殊器械行走的学生。他们必须考虑时间的限制及其可能对特殊学生造成的影响。例如，对于一个身体残障的学生而言，可能就要为他延长课间的休息时间。同时，教师也必须考虑好如何安排那些正常学生——能力水平高的学生能够很快地完成学习任务，教师必须想好如何让他们更有意义地使用剩余的时间。教师也必须为偶发情况做出相关的计划安排，并且把这些安排告诉全班学生。教师还必须为学生提供一些特殊设备，本章“利用技术促进教学”专栏中就讨论这个问题。

一般而言，教师需要适应学生的个体差异，并与他们的父母经常保持联系。他们必须帮助特殊学生和正常学生共同学习和娱乐。正像所有的学生一样，有特殊需要的学生也会模仿老师有意识或无意识的行为，并努力达到老师们的期望，无论这些是正面的还是负面的。无疑，公平对待特殊学生是有效教学的前提条件，如制定相关的课程，采取与特殊学生共处时所需的策略，应用特殊教育教师及全体职员的资源。虽然残障学生可能在完成各种学习任务中有困难，但他们和其他学生一样，并不是千人一面，他们有各自不同的需要。

家庭与学校

家长—教师合作

《残障生教育法案》，可能比过去几十年其他法案更强调父母在孩子的教育决策中的重要性。对于那些经历着家庭生活与学校生活相脱离的残障孩子来说，父母的作用确实很重要。（今天，很多孩子生活在养父母家中，或生活在各种儿童收容机构，由监护人发挥“家长”的作用，我们有时称这些监护人为父母，有时称作家长。）这使我们在本书中插入了这个“家庭与学校”的专题。在这个专题中，我们阐述教师如何与父母合作，如何保持联系，如何与他们一同有效地教育孩子。

下面，简单地列举了一些指导性原则，帮助教师与残障儿童的家庭合作，与因文化差异或社会阶层差异而和学校脱节的家庭合作。在随后的章节中，我们将更深入地探讨其中一些原则。

与父母沟通

- 用各种方式努力与父母保持联系：电话、网络、内部通信、家庭短笺等。
- 表现出你的信任，相信家庭能对孩子的教育决策有所贡献，避免施加“专家权威”（“我是教师，我知道什么是最好的”）。
- 不要持这样的态度：觉得父母不关心他们的孩子。
- 从父母那里搜索关于他们孩子的信息，比如喜欢什么东西，喜欢干什么事等。

与父母交谈

- 用一种让父母感到他们是受欢迎的方式同他们谈话。
- 做好准备工作，有一个明确的交流目的。
- 提前让父母知道谈话的目的，需要做哪些准备。
- 耐心听听他们关心的是什么。
- 做好记录。

我们将在第十四章展开讨论：怎样与父母交流。

利用技术促进教学

辅助技术

《残障生教育法案》要求学校给特殊教育的学生提供有益的辅助技术，这些辅助技术让那些需要特殊帮助的学生学会把个人任务同学习和生活联系在一起。一些辅助技术使得身体残障学生也能使用计算机，另一些辅助技术也为他们提供了更广泛的受教育机会。

在所有辅助技术中，最重要的是那些提供给残障生使用的计算机和其他一些现代的通信技术。例如，在数学、拼写等科目提供辅导和练习机会的程序软件；键盘可以修改，从而可以用一只手或者是一根手指进行录入；声音辨认程序使身体残障学生可以通过说话把文本内容输入计算机；改装过的操纵杆使学生可以通过他们的下颌或头的触碰来控制计算机。

今天，各种各样的辅助设施相继出现，与以前相比拓宽了残障学生受教育的机会，做到了许多以前不可能做到的事。例如，利用计算机屏幕上的大号文本和布莱叶盲文翻译机，能帮助视觉有困难的学生进行交流；盲文翻译软件能把文本转换成正确的盲文模式；屏幕放大软件能够放大文本和图表的尺度，使它们变得像电视上的大标题和即时动画那样，而且可以利用放大的文本来传递电视和电影中的对话和动作；计算机语言合成器能生成人造语音；言语辨认软件可以帮助那些只能发出一些简单声音的学生完成各种各样的任务。一个人只要学会几个代表声音的符号，就能得到一台装有特殊程序的计算机的响应。计算机具有辨别声音、实现日常生活操作和学校学习操作的功能，例如打开电视机，播放录影带，或者是在光驱上读取相关学校课程的章节；像“教学区”这样的软件程序可以提高有自闭症的学生的注意力；还有其他能把大脑中出现的信号转译成数字命令和行为的先进器材。

另一种技术，例如调适过的设备和特殊开关，将其提供给身体残障学生，可以使他们借助仪器，控制其他像电灯和无线电那样的装置，提高活动能力。计算机化的“步法训练器”可以帮助身体平衡性比较差的人保持平衡，或者帮助那些身体失控的人学会如何行走；无线电控制装置则能够帮助自动开门和接听电话。

人们专为那些患病的、必须住院治疗的学生设计了一种特别有意思的科学仪器。配备了“星光灿烂计算机伙伴”（PC Pals）后，一种特殊的计算机就可以在病房中使用了。这种机器能够提供电子游戏、网络连接，使得住院的学生可以赶上他们的功课，并且与他们的朋友保持联系。

有一个特殊的网站专为身体有残障的学生创设，非常易于操作。它是由特殊科技应用中心（Center for Applied Special Technology，CAST）研发和推广的。这个组织的使命就是利用计算机和辅助技术为残障生提供更多的机会。特殊科技应用中心还提供网站和软件，比如“Thinking Reading”“Wiggle Works”“Bobby”“Universal Design for Learning”。

由于越来越多的残障学生走进了普通的课堂，你很可能随时会遇到请求技术帮助的学生。无论如何，在作出有关使用恰当技术的决定时，你不是孤军奋战。社会要求学校帮助身体残障学生掌握识别、应用和学习合适的辅助器材的方法。2004 年的《辅助技术法案》（Assistive Technologies Act）要求每个州都配备关于辅助技术的图书资料，通过这些图书资料，帮助有特殊需要的学生识别资源。教师需要在学生的 IEP 的编制过程中确定这些辅助装置恰当与否，届时与学校开发的相关工作人员合作。一旦某个学生请求使用辅助装置，教师与其他的工作人员就要帮助并指导他正确使用这一装置。

天才学生

除了残障学生与那些无法达到一般课程要求的学生，教师在课堂上也会遇到一些有超常能力的学生。天才学生在各个不同领域显示出了他们高于平均水平的能力。1988 年国会通过的《天才学生教育法案》（the Gifted and Talented Students Education Act）定义了这些能力，其中包括智力、创造力、领导力，以及视觉艺术天赋和表演艺术天赋。

与身体残障学生受到的特殊关照相比，有天赋的学生所受到的特殊关照却缺少相关的支持，也得不到大多数人的认同。这有几方面的原因：一些人认为给有天赋的学生提供特殊的课程或者额外的支持有违平民化原则，是有精英意识的，因为他们所占有的稀有资源原本属于那些需要更多帮助的、缺少能力的学生。事实显示，许多有天赋的学生在学校没有受到注意（Gallagher & Gallagher 1994；Winner，2000）。在一些情况下，这些学生有可能怕引来同伴们的嘲笑而将自己天才的一面隐藏起来，又或者是因为他们不喜欢额外附加给他们难度更大的学习任务。那些生性爱冒险及文化背景不同的学生，由于教师期望所带有的偏见，其天赋得不到认同。

社会就如何对待有特殊天赋的学生并没有像如何对待残障学生那样达成共识。

教育者在是否应该辨认天才学生的问题上也缺乏一致的意见。在某个时期，教育工作者在什么样的学生属于天才学生这一问题上也缺乏一致的意见。在某个时期，确定一个学生是否有天赋，主要的方法是通过传统的智商（IQ）测试。如果智商得分在 125～130 分或以上就被认为具有高级认知能力，因而也被认为是天才。然而，正像你在前面读到的一样，斯滕伯格（1985，2002）和加德纳（1983，2002）这样的研究者和理论家对单一智力说提出了质疑，并提出了多元智力理论。由此，又产生了另一个问题：是否应该在多元智力的每一个分支领域对有天赋的学生进行鉴别？

最后，我们通常是从文化上来对天赋进行定义，在不同的文化中天赋可能会有不同的形式。例如，特别有天赋的运动员在美国多数学校并不被认为是“有天赋和天才”，然而一些国家，比如印度，已经为他们建立起了专科学院。在美国的学校里，通常是不把具有特殊人际交往技巧或敏锐观察力的人当作天才看待的，但在美洲和非洲的一些土著文化中却给予这些特质极高的评价。

天赋的某些方面是从文化上定义的。

天才学生的特征　天才学生的特征是很广泛的，特别是在我们接受多元智力的概念之后。这些特征包括超常的认知能力，记忆众多信息的能力，灵活的思维过程，创造性解决问题的技巧，庞大的词汇量，关于某一特殊学科的广泛知识，高级的艺术天赋或运动天赋，优异的元认知技巧以及高水平的表现能力。特恩布尔（Turnbull，2010）把这些特征划分为五类，从而为教师提供一种参照，教师可以根据这个分类来观察并确定班级里哪些学生是天才。

● *一般智力*　智力超出一般水平的学生能够很快理解复杂和抽象的概念。他们通常掌握了高级词汇，能提出许多问题，并用独特的和创造性的方法思考问题。

● *特定的学术能力*　天才学生在某一特定学科上所具备的信息量和技能远远超过同龄人。他们通常在算术推理能力、科学探究能力或写作能力方面拥有超群的表现，这是因为他们往往都是求知欲很强的人，并且他们在很小的时候就开始阅读成人读物。

● *创造性思维能力*　天才学生往往有着很强的创造力。这些特质往往体现为直觉、洞察力、好奇心和灵活性。这类学生能提出原创性的想法，并能看到事物之间存在的联系，而这恰恰是其他学生经常遗漏的。他们的创造力能通过爱冒险得以体现，有时也通过超常的幽默感得以体现。

● *领导能力*　有时天才学生在与他人交往时或在人群之中能展现出超常的交往能力，以及激励他人和领导他人的能力与技巧。

● *视觉艺术天分或表演艺术天分*　一些有天赋的学生在视觉艺术、体育或者表演艺术方面有着过人的天分。与同龄人相比，他们能更快更好地掌握体育和艺术的技巧。有某些认知、情感或身体缺陷的学生可能会具有超常的视觉或表演艺术技能。如众所周知的音乐家史蒂维·旺德、艺术家梵·高，以及赢得了奥斯卡奖的电影《美丽心灵》（*A Beautiful Mind*）中所描述的诺贝尔经济学奖获得者——约翰·纳什。

在成长过程中，天才学生在情绪和社会交往技能方面的发展差异很大。有的很受欢迎，情绪发展平衡，是学校里的领导者；有的却缺乏社会交往技能，且可能有着严重的情绪问题。他们可能认为自己是与众不同的，可能会不乐意同其他人一起参与社会事务或者是课堂上的小组活动。缺乏社交技巧和成熟的情绪，有时就会造成这个后果：这些学生所具有的特殊天赋被这些问题所掩盖了——这就是许多天才儿童未受到注意的另一个原因。许多有天赋的学生在学校里经常表现得很糟糕，得不到老师们的青睐，只有长大成人以后，他们的天赋才被大家发现——历史上有许多著名的例子，比如爱迪生、爱因斯坦、莫扎特和甘地。

对天才学生的指导　不同的州和地区对天才学生进行指导的纲领与计划有着巨大的差异。一些州把相当一部分学生（10%之多）认定为天才，而另一些州仅仅认定了不到1%的学生为天才。一些地区已经扩大为天才学生制定的计划，另一些地区仍然没有动静。采取行动的地区一般使用三种策略：加速升级、丰富知识、引起好奇。表2—5提供了这些计划类型的实例。

表2—5　　**指导天才学生的策略**

策略	数学	科学	语言艺术	社会研究
加速升级	从五年级开始学习代数	较早开始学习物理和化学	较早学习语法结构	较早学习世界历史

续前表

策略	数学	科学	语言艺术	社会研究
丰富知识	改变数字系统内的计算规则	做高级的实验	写短篇小说或诗歌	阅读原始资料并编写历史
引起好奇	运用概率学和统计学	以有关科学对社会的影响为题进行写作	为莎士比亚的悲剧重写一个结局	对未来社会进行设想

资料来源：Gallagher & Gallagher，1994，p. 100。

在日常教学中，特别是在那些没有特殊指导计划的地区和学校，教师要特别注意那些有特殊才能的学生，确认他们的天赋，寻找途径满足他们的特殊需要。不幸的是，这样的情况并不经常发生，正如1983年加德纳所记录和描述的一个案例：

> 像我一样的人在十岁、八岁或九岁时就意识到自己是“天才”……我总是奇怪，“为什么没有人发现我？在学校里，他们没有看到我比其他孩子更聪明？老师们也是愚蠢的？他们教给我的所有东西都是我需要的吗？”对我而言这是显而易见的。他们为什么不把我送到艺术学校呢？他们为什么不训练我呢？我是与众不同的，我一直是与众不同的，为什么没有人注意到我呢？(p. 115)

不管地方学区有没有统一制定计划，教师们都有许多策略可供选择，以满足自己班上天才学生的需要。

对天才学生进行差异性教学　对标准化的教学或课程作出相应的调整，以满足特殊学生的需要，这被称为差异性教学（Gregory & Chapman，2002；Tomlinson，2004a，2004b）。在多数情况下，教师调整特定的标准化课程或自己的教学是为了适应有学习障碍的学生。然而，差异性教学对天才学生而言也是有意义的。卡罗尔·安·汤姆林森（Carol Ann Tomlinson，1999）在有关差异性教学的书中写道，教师必须：

> 意识到人类有相同的基本生存需求：食物、住处、安全、财物、成就、贡献和满足。他们也意识到，人类在不同的领域，按照不同的时间表，通过不同的途径而取得或发现这些东西。（他们）明白，通过注意到人类的不同，（他们）能更好地帮助每个人实现他们的基本需要……在差异化的课堂上，教师要无条件地接纳学生……并且期望学生成为他们自己期望成为的人。

差异性教学就是调整标准化教学，满足特定学生需要的一种教学形式。

我们将在第十三章更详细地讨论差异性教学这个话题。

用高标准要求天才学生　所有学生都需要在教师的帮助下建立适合自己的标准，以满足学习的需要。这点对有特殊天赋的学生来说也是准确的。虽然这些学生能力表现卓越，取得不凡的成就，但他们却不能自动地为自己制定较高的目标，同样，他们的同伴和家庭也做不到这一点。教师能帮助这些学生了解在某个特定领域里什么样的表现或成就才是真正杰出的。教师应鼓励这些学生朝杰

出的目标努力，而不是满足于同伙伴一样，或者只是追求一个及格的分数。

检测—拓展—探索

检测

● 在过去的 25 年里，法律对全纳（inclusion）所做定义的主要特征是什么？

● 什么是 IEP？IEP 的实施步骤有什么特征？

● 有哪些策略是教师在指导残障学生时可以应用的？

● 天才学生所表现出来的共同特征是什么？

● 有哪些策略是教师在指导天才学生时可以应用的？

拓展

● 你对把学习有障碍的儿童安置在普通班级中有什么看法？

● 你认为天才学生应当占有稀有资源吗？

探索

● 请登录“在线学习中心”，听听黛安娜·卡鲁索讲她班里的残障学生。上网搜索特殊教育或天才教育的网站。

第 4 节　文化、民族和种族

美国是一个有着多元文化且文化群体间互动很强的国家。当第一批欧洲殖民者来到北美并与当地的土著居民发生联系时，这种交流就开始了。在随后的四个世纪中，随着一波波新的移民浪潮到来，这种互动逐渐增强。当前，我们正在经历一场不同种族的人群大量涌入美国的运动，我们已经越来越清醒地预见到新移民与原住民之间多元文化的相互冲突。今天，将近 1/3 的美国人是非欧洲裔人口。到 2020 年，预计在公立学校中将有 1/2～2/3 的学生有拉丁美洲、亚洲或非洲文化背景（*Conditions of Education*，2002，2009）。正如在第一章中所描写的，目前，尽管在学校中有大量的亚裔和来自世界其他各地移民的孩子，但学校中少数族裔学生主要还是非裔美国人和西班牙裔美国人。文化、民族、种族的多样性所产生的教学困难也给教师带来了挑战，特别是在社会中长期存在的种族与种族之间、民族与民族之间社会地位的不平等，相互之间难以相容的问题，都渗入学校和课堂里了。正像前面所谈到的，通过这些年积累的证据来看，许多少数族裔的学生之所以接受的是一种低质量的教育，主要是由于区别对待的入学模式、不公平的课程、不公平的分组以及他们在课堂中与教师互动方式的不同所导致的。不过，除了挑战，课堂上文化与种族差异也给教师的教学创造了重要机会。它们给教师提供多样化教学的机会，提供理解不同价值观和不同做事方式的重要性。它们给学生讨论和探索现实问题提供了便利。

关于文化、民族和种族的观点

尽管文化、民族和种族在这一章节中被放到一块儿进行讨论，但是必须指出的是，这些术语并不意味着同样的东西。文化，在这里，是一个描述一个群体总的生活方式的术语——他们的历史、传统、态度和价值观。文化指的是生活在一起的群体中的每个成员如何思维及其解决问题的方法。文化是通过学习获得的，且它不是静止的，而是不断变化的。在美国，我们都属于某一种特定的文化群体——种族、民族、宗教、社会阶层。一个组织机构也有文化，如学校和企业。文化不是群体，但它是群体创造出来的。

民族，指的是有共同语言和身份认同的群体。例如，波兰人、爱尔兰人或者是意大利人，尽管他们同属于西欧文化，但被划分成了几个不同的民族群体。种族这个术语，是指保留了共同生物特性的群体。我们所有的人属于许多不同的群体，并且受到许多不同文化的影响，正像图 2—3 中所解释的。我们受到的影响大部分来自与我们有着最密切认同感的群体。必须说明的是，这三个术语都是社会建构的，且它们的使用也往往颇受争议。例如，有学者（Miles，1989）拒绝使用“种族”（race）这个术语，代之以“种群”（ethnic group）。然而，另外一些人，如奥米和韦兰特（Omi & Wilnant，1994），却不赞成这种观点，他们认为种族在社会中是一个有重要意义的角色，且孩子和青年人在很小的时候就有了种族的意识（Mercado，2001）。

文化指的是群体成员思考有关社会活动和解决问题的方法。民族则是指有着共同传统的群体。种族指的是具有共同生物特性的群体。

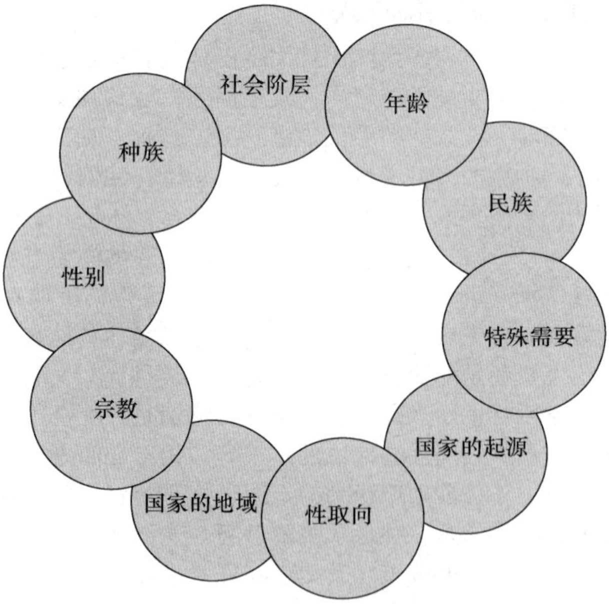

图 2—3　美国多元群体的组成

熔炉政策或是色拉拼盘？ 许多移民，或许就包括你的父母或祖父母，于 19 世纪后期或 20 世纪早期来到美国。在那个时期，人们期望新来者能被同化，即抛弃他们自己原有的文化而融入美国的主流文化。熔炉（melting pot）是一个隐喻，时常用来描述融和同化的过程。然而，今天许多人更偏好文化多元论（cultural pluralism）这个概念，这一观点不仅承认美国主流文化的存在，而且也承认多元化的永久性。这个观点主张每一种文化、每一个种族、每一民族群体在与主流文化交流时都会接纳主流文化中一些共同的元素，同时也给主流文化注入新的元素，使两种文化都能受益。因此，隐含着同质化（homogeneity）的“熔炉”的隐喻已经被“色拉拼盘”（salad bowl）这个隐喻所替代，在这个隐喻里，每一种成分都是独特的，且都有自己的价值，与此同时，每一种成分都有益于整体文化，并通过一种共同的调味料混合在一起——这就是主流文化。

今天我们偏向于用“色拉拼盘”这个比喻来思考文化多元论，在这种情境中，每种成分都代表着自己的价值，但同时也混合在一起从而形成一种新的整体。

文化缺陷（cultural deficits）与文化差异　迄今为止，不能完全融入群体或不能被同化的学生，时常被认为属于文化处境不利的群体。少数群体与多数群体学生之间的成就差异曾通过文化缺陷理论加以说明。人们提出了各种文化缺陷理论的假设，其中少数群体被说成是有遗传性智力缺陷，或者是有一些其他的先天不足（不正常的家庭，营养不足），这些直接干扰着他们在学校获取成功的能力。例如，哈佛大学心理学家阿瑟·詹森（Arthur Jensen，1969）认为，来自贫穷家庭的孩子智商是比较低的。25 年以后，赫恩斯坦和默里（Herrnstein & Murray，1994）写了一本名为《钟形曲线：美国社会生活中的智力和阶层结构》（*The Bell Curve: Intelligence and Class Structure in American Life*）的书，其主要观点认为非裔美国人的智商先天就比白种人的智商低。

这些理论已经受到质疑，过去十多年许多学者对此进行了批判性分析。例如，古尔德（Gould，1996）在《对人的错误测量》（*The Mismeasure of Man*）中指出了 IQ 测试统计存在的弊病。杰尔姆·布鲁纳（Jerome Bruner）在《意义的行动》（*Acts of Meaning*，1990）和《教育的文化》（*The Culture of Education*，1996）中证明了学习是社会的和文化的过程。解释了人们是如何在与其他人的社会交往中增长智力的。罗伯特·斯滕伯格和霍华德·加德纳就个人（不论种族和文化）如何拥有许多不同的智力提出了重要的观点，批判了简单依赖传统的 IQ 和能力倾向测试。

文化差异理论坚信：少数族裔的学生成绩水平低是由于家庭文化与学校文化的脱节造成的，而不是某些文化缺陷造成的。

韦利盖斯（Villegas，1991）详细阐述了文化差异理论，从而说明少数族群学生在学校取得成绩的困难经历。他坚持语言是学校里交流和互动的媒介，如果亚文化群体使用语言的方式不同于主流文化群体，那么这个亚文化群体中的成员就处于一种不利的处境。韦利盖斯解释道：

> 儿童在家中使用的语言应符合课堂语言的标准，这对他的学习过程是有益的。对这些学生来说，已有的经验迁移到了学习之中，有助于他们个人学术能力的表现。相反，少数族裔的孩子经常面临家庭用语与学校用语的脱节。

当他们在将已有知识运用于课堂任务的时候，常常会发生误解。(P.7)

韦利盖斯和卢卡斯（Villegas and Lucas，2002)，以及班克斯等（Banks et al.，2005）也曾严厉地批评了把“家庭—学校”相分离的问题归咎于学校的观点，他们认为这种观点逃避了社会中现存的导致少数族裔学生普遍成绩失败的不公平问题。韦利盖斯认为学校和社会之间的消极关系是问题的根源，解决这个问题的关键就在于在学校、社区、社会之间寻找一种更具文化敏感性的政治联系。

文化脱节（Cultural Discontinuity） 教师和他的学生经常持有不同类型的文化，每一种文化都有自己独特的信仰、价值和不同的沟通与交流方式。由此导致了文化在家庭和学校之间缺乏交流并脱节。菲利普斯（Phillips，1972）研究了北美土著居民的孩子是如何在家中学习的，并将这种学习方式与学校对他们所期望的学习方式做了比较研究。她观察到，这些孩子在课堂上是沉默的，甚至有时候老师直接问到他们问题时也是这样。大多数美国人认为这些孩子是过度害羞或者存在学习和语言的障碍——后者（他们存在学习和语言障碍）可能使他们被认为能力低下或需要特殊照顾。然而，北美土著居民的孩子在家中学习时，是通过观察成人的行为，而不是通过与成人互动与交流。当他们需要帮助的时候，他们向他们年长的哥哥姐姐求助，而不是向成年人求助。多数情况下他们习惯于在家中自己决断，而不是在学校许可的范围内寻求帮助。借助这些资料，北美土著居民的孩子在课堂上的行为便可以被合理地解释为一种跨文化的文化脱节案例，而非文化缺陷。

当一种文化的价值观和信仰所期待的行为方式不同于另一种文化时，就产生了文化脱节。

另一个文化脱节和缺乏交流的例子出自希斯（Heath）的研究，她证明了生活在北卡罗来纳州同一地区的工人阶层里，非裔美国人、中产阶层的美国人和欧裔美国人存在不同的沟通与交流方式。她发现不同文化群体采取的提问方式也不同。在家中，工人阶层的非裔美国成年人不问孩子太多的问题，他们一旦问了，那都是些真实的问题——连成年人都不知道答案的问题。在学校，教师期望学生回答的所有问题，都是人为设计的问题，教师早已知道了如何回答这些问题。从这些学生的视角来看，这些已经设计好答案的问题没有任何意义，它很难在文化与文化之间架起一道桥梁。在过去的十年里希斯的推断已经得到反复验证。

指导多元文化与多元种族班级里的学生

新教师们有许多顾虑，他们不知道如何才能更有效地指导多元文化群体的学生。幸运的是，目前已有大量可行的策略，这些策略能满足班级里所有学生的需要，不管这些学生是来自哪个种族或民族。新教师被鼓励首先运用他们自己的知识和态度，并消除他们固有的偏见、思维定式或迷信。同样重要的是，教师必须确定他们的课程对所有孩子是平等的而且与他们各自的文化有关联，他们使用的教学策略是公认有效的，并能从学生那里得到积极的文化回应。

培养文化胜任力　教师指导多元化课堂教学的第一步是培养自己的文化意识，理解、感受、尊重课堂上的多元文化。一些多元文化专家（Sue & Sue，2007）称之为“文化胜任力”（cultural competence）。他们相信，称职的文化专业人士应该是这样一个人：

> 他能意识到自己关于人类行为的假设、价值观、偏见、预设、个人局限。
>
> 他能积极地尝试去理解不同文化的世界观。
>
> 他能在与多元文化背景下的学生、家庭、社区和大学的合作中，积极地培养、锻炼合适的、有价值的、灵敏的技能。

文化胜任力是重要的，新教师经常因为发现自己对来自其他文化背景的学生和他们的学习潜力的无知和偏见而感到惊讶（Ritchhart，2002）。新教师可以通过积极学习学生的文化、努力发现和克服自己的偏见来增强对外来文化的理解和敏锐感受。

教师在指导少数族裔的学生时要做的最重要的事情，或许就是要有更深的文化理解力和文化敏感性。

为了让自己熟悉地方文化，教师应该查阅相关的书籍、杂志和研究文章，或者参加一些课程或研讨会。下面这个研究的摘要展现了文化在课堂中的影响，并简单地反映了主流文化在少数群体成员眼中是什么样的。

一个纳瓦霍族（美国印度安人的最大部落）妇女描述了她第一次上学的经历：

> 是的，我面对的第一个问题就是去上学。当你一直生活在纳瓦霍文化中，而第一次开始去上学，第一次看到砖块砌成的建筑物时，你不知道建筑物里面是什么。特别是当你在上学以前只去过两次小市集，当你到达那里的时候，你看见一长队的孩子和他们的妈妈，所有的孩子都一边哭闹着，一边抓住他们的妈妈。你的妈妈站在那里，在旁边对你说：“你不能像他们一样，你不能哭，因为你现在是一个大孩子，你必须去上学，不要，不要一开始就让我为你感到羞愧，你必须让我为你感到骄傲……”
>
> 所以她把我们都送进了学校，这次把我独自留在了那里……天花板是如此的高，房间是如此的大，如此空旷；房间里是如此的冷，那里没有温暖。那种感觉并不是“啊，我好冷”这种身体哆嗦的冷，而是一种情感上的寒冷。那种空旷是当你抓住妈妈的衬衣，努力不哭的感觉。你知道那是一种孤独与空落的感觉。然而当轮到你的时候，她在纸上按下了拇指印，随后离开，你看着她走出了那个大大的金属大门。整个过程是一种冷冷的经历。门是金属的，甚至这个大窗户也是金属的，外面缠满了电缆。这些女人没有笑容，也没有任何表情。你看着妈妈走在人行道上——其实这是我第一次看到人行道——你看见她走下人行道，上了车。你看见她上了小货车，货车开始开动，所有家的气味都随它而离去。你看见所有的一切都离去了。（McLaughlin，1996，pp. 13-14）

一个教育人类学者描述了墨西哥某小学教室里的情景，从中可以窥见一些西班牙裔学生的文化：

> 波瑞玛丽亚地区的教学特点在于口头的、小组互动的特性……学生整堂课都在说话，老师总在重复、解释及激发动机。沉默地坐在那里的情况是很少的。教室里的声音常常会越来越大，这被认为是正常的教学活动。以下在一年级的课堂上观察到的情景呈现了这种语言和身体活动的模式。
>
> 当她指导孩子们把纸黏在他们的书上，并且写出几对辅音—元音字母时，老师有时需要大声地喊出她的指示，音量要足以压倒孩子们哭喊着寻找胶水的声音或彼此之间分享小玩具、削铅笔、请求去卫生间等的吵闹声。这种教学活动和“吵闹声”在许多教室都存在，35个人的教室，有时似乎只有一部分的学生参与了活动，而不是全体学生。然后老师让这些孩子背诵黑板上写着的成对的单词。当老师用一根折断的旧扫帚把指着黑板上的词组时，学生们大声地齐读。有时她依次喊出这成对的字母，有时，她打乱顺序以检查学生们的注意力。接着她喊每个孩子来到黑板前，把手里的扫帚柄给他们，让他们选择黑板上某对字母的发音，随后要求他们大声地、快速地将这组音发出来。（Macias，1990，p. 304）

许多有文化差异的地区似乎都面对同样的问题。新教师必须警惕这些。例如，在不同的文化中，人们对工作的态度以及对任务与社会交往之间孰重孰轻的态度也不同。美国中产阶层的文化非常倾向于任务导向，但许多其他类型的文化更多地关注社会交往。不同文化对时间的观念也有所差异。对许多美国人而言，守时是一种毋庸置疑的美德，在学校，儿童会因为迟到、晚交作业等受到处罚。但在许多非西方文化中，人们没有很强的时间观念——他们不把守时当作特别严肃的事情来看待，也不特别注重时间限期。此外，对于两个正在谈话的人之间应保持多远的身体距离以及使用眼神交流的规范也是文化差异的另一个重要表现。

> 教师必须对文化差异的偏见保持敏感，并且知道它们是如何影响学生在教室中的行为的。

另一个可能引起误解的领域是团体的需要与个人的需要孰轻孰重。美国文化更看重个人的需要，而日本文化、一些土著的美洲文化、西班牙文化更强调团体的需要。比如，许多北美土著儿童并不愿意单独受到表扬和关注，而这种情况也会使他们的老师感到不安。

文化在对某个具体行为之所以产生的原因的归因和判断方面也存在差异。礼貌的微笑在一种文化中表达了一种友好，而在另一种文化中可能构成一种冷酷的回绝。在学业上帮助一个朋友可能意味着乐于助人，但在另一种文化中可能就意味着欺骗行为。错误的归因显然能影响不同文化的人之间和谐关系的发展。

最后，不同文化的人对信息的分类和处理的方式也不同，即他们组织信息、综合信息的方式存在差异。这里有个对语言进行比较的例子。在英语中，对“喜欢”（to like）和“爱”（to love）有两个不同的动词来区分，而在法语中只有“爱”（aimer）这一个词来同时表达这两个意思；在意大利语中则不存在具有“喜欢”（to like）这个意思的动词。这些说着不同语言的人对经验进行分类和区分的方式也不同。所以，很容易想象，即使双方都说英语，但是由于双方在概念上的差异，他们在交流中也很难清楚、准确地理解对方。

正由于如此之多的分歧，我们就能很容易明白来自不同文化背景的学生和教师之间极有可能发生冲突。只要能够意识到这些潜在的误解，就能减少沟通和交流中的误会。让自己了解学生的文化和背景，并延伸至生活在那个社区的人们，努力去理解他们的观点和看法。通过谈话努力了解你的学生。的确，当你的学生和他们的父母看到你所做的努力时，他们会真的感受到你重视他们的体验，以及尊重他们的独特性。

接触学生家长和其他相关的人是理解学生及其文化差异的一条重要途径。

创建一种与文化相关的课程　新教师除了关注自己的理解与态度之外，还必须准备做出有关课程的决定，以便使他们的课堂成为与文化有关的多元文化的课堂。有关多元文化教育更进一步的教学策略已经超出了本书的范围。一般而言，多元文化教育被定义为一门教导学生懂得尊重和重视多元化的课程和教学方法。

多元文化教育的含义和方法十分广泛。詹姆斯·班克斯（2001，2002，2007）提出的理论包含以下几种方法：

- 贡献法（contribution approach）。使用贡献法的课的内容主要包括：不同文化中的英雄，节日庆典，理解不同文化中的艺术、音乐、文学、饮食和语言。例如，一位三年级的教师可能在五月节（Cinco de Mayo，这是墨西哥的一个节日）举办一个墨西哥裔美国人的主题派对，其中有“*piñata*”（一种游戏，将装糖果和玩具的彩罐悬于高处，由蒙眼小孩用棒击破）和“*tacos*”（炸玉米卷，墨西哥食物）这样的新鲜食物，可以趁机教孩子几个西班牙语单词。
- 附加法（additive approach）。教师预留出一些课时或单元给特殊的群体或文化，或者是介绍表达不同文化观点的文学作品或书籍。虽然这些可能是很有价值的教育活动，但贡献法和附加法还是有局限的。他们强调群体之间的差异，不注意共性，可能会加大不同文化之间的鸿沟，而不是让它们之间的关系变得更加紧密。
- 转化法（transformational approach）。当教师使用这种方法的时候，他们致力于转化课程。他们要将一系列与文化多元论有关的概念合并到连续的一堂堂课中。这种方法要明确特定重要的概念（如多元论、相互依赖、沟通）以适应特定学科或年级水平，然后以这些概念为基础以开展那些旨在促进文化多元理解的课程。这种方法的主要目的是帮助学生理解来自多元民族和文化视野的人们。
- 班克斯界定的最后一种方法是社会行动法（social action approach）。这种方法不仅鼓励学生检验与多元化相关的问题，而且要求他们设计可能的解决方案。

无论使用哪种方法，教师必须反思他们的课程决策来确保能让学生们感受到自己是有价值的人，同时要确保其所提供的是一门复杂的综合课程——对学生来说，是一门具有挑战性的文化相关课程。文化相关课程（Gay，2000；Howard，2003）涵盖了每一个人，可以听到不同人的声音，特别是那些一直以来被忽略的群体的声音。对年轻的黑人或拉丁美洲裔学生来说，如果课程里缺少黑色或棕色的面孔、传统、文学、音乐等，他们会因此自卑，怀疑他们是没有价值的；同样，这样的课程也向来自其他群体的学生传达了相同的信息。另外，与文化相关联的课程既是有价值的，也是具有挑战性的。这种课程时常是以主题的形式呈现，整合了来自多种传统的学科领域，最重要的是，它让学生们发现了自己的问题和经验。

创建一门与文化相关联的多元文化课程的最后一点，是要确保这门课程没有偏见。学校的许多课程是以教科书和其他印刷材料为载体的。研究者已经确定了许多用于课堂的教学材料都有课程偏见。虽然过去的30年间在消除教师的偏见方面已取得了一些进展，不过教师自己必须注意并确保所使用的教学材料不包含偏见和思维定式。

运用与文化相关的教学法 文化多样性工作的核心是教师有能力将“他的学生的世界及文化”与“学校和课堂的文化”联系起来。它寻找把学生的文化融入学生的每堂课和每一个活动的方法。本书第二部分描述了在多元文化的课堂上处理偏见的教学策略。例如，广泛使用的直接教学法就是一种有效的基本教学技巧，能满足学生的特殊需要。在许多拥有多元化学生的城市课堂里，合作学习已经被证明是一种有效的方法，同时也十分有效地改变了学生对多元文化的态度以及他们对待来自不同文化或群体的同伴的态度。因此，这里所关注的教学策略，重点在于特别的文化多元化的课堂。对这一主题进行研究的有格洛丽亚·拉德逊·比林斯（Gloria Ladson-Billings，1995a，1995b）、詹姆斯·班克斯和彻丽·班克斯（James Banks & Cherry Banks，1996）、莉萨（Lisa Delpit，1995）、盖伊（Geneva Gay，2000）、珍妮·奥克斯和马丁·利普顿（Jeannie Oakes & Martin Lipton，2006）。这些教育者提倡一种与文化相关并对社会公正做出承诺的课程和教学。本章的研究摘要是格洛丽亚·拉德逊·比林斯开展的一项重要的行动研究，此研究直接证明了一些成功指导非裔美国学生的有效策略。

教师与学生的文化世界建立联系十分重要。

研究摘要

教师如何成功地指导非裔孩子？

Ladson-Billings，Gloria（1994）. *The dreamkeepers：Successful teachers of African American children*. San Francisco：Jossey-Bass.

教育面临着许多挑战，没有什么比改善非裔美国学生的学业成绩更困难的事情了。每个人似乎都同意，若要取得成功，就需要“与文化相关的教学”。然而，有关这种教学方法的研究知识是缺乏的。这里介绍的格洛丽亚·拉德逊·比林斯的研究将有助于我们理解与文化相关的教学实践。比林斯的研究之所以令人感兴趣，主要有两个原因：一是她所提供的研究视野，另一个是她使用的研究方法。《梦想守护人》（*The Dreamkeepers*）代表了一种很不错的定性研究，它放弃了学者的习惯：客观性。除了有关非裔美国孩子的成功教师这项研究以外，作为一名研究者，比林斯也根据她在自己生活经验中所发现的问题，及根据她作为非裔美国学生时的记忆，提出了自己的见解。

问题和途径 比林斯的研究目的是描述“非裔美国学生的高效教师”的实

践。该研究以三个前提为基础：(1) 高效教师能描述他们的实践，与此相反的一些人却凭感觉做事；(2) 非裔美国学生和他们的父母都是讲道理的、行为规范的人；(3) 研究者能在研究过程中加入自己的理解和经验。

方法　这是一个由四个部分组成的人种学研究：选择教师，教师访谈，课堂观察和录像，解释和分析。

选择教师　通过提名的办法选择参与研究的教师。请社区成员提名他们认为能最有效地指导孩子的教师。有17位教师被提名了。为多方面查证社区成员的观察力，比林斯又咨询了几个小学的校长和教师。他们被问了相同的问题："谁能有效地指导非裔美国学生？"被问到的校长与教师确定了22个人。被两个群体同时提到的九位教师有资格参与这项研究。其中一位拒绝参加，其余的八位参与了全程的研究。五位是非裔美国人，三位是白人。所有的参与者都是资深教师，教龄在12～40年。

教师访谈　比林斯用一套设计好的问卷访谈了每一位教师。但是，她也指出，她允许教师们就他们所关注的东西和他们的教学实践进行自由的争论。访谈做了录音，并且形成了笔录。

课堂观察和录像　在为期两年的研究里，比林斯每周都花一个半到两个小时的时间到学校访问和观察教师的课堂。她写道，她进出每一个教室都超过了30次。在观察期间，她都录制磁带，并做记录。有些时候，除了旁听之外，她也扮演参与型观察者的角色，有时比林斯会担任教师讲课，有时是教师的助手，有时则是学生小组中的一个成员。许多人种学学者都喜欢这种类型的参与，因为它有助于同研究对象建立起融洽的关系，仅仅作为一名观察者很难得到他们想要得到的东西。在第一年结束的时候，每一位教师都完成了录像摄制。

解释和分析　比林斯与这八位教师一起进行解释和分析工作，针对他们的访谈内容以及在他们班级里所收集到的录像和录音带进行分析与解释。他们一起开发出了他们"与文化相关的教学实践"模式。在教育研究中，这类参与式研究方法也是很独特的。

结论　一份简短的报告并不能公正地展示比林斯整个研究中丰富的人种学资料。如果你有兴趣，你可以找一本《梦想守护人》来读。下面介绍的是比林斯和她的八位教师对这项研究的主要思想和结论。在研究中，这些结论被分为了四类，后来它们变成了《梦想守护人》这本书每一章的标题。

1. "看肤色，看文化。"在比林斯的研究中，成功的教师拒绝"同一的平等"。他们了解和尊重学生的种族差异。他们热爱自己的工作并把自己当作社区的一部分。这些教师不仅帮助学生们意识到自己是社区中的一员，而且帮助他们建立起与整个国家和全球的联系。他们坚信所有的学生都能获取成功。

2. "我们是一家。"在对文化做出回应的教室中，成功的教师提倡一种学习共同体，他们与学生建立深层的、多方面的联系，这种关系甚至超越了教室和课堂。他们鼓励学生以合作的方式进行学习，互教互学，并为彼此的学习负起责任。

3. 有求知的热情。成功的教师对知识和课程持建构主义的观点，他们认为知识不是静止的，而是不断发展变化着的。他们相信教师不仅要热衷于其教授的内容，而且也要把优秀看作一种复杂的标准，必须把学生之间的差异考虑进来。这些教师花费大量的时间帮助学生们开发学习技巧，搭建平台，以架起学校课程与学生已有知识之间的桥梁。

4. 聚焦读写能力和计算能力。参与比林斯研究的教师们主要教授阅读与计算课程，在这些课程中，教师没有使用传统的“训练—练习”方法，而是要求非裔美国学生在社区活动中发现学习读、写、算时有意义的方法。学生被当成社区中的学徒工，他们真实的生活经历被看作正规课程中的一个“合法”部分。这些课堂中的学生在能力上得到认可，并促使他们实现从“知道什么”到“需要知道什么”的转变。

讨论与意义 比林斯的研究向我们讲述了八位教师的故事，他们直面教育上最困难的挑战并取得了成功：提升了非裔美国学生学业成绩。这个研究有一个令人高兴的结局。在积极的文化回应中从事教学的教师，承认并尊重学生的种族和民族背景，在相互尊重与合作的环境中创造有特色的、充满活力的学习共同体，促进学生求知的热情，最后总是能获得很好的教学结果。这个研究引出的另一个有深刻意义的问题就是：“我们如何把在比林斯的研究中取得成功的八位教师的经验，推广到与非裔美国学生一起工作的所有教师的教学实践之中？”

你的反思 比林斯研究中的哪一种思想是你原来就有的？哪一个是新的或不完全相同的？将比林斯研究中的教师所使用的教学方法在所有的教师中普及，你认为可能吗？为什么？

与学生的原有知识建立联系 教师能够了解学生已有的知识，以帮助他们在已知和未知之间建立起联系。这样做，教师能够帮助学生懂得文化之间的共性与差异，帮助学生增长多元文化的意识。为了使教学更有效，教师必须积极地寻找与学生已有知识有关的信息，必须花时间理解他的学生的文化背景，判断他们知道什么，不知道什么。

运用弹性分组 教师根据教学目的将学生分成小组时，主要采用异质分组和最小能力差异分组。很多研究证实，分轨制可能会产生不良的影响。也有研究发现，在低能力组和班级中，教学质量往往不尽如人意（Oakes，1985；Oakes & Lipton，2006）。教师应该确保每一个小组中都有高、中、低不同能力层次的学生，也要力求族裔身份的平衡。以能力划分的小组应该有灵活性，小组的构成应该随着学生成绩的进步而变化，或者是以新的和不同的需要来确定。恰当地运用分组策略将在第十三章详细探讨。

关注学习风格 教师也可以设计学习活动以适应各种不同的学习风格。就像前面描述的，教师可以根据不同的学习风格改变自己的教学。其中一种方法就是将视觉、听觉、触觉和动觉的模式并入每堂课。教师也可以应用合作的和个别化的任务结构和奖励结构。进一步说，教师还可以根据更为具体或更为抽象、更为正式或非正式、更强调文本之内或更强调文本之外的学习来更新自己的课堂内容。表2—6概括了出自欧文和约克（Irvine & York，1995）研究中的三组双语学生的学习风格（或偏好）。这里必须指出的是，每个学习小组的学习风格都有很大的差异，且有些学习风格和学习偏好是可以习得的，有些却是学不来的。

表 2—6 非裔美国人、西班牙裔及北美土著学习者的学习风格

非裔美国人学习者的倾向	西班牙裔学习者的倾向	北美土著学习者的倾向
回答问题的术语常用整体代替部分	喜欢小组学习的情境	喜欢视觉、空间、感性信息，而不喜欢语言信息
喜欢推理，不喜欢演绎或归纳	对其他人的意见比较敏感	喜欢私下学习而非公开场合学习
对空间和数字只求大概，不坚持正确或准确	以外在学习动机为主	使用心理图像来记忆、理解词汇和概念，而不是运用词汇联想
关注人而非事	更喜欢用具体来代表抽象	先观察再做，而不是试错
与语言交流相比，更精通非言语表达		重视语言的简洁，细小的语调变化，低嗓门

资料来源：Irvine and York，1995 as cited in Dilworth and Brown，2001，p. 656。

表 2—6 中提到了学习风格和学习偏好，但千万不要把它们当作给学生定型的理由，因为个人差异在任何小组中都相当程度地存在着，学习风格和学习偏好也是不断变化的。

运用教学策略 教学策略是一种重要的教学元素，且是教学的一个重要组成部分。区分优等生与差生的一个标准就是学生在读、写、算方面以及在解决数学问题和有效学习时应用各种学习策略的能力。当教师帮助处于学习困境中的学生获取有效学习的策略时，他们教给学生的是在学校取得成功的工具。许多方法都可以用以帮助教师实现这个目标。潘林斯卡和布朗（Palinscar & Brown，1989）已经证明了互教互学的效用——这是一种用于小学和初中课堂中的阅读教学，在课堂上同伴之间互帮互教有助于学生掌握基本的阅读技巧，从而成为一个掌握较好阅读策略的读者。在后续章节中，教学策略将会详细展开。

利用社区 最后，社区问题解决是一个类似基于问题学习（在第十一章详述）的策略，这个策略已经在多元文化课堂中得到了有效应用。使用这个策略时，教师要鼓励学生确定他们对其所居住的社区中所存在的问题的兴趣点，然后帮助他们计划和制定个人方案。有一个案例，在一个低收入社区的小学就读的学生决定帮他们的邻居解决有害垃圾站的问题。在面对这个问题时，学生必须制定计划，研究有关环境的观点，了解在他们家门口的各种化学物质的危险性。他们给议员写信，调查了政策程序。学生有组织地向各种有影响力的听众宣讲他们的观点，筹集并管理各种钱款。在这个重要且富有意义的活动情境中，学生们提高了阅读、写作、数学、社会认知、科学、设计和规划、人际交往等方面的能力。

检测—拓展—探索

检测

- 对比文化、民族、种族这三个术语的意义。
- “熔炉政策”与“文化多元论”的观点有什么不同？

● 比较文化缺陷理论与文化差异理论。

● 请描述教师可以在教室中用来拓展学生对文化理解的方法。

● 为什么教师使用相关文化教学法是重要的？

拓展

● 比较文化缺陷理论与文化差异理论，你个人的观点是什么？

● 有人主张教师与学生必须是同一种族才能在一起进行有效教学。你是否同意这个观点？登录“在线学习中心”，在“拓展问题投票栏”做出回应。

探索

● 请登录“在线学习中心”（www.mhhe.com/arends9e），听珍妮弗（Jennifer Paterson）聊她班里的多元文化。检索文化多元和多元文化教育的网站，或读读《梦想守护人》的评论。

第5节　宗教多样性

即使有不同的文化与民族背景，学生们仍旧需要在一起上学，因为他们生活在一个自由的社会。这个社会容许不同的宗教信仰，不管是无神论还是有神论都应包容其中。这些信仰不可能被挡在校门之外。在美国，宗教团体曾经包括各种新教、天主教、犹太教等，所有这些都被纳入了更广泛的犹太—基督教传统。宗教隔离、阶层隔离、“科学进化论”的教学等引发的冲突往往是许多重大问题的根源。但是，今天，许多社区有了多年前大部分美国人不曾熟悉的其他宗教人群，人数也越来越多。比如伊斯兰教、佛教、亚洲和中东的其他宗教。今天，宗教保守主义和原教旨主义仍十分流行，与新时期的宗教团体并存于世。

虽然对将公共事务与宗教隔离开来的做法仍有争议，但宪法还是规范了宗教在学校中的位置。2005年，最高法院裁决“十诫”不能张贴在县政府大楼和学校范围内。学校里宗教节假日也备受争议。如今，大部分学校没有圣诞盛会或圣诞假日和复活节假日。取而代之，他们为庆祝隆冬或新春，给学生放假。另外的问题还包括学生是否可以在午餐或课后做祷告或举行宗教集会。最后，宗教差异可能引发严重的暴力冲突，就像在泽西城中学发生的骚乱一样，当时埃及裔穆斯林和基督徒之间的宿怨被激化，学生发生殴斗，导致四人死亡。而这就是宗教派系引发的冲突（Etliott，2005）。

学校中关于宗教的基本政策不是个别教师所能左右的，但是教师在有关宗教教学以及培养学生尊重、宽容的宗教态度方面却是大有可为的。他们应该能容许学生因为参加自己的宗教节日而缺课，禁止不同宗教信仰的学生互相嘲笑。教师只要采取一种平等的、尊重的、真诚的方式，就能够讲授并引导学生讨论不同宗教的观念、信仰和传统。

第6节　语言多样性

语言多样性是美国学校的学生来源发生显著变化的一种表现。如第一章所述，大约有1 100万名学生（占1/5）的第一语言不是英语。在学校里还有许多讲英语方言的学生。教师必须承认语言在学校学习中是一个重要的因素，而且要寻找指导那些说不同方言或语言的学生实施有效学习的途径。

不同的方言

不要惊奇，美国有着丰富多样的语言和方言。黑人英语、夏威夷的克里奥尔语、西班牙语是几种主要的本地方言。在过去，这些语言和其他的方言被认为是比英语劣等的语言。教育者指责这些不标准的语言造成了孩子们不良的学业表现（文化缺陷理论的又一种表现）。学校的补救措施就是试图根除家庭方言的作用。这种方法没有奏效——当学生的语言受到压制或者是他们的家庭语言被贬低的时候，他们的学业成绩并没有得到改善。事实上，这些行为带来的更多是学生的消极情感与消极认知。

> 一些非裔美国人使用的方言被称为黑人英语。

关于方言的使用问题变成一个政策性问题，一个明显的例子就是在加利福尼亚州的奥克兰市，学校董事会曾经将黑人英语作为教学语言。后来学校董事会取消了这一政策，再后来仅仅由于考虑到所引起的争议和文化争论，又于 2002 年恢复。最重要的是，教师必须保持敏感性，不要根据学生所使用的方言而对学生的能力作出否定的判断。教师不应该假设使用非英语的学生缺乏取得学业成功的智力资本。一位教师选择下面的方法来对待使用非英语的学生：

> 我在内心承诺永远不会阻止学生用自己的语言来表达思想。这个决定很难坚持，这是我们每天为之斗争的事情。我承诺在我的教室里创建一个安全的环境，在这里，我的学生能很随意地表达他们的思想而不考虑自己所使用的语言，它可能是黑人英语、西班牙语或者是其他的英语方言。为了帮助学生学习标准英语，他们所有的作业必须使用标准英语来写。多数时间，我用标准英语同我的学生交流，但我也感到必须在教室中模拟编码的转换。我允许学生们使用自己的母语，但我觉得没有必要教它。他们来上学之前就已经掌握了这种语言。（Oakes & Lipton，1999，p. 21）

第二语言的习得

除了方言的多样性之外，英语对于许多美国人而言是第二语言，他们也因此处在英语学习的过程中。这些学生被称为 ESL（English as a second language，英语作为第二语言）或 LEP（limited English proficiency，英语熟练水平有限）或 ELL（English language learners，英语学习者）。在美国有两百多种土著语言，同时还有相当多的人口是说西班牙语。随着近年来涌入的移民，又有许多人说越南语、波斯语、朝鲜语及其他语言。除了英语，在美国最常用的语言是西班牙语、法语、德语、意大利语、俄语和汉语。

> ESL 是“英语作为第二语言”（English as a Second Language）的首字母缩写。LEP 是指“英语熟练水平有限”（Limited English Proficiency）。

如何着手解决这些孩子学习英语的难题呢？如果你曾试图学习一门外语，正如你所知道的，那不是一件容易的事情。任何语言的表达能力的形成都不仅仅是知道它的语音学（读音）、构词学（词的构成）、句法学（语法）和词汇学（词汇）知识。说话者必须懂得如何连句成篇，其难度要远远超过造句的水平；还要知道如何恰当地使用和理解肢体语言和面部语言；最后，要懂得在正规的场合根据不同的情境使用与人物身份、地位相一致的语言，知道如何运用语言去获取学术知识（认知能力，语言技巧）。

在第二语言的学习中，以上能力的习得是在一个相当长的时期内完成的，而且是在与他人相互交流的有意义的社会环境中完成的。据估计，非英语的学习者需要两年的时间获得基本的表达技巧，然后需要5～7年的时间发展学术语言的技巧。儿童能够很容易地进入娱乐园和社交场合，但他们需要花费较长的时间才能在以英语为教学媒介语的环境下学会掌握学术性的内容。看起来学习第二语言的任务是一种创造性的任务。第二语言的学习者不能被动地吸收一种新的语言——他们必须有意识地聆听，依赖社交场合和其他的环境线索来设想该如何使用这种语言，并通过实际应用来做出相应调整。所有这些掌握第二语言的过程都是需要时间的。

在语言多元化的课堂进行教学

学校有法律义务帮助语言不同的学生学习英语和学校开设的其他学科。1972年国会通过双语教育方案时，双语教育就获得了支持。1974年高级法院裁决劳诉尼科尔斯案（Lau v. nichols）的结果，进一步巩固了对持不同母语学生的教学方案。这件课堂行为诉讼案，是由旧金山的中国学生状告学校当局而引起的。法院据此推定出使用一种学生不理解的语言进行教学，就等于否决了他们接受教育的平等权利。这个学区的实际情况也是美国其他许多学区共同面临的问题——仅仅把那些英语熟练水平有限（LEP）的学生与那些英语作为母语的学生混编在一般的课堂中。这种让英语熟练水平有限的学生“要么淹死，要么学会游泳”（sink or swim）的“沉浸式”方法（submersion approach）已被禁止。

> 沉浸式教学法是一种将英语熟练水平有限的学生安排在普通教室中，期望他们通过自己的努力学习英语的方法。

学校通过制定不同的方案来对劳诉尼科尔斯案做出回应。最常见的方案是提供“英语作为第二语言”（ESL）教学，即在一天的绝大多数的时间里，把ESL学生编在普通的班级中进行学习，只有在英语课时分开进行教学。另一种方法是为母语为非英语的学生提供一种过渡式双语教育方案（transitional bilingual program）。在这些方案中，一开始使用学生的母语进行教学，然后逐渐增加英语教学的比例，直到这些学生熟练地使用英语。ESL也是这些方案中的一部分。完全双语方案（full bilingual programs）即旨在同时培养两种语言中口头语言和书面语言的能力，这种方案是较少见的。

令人高兴的是，研究者已经验证了一些高效教师常用的帮助英语学习者的方法。综合艾伦（Allen，1991）、班克斯（Banks，2005）、格斯滕（Gersten，

1996)、赫利（Lessow-Hurley，2003）的观点，有效的英语教师会采取下列策略：

- 简化他们的语言，使用手势，加强与所谈文本的联系；
- 通过时时自我提醒有关学习者的特殊需要，从而使语言更易于理解；
- 提供结构和脚手架，采用有声思维；
- 帮助学生完善背景知识；
- 提供相关的、有意义的经常性反馈；
- 熟悉一些社区中的言语交流模式，在适当的时候使用它们；
- 尊重学生的母语，在必要的时候明智地使用它。

对教师的指导纲领也可以通过学习第二语言的著作取得，学会用英语说、读、写，需要大量地输入英语语言和文字。那些能在学习任务与课堂互动中最大化地使用那些易于理解的英语的教师，能帮助他们的学生掌握好语言。例如，在 LEP 学生占多数的课堂中，有效的教师更多地进行师生互动，而很少开展同伴间的互动；在英语为母语的学生人数与 LEP 学生人数较为平衡的班级里，组织更多的同伴间互动会更为合适（Cartiera，2005；Dasilva，2005）。

关于儿童如何学习作为第二语言的英语的研究，常常迫于政治压力而不被重视。许多家长反对双语方案，认为这种方法阻碍了他们的孩子在英语学习方面的进步。许多州通过立法严格禁止双语方案和在学校中使用学生的母语，并强调英语学习和缩短双语过渡的时间。

检测—拓展—探索

检测

- 教师在自己的课堂上很可能发现哪种类型的语言多元化？
- 教师是否支持语言的差异性为什么如此重要？
- 如果母语不是英语，那么儿童如何解决学习英语的难题呢？
- 比较过渡式双语教育方案和完全双语教育方案。

拓展

- 一些州已经通过立法对使用学生的母语作为教学语言的行为进行了限制。你如何看待这类立法？
- 如果在洛杉矶一所学校的所有学生都以西班牙语为第一语言。这个学校应当以西班牙语为教学语言吗？登录在线学习中心，在“拓展问题投票栏”做出回应。

探索

- 搜索有关语言多样化和英语学习的网站。
- 登录“联邦统计中心”网站，查询你所在地区学校里的英语学习者数量和类型。

第 7 节　性别差异

多元化课堂的另一个重要体现是性别差异。以前，性别偏见的问题主要集中于女生，包括她们是如何适应社会生活的，她们是否在语言能力和数学能力上与男生有差异，这些差异是天然存在的还是社会造成的，等等。此外，过去的十多年里，人们也同样担心，由于学校教育的原因，男孩子可能会在语言技能发展方面滞后，也因此可能会让他们在大学入学方面受到影响。

性别差异的本质

在社会上，对教师和其他许多人而言，重要的问题是男孩和女孩、男人和女人之间有什么不同。有关这个问题的研究已经持续了很长时间，尽管有一些分歧，但大致趋势似乎已经呈现出来。哈尔彭和利迈（Halpern and LaMay，2000）认为，大多数的研究结果表明，在一般智力水平上男孩与女孩之间没有重要的、本质的区别。在一项具有说服力的元分析中（meta-analysis，一种综合、概括多种研究成果的方法，将在后面的第十一章中详述），林与海德（Linn and Hyde，1989）得出结论：男孩与女孩之间的差异“总是很小的，在过去的 20 年中，这种差异在逐渐缩小，而且在某些情况下的差异在另一种情境中却不出现，即使有差异的时候，也能制定教育方案，对之进行干预”。阿德尔曼和马（Adelman，1991；Ma，1995）也得出了类似的结论。不过哈尔彭（1995，1996）仍认为男女之间存在一些差异。她声称：女孩擅长语言艺术、阅读理解、书面表达和口头表达；相反，男孩似乎在数学和推理方面略显优秀。最后，有人指出，从认知和成就而言，性别差异是由具体情况决定的。差异可能受时间和地点的影响（Biklen and Pollard，2001），也可能受到种族和社会地位的影响（Pollard，1998）。《男孩和女孩学习方式不同》（*Boys and Girls Learn Differently*，2002）一书的作者古瑞安（Michael Gurian）认为，男孩和女孩之间的差异缘于他们大脑结构的差异。

就个性和生理特征而言，男女性别差异是很明显的，且研究结论也更趋于一致。与女性随和、可信赖的个性特点相比，男性看起来则更果断、有更强的自尊心。三十多年前，卡罗尔·吉利根（Carol Gilligan，1982）的经典研究说明，女孩子在青春期自尊降低，在智力及社交方面变得缺乏自信心。然而，班克斯（Banks，2001）认为吉利根的研究受到种族、阶层等因素的影响，并引证其研究结果证明，非裔美国女孩并没有经历中产阶级白人女孩那样自尊下滑的过程。很明显，男人和女人在身体特征方面是有差异的。女孩比男孩更早进入青春期，男孩比女孩高，肌肉组织比女孩更发达。

奥姆罗德（Ormrod，2000）概括了过去三十多年性别差异的研究成果，以及这种研究对教师的意义。表 2—7 展示了她的研究结果。这一研究概括了男孩与女孩之间的异同，并提出了这些异同的教育意义。

表 2—7　　性别差异及其教育意义

特征	异同	对教育的意义
认知和学习能力	总体而言，男孩和女孩在一般智力测验及认知和学业能力方面不相上下，女孩更擅长语言技巧，男孩可能更擅长视觉空间技能，女孩在学校一般能获得更好的成绩	认为男女生之间有类似的认知和学业能力

续前表

特征	异同	对教育的意义
肢体和运动技能	青春期以后，男孩在身高和肌肉力量方面占优势。男孩比女孩更倾向发展他们的肢体技能，男孩的性情比女孩更活跃	假定男女性别都有潜力开发肢体和运动的技能，只是男孩很难做到长时间静坐，不喜欢久坐的活动，比如阅读
动机	女孩一般更关心在学校做得好，她们喜欢努力做好作业，而不喜欢冒险	鼓励男女生钻研各门学科，摆脱思维定式
职业期望	女孩更倾向读大学，而男孩对自己有更高、更长远的希望，特别是在传统的“男人”的领域，女孩更倾向于选择不会影响未来家庭生活的职业	向学生展现在所有领域取得成功男女的榜样，鼓励男孩上大学，向女孩介绍那些同时在事业与家庭都取得成功的人士
人际关系	男孩喜欢展现更多的肢体冲突；女孩更喜欢联合并且形成更亲密的关系。男孩在竞争的环境中感到更高兴，而女孩在合作的环境中感到更如意	教给男女生避免相互冲突的方法，提供合作的环境

资料来源：Ormrod，2000，2008。

性别差异的起源

有关性别差异的第二个问题是差异的起源。前面“天性—教养”的争论中对男女能力差异所做的解释，也适用于解释性别差异和性别角色认同。最好的证据就是生理特点与荷尔蒙（天性）影响了孩子们所喜欢的游戏和活动的类型，男孩更喜欢进攻性、主动性的游戏。同时，研究也显示，家长们跟儿子做游戏的方式比跟女儿做游戏的方式更豪放（社会化）（Lytton & Romney，1991）。孩子生活中的其他成年人如邻居、兄弟姐妹、教师等也持有自己对性别的理解，并根据自己对性别的理解，以不同的方式来对待男孩和女孩。例如，给男孩更多的自由和独立性，给女孩更多的保护。男孩可能得到一些汽车模型和乐高拼装玩具，女孩却得到一些布娃娃和玩具房屋。媒体，尤其是电视，也可能成为性别定式的源头（Sadker & Sadker，1994）。男性更多地居于支配地位，而女性更多地居于从属地位。男性经常以权威者身份发号施令（Brannon，2007）。所以一开始的差异只是生物学意义上的区别，但在儿童与他们的父母、同伴、其他成年人交往的过程中，这种差异就很明显地受到社会化过程的影响。在这里要向教师们介绍的有关性别差异起源的重要观点来自扎姆波与赫斯（Zambo and Hess，1996），即有些性别差异也许是一出生就存在的，但这些差异不是固定的，是能够通过经验改变的。性别差异也会随时间而改变。例如，如果今天再重复 20 世纪八九十年代关于性别期待和性别偏见的研究，可能会有不同的结果。但是，对于教师来说，性别定式和区别对待仍是重要的话题。

性别定式和区别对待

就像在家庭中一样，男孩和女孩在学校里要学习成为男人和女人。许多年来，课程材料用传统的观念来描绘男人的角色和女人的角色，从而产生了性别偏见。研究（Sadker，Sadker & Klein，1991；*Women on Words and Images*，1975）发现，在人们心目中，男性更可能是活跃的、职业化的，而女性则是被动的，最常见的角色是家庭主妇。同样，过去二十多年一系列的研究（Baker，1986；Sadker & Sadker，1994；Serbin & Oleary，1975）指出了教师与男孩的交往方式不同于与女孩的交往方式。他们问男生更多的问题，给他们更多的表扬，允许他们经常使用科学实验室的仪器设备。对男女生区别对待的背后原因是复杂的。一些人认为是传统的性别定式导致的结果（AAUW，1992），同时有人坚持认为教师更注意男孩是因为他们更活跃，忽视他们很可能会引起不必要的麻烦。（参见戴维的行动研究手册）。

性别定式和区别对待始终是一个有待解决的问题。但是，在过去的三十多年里也取得了一些成果。埃克尔斯和奥姆罗德（Eccles，1989；Ormrod，2000）研究发现，学校和教师已经在努力做到对男女生一视同仁。今天，男女生的体育项目得到平等的资金支持，在一些地方媒体上，男女生受到了同样的关注。自1971年开始，从中学毕业、进入大学并从大学毕业的女生人数有了很大的增长。1971年，完成中学学习的女生比例只有78%，而男生为90%。到了1996年，这个数字基本相反。1971年，不到40%的女生完成了大学一年级的课程，仅有不到20%的女生拿到了毕业证。与此相对照，2005年一直到可预期的2016年美国大学本科招生的男女比例显示见图2—4，当前进入大学的女生远超男生。

有许多教育工作者（Jha & Kelleher，2007；Neu & Weinfeld，2006）开始注意到男生在学校里面临的困难。哈利南（Hallinan，2003）指出，接受特殊教育的学生大部分是男生。如表2—7和图2—4所示，与女生相比，男生有着很高的辍学率，他们更可能在语言技能发展及进入大学学习方面落后于女生。

男孩在学校面临困难可能有多种原因。克伦菲尔德（Kleinfield，1999）认为，自1972年教育法修正案第九条通过以来，社会对女孩过多关注，而忽略了男孩，特别是非裔的男孩。另一些研究者（Gurian，2002；Sax，2009；Tyre，2006，2008）认为，

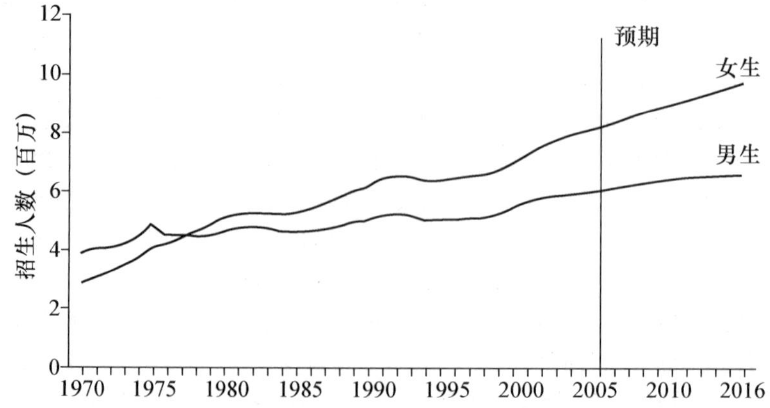

图2—4　1970—2016年美国大学本科招生男女人数

资料来源：*Conditions of Education*，2007，2009。

学校的教学组织方式与男孩大脑神经系统的联结特点和他们的学习方式、行为方式都不相符。根据金德伦和汤普森（Kindion and Thompson，2000）和泰尔（Tyre，2006）的研究，教师课堂学习中以语言为主的、静坐倾听的学习方式，更适合女孩而不是男孩。结果，女孩的行为方式成为学校教育的“黄金标准”，对于男孩来说，他们只能像“问题女孩”那样被看待。

斯特劳斯（Strauss，2008）指出，“男孩危机”的说法曾受到质疑。2008年，美国大学女性协会发布报告称“男孩危机”的说法是荒诞的，学业成就的巨大差异不在男孩与女孩之间，而是由种族、家庭收入水平造成的。

这种争论可能还会持续一段时间。教师要意识到学校里有关性别的区别对待是一件严肃的事情。有效教师承认这个事实，努力对所有学生的独特需要保持敏感。

对课堂上不同性别的学生进行指导

许多针对不同族裔群体学生的教学指导策略，也同样适用于男生和女生：

（1）意识到自己的信念和行为。有时，特别是在数学方面，男孩总是女孩追赶的目标。教师必须消除男孩更擅长学数学的想法，就像避免前面提到的文化缺陷理论一样。如果教师给学生布置的任务是有区别的，那么就必须确保这样的安排是基于学生的特殊需要，而不是基于性别思维定式。

（2）控制口头交流的频率与特性。在期待、提问、表扬等方面一视同仁地对待男女生。有关谈话模式、提问与表扬的运用将在第十二章介绍。

（3）确保教学语言和课程材料是无性别偏见的、平衡的。目前，多数的课程材料已经对性别角色定式做了详细的审查。但是，对于自己收集的材料、自己的讲稿，仍要详尽检查，以免其中出现“语言性别偏见”。不要用代表男性的词来指代所有的人。确保描述各种不同的、积极的正面角色时，男女所占比例要均衡。描述职业和父母角色时也一样。

（4）将课堂任务平等地分配给学生们，想办法让男生和女生既采用安静的方式也采用活动的方式共同游戏。这些非正式行为能给学生提供被模仿的原型。

（5）鼓励学生反思自己的行为和态度，与学生讨论性别定式。

（6）对课堂或教学情境保持敏感，它们可能与男孩或女孩的学习风格和心理需要不符。

（7）尊重全体学生，对男女生提出恰当的挑战。鉴于种族和民族的问题，应当尊重所有学生和他们的价值观。教师所有的个人行为都要表现出对男女生的能力是有信心的，对他们的所有表现都有着很高的期望。

性取向

性别多样性最后关注的是性取向。性取向这个概念主要指个人在性伴侣方面的偏好。这种取向是遗传的还是后天习得的，一直存在争论。这种争论从一系列社会问题中反映出来。过去，学校的同性恋和双性恋者是很隐蔽的，之所以如此，是因为学校里的多数学生和成年人都对同性恋表示憎恶。社会上的态度也是否定的。但是，过去20年间，学生已经能公开自己的性取向，在许多高校，同性恋俱乐部或联谊会已经建立。

身为教师，意识到自己班上谁是同性恋或双性恋是很重要的。老师们需要像尊重其他学生一样尊重他们。教师应该控制学生和其他同事开有关性取向的玩笑，引导他们相互尊重和宽容。教师也应该了解本学区给同性恋和双性恋开设的咨询和教育计划，了解为教师和全体学生提供同等待遇和机会的讨论会。

检测—拓展—探索

检测

- 作为一个难题，性别偏见在课堂上有哪些表现？
- 讨论有关个性和能力的性别差异。
- 比较形成性别差异的自然原因和社会原因。
- 在学校最可能发现哪一类有关性别的区别对待？

拓展

- 一些人认为同一性别的学校可以减少性别偏见并增强女生的自尊。也有人认为建立同一种族的学校可以增强非裔美国男孩的自尊。你是否同意建立同一性别或同一种族的学校？

探索

- 请登录“在线学习中心”（www.mhhe.com/arends9e），并链接到有关“性别差异”的网站。

第9节　社会阶层差异

长期以来，社会科学家研究了与个人相关的财富、地位、权力和声望等因素，他们用社会经济地位（soicoeconomic status，SES）这个术语来指称这些差异，并把西方社会的个体划分为四种社会阶层：上等阶层、中产阶层、工薪阶层和下等阶层。有几个特征可以描述并确定个人的社会地位：职业、收入、政治权力、教育、居住地，有时也考虑家庭背景。然而，社会经济地位之间的界线并非总是能够清楚地界定。有时，一个人某一方面的特征定位可能很高，而另一方面的特征就并非如此。大学里的教师，由于职业的关系有着相当高的地位，但相对而言，他们的收入可能比较低。一个国会议员可能有相当大的权力，但没有太多的钱。一个成功的企业家可能很富有，居住在富人区，却没有接受过正规的教育。

> 社会经济地位（SES）是指人们在收入、家庭背景和社会声望方面的不同。

事实上，个人的社会经济地位与民族和种族等其他因素交织在一起，这增加了对社会经济地位进行精确分类的困难。例如，中产阶层的非裔美国人和中产阶层的白人具有更多的一致性，而与他们同族裔中低下阶层者的一致性更少。生活在同一社区之中受过教育的工薪阶层，可能会与他们的中产阶层邻居们具有很多相似的地方。由于美国种族歧视遗留下的问题，同那些没有遭到种族歧视的低下阶层者相比，那些低下阶层的非裔美国人和西班牙裔美国人很可能会遭到区别对待，从而持有不同的价值观，表现出不同的行为方式。

下层社会经济地位家庭的学生的特征和表现

许多父母是工薪阶层的孩子和几乎所有社会经济地位处于底层家庭的孩子都生活在贫困中。许多孩子生活在单亲家庭，他们的监护人缺乏教育、语言技能和工作能力。许多生活在下层社会的孩子都是新移民的后代，他们往往只受过有限的正规教育，且往往只掌握有限的英语和母语，许多孩子营养不良，身体瘦弱。这些孩子上学经常不吃早饭，穿着破旧的衣服，说着一口与学校教学语言不同的方言。

最重要的是，在下等阶层与中产阶层之间存在着成绩差异。这种情况与少数族裔学生的情况一样，无论哪一个种族，下等阶层的学生与上等阶层的同龄学生相比，他们的成绩较差，遭遇着不平等的课程、不平等的教学手段，在教室中与教师交往时也受到不公平的待遇。他们也很少能注册大学预备课程，很少有人能进入大学。三十多年前的研究显示，社会经济地位在学生的学校学习中能造成巨大的差异。卡兹登（Cazden，1972）根据不同的情境对工薪阶层（社会经济地位低下者）和中产阶层（处于中等社会经济地位者）的孩子的说话方式（句子的具体长短）进行了测试，她发现所有的孩子做出最短发言的情境都一样，即在进行算术游戏的情境，但是孩子们说出最长句子的情境却不同。例如，中产阶级的孩子在正式的、课堂的情境中说得更多；工薪阶层的孩子却在非正式的、脱离学校的情境中说得比较多。在早期的一项研究中，海德、卡兹登和布朗（Heider Cazden & Brown，1968）发现，让工薪阶层的孩子与中产阶层的孩子同时描述含有相同数量动物图画的关键属性时，相对于中产阶层的孩子而言，工薪阶层的孩子需要成人更多的提示才能完成。如果访谈者没有要求孩子给出更多的信息，这些孩子实际所拥有的知识就会被低估。

哈特和里斯利（Hart & Risley，1995）研究发现，享受低保家庭的孩子和中产家庭、知识分子家庭的孩子到三岁时，就在语言数量上表现出很大的差异。这是因为，中产家庭和知识分子家庭的孩子能得到更好的语言发展。埃蒙（Eamon，2002）的研究也发现，家庭穷困与青少年早期在数学和阅读课上较差的学业表现存在联系。

这些研究以及随后的结论指出，下层社会经济地位的学生的语言能力可能无法在一般性的课堂任务中得到体现。正如文化群体一样，处于不同社会经济地位者的行为都符合其所属的亚文化。研究表明，中产阶层的教师期望一种中产阶层的行为，当社会经济地位处于下层的学生与他的期望有差异时，教师对这些学生能力的期望会受到负面的影响。不同的期望结果会导致不同的师生互动，最后导致的结果就是社会经济地位处于下层的学生学业成绩较差。

对社会经济地位处于下层的学生的区别对待

区别对待（differential treatment）给社会经济地位处于下层的学生的学业成绩较差这一现状提供了一种解释。教师往往因为这些学生的衣着和不合语法的语言而对这些孩子持有较低的期望值，并对他们的能力持有一种思维定式。正像前面描述的一样，教师的低期望值将导致学生的低自尊和对自身学业要求的低标准。

或许对下等阶层的学生而言，最严重的问题是能力分组和能力分轨（ability tracking）。下等阶层的学生不成比例地被分配到低能力小组和低层次的班级，而这些班级的教学质量总是比其他班级更差。正像雷·瑞斯特（Ray Rist，1970）的一项标志性研究中所述的那样，那些用来指导分组或分轨的标准往往是令人怀疑的。瑞斯特用了三年多的时间，在一所城市学校中对一个班级的学生做了跟踪研究。他证实了幼儿园教师常使用非学业标准方面的信息来对学生进行最初的能力分组，例如学生是否接受社会救济，由孩子母亲填写的行为问卷，教师个人的经验，其他教师对该学生家庭情况的报告以及孩子的衣着打扮等。教师根据这些信息在孩子进幼儿园的第八天就把他们分到低、中、高能力小组。“能力”类似的孩子被安排坐在一起，全年接受一样的教学。教师对高能力组的孩子给以更多的关注，在他们身上花更多的教学时间，却经常斥责那些分在低能力组的孩子。

当这些学生上一年级的时候，新教师也把学生分为低、中、高能力小组，并且安排每个小组的学生坐在一起。所有在幼儿园里分到高能力组的孩子到了一年级仍在高能力组（A组），而之前在幼儿园的中等能力组和低能力组的孩子变成了一年级的中等能力组（B组），那些重读一年级的孩子组成新的低能力组（C组）。仅有A组的孩子完成了幼儿园的课程，能够立刻开始一年级的学习。B组和C组的孩子需要在一年级开学时补习幼儿园的课程。

二年级的教师也进行低、中、高能力小组的分组。A组的学生变成了“老虎”，B组和C组的学生变成了“红衣主教”，二年级的留级生变成了“小丑”。这个时候，考试成绩成了教师做出决定的基础，同时教师也考虑学生父母的职业和其他社会阶层的信息。显然，这种考试是不利于低能力组的孩子的，因为他们没有接受过高能力组的孩子所接受过的课程训练。在阅读教学时，三个组的学生使用三种不同的课本，没有完成前一本书的学习是不能进入下一本书的学习的。所以，低能力组的孩子被困在了低能力组，要想进入高能力组几乎是不可能的。瑞斯特总结他的研究结果时写道：“孩子们在早期学校教育的整个过程中究竟是处于哪个阅读水平或被分配到哪个能力小组，在他们进入幼儿园的第八天就已经被确定了。”

那时，瑞斯特的发现令教育界震惊。他证明了学生社会阶层的特征深刻地影响着教师的期望、教学决定和行动，而不符合中产阶层模式的学生又经受着学习与情绪上的折磨。在瑞斯特研究发表后的40年里，其他的研究者（Anyou，1980；Goodlad，1984；Hallinan & Sorensen，1983；Oakes，1985；Oakes & Lipton，2006；Sorensen & Hallinan，1986）确证了他的研究结果。然而，罗伯特·斯莱文等人所做的实验已经证明，学校和课堂能够通过有组织的方法和过程抵消贫穷和社会阶层造成的影响（Stevens & Slavin，1995）。此外，能力分组在实践中已经被“弹性分组”所替代，“弹性分组”就是根据特定的目的或活动内容把学生分成小组（常常是阅读和数学），但这种分组只是暂时的，小组成员会根据内容和技能的学习情况经常改变，第十三章将详细叙述弹性分组的情况。

在课堂上指导社会经济地位处于下层的学生

许多用以指导不同种族或民族背景、不同性别和语言的学生的策略也同样适用于指导社会经济地位处于下层的学生。这些学生对那些无论他们穿什么衣服、说哪一种语言都能尊重他们的教师，总是做出积极的反应。这些学生也在适合他们独特需要的，具有挑战性的学习任务中获益，而不是从低期待中获益。有效教师努力帮助社会经济地位处于下层的学生加强思维和语言技能，分配适合学生能力水平的任务。

在许多学校，社会经济地位处于下层的学生（除非他们被认为是捣蛋鬼）经常会被视而不见。他们并不太乐于参加那些专为特定种族群体或女孩子开设的课外活动或特殊教育计划。当教师关注他们，帮助他们积极参与学校活动，鼓励他们争取平等的教育权利时，这些学生才能在学校中获益。

检测—拓展—探索

检测

- 社会科学家是如何界定社会经济地位（SES）这个术语的？
- 在学校内外，社会经济地位处于下层的学生面临着哪些特殊困难？
- 在瑞斯特的研究中，教师如何能阻止负面情况发生？

拓展

- 许多教师相信，如果把学生划分成不同的能力组，将有助于教好这些学生，你是否同意这个观点？请登录“在线学习中心”，到“拓展问题投票栏”做出回应。

探索

- 请登录“在线学习中心”（www.mhhe.com/arends9e），并链接到有关“社会阶层和教育”的网站
- 使用谷歌以“多样化课堂”为主题进行检索，你会找到上千个该主题的网站。仔细浏览其中的两三个网站，学习对教学有用的资源和工具。

第 10 节　最后的思考

我们得出了一条经验：有关多元化的所有难题是不可能依靠教师单方面的努力得以解决的，它需要学校和整个社会采取一定的行动，从而为那些来自不同文化背景的、有特殊需要的学生提供更具有针对性的教育。这需要一系列的措施来保证。

研究结果一致显示：能力分轨或留级无法提高学生的学业成就。进一步说，它只能给少数族裔的学生带来负面影响。所以教育改革的最佳起点就是削弱或根除分轨制。许多学校已经开始尝试重新对教师和学生进行分组，重组师生团队。一些学校则正在开发跨学科课程，这类课程主要依靠不同特性的小组之间的合作学习，同时学校也正设计标准化考试以外的其他评价方式，并尝试弹性分组（Kohn，1996；Oakes，1992；Oakes & Lipton，2006）。

除此之外，校方也可以在学校层面采取一些行动，即帮助那些由于贫困而处于困境中的学生克服困难的生活环境。大多数学校给学生提供了免费或特价打折的午餐，而且在这些学校中还有 50%同时提供免费或特价的早餐。还有少数学区在联邦的“夏季食物服务项目”的资助下在整个夏季为学生提供伙食。学生的学习与基本营养情况之间的关系不仅是不言而喻的，而且许多研究已经加以确证，

因此那些缺少这些基本项目的学校和学区应该推行上述提供伙食的服务。

那些旨在进行早期干预的学校项目也有助于多元化教育问题的解决。“先行计划”（head start）是其中一项成功的项目。投资到“先行计划”的每一美元，都能减少以后用于处罚、矫正、救济的经费。然而，不是所有符合条件的孩子都能受到资助。创建一个“先行中心”是漫长和复杂的，但作为一个刚开始教学的教师，你可以对现有的中心给予支持：提升同事和家长对这方面的意识，或通过游说筹集更多资金以使更多低收入家庭的孩子受到资助。对那些因母亲在怀孕期间吸毒和酗酒而受毒品和酒精影响的孩子进行鉴别和干涉也是很重要的。若想创建新的方案或支持现有的项目，你可以联系你所在学校或学区中生理健康和特殊教育方面的专业人员。

另一条改善低收入家庭孩子教育的途径是鼓励父母和社区的参与。当父母和社区的其他社会成员通过家教制、顾问制、学校改善委员会、父母教育、学校本位管理或其他活动参与学校生活的时候，学生就可以从中受益（Epstein，1995，2001；Epstein，Sanders et al.，2002；Nettles，1991）。这个话题将在第十四章展开。

本章推荐的所有策略中都蕴含了一个关键：教师个体或教师集体尊重每一个学生，激发学生发挥最大的潜能，是十分重要的。克劳德·斯蒂尔（Claude Steele，1992）特别强调尊重和挑战：“如果对一名教师来说重要的、有意义的事情是让自己成为对学生而言重要且有意义的教师，那么教师就一定要让学生感受到他们的潜能，他们作为一个个体是受到教师的重视的。”如果学校里所进行的所有事情（课程变成补救的方案，教学变成贫困的教育）削弱了学生关于“我是一个有价值的人”的感觉，那么学生将不会认同学校的目标。智力的挑战与尊重是并肩前行的。“没有挑战的话，就不能产生相互尊重的师生关系，没有相互尊重的关系，挑战也不会存在。”

对课堂的反思

学生间的紧张对立

在教学的第一年，你被分配到了学校的跨学科小组（可能是一所初中，也可能是一所高中），和另外一名教师一起工作，你们负责教一个班的文学、写作和历史，这个班里有47名学生。你们一周上三次课，一节课80分钟。

你喜欢这份工作，但目前你遇到了真正的挑战。在你的班级中有来自三个族群的学生。在这个较大的班级里有着群体不和睦的传统。另外，学生中有三人已经被诊断存在行为问题，其中两个有学习障碍，一个有生理障碍。

你面临的主要问题是：学生之间似乎不能很好地相处。来自三个族群的学生经常与自己群体成员待在一起。不过，并不是他们不能有礼貌地对待其他群体的成员，而是因为他们忽视了其他群体学生的存在。有时，有些学生会取笑那几个有行为问题的学生。尽管从课堂管理的角度来看，事情还不至于失控，但整个教室中的气氛不是团结友善的，不是你或你的同事想要的那种学习环境。

为了营造一个有效的学习环境，帮助班级中的学生和睦相处，你能做什么呢？你从哪里着手改变呢？哪一类行动应该涉及教学？或团体发展？你们可能需要一些外在的资源吗？写一篇有关这个问题的反思报告，然后把你写的内容与资深教师的做法进行比较。

卡桑德拉·加西亚（Cassandra Garcia），五年级和六年级

这个问题要从两个方面去解决：一个是短期的，一个是长期的。短期的做法是：我将邀请一些特殊教育教师和从事咨询的教师，为班级中的学生提供人际关系培训。我要求他们强调如何与他人相处，如何用积极的方法进行交流，在不争吵和不使用暴力的情况下解决冲突。我也喜欢他们给学生介绍一些经验，通过这些经验让学生了解私人间的相互关系。我认为这将能帮助学生很好地相互聆听对方，减少相互之间的漠视。

长期的措施是：我将在学生与我之间、不同群体的学生之间建立起一种相互信任的气氛。我会利用“班级会议”（classroom meeting）帮助学生讨论他们的困难和分歧。我将经常组织小组合作学习，确保每个小组都有来自三个不同群体的学生，每个小组都有一个有特殊需要的学生，确保所有的任务是建立在学生一起工作的基础上，每个学生的成功是与小组的成绩联系在一起的。

我知道我所设想的这种学习环境需要长期营造，我必须得保持耐心，并且要考虑到这条路上会遇到许多挫折，提前做好心理准备。

丹尼斯·霍尔特（Dennis Holt），佛罗里达州希尔斯堡市，坦帕湾技术中学，十一年级和十二年级

我在一所民族最多元化的中学教学，所以我熟悉由来自各种不同族裔和许多有行为或学习障碍的学生组成的班级。入学之初塑造一个学习团队是很重要的。我发现成功的第一步是辨别各种不同的学习风格和班级中明显表现出来的多元智力。多元智力理论是以霍华德·加德纳的研究为基础的，他认为个体有八种不同的智力。我也从网上或其他途径找到许多有关学习风格的详细介绍。由于学习风格超越了种族、民族和性别界限，学生能很快地了解到他们的小组成员有着各种不同的学习风格，他们与其他小组的成员共同分享类似的学习风格。我明白了与我的学生们在一起是一件有趣的事情，因为我与学生一起开始意识到，那个在桌面上敲打铅笔的女孩实际上正在学习音乐节奏，她身边那位总是沉默的孩子实际上“内心狂野”。我毫不犹豫地与我的学生分享我自己最初的学习风格。在团队建设方面，通过自我分析练习和辨别多样的学习风格是很重要的一步。紧接着的一步就是把不同族群、性别或学习风格的学生混合编入四人或五人小组中，使其完成合作任务或从事解决问题的活动。我建议给小组布置的任务应考虑到学生的乐趣而不是学业，这是为了在你的学生之间建立一种团队的感觉。合作的气氛一旦在教室中形成，学业学习就会接踵而至。建立一个有团队导向的课堂非常重要，我建议你多花点时间在建设团队的活动上。现在这种方法已经在我执教的学校使用几年了，我发现这种方法相当的成功。祝你好运。

总　结

描述学校学生群体发生的变化，讨论教师能够帮助每一位学生学习为什么是重要的。

● 在过去的半个世纪，美国学校的学生群体已经发生了巨大的变化。理解多元化和帮助每一个学生是21世纪教学所面对的挑战。

- 当讨论多样性或者指出学生的背景和能力时，使用恰当的语言是关键。

在谈到学生学习时，“平等”“区别对待”“学习能力差异”这些观念是如何成为焦点的。

- 有关多元化的多数研究和关注点主要落在三个方面：平等、区别对待、学习能力差异。
- 平等是指在学校中营造条件，公平、平等地对待每一个学生。从历史上看，这些条件是不存在的，一些学生由于种族和能力的问题曾经在机会获得方面受到了限制。
- 区别对待是指在种族、阶层、文化和性别方面占多数的群体与少数群体所接受的教育经历是有区别的。
- 过去几年的研究显示少数群体的学生所接受的低质量教育，是由入学模式、分轨制、分组模式、与教师的不同交往方式导致的。
- 教师的期望将会影响师生关系，同时也影响学生能学到什么，以及学生对自己能力的认识。教师应意识到并减少对来自不同背景的学生的偏见。
- 学生的学习能力是不同的。多年以来，人类的智力被认为是单一的能力。
- 现代理论家不把能力和智力看作单一的，他们提出了多元智力理论。
- 学习能力是遗传（天生的）还是环境影响的结果（教养），长期以来都存在着争议。如今，大多数心理学家认为它是两种因素结合的结果，也承认一个人的学习能力反映着他的文化背景。
- 学习者有着不同的加工信息的方式以及他们所偏好的学习风格。针对学生的学习风格和偏好选择教学方法是重要的。但是，这种可能性不是总能发生，因为教室里学生的学习风格差别太大，教师在实践中很难适应每个学生的学习风格。

讨论今天的残障儿童和天才儿童是如何受教育的，简述老师应怎样指导这样的学生。

- 如果我们希望那些有学习障碍的学生能在学校内外获得成功的话，我们就必须满足这些学生的特殊需要。过去，这些学生接受了劣等的教育；现在，回归主流运动将特殊需要的学生纳入正常班级的努力正在扭转这个情况。
- 全纳教育是指努力扩大有特殊需要的学生接受普通教育的机会，从传统上来看，这个群体是被隔离的、只能接受低劣的教育。
- 《残疾儿童教育法案》详述了有学习障碍的学生必须在低限制的环境中接受教育，并且每个学生都要有一个个别化教育计划（IEP）。
- 教师与特殊需要的学生一起工作的责任包括：帮助实施个别化教育计划、调整教学以及教学的其他方面使所有学生都能学习。
- 如何更好地指导有学习障碍的学生，研究者的观点各不相同。一些人提倡高质量、有结构的教学方法，另一些人认为教学应当关注学生的兴趣，强调解决问题和批判性思维。
- 关于如何鉴别和教育有天赋的学生大家意见不一，有人认为关注有天赋的学生会占用那些更有需要的学生的资源。
- 有天赋的学生的特征包括：超常的认知能力、储存大量信息的能力、灵活的创造性思维过程、丰富的词汇、优异的艺术天赋。
- 与有天赋的学生一起工作的有效策略包括：区别教学、创造丰富的学习环境、采用弹性分组、压缩课程和教学、运用独立的学习方式，以及帮助有天赋的学生建立高标准。

概述目前关于文化和种族的观点，将它们与以前的观点相互比较，说明有效教师在文化和种族多元化的班级里提高所有学生的学习效率时应该做些什么。

- 当代理论排除了有关文化缺陷的观点，接受了文化差异理论和文化的不一致性，以此来解释少数族裔群体的学生在学校所面对的困难。
- 为了在文化和种族多元化的教室中进行教学，教师必须承认、理解、欣赏不同群体的文化，无论是以种族、民族、语言、性别的差异为基础，还是以其他差异为基础。
- 意识到自己的偏见，增强对学生文化的理解力和敏感性是在多元文化的教室中成功教学的第一步。
- 有效的教师知道如何为有种族和文化差异的学生创建与文化相关的多元文化课程，知道如何使用与文化相关的教学法。
- 可应用于达成多元文化学习目标的具体教学模型和策略包括：直接教学、合作学习、互动教学、解决社区难题。

描述当今学校存在的宗教差异，老师可以采取哪些行动去识别和应对学生中存在的宗教信仰差异。

- 教师将在他们的班级里发现相当程度的宗教多样性，不仅有传统的犹太教、基督教信仰，而且有伊斯兰教、佛教、各种各样的原教旨主义和新时代宗教。
- 美国宪法限制了学校里的宗教事务，最高法院将宗教与教育分离的做法经常引发争论。
- 教师应教育不同信仰的学生，使他们相互尊重和包容。

讨论语言差异在今天课堂上的重要意义，说明指导英语学习者的有效策略。

- 在今天的教室中，教师会发现学生说着不同的语言。这包括说各种不同方言的学生以及许多把英语当作第二语言的学生。
- 第二语言的习得对学生来讲是困难的，需要花费很长的时间。它不仅包括语音学、构词学、句法学、词汇学的知识，而且也有手势语言和面部语言，学习语言运用的社会情境，以及能借助第二语言获取知识。
- 必须尊重语言的多样性，鼓励和发展双语技巧，使不说主流语言的学生得到发展。

描述性别差异在今天课堂上的重要意义，讨论有效教师怎样指导这些差异。

- 尽管教师职业是女性占大多数的领域，但性别偏见和对女孩的区别对待仍然成为当今学校中的难题。
- 多数研究已经证明男女之间与生俱来的固有区别很小。不管怎样，现有的一些证据也显示了女孩擅长语言艺术、阅读能力、口头和书面表达能力，相反男孩则更优于数学推理能力。
- 虽然男女个性和行为的差异在某些方面可以归因于遗传因素，但社会化在角色认同方面却似乎扮演着更重要的角色。
- 从传统上看，教师用不同的方式与男孩和女孩进行互动。他们问男孩更多的问题，给他们更多的表扬，给他们提供更多的独立性。
- 今天，走进大学的女性比男性还多，许多人担心男孩目前已经落后于女孩。

● 有效教师能意识到自己可能有性别偏见，从而尊重和激励所有的学生，确保自己的语言和课程材料是无性别差异的或注意了性别平衡。

● 今天，学生已经能公开他们的性取向。教师要尊重关心同性恋和双性恋。

描述社会经济地位处于下层的学生的特点，说明他们的特殊需要，讨论指导他们的有效策略。

● 社会经济地位处于下层的学生，大部分来自贫穷的家庭，仅受过有限的正规教育，英语通常是他们的第二语言。他们总是身体瘦弱，穿着旧衣服，说一口非英语的方言走进学校。

● 社会经济地位对学生在学校的学习有相当大的影响，主要是因为分轨制和分组教学，同时也因为教师有区别的师生交往方式。

● 社会经济地位处于下层的学生会对那些尊重他们、对他们的学术学习寄予高期望，以及为他们平等的教育权利而努力的教师做出积极反应。

解释为什么需要整个学校采取行动以确保所有学生的成功。

● 面对今天的学校，教师并不能解决所有的问题。只有通过社会和学校层面的行动及改革，才能为实现平等教育扫平道路。

互动学习与应用学习

学习与探索

● 从在线学习中心获取你的研究指南，完成指南里的小测验。

观察与练习

● 登录“在线学习中心”的“教学中的教师”栏，听听黛安娜（Diane Caruso）和珍妮弗（Jennifer Patterson）谈学生多元化的录音。

完成下列练习：

● 习题 1：教师期望。

● 习题 2：多元智力。

● 习题 3：给天才学生制定教学计划。

● 习题 4：多元化课堂的分析与教学。

档案袋与教学实践活动

这部分内容的设计是为了加深你对本章内容的理解，并协助你准备完成任务所需要的材料。

（1）完成本章最后的“对课堂的反思”练习。本章将提供一些有关多元化的看法，提供一些可能用来解决发生在多元化教室中的冲突以及学生焦虑的策略。

（2）活动 2.1：评估自己在多元课堂中促进学生学习的能力。尝试培养一个相互尊重、所有学生都能获得成功的班级，以检验你的能力。（INTASC 原则 2：理解人的发展和学习；INTASC 原则 3：理解学生差异，对教学做出调整）

（3）活动 2.2：访谈指导过有特殊需要和文化多元学生的教师。了解资深教师如何教育和管理这样的学生。（INTASC 原则 3）

（4）活动 2.3：访谈来自不同文化背景的学生。获得他们的相关信息。（INTASC 原则 3；INIASS 原则 9：价值反映实践）

（5）活动2.4：档案袋：提供自己对学生学习、多样化、全纳教育政策的理解。收集相关材料，完成该任务。（INTASC原则2；INTASC原则3）

专业参考书目

Banks，J.（2007）. *Introduction to multicultural education*（4th ed.）. Boston：Allyn & Bacon.

Chartock，R.（2009）. *Strategies and lessons for culturallyresponsive teaching：A primer for K-12 teacher*. Boston：Allyn & Bacon.

Cushner，K.，McClelland，A.，& Safford，P.（2008）. *Human diversity in education：An integrative approach*（6th ed.）. New York：McGraw-Hill.

Friend，M.，& Bursuck，W.（2008）. *Including students with special needs：A practical guide for classroom teachers*（5th ed.）. Boston：Allyn & Bacon.

Grant，C.，& Sleeter，C.（2007）. *Doing multicultural education for achievement and equity*. New York：Routledge.

Gurian，M.，& Stevens，K.（2005）. *The minds of boys：Saving our sons from falling behind in school and life*. San Francisco：Jossey-Bass.

Lessow-Hurley，J.（2003）. *Meeting the needs of second language learner：An educator's guide*. Alexandria，VA：Association for Supervision and Curriculum Development.

Meyer，E.（2010）. *Gender and sexual diversity in schools：Explorations of educational purpose*. New York：Springer.

Neu，T.，& Weinfeld，R.（2006）. *Helping boys succeed in school*. Austin，TX：Prufrock Press.

Oakes，J.，& Lipton，M.（2006）. *Teaching to change the world*（3rd ed.）. New York：Mcgraw-Hill.

Robinson，A.，Shore，B.，& Enersen，D.（2006）. *Best practices in gifed education：An evidence-based guide*. Austin，TX：Prufrock press.

第二部分

教学的领导

这一部分讨论的是教学的领导问题。就像在其他组织或机构中的领导者一样，在学校里教师需要领导学生，协调各种活动，从而使教师和学生共同达到学校教育中的学业目标与社会化目标。教师的领导能力是至关重要的，如果学生缺乏参与学习的动机和不断努力的愿望，又或者教师未能对学生进行有效的管理，那么教学活动就无法有效开展。但是，这些复杂的教学领导活动却必须在瞬息万变、不可预知的课堂中进行。教学领导与教学指导不一样，前者是无法预先进行计划的。许多教师主持的任务往往需要审时度势，当机立断。

这一部分重点讨论五项重要的领导任务：计划、激发学生学习动机、创建有效的学习共同体、组织班级小组、对学生的进步进行评估与评价。尽管上述每一项任务都是分别独立地进行介绍与讨论，但是在现实的日常教学中，它们不是泾渭分明、截然分开的。当教师在做教学计划时（第三章），他们也同时在考虑课堂时间安排、学生的学习动机激发，以及如何创建有效的学习共同体（第四章）。在每一天的实际教学中，学生们在课上的表现以及教师们对学生的具体管理方式（第五章）又会反过来影响他们日后的教学计划与资源安排，以及对学生学业的评价和评估（第六章）。

教学领导的每一个方面都有坚实的理论基础，可以为实践提供有效的引导。同时，教师们多年来积累的大量教育智慧，也有助于帮助新教师制定教学计划、分配与安排教学资源，以及管理学习小组中的学生。

在对本章的阅读和思考中，你会发现，领导和管理课堂同教学的其他方面一样，不是一件简单的事情，不可能简化为一纸处方。相反，教学领导是与具体的学校、课堂以及个人的领导风格紧密相连的，对一般情况起作用的方式并不一定对所有的具体情况起作用。对于新教师而言，最大的挑战就是学会如何在实际的课堂中对具体情况进行把握，并有效地采取行动。教师一旦掌握了它，就等于获得了一种受益终身的能力。

第三章

教师的教学计划

学习目标

学习本章之后，你应当掌握以下内容：

关于教学计划的不同观点	解释为什么教师为教学做计划如此重要，阐明关于教学计划的不同观点。
理论支持与实践支持	解释为学生学习做教学计划的重要性，讨论新教师和资深教师在计划方法上的不同。
教学计划的范围	说明教师教学计划的三个阶段及其每个阶段所做决定的类型，讨论教学计划在一个学年内是如何周期性变化的。
教学计划的具体内容	定义或者解释以下计划过程和工具：教学内容的计划，标准和课程框架的使用与重构，教学目标的使用，分类法的使用，以及每日教学计划和单元教学计划的设计。
对教学时间和空间的设计	说明如何为有效利用时间和空间进行计划，如何使用课程导图与同事一起进行计划。
最后的思考	思考将来怎样做教学计划才能更好地体现以学生为中心的理念。

读前反思

想一想你人生中经历过的那些必须精心计划的事情，比如考大学、结婚或旅行，也可以是一些你不曾做过计划的经历。把这些经历分为两类：计划充分的和计划不充分的。然后思考下面的问题：

- 计划充分的经历有哪些共同之处？
- 计划不充分的经历有哪些共同之处？
- 经过充分计划的经历其结果如何？没有充分计划的经历结果又怎样呢？

现在思考你自己的计划技能。你是喜欢做计划的人吗？你做计划表吗？你在开始活动之前会去思考每一步吗？或者你是那种不做计划，任凭事情自然发展的人？

你认为自己对于计划的态度会影响你的教学过程和为教学制定的计划吗？

请登录“在线学习中心”（www.mhhe.com/arends9e），回答以上问题。

虽然制定教学计划、做决策是个劳心费力的过程，需要洞察力和技能，但新教师不必过于紧张。大多数人都策划过行程复杂的旅行，在读大学时也一定安排过日程、做过计划表来如期完成论文，通过考试。另外，毕业典礼和结婚庆典也是大多数人都经历过的事情，这需要一些更高级的策划技能。教学计划可能更复杂一点，但你已经具备的技能会为此奠定一个良好的基础。

本章介绍了教学计划和教学决策产生的过程，描述了有关教学计划的基本原理与知识库（特别是计划对于学生学习和整个班级发展的影响）。此外，也介绍了资深教师制定计划和做出决策的方法。本章详细阐述了制定计划的具体步骤，并提供了大量制定教学计划以及其他计划的技巧和方法；讨论了教学计划和决策的复杂性，并介绍了教师如何在多变的情境中实施计划。虽然本章的重点在于教师在授课之前独立做计划，但对教师在教学过程中如何随机应变，怎样与同事共同制定计划来促进学生学习等都给予了关注。

第1节　关于教学计划的不同观点

在现代社会，通过制定周密的计划，人们可以对自己掌控事态发展的能力表现出极大的信心。诸多专业规划职位的诞生体现了人们对计划的日益重视。这类职位中包括土地使用规划师、营销总监、系统分析员和策划专员等，从业者都是全职的专业人士，他们的任务是制定详细、长期的计划，以影响和引导经济发展，并确保企业的"战斗力"。中学生和大学生都要学习家庭计划、理财计划、职业生涯规划，很多情况下成人也要学习这些内容。简单来说，就是"计划降低了不确定性"。

良好的教学计划包括合理安排时间，选择适当的内容和教学方法，激发学生的兴趣，创建一个高效的学习环境。

计划对于教学至关重要。看看教师花费在做计划上的时间，你就知道计划有多重要了。比如，克拉克和英杰（Clark and Yinger，1979）指出，教师们每周要花工作时间的10%～20%去做计划。近期研究再次表明，教师花在做计划上的时间总量比过去几年有所增加。从教师所做计划和决策对教育活动的广泛影响也可以看到计划的重要性。正如克拉克和莱姆派特（Clark and Lampent，1986）所述：

> 教师的教学计划是学校教学内容的决定因素。教师备课时要增加、删减、阐释教材内容，并确定教学进度、次序和重点，对教材进行调整。在小学，教师要负责所有科目的事务，如确定教学内容、分配教学时间和确定在教学重点和难点上的练习量。(p. 28)

有些人认为，学会教学其实就是这样一个过程：新教师学会确定哪些课程内容对学生的学习较为重要，以及如何在教室中完成教学活动。（Doyle，1990；Stronge，2002）

本章重点讲述计划的重要性，并认为作计划的过程比好计划本身更重要。本章还尝试表达一个重要的观点，即计划是复杂的、可变的，正如优秀教师所说的："计划应该是有弹性的。"

教学计划——传统的观点

许多专家和学者已经研究、论述了各个领域（包括教育领域）的计划过程。在这一问题上，主导观点是理性—线性模式（rational-linear model）。该观点认为，提出目标是第一步，然后恰当地选择行为模式和特定行为来达到预定的结果。这一模式关注目标制定者和目标执行者之间的密切联系。图 3—1 表明了基本的理性—线性模式。

目标 → 行动 → 结果

图 3—1　理性—线性模式

这一模式的理论基础是由许多领域的计划者、思想家奠定的。在教育界，这个理论的基本概念与早期的课程制定者和理论工作者相关，例如拉尔夫·泰勒（Ralph Tyler，1949）和后来的课程设计者：马杰（Mager，1962，1997），加涅、布里格斯和韦杰（Gagne，Briggs and Wager，1992），格若劳德和布鲁克哈特（Gronlund and Brookhart，2009）。这也是第一章描述的标准化教育背后的指导思想。对他们来说，好的教育计划有如下特点：精心设计的具体的教学目标（一般用行为表征），针对特定目标而设计的教学行为和策略，对结果（特别是对学生成绩）的详细评价。

教学计划——其他的观点

在过去 25 年里，许多实践者质疑理性—线性模式是否能够准确地描述现实中的计划（Fullan，2007；McCutcheon & Milner，2002；Weich，1979）。以目标为导向的班级组织与课堂受到了挑战，人们对预期的行动能否在复杂、多变、不确定的环境中得以实施也发出质疑。

非线性模式（nonlinear model）与图 3—1 中的理性—线性模式完全相反，它是计划者先行动，后产出结果（有预期的，也有非预期的），最终通过设置目标来总结、解释他们的行为。图 3—2 描述了这一计划模式。支持这一计划模式的人认为，计划不是必然地指导行动，而是用来说明人们已经做了什么事。后面将要谈到，许多资深教师制定计划时，都用到了这一模式。虽然他们为自己和学生设定了目标和方向，但教师的计划呈环形，而非线性模式。他们会尝试，也会犯错。实际上，资深教师既关注线性模式也关注非线性模式，并在实践中交替使用二者。如果这种做计划观点是正确的，那么它就可以解释为什么许多教师努力规范所教的课程并使用标准化测验来评价学生所学。

行动 → 结果 → 目标

图 3—2　非线性模式

> 理性—线性模式首先侧重于设置目标，然后选择特定的策略来完成目标。非线性计划改变了这一状态，计划者先行动，而后设置目标。

心理计划（mental planning）

这一章阐述的主要内容是教师制定单元计划和每日教案时具体的、外显的过程。然而，计划还有以“反思性思维”（reflective thought）和“内在心理”为特征的另外一面（McCutcheon，1980；McCutcheon & Milner，2002）。由反思形成的心理计划优先于实际写出的长期计划或者每日教案。这可以通过教师先前几年教一个类似单元的过程，或者通过思考他（或者她）从阅读、学习或者参加近期的专业发展研讨会所习得的新想法反映出来。心理计划还包括在一节课之前的“想象”或者“心理”预演。在你生活的很多方面可能也有此类行为，比如，当浏览你即将在演讲中要谈到的材料时，或者思索当你第一次被介绍给他人时自己该做出何种反应时，这些都会在脑海中提前进行一次预演。最后，心理计划还包括教师在课上所做的用以处理特定课堂事件和情境的自发的、随机的计划。由于心理计划是在思维内部进行的，不同于外显的正式计划，不是直接可见的，因而很难言说并传授给新教师。在后继的章节中我们还会讨论到心理计划。

检测—拓展—探索

检测

- 比较传统的理性—线性模式的观点和非线性模式的观点。
- 计划和决策以何种方式影响教学的其他方面？

拓展

- 哪种计划观点更接近于你的计划方式？

探索

- 使用学校的图书馆数字资源查阅麦卡琴和米尔纳（McCutcheon and Milner，2002）对“心理计划”（mental planning）的研究。

第 2 节　理论支持与实践支持

有关教学计划与决策的研究意义重大，它在 20 世纪 70—80 年代的 10 年里有显著的发展，但在近十年里发展缓慢。相关研究表明，计划可以影响学生的学习效果；新教师和资深教师制定教学计划的方式不同；资深教师并不总像人们所期望的那样去为教学做计划。研究还显示，教师的教学计划是复杂的，某些简单的既定计划可能不会产生预期的结果。

计划影响学生的学习效果

理论和常识均表明，按计划行事会有更好的结果，做任何事都是这样。卡伦·朱姆沃尔特（Karen Zumwalt，1989）对教师做计划以及如何影响学生学习进行了观察研究：

> 教师在做教学计划和师生互动阶段所做的或清晰或模糊的决定，会受到他们对学生学习观点的影响，反过来也进一步影响他们对学生学习的认识。当教师做出某种教学决策，例如，在数学教学中使用集体教学（whole group），为了训练特定的技能而布置阅读作业，采用与社会课教科书配套的同步测验等，对学生而言，课程的性质也会受到影响。方法的选择比工具的

选择更重要；它常常对课程有意义深远的影响……如果教师们想使自己的教学实践富于思想性和反思性，就需要理解教师计划和学生学习之间相互作用的关系。

有些研究通过间接的事件与行动来关注教学计划的问题，但是，就像你将要看到的，某些类型的计划可能导致难以控制的结果。

教师预先制定的教学计划给教师和学生一种方向感，并帮助学生更清晰地认识到隐含在学习任务中的潜在目标。20 世纪 70 年代的研究也表明了计划对教师行为和学生学习的影响。例如，杜查斯特奥和布朗（Duchastel and Brown，1974）曾关注教学目标对学生学习的影响。他们将佛罗里达州立大学的学生随机分为两组，学习同一门课程中关于蘑菇的几个教学单元。每个单元设定了 24 个目标，每个目标都有与之相对应的测试。给第一组学生一半的目标作为学习指导，不给第二组学生任何目标，要求两组学生根据蘑菇的资料学习尽可能多的知识。

研究者在后来评估时发现，两组在总测验得分上相同。然而，一个关键而有趣的发现是，提供了 12 个教学目标的学生组关注的焦点在他们的学习结果上，而另一组学生的关注焦点在与 12 个目标有关的测试题上。同样有趣的是，没有给任何目标的第二组学生在另外 12 个目标上的测验优于给过 12 个目标的第一组。杜查斯特奥和布朗据此得出结论：学习目标对学生学习有聚焦作用，并由此建议教师，应该让学生了解自己所学课程的具体目标。

计划与目标的使用对学生及其学习有重大的影响。

约翰·扎豪瑞克（John Zahoric，1970）几乎与杜查斯特奥和布朗在同一时期进行了研究，他关注的是计划对教师行为的影响。他试图证明，不做计划的教师比做计划的教师在教学中对学生的学习过程更为敏感。

约翰·扎豪瑞克调查了四所郊区学校的 12 位四年级教师。他把 12 位教师随机分为两组，分别命名为“做计划的教师”（teacher who planed）和“不做计划的教师”（teacher who did not plan）。给作计划的小组一份以信用卡为主题的目标明确、结构清晰的教学计划，并要求他们在课堂上使用。他要求不做计划小组的教师在一小时的课堂教学时间里去讲授一些他们事先没有做计划的教学内容。

扎豪瑞克发现，做计划的教师和不做计划的教师有明显的不同。做计划的教师对学生的想法不敏感，并且无视学生的观点和见解，追求自己的目标。相反，不做计划的教师表现出更多的鼓励和激发学生思考的言语行为。

计划还可能产生非预期的结果——教师忽视学生的需求和想法。

这项研究立刻带来一个问题：如果基于目标的计划使教师忽视了学生，那么，教师是否应该取消计划？扎豪瑞克的回答是否定的。取消计划的教学可能带来完全随意和无效的学习。20 世纪 70 年代以来对教师计划的研究以及其他已有的研究和后继的追踪（Cotton，1995；Rosenshine & Stevens，1986）都一致地证明基于目标的教学计划的重要性。同时，他们也应该看到计划有可能导致的非预期结果——过于详尽和缺乏变通的计划使教师无视学生的想法，导致学生无法更自主灵活地学习。

教师精心设计教学计划可使教学顺利推进。

教师做计划的另一个结果是形成一个使课堂教学顺利运行的课堂环境，减少纪律问题和干扰。第五章将重点讨论课堂管理，这里就不做赘述。然而，仍然有必要指出，过去 30 年的教育研究一致认为，计划是减少大部分课堂管理问题的关键。善于做计划的教师不需要充当“教室警察”，因为他们的班级和课堂在各方面都井井有条。这种教师在计划中设立了班级目标和行为准则，强调负责和高效的课堂行为是学习中不可或缺的一部分。图 3—3 总结了详细的教学计划和明晰的教学目标的作用。

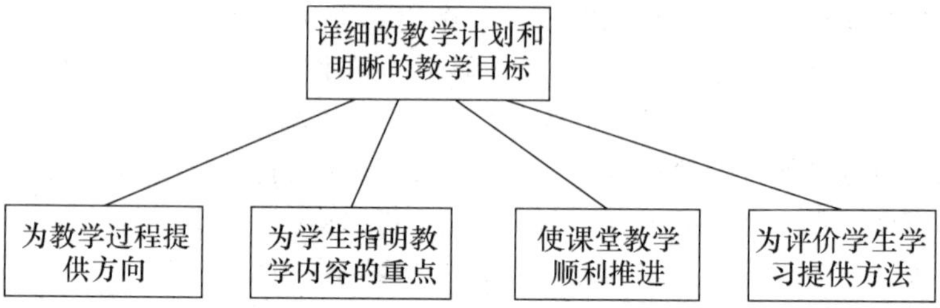

图 3—3　详细的教学计划和明晰的教学目标的作用

教学计划与新教师

同样令研究者困惑的是，新教师在学习一些重要的教学计划技能时显得很困难。纵观过去几年的研究可以发现，新教师很难向资深教师学习制定计划。这不仅是因为他们对教学计划的认识各不相同，还因为他们在做计划的方法和教学的互动决策方面也很不同。三项有价值的研究说明了这些差异。

豪斯纳和格里菲（Housner and Griffey，1985）比较了新老教师在为教学做计划和决策时的不同。他们观察了 16 名体育教师，其中八人有五年以上的教学经验；另外八人是实习教师。研究结果参见本章的“研究摘要”。

研究摘要

经验造成计划的差异性

Housner，L. D.，and Griffey，D. G.（1985）. Teacher cognition：Differences in planning and interactive decision making between experienced and inexperienced teachers. *Research Quarterly for Exercise and Sport*，56，45-53.

问题：豪斯纳和格里菲曾关注新老教师在做计划和决策时表现出来的差异。

样本和背景：研究者调查了 16 名体育教师，其中八人有五年以上的教学经验，另外八人是实习教师。

过程：给教师一个小时设计一节课，内容是如何教八岁孩子足球和篮球的运球前进。他们要上两节课，每节课教一种技能。教师可以询问他们所需要的信息，做计划的时候可以边思考边说出自己的想法，以便他们的思考过程可以被记录下来。然后，教师分四组施教，并对授课过程进行录像，教师和研究者共同回顾课程，并向研究者陈述他们在教学中的想法和决策。

阅读提示：研究者通常更乐于呈现他们研究中的描述性信息。从豪斯纳和格里菲的研究数据表中可以看到这种情况。研究者根据不同的分类列举了教师的行为，并用百分比对其进行了描述。

结果：表 3—1 列出了新老教师在做计划期间所做决策的类别。研究者将其分为两大类——活动决策和教学策略决策，每一类又分为多个部分。

表 3—1　新老教师活动决策和教学策略决策比较

活动决策	资深教师	新教师	教学策略决策	资深教师	新教师
结构	42.6%	54.5%	管理	13.4%	4.8%
程序	24.6%	28.0%	评价/反馈	22.8%	15.9%
形式	4.9%	1.5%	演示	7.9%	7.9%
时间	9.0%	6.8%	过渡	5.5%	6.4%
调整	18.9%	9.1%	集中注意力	18.9%	19.1%
			使用设备	7.9%	7.9%
			教学言语	19.7%	34.9%
			时间	3.9%	3.2%

资料来源：Housner and Griffey，1985，p. 4。

表 3—2 展现了新老教师在教学和做出临时决策时的关注点。

表 3—2　新老教师在互动式教学中的关注点

关注点	资深教师	新教师
学生的表现	30.1%	19.0%
学生的参与	27.4%	22.6%
学生的兴趣	11.8%	27.3%
学生的要求	3.2%	7.7%
学生的心情/感受	3.2%	6.5%
教师的心情/感受	5.3%	1.7%
其他	19.0%	15.2%

资料来源：Housner and Griffey，1985，p. 49。

讨论与意义　表 3—1 表明，新老教师在以下四个方面差别比较大：调整、管理、教学言语、评价/反馈。资深教师在设计一节课时，会准备更多的调整方案，他们也比新教师更多地关注活动规则和反馈方式。而新教师在其计划中更关注教学言语。

表 3—2 表明，新老教师在教学中的关注点不同。资深教师非常关注学生的表现，而新教师特别关注学生的兴趣，以及教学任务的完成。这项研究提示我们，新教师应该好好思考以下问题：

- 制定计划时，抑制关注教学用语的冲动，多想想规则设立的方法、向学生反馈的方式和偶发事件的应对方案。
- 实施教学时，要多关注学生的表现，并以其为基础制定临时决策，而非跟着学生的兴趣走，或随他们的要求改变教学进程。

盖尔·莱因哈特（Gael Leinhardt，1989）进行了类似的研究，他比较了数学学科新老教师的计划和课程实施能力。莱因哈特发现，相比新教师，资深教师有更完整的“心理记录”（mental notepads）和计划表，他们还设置和使用了许多核查点（checkpoints）以考查学生是否听懂了课。莱因哈特认为，资深教师“把一系列相关的课编排在一起形成一个教学主题，在某种程度上来说，这些教学主题都是基于并超越先前所授的课程内容”。

> 资深教师的教学总是在课程结构范围内显得非常高效，他们能从一种类型的活动自然地过渡到另一种活动……与此相比，新教师的课则显得结构松散，教学各环节过度拖沓……他们的授课不能很好地契合或覆盖教学的主题。(p. 73)

麦卡琴和米尔纳（McCutcheon & Milner，2002）对一所中学的英语教师进行的个案研究发现，当前的教师为教学做计划已明显不同于传统认识。他们观察和访谈了一位25岁且富有经验的教师比尔。结果发现，“许多教师似乎是每日或者每周为教学做计划，而比尔是在教每节课之前都要做计划……这是一种被研究者称为‘长期的行动前计划’的形式”。例如，在准备一堂关于“英国的主要作家”的新课中，比尔通读了本学校的课程资料和州课程标准，并且研究了其他教师是如何教授此课的。他摒弃了许多他认为太过于依赖教科书的教学要求和旧有的方法。相反，他以主题的形式组织课程，精选了可以从网上获得的文献来研究；他为自己没有模仿“其他人上课”而感到欣慰（p. 86）。比尔还说，他很少做短期计划，“我努力使课堂中形成即兴讨论的氛围。太多的计划会限制自由讨论和探究”（pp. 85-86）。例如：

> 当我们进行讨论时，可能文学方面的东西会吸引我，但是学生们可能因为没有相关经历而不会关注它。所以，有时我必须带他们到教室外面的世界，而我提前也不知道我们具体要去哪里，也不知道我们会对什么问题突然展开讨论。这些都取代了所谓的短期计划。(p. 86)

麦卡琴和米尔纳发现，比尔致力于长期的、活动前的计划，而非短期的每节课计划。他不是基于目标计划，而是通过心理想象和预演的形式进行计划，他提到“反向建构”（backward building），并解释为教师“预想我们想要学生在哪儿结束，然后反过来以该点为出发点制定计划”（p. 91-92）。研究者的最后结论是，现在教师们更多使用这种计划方法而非传统方法，是因为他们受到新的研究和建构主义理论关于学生学习观点的影响。但是，其中令人感兴趣的一点是，在第一章介绍的标准化教育环境会如何影响像比尔这样倾向于制定更多教学互动计划的教师。

新老教师在做计划时关注的内容是不同的，这一事实给新教师带来了挑战。与其他教学行为不同，大多数教师的计划工作是在相对私密的场所（比如教师的家里或办公室）进行的。而且，就其本质来说，计划和决策是无法观测的心理活动，能看到的只是计划产生的结果——即使是书面计划，也只能代表教师头脑中所进行的真正计划的一小部分。计划这种个人化或私人化的本质使得新教师很难从资深教师那里学到什么。新教师固然可以要求看教案（lesson plans），也可以与资深教师探讨。然而，许多资深教师并不能用语言把特定的计划和决策以新教师能够理解的方式表述出来。豪斯纳和格里菲的研究与莱因哈特的研究中提到的那些临时决策尤其无法描述，而没有这些临时的决策，教学是无法一环扣一环地进行下去的。对某些教学技能而言，必须借助于教育研究，新教师才能了解到资深专家内在的心理过程，计划、决策技能即是其中之一。

检测—拓展—探索

检测

● 出色的教学计划的优点和积极作用是什么？

● 扎豪瑞克的研究是怎样论证计划可能使教师上课时不够敏感和灵活的？他的研究是否表明教师不应该做计划？为什么？

● 新教师与资深教师做计划的方法有什么区别？对此你怎么看？新教师应该采取哪些措施来改善计划？

拓展

● 就你个人经验来说，计划有什么作用？是积极的还是消极的作用？

● 如果有 1～10 个选择点，你认为教师做计划的详细程度应该具体到哪种水平？请登录“在线学习中心”，在“拓展问题投票栏”做出回应。

探索

● 请登录“在线学习中心”（www.mhhe.com/arends9e），并链接到有关“教师如何做好计划”的网站。

第 3 节　教学计划的范围

教师做计划是一个复杂的过程。计划与教学的其他方面相互作用，并受到其他很多因素的影响。对于新教师来说，理解计划的过程，掌握计划的特征，都是重要的技能。

教学计划与教学周期

教师做计划是一个多面的、动态的过程，这一过程几乎涵盖了教师所做的每件事情，它也是整个教学周期的一部分。教学计划不只是教师为第二天上课准备的教案（lesson plans），它还包括教师在教学中适时做出的调整，以及教学过程最终的评价。图 3—4 阐明了计划的整个流程与教学周期的关系。

从图 3—4 可以看出，在一个教学周期中，教学计划影响着教学，进而影响对学生学习的评价。而且，这一过程是循环的。评价结果又影响着下一轮的教学计划，进而影响教学，如此类推。此外，教学周期不同阶段教师做出计划的心理过

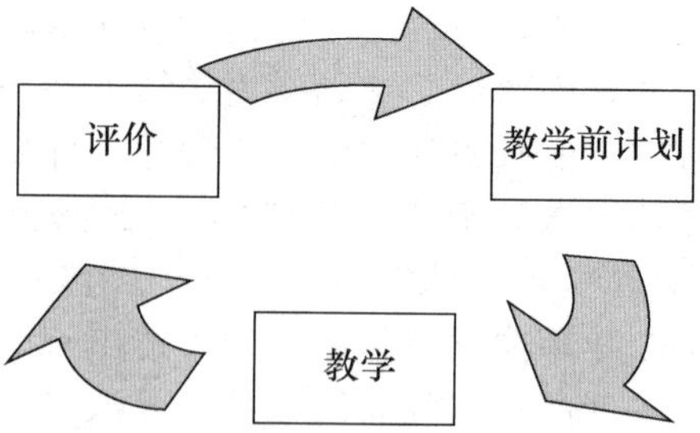

图 3—4　教学计划与教学周期

程是不一样的。例如，教学内容的选择必须在仔细分析和调查了学生已有知识，以及教师对学科内容的理解和学科本身特点的基础上进行。大多数教学后的决策，如以什么方式测试、如何评定等级，也是深思熟虑的结果。另外，大量教学过程中的计划和决策是在具体情境中自发、适时地做出的。表 3—3 列出了教学周期每个阶段的决策。

表 3—3　　教学计划和决策的三阶段

教学前	教学中	教学后
选择内容	讲述	检测理解程度
选择方法	提问	提供反馈
安排时间与空间	提供帮助	表扬与批评
设定结构	提供练习	进行测验
确定动机	设置过渡环节	评定等级
	管理与纪律	汇报成绩

教学计划的时间跨度

教师可以做不同时间跨度的计划，有下一分钟、下一小时的计划，也有下周、下一月或者下一年的计划。如果是学校层面的计划或个人的职业规划，时间甚至可以是几年。显而易见，一天的计划和全年的计划是截然不同的，但是他们都很重要。而且，特定一天中所执行的计划会受到此前发生事件的影响，也可能会影响此后的每日教学计划与周计划。

> 教师所做教学计划的时间跨度从几分钟到全年不等。

罗伯特·英杰（1980）在许多年前进行了关于教学计划时间跨度的一项重要研究。当时，他就密歇根州小学一、二年级的教师进行调研，采用参与式观察法，5 个月中花了整整 40 天时间对其计划活动进行了观察记录。从图 3—5 可以看到，英杰把教师教学计划分为五个时间跨度：日计划、周计划、单元计划、学期计划和年计划。图 3—5 表明了教学计划的五个时间跨度及其计划任务。

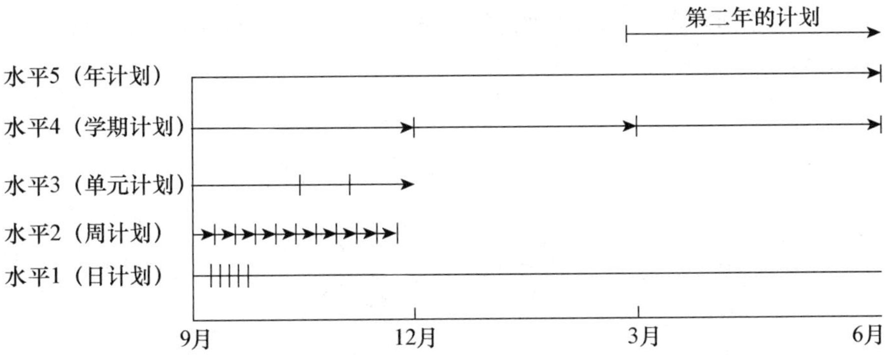

图 3—5　教学计划的五个时间跨度

检测—拓展—探索

检测

● 一个完整的教学周期有哪三个基本阶段？教师在每阶段要做什么类型的计划和决策？

● 教师需要根据什么样的时间跨度做计划？

拓展

● 为什么为不同的时间跨度设计特定的计划很重要？这些计划是如何相互影响的？为什么要随着课程进展对其进行调整？

探索

● 你可以登录许多与“教学周期”相关的网站进行学习。

第 4 节　教学计划的具体内容

显而易见，计划是很重要的，教师必须考虑到一系列的计划任务。在这一部分，我们将详细介绍教师教学计划的基本任务，首先介绍教学内容的选择和教学目标的使用，然后介绍长期计划和短期计划的应用，以及有助于教师完成计划任务的工具。

选择教学内容

决定教学内容是最基本的教学决策之一。它有助于明确教育的总体目标，并且如前文所述，它对学生学习有很大影响。然而，选择教学内容并不是一件容易的事。知识每年都在迅速增长，知识获取方式也日新月异，但是教学时间仍旧有限。教育者、大众和学生对学习的重点是什么持不同观点。不过，基本的共识是，学习的重点是教师个人在理解课程的基础上，认为值得教以及学生需要学的东西。此部分主要讨论当前影响教学内容选择的几个重要因素。

> 决定教什么是教师做计划最困难的方面之一，因为学生需要学的内容很多，而教学时间很有限。

不同声音 在21世纪的民主社会，有诸多因素影响着学校教学内容的选择。图3—6呈现了几个影响因素。

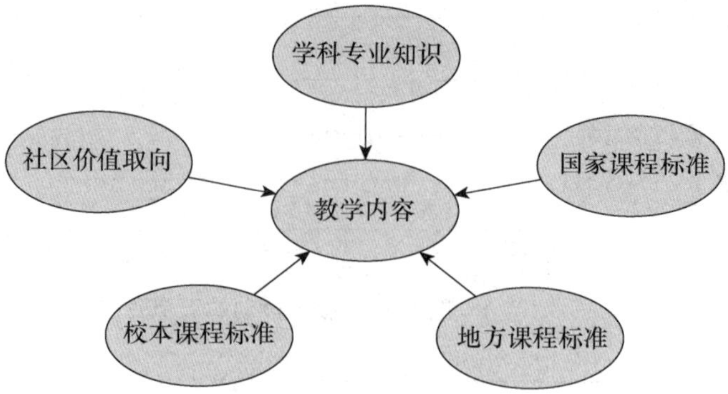

图3—6 影响教学内容选择的因素

如图3—6所示，学科专业知识对选择教学内容有很大的影响。每个学科的课程标准都由相关组织，如数学教师全国委员会（NCTM），社会课全国委员会（NCSS），英语教师全国委员会（NCTE）以及国际阅读协会（IRA）等不断丰富和改进。专业协会采用的课程标准和能力标准（performance standards）又影响着国家、州、地方课程委员会采用的课程结构、评价内容和评估过程。然而，这一切都是基本价值观和社会观念导致的结果，那些含有争议内容的学科更是体现出这一特点。

的确，整个课程标准的发展过程是复杂而有争议的。例如，近来很多有争议的领域已经被提了出来。在国家层面，奥巴马政府倡导一套国家标准（national standards，尤其是在数学和阅读方面），而且这套国家标准致力于“适用于所有人”（fit all），与之相对抗的一些人更青睐由州和地方控制的课程，或者是根据地方学校和学生的不同需求量身定做的课程。二者之间已经展开了一场经年日久的论争。在不同州之间，关于新的历史和社会课标准的提案存在争议。什么内容对学生最重要，对著名的历史人物（如杰斐逊或者麦卡锡）应给予多少关注等此类问题，人们的观点也各不相同。再比如宗教在美国宪法形成中的作用，19世纪对外扩张的意义，当代对自由市场和社会主义概念的描述，以及学校是否应该允许宗教祈祷活动等问题，人们也无统一观点。同样的，许多州（如得克萨斯州和堪萨斯州）在阻挠对科学课程的改革方面取得了显著成效，而这是过去几个世纪一直存在争议的问题。

地区价值观（local community values）也影响着地区课程标准。例如，在许多地区开展的学校“回归基础”运动（get schools “back to the basics”）和使用“语音方法”（phonetic approach）进行阅读教学运动，很好地说明了地区的价值观是如何转化为课程决策的。在作者所在地区，关于何为数学教学的好方法引发了很大的争论。其中以家长和教育者为代表的一方想要采用以“传统教学法”（traditional approach）为主的教科书来教授数学，然而，另一方更倾向于使用体现探究取向和问题解决（inquiry-oriented and problem-solving）方法的教科书。此外，性教育问题，以及影视表演艺术课时安排问题也仍然存在争议。

课程是什么？此刻你可能正在思考一个重要的问题：“课程到底是什么？”在

过去的几十年里研究者对此问题已经给出许多定义。以泰勒（Tyler，1949）为代表的一些人把课程看作一个目标体系和学生应该学习的重要知识；以阿普尔和乔姆斯基（Apple，1990；Chomsky，2002）为代表的一些人则认为，课程是政治和经济利益团体为了使自己的世界观在学校中得以传承和延续所做的尝试；最近，达林-哈蒙德和布兰斯福德（Darling-Hammond and Bransford，2005）提出了一个对教师而言最有用的新定义：

> 课程……就是教师根据学生的特点和教学情境，为特定的班级设置的学习过程和学习目标（既包括原有计划中的，也包括教学过程中临时生成的）。(p. 170)

注意，达林-哈蒙德和布兰斯福德把重点放在了“实施的课程”（enacted curriculum），即由教师（及其学生）发展，并由学生实践的课程，这一课程并非学科专业知识，也不是国家教育机构或学校教育部门影响下的“正式的课程”（formal curriculum）。

正式课程的标准、测试（testing）和职责 如第一章所述，基于标准化的教育环境（standards-based environment）是今日教育的一个特征，而当前社会普遍的信念是，相比过去，学生成绩在日益下滑，而唯一可以改变这一局势的途径是让教师按照相应的能力标准教学。学生成绩落差和教师对低收入和少数族裔家庭学生的低期望也促成了相应标准的设定，这些新标准将会对所有学生有较高的期望和要求（Haycock，2006；Landsman，2004）。其关键特征有：（1）用统一标准来指导教与学；（2）坚信每个学生都能达到这一标准；（3）用标准化成绩测验（standardized achievement tests）检测学生学习结果，教师和学生对其共同负责。以下是当前学校形成正式课程的具体步骤。

首先是目标设定。课程标准是对学生应该知道什么和学生应该具备哪些能力的描述。通常是以较为抽象的文字表述，以便能被大部分教育工作者接受。然后在具体教学中细化为精确的、可测量的具体目标。每个人都会遇到很多标准，例如，当你还是一个学生时在你学校使用的标准，还有州际新教师评估和支持联盟（INTASC）制定的要求新教师应该知道和应该做到的课程标准。正如前文所述，影响课程标准的因素很多，但是学科专业协会和国家教育机构的意见已成为最重要的影响因素。

在过去的几十年里，国家教育机构对学校教学内容的影响明显增强。目前，大部分州的课程框架（curriculum frameworks）由三部分组成：（1）内容标准（content standards）——围绕主题和根据年级水平组织的内容；（2）阶段标准（benchmarks）——学生在某一阶段应该达到的特定点；（3）各年级能力指标（performance indicators）——用来测量学生对特定目标和阶段标准的掌握情况。他们三者之间的关系用图 3—7 进行了说明，而表 3—4 是国家科学课程要求的教学目标和能力标准。

在图 3—7 中，各年级能力指标是如何按照年级安排的？在表 3—4 中，关于“科学思想的演进”的整体目标又是如何被分解为不同教学阶段（小学、初中和高中）具体的能力标准的？这些都是值得注意的问题。教师要为学生各个阶段的学习提供素材，确保学生达到阶段性目标，进而实现总体目标。

内容标准 学生应该知道什么和具备哪些能力	学习内容 阅读 数学 英语 社会 美术、音乐、体育等
阶段标准 按年级阶段组织的用来监控达标进程的检验点	K～3　4～6　7～9　10～12
各年级能力指标 每个年级的学生应该知道什么和能做什么 促使阶段性目标的实现	K/1　2　3　4 5　6　7　8 9　10　11　12

图 3—7　内容标准、阶段性目标和能力指标

表 3—4　科学课的教学目标和能力标准

总体目标：学生们了解科学思想的演进过程，知道科学怎样影响社会与文化，了解不同国家对科学史的贡献。		
K～12 能力标准		
K～4 年级的教育活动应确保学生：	5～8 年级的教育活动应确保学生：	9～12 年级的教育活动应确保学生：
（K～2 年级）知道科学是世界各地的人们都能参与其中的探险活动，而且千百年来人们乐此不疲。	了解不同时期不同文化背景的人们对科学、数学与科技文化做出的重要贡献。	知道西方文化，还有非西方文化（如埃及文化、中国文化、印度文化、阿拉伯文化、玛雅文化）共同丰富了科学思想，并通过技术解决了人类面临的问题。

国家课程标准对学校教学内容有很大影响，因为全国能力与成就测验都是根据国家课程标准设计的。学生们需要定期参加测验。《不让一个孩子掉队》法案和即将出台的联邦法案要求国家对 1～8 年级学生进行每年一次的学习测验，对中学生也要进行至少每年一次的测验。学生成绩评估要考虑到学校、种族和学习障碍等问题。学生测试成绩要在地方报纸上予以公布，以便家长和市民知道本地学校学生成绩与其他地区学生成绩的差别。如今，基于《不让一个孩子掉队》法案的要求，学校以标准化测验成绩为依据被划分为成功的和失败的学校。如果一个学校被划为失败的学校，它就要为那些没有达到既定标准的学生提供课外辅导，而且家长有权让学生转学。奥巴马政府关于“力争上游”（race to the top）改革的建议书（在本书写作时尚处于形成过程中）将使用学生成绩评价教师能力，并创建基于学生成绩的绩效工资制，还在各州为失败学校设定改进的标准。很明显，这些措施强化了国家课程标准的影响力和标准化测验的作用。

如第一章所述，一些教育者和政策制定者对此持批评态度，认为国家课程标准可能会窄化课程和过于强调对那些同测试相关的教学内容的讲授。而且，这种方式对学生学习成绩的改善没有预想的好。尽管标准化教育问题颇多，且备受批评，但它已经成为政策制定和课程发展中的一个重要部分，而且在教师从教的初期会产生实质影响。

选择教学内容的工具与策略

刚开始，新教师对选择哪些内容来教很头疼。幸运的是，今天已有很多工具可以帮助他们找出课程重点和重建课程标准。

确定课程重点　据了解，大多数教师试图讲授的内容太多，而且授课时与课程无关的信息也太多。同时，教学语言过于混乱，影响着学生们对重点的掌握。在很早之前，布鲁纳（1962）就认为教师在教学中应追求效率。追求效率意味着在一节课中或者一个单元中教授多少信息，呈现多少概念，教师都要精心设计。依据效率原则，教师应该把学生认为难的概念清晰化、简单化，而不是把简单概念复杂化。也就是说，应该帮助学生深入探讨一些重点知识，而不是向他们灌输与学习无关的东西。

布鲁纳还描述了如何在选择内容时应用效力原则。一堂有效力的课，会直截了当、逻辑严密地呈现学科中的基本概念。正是通过课程的逻辑结构，学生们才能逐渐明白具体事实之间、重要概念之间的关联。以上两个原则有利于教师“少走弯路”。

教学内容选择的另一种方法是考虑该学科的知识结构（structures of knowledge）和构成该学科的基本概念（enduring understanding）。在所有的知识领域内，复杂的概念和理论都是呈金字塔状建立在简单的概念和理论之上的（见图3—8）。从中可以看到信息是如何分解成更为复杂、抽象的思想，再分解成更为简单、下位的概念和技能的。所以，教学内容的选择应该基于该学科的基本概念和基本结构，同时考虑学生原有的知识和基本能力。

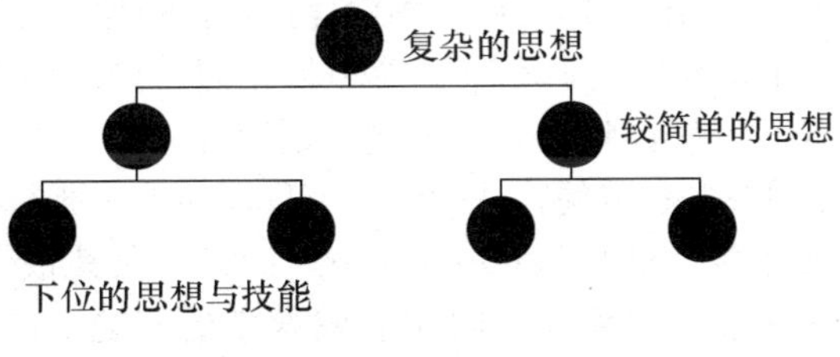

图3—8　知识结构及其关系

格兰特·威金斯和杰伊·麦克泰格（Grant Wiggins and Jay McTighe，1998，2005）提出了一个简单却非常有用的结构，该结构中呈现了效率、效力和知识结构原则对教学内容选择的影响（见图3—9）。图中以所有可能存在的知识内容作为背景——很明显再没有比这些知识内容范围更广的领域了。而最大的环形代表了教师认为学生应该熟悉的知识内容；中间的环形则是教师认为学生有必要学习和掌握的知识和技能，如果学生没有掌握这些基本问题（essential question），其教育就是不全面的；最中心的环形代表了应该永久掌握的基本知识，对于这些知识就算忘记了具体细节，也应该牢记其重点或者梗概。威金斯和麦克泰格认为教师在选择教学内容时，不妨问问自己以下四个问题：

基本问题反映了每个学科的主要思想和课程要点。

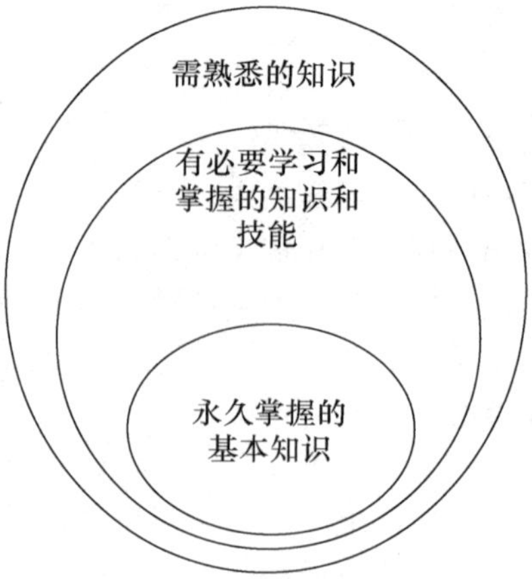

图 3—9　教学内容的选择

资料来源：Wiggins and McTighe，1998。

（1）（所要选择的）这些观点、主题或程序在何种程度上阐明了一个主要观念（这种观念不局限于课堂教学，还具有恒久的基本价值）？

（2）（所要选择的）这些观点、主题或程序在何种程度上属于学科的核心知识？

（3）学生们在多大程度上误解了这些观点、主题或程序，从而发现其难以掌握？

（4）这些观点、主题或程序在何种程度上为学习的学生提供了发展的潜力？

重构标准　根据学科专业知识和国家教育机构形成的课程标准为每个学科的教学内容选择提供了一个总体方向，此外，国家标准化测验对学科教学内容的选择也有着导向作用。然而，国家层面的课程标准要由地方教育者和教师（和作为学习主体的学生）在具体教学中不断精简和细化为可操作的具体目标。马扎诺和海斯特（Marzano and Haystead，2008）把这一过程称为“重构标准”。重构标准需要教师对原有的课程目标去粗取精，并确保每个目标都是一维的，这样才能有用。

许多研究者（Nichol and Berliner，2007）在其报告中指出，就当前而言，美国教育存在着过多课程标准限制有效教学的问题。例如，马扎诺和海斯特指出，他们对国家课程标准和 14 个分学科的学科标准进行了统计，前者有 200 多个分标准，后者下设 3 000 多个子标准。一些教师在得知这一数据后，认为如果要学生达到所有这些标准，教学时间必须增加 71%，而且学生要学 22 年。他们还发现，很多标准并不是一维的，例如，要求学生“熟练掌握所有数的加、减、乘、除”，其实包括了加、减、乘、除四种不同过程。

要识别课程标准中的基本目标并从多维角度来分析每一个课程目标，可以采用如下的五步过程法①：

第一步：识别和理解课程的基本标准。这一重构标准的过程包括识别那些重要的教学目标并完全理解它们。如果一个标准是指向一个重要的问题或一个基本的观点，或者这个标准与学生必须通过的能力测验紧密相关，那么这个标准就是

① 五步过程法是马扎诺和海斯特（2008）、波帕姆（Popham，2008）分别得出的研究结果。本部分摘自阿伦兹和克利屈（Arends and Kilcher，2010）的论述。

不可或缺的。

第二步：区分陈述性知识标准和程序性知识标准。稍后，在第七章和第八章将对陈述性知识和程序性知识做一区分。大部分标准传达着两个重要的信息：学生应该知道什么（陈述性知识）和学生能做到什么（程序性知识）。很明显，这两种知识都是很重要的，而且区分这两类知识是重构标准的关键点。例如，通读某个标准，用横线画出其主要观点或概念（陈述性知识），用圆圈圈出动作技能（程序性知识）。一般情况下，主要的观点或概念为名词，需要掌握的动作技能为动词。例如：

划出的陈述性知识：学生能列出等高线图的要素。

圈出的程序性知识：学生学会读等高线图。

第三步：区别预备的技能和/或后继的知识主体。如先前所述，许多标准和目标包括了大量在总体目标里更下位的技能和知识点。这一状况使我们难以确定学生达到的是否是同一标准，也很难评价他们是否达到了这些标准。波帕姆（2008）给我们提供了一个称为“学习进程”（learning progression）的方法，它更为精确地定义了学习的结果。波帕姆把学习进程定义为“学生必须掌握一系列的具体技能和基础知识，并由此达到更高层次的课程目标（或标准）”（p. 24）。

人们可能会把学习进程等同于那种为了实现总体目标而必须按步骤放到特定地方的“积木”。让我们来举几个类似于学习进程的例子。在数学学习中，学生们在学习长方形面积计算之前，必须先学会长方形的边长测量和乘法运算；完成一篇好论文所需的技能和知识很多：要知道论文结构，要能写出摘要，还要能写出人们可接受的句子和段落结构等。

图 3—10 呈现了整个学习进程。注意图 3—10 中假设的最终需要实现的教学目标，以及两个需要习得的知识目标和两个次级技能目标，完成整个过程需要六个课时。

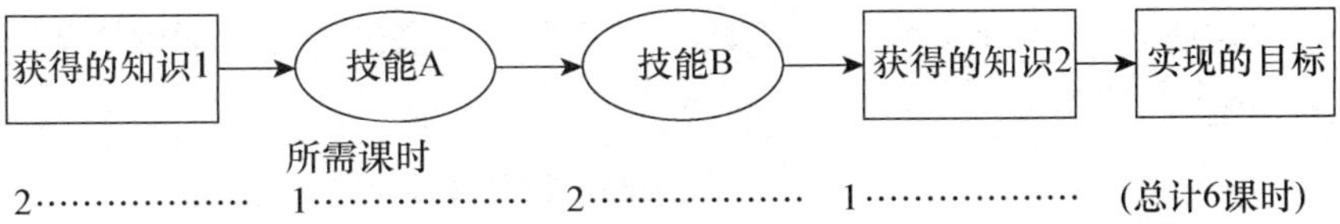

图 3—10　学习进程示例

资料来源：Popham，2008。

第四步：进行评价。这一步包括对每个所需知识和次级技能，以及总目标或者教学结果的必要评价。这是很重要的一步，如果没有一种诊断方式（不管是正式的还是非正式的），那就无法验证学生是否已经达到了预期的学习目标。

第五步：构建一个教学程序。重构教学标准的最后一步是设计一个教学程序，该教学程序是按照一定的逻辑组织起来的可习得的知识和程序技能。在大部分实例中，教师对标准的理解会影响这一程序，此外，特定环节所需的素材以及学生的理解力水平也会影响这一教学程序。

教学目标

就其定义来说，教学是指促进学生发展的过程。有目的的发展可以是广义的，如形成一整套全新的科学概念框架，或是获得对文学的全新理解；同时也可以是具体的、简单的，如学会如何系鞋带。教师促进学生发展的意向有多种称谓。过去它们曾被称为目标、意图、目的或结果（Bobbit，1918；Rugg，1926；Taylor，1949）。如今被称为内容或课程标准。在本书中，我们使用教学目标（instructional objective）来描述教师促进学生成长与发展的个人意向。你会发现教学目标像地图一样，能帮助教师和学生认清努力的方向，判断何时到达目的地。地图多种多样，教学目标也如此——有些教学目标较为简单，很容易制定也很容易理解，而有些却极为复杂。因此，在制定教学目标时就要运用不同的方法，依据不同的模式。这里的关键问题（也是颇有争议的）是，对于教学目标应该具体到什么程度或者笼统到什么程度，理论工作者和教师们持不同观点。

教学目标描述了教师对学生学习内容的构想。

马杰的行为目标模式（Format of Behavioral Objectives） 1962年，罗伯特·马杰（Robert Mager）写了一本名为《为教学目标作准备》（*Preparing Instructional Objectives*）的书，该书引发了一场关于最有价值的“特定有效目标模式”的争论。马杰的研究大体上论证了以下观点：有意义的教学目标必须能清晰地传达教师的教学目的，并且是详细和精确的。马杰的目标模式以行为目标（behavioral objectives）著称，该模式包括三要素：

- 学生行为。学生们将要做的或教师可以接受的行为表现，据此行为教师可判断目标是否实现。
- 测试情境。在此情境中，学生的行为是预期发生且可观察的。
- 成绩标准。其指可以达到的标准或成绩水平。

记住行为目标三要素的一个简单方法是记住这几个要素的首字母S、T、P，即学生行为（student behavior，S）、测试情境（testing situation，T）和成绩标准（performance criteria，P）。表3—5表明了马杰的行为目标模式的三个要素，并就每个要素举了例子。

表3—5　　马杰的行为目标模式

组成目标的三要素	举例
学生行为	识别名词
测试情境	提供一个名词与动词的列表
成绩标准	正确率至少达到85%
学生行为	列出导致美国内战的五个原因
测试情境	闭卷主观题测试
成绩标准	找出四五点理由

运用马杰模式阐述教学目标时，教师们最好使用精确的词汇，而不要使用意义模糊的词语。意义精确的词包括“写”“列出”“确认”“比较”，意义模糊的词包括“了解”“理解”“欣赏”。运用这一模式时，教师还应该按照以下步骤把三要素结合起来：先写明测试情境，然后阐明学生行为，最后写出成绩标准。表3—6

说明了该模式中行为目标的应用方式。

表 3—6　　行为目标三要素的应用

测试情境	学生行为	成绩标准
提供一张地图……	学生将能够：	至少 85%
在没有笔记的情况下……	鉴别	五个原因中的四个
根据一篇课文……	解决	最低通过标准
	比较	
	对照	
	背诵	

在过去的 30 年中，马杰的行为方法在教育界得到了广泛使用。清晰的行为目标使学生明确地认识到他们应努力的方向，同时有助于教师评估学生的进步，第六章将对此有进一步的讨论。然而，行为目标模式也不可避免地遭到批评。

> 清晰的行为目标使学生明确地认识到他们应努力的方向。

批评者认为马杰模式会导致简化论，如果仅仅使用这一种方法，将会导致对教育中许多重要目标的忽视。此外，如果将重点放在精确的、可观察的学生行为上，教师在制定目标时就必须做到具体、详细。而为达到具体化、详细化，他们就必须把较为宏观的、整体的目标分解为许多小的目标。如果任一主题都设置目标，目标数量会多达几千个，这对大多数教师来说是无法驾驭的。此外还有一个风险，即教师可能只去关注那些并不重要的具体目标，而忽视了比较重要的总体目标。

批评者还指出，许多较为复杂的认知过程是不可观测的，事实也的确如此。比如，观察学生将两组数据相加，并判定答案正确与否，这很容易，但观察头脑思考过程或这一问题解决的过程，就不容易了。同样，观察学生复述托尔斯泰小说中的主要人物比较容易，但观察和测试他们对于俄国文学创作方式的理解就不容易了。批评者担心，把重点放在行为目标上，可能导致对教育中更重要方面的忽视，因为后者是不易观察和测试的。

> 一些批评者认为，将学生的具体行为作为唯一测评对象，就无法测评难以观察的较宏观的学习目标。

概括性更强的教学目标表述方式　一些课程理论家和评估专家提出了行为目标模式之外的其他方法。比如，格若劳德和布鲁克哈特（Gronlund，2005；Brookhart，2009）提出，先以概括性的术语来界定目标，然后附上恰当的、清晰的具体目标来加以阐释。格若劳德不像严格的行为主义者，他更愿意在其方法中使用诸如“欣赏”“理解”“评价”“享受”等词。他认为，虽然这些词并不具体，但它们却能更清晰地表述许多教师的教育目的。表 3—7 是格若劳德模式中对教学目标的表述方式。

表 3—7　　概括性更强的教学目标表述方式

形式	例子
总体目标	理解与尊重构成美国社会的种族多元化
分目标 1	能够运用本族语和第二语言来阐释多元化
分目标 2	能够举例说明个人与团体的多元化如何丰富了美国的文化生活
分目标 3	能够撰文分析为什么说保持对多元化的尊重是一个容易动摇和难以实现的目标

请注意，表中列出的初级目标并不是十分精确，而且，或许对于教师备课或学生评价没有多大的指导意义。然而，它表明了教师想达到的总体目标。分目标阐明的是教师该教什么，学生该学什么。尽管这些分目标不如行为目标三要素那样精细，但是相对来说还是比较具体的。波帕姆（2008）的学习进程思想也为制定此类更加细化的教学目标提供了一个有用的工具。

近来，一些学者修订了布鲁姆的"教育目标分类系统"（Taxonomy of Educational Objectives，本书的下一节将介绍此观点），并在此基础上形成了阐述教学目标的第三种方法。该书的修订者们，即安德森等（Anderson et al.，2001）认为，传统的教学目标局限于内容和教学技能，忽视了认知——教与学中"学生思考方式"的维度。他们确定了一个阐述目标的标准模式，这种模式只需一个动词和名词。动词大体上描述了预定的认知过程，名词描述了期望学生们掌握的知识。如下例：

- 学生学会区分（代表认知过程的动词）联邦制与集权制（代表知识的名词）。
- 学生学会划分（代表认知过程的动词）不同类型的目标（代表知识的名词）。
- 学生能够分析（代表认知过程的动词）各种类型的社会信息（代表知识的名词）。

读完后文关于布鲁姆分类法的内容，你会对这种方法了解得更清楚。

使用哪种方法？　教学目标的形式与应用同教学的其他方面的问题一样，一直以来作为备受争议的问题为人们所关注。学校政策在某种程度上会影响教师的选择，但是，在大多数情况下，采用哪种方法取决于教师个人的喜好与决策。教学目标所隐含的目的在于将教师的意图传递给学生，并帮助教师评价学生的发展，这一点非常重要。通常来讲，教师可以采用折中法，既不要制定过于抽象、空洞的目标，也不必严格遵循行为目标模式。先制定一个较为全面的目标，然后用尽可能清晰、具体的分目标加以阐释，格若劳德的方法可以说是最好的方法。同样，读完下面的内容你会发现，教学内容不但要指明学习内容，也要指明与学习相关的认知过程。

一些教育家提倡先写出总体目标，再写出与总体目标（不易被观察）相关的具体目标。

教学目标分类法

分类法（taxonomies）是对事物进行分类并表明其关系的方法。我们已经知道了许多分类法，如科学界对动植物进行分类的方法，用来划分食物类别、区分颜色和制定元素周期表的分类法。布鲁姆的教育目标分类法在确定教学目标和评价学生成绩时是一种有效的分类法。这种分类最初由布鲁姆和他的同事在20世纪50年代提出（1956）。后来布鲁姆的学生（Anderson et al.，2001）对这一分类法进行了修订，写出《学习、教学、评价分类法》（*taxonomy for learning*，*teaching*，*and assessing*）一书。顾名思义，这种修订版分类法既为学习目标的分类提供了一个参照，也为评价学习目标提供了一种方法。

修订版分类法有两个维度。一个是知识维度（knowledge dimension），它描述了知识的不同类型，并把知识分为事实性知识、概念性知识、程序性知识和元认知知识。这四类知识从简单到复杂，从具体知识（事实）过渡到较抽象的知识（元认知），每一项都建立在前一项的基础上。第二个是认知过程（思考方式）维度（cognitive process dimension），它把认知过程分为六类：记忆、理解、运用、分析、评价和创造。这一维度的分类与知识维度一样，也是从简单到复杂，每一项都建立在前一项的基础上，如理解比单纯记忆更复杂，运用与分析比理解更复杂。表3—8列出了该分类的两个维度，以及知识维度与认知过程维度的关系。

表3—8　　修订版布鲁姆教育目标分类法的两个维度

知识维度	认知过程维度					
	1. 记忆	2. 理解	3. 运用	4. 分析	5. 评价	6. 创造
A. 事实性知识						
B. 概念性知识						
C. 程序性知识						
D. 元认知知识						

资料来源：Anderson，et al.，2001，p.28。

知识维度的分类　修订后的《学习、教学、评价分类法》一书，将知识分为四类：事实性知识，包括学生们学习某一主题时必须掌握的基本要素；概念性知识，指基本要素之间的关系；程序性知识，指怎样做“某事”的知识；元认知知识，是某人对自己的认知活动的了解，包括何时使用特定的概念性知识或程序性知识。表3—9举例说明了四类知识。

表3—9　　知识维度中知识的主要分类

一级分类和次级分类	例子
A. 事实性知识——学生们掌握某一学科、解决该学科的问题时必备的基本知识	
A_A. 术语	专业词汇，音乐符号
A_B. 具体的细节与内容	主要的自然资源，可靠的信息来源
B. 概念性知识——较大范围内基本要素之间的关系	
B_A. 分类	地质时代的划分，企业所有权类型
B_B. 结论与原理	毕达哥拉斯定理，供求规律
B_C. 理论、模式与结构	进化论，议会的构成
C. 程序性知识——做事方法、研究方法，以及技巧、运算法则、技能与方法的应有标准	

续前表

一级分类和次级分类	例子
C_A. 特定学科技能与运算法则	涂水彩的技巧，整数除法的算法
C_B. 特定学科技巧与方法	采访技术，科研方法
C_C. 决定何时使用恰当程序	决定何时运用牛顿第二定律，确定某种方法是否可用来估算商业成本
D. 元认知知识——总体的认知以及对自我的了解	
D_A. 策略性知识	用来总结教材中某一单元知识结构的概述法，启发式方法的运用
D_B. 关于认知任务的认识，包括恰当的条件性知识和情境性知识	特定教师使用的测试类型，不同任务的认知要求
D_C. 自我认知	认识到自己的强项是写评论，而弱项是写随笔；知道自己的知识水平

资料来源：Anderson et al.，2001，p. 29。

认知过程维度的分类 认知过程维度给教学目标中各种认知过程的分类提供了一个框架。认知过程从比较简单（记忆）过渡到比较复杂（创造）。如表3—10所示，布鲁姆认为：记忆指从长时记忆中提取相关信息；而理解指根据教学信息来建构意义；运用指执行或使用程序；分析指将内容分为几个组成部分，并判断各部分之间有什么关系；评价和创造，二者位于维度中最复杂的一端，指根据标准作出判断，并将基本元素结合在一起，形成一个新的模式或结构。从表3—10中可以看出，每个过程分类都包含两个以上的具体认知过程，比如，"记忆"包括识别过程和回忆过程，"评价"包括检测过程与评判过程。

表3—10　　认知过程维度与相关的认知过程

过程分类	认知过程与例子
1. 记忆——从长时记忆中提取相关信息	
1.1 识别	（如，识别美国历史上重要事件的日期）
1.2 回忆	（如，回忆美国历史上重要事件的日期）
2. 理解——根据教学信息，包括口头信息、书面信息和图表信息，来建构意义	
2.1 说明	（如，阐释重要的演讲与文件）
2.2 举例	（如，举出各种绘画风格的例子）
2.3 分类	（如，将亲自看到的或书里描写的心理障碍分类）
2.4 总结	（如，对录像中所描述的事件写一个简短小结）
2.5 推理	（如，在学外语的过程中，从例子中推断出语法规则）
2.6 比较	（如，比较历史事件与当代实际）
2.7 解释	（如，解释法国18世纪重要事件的起因）
3. 运用——在一个特定的情境中执行或运用程序	
3.1 执行	（如，做多位整数的除法）
3.2 运用	（如，判断在什么条件下可应用牛顿第二定律）
4. 分析——把内容分为几个组成部分，并判断各部分之间，以及部分与整体结构或总体目标之间的关系	
4.1 区分	（如，在数字问题中，区分相关与不相关的数）

续前表

过程分类	认知过程与例子
4.2　组织	（如，把历史描述分为支持某一史学观点的证据和反对某一史学观点的证据）
4.3　归因	（如，通过文章作者的政治抱负，判断文章的中心思想）
5. 评价——基于标准的判断	
5.1　检测	（如，判断一个科学家的结论是否是根据实际观测到的数据得出的）
5.2　评判	（如，判断两种问题解决方法中哪种是更好的）
6. 创造——整合各种元素，形成一个有机的整体；重组元素，形成一个新的模式或结构	
6.1　生成	（如，生成一种假设来描述所观察到的现象）
6.2　设计	（如，就给出的历史主题，设计一份研究报告）
6.3　创作	（如，为某一物种建栖息地，以满足特定目的）

资料来源：Anderson et al.，2001，p. 31。

修订版的布鲁姆教育目标分类法有助于我们理解目标、进行分类以及进行评价（详见第六章）。图 3—11 说明了如何给一个特定目标进行分类，其中将“学生应学会运用供求规律”这一目标归为“概念性知识”（原理性知识），其对应的认知过程维度是“运用”。

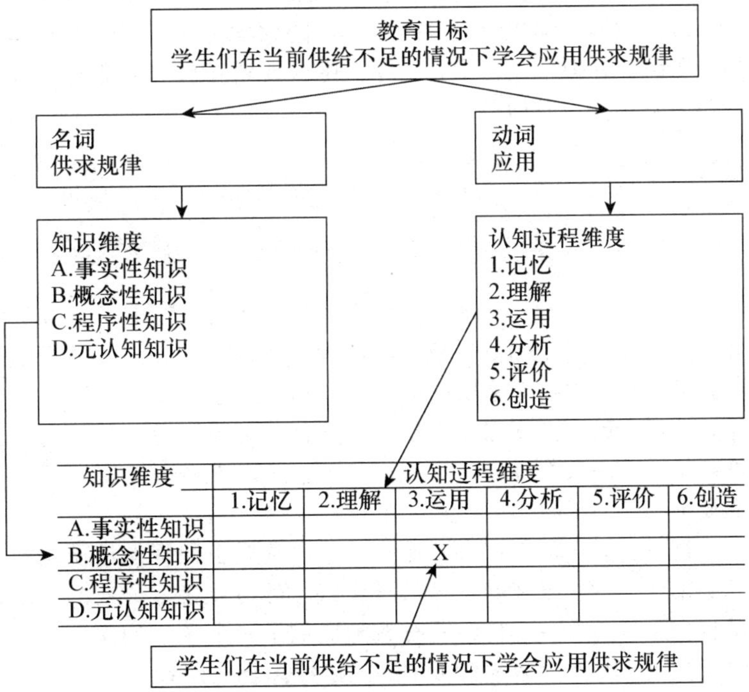

图 3—11　分类表中的目标分类

资料来源：Anderson et al.，2001，p. 3。

运用分类表对教学目标进行分类，可以使教师更全面地考虑教学目标，并使他们记住“任何目标中知识与认知过程都是统一的”（Anderson et al.，2001，p. 35）。此外，目标分类能辨析某一教学单元中大量目标是否一致，有无矛盾，并帮助教师更有效地评价他们的教学目标，这一点在后文中会讨论到。

布鲁姆最初的教学目标分类法遭到了人们的批评。一些人曲解了他的观点，以为那些相对简单和确定的知识在其教学目标分类中没有复杂的知识重要。事实上，布鲁姆并不这么认为。还有人质疑按等级为教学目标排序的做法。修订版教学目标分类法，特别是按复杂性排序的新做法，同样也遭到了批评。此外，批评者还指出，分类法与各类别的排序并不适合所有知识领域，事实也的确如此。

尽管如此，布鲁姆的教学目标分类法还是很受教师的欢迎。修订版分类法同样会被教育者接受，因为它为准备教学内容与进行教学评价提供了一种实用的方法，由此被视为是有价值的备课工具。这一教学目标分类法让我们看到，当我们让学生学习多种知识与技能时，应该让他们既能运用简单的方法，也能运用复杂的方法。

每日教案与单元教案

教学目标的应用同课时计划与教案联系紧密，如前文所述，教师既要做教学的长期计划，也要做短期计划。

每日教案 教师的每日教案受到的关注最多。在一些学校中教师必须写每日教案。还有些学校甚至连每日教案的形式都做了规定。每日教案通常包括教学目标、教学内容、动机激发策略、具体的教学步骤、所需的教具和评价方法。教案可详可略。在教学实习中，指导教师会要求新教师写非常详细的教案，而他们自己的教案可能非常简单。

> 每日教案通常包括教学内容、动机激发策略、所需教具、详细的教学步骤和评价方法等。

许多新教师都能理解，为什么任教初期需要写非常详细的教案。教案的作用类似于大型演讲中的演讲稿：演讲者第一次登台，需要详细的提纲，甚至是一字不差的稿子，但有了多次的演讲经验后，或由于反复地演讲，已将演讲稿熟记于心，演讲者就逐渐不需要提纲了，并且表现得游刃有余。我们也可把教案比作地图：第一次去某个地方，需要仔细地、不断地查看地图，但去过几次后，就不再需要地图了。

每日教案可以有许多种形式，这通常是由课程的性质决定的。如，本书第七章到第十三章所描述的每种教学模式，都需要特定形式的教学计划。不过，新教师也会发现，有些学校给所有教师提供了一个统一的模板。通常说来，该模板包含了图 3—12 所示教案模板中的大多数甚至是全部条目。

我们注意到，这一教案模板包含了清晰的教学目标和一系列课堂教学活动，这些课堂教学活动从课堂导入开始，以总结和评价结束，最后还提供了对学生学习结果的评价方式以及对本堂课的评价方法。

周教案与单元教案 大多学校及其教师以周和单元为单位组织教学。在一个单元中有许多知识内容和学生需培养的技能，这些都要按逻辑顺序有机地结合起来。周教案是紧紧围绕教学目标展开的，而且一个单元里的教学目标需要多个课时来实现。单元教学内容可能源于国家或地区教育标准，也有可能是教

课名学科＿＿＿＿＿＿＿＿＿年级＿＿＿＿＿＿＿＿＿
教学前 基本概念/重点 教学目标/评价标准 学生原有知识评估 必要的调整/针对特定学生或事件的调适 教具/其他的课前安排
教学中 绪论/设定背景/动机/激活原有知识 学习活动的结果（结构） 总结 作业/练习
教学后 学生学习的非正式评价（对其理解程度的检查） 对学生学习的正式评价 课程的评价（本次课程进展如何？需要做出的改进）

图 3—12　每日教案模板

师个人的长期计划，而教材也是影响单元教学内容的一个因素。

大多数教师以单元为单位组织教学，一个单元有好几个课时，分几次完成。

就许多方面而言，单元教案都要比每日教案更为重要。单元教案把教师能想到的教学目标、教学内容和教学活动联系在一起。它决定了几天、几周甚至几个月的教学流程。同时，它还反映出教师对教学内容和教学过程的理解。

大多数人能记住一个小时或一天的计划，但无法记住几天或几周的活动安排。因此，教师的单元教案要写得特别详细。单元教案一旦用书面形式呈现出来，就可以起到提醒教师的作用，使教师记得哪些课要用辅导材料，哪些课要用特定设备，哪些课要用到小奖品，哪些课要用试卷。如果教师是集体备课，制定单元教学计划、安排好由谁负责哪个单元就特别重要。图 3—13 是一个单元教案模板，其中列出了一个教学单元的常见内容。

单元教案就像地图，分成多节课完成，并且帮助教师、学生和其他人了解教学进度，因此应该写出来。

单元计划还应与学生分享，因为它展现了教学的总体思路，阐释了教师的安排与课程进度。通过了解单元目标与活动，学生能认识到他们需要学习什么。了解单元计划还有利于高年级学生安排自己的学习时间，控制自己的学习进度。

单元名称____________________
本教学单元的基本原理____________________
课程标准/核心问题/基本概念____________________

单元总体目标
总目标 1
具体目标 1.1：____________________
具体目标 1.2：____________________
总目标 2
具体目标 2.1：____________________
具体目标 2.2：____________________

单元内容
主要内容、概念与主题思想

单元结构
课程主要活动的总体流程
第 1 天
第 2 天

需要的材料和资源
打印的书面材料
多媒体材料
网络资源

主要作业
长期
短期

评价
形成性评估
终结性评估

图 3—13　单元教案模板

时间久了，资深教师可以制定出能重复使用的单元教案与辅导材料。不过，大多数新教师却不得不依赖课本与教学参考书。这样做没有错，新教师不必感到愧疚。大部分的教学参考书都是由资深教师编制的，尽管这些教学参考书提供的方法并不适合每个教师，但却为其提供了一个可参考的总体方案。大多数州教育部门颁布的课程标准也为单元教案的制定提供了有价值的帮助。

然而，需要注意的是，一些教师，即使有了几年教学经验，还是依赖教学参考书制定教学计划和进行教学安排。要知道，教与学是一个具有创造性并且不断发展的过程，教师必须以课程标准和学生特点为核心，与时俱进。只有这样，课程才不会单调，才能激发学生的学习兴趣。

学年教学计划　学年教学计划也很关键，但由于大多数学校的教学情况复杂多变，学年教学计划并不能如每日教案和单元教案那样详细。一般来说，学年教学计划的有效性取决于他们如何处理以下三个问题：

主旨与态度　大多教师都希望能够与学生共享生活态度、人生标准和价值观。比如，在多种族的小学中，教师希望在学期结束时，学生之间可以少一些偏见或歧视，能对其他种族的同学多一些宽容。通过一堂课或者一个单元的教学无法形

成这一态度，但通过一个学年精心设计、合理安排的课程则可能实现这一目标。比如，一位中学生物教师希望学生理解并形成对科学方法的态度，仅仅凭借一门科学方法课显然是无法实现这一目标的。但是通过在教学中言传身教，重视科学数据，重视理论与现实的关系，呈现根据信息做出推理的过程等，这一切可能影响学生，使他们形成科学方法观，进行科学化思考。最后再举一个例子，历史教师想让学生理解民主传统的历史发展，同样，仅凭一堂关于大宪章（Magna Carta）、宪法或宪法第十四修正案的课是无法做到的，只有依托“民主基础”这一共同主题的系列课程才能达到这一目标。

> 大多数教师都设定了几个长期的总体目标，而这些总体目标只有分解到一年中的数堂课、数个单元里时，才能实现。

内容范围　几乎没有教师在课上无事可做，正相反，经常出现的情况是快下课了，教师还有许多重要内容没有教。资深教师总是把学年计划记在脑子里，而新教师在这一方面却很欠缺。新教师如果想完成预计的教学任务，比如在三月底之前教完美国内战相关知识，他们就必须关注学年教学计划。要完成特定主题的教学，需要弄清楚真正的教学重点是什么，哪些先讲哪些后讲，并认真考虑一个学年到底有多少时间可用于教学。在大多数情况下，教师们总是希望能轻松地教尽可能多的知识。其实，如果根据“少而精”的原则制定教学计划，学生可能从中受益更多。简而言之，大多数新教师都高估了实际教学时数，而低估了单位教学时间的教学质量。如果精心设计教学计划，则可以减少这种判断失误。“寓富于简”的方法在此很适用。

学年周期　资深教师都知道，学年是有周期性的，而且有些教学内容在某一时段比其他时段更适于教授给学生。学生的情绪状态、心理状态围绕着上学、放学时间以及星期、假期、季节更替，并且学校重要事件总是发生周期性变化。其中有些是可预期的，有些则不可预期。尽管如此，尽可能地按学校周期来做计划是很重要的。资深教师知道，周五或放假前一天不应该讲授新的单元或重要的知识点。他们知道，学期初应强调授课过程与课的结构，因为这有利于学生日后的学习。他们还知道，学期末时会有很多其他事情干扰教学，而且学生由于盼望着寒暑假，学习动机会大幅减弱。他们也知道，在大型比赛之后或万圣节晚会前夕进行单元测试是不明智的。

> 学年周期对教师做计划有很大的影响。

作为新教师，你应从自己以往的学生生活中揣摩到这些周期与相应的心理状态。你可以利用这些信息，再加上学校里资深教师提供的信息，来为制定长期的学年教学计划做准备。

有助于单元计划和学年计划制定的时间表法　有许多方法可以帮助教师把那些持续数天或数周，包含许多具体、独立的任务因而较为复杂的教学计划制定得清晰可行。其中一个方法就是时间表法。它是按照时间顺序列出一系列教学活动或教师想完成的特定任务。时间表说明了活动的总体方向，以及在特定时间内要完成的所有具体目标。最直观的时间表是根特表（Gantt chart）。从根特表中可以看到工作的各部分之间的相互关系——每部分何时开始，何时结束。根特表呈现出一段时期（如一个学期内）内特定的内容是如何安排的。教师也可以利用根特表来规划教学活动的具体流程，如图 3—14 所示，这是一位教师为去当地博物馆进行实地考察而设计的。

任务	时间			
	3 月 10—15 日	3 月 18—23 日	3 月 26—31 日	4 月 3—7 日
与博物馆负责人电话联系	××			
给学生讲明规则	××			
雇车	××			
介绍艺术史单元	××××××××			
准备家长回执	××			
让学生把家长回执带回家签字		××		
回收家长回执		××		
讲授艺术史单元		×××××××××××	××××××××××××	
检查准备工作是否到位				××××××××
讨论考查内容				××××
出发				×
课堂讨论				××××
写感谢信				×××

图 3—14　根特表——博物馆之旅

> 教学时间表是说明在一定时期内如何完成一系列教学任务的时间图。

还有很多制定时间表的模式，今天已有一些软件包可以协助教师来制定教学计划的时间表。一些教师认为实际情况是不断变化的，因而更倾向于制定开放的、不甚具体的时间表。还有些教师则事无巨细，制定出非常详尽的计划。这种教学计划设计的具体方法和精细水平受教师个人态度和做事风格的影响。尽管在制定计划时你可以不考虑制定多么详细的时间表，但至少要考虑一下时间表的用处。这么做是有必要的，因为它能帮助教师认识到在教学过程中时间的有限性及其重要性。

以下“利用技术促进教学”专栏描述了帮助教师做计划、制定时间表的几种方法。

利用技术促进教学

计划工具与软件评价

技术与教学计划的关系主要体现在以下两个方面：(1) 技术是组织学习活动、登记出勤率、制作教案与课件的有力工具；(2) 技术本身就是教学计划的重要组成部分：教师要决定如何运用技术教授特定课程以及如何评价特定技术，如计算机软件、CD、网络信息。

计划工具

能帮助教师做计划的工具包括：

- 教案制作软件——生成教案、指明其适用对象的软件。
- 生成工作表与教学难点的工具——生成工作表与教学难点并指明其适用对象的软件。
- 概念展示工具——生成概念图或概念网，展示各种概念之间关系的软件。
- 证书生成软件——生成证书，以证明学生获得成绩和特殊成果的软件。
- 海报和布告板工具——帮助教师设计、打印海报及其他可张贴在公告栏与板报上的工具。
- 时间管理工具与会议管理工具——帮助教师筹备、组织会议，安排日程，做计划，记录电话号码等事务的办公软件和便携式电脑。

还有一些大众化工具，如数据库、苹果公司的iWorks和微软公司的Office软件中的电子表格等，也可以帮助教师做记录、总结信息以及计划、组织不同的活动。在本书中的“在线学习中心”可了解计划工具，并找到下载这些工具的网站。

选择软件

今天，技术已成为教师课堂教学的一部分。下文总结了桑特洛克（Santrock，2006）的一些方法指南，以帮助教师们选择和使用技术。

（1）在选择技术时要关注其是否有助于学生主动探究、建构和重组信息。

（2）寻找可用于合作学习和真实情境学习的具体技术和应用方法。

（3）选择那些对学生有积极榜样作用的技术。

软件评价

像评价其他教育资源一样，教师必须评价各种技术工具，如计算机软件、CD与网站，以检测其质量如何，对于特定学生群体是否适用。社会已经开发出许多标准来评价基于技术的教学资源。下面是一些可以用来评价计算机软件和网站的标准：

质量标准和技术标准

- 该软件（网站）是完成你目标的最好媒介吗？
- 该软件（网站）的内容与你的教学目标相一致吗？
- 内容准确吗？
- 内容是否无偏见、无暴力，非陈词滥调？
- 难度是否适合你的学生？
- 该软件（网站）适合学生使用吗？易操作吗？方便登录吗？
- 该软件（网站）适合个人使用还是集体使用？
- 如果是定位于个人使用的，学生们能独立使用吗？
- 如果是定位于集体使用的，它支持合作学习吗？
- 该软件（网站）是否为学生提供了有用的反馈？

- 该软件（网站）对学生是否有足够的吸引力？
- 你们学校的计算机是否联网？有足够的内存运行软件吗？

现在软件程序、CD、网站多如过江之鲫，教师不可能逐个检测。值得庆幸的是，已成立了为了评价软件和网站的专门小组，其作用类似于消费者调查组织——检测大量的技术成果，为教师提供评价信息。

其他的计划决策　本章主要探讨教师怎样选择教学内容、教学目标和教学活动。然而，教师还必须做出其他一些课堂决策，这些也都是需要提前计划好的。举个例子，师生应完成特定的日常活动，诸如登记考勤，保持教室环境，分配任务，收作业，分发、保存材料等，这些任务和教学任务一样需要精心地设计。资深教师考虑日常工作非常全面，处理问题效率非常高，以至于看起来不着痕迹。而新教师因为没有设计出有效的方式去完成日常工作，所以会遇到麻烦，从而浪费教学时间。下面所示处理日常工作的指导原则来源于成功教师的实践与经验。

方针 1：一定要写成详细的书面计划，处理考勤登记、任务分配、作业收发、书籍与设备存放等问题。

方针 2：在某一学年的某个班级中，组织第一次日常活动时给学生分发这些书面计划，让他们了解日常工作的处理步骤。

方针 3：给学生时间去适应日常工作的规则和程序要求，提供反馈，让他们了解自己做得好不好。

方针 4：在公告栏中张贴日常计划的复印件，提醒学生如何开展特定活动。

方针 5：训练学生助手，让他们很快能在日程规则执行中发挥指导与帮助的作用。各年龄段都会有学生愿意负责做登记考勤、收发作业、领取和安装录像设备等事情。

方针 6：按制定的计划行事，要确保有充足时间完成每项活动，特别是在年初时。

方针 7：时刻留意有没有完成日常活动更有效的方法，设法了解学生对班级日常工作的处理持什么意见。

多元化与差异性

在教学计划中考虑差异性

本书在此处第一次提到多元化与差异性特征，而这一特征非常重要，需要读者给予特别重视。多元化与差异性强调教师要根据学生的能力水平、不同文化背景调整教学实践，进行个别化教学。

教师可以通过教学计划实现个别化教学，满足每个学生的需要。通过精心地设计，教师能够为学生提供更多的时间来完成作业，并调整教材的难度水平，还能为学生提供多种多样的学习活动。有时，教师也可以调整学生的学习内容。下面介绍一些通过计划进行个别化教学的具体方法。

第一，给所有学生提供相同的学习目标。有时候，教学内容很重要，教师无法改变他们的目标去迎合特殊学生的需要。比如，所有学生应该知道阶段性测验中具体问题的答案，这些问题大都涵盖了核心课程（数学、读写、科学与历史）的基础。因为学生的学科背景、个人能力不同，所以，教师必须设计一些方法，针对学生的个人能力来帮助他们不断进步。通常，教师是通过调整教学三要素（教学时间、教材或学习活动）中的一个来实现这一目标的。

第二，调整教学时间。资深教师都知道，有些学生掌握特定内容所需要的时间比另一些学生要长一些。对此，教师设计一个统一任务之后，还要为个别学生提供更多时间来完成任务。与此同时，为保证这一措施的效果，教师还必须为那些可能先于他人完成任务的学生设计一些活动。这意味着教师要为那些快速完成任务的学生提供附加活动，或向他们开放技术中心，以便他们能完成自己选定的更高一级的目标。

第三，调整教材。教师也可以通过调整教材的难度水平来调整教学。有些学校提供了大量不同难度的教科书，有些学校则由教师自己选择教材。教师们还可以自己改写教材，尽管这种方式很耗时。还有一些调整教材的方法，比如为学生提供特别设计的学习指导或笔记，使教材易于理解，或是制作卡片以及其他材料。

第四，使用不同的学习活动。如第二章所述，学生们擅长的学习方式各不相同。有些学生能从课本中获得大量的信息，而有些学生更擅长听教师的讲解。有些学生喜欢抽象思维，而另一些学生更擅长于动手操作。还有一些学生通过与他人的讨论来学习。成功的教师会调整教学策略，并提供各种学习活动供学生选择，以便学生利用不同的学习活动来完成共同的学习目标。

第五，调整学习目标。在某些情况下，教师可以调整预先设定的学习目标。比如，允许学生在一个学习单元中选择他们感兴趣的内容，或选择与他们自己能力相匹配的项目。这一方式与基于学生能力进行分组的方式一样，其危险在于慢班或选择低难度项目的学生组会越落越远，从而不能掌握课程的核心内容或完成一般同龄人都能达到的目标。调整教学目标是教师面对特殊学生和特定情境时不得不做出的决定。

检测—拓展—探索

检测

- 影响教师教学内容决策的主要因素有哪些？
- 课程是什么？制定的课程和实施的课程有何不同？
- 何为教学标准？何为阶段性教学标准？何为能力标准？
- 教师用什么方法设置教学重点？
- 重构标准意味着什么？这一过程是如何促进学生学习的？
- 何为学习进程？如何在进程中进一步细化目标？
- 描述教学目标的各种方法有何不同？行为目标法受到的主要批评是什么？
- 何为分类学？修订版布鲁姆教学目标分类设计是怎样的？
- 单元教案与每日教案有何不同？
- 教师如何调整教学以适应不同学生的需求？

拓展

● 你认为教师需要向校长上交他们的教学计划吗？请登录“在线学习中心”，在“拓展问题投票栏”进行回答。

探索

● 有很多关于如何写教学目标和每日教案的网站，请在网络上检索此类主题，探究方法的多样性。

第5节　对教学时间和空间的设计

教师制定教学计划时还有一个需要考虑的问题，即时间的分配与空间的布置。具体包括：在学习任务上大概用多少时间，特定学科各占多少时间，以及如何安排学生、教材和课桌的位置。因为已有很多关于时间分配与学生成绩之间关系的有价值的研究，在此基础上我们可以更仔细地探讨这一问题。继此之后，我们再简略地介绍一下教室空间的问题，对其深入的讨论将会在第七章至第十二章进行。

教学时间

教学时间的管理对教师而言是一项复杂和困难的任务，虽然从表面上看，它是一件比较简单的事情。值得庆幸的是，有关教学时间利用已经有比较完备的研究成果，能够用来指导教师制定教学计划。事实上，研究表明（资深教师已经意识到这样的问题），在新年伊始时，教学时间看似充足，但很快就变成了稀有资源。新教师通常匆匆忙忙地用尽可能少的时间来表述要点，以完成既定的教学内容。不幸的是，他们看似有效地利用了时间，但学生的学习却不见成效。这表明，能否有效利用时间与在一个问题上花费多少时间同样重要。当前对课堂时间管理的兴趣主要源于20世纪70—80年代的观点和研究结果。那个年代的大量研究形成了三个重要的结论（Brophy & Good，1986；Fisher et al，1980；Rosenshine，1980），近来又有一些研究巩固了这些结论(Gewerts，2008；Viadero，2008)。

> 研究证明：教学时间在年初看起来很充裕，但事实上远不如人们所预想的那样多。

（1）针对特定任务的时间投入与学业成绩有很大关系。研究者发现，即使教师因材施教，但只有那些把大量时间用于学科学习上的学生，才能在阅读和数学这些较难的科目中获得好成绩。

> 在阅读与数学学习中，学生投入学科学习任务的时间与获得成就之间有着直接关系。

（2）教师用于某种学习任务的时间会有很大差别。比如，研究者在一项研究中发现，五年级每天安排60分钟进行阅读和语言艺术训练，而其他年级会安排近150分钟在这些科目上。这样的研究结果使许多学校提醒教师，在阅读、写作和数学这些核心课程上不要过多耗费不必要的时间。

（3）如果教师不对某项学习任务进行时间限制，学生实际投入该项活动的时间会有很大差别。他们会把大量的时间花在与功课和教学无关的日常活动或家庭活动上。

温斯坦、罗马诺和米格纳诺（Weinstein，Romano and Mignano，2010）借鉴这些研究成果，将教学时间分为七类：

（1）总时间。指学生在学校的所有时间，大多数州要求学生每学年在校时间达到 180 天，并且每天有 6～7 个小时在校。

（2）出勤时间。指学生实际在校的时间。疾病、酷暑、雨雪会导致法定的总时间减少。

（3）有效时间。学生有些时间要用于午餐、休息、赛前动员会和其他课外活动，因而无法用于学习。

（4）预计教学时间（planned academic time）。当教师填完教学计划手册时，他们就为不同的学科和活动安排了一定量的时间，此即预计教学时间。

（5）实际教学时间（actual academic time）。教师实际用于学生学习任务或活动的时间，可称为分配时间，也可称为学习机会（opportunity to learn），其评判标准是教师让学生用于既定学习任务的时间量。

（6）投入时间。学生实际用于学习活动或任务的时间，称为投入时间（engaged time）或任务执行时间（time on task）。通过执行任务行为和非执行任务行为来判定。如果教师安排时间让学生做数学课堂作业，那么学生做数学题的行为就是执行任务行为；相反，如果学生乱涂乱画或与其他同学谈论足球，其行为就是非执行任务行为。

（7）成功学习时间（academic learning）。学生用来顺利完成学习任务的时间，就是成功学习时间。它与学生学习活动的关系最密切。

学习机会是指教师实际用于学生学习任务和活动的时间。
任务执行时间是指学生实际用于特定学科或学习活动的时间。
成功学习时间是指学生用来顺利学习某学科或完成学习任务的时间。

图 3—15 是卡罗尔·温斯坦等人（Carol Weinstein et al.，2002）绘制的，它表明了七个分类中的每一类时间。这幅图以先前的时间研究为基础，说明了学校规

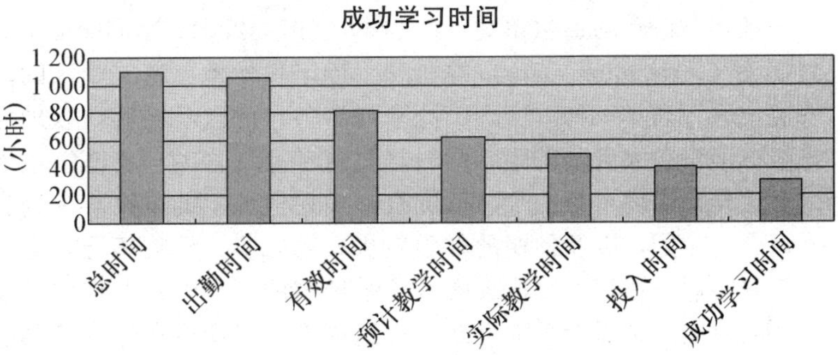

图 3—15　到底有多少时间？

资料来源：Weinstein，Romano，and Mignano，2002。

定的大约 1 100 个小时的教学时间如何逐渐减少，以致成功学习时间仅略多于 300 个小时，其原因在于后面的每类时间都比前一类减少。因此，虽然有多种不同的学校时间管理方式和课堂时间管理方式，但是关于时间使用的研究表明，成功学习时间比最初规定的时间少之又少。

这些关于教学时间的研究成果在世界范围内赢得了广大教师与教育学者的关注。既然投入学习任务上的时间与学习成绩有很大的关系，那么，接下来的研究方向就很明显了：一是探索教师应采取哪些措施提高课堂上的学习投入时间；二是探索如何帮助教师在这方面有所提高。与此紧密相关的两个研究领域是教师组织、管理课堂的方法，以及教师所采用的教学方法。对此，第四章和第五章，以及第七章到第十二章会有更详细的讨论。

教学空间

教学空间的安排很重要，没有简单的解决方案。最重要的是，空间的使用方式会影响班级参与者之间的关系及学生的学习内容。比如，想想教师是如何与学生讨论的：师生可以围成一个圆形，以便所有人能平等交流；或者，更常见的情况是，学生排成排，直接从中心（教师）处获得信息。在后一种空间安排中，学生之间没有交流与讨论，而仅是教师与学生的讨论。这个例子表明，教学空间的安排形式不仅影响交流模式，还影响师生间的权力关系。而这种权力关系是至关重要的，因为它会影响学生在课上有多大主动权，有多大可能成为独立的学习者。

对学生、课堂的安排不仅决定了课堂的交流模式与人际关系，还影响了教师对于稀缺资源管理和使用所必须做出的日常决策。关于空间的选择并没有唯一的标准，但值得庆幸的是，大量研究成果为教师进行此类决策提供了指导。合理安排空间以实现特定教学模式的详细论述，将会在第七章到第十二章进行。

集体备课（Planning with Colleagues）

如前文所述，大部分教师都是单独备课的。然而，许多教师和教育研究者意识到了集体备课的优势。因为即使在同一所学校或者同一学区一起共事的教师，他们对彼此的教学都了解很少。甚至对隔壁的教师在教什么、怎么教也一无所知。

雅各布斯和阿道尔霍夫（Jacobs，1997，2004；Udelhofen，2005）提出了课程总揽表（curriculum maps）的概念。特定教学楼、特定学区的教师们可以把“课程总揽表”当作一种方法，以此来列出各自的教学内容，以确保在重要的技能与理解方面没有太大的差距，同时尽量避免授课内容“撞车”或者重复。课程总揽表是这样产生的：第一步，每位教师描述他课上的重要环节与技能，要教授的基本概念与主题，以及预期的教学效果；第二步，根据情况，全校教师分享上述内容，并绘制总揽表。总揽表展示了学校的课程，以及课程中可能存在的差距和不必要的重复。虽然新教师不必负责这些事，但知道有这么一张表便有助于他们融入学校的整体教学计划，并更好地了解其他教师到底在教什么、怎么教，应当怎样与之协调。图 3—16 展示了两个课程总揽表：第一个展现了五年级的文学课与社会课是如何整合的；第二个体现了九年级学科合作下的生命科学课单元。

五年级综合课程总揽表

组织内容	初期—	——	——→	平衡—	——→	拓展—	——→	互动	——→
月份	8或9月	10月	11月	12月	1月	2月	3月	4月	5月或6月
相关的文学内容	《地球之语》	作者研究	《黑鸟湖畔的女巫》	——→		《红发少女》	《短柄斧》	不同文化中的文学	——→ 独立阅读
研讨会节选									
实地考察	Sequoyah核电站		威廉斯堡/詹姆斯敦	芭蕾舞《胡桃夹子》		电视台，3频道		D. A. R. E. 野餐	
研讨会/时事	主题：开拓型的国家和进取的人们			主题：美国独立战争		主题：移民对美国的影响	主题：政府管理及对市民的影响	主题：美国大事记；美国各种族如何共处	主题：各领域（医学、法律等）的最新进展
社会课内容	美国原住民地理探险的五个主题	殖民	——→	《独立宣言》，《权利法案》，政府分支机构	探险，西进运动	埃里斯岛移民		美国各州与首府	北美各国相互依存；各地区相互依存

九年级交叉学科生命科学课程总揽表

学科主题	第一学期：信任	第二学期：沟通	第三学期：宽容	第四学期：责任
卫生九	禁毒教育（生理学和预防学）	家庭生活（角色规范、性、避孕、艾滋病预防）	禁毒教育（生理学和预防学）	家庭生活（角色规范、性、避孕、艾滋病预防）
生物九	生命的特质（细胞、生化、新陈代谢）	生命的延续（繁殖和遗传学）	自我平衡（解剖学、生理学）	组织模式（进化、生态学、环境）
体验式培训/健身	心血管保健（肌力、运动耐力）	体验式培训（问题解决技巧）	心血管保健（肌力、运动耐力）	体验式培训（问题解决技巧）

图3—16　课程总揽表的两个例子

资料来源：Jacobs，1997。

第6节　最后的思考

今天，教学的方方面面都处于变化之中。教学计划作为教学的一个方面，也在不断改变。和其他书一样，本书关于教学的观点和教学计划的过程秉承了以教师为中心的传统教学观。然而，经过了二十多年的过渡，教学计划的焦点从教师逐渐转向学生。人们对学习者中心的教学计划的兴趣源于美国心理学协会（American Psychological Association）特别小组所做的一些工作（Learner-Centered Work Group，1997），以及麦库姆斯（McCombs）等关于教学计划的研究。近十年出版的一些书，如玛丽埃伦·韦默的《学习者中心教学：实践的五个关键改变》（Maryellen Weimer，*Learner-Centered Teaching：Five Key Changes to Practice*，2002），也对其产生了一定影响。

美国心理学协会特别小组所做的一些工作形成了一些学习者中心教学的原则，在本书的第二部分会对其有详细的讨论。然而，这些原则所强调的东西都是基于近来对学习者和学习过程的新理解。他们在很大程度上支持了建构主义者的观点，例如：

- 成功的学习者经过一段时间，在一定的支持下，会形成意义丰富的知识表征。
- 成功的学习者以有意义的方式把新知识和原有知识联系起来。
- 成功的学习者进行战略性思考，并且反思自身学习。
- 文化、教学实践等环境因素对学习有很明显的影响。

相比之下，韦默把重点放在了课堂实践上。她认为课堂的中心应该是学生学习（而非教学）。根据韦默的观点，以学习者中心为主，教学实践必须进行五大改变：（1）主动权必须从教师向学生转移；（2）教学内容必须从知识掌握转向学习能力和学习技巧的发展；（3）具体教学过程中，教师必须改变满堂灌、唱“独角戏”的角色，成为学生学习的引导者和促进者；（4）学习的责任必须从教师转向学生，使学生成为主动学习者；（5）评价必须为反馈服务，并以学生的自我评价促进学生学习。

后面的章节会有更多关于学习者中心的课堂教学的讨论。对教学计划而言，强调学习者中心的教学原则和探索让学生参与到教学计划过程中的方法都很重要。然而，教学内容和学习评价采用一套共同的标准并使其紧密关联的趋势限制了教师们的选择，而且可能会使教师抵制以学生为中心的教学设计和学习过程。希望下一代教师和政策制定者能设计出一个有利于提高学生总体水平的体系，同时，该体系可以为教师和学生提供更多的机会，让他们去学习一些符合自己兴趣且实际需要的东西。

检测—拓展—探索

检测

- 根据研究结果，对于同一门学科或同样的教学任务，教师的时间安排有何差异？
- 温斯坦和米格纳诺提出的七类教学时间是什么？
- 不同的课程类型是怎样影响教室空间安排的？
- 课程总揽表的主要用途是什么？

拓展

- 一些教育者认为，我们过于关注时间利用的方式，并且，为了严格确保成功学习时间，我们甚至放弃了休息。你是否同意减少休息时间呢？请登录“在线学习中心”，在“拓展问题投票栏”做出回应。

探索

- 请登录“在线学习中心”（www.mhhe.com/arends9e），在相关网站了解“教学空间与时间的计划”的内容。
- 在谷歌上检索“lesson plans”，会有超过700万个网站的搜索结果，哪个看起来很有用？
- 利用学校的数字资源，查看麦卡琴和米尔纳的相关论文。

对课堂的反思

是否要做计划

关于什么是最好的教学计划，多年来争论不断。争论的一方持行为主义观点，他们视教学计划为理性—线性过程，认为教学计划应详细描述教学内容与教学技能，仔细列出行为目标。另一方持建构主义观点，认为计划不总是线性的，应考虑到教学的复杂性与偶然性。

写一篇反思报告，谈谈你对教师做计划的看法（假设有一位校长要聘用你，想深入了解你会制定哪一类型的教学计划，这篇报告就是给他看的）。根据你所准备教授的年级或学科来写，并把你自己的观点与下面两位教师的观点进行比较。你可以把反思报告放在你的专业档案袋中。

唐纳德·厄尔利（Donald Early），五年级

在我参加的教师教育活动中，教授强调，所有教学活动都要指向学生的学习结果，这是很重要的。从理论上来说，我同意这种观点，但现实中我并不这么做。我做计划时，通常先考虑我希望学生理解的主要思想，有时写出来，有时不写。多年来，我也设计了许多吸引学生、让学生对学习内容感兴趣的课。我试着在我的教学中定期地补充这些学生感兴趣的课程内容。最后，我认为学生们对自己的学习负主要责任。我的工作并不是将信息和观点灌输进他们的大脑，而是给他们创造情境，让学生自己体验，自己发现问题，并基于经验建构知识。这是一种不同寻常的计划，我发现很难向他人解释。

安杰拉·亚当斯（Angela Adams），佛罗里达州杰克逊维尔市，杰克逊维尔中学，七、八年级

教学的第一年，制定教学计划是我工作中最头疼的问题。制定教学计划时应考虑许多事情，比如，个性化教学要求、学校课程要求、国家和州课程标准及可用资源。许多次清晨醒来，我思考的第一个问题就是“今天我们要做什么”，天天如此。逐渐地，我学会了设计较长时段的单元整体教学计划；安排考试、赛前动员会或会议日程时，也要考虑偶然性因素。

第二年我给自己设定了一个目标：暑期就制定出全学年的教学计划，以减轻开学时的压力。我再一次感到力不从心，不知如何下手。因此，我把全年分为几个教学单元，为每个单元设计目标。这样，我头脑中就有了一个灵活的教学范围和教学顺序，可以在教学中不断去完善它。

制定教学计划对于最优秀、最资深的教师来说也是一种压力。每位教师必须有一套适合他自己实际需要和自身资源的教学计划。

总 结

解释为什么教师的教学计划很重要，阐明关于教学计划的不同观点。

● 教学计划与教学决策是教学最重要的方面，因为它们是学校教学内容与教学方式的主要决定因素。

● 传统计划观点基于理性—线性模式，其特点是设定目标，并采取具体的活动实现目标。

● 教师制定计划与做出决策并不总是遵循理性—线性模式，这已成为人们的基本共识。新的计划观点侧重于计划者的非线性行为与反思。

● 第三种教学计划形式是心理计划，它是为了设计更为完善的教学计划而提前进行的反思，或者是在实际授课之前的内心预演。

解释为学生学习做教学计划的重要性，讨论新教师和资深教师在计划方法上的不同。

● 研究表明，教学计划对学生学习和课堂行为都有影响。它有利于增强学生学习动机，使学生有重点地学习，并减轻课堂秩序管理问题。

● 计划也会产生无法预期的消极作用。比如，它会限制部分学生的自主学习，导致教师对学生的观点不敏感。

● 新老教师会有不同的计划方式与需求，资深教师更关注于提前建构一个框架，指导课堂活动，并且对课堂中可能发生的事件提前进行计划。一般来说，新教师比资深教师更需要具体的计划。他们的计划更关注言语教学，以及迎合学生的学习兴趣。

● 从资深教师那里学习做计划的技巧并不容易，因为很多计划过程都是在心理内部发生的，不可见，也不可教。

说明教师教学计划的三个阶段及每个阶段所做决定的类型，讨论教学计划在一学年内是如何周期性变化的。

● 教师制定计划固然是多方面的，但主要涉及教学的三个阶段：教学前、教学中和教学后。相应各阶段的决策类型是：决策教学内容和时间，决策要提的问题、休息时间、需要加强的重点，决策如何评价学生的进步及提供什么类型的反馈。

● 计划周期不仅包括每日教案，还包括周教案、月计划、年计划。然而，这些计划的详细程度不同。当天执行的计划会受之前发生的事情的影响，同样也会影响后续的计划。

定义或者解释以下计划过程和工具：教学内容的计划、标准和课程框架的使用与重构、教学目标的使用、分类法的使用，以及每日教学计划和单元教学计划的设计。

● 最复杂的计划任务之一是选择教学内容。专业人士和州与地区课程委员会设计的标准与框架有助于做这些决策。许多计划工具，包括课程总揽表，也可以帮助教师选择教学内容。

● 在达到更为复杂的课程标准和学习目的之前，必须先掌握一些次级技能和能力性知识，而学习进程有助于这些次级技能和能力性知识的掌握。

● 重构标准是一个重写原有标准，使其成为清晰、精确、可测量的一维标准的过程。

● 教学目标阐释了教学带给学生的变化。行为目标包括对预期的学生行为、行为的测试情境以及成绩标准的描述。较为笼统的教学目标表明了教师的总体意图，但缺少行为目标的精确性。

● 分类法是对事物进行分类并表明其关系的方法。教育领域广泛使用的分类法是布鲁姆的教学目标分类法，原有的认知领域的分类法形成于20世纪50年代，近来经过修订，已经反映了知识类型和认知过程二者关系的新观点和新成果。

● 教案的模式是多种多样的，但总的来说，一个好的教案包括清晰的教学目标、有序的教学活动和对学生学习的评价方法。

● 单元教案涵盖了数天或数周的教学内容，像每日教案一样，它的模式也是多样的，但一个好的单元教案包括单元的总体目标、主要的内容、单元的结构或阶段、主要的任务和评价程序。

● 在安排一系列教学活动的时间顺序时，时间表技术是一种有助于制定这种长期计划的工具。

● 通过计划过程，教师可以针对每个学生的需要调整教学时间、教学内容和学习活动，实现差别化教学。

说明如何为有效利用时间和空间进行计划，如何使用课程总揽表与同事一起进行计划。

● 时间和空间在教学中是稀缺资源，应谨慎而有预见地对其计划利用。

● 对时间的研究表明，教师在不同学科领域的时间安排量有很大差异。

● 学生花费在任务上的时间量与他们学到内容的多少有关系。投入时间长、人数多的学生群体比投入时间短、对任务缺乏热情的学生群体学到的更多。

● 空间——材料、课桌和学生的安排——是教师设计与管理的另一重要资源，空间的利用方式会影响课堂学习气氛、对话与交流形式，并且对学生的认知与情感有很大的影响作用。

● 课程总揽表是一种计划工具，它使得教师集体可以跨越年级和学科来设计教学内容。这种计划方法避开了差距与重复的问题。

在未来，怎样的计划过程更有利于形成学生中心。

● 关于学习者和学习的知识（如建构主义的观点）认为计划过程要以学生为中心，而非以教师为中心。

互动学习与应用学习

学习与探索

利用设有练习测验的“在线学习中心”，指导你的学习与探索。

观察与练习

利用“在线学习中心”，在教师教学模块，听贾森和安杰拉关于教师教学计划的讨论的录音剪辑。

完成关于第三章的练习：

练习3.1：如何才能形成一个好的教学计划？

练习 3.2：写出教学目标。

练习 3.3：用分类表分析教学目标。

练习 3.4：设计一个每日教案。

档案袋与教学实践活动

下面的实践活动有助于扩展你对本章所述内容和过程的理解。准备相关的材料，完成网上学习中心"档案袋与教学实践活动"模块的活动。

（1）完成本章"课堂练习"中反馈的问题，推荐的反思报告有助于你深入理解自己的教学计划的观点与方法。（INTASC 原则 7：理解教学计划）

（2）活动 3.1：评价自己的教学计划能力。检验你自己的计划能力水平。（INTASC 原则 7）

（3）活动 3.2：写出目标。写出教学目标并对其进行评价。（INTASC 原则 7）

（4）活动 3.3：观察课堂活动并对其进行分解。这一活动为发现资深教师的课程内部结构提供指导。（INTASC 原则 7）

（5）活动 3.4：档案袋：展示我的计划技能。这个活动为你的档案袋提供一个作品，档案袋可以展示你对所计划的课程与单元的理解以及应用的技术。（INTASC 原则 3：理解学生差异，对教学做出调整；以及 INTASC 原则 7）

专业参考书目

Anderson，L. W.，& Krathwohl，D. R.（eds. and with P. W. Airasian，K. A. Cruikshank，R. E. Mayer，P. R. Pintrich，J. Raths，& M. C. Wittrock）（2001）. *A taxonomy for learning，teaching，and assessing：A revision of Bloom's taxonomy of educational objectives*. New York：Longman.

Gronlund，N.，& Brookhart，S.（2009）. *Gronlund's writing instructional objectives*（8th ed.）. Columbus，OH：Pearson.

Jacobs，H. H.（2004）. *Getting results with curriculum mapping*. Alexandria，VA：Association for Supervision and Curriculum Development.

McCutcheon，G.，& Milner，L.（2007）. *Learner-centered classroom practices and assessments*. Thousand Oaks，CA：Corwin Press.

Perna，D.，& Davis，J.（2007）. *Aligning standards and curriculum for classroom success*. Thousand Oaks，CA：Corwin Press.

Popham，J.（2008）. *Transformational assessment*. Alexandria，VA：Association for Supervision and Curriculum Development.

Tileston，D.（2003）. *What every teacher should know about instructional planning*. Thousand Oaks，CA：Corwin Press.

Wiggins，G.，& McTighe，J.（2005）. *Understanding by design*（2nd ed.）. Alexandria，VA：Association for Supervision and Curriculum Development.

第四章

课堂共同体与学生动机

学习目标

学习本章之后，你应当掌握以下内容：

把课堂建设成学习共同体的相关观点	描述学生动机和发展学习共同体的重要性，以及相关的观点。
理论支持与实践支持	定义人类动机，描述与学习有关的主要的动机理论。 定义有效的学习共同体，描述研究所显示的能够影响学生动机及其学习的课堂特征。
激发学生动机和建立有效的学习共同体的策略	描述并讨论教师可以用于激发学生动机和建立有效的学习共同体的主要策略。
最后的思考	思考学生认为作业缺乏意义以及需要新的学校结构和课程的原因。

读前反思

在阅读本章之前，请你先回想一下自己读小学、中学或大学时所经历的课堂。一些课堂以教师为中心，教学最典型的特征就是把知识传授给学生。一些课堂比较有效率，学生的表现也比较好；一些课堂可能会失控。此外，还有一种课堂，学生在其中彼此友好相处，并且每个学生都努力地学习对自己有用的知识。

制作两张表，一张罗列出你认为有利于形成学习共同体的积极因素，另外一张罗列出不利于形成学习共同体的消极因素。

积极因素	消极因素
______________	______________
______________	______________
______________	______________

分析两张表并思考一下，你认为教师采取了哪些措施才造成了相应的课堂效果，并想想其他可能影响课堂的因素，比如学生的类型、年龄特点等。

请登录“在线学习中心”(www.mhhe.com/arends9e)，回答以上问题。

把课堂建设成有效的学习共同体是教师最重要的工作之一，甚至比正式的教学行为还要重要。课堂作为学习共同体影响着学生的投入程度和成绩，决定着由一群独立个体组成的班级能否顺利发展成为极具凝聚力的团体，它充满希望，互助互爱，有旺盛的求知欲。不过，创建一个有效的学习共同体并不是一项简单的任务，也没有什么秘诀保证学习共同体能成功创建。相反，这是一个渐进的过程，需要把很多事情做好，而且需要有勇气去创建和当今大多数课堂模式不一样的课堂。现在就让我们以两位在这方面颇有成效的教师为例，开始我们创建学习共同体的历程。

卡罗琳·巴恩斯现在已经喜欢上她的五年级学生了。她已经在伍德威利学校工作了三年。她的课堂是一个学习共同体。巴恩斯能够致力于满足学生的真正需要，而不是被课堂管理问题缠身，对此她非常满意。她坚信她的课堂是一个民主的团体，处于其中的她和学生都致力于了解自己和周围的世界。她认为自己在与学生共同创建的学习共同体中扮演着两种角色——引导者和参与者。巴恩斯坚信学习的内容是社会建构的，而建构的内容又会影响学生可能学到的东西。是自己采取行动，还是去回应学生的主动行为——她发现自己经常对这两者之间的平衡进行反思。

巴恩斯的一个学生史蒂夫就能很好地证明她的教学效果。史蒂夫在进入五年级前是一个对自己和学习都很自卑的孩子。他看起来不关心任何事情，对大多数事情的反应都是“我才不在乎呢”。然而，在巴恩斯的学习共同体中，学生要学会相信自己有能力通过思考解决课程中的许多问题。当史蒂夫发现自己能够做出几道简单的代数题时，他非常兴奋。后来，他发现在处理一些社会交往问题时也可以运用解题技能。史蒂夫在学习小组中处理数学问题时发展的才能又帮助他处理小组中的社会交往问题。这样，一个领域的成功就拓展到了另一个领域。

那么，巴恩斯是怎样促使史蒂夫发生根本转变，从一个既让人厌烦又对任何事情都漠不关心的学生转变成一个既热情又积极向上的学习者呢？巴恩斯说：“我做的没有史蒂夫自己做的多。”然而，史蒂夫却不这样想，他说：“巴恩斯老师的课堂就像一个持续的辩论会，和我以前知道的所有课堂都不一样。”他表示，巴恩斯的课堂最大的特点就是不断的讨论，不管是什么主题，学生都积极参与，确定讨论范围、争论焦点、收集资料、提出假设，然后为自己的观点辩护。在巴恩斯的学习共同体中，学生并不是死记硬背具体知识，而是在体验中寻找意义，并与同学交流。

马克·希克斯在他位于中西部家乡的瓦尔登中学教社会课。他是在从教几年后回自己父母家度假时找到这份工作的。瓦尔登中学是一所教师专业发展学校，与附近的一所研究型大学有合作关系，它位于一座中等规模城市的城区。希克斯的学习共同体中有60名学生，他是领导小组的组长。该小组还有两名来自大学的实习生、一名助教（阅读方面的专家）、一名教语言艺术的教授，此外还有一名研究生，主要负责调查和文秘事务。他们把学生组织成不同的学习小组，所有的小组就组成了相互合作的学习共同体。当学生在不同的教师和群体中学习其他的数学、科学、艺术和物理课程时，他们需要暂时离开自己的学习小组。不过，学生一天中至少有半天时间与自己所在的学习小组成员待在一起。希克斯是社会课（包括公民教育、历史、地理和经济）的学科带头人，教语言艺术的那位教授则是语言艺术课（包括文学、写作、演讲和戏剧）的学科带头人。此外，希克斯在下午还要给另一个学习共同体教历史课。

对60名学生来说，这个学习共同体就好像是他们自己的家一样。一有机会，希克斯就和他的同事围绕跨学科的学习课题开发综合性的教学主题。学生坚持写学习日志，就学习的内容和课堂上发生的事情谈自己的想法和感受。通过学生的学习日志，希克斯尤其关注学生怎样理解他们生活于其中的世界，怎样用自己获得的知识构建新的世界观。对学生来说，把自己所学的知识和外面的世界联系起来是一个挑战。比如，在总统大选时，学生们组成调查小组，调查具体的候选人，听候选人演讲，通过电视观察候选人，比较候选人的选票等。各个小组在课堂上向全班展示小组报告，并预测大选结果。

大选之后，学生们调查选举结果并与自己的预测对比，判断错误的小组要尝试去研究导致他们预测错误的原因。这个活动综合了多方面的知识，使学生们体会到自己所做的事情与周围世界的联系。(Putnam & Burke，2005)

巴恩斯和希克斯指导下的学习共同体并不是偶然形成的，相反，它们是教师精心设计和实践的结果。本章的主要目的是加深你对创建类似的学习共同体的了解，并学习相关技能。本章第1节总体概述了动机和学习共同体的概念，紧接着讨论相关的理论与实践支持。然后转换视角进行讨论，关注教师应采取哪些具体措施来激发学生的学习动机，从而建立有效的学习共同体。其中有些观点在第二章探讨多元化课堂的类型时已经介绍过了，并且在第五章的课堂管理中还将进一步讨论。

在这一部分的学习中你会发现，创建有效的学习共同体，不仅与教师如何看待学生以及课堂多样性紧密相连，同时也与教师能否想方设法地本着人文精神和民主精神进行课堂管理有关。

第1节 把课堂建设成学习共同体的相关观点

要想把课堂建设成学习共同体，教师就必须关注学生和课堂的多方面特征。其中，有些观点可以追溯到很多年前，另外有一些观点则是最近才提出来的。这一部分主要讨论三个方面的内容：第一，介绍一个比较传统的观点，即认为课堂是释放个体要求和群体要求的场所，课堂活动是对学生课外活动的反映；第二，简要介绍动机理论，以及教师选择用来激发学生学习动机的策略将如何影响学习共同体的发展；第三，讨论学习共同体的概念和有效的学习共同体的特征。整章内容都会尽力描述现今大部分学习共同体的本质，并指出这些学习共同体的未来发展趋向。

个人和群体的融合

大多数情况下，个人和群体的关系都很复杂，并且常常伴随着两难境况。在某些方面，它类似于美国日渐庞大的政府管理与自由经济系统之间的两难境况。又比如：美国人重视联合行动，并建立了严密的民主制度，目的在于能够确保政府代表公民的意愿，并根据多数人的意愿采取行动。他们的许多传统，比如，唱国歌、读“效忠誓词”，都能体现并促进美国人的集体意识。同时，美国人又很注重个人自由，通过《权利法案》及其后的各种修正案，确保每个人都有言论自由、信仰自由，能携带枪支，过不受打扰的生活，这就是社会生活中“个体化”的方面（Triandis，2001）。

同样，两难境况也出现在课堂生活中。一方面，我们想建立学习共同体，为每个学生个体提供鼓励、安全感和支持。约翰·杜威（John Dewey，1916）在很久以前就观察到，孩子是通过参与社会实践来学习的。一些学者如杰尔姆·布鲁纳（1996）和维果茨基（Vygosty，1978，1984）还提出，人们是通过特定文化中的亲属关系和成员关系来建构意义的。因此，小组和学习共同体是学生学习时一个非常重要的方面。另一方面，集体生活又会限制学生的主动性，并阻碍学生进行创造性学习和专业学习。让我们进一步分析课堂生活中这两方面的关系和特征。

在社会和课堂中，群体需要和个人权利之间必然存在两难境况。

个体—群体关系的研究是早期社会心理学研究的一个分支，最早是由著名的社会心理学家库尔特·卢因等人（Kurt Lewin，Lippitt & White，1951）共同提出的，他们感兴趣的是如何把个人的需要和环境条件综合起来共同解释人们的行为。之后，格策尔斯和西仑（Getzels & Thelan，1960）把卢因等人的研究成果具体运用于教育领域，从而提出了有关个体需要与课堂生活条件之间关系的二维模型。其中第一个维度是课堂生活中的个体因素，从这个方面说，课堂成员的个性和态度以及他们各自为满足自己需要而采取的行动导致了课堂行为的产生。

该模型的第二个维度描述了课堂作为社会组织是如何存在的，课堂要完成什么任务、满足哪些期望才能达到整体目标，即课堂的集体因素。从这个角度讲，课堂行为是由学校和课堂共同的期望（规范）决定的。这样，带有个人动机的学生和教师在相同的社会背景下互动，形成课堂生活。正是由于这样的持续发展和师生互动，学习共同体才得以发展，为社会学习、学业学习创造条件。

对于教师来说，这个模式的个人因素中最重要就是“动机”，因为动机不像学生的人格或其他个性特征那样稳定、持久，动机是不断变化的，这些在本章后文中将继续讨论。

学习共同体的概念是课堂生活的集体因素中最重要的方面，学习共同体不同于联合体，它是一个“环境”，处于学习共同体之中的个体拥有共同的目标、共同的关系，并相互关心。学习共同体是这样一个组织，其成员有共同的情感取向和行为标准。这些特征总结于表4—1。创设一个具有这些特征且有效的学习共同体不是一件容易的事情，不过，对于敢于迎接这个挑战的教师来说，获得的回报也是无可比拟的。

课堂生活主要包括带有个人动机的学生与教师在相同的社会背景中的互动。

表 4—1　　有效的学习共同体中个体和群体的特征

个体	群体
● 学生和教师有共同的目标	● 制定标准以发掘每个学生最大的学习潜力
● 学生认为，自己有能力，可以自己做决定	● 制定标准以确保学习任务顺利完成
● 学生认为，自己和同学是相互协作的关系，彼此欣赏	● 制定标准以让学生互相帮助
● 学生和教师共同反思过去的经历，庆祝取得的成就	● 制定标准以支持开放的交流和对话

检测—拓展—探索

检测

- 课堂生活有哪两个主要维度？
- 课堂生活的个体因素中最重要的是什么？为什么？
- 课堂作为学习共同体的主要特征是什么？

拓展

- 在你自己的生活体验中，你是如何解决个人需要和群体需要之间的矛盾的？

探索

- 有很多关于“学习共同体”和“动机”的网站。在网络上检索相关观点，并与本书中的观点进行对比。

第 2 节　理论支持与实践支持

人类的动机

动机常被定义为激发我们的行为或促使我们采取行动的内部动力，它也是我们行为背后的原因。平特里奇（Pintrich，2003）发现，“motivation”一词源于希腊语动词“*movere*”，意思是“让个体行为指向特定活动和任务”。思考一下这个定义，并想想是什么激发你采取行动。今天早上是什么促使你起床？你为何吃或不吃早餐？你为何现在读这本书，而不是在这之前或之后？是因为你发现它很有趣吗？还是你要准备有关这个课题的课堂讨论？或者只是为了考试？所有这些因素或者更多的因素都有可能引发你的行动。并且，正如你在后面将要发现的那样，往往都是好几种因素综合起来形成个人的动机，从而导致行动。

心理学家区分了两种类型的动机——内部动机和外部动机（见图 4—1）。当一个人的行为完全是出自个人的兴趣、好奇心或者仅仅是为了体会经验本身的快乐，就是内部动机。在一个美丽的黄昏，长久地驻足，观察太阳沉到地平线下，就是一个很好的关于内部动机的例子。又比如，做作业是因为它很有趣，而每天跑步则是为了享受这种活动带来的快感。相反，当一个人受到外部因素或环境因素（比如工资、惩罚或社会压力）的影响而采取行动时，外部动机就介入了。众所周知的外部动机包括努力工作以取得高职称、加班费，认真学习以便在标准化教师预备考试（PRAXIS Ⅱ）中取得好成绩。内部动机和外部动机在课堂中都非常重要，本章随后将更深入地探讨教师如何运用这两种动机来使学生表现出令人满意的行为和学习成效（Covington & Mueller，2001）。

内部动机使个人以特定方式采取行动，因为这能给个人带来满足感或快乐。

人们为了外部因素——如报酬——采取行动时，就是出于外部动机。

图 4—1　内部动机和外部动机

近些年来学者们提出了许多理论帮助解释人类的动机。其中有些理论要追溯到 20 世纪早期，而其他的理论则提出得比较晚。这里，我们讨论的动机理论主要是根据近年来格雷厄姆和韦纳（Graham & Weiner，1996）、平特里奇和申克（Pintrich & Schunk，2002）、斯波尔丁（Spaulding，1992）、史提皮克（Stipek，1996，2001）和托尔夫森（Tollefson，2002）的相关研究，我们有选择性地探讨一些动机理论。总体说来，我们只讨论与学习和学业成就有关的动机，而不是讨论所有的动机。我们将集中讨论五种理论：行为理论、需要理论、认知理论、社会认知理论以及社会文化理论。

行为理论　在 20 世纪早期，行为理论是人们思考动机时常用的理论。这种动机理论强调导致人们某种行为的外部事件的重要性，也强调强化的作用（Skinner，1956）。强化，无论是正强化还是负强化，都是指外部刺激事件会导致某个行为并提高特定行为发生的概率。其中，正强化是在我们期望的行为发生后给予某种刺激事件，从而提高这种行为重复出现的概率；而负强化是在特定行为发生后剥夺某种刺激事件，从而提高所期望行为发生的概率。换句话说，人或动物重复某个行为来躲避负强化——如老鼠推动横木是为了避免被电击中，小孩做家庭作业是为了避免父母和老师的责骂。区分负强化和惩罚非常重要。惩罚会降低行为重复发生的概率，至少是期望达到这个目的。比如，如果一只老鼠推开横木，避免了电击，它还会继续推横木，这就是负强化；如果这只老鼠在推横木时遭到了电击，就不再继续推横木了，这就是惩罚。如果一个学生有违规的行为，结果被要求离开教室，这就是负强化，那么这个学生会继续做出违规行为（假设待在课堂上比到校长办公室更令人沮丧）。如果这个学生有违规的行为，在放学后被留在教室，这就是惩罚，它可能会阻止这种违规行为的再次发生。

教育者一直以来都比较信奉行为理论，如今很多课堂都以此为理论基础。比如，教师常用好成绩、赞扬和特权等一些刺激或奖励性处理来激励学生，培养他们所期望的习惯和行为方式。负强化，如不好的成绩、惩戒和失去某种权利，则常常被用来阻碍那些令人不悦的倾向和行为。行为矫正法、代币奖励法和明确训导法（Canter，2009；Canter & Canter，1976，2002）都是在强化理论基础上发展起来的正式训练方法，在过去的三十多年里被广泛运用于教学实践。尽管源于行为理论的许多观点仍然支配着课堂中的教学实践，但在科恩（Kohn，1995，2006）、诺丁斯（Noddings，1992，2001）、奥克斯和利普顿（Oakes & Lipton，2006）等改革者的眼中，行为理论声誉日下。他们认为，今天教育面临的许多问题都是由这些训练方法造成的，因为行为理论使学生处于被动的地位，从而忽视了内在动机。

正强化是施加某种奖励性刺激，目的是让个体重复适当的行为。
负强化是去除某种刺激，目的也是让个体重复适当的行为。

需要理论　20世纪中期，针对行为（强化）理论的缺点，需要理论出现，它强调：个体行为的发生主要是由于个体的固有需要和内在压力，而不是由于外部的奖励或惩罚。该理论有几个重要分支，但对于教师来说，最主要的有三种。

亚伯拉罕·马斯洛是美国20世纪中期最伟大的心理学家之一，他提出，人有不同层次的需要要满足。马斯洛（1970）把人的需要分为七个层次。低层次的就是人最基本的生理需要，比如食物、房屋、安全、生存和爱的需要等；高层次的需要较复杂，指人的发展需要，比如自我理解、实现个人潜质和自我实现的需要等。马斯洛的需要层次理论见图4—2。

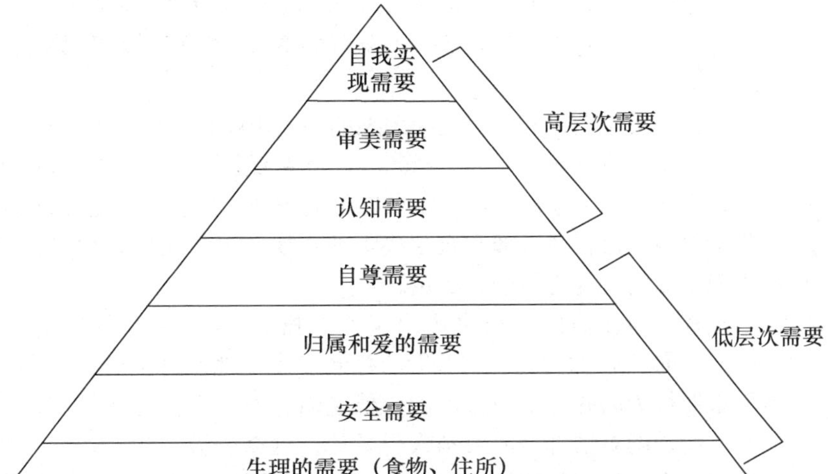

图4—2　马斯洛的需要层次理论

根据马斯洛的需要层次理论，只有当个人最基本的生理需要和爱与自尊的需要得到满足后，个体才会有动力追求更高一级的需要。在课堂教学中这种情况显而易见。如果进入学校的孩子的低层次需要没有得到满足，比如食物和安全没有得到保障，那么他们就不太可能耗费更多的精力去满足自己更高层次的认知需要。无论是在学校还是在家里，如果学生缺乏归属感，那么他们就不太可能去学习数学、历史等学科知识，而更可能是去寻找朋友和玩伴。

戴维·麦克莱兰（David McClelland，1958）、阿特金森和费瑟（Atkinson & Feather，1966）、阿尔舒勒等人（Alschuler et al.，1970）把马斯洛这种具有一般性意义的需要层次理论运用到具体的教学和课堂建设中。有时我们把他们这样的理论称为倾向性需要理论。这种理论认为，个体采取行动和投入精力到学习中，主要想满足三方面的需要：成就需要、亲和需要和权力需要。

倾向性需要理论假设，人们愿意着手采取行动是为了满足他们的基本需要和高层次需要。

当学生努力学习某个具体学科或奋力追求某个与特定任务相关的目标时，对成就的期望就非常明显；当教师努力展开教学或力图胜任教学工作时，其成就动机就显而易见；当学生和教师重视同伴间的友谊和支持时，亲和动机就变得非常重要了；而权力动机在那些尽力控制自己学习的学生和那些尽力在学校发展方面提高发言权的教师身上体现得非常明显。学生的自尊意识与他们对自己的能力、亲和度及影响力的感觉相关。在课堂和学校活动中，如果学生的这些情感遭受挫折，他们就会逐渐减少参与学校活动的次数；如果是教师的这些情感遭受挫折，那么教师可能会感到自己不能胜任、很孤独、无足轻重。对于课堂教学来说（Wiggield & Eccles，2002），成就动机或学生的“求知欲”是动机理论中最重要的方面。

个体愿意采取行动以满足对成就、影响力和归属的需要。
为了体验成功和追求完美而采取行动的渴望称为成就动机。

第三种关于动机和需要之间关系的理论由戴查姆斯（deCharms，1976）、德西和瑞安（Deci & Ryan，1985，2000）、奇克森特米哈伊（Csikszentmihalyi，1990，1996）提出。尽管他们彼此的观点有很大区别，但有一点是共同的：做某件事时，人们会尽力满足自我选择和自主决策的需要；因内在压力而采取的行为比因外在压力而采取的行为更易让人满足。

戴查姆斯在他的分析中提出了两个概念：“自主性”（origin）和“他主性”（pawn）。他主性的人是指那些无法控制发生在他们身上的事情和行为的人，促使他们采取行为的并非他们自己的价值判断，而是责任感或外部诱惑，他们总是感觉自己所做的事情都是因为别人想要他们这么去做。相反，自主性的人是指能自我管理的人，他们采取特定行为是为了自己而不是别人。自主性的人总是能抵抗外部的压力，比如命令和规则。戴查姆斯认为，外部赋予的任务，如教师安排的任务，会使人感觉自己像“他主性”的人，由此会打击他们可能已经具有的内部动机，从而使他们感觉自己像是在被迫完成任务。关于这一点在课堂实践中的应用将在后面详细讲解。

芝加哥大学的教育和心理学家奇克森特米哈伊（1990，1996）以另一种方式诠释了动机理论中自主性的重要性。过去的二十多年来，奇克森特米哈伊一直都在研究他所谓的“完美体验状态”，此状态是指人们生命中全身心投入某事并尽情享受其快乐的时刻，这种体验就可以称为“沉浸体验”（flow experiences），因为在奇克森特米哈伊的研究中，被试者常常报告说他们正在做的东西使他们感到非常快乐，就像“顺流而下般畅快淋漓”（p. 127）。

也许你也可以回想一下你一生中体验过的类似时刻——倾心投入一件事情，心无旁骛的时候。你有可能是在爬山、读一本小说、修理一部旧车或者是在下棋、比赛跑步、写一首诗等。如果你沉浸其中，就能专心致志地做这一件事，专注程度之深，甚至会使你忘记时间。用奇克森特米哈伊的话说就是“行动者和行动完全合二为一”（1990）。这种专注的状态能够延续下去，凭借的是内在动机而不是外在动机（p. 127）。

显然，对于教育和教学来说，“沉浸”只是一种隐喻。事实上，奇克森特米哈伊曾得出这样的结论：学生学习的主要障碍不是个人认知能力，而是学校的组织方式，同时，学生的一些学习经历压制了他们的内部动机，使他们无从感知“沉浸体验”。强调外部的规则、评价和分数等奖赏，阻止了学生产生“沉浸体验”。同样，标准化的课程和教学使学生一直处于被动的角色，妨碍学生积极主动地参与和体验求知的快乐。

认知理论　认知理论为人类研究动机提供了另一种视角。与本书其他地方谈到的一样，认知理论认为个人的行为由个人的思想引起。在解释一个人的行为时，主要因素不是外部事件，而是个人对事件的看法和归因。

著名的认知理论家伯纳德·韦纳（Bernard Weiner）提出了归因理论，这对于教师来说非常重要。归因理论的一个基本观点是：决定动机的主要是个人的归因方式，即个人对自己成功或失败的原因的分析方式，而非先天的需要或先前的综合经验。按照韦纳（1986，1992）、平特里奇和申克（Pintrick & Schunk，2002）的理论，学生把他们的成功或失败归为四个方面的原因：能力、努力、运气和任务的难易度。以上四个方面的归因也可以分为内部归因和外部归因。内部归因是指学生把自己的成功或失败归结为自身的原因，外部归因是指学生把自己的成功或失败归结为自身以外的原因。比如，把成功的原因归结为自己的能力和努力就是内部归因，如果归结为运气和环境就是外部归因。

> 归因理论强调个人对成功和失败的认知和解释方式。

归因理论对于教师来说具有很重要的意义。成就动机高的学生倾向于把成功与自己的能力联系在一起，把失败与自己不够努力联系在一起；相反，成就动机低的学生倾向于把自己的成功归结于运气，把自己的失败归结于能力不够。教师可以采取一些方式来改变学生对自己以及周围事物的不恰当看法。比如，可以教育学生把成功和失败都归结于内部原因，比如归结于自己的努力，而不是如运气那样的外部原因。

认知理论家同时也研究了学生对于自身目标以及目标取向的看法（Maethr & Zusho，2009）。一些学生是行为型目标取向，他们或者努力达到外部设定的特定行为标准，或者在与他人的行为进行比较时做得更好。这些学生常常有竞争意识，而且高度依赖于积极的外部评价，如同伴称赞和教师的评分，来维持动机。其他学生拥有学习型目标取向。这些学生总是在内部因素的激发下与自己竞争，比如学习新知识的满足感。根据托尔夫森（Tollefson，2000）的观点，目标取向与学生对成功与失败的归因相互作用。她认为，“行为型目标取向的学生更倾向于将失败看作缺乏能力的标志，因而不再努力。而持学习型目标取向的学生则把失败当成改变学习策略的暗示，从而更加努力以达到目标”（p. 70）。

完成目标的时限也是一项重要特征。与需要长时间完成的目标相比，学生更偏向于追求能在近期完成的目标。这就要求将长期目标分解成许多在短期完成的直接目标。比如，学期论文属于复杂的写作作业，就是需要许多时间去完成的目标之一。进行写作的人常常还未完成就放弃了。但如果将写作任务分解成列提纲、收集背景资料、每次写2～3段等更小的目标，或许就能增强学生写作动机和毅力。

社会认知理论 对教师来说，还有一个关于动机的重要理论是班杜拉（Bandura，1977，1986）的社会认知理论。从某方面说，社会认知理论与归因理论有些相似之处。班杜拉的社会认知理论对教师而言最重要的有两点，即人的动机来自两个因素：一是个人对自己到达目标的可能性的期望值；二是个人达到目标后的自我评价或满足感的程度。比如，一个学生在设计一个项目，准备参加当地的一次科学展览工作，如果他相信这个项目会获奖（高期望值），并且这个奖是他最想要的（高评价度），那么，他就会有很强的动机投入工作，并且会坚持到最后。如果一个人对成功的期望值和成功后的评价度都比较低，那么坚持完成工作的可能性就比较小。显然，教师可以利用这个理论。对于教师来说，给学生提供能让他们有把握获得成功，且成功后评价度又很高的学习任务，是非常重要的。

社会文化理论 我们最后要讨论的动机理论是社会文化理论，这个理论最早由俄裔心理学家维果茨基（1986）提出。他认为，人类动机源起于社会文化背景，而这些背景对人们的思想和行为有很大的影响。就课堂上的教师和学生而言，这就意味着课堂集体以及本章所讨论的共同体极大地影响着学生的学习以及完成学业任务的意愿。同时它也强调了其他集体文化的影响，例如使学生产生认同感和归属感的家庭、同龄人群体、学校以及其他社会组织。动机不仅受需要、目标取向、期待等个人因素的影响，同时也受家庭成员的期待和行为（Grolnick，Friendly & Bellas，2009）、同龄人群体（Ladd，Herald-Brown & Kochel，2009）以及学校自身（Roeser，Urdan & Stephens，2009）的影响。

表4—2总结了以上五种动机理论，以这五种动机理论为基础的策略及其对教师的启示将在后文论述。

表4—2 **五种动机理论**

理论	理论提出者	主要观点
行为理论	斯金纳	个体对周围环境事件和外部强化做出反应
需要理论	马斯洛、德西、麦克莱兰、奇克森特米哈伊	个体努力地满足自己的需要，比如自我实现、自主、成就、归属和影响力的需要等
认知理论	韦纳	个人的行动受到自己信念和归因的影响，尤其是对于成功和失败的归因

续前表

理论	理论提出者	主要观点
社会认知理论	班杜拉	个人行动受到自己价值判断的影响，尤其是受到自己对目标的把握和对成功的体验的影响
社会文化理论	维果茨基	个人行为受多个群体的影响，个人在这些群体中进行社交并获得认同感

综上所述，动机是一个复杂的概念，有多种理论对它进行了解析。动机往往涉及情感变量，并在本质上受到认知变量与元认知的影响。在本章的最后，我们将尽力阐释教师如何在课堂生活和学业学习中应用这些复杂的理论去激励学生。本章中接下来的“利用技术促进教学”一栏中聚焦于如何将技术用作励志工具。

利用技术促进教学

将技术作为激发动机的工具：是否有效?

就像你所了解的，谈论动机不是一个简单的话题。对于教师来说，并不存在能确保学生对学习产生兴趣并投入学习中的单一方法。然而，许多在课堂上使用计算机和相关技术的教师报告说计算机和网络资源能很好地激发学生的动机。尽管对于这种说法的观点并不完全一致，但在20世纪70年代进行的几项重要的研究报告都证实，在教学中运用技术具有激发动机的作用。比如，提高学生拼写或口算等基本技能的关键是使学生保持学习兴趣并参与其中。最近的几项研究已经证明，计算机能促使学生产生兴趣，并投入学习任务中。哈特菲德（Hatfied，1996）发现，在课堂上配置计算机能增加学生使用计算机的次数，从而全面提高学生的动机。特雷尔和雷杜利奇（Terrell & Rendulic，1996）发现，经过计算机反馈的信息对学生的学习动机具有积极影响。在“明日苹果教室”（ACOT）进行大规模的研究后，林斯达夫、桑德霍斯和德怀尔（Ringstaff，Sandholz & Dwyer，1995）发现，学生在技术设备完善的课堂中更容易进行集体学习，因而对学校更感兴趣。这些学生往往不满足于仅仅完成作业，他们还会在空余时间自己选择主题或项目进行深入研究。柯林斯和霍尔沃森（Collins & Halverson，2009）以及罗森（Rosen，2010）的报告同样显示，在课堂上适当引入计算机和媒体技术对增强学生动机和毅力有积极影响。

另有研究者指出，技术对动机的影响以及计算机对学习的促进作用不是单一的。有些研究显示，计算机技术对年龄小的儿童的动机和学习有消极影响（Alliance for Children，2004；Wenglinsky，2006）。拉里·库班（Larry Cuban，2001）指出，那些有关积极影响的结论是被过分夸大了的。维亚德罗（Viadero，2007）认为，已有研究和借助元分析得出的证据表明，远程教育技术对“学生的学习和发展产生了有限但意义重大的影响”（p. 30）。

本章讲述的动机理论能在某种层面上帮助我们解释为何计算机以及相关技术具有激发学生动机的特性，至少这些手段具备达到这个目的的潜力。

● 许多软件程序和计算机工具都是在行为理论的基础上开发出来的，比如“数学冲击波”（Math Blaster），这些程序和工具之间存在密切的内在联系。这种学习环境能为学生的学习提供及时的反馈并强化正确的行为。

- 另一些软件程序的开发是为了满足学生的成就动机，同时起到娱乐和教育的作用。这些带有游戏和竞赛特征的软件程序能够激发大部分学生的学习动机，它们不仅适用于学校，还可以由家长买回家使用。
- 社交网络活动往往都很受欢迎，因为它能满足学生的归属需要。

比如，“数学魔术”（Math Magic）就是一款带有游戏功能的软件，它能帮助学生学习数学技能。游戏主线的目标就是帮助魔法师从邪恶的地牢中释放出被施了魔法的龙。为了释放这些龙，学生要使用一个魔法棒，并且必须正确解答数学题。游戏的情节和玩法使学生面临挑战，并使学生更乐于花费大量的时间处理这些数学题，这比让他们按照作业单做作业强多了。

那些激发学生进行有意义学习和达到更高水平目标的动机也非常重要。达到高水平的目标要求学生付出艰辛的脑力劳动，并为自己的学习负主要责任。这种动机往往具有高度的个人化色彩，源自需要理论和认知理论。根据操作指南与计算机进行模拟互动或开发新的网站等都有助于为学生提供有趣的挑战，并且能帮助学生坚持完成所要求的智力活动，以加工、学习有意义的信息和观点。

许多教师使用带有游戏功能的教育软件，或者允许那些努力学习和提前完成作业的学生上网，学生把“在计算机上学习”和“浏览网页”看作一种奖励——这一事实最能证明：计算机和相关技术能激发学生的动机。不过，教师必须时刻注意预防教育技术成为“高科技玩具或保姆”。

学习共同体的特征

现在，让我们回到课堂的社会维度，了解那些阐明课堂生活的社会性特征的理论。首先，我们来看一下马丁·路德·金学校六年级教师玛丽·奎瓦斯（Marie Cuevas）的课堂。这位老师每天给学生教科学和语言艺术课，在课堂上，学生彼此之间的差别很大，也就是说他们表现出不同的能力水平。如果某天我们去参观玛丽的课堂，我们可能会看见下面的景象：

> 奎瓦斯老师和一群学生在教室的一个角落讨论一个他们刚读过的有关太平洋海岸鲑鱼的生命周期的故事，而另外几个学生坐在自己的座位上写自己的故事：由于水电站的修建破坏了鲑鱼的繁殖区，鲑鱼濒临灭绝。在另外一个角落，一位特殊教育教师正在辅导布伦达，这个小女孩只有二年级的阅读水平。奎瓦斯老师的助教在旁边给上周五没有上课的三个学生补考。在远处的科学实验桌旁，两位原本被教师要求练习使用显微镜的学生其实在讨论昨天的足球比赛。奎瓦斯老师听到后予以制止，要求他们继续完成自己的任务。与此同时，两个刚从图书馆回来的学生突然争吵起来，奎瓦斯老师要求助教帮助解决这场纷争。她自己则回来组织关于鲑鱼生命周期的讨论，由于乔伊开始谈论上周她和父亲外出钓鱼这个不相关的事件，此时讨论已经离题了。
>
> 在这节课将要结束的时候，校长匆忙走来提醒奎瓦斯老师，午餐休息时间有一个简要会议，同时询问奎瓦斯老师是否同意几位家长来听她的下一堂课。此时，学生在收拾学习材料，准备下一节课；昨天的家庭作业也收上来

了，而那两个学生之间的争吵还在继续。

这一幕并非偶然出现的情景。所有的教室都是繁忙的场所，各种活动同时发生：进行个别指导和小组教学，协调学生的关系，管理冲突，实施评估活动，还要随时调整以应付突发事件。课堂不仅是一个预设的学习共同体，还是一个社交场所，在这里会形成友谊，也会发生冲突。有三个基本的元素能够帮助我们理解课堂的复杂性，为我们建设更有效的学习共同体提供指导。这三个元素如图 4—3 中所示，后文将详细讲述。

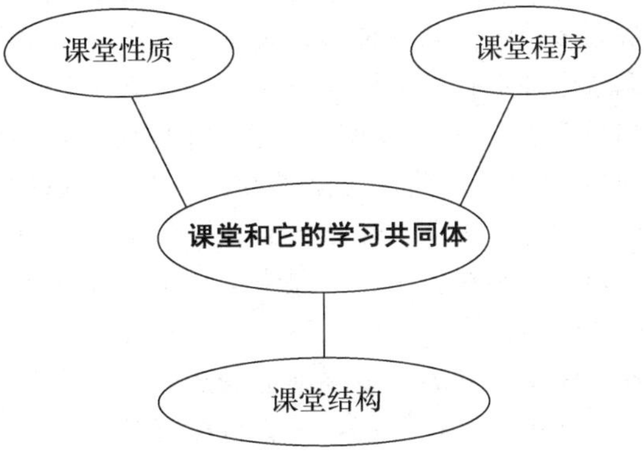

图 4—3　课堂的三个维度

课堂性质　我们可以把课堂看作一个生态系统，在这个系统中，居民（教师和学生）在一个特殊的环境（课堂）中互动，以完成有价值的活动和任务为目的。沃尔特·多伊尔（Walter Doyle，1986）从这个角度来研究课堂，指出课堂有六个特征，这些特征使得课堂成为复杂而严密的系统。

多样性　这是指课堂实际上是一个拥挤的地方，在这里，背景不同、兴趣不同、能力不同的人为有限的资源而竞争。这里不像牙医诊所或眼科医疗室，只会发生那么几类可以预见的事情。教师必须事先计划和协调好各种各样的事情。他们通常要解释问题、给予指导、处理冲突、收牛奶费、安排任务和管理成绩单等；而学生则要听、读、写、相互讨论和对话、形成友谊、经历冲突。教师必须学会仔细地思考这些多样性活动，并且用某种方式来处理。

同时性　老师在帮助一个学生做课堂作业的同时，必须监管其他的学生，处理扰乱秩序的学生，控制时间。在讲课时，教师必须清楚地解释知识，同时留意有无学生开小差、听不懂或做小动作。在讨论的时候，教师必须仔细听学生的回答，观察其他学生是否理解，并思考下一个要问的问题。以上每种情况都说明了课堂最基本的一个特征——课堂中许多棘手的事情都是同时发生的，有效的教师必须能够认知到这一点，并且能够及时有效地进行处理。

即时性　课堂生活的第三个重要特征就是课堂事件即刻发生，并会对教师和学生产生即刻影响。教师每天与他的学生要进行上百次交流，他们不停地赞扬、批评、解释、责备、质疑学生。学生与教师以及学生之间也有许多交流，如铅笔掉地上了、谈论与课堂不相关的话题、公开争论、解决冲突等。像这样的事情大都不是预先能安排的，并且由于这些事情的即时性，教师在采取措施之前能考虑的时间很少。

不可预测性　课堂中的事件不仅发生得快，而且大多都是不可预测、出人意料的。学生经常走神、扰乱课堂，或是突然生病，学校发布临时公告，有人突然来听课，这些事也是常有的。因此，很难预测在具体的某一天或具体某个班学生的某堂课上，在组织他们开展某种具体的活动时到底会发生什么状况。也许，去年还运用得非常好的方法，今年却突然失灵了。甚至，在第一阶段开展得轰轰烈烈，学生都积极参与的课，到第六个阶段时就会遭遇冰山般的沉默。

公共性　多数工作情境中都是个人独立工作或者少数几个人一起工作：医生看病是在自己的办公室里单独进行；店员和服务员都只用专心地照顾他们的客人，而不必花费太多精力注意其他人；技术员和会计人员是在没有外界观察和干扰的情况下毫无阻碍地进行他们的工作。然而，教室是一个非常公开的地方，几乎所有的事情都呈现在大家眼皮底下。教师们形容他们自己就像"生活在玻璃鱼缸里"。课堂的公共性或者说缺乏隐私性，学生也能敏锐地感觉到。他们的行为总能被教师观察到，许多教师（在学生看来）后脑勺上也长了眼睛。学生之间也会带着浓厚的兴趣互相观察。因此，课堂生活中的任何事，无论是最后一次考试的分数还是和同桌小声说话，都很难完全脱离他人注意。

历史性　课堂和它的成员逐渐会变成一个共同体，拥有一段共同的历史。班级成员一周有五天要聚在一起，一直持续好几个月，这就逐渐形成一套大家共同遵守的经验规则与程序。在一年之中，每次相遇所发生的事情都在形成学生共同的记忆。每个课堂都会形成具有特定体系、组织和规范的社会系统。尽管这些课堂从一定时间间距或在形式上看起来很相似，但实际上，每个课堂就像指纹一样独一无二。每个课堂都会形成自己独特的内部程序、互动方式和限制条款，就像存在虚拟的规则在引导和控制课堂成员的行为。尽管每天都是变化的，但在每个课堂都有某种永恒的东西，这些东西来自成员的个人历史。

课堂性质直接影响着课堂环境和课堂成员的行为模式，还深深地影响着教师教学。如我们将要讲到的，这些特征中有些是教师可以改变的，有些却不行——至少不能很明显地改变。关于课堂性质对教师教学的影响这一点，我们将在后文教师如何为学生提供指导和帮助学生融入集体生活时再详细讨论。

> 用生态的视角可以把课堂看作一种彼此之间高度依存的环境，教师、学生和其他人在其中进行互动。
>
> 课堂的不同特征被称为课堂性质，如多样性、同时性、及时性、不可预测性、公共性和历史性。

课堂程序　理查德·施穆克和帕特里夏·施穆克（Richard Schmuck & Patricia Schmuck，2001）提出了一个略有不同的观察课堂的角度。他们非常重视课堂中人与人之间和小组之间的发展程序。

他们相信，当教师教给学生人与人之间和小组之间交流的技能的时候，就是在创造一个有效的学习共同体。他们还区分了六种集体程序，当成员之间相互合作时，依照这六种程序就可以使课堂成为一个有效的课堂学习共同体。

交流　课堂成员之间大多以口头交流和非口头交流的方式进行沟通。施穆克夫妇赞同公开、活跃、成员积极参与的交流方式。

友情和凝聚力　这里主要是指课堂中成员之间互相尊敬的程度，以及成员之间的友谊是怎样影响课堂氛围和学习的。该程序的重要性近来不断得到提升，正如研究者在研究中（Wentzal，Barry & Caldwell，2004）提到的，缺乏朋友的中学生往往呈现出较低水平的社会道德，学业成就一般，易受情感困扰。施穆克夫妇鼓励教师把课堂环境创设为同龄人集体，而不是小派系、小团体，在这个集体中没有任何一个学生会被孤立。

期望值　在课堂中，每个成员都对他人和自己抱有一定的期望。研究者感兴趣的是，这样的期望会怎样随着时间的发展形成模式，怎样影响课堂环境和学习。

规范　规范是教师和学生对课堂行为的共同要求。施穆克夫妇重视这样的课堂规范：能使学生自觉自愿地参与学习，同时还鼓励学生之间形成积极友好的关系，达成共同的目标。

领导力　在这里，主要指领导在课堂中是怎样发挥他们的权力和影响的，又是怎样影响小组成员之间的相互关系和合作的。一般认为，领导能力是一种处世方法，而非一个人的特性。施穆克夫妇鼓励课堂中的各个小组都参与领导。

冲突　冲突存在于任何人类的群体之中，课堂也不例外。教师应主动建立这样的课堂，使得其中的冲突能被意识到，并在课堂中得到有效解决。

与多伊尔提出的课堂性质不同，课堂程序在很大程度上受教师行为的影响，并且很容易加以调控来构建有效的学习共同体，这一点将在本章的后文谈及。

> 有助于课堂成员处理期望值、领导力、吸引力、规范和交流以及凝聚力问题的方法，对于建立有效的学习共同体来说都非常重要。

课堂结构　构成课堂的结构和特定课程对学生的要求为我们提供了另外一种观察课堂的视角。研究者如冈普（Gump，1967）、库宁（Kounin，1970）和更近一点的多伊尔（Doyle，1986，1990）以及他和卡特（Doyle & Carter，1984）、卡普兰、吉恩和米奇利（Kaplan，Gheen & Midgley，2002）等都认为，课堂结构和课堂要求部分地决定课堂中的行为。持这种观点的人密切关注课堂存在哪些结构类型，以及学生在特定课程中要参加什么活动、完成什么任务。图4—4说明了课程和课堂活动在学习任务结构、参与结构、目标和奖励结构这三个重要方面有何不同。

> 课堂结构就是课堂围绕学生的学习任务和参与度所进行的课堂组织的方式，以及课堂里用来规定目标和奖励的方式。

前面描述的课堂性质是固定的，课堂程序则有很大的可变性。而图4—4中所标示的课堂的三种结构不同：在传统上有时是固定的，但也可以根据教师的意愿而改变。事实上，我们可以把课堂结构比喻成房屋设计。房屋空间的设计与分割方式可以被想成是房屋的结构，这种结构影响人们在房屋中的日常交往。例如，如果所有的房间都很小且封闭，那么在这样的房间里就很难举行一个能让大家四处走动、交流的聚会；反之，如果房子宽大、敞亮，那么个人要想独处而不受干扰就很困难。这些结构会影响某种行为，但是也不排除特例。比如，在一个狭小

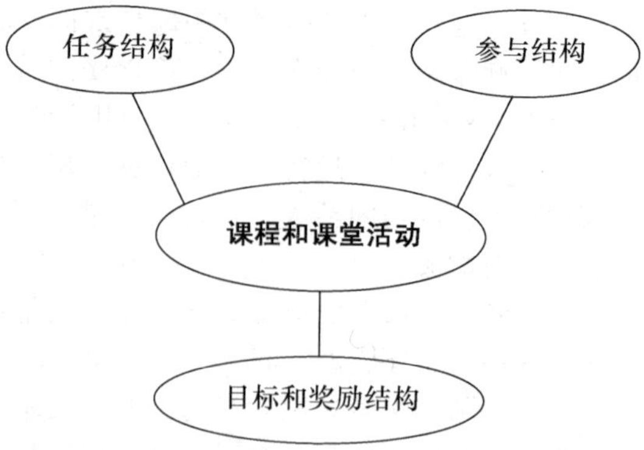

图4—4 课堂结构的三种类型，以及这些结构与课程、课程活动的关系

空间中也有人成功举办了聚会，或者在结构理想的房屋中却仍然没有发生实际交流。然而，结构是可以改变的。还是以房子为例，我们可以拆除墙体，以促进交流，也可以放置一块屏风，以保障私密性。同样，课堂结构也可以改变。接下来我们将详细描述三种课堂结构。

任务结构　教师对课程的学习目标和社会性目标及活动的设计决定了学生课堂学习的类型。在这种情况下，课堂目标是指学生应该完成的任务以及为完成任务而应达到的认知要求和社会性要求。另外，课堂活动是指能观察到的学生在课堂上正在做的事情：参与讨论，与小组成员合作学习，做课堂作业，听讲等。课堂任务和活动不仅有助于教师和学生形成行为方式，而且还有助于确定学生的学习内容。

学生学习具体学科时应该在课堂上完成的学习任务、相应的认知要求和社会性要求统称为任务体系。

教学策略或模式不同，教学活动就不同，任务体系也就有所区别。正如后面部分章节将要讲述的那样，讲授课与小组讨论课对学生的要求有很大的区别。同样，课堂讨论对学生的要求也区别于课堂练习对学生的要求。

一些学习任务及对教师和学生的要求是由学习活动的本质决定的，而另外一些则是由所教授的科目内容决定的。有时候学科本身（包括概念、组织体系和呈现新知识的方法）造成了这种差异。为了理解这种观点，你可以回想一下在大学中选修的各门课程，以及课上对你——作为一个学习者，提出的各种要求。例如，你在化学实验室做实验时的任务要求和行为与你深入分析莎士比亚悲剧时的任务要求和行为肯定不同。同样，人类学课上提出的“理解史前文明”的任务要求与欧洲史课上提出的“理解工业革命”的任务要求也是不同的。

有时候，同一门课也会有不同的任务要求。比如数学，教乘法表的课与提高解决数学问题能力的课对学生的要求就不一样。又比如地理，学习世界主要城市的名称与位置的课，与研究地理位置在多大程度上决定生活水平高低的地理调查课对教师和学生的行为要求也是不同的。再比如语言，关于字母形状演进的课与拼写课的要求也不同。

有一点很重要，需要我们记住：课堂任务体系影响着课堂参与者的思想和活动，并且部分决定学生乐于合作和积极参与的程度。正如后文将要强调的那样，教师有必要教给学生具体而适当的学习策略，以帮助学生达成任务要求。

目标和奖励结构　课堂结构的第二种类型就是目标和奖励的组织方式。第三章介绍了“教学目标”的概念，正如你记得的那样，教学目标就是教师对学生的期望，比如拼写出一系列的单词，解释自然选择的意义，或解决一个数学问题。一般来说，“目标结构”的概念区别于“教学目标”的概念。目标结构详细说明学生在完成学习任务时互相依赖关系的类型——学生之间的关系以及个人与集体之间的关系。约翰逊（Johnson，2009）以及斯莱文（Slavin，1995）明确指出有以下三种不同的目标结构：

> 合作性目标结构是指学生意识到只有和自己一道工作的其他学生都实现目标，自己才能实现目标。
>
> 竞争性目标结构是指学生意识到只有其他人达不到目标，自己才能达到目标。
>
> 个体性目标结构是指学生意识到自己的目标达成与否和其他人无关。

“目标结构”的概念可以用图4—5进行说明。

一群学生在划船
合作性目标结构

一群学生在拔河
竞争性目标结构

一个学生在表演体操
个体性目标结构

图4—5　三种不同的目标结构

课堂奖励可以按照目标结构分类的方式进行分类，奖励结构也分为竞争性奖励体系、合作性奖励体系和个体性奖励体系三种类型。成绩分布曲线就是一个竞争性奖励体系的例子，因为要根据学生的成绩对比来给予奖励。大部分田径赛事中的胜利者获得的也是竞争性的奖励。相较而言，合作性奖励体系适用于个体能帮助整个集体获得成功的情景。对足球队的成绩（获胜）进行奖励的机制就是一个合作性奖励体系的例子，即便整个足球队与其他球队是竞争关系。

> 目标结构确定了群体中学生之间相互依赖的程度，有三种不同类型的目标结构：合作性目标结构、竞争性目标结构和个体性目标结构。

课堂目标和奖励体系是课堂生活的核心，并且在很大程度上影响着学生的行为和学习。无论教师个人在使用奖励方面持什么样的观点，当今的现实仍是分数决定学生的学习动机。实际上，多伊尔（1979）已指出：课堂生活的基本特征就是学生参与学习的方式和“将（他们的）表现转换为成绩”。教师采取的课堂目标结构和奖励结构的方式决定了学生应该完成哪种目标以及如何将表现转换为成绩，它们同时还影响着课堂管理和学生的干扰行为（Kaplan，Cheen & Midgley，2002）。

奖励体系决定了课堂奖励方式，有三种类型：合作性奖励体系、竞争性奖励体系和个体性奖励体系。

参与结构　此外，教与学也受到课堂参与结构的影响。根据卡兹登（Cazden，1986）和博波勒斯与布鲁斯（Burboles & Bruce，2001）的观点，参与结构决定了谁在什么时候可以对谁说什么。这些结构包括：学生在课堂中轮流发言的顺序和方式、提问方式、回答教师的问题的方式。这些结构也会根据不同的课程类型发生改变。比如，在一节讲授课中，学生的参与仅仅限于听教师讲，有时可以单独记笔记。而在与讲授内容有关的讨论课或复习课上，就要求学生回答问题并发表自己的观点，还要求学生在举手等待发言的同时互相倾听。当教师布置课堂作业时，设置的参与方式通常是独立学习，需要帮助时再与教师一对一交流。小组活动和合作学习明显要求学生以不同的方式参与。小组活动要求学生互相讨论，合作学习要求学生共同完成学习任务。本书的第十章、第十一章和第十二章将提供更多信息，探讨参与结构以及促进学生参与的教学体系。

参与结构有助于在课堂讨论中确定谁在什么时候可以对谁说什么。

社会文化观点　关于课堂作为学习共同体最新的也是最具现代性的观点是受杜威、皮亚杰、维果茨基等人影响的社会文化理论学者和学校改革者提出来的。这种观点将传统课堂看作促进正式学习的地方，并预想在未来更为正式的课堂环境中，个体能够自发地学习。在此环境中，学生能够实现真正的学习，通过探究获得对事物的个人意义上的理解，同时教师和学生的言语和行为都力求公平。真正的学习是指学生的学业成就在现实生活中也很重要和有意义，而不仅仅局限在课堂上。建构个体自己的知识意味着在个人已有的知识基础上去积极探究，而不是仅仅接受由教师详细解释的、固定的知识。

利普顿和奥克斯（Lipton & Oakes，2006）总结了社会文化的观点，他们认为，不能把与这种观点相联系的教育学看作“已经证明的最好的实践模式”，相反，它们取决于“学生和教师之间教学关系是否融洽”，“不能只以学生带到学校里的文化知识作为唯一的依据来判断教学实践的好坏”（p. 215）。

然而，他们还是列出了一些指导原则，这些原则与施穆克夫妇提出的区别不大，教师可以用它们来建构具有社会公平性的真实学习共同体。这些原则包括：

- 教师和学生都要坚信每个人都能学好。
- 课堂是活跃的、多维度的、和谐的。
- 学生之间、师生之间相互关心、相互依存。
- 言行要体现社会公平。
- 以真实性的评估促进学习。

动机和学习共同体的相关研究

关于课堂和动机的研究文献有很多，而且从许多领域如心理学、社会心理学、团体动力学、社会情境教学等方面进行了探讨。这一部分我们提供了一些有趣的研究，主要是为了让新教师能了解这些研究所使用的方法及其重要发现。这些研究横跨半个世纪，重点探讨课堂环境对动机的影响、教师的行为如何影响动机和集体生活，以及学生自身怎样彼此影响、学生怎样影响教师。

课堂环境与动机之间的关系　教学中最困难的目标之一就是让学生坚持完成学习任务。一些学生可能会比另外的学生坚持得长一些，而对另一些学生来说，有些学习任务比其他任务更有趣。课堂环境怎样影响学生动机？研究者们关注了很长时间，大概的结论是：以互相尊重、高标准和人文关怀为特征的课堂环境更有利于学生的坚持。

桑特洛克（1976）在20世纪70年代进行的一项有趣而独特的研究中探讨了课堂环境的一些维度——如愉快与悲伤的情绪——与学生持久的学习动机之间的关系。桑特洛克将一、二年级的学生随机分成两个小组，在去教室的路上，分别给学生讲一个愉快的故事和一个悲伤的故事。实验者在讲愉快的故事时表现得很快乐，而讲悲伤的故事时表现得很悲伤。同时，实验者把教室也布置成不同的样式：分别用愉快的图片和悲伤的图片进行装饰。在教室里，要求这些学生完成一个学习任务，这期间他们时不时地被打断，并让他们回想愉快或悲伤的事情。学生可以按照自己的意愿随时停止手头的任务。

那些听实验者讲愉快故事而且在用愉快图片装饰的教室里回想愉快事情的学生比那些听实验者讲悲伤故事，在悲伤图片装饰的教室里回想悲伤事情的学生坚持学习的时间显然要长得多。这个结果十分重要，因为这说明，学生坚持一项学习任务不仅仅靠他们的自我控制或兴趣，而且还受到环境的影响，尤其是受教师控制下的课堂环境——教室布置和愉快的情绪——的影响。

> 如果学习环境是愉快而积极向上的，那么学生坚持学习的时间就要长一些。

教师的领导与集体生活的关系　长期以来，教师深知自己的所作所为影响着学生的表现。许多教育者都认为一个教师的行为应当是“民主的”，这反映了当今社会人与人交往的主流社会价值观。正如九十多年前的杜威所言：

> 我们能够向学生提供数以千计的现成的“观点”，而且也的确这样做了。但是我们并没有尽最大的努力去了解，学生在有意义的情境中的学习应该是他们自己开展活动，并维持活动，最终在活动中获得观点——也就是说，他们觉察到事物的意义或联系。这并不意味着教师只是袖手旁观，也不是那种把现成观点灌输给学生，让他们精确复述的静态教学，而是要参与、分享，在“做”中学。在这种共同参与的活动中，教师也是学习者，即使学习者本人不觉得，但他也是教师——总的看来，无论教师或学生，越少意识到自己在施教或在受教育，就越好。（1916，p.176）

但是民主的行为与程序对学生和集体生活到底有什么影响呢？早在半个多世纪以前，卢因、利皮特和理查德·怀特（Kurt Lewin，Ron Lippitt & Richard White，1939；Lippitt & White，1963）等就开展了一系列经典的研究，首次探究了这个问题。研究者以一些11岁的男孩子为研究对象，这些男孩自愿组成俱乐部，并参加一系列俱乐部活动项目。他们成立的俱乐部包括福尔摩斯俱乐部、狄克·特蕾西俱乐部和秘密雇员俱乐部等（这些名字在当时非常受欢迎，虽然现在听着可能有点陌生）。俱乐部的领导们（教师）要表现出三种不同的领导方式——专制型、民主型和放任型（被动的）。当男孩们参加俱乐部活动时领导们要观察他们，有时候领导者还会故意离开。

研究者发现专制领导下的男孩子会逐渐变得叛逆，且活动的参与程度没有民主领导下的男孩子高。最明显的是领导们走出房间后男孩们的行为。专制型和放任型领导下的男孩们在领导不在时就会立即停止工作，而民主型领导下的男孩们则继续工作，一些男孩甚至还担负起领导的职责。

许多教育者从这项研究以及过去五十多年中许多相似的研究中得出结论，即教师的行为对学生是否愿意合作、是否坚持学习会产生很重要的影响（Dolezal, Welsh, Pressley & Vincent, 2003; Jussin, Robustelli & Cain, 2009; Pintrich & Schunk, 2002）。如果教师太严格、爱发号施令，他们在场时学生可能会完成许多学习任务，一旦没有了严密的监督，学生的专注程度就会立即下降。

> 研究者很久以前就发现民主型教师比专制型教师更受学生欢迎。

教师使用的特定动机策略也是许多研究的焦点，特别是在过去的二十多年里。教师采取的支持学生学习动机的策略尤其值得关注。关于这方面的例子我们将集中在本章的“研究摘要”中讲解。

学生行为的相互影响及对教师的影响　一些研究，如本章“研究摘要”中举出的例子，关注的就是教师行为对学生的影响。然而，在课堂集体中的影响不仅仅来自教师，学生也会彼此影响，甚至会影响教师。在过去几年里有一系列特别有趣的研究调查同龄人群体如何通过正式或非正式的交往影响个人的态度和成就。对大学生宿舍和其他住所的调查研究（Newcomb, 1961）和对许多公立学校、私立学校的调查研究证明同龄人群体影响的存在。许多研究表明，大多数的学生都会遵守同龄人群体中的规范，而且这种群体规范几乎都与教育者或教师提出的规范相矛盾。詹姆斯·科尔曼（James Coleman, 1961）在20世纪50年代研究了十所美国中学，他发现，发生在青少年群体中的许多事件都证明，青少年更支持追逐时尚、崇尚运动等同龄人群体规范，而不那么支持重视学业成绩的学校规范。从科尔曼初次发起这项调查以来，每十年美国中学都要进行一次同样的调查（Honig, Kahne & McLaughlin, 2001; Ogbu, 1995, 1997）。今天，人们大多以同辈人群体的压力来解释许多市中心学校学生退学率高和成绩差的状况。

检测—拓展—探索

检测

- 比较动机理论中的行为理论、需要理论、认知理论和社会认知理论。
- 内部动机和外部动机有什么区别？
- 比较多伊尔提出的课堂性质和施穆克夫妇提出的课堂程序。
- 课堂任务和奖励结构是如何发生变化的？

● 把学习共同体的社会文化观点与更传统的观点进行比较。

拓展

● 你自己还是一个学生的时候，激发你坚持完成学习任务的最重要因素是什么？

● 一些教育者认为，人们过于关注外部动机的应用。你是否赞同这个观点？请登录“在线学习中心”，在“拓展问题投票栏”做出回应。

探索

● 以“动机中的计算机因素”为主题进行网络调查，看看你的发现是否与本章的“利用技术促进教学”一栏中所述的相符。

研究摘要

特殊的策略能影响学生的动机和学习吗?

Dolezal, S. E., Welsh, L. M., Pressley, M., & Vincent, M. M. (2003). How nine third-grade teachers motivate student academic engagement. *Elementary School Journal*, 103, 3, 239-269.

长久以来，教师都在关注如何提高学生学习动机，使他们能够坚持完成学业任务。敏锐的观测者以及经验丰富的教师很早就注意到了课堂以及特定教师所采取策略之间的微妙不同。

问题和途径

美国圣母大学的研究者对教师采取何种方式激励学生学习很感兴趣，并试图比较教师支持或是破坏学生学习动机的教学实践间的差异。两个原因使这项研究显得非常有趣。首先，研究结果为刚入职教师理解教学行为对学生学业参与程度的促进作用提供了关键的切入点；其次，该研究对于本书末尾“资源手册”中所描述的人种学研究来说，是一个很好的例证。该类型研究以完全的事实经验为基础，通过拓展观察和访谈来收集资料。本研究已完成数据收集和处理。

方法

来自印第安纳州的八所天主教小学的九位三年级教师参与了这项研究。这些教师从教年限在5～23年，教学对象涵盖来自各种社会经济水平家庭的学生。研究初步数据来自课堂观察者的实地记录。从10月开始，两位研究者大约每月观察班级三次，每学年每门课程平均为10～15小时。每间隔10～15分钟，研究者记录一次学生的行为以及参与课堂程度的百分比。在观察期间，研究者同时也收集学生作品样本、教师笔记、作业以及工作簿。学年末对每位教师进行一次深入的人种学访谈。并运用相关数据收集和分析方法对结果进行编码和检测。

结果

研究者发现，不同教师对学生学业参与的关注不大相同。在四位教师的课堂上学生的学习积极性较高，大部分时间都有80%以上的学生投入学习任务中去。有两位教师正相反，学生参与学习程度很低，大多数时间内学生的注意力都不在学习上。其他三位教师的课堂上学生参与学习比率处在前两者之间。拥有高学习参与程度的教师一般都给学生布置了具有适度挑战性的任务，而拥有低学业参与程度的教师布置的任务（包括游戏和作业簿）往往过于简单，学生只需很短时间便能完成。

研究者将教学实践分为两种类型：支持动机和破坏动机。表4—3列举了两种类型的例子。通过阅读整个研究可以完整地看到对这些行为所列的明细表，读者可以在网络上查阅。

表4—3　　支持/破坏动机的教学实践举例

支持动机的教学实践	破坏动机的教学实践
有效地向学生说明	能力归因
提供适当的家庭作业	鼓励竞争
检查学生是否理解	提供无效的框架
积极的课堂环境	缺乏对学生学习的监控
有明确的目标和期待	任务难度过低
运用合作学习	缺乏或没有完整的规划
布置有难度但学生可以完成的学习任务	节奏太慢
监控学生的学习进程	消极的课堂环境
提供积极鼓励	无启发式说明的实践
提供策略指导	消极的课堂监控
重视学生	没有建立良好沟通
激发创造性思维	公开批评和惩罚

资料来源：Dolezal et al.，2003，p. 246。

研究者紧接着分别计算了九位教师使用支持动机的教学实践和破坏动机的教学实践的比率，结果如表4—4所示。

表4—4　　支持/破坏动机的教学实践应用比率

教师	支持动机的实践数量	破坏动机的实践数量	比率
亚丁	4	11	0.36
伯斯泰德	12	12	1
克里斯托弗	16	12	1.33
戴维斯	17	10	1.7
爱德华	14	6	2.33
费兹帕特里克	18	5	3.2
格兰特	18	4	4.5
哈克特	26	5	5.2
欧文	45	0	∞

资料来源：Dolezal et al.，2003，p. 248。

调查结果表明，有些课堂该比率很高，另一些课堂的比率却很低。根据欧文的课堂记录可以看到，在他的课堂上没有任何破坏动机的实践行为，所有观察到的 45 个实践都是支持动机的。相比之下，亚丁的课堂上仅有 4 个实践可以支持动机，其余 11 个都是破坏动机的行为。

最后，研究者对他们观察到的三种教师的课堂——低参与水平、中参与水平、高参与水平——都进行了举例说明。相关描述总结如下：

低参与水平的教师。学生很少显现出积极的注意状态。大多数根本就没有参与到学习中去。教师也很少采取支持动机的实践，很少夸奖学生，也很少用学生作品或积极的色彩装饰课堂环境；这些教师普遍有课堂管理问题，很少对课程进行规划，极度依赖生搬硬套的教学方式。

中参与水平的教师。中参与水平的教师的课堂氛围比较积极，学生能在相当长的时间内参与学习。与低参与水平的教师相比，对支持性实践以及有效课堂管理措施的应用更为普遍。根据研究者所说，“撇开这些教师吸引学生注意的能力不说，他们通常不能长久地保持学生对学习的这种参与状态，大概是因为布置的任务太过简单了”(p. 251)。

高参与水平的教师。高参与水平的教师总是能创建充满温馨和关怀的课堂共同体，同时能应用更多支持动机的实践，而且他们总能对课程进行很好的规划。他们能在课堂上展现热情，布置对智力有挑战性的作业，耐心监控和检查学生对知识的掌握情况。学生的作业也表现出很高的完成率。

讨论与应用

研究者在讨论中指出，高参与水平的教师总是尽力去激发学生的学习，却不依赖于任何单一的机制或动机理论。与此同时，低参与水平的教师总是采用那些会破坏学生动机的实践行为。研究者在总结研究时提出了一个很有趣的问题：为什么有些教师能在教学中完成对学生学习动机的激发，而其他一些教师在教学中却充满了破坏学生成就动机的行为？(p. 256) 你会怎么回答这个问题呢？

第 3 节　激发学生动机和建立有效的学习共同体的策略

建立有效的学习共同体和激励学生参加有意义的学习活动都是我们教学的主要目标。然而，正如前文所述，组成学生学习动机的因素很多。能否成功，既依赖于前面讲述过的各种激励策略的运用，同时也依赖于使一个群体变成一个积极的学习共同体的策略的运用。但是，激励策略和群体发展策略不能被简化成少数几个简单的指导原则。动机和有效的学习共同体不是某一个具体事件单独促成的。相反，有效的教师会把这些策略结合起来使用，直至动机成为课堂的永久性组成部分，在这样的课堂上学生的心理需要会得到满足，他们会发现学习原来是如此有趣和充满意义，并且自信自己会成功。下面我们就来阐述能创设这种课堂情境的策略。

相信学生的能力、关注可变因素

学生进入学校时，他们身上所具有的很多东西是教师无力改变的。比如，教师对学生的人格特质、家庭背景和童年经历几乎不能产生任何影响。不幸的是，一些教师只关注学生的这些方面，而这样的关注大多是徒劳的。确实，一些社会性因素，比如学生的背景或学生父母的经历会影响学生在学校学习的努力程度。同样，心理是否健康，情绪是否焦虑，是否有药物依赖也影响着学生在学校学习的成就和学业。但是，教师在改变或影响这些社会性、心理性因素方面却无能为力。如果教师能集中精力关注那些他们能够控制或影响的因素，那么教师在强化学生学习动机方面便能够发挥更有效的作用。

如果教师能够把精力集中到他们能影响、改变的事情上面，他们就会取得更大的成就。

教师能控制的最重要的事情就是他们对学生的态度和看法，尤其是对那些来自不同家庭背景的孩子们的态度和看法。教师应该相信每个孩子都有学习能力，相信每个学生都能通过他们自己的文化理解这个世界，这样教师就不会把学生学习积极性低、学习成绩差归因于学生的家庭背景，而是找到真正的原因——课堂和学校对他们的理解不够。

教师在教学中能够做到的另一件重要的事情就是教给学生勇气，或是教他们认识到自己原先未被认识甚至被忽略的勇气。举例来说，斯滕伯格等人（Grigorenko et al，2004；Sternberg et al，2001）在对阿拉斯加本地和祖籍肯尼亚的儿童的研究中发现，这些来自非主流文化背景的儿童拥有本土文化中蕴含的丰富实践知识和技能，而这些并没有被传统文化所关注。意识到这些实践知识的教师可以帮助学生以此为基础，在主流学校中取得成功。

避免过度强调外部动机

大多数新教师对外部动机都比较了解，因为人们通过常识就能认识到人类行为同强化理论的密切关系，尤其是通过外部的奖励（正强化）获得想要的行为，通过惩罚来阻止不想要的行为。这种动机理论已经被社会普遍接受了。父母通过给孩子每周零花钱来使孩子做他们期望做的事，如果孩子的行为不恰当，父母就不再给或使用“扣罚”手段。在公司里努力工作的人会得到绩效奖金，而那些不努力工作的人则会被解雇。我们会为那些见义勇为的人颁发奖章，而把那些为非作歹的人送进监狱。同样，好成绩、荣誉证书、表扬、运动奖状，这些都是教师常用的外部奖励，目的是使学生努力学习、表现良好。差的成绩、批评、放学后留在学校则被用来惩罚那些行为不当的学生。

从表面上看，行为理论已成为常识，而且方方面面的生活实例也证实了外部奖励的必要性。但是，使用外部奖励并不一定总是能得到教师或其他人想要的结果。比如，对于活动本身就很有趣的学习任务来说提供外部奖励，反而会降低学生的学习动机（见第六章）。此外，任何以激励为目的的奖励必须是学生所珍视的，任何以惩罚为目的的处罚必须是学生所害怕的。在今天的学校，许多学生并不关心成绩的好坏。如果是这样，那么成绩就不能促进学生的学习。同样，如果挨批评或被留校反而被学生看作一种荣耀（很多学生确实是这么看的），那么它们就不能阻止不当行为的发生。有效教师会谨慎地使用外部奖励，并学会借助其他方式来激发学生的动机。表4—5详细说明了教师可以采用且能有效降低外部动机带来的消极作用的方法。

> 尽管行为理论已经深入社会文化生活中，但有效教师还是会想办法减少它潜在的消极影响。

表4—5　　减少外部动机的消极影响

减少外部奖励对学生内在动机的消极影响的策略： 1. 在不伤害内部动机时，可以使用外部动机。 A. 当学生感觉由于无法完成过难的学习任务而缺乏内在兴趣时，可以使用外部奖励。 B. 当学习任务是那种所有学生都不感兴趣的任务时，就使用外部奖励。 2. 使用外部奖励时要注意方式，尽量不伤害学生的自主意识和自我控制。 A. 突出外部奖励的教育特质，不要突出其控制特质。 （1）教师在为具体任务评分时应该同时写上个人评语，详细描述学生在任务中的表现。 （2）运用象征性奖励，比如用教师签名来记录成绩。 B. 使外部奖励成为学生可以自主选择和自己做决定的契机。

资料来源：Spaulding，1992，p. 56。

运用积极的情调创设学习情境

动机的需要理论和归因理论都强调创设学习情境的重要性，积极的学习情境是愉快、安全和可信赖的，处于其中的学生能在一定程度上独立做出决定，愿意为自己的学习承担责任。

课堂中整体的学习风气和氛围非常重要。正如我们在前面的“研究摘要”中看到的那样，教师对具体学习情境的态度和倾向会极大地影响学生对学习活动的反应方式。一些研究者（Hunter，1982，1995）以“情调”一词描述学习情境的这个方面，并且提供了以下一些例子来说明教师的寥寥几语就可以分别创设出积极的、消极的或中立的课堂情调。

积极的：“你写的故事太有趣了，我迫不及待地想要阅读。”
消极的：“必须写完那个故事，否则别想去吃午饭。”
中立的：“如果你没有写完故事，不要着急，还有很多时间呢。”

> 情调（feeling tone），心理学词汇，指和感觉直接联系的情感。

学生在积极情调的环境中会付出更多的努力，而在消极情调的环境中付出的努力则会少一些。如果教师选择运用令人不快的语气来激励学生完成一项非常困难的学习任务，那么有一点很重要——教师必须考虑到：要尽可能快地转而使用积极的情调，如“我真的给你施加太大的压力了，但你的表现却是那么的出色”，或者“我知道你对我提出的要求非常生气，但是你会为你的进步而感到骄傲”。决定课堂情调的不仅仅是教师在某个时刻说的某些内容，也包括教师为创建学习共同体而创设的课堂结构和课堂程序。这将在本章后文中讲到。

学生把学习任务看成一件很快乐的事情时，会付出更多的努力。

以学生的兴趣和内在需要为基础

动机的需要理论和归因理论强调以下两点的重要性：运用内在动机，以学生的兴趣和好奇心为基础。教师可以采取很多措施，把学习材料和学习活动与学生的兴趣联系起来。以下就是一些例子：

- 把授课内容与学生的生活联系起来。教师可以找出学生感兴趣或好奇的一些事情，比如流行音乐，并且把这些事情与学习主题（比如莫扎特）联系起来。
- 运用学生的名字。运用学生的名字有助于实现个性化学习，也能吸引学生的注意力。比如："假设玛丽亚，就是这位，正在发言支持朋友竞选，而查尔斯想驳倒她。"或者："约翰的肤色在日耳曼民族中最常见，而罗西尼的肤色在拉丁人中更典型。"
- 使学习材料生动而新颖。教师可以讲述一些内容，使普通的材料听起来生动而新颖。比如："你们最喜欢的麦当劳奶昔即使放到烤箱里加热时依然不会融化。因为它里面添加了从我们正在学习的海藻中提炼出来的乳化剂。"或者："假设你相信投胎转世。那么在来世的生活中，你会完成哪些此生未了的心愿？"

生动而新颖的学习材料和例子能激发学生强烈的学习动机。

教师使课堂更吸引学生的另一些方式是运用游戏、谜语和那些吸引人的、能激发学生内在动机的活动。同样，各种各样的活动（郊游、情景模拟、音乐欣赏、嘉宾演讲）和教学方法（讲座、课堂作业、讨论和小组学习）也能使学生保持对学校和功课的兴趣。

利用学生的兴趣来激发学生的学习动机时有两点要特别注意。有时候强调学习活动的新颖和生动反而会使学生的注意力分散到纯粹的娱乐活动上。同样，学习新的内容才会激发新的兴趣，教师如果只为迎合学生而给他们提供感兴趣的学习材料，就会妨碍新的学习兴趣的产生。

组织学习让学生获得"沉浸体验"

学校和教师可以通过组织学习活动，强调学习活动的内在价值，促使学生完全投入活动中去，并获得我们前面讲过的那种"沉浸体验"。奇克森特米哈伊认为，只有当学习体验具有如下特征，学生才会全力投入。

首先，"沉浸体验"要求学习活动的难度要与学生的能力水平相匹配。虽然活动会要求学生调动自己所有的技能，但也不能太难，以至于学生感到灰心丧气。也许攀岩活动能很好地说明挑战性和技能相匹配的必要性。如果你是一个水平较高的攀岩初学者，攀登自家院子里那个只有15英尺高、稍微有点坡度的岩石，你就会觉得很无趣，因为这不需要任何技能，或者说这个任务对你没有任何挑战性。

但是，作为一个初学者，如果要求你攀登美国境内对攀岩者来说颇具挑战性的El Capitan岩壁，那么你又会感到非常沮丧，或倍感压力。在本书后文你将会读到，资深教师是如何设计他们的课程，使学习的难度和学生的应对能力达到平衡。

适当的挑战水平才会高度激励学生的"沉浸体验"的产生。

其次，要提出清晰、明确的目标，这是产生"沉浸体验"的另一个重要特征。正如你在第三章读到的那样，那些能清楚地告知学生他们应该做什么、要达到什么目标的课，与那种目标和期望都很模糊的课相比，更能吸引学生参与进来，并保持学习积极性。最后，那些有过"沉浸体验"的人汇报称，他们在做的过程中获得了与活动密切相关并且非常有效的反馈，关于这一点我们将在后文叙述。

让学生体验"沉浸"并不像表面上看起来那样容易，尤其是在各种文化和语言交织的课堂上。比如，中产阶级教师感兴趣且认为有挑战的那些学习活动对于那些来自不同文化背景的学生或以英语为第二语言的学生来说就可能显得毫无意义。如果无法与学生建立有意义的联系，那么教师会因为学生不能融入课堂而产生挫折感，学生也会觉得教师没有听到他们的心声。

运用回馈原则，不要为失败找借口

对学生的良好表现进行反馈（也可以叫作"回馈原则"）能够提供内部动机，而对不好的表现进行反馈也能让学生明白哪些地方需要改进。这两种反馈都是很重要的动机因素。这种反馈必须比教师每隔6～9周提供的成绩报告单更详细和更及时，才能产生效用。在第八章中我们就如何做出反馈提出具体指导意见，第六章"评估与评价"中也涉及这方面的内容。现在我们要记住以下要点：反馈应该尽可能及时（例如批改后的考试试卷应该在考试的第二天就发还给学生），尽可能详细、具体（例如在卷面上除了有分数外还应该有详细的评语），评语不能咄咄逼人（例如："使用'effect'这个词语是不正确的，这里应该使用'affect'。"而不能说："你是怎么了？'effect'和'affect'的区别都复习100次了！"）。此外，反馈应该更重视并鼓励内部归因，如是否努力；而不是鼓励外部归因，如运气不好或像"我的打印机坏了"之类的特殊情况。反馈应该帮助学生明白他们"没有做什么"，而不是他们"不能做什么"。

反馈，亦即"回馈原则"，可以向学生说明他们的表现。

有时候教师，尤其是缺乏经验的教师，并不想过多注意学生的不良表现以免使学生觉得尴尬。某些时候，教师觉得接受学生为失败而找的各种借口比让学生真正面对失败似乎更容易一些。但教师如果这么做的话，很可能就完不成预定目标。教师不应该对失败的学生进行严厉的惩罚，也不应该凭借反馈来打击失败的学生。高效能的教师都知道，对所有学生都保持高期望是非常重要的。如果学生已经做错事了，除非教师能使学生注意到这个错误并且指导学生改正，否则这种错误还将继续发生，甚至成为一种错误的行为模式。

关注学生需要，包括对自主权的需要

前面讨论的需要理论提到，个体会花费很大的精力来追求成就、归属和影响力，同时满足自我选择权和自主权的需要。许多关于动机的研究都集中在成就动机上，但却很少研究影响力、归属和选择权。然而，所有这些动机都决定着学生付出多大努力来进行学习以及能坚持多久。总的来说，当学生感觉自己对于课堂环境、学习任务有一定的控制力或发言权时，他们的影响力需要和自主需要将得到满足。斯波尔丁（Cheryl Spaulding，1992）讲述了一个非常有趣的故事，内容是关于自我选择和自主需要对大多数人来说有多重要。想象一下以下情境：

> 你是一个喜欢旅游的人，偏好驾车旅游。每年夏天你都会去度假，驾车去或经过一些有趣的地方。你偏爱这样的休假方式，因为你喜欢自己在一些偏远的地方发现由不寻常的人开的一些乡村小旅馆和提供早餐与住宿的家庭旅馆。今年，一个匿名的捐助者为你提供了一次为期两个月的驾车旅游的所有经费，这次旅行是你梦寐以求的，你将可以驾车穿行美国的东北部和加拿大。为了帮助你，这位捐赠者已经提前出发，并为你规划好了旅游路线，甚至具体到很微小的细节。你的旅行路线，包括具体走哪条公路，都详细地画出来，这样你就绝不会脱离既定路线。而你的食宿地点也已经预订了，甚至吃什么也事先给你定好了。如果想利用这笔捐款，你必须做的就是不折不扣地遵循以上的路线安排和所有的细节。你会接受这样的捐助吗？这样的旅行会与你以前经常进行的驾车旅行一样快乐吗？（p. 22）

斯波尔丁认为，答案很可能是“不”，因为驾车旅行的快乐很大一部分来自自由地做出临时决定，而不是由其他人来决定。

下面就是一些具体的例子，讲述教师如何让学生自己选择，让他们感到有自我选择的权利：

- 每周与学生开一次讨论会，评价上周的学习结果并计划下一周应该学习什么内容。一些资深教师会运用一种叫“评价和希望”的方法。教师在一张大的白纸上画一个大表格，分成两栏，并分别加上标题，如表4—6所示。然后，教师和学生一起列出所有值得考虑的建议。教师制定周计划时可以利用其中的信息，上课时还可以提一提这个表格，向学生说明某些课程和活动的设计包含了他们的智慧。
- 安排学生做一些重要的事，如收发书本和试卷、照看鱼缸、点名和辅导其他学生、为校长办公室送信等。
- 运用合作学习和基于问题的教学策略（见第十章和第十一章），因为这些策略允许学生在学习主题和学习方法上做出不同选择。

表4—6　“评价和希望”表

评价	希望
关于细胞的讲解非常清楚	我们希望有更多的时间做实验
小组学习非常有趣	我们希望能有更多的学生一起合作
我们非常欢迎校长来视察	我们希望考试能够更公平

满足学生的归属需要也很重要。在大多数学校里，满足学生的归属需要的大多是同龄人群体。不幸的是，同龄人群体的规范往往与教师所期望看到的成就标准相冲突。在一些情况下，学校里存在着那种酷爱竞争的小团体，既在学科成绩方面又在学校社会生活方面排斥大部分学生。而在另外一些情况下，同龄人群体的规范用否定的态度对待那些努力学习的同伴。但是教师仍然可以采用如下措施，使归属需要发挥积极作用：

- 确定课堂上所有的学生（甚至在高等学校）都知道彼此的姓名，了解彼此的一些基本信息。
- 提出合作目标和奖励制度，如前文以及第十章中讲述的那样。
- 花时间来帮助课堂中的学生成为一个团体（具体方法后文会涉及）。

学生关注同龄人，主要是为了满足归属的需要。

注意学习目标的性质和教学任务的难度

社会认知理论提示我们，学习目标和学习任务的组织方式、实施方式都非常重要。这里我们必须考虑到学习目标和任务的三个方面：目标结构、目标定位和任务难度。

前面已经提到，课堂目标结构有三种类型：竞争性目标结构、合作性目标结构和个体性目标结构。竞争性目标结构会导致学生相互比较，形成非输即赢的关系，同时也使学生的能力而非努力程度成为成功的重要因素。合作性目标结构则会使学生之间形成社会性的依赖关系，而分享活动使学生的努力成为成功的首要因素。关于如何创建合作性目标结构，第十章将有更详细的论述。

前面同样提到了两种目标定位类型。其中一种是学习型目标定位，在这种目标定位下，学生努力去超越自己不断学习新的知识；另一种是行为型目标定位，在这种目标定位下，学生努力达到他人规定的标准。教师可以通过教会学生辨别行为型目标与学习型目标之间的不同，从而帮学生建立更有效的学习目标定位，教他们从与自己而非与他人比较的角度出发，设定学习目标。教师在评估和评价中应关注“发展”而不是当前的“表现”。

与目标结构密切相关的是学生自己所选择目标的难度水平。如果学生选择的目标很高，以至于无法实现，那么教师应该提醒他们重新考虑哪些是更现实的目标。同样，如果学生总是为自己设定很低的目标，那么教师应该鼓励他们提高自己的期望值。教师需要记住的重要一点是：只有当学生追求的目标是可以实现的时候，学生的学习动机才能长久保持。请牢记本章“研究摘要”介绍的那些观点（Dolezal et al.，2003）。

影响学生动机的另外一个因素是学习任务的难易程度，需要付出多少努力才能完成。与我们前面讲述的一样，如果任务太简单，那么对学生的要求就很简单，需要学生付出的努力也会很少，而学生就无法产生成功的体验，因而没有多少激励作用。同样，如果任务难度太高，不管学生付出多少努力也不会成功，也没有激励作用。资深教师知道如何调节学习任务的难度水平，以适应不同层次水平的学生。有时候，这也意味着教师应该为课堂上那些聪明的学生提供适当的挑战，而为那些感觉任务比较困难的学生提供更多的支持和帮助。资深教师也会帮助学生看清他们付出努力的程度与成功完成任务之间的关系。这就要求教师和学生一起讨论：为什么付出这样的努力就会取得成功，而为什么那样做却会导致失败。

学习任务太容易，要求学生付出的努力就很少，学生的成就感也会很小。

多元化与差异性

安排多元化的学习任务

正如本书一直在强调的，现代课堂的一个重要特点就是多元化。教师要适应这种特点，就要为学生提供合适的机会，让学生共同学习、参与集体活动，并且为学生设计具有激励作用、具有挑战性的学习任务。科恩（Elizabeth Cohen，1994）、奥克斯和利普顿（Oakes & Lipton，2003）把这样的学习情境称为“安排多元化的学习任务”，这样的教学情境强调学生一起完成有趣的学习活动、解决有趣的问题。学生根据他们各自不同的背景、兴趣和能力为共同学习贡献自己的力量。按照科恩的观点，多元化的学习任务有以下特点：

- 任务本身要有趣、有挑战性，值得为之付出努力。
- 问题答案是开放性的，解决的方案多种多样。
- 允许不同层次的学生能做出各自的贡献。
- 运用多种媒介手段来调动学生的看、听和触摸等各种感觉方式。
- 要求学生能使用多种技能和行为方式。
- 要求学生既能阅读又能书写。

下面是金满氏兰（Kim Man Thi Pham）在她十一年级的历史课上使用多元化学习任务的例子：

> 教室里的活动非常生动活泼。课桌被搬到教室边上，这样教室可以容纳不同的小组。一些学生在分享他们最近与农场里的移民工人一起在田间工作的经历。其中的一个学生还耐心地制作了一个图表，说明维持一个大农场所需的经济细目。另外两个学生和我一起安排发言的顺序。其他学生共同制作一张介绍全美农场工人的海报，其焦点是领导者查维斯和克鲁兹。整个地板铺满了关于这两个领导者的照片、新闻剪辑和标志性的东西。阵阵笑声从教室后面传来，在那里四个学生正在争论：介绍水果、蔬菜收获高峰期后农场工人穿越全州这一景象时，要不要把自己装扮成水果的样子。一个学生问我，在她介绍完以后，她是否可以为全班设计一次测验。“当然可以，”我回道，“但是，你必须得考虑好‘我想让他们知道什么？’”学生思考着这个问题，慢慢地走回她的小组。直到最后的时刻，活动一直这样热热闹闹持续着。我提醒学生用简短的日志记录下整个的活动过程，尤其要突出每个人的关注内容和感觉。学生写下这些，一直到下课。（Oakes & Lipton，2006，pp. 230-231）

促进集体形成，加强凝聚力

创设积极的课堂环境能够增强学生的动机、提高学生的成绩。要做到这些，教师不仅要注意学生对学业的需要，同时也要注意学生的社交需要和情感需要。同样，教师还要帮助学生形成一个团体。有时候人们没有注意到，但实际上群体的发展与个体的发展一样，也会经历各个不同的阶段。一些社会心理学家对各种课堂进行了研究，发现许多课堂集体的发展有大致相同的模式（Schmuck & Schmuck，2001）。下面列出的集体发展的各个阶段综合了以上研究者的观点，尤其体现了施穆克夫妇的观点。课堂集体通过以下各个阶段发展为有凝聚力且有效的集体：

第一个阶段：促进团体成员之间相互包容，在心理上接受彼此。每个人都希望自己能有归属感，能被重要的人物接受。这一点在课堂环境中尤其重要，因为学习是一件冒风险的事情。学生需要感觉到他们处在一个很安全的环境里，才有勇气犯错误，这是学习的本质之一。而只有在学生感觉到自己被课堂中的其他人接受、喜欢的时候，才会有这种安全感。因此，在课堂生活的早期阶段，学生会试图找到自己的位置。他们很可能表现出良好的行为，呈现出一个积极向上的形象。在此期间，教师会因为自己的权威性而具有很大的影响力。在这个阶段，教师应该花费大量的时间加强自己与每个学生的联系，帮助学生熟悉彼此的名字，建立良好关系。当新的学生进入这个团体时，教师必须付出同样的努力，以确保其他学生能够接纳这个新生。在最初的这个阶段，教师所做的一切是创建积极的学习共同体中最关键的头几步。

第二个阶段：实现权力共享与合作。即使对于很小的孩子来说，促进与同伴彼此心理的接纳也不会花费很长时间。但在这当中还是会存在问题。课堂成员很快会介入两种类型的权力斗争。其中一种斗争是对教师权威的试探，另一种则是确立同伴间地位次序的斗争。所有这些都表明课堂已经进入了第二个阶段，在这个阶段，个体开始在课堂团体中确立他们自己的影响力。在这个阶段，教师的重要工作是让学生觉得自己对课堂的决定也有发言权，而且让学生认识到，如果他们之间的关系不那么紧张，课堂生活会更加美好。有些方法可以用于处理学生之间的紧张关系和冲突，这将会在第五章和第六章中讲到，这当中包括开班会、解决冲突、积极地倾听和处理违规行为。现在，教师只要知道这一点就够了：挑战教师权威、彼此冲突和不务正业等不愉快体验都是在建设有效学习共同体的道路上经常出现的事情。不过，此时需要非常谨慎。如果紧张关系没有消除，权力也没有得到平衡，那么团体就无法进一步建立合作关系，或者说无法进入下一个阶段。

第三个阶段：追求学业目标。这时，课堂团体开始进入平稳运行、发挥作用的阶段。学生这时在课堂中会觉得非常舒适，而且有完成困难任务的自信心。学生间的冲突和与学习任务无关的活动迅速地减少，即使这些行为发生了，学生也能很快而有效地进行处理。在这个时候，课堂开始进入一个在学业目标上取得进展的新阶段。学生在这个阶段很擅长为自己设定目标、完成任务。他们"知道内情"，很少因各种误会、冲突和混乱秩序而浪费时间。教师应该认识到团体发展的这个阶段，并且知道这个时期正是进行教学的最佳时期。正是在这个阶段，教师要传达给学生自己对他们的期望，并鼓励学生立志追求个人和团体的最好成绩。好教师也会提醒自己，团体在这个阶段也可能会倒退回到前面的阶段。如果这样的事情发生了，那么学生的学习进度就会减慢，因为要再次解决学生之间的关系和权力问题。

第四个阶段：完成自我更新。随着时间的推移，教师应该帮助学生思考持续发展的问题，也应该帮助学生思考如何接受更多更新的挑战。当学期和学年将要结束的时候，课堂团体也即将解散。由于并肩学习好几个月了，学生彼此之间的关系非常亲密，而教师则必须帮助学生克服结束这种亲密关系所带来的悲伤。同样，当学生转学或因长假来临暂时分别时，也会出现类似的情绪状态。教师在第四个阶段的工作就是注意这些情感的变化，同时做好准备，帮助学生在必要的时候回到前面的阶段，并帮助学生打破已经形成的情感定式。此外，教师必须帮助学生准备好迎接下一阶段——接受新年级、新教师、新学校，做好准备。表4—7是对课堂发展的四个阶段的总结。

表4—7　　施穆克夫妇的课堂集体发展阶段

阶段	课堂团体和成员的需要和行为
第一阶段：融入和建立同伴关系	在课堂生活的早期，学生会试图在同伴群体中找寻自己的位置。学生想树立好的形象，表现良好。教师在这个阶段由于他们的权威而具有较大的影响力
第二阶段：权力分享与合作	课堂中出现两种权力斗争，一种是对教师权威性的挑战，另一种是个体地位次序的形成。如果成员的紧张关系没有得到缓解，权力没有达到平衡，那么课堂就不会进入下一个阶段
第三阶段：个体目标与学业成就	课堂进入一个强调学业目标达成的良性阶段。学生会自主设定目标、完成目标，同时也能和其他成员合作。但是这个阶段的课堂也可能会退回到先前的发展阶段
第四阶段：自我更新、改进和结束	在这个阶段，学生会考虑自己如何持续发展，同时也会考虑如何选择并完成更具挑战性的任务。在这个阶段也可能会产生冲突，因为任务的变化可能会扰乱先前确定好的同伴关系

资料来源：Schmuck and Schmuck，2001。

施穆克夫妇和其他研究课堂团体的研究人员很快就正确地指出，课堂形成的阶段并不总是按照如上顺序进行。相对的，这些阶段实际上常常循环反复，许多阶段在一学年里会多次重复。当新的学生进来，团体的同伴关系问题就再次变得突出。学生人际交往技能的发展使得学生的影响力并不稳定，而是始终处于调整变化的状态。重要的社会问题也会引起团体的改变，重新协商去建立与学业目标和行为表现相关的新的规范。

课堂团体形成的阶段也没有固定的发展时间表。每个团体解决团体成员的关系问题、影响力问题和任务完成问题时花费多少时间，取决于每个成员的技能以及教师提供的指导类型。但是，资深教师还是能够推断出一般的发展时间表。这些教师表示，在入校的第一个月里，学生之间的关系问题往往困扰着他们，而最适合学生学习、学生最关注学习任务的时间是11月到下一年的5月初。

教师应在课堂团体形成的每个阶段都按上述方式提供指导，帮助学生理解，团体的发展和学习方式与个人很相似。最关键的是教师要认识到，积极的交流模式和讨论模式也许是形成集体和学习共同体的最重要变量。通过全班讨论建立规范、确定课堂生活，同时通过讨论把学生的认知层面和学习的社会性层面联系起来。这一重要的内容将在本书第十二章深入介绍。

第4节　最后的思考

许多教师和学校都建立了有效的学习共同体，学生对学校很感兴趣，并且有强烈的学习动机。然而，并不是在每个地方都能出现这样良好的情况。过去25年来，对十二年级学生的调查显示，只有略超过25%的学生觉得作业“有意义”，只有20%的学生觉得课程“有趣”，只有39%的学生觉得学校学习对日后的生活有用。图4—6汇总了这些由密歇根大学社会研究院提供的数据。

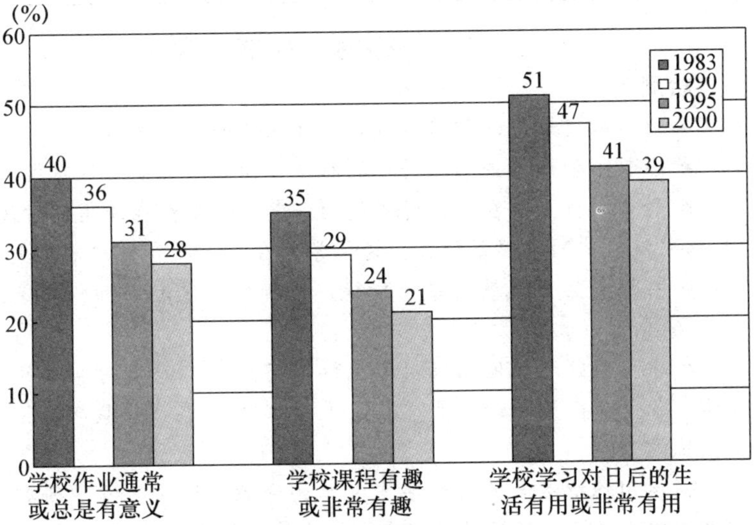

图4—6　1983年、1990年、1995年和2000年的十二年级学生对学校经历发表的不同看法所占的百分比

资料来源：Monitoring the Future，12th Grade Study：1983、1990、1995、2000 as cited in Conditions of Education。

这些统计数据最有趣的也许是：在1983年到2000年之间所有的调查数据都呈持续下降的趋势。比如，在1983年，有40%的学生报告说作业有意义，而到2000年，只有28%的学生认为作业有意义。在此期间，认为课程有趣的百分比也从35%下降到了21%。

我们如何解释这种下降趋势呢？尤其是在过去的二十多年内，当许多人都尝试着使学生更加努力地学习、对学校教育更感兴趣的时候，这些数据反而在下降，原因何在呢？与此同时，正如近来越来越多的研究所显现的：有相当数量的学生认为他们在学校的学习毫无意义，而且与未来生活毫不相关，我们又该如何解释这种现象呢？比如，柯林斯和霍尔沃森（Collins & Halverson，2009）、亚琪·明茨（Yazzie Mintz，2006）以及哈特（Hart，2006）等人进行了有关学生挫折感的研究。其中一项研究发现，超过50%的中学生认为他们觉得在课堂上的每一天都很无聊；另一项研究发现，加利福尼亚州82%的九年级和十年级的学生认为学校很无聊而且与社会生活距离太远。

一些教育者认为，过时的学校组织结构和课程是学生缺乏兴趣的主要原因。他们同意前面奇克森特米哈伊提出的观点，即初中和高中在很短的时间内安排太多的教学内容，这阻碍了内部动机的发展，而对外部奖赏和成绩产生的依赖心理会阻止学生获得“沉浸体验”。标准化课程和客观考试始终使学生处于被动的地位，使学生不能产生愉快感、兴趣以及责任心。其他一些人，如柯林斯和霍尔沃森以及罗森（2010）认为，要想增强学生持续的学习行为，就必须让学生在学习上有更多的自主性，而网站和其他新媒体是增强这种对学习的控制权和选择权的很好方式。

也许新一代的教师将会找到方法，阻止这种下降趋势，并且让所有学生都能在既有趣又有意义的学习共同体中接受教育。你认为这是可能的吗？

检测—拓展—探索

检测

- 比较激发动机和创建有效学习共同体的主要策略。
- 当教师尝试增强学生动机的时候，为何要集中关注可控制的因素？
- 外部动机应该在什么时候使用，怎样使用？在使用的时候应该注意什么？
- “沉浸”的意思是什么？为何学生在正式教育中常常缺失“沉浸体验”？
- 在课堂集体发展的每个阶段，教师的促进和帮助作用是怎样变化发展的？

拓展

- 一些教师相信他们只对学生的学习负责，而不对学生的个性和社会性发展负责。你是否同意？请登录“在线学习中心”，在“拓展问题投票栏”进行回答。

探索

- 运用你所在大学的数字图书馆的资源，检索本章“研究摘要”中所引用的文章全文（提示：运用“学术期刊全文资料库”的“学术搜索”数据库）。你是否发现有摘要中未提到的有用信息？

对课堂的反思

孤独的学生

11月中旬，帕蒂又是自己一人坐在午餐桌旁。帕蒂的父母从佛罗里达州移居到这个社区，她也转入你任教的学校。你把她安排到自己班上学习语言艺术。她是一个好学生，也很有魅力，但是她却缺乏与其他学生沟通和交往的能力。你注意到有好几次，当别人试图和帕蒂成为朋友的时候，她总是咄咄逼人或过于挑剔。很快，即将形成的友谊就消失了。而在其他时候，她看起来又太害羞。最近，她在班上看起来被疏远了，而且成绩开始下降。

思考一下上述情况，结合下面的问题简单地写一篇反思报告。这些问题是：你认为教师应该关心这类情况吗？你应该怎样关心帕蒂呢？你认为帕蒂为什么不能与别人交朋友？你要采取什么措施才能帮助帕蒂和其他同学建立良好的友谊呢？

根据你的任教年级、所教科目思考这个问题。把你想的方法和下面教师使用的方法做比较，然后，决定你将采用什么方法解决这个问题，并把这份报告装入你的档案袋中。

桑迪·弗雷德里克（Sandy Frederick），苹果春天小学的教师，教三至五年级阅读的专家

学校常常是唯一能让孩子发展社会技能的地方。那些没有朋友的孩子会感觉自己被遗忘了，因此一般对自己的评价都很低。这种很低的自我评价对任何一个孩子来说都是一种痛苦。所以，教师必须花大力气在自己的课堂上建立一个学习共同体，这样使每一个孩子都能在课堂中找到自己的定位，感觉受到支持，并学习重要的社会技能。

帕蒂看起来好像对新朋友反应过敏，因为她还没有足够的安全感去交朋友、维持友谊。友谊并不总是来得很容易，帕蒂需要机会，在没有交友压力的情况下与同伴交往。

合作学习活动、同伴活动或小组游戏等对像帕蒂这样的学生来说非常有用。每个学生都有自己具体的任务，小组不受某个学生控制，也不会把某个学生排除在外，这样的情况将对她有利。帕蒂能在学习共同体中扮演一个角色，并获得一种归属感。而其他学生也会和帕蒂一起学习，并且希望能成为帕蒂的好伙伴。

我常常让学生制作代表友谊的卡片，并送给同学。学生从一个碗里抽取写有名字的卡片，这上面会告诉学生谁将是他们这次活动的伙伴。这些卡片应该是友好的，而且至少要写上接受卡片的学生的五个优点，还要写上一句感谢的话，以感谢接受卡片的同伴为自己所做过的事情。打开卡片，上面都是你的优点，这总是很棒的。

把班级建设成一个集体，而且让学生表达对彼此的欣赏，学生就这样学会了合作，学会了建立长久的友谊。

贾森（Jason Shotels），八年级

尽管我对这位学生感到难过，而且非常担心她有可能成为对学校不感兴趣的那类学生。作为教师，我想我也没有什么好办法。我从未接受过处理这种问题的培训。我们学校倒是有一系列特殊的活动项目和服务机构，帮助学生交朋友、参与课外活动。我能帮助帕蒂的一种方式就是让她去找咨询老师，让咨询老师与她谈话。另外一种方式就是劝说帕蒂参加课外活动，并把她介绍给课外活动的负责老师。这样就可以为帕蒂提供一种接触其他学生的环境。如果我认为帕蒂的害羞非常严重，那么我可能把这看成是一种残障，我会咨询特殊教育的老师，看看帕蒂是否需要他们的帮助。

总　结

描述学生动机和发展学习共同体的重要性，以及相关的观点。

- 激发学生动机和领导学习共同体是重要的教学指导能力。

● 班集体是拥有动机的学生和教师在同一社会背景下互动的场所。

● 班集体是一个社会和生态系统。它包含并影响了个体需要和动机、既定角色、成员需要间的相互作用以及集体准则。

定义人类动机，描述与学习有关的主要的动机理论。

● 人类动机被定义为个体内部唤起行动的心理过程，它引导个体指向特定的活动和任务。

● 心理学家区分了两种不同的动机类型：内部动机完全由内在因素引起；外部动机则是外部因素或环境因素的结果。

● 现今有许多动机理论，其中五种与教育最相关的分别是行为理论、需要理论、认知理论、社会认知理论和社会文化理论。

● 行为理论强调个体对周围环境事件和外部强化做出反应的重要性。

● 需要理论包含几种不同的观点。总的来说，这些理论认为个体努力地满足自我实现、成就、归属、影响力和自主等内在需要。

● 动机的认知理论强调个人对生活状态的思考方式、信念和归因的重要性。

● 社会认知理论指出个体行动受价值判断的影响，尤其受目标和对成功的期望值的影响。

● 社会文化理论认为动机不仅受需要、目标定位、期待等个体因素影响，同时也受个体所属群体的期待和行为的影响。

定义有效的学习共同体，描述研究所显示的能够影响学生动机及其学习的课堂特征。

● 一个有效的学习共同体包含以下特征：在这个整体环境中，学生对自己和同伴持有积极心态，个体需要得到满足，学生因此得以坚持他们的学习并与教师密切合作，同时，学生拥有课堂生活所必需的个体技能和群体技能。

● 有三个重要特征可以帮我们更好地理解课堂，包括课堂性质、课堂程序和课堂结构。

● 课堂性质是课堂的独特特征，帮助形成课堂行为，主要包括六个重要特征：多样性、同时性、即时性、不可预测性、公共性和历史性。

● 课堂程序定义了个体和群体的课堂特征，包括交流、友情和凝聚力、期望值、规范、领导力冲突。

● 课堂结构是形成具体课程及其行为的基础，主要包括三种重要结构：任务结构、目标和奖励结构以及参与结构。

● 有些课堂特征是可以被教师改变的，另一些则不能，如多样性、即时性等课堂性质并不容易受教师影响。但群体过程和课堂目标、任务、奖励及参与结构等更直接地受到教师控制。

● 有关课堂和教学的研究表明，教师在特定课堂中营造的课堂程序和课堂体系类型会影响学生动机和学习。

● 研究揭示了教师教学实践、学生课堂参与程度和学业成就之间的关系。一般说来，与权威课堂相比，在民主的、拥有积极氛围和学习型目标定位且富有趣味和挑战性学习活动的课堂中，学生的反应更积极，也能更长久地投入学习任务中去。

● 课堂中的影响不仅来自教师，研究显示，学生同时也彼此相互影响，甚至能影响教师的行为。

描述并讨论教师可以用于激发学生动机和建立有效的学习共同体的主要策略。

- 有效的教师能够通过关注可被改变的因素创建高效的学习共同体，例如提高学生动机，鼓励群体发展。
- 教师能够改变和控制与动机相关的因素包括：课堂整体氛围、任务难度、学生兴趣、反馈原则、课堂目标和奖励体系，以及学生对于成就、影响力、归属和自主的需要。
- 虽然对外部奖励的利用已众所周知，但教师应避免过分强调此类动机。
- 教师可以通过教学生如何进行集体成长，或通过描述他们所经历的各个阶段，或者也可以通过帮学生学会小组学习来将自己的课堂发展为一个集体。
- 花费一定的时间去建设有效的学习共同体将帮助新教师减少许多挫败感，同时也能拓展教师能力，帮他们赢得学生合作，并能使学生更多地参与到学习任务中去。

思考学生认为作业缺乏意义以及需要新的学校结构和课程的原因。

互动学习与应用学习

学习与探究

- 登录“在线学习中心”，点击“学习指导”，里面包括实践测验。

观察与练习

- 登录“在线学习中心”的“在职教师”板块，听录音，黛安娜（Diana Caruso）和安杰拉（Angela Adams）讨论有关学习共同体的话题。

完成“实践练习”中与第四章内容有关的问题：

- 练习 4.1：支持、破坏动机的教学实践。
- 练习 4.2：激发学生的个体动机。
- 练习 4.3：发展积极的学习共同体。
- 练习 4.4：在学年初促进集体发展。

档案袋与教学实践活动

通过以下的现场体验和档案袋活动加深你对本章内容和过程的理解。提供材料完成“档案袋与教学实践活动”板块中的活动。

（1）完成本章的“读前反思”练习。推荐的反思文章应能反映你关于“教师对学生的情感和社会行为的责任”这一话题的观点。（INTASC 原则 5：理解学习环境与动机）

（2）活动 4.1：评估自己建设有效的学习共同体的能力。检测你对建设有效的学习共同体的理解及相关能力水平。（INTASC 原则 5）

（3）活动 4.2：就课堂生活对学生进行调查和访谈。利用你的现场体验捕获学生对课堂生活的理解。（INTASC 原则 5）

（4）活动 4.3：就课堂目标和奖励体系对教师进行访谈。了解经验丰富的教师如何在他们的课堂中引进目标和奖励体系的概念。（INTASC 原则 5）

（5）活动 4.4：档案袋：我自己关于动机和积极的课堂学习共同体的观点。创造一个你心目中理想的课堂学习共同体，并在活动中发挥创新精神。（INTASC 原则 5；INTASC 原则 9：注重反思性实践）

专业参考书目

Anderman，E.，& Anderman，L.（2009）. *Classroom motivation*. New York：Prentice Hall.

Brophy，J.（2004）. *Motivating students to learn*（2nd ed.）. Hillsdale，NJ：Lawence Erlbaum.

Johnson，D. W.，& Johnson，F.（2009）. *Joining together. Group theory and groups skills*（10th ed.）. Boston Allyn&Bacon.

Kryza，K.，Stephens，S.，&Duncan，A.（2007）. *Inspiring middle and secondary learners. Honoring differences and creating community though differentiated instructional practices*. Thousand Oaks，CA：Corwin Press.

McDonald，E.，& Hershman，D.（2010）. *Classrooms that spark! Recharge and revive your teaching*. San Francisco：Jossey-Bass.

Mendler，A.（2006）. *Motivating students who don't care：Sucessful techniques for educators*. Blommington，IN：Solution Tree.

Schmuck，R. A.，& Schmuck，P.（2001）. *Group processes in the classroom*（8th ed.）. New York：McGraw-Hill.

Sullo，B.（2007）. *Activating the desire to learn*. Alexandria VA：Association for Supervision and Curriculum Development.

Watkins，C.（2005）. *Classrooms as learning communities. What's in it for schools?* New York：Routledge.

第五章

课堂管理

学习目标

学习本章之后，你应当掌握以下内容：

关于课堂管理的观点	说明为什么课堂管理是新教师面临的重要问题，并描述关于课堂管理的各种观点。
理论支持与实践支持	描述课堂管理完备的知识基础和在研究中所获得的重要指导原则。
为有效的课堂管理做准备	描述和讨论教师进行有效课堂管理时可以采用的策略和方法。
课堂管理方案	描述各种课堂管理方案，讨论各种方案的优点和缺点。
最后的思考	描述你们这一代的教师可能会对传统的课堂管理理念提出怎样的挑战。

读前反思

新教师通常会报告说，在头一年的教学中，他们遇到的最困难的事情就是课堂管理。他们为之忧心忡忡甚至会做噩梦。阅读本章之前，请你反思一下自己当学生时的经验，在你的老师所采用的课堂管理方法中，哪些给你留下了最深刻的印象？

- 想想那些强调严明纪律的教师，他们如何进行课堂管理？在这些教师的课堂上你表现如何？其他同学的反应呢？这种管理方式的优点是什么？缺点呢？
- 现在，想想那些过于随和的教师。他们如何进行课堂管理？在这些教师的课堂上你表现如何？其他同学的反应呢？这种管理方式的优点是什么？缺点呢？
- 最后，写一下你希望自己成为哪种类型的课堂管理者。你会要求严格、过于随和还是比较友好？你会怎么要求学生？你希望他们对你言听计从，还是会帮助他们提高自律性？

请登录“在线学习中心”（www.mhhe.com/arends9e），回答以上问题。

当教师谈到第一年教学经历中最困难的问题时，他们总是提到课堂管理和纪律。虽然我们已经建立了关于课堂管理的知识库，但是新教师和实习教师还是对第一年的课堂管理感到不安，甚至为此辗转难眠。

实际上，在任何领域，当人们第一次承担领导责任并发挥领导作用时，都会有类似的焦虑。但获得一整套课堂管理的基本知识和技巧还是会对减少（教师第一次布置任务时自然会有的）焦虑大有帮助。本章的目的是介绍关于课堂管理的重要的概念和技巧。开始一节基于第三章和第四章介绍的概念框架，介绍了课堂管理的主要研究成果。最后一节介绍了详细、具体的课堂管理方法，新教师可以应用这些方法，为在民主的学习共同体中开展有效的课堂管理做准备。

第1节　关于课堂管理的观点

你会发现，本章虽然提出了自己的观点，但对于具体的课堂管理方法还是持折中态度的。例如，有些研究证明课堂管理是否有效与教师能否明察秋毫以及使用有效教学策略使课堂生动有趣的能力相关，某些方法即以此观点作为基础。但与此同时我们也说明了这个观点的不足，并且介绍了以儿童中心理论为依据的方法来作为参照。我们之所以提供多元的视角和方法，是因为这些视角和方法都存在于今天的学校中。而且作为新教师，你也不是总能随心所欲地选择自己心目中最好的方法，例如有些学校会提出非常明确的课堂管理行为准则并要求所有教师根据这种准则来制定自己班级的规则和程序；另外一些学校则会鼓励更多地采取以儿童为中心的方法管理课堂。和处理大部分教学问题一样，最有效的课堂管理者应该掌握一整套策略和方法，并能根据具体情况来有选择地应用。

有效教师拥有一整套可应用于教学实践的管理策略。

在前面章节中介绍的很多观点都有助于理解课堂管理，在此仅做简单回顾。例如，教师的首要工作就是创建一个重视所有学生、相互尊重、共同合作、积极的学习共同体，这个观点是课堂管理的核心。同样重要的还有另一个观点，即好的课堂管理要求教师能与学生建立相互信任的关系，并发展“关怀伦理”（ethic of care）。此外，还有两个观点可以为实现有效课堂管理提供参考，在此也要介绍一下。

首先，课堂管理可能是新教师面临的最重要的问题。一个新教师在同事、学校领导和学生中的声誉是由他从事教学管理的能力，特别是创造有序学习环境的能力以及引导学生行为的能力所决定的。有时候，新教师认为这是不公平的，他们认为学校与校长过于强调秩序而非学习。也许这是不公平的，但是不管怎样，对教师的领导能力是从管理与纪律方面进行考核的，而且管理、纪律出现问题往往比教学的其他方面出现问题更容易被发现。更重要的是，没有适当的管理，什么事都办不成。邓金和比德尔（Dunkin and Biddle，1994）在20年前已经指出下面这个重要事实，即“课堂管理为认知学习提供了先决条件；如果教师不能解决这方面的问题，别的也就不用说了”（p. 135）。

其次，课堂管理和教学是高度相关的。本章第一部分所强调的重要观点，是布罗菲和帕特南（Brophy and Putnam，1979）、埃弗森和埃默（Evertson and Emmer，2003）、伯克和帕特南（Burke and Putnam，1998）所提出的“预防性管理”（preventative management）。这个观点已经主导课堂管理思想很多年了。课堂管理并不是全部，它仅仅是教师整个教学领导任务的一部分。基于这种考虑，课堂管理不能与其他的教学要素分割开来。例如，当教师在仔细地备课（见第三章）时，就要做很多工作以确保良好的课堂秩序；当教师想办法为不同的学习活动分配时间或考虑教室空间的布置时，他们所做的重要决定也会影响课堂管理。同样的，第四章描述的所有建立有效学习共同体的策略，例如协助班级发展成为一个整体、关注学生的动机、促进真诚的开放性讨论等，都是课堂管理的重要组成部分。

> “预防性管理”认为许多课堂管理问题可以通过周密的计划、有趣而相关的课程和有效的教学得到解决。

此外，教师选择使用的每一种教学模式或策略都会对管理制度提出相应的要求，并会影响教师和学习者的行为。例如，教学生演讲与教学生掌握一门新技能，这两个教学任务对学生的行为要求是不一样的；类似地，对在小组中进行合作学习的学生与对独立完成课堂作业的学生也有不同的行为要求。教学任务不仅仅与教学问题有关，而且也与秩序问题和管理问题相关。那些善于安排合适的课堂活动和布置合适任务的教师，那些对时间分配和空间布置能够做出明智决定的教师，以及那些在教学策略方面有充足能力的教师，能够建立一个确保学生合作完成学习任务并将纪律问题减到最少的学习环境。

最后，我们要提一下不同于“预防性管理”的观点，提出这些观点的主要是主张以儿童为中心的理论家，例如约翰·杜威和瑞士教育家约翰·裴斯泰洛奇(Johann Pestalozzi)，以及20世纪的人本主义改革者，例如马斯洛和卡尔·罗杰斯(Carl Rogers)。这些观点批判旨在控制学生的方法，关注儿童与青少年的“善”。持这种观点的教育者主张人性化地对待学校中的孩子，尊重他们，同时也主张创造以内尔·诺丁斯（1992，2001）提出的“关怀伦理”为特点的学习共同体。他们认定这样的环境不仅有助于学生的学业发展，同时也有助于学生的社会性发展与情绪、情感发展。

检测—拓展—探索

检测

- 为什么大部分人认为课堂管理是新教师面临的最重要的挑战?
- 课堂管理与其他教学要素的关系是什么?
- 大部分教育者认为课堂秩序是最为重要的，请举出一些例子对此进行说明。

拓展

- 反思你在课堂管理问题上所经历过的困惑和焦虑。
- 主张以儿童为中心的理论家认为人们过于强调对学生的控制，你同意这种看法吗? 请登录“在线学习中心”，在“拓展问题投票栏”回答这些问题。

探索

- 课堂管理是非常流行的网络话题。在网络上检索“课堂管理”，了解各种不同观点。

第2节 理论支持与实践支持

有三种传统理论指导着课堂管理的理论与研究：行为理论、课堂生态学和小组过程理论、儿童中心理论。本节就是围绕这三个理论展开的。

行为理论

在第四章中，你已经了解到行为理论和强化理论如何主导了20世纪大部分时期学界对动机的思考。这种思想对课堂管理也有重要的影响。行为理论强调外部事件对行为指导的重要作用，同时强调正强化和负强化的重要性（Skinner，1956）。运用行为理论来进行课堂管理的教师采用如分数、表扬和特权等奖励来强化其所需的行为，并采用如低分、训斥和撤销特权等惩罚来阻止不希望出现的倾向或行为。

这种方法主要关注学生个体，尝试找出引发某一学生的某种课堂行为之特定原因，而不是找出那些或许由班级特点或教学情况所决定的原因。

> 较之课堂集体和整体学习环境，行为理论的方法更强调如何控制个体学生的行为。

主导这个传统的主要是临床咨询心理学家，如德雷库斯和格雷（Dreikurs，1968；Dreikurs and Grey，1968），以及行为心理学家和那些应用行为主义理论的学者，如坎特夫妇（Canter and Canter，1976；Canter，2002，2009）。他们的实验集中关注心理原因，如缺乏安全感、希望被关注、内心焦虑以及缺乏自律等，另外也包括社会原因，如家长过度保护、同伴关系不良或社会处境不利等。这些研究提供给教师的建议往往强调通过咨询或行为矫正的方法来帮助个别学生，而很少关注对班集体的管理。行为矫正、代币制度、肯定训导法（Canter，2009；Canter and Canter，1976，2002；Walker，Shea and Bauer，2003）是基于行为理论的正式方案，在过去30年里被广泛运用。虽然许多行为理论取向的方案有其缺点，但它们在今天很多学校中依然存在，新教师应该充分了解它们。在本章的“课堂管理方案”部分将有详细介绍。

课堂生态学和小组过程理论

第四章中提到的许多观点有助于我们从生态学和小组过程理论的视角来解释课堂生活，我们在这里还引用了巴克（Barker，1968）、多伊尔（Doyle，1979，1986）、冈普（Gump，1967）、库宁（Kounin，1970）和施穆克夫妇（Schmuck and Schmuck，2001）等学者的研究成果。生态学视角直接针对课堂控制问题和小组管理方法。

基于该传统的课堂管理研究者主要研究学生合作、参与，以便完成重要的学习活动的方法。教师的主要作用则是设计和指挥计划严密的小组活动，使之进展顺利。学生干扰活动的行为被认为是违规，比如：当要求安静的时候，学生说话；学生不完成教师布置的任务；学生在不适当的时间离开座位。在稍后的讨论中我们将谈到，教师对学生违规行为的干预应该非常及时而且不惹人注意，同时这种干预的目的应确定为维持学习活动和学习任务的正常进行。

库宁的研究 班级生态学研究的经典之作是由雅各布·库宁等人在20世纪60年代完成的。在对课堂纪律进行若干年研究之后，库宁开始意识到，也许教师规范学生的方法并不那么重要，重要的是把课堂看作一个集体来进行管理。库宁的这一观点深深地影响了我们对课堂管理的理解。本章的研究摘要描述了他的经典研究。库宁的许多研究发现深刻地影响了同时代的课堂管理的理论。

多伊尔和坎特的研究　有着特定兴趣的研究者，如多伊尔和坎特（1984，1986）也使用生态学框架来进行研究。他们对具体学业任务如何影响学生的参与和课堂管理感兴趣。为了探究这个问题，他们对一位初中英语教师和她任教的三个班级（在一所郊区学校）进行了将近三个月的观察。之所以选择该教师——迪女士，是因为她是位经验丰富的教师，并且在作文教学方面非常出色。

这项研究对课堂管理问题很有意义：研究者发现，学生会极大地影响教师在布置课堂任务时所提出的要求。例如，在一段时间内，迪女士安排了多种大大小小的写作任务，如写一篇文章对杜鲁门·卡波特（Truman Capote）在《圣诞回忆》（A Christmas Memory）中描述的圣诞节与当代的圣诞节进行比较，写一篇故事摘要或写一篇附有图例的说明文。有时迪女士尝试鼓励学生发挥创造力和形成自我导向（self-direction），并为此布置了一篇开放性作业。可是，通过对迪女士课堂的仔细观察，多伊尔和坎特发现，在完成部分写作任务时，学生会迫使教师减少作业中的需要自我导向、独立判断的成分，学生会使用问问题、假装困惑等策略促使迪女士讲得更加清楚、明白，甚至那些最聪明的学生也不例外。换句话说，学生影响了教师，让教师越来越多地代替他们思考。

> 基于生态学和小组过程理论传统的研究者对小组任务中学生如何参与合作感兴趣。

多伊尔和坎特还发现，通过对内容和方法进行提问，学生不仅改变了教师所布置的作业，还减缓了课堂活动的速度。他们这样做的目的或是为了推迟交作业的期限，或只是为了消磨课堂时间。当迪女士拒绝回答学生这些有意拖延时间的问题时，课堂似乎只会变得更加糟糕。这是从研究者的观察报告中直接摘录的：

> 一些学生态度越来越强硬……在这种情况下，秩序被打乱了，只有当教师按学生的要求给出提示或辅助材料，课堂任务的流畅运行才会得到恢复。换言之，教师被迫在引导学生的自我导向和维护班级秩序之间做出选择。

好在迪女士是一名具有丰富经验的教师，她知道秩序第一，不然什么也做不成。

研究摘要

教师如何创建秩序良好的课堂？

Kounin，J. S. （1970）. *Discipline and group management in classrooms*. New York：Holt，Rinehart & Winston.

教师工作所面临的最大挑战就是创建、维持秩序良好的课堂，因此，有许多研究者调查有效教师是如何管理班级的。研究结果十分有趣：好的课堂管理实际上是通过计划课程、安排课程，在违规行为刚冒头时就加以制止来实现的。这个杰出的课题研究由雅各布·库宁在20世纪60年代完成。

问题和方法：经过几年对班级纪律问题的深入研究，库宁认识到，问题的关键也许不在于教师怎样管理个别学生，而在于他们怎样管理整个班级。因此，他开始研究小组管理。这是一项有趣而重要的研究，因为库宁是第一个直接走进班级、观察课堂实际情况的研究者之一，也是最早采用录像作为观察工具的研究者之一。

样本：库宁的研究样本是49位教师和他们的小学高年级学生。

程序：库宁精心设计了观察课堂的方法，包括拍摄师生互动、分析录像。在整个研究中他测量了许多变量。在此只描述其中几个重要变量。

因变量：对于库宁而言，成功的课堂管理的特征是：学生高度参与，很少出现分心的情况。

（1）课堂参与分成三类：（a）完成任务；（b）可能参与任务；（c）没有参与任务。

（2）课堂分心分成三类：（a）没有违规行为；（b）稍有违规行为；（c）有严重违规行为。

背景变量：库宁观察了两类学习活动——复述、课堂作业。

自变量：库宁定义了八项变量来描述教师的小组管理行为。

（1）明察秋毫：准确地发现违规行为的能力（刚一露苗头就能发现）；

（2）一心多用：在不停止教学的情况下，发现、处理违规行为的能力；

（3）流畅：消除学生对教学活动的干扰行为；

（4）因势利导：消除学生导致教学步调放慢的行为；

（5）小组提醒：教师采用的技术，用来提醒开小差的学生听课，提示接下来干什么；

（6）责任：教师采用的技术，用来确保学生对自己的行为负责；

（7）挑战：教师采用的技术，用来确保学生积极参与；

（8）变化：课堂各个方面的变化程度。

阅读提示：研究者在总结结论时采用了平均数和定性的语言描述。他们通过T检验或差异分析来进行比较。在本章的研究总结中还介绍了一个新的统计量——相关系数（在“资源手册”部分）。简单来说，相关性是指两个测量结果之间的关系。系数从＋1.00、0.00到－1.00。此处的正负号没有传统的数学意义。正号表示正相关，负数表示负相关。0.00即没有关系，＋1.00表示存在很强的相关性，－1.00表示存在相反的关系。相关性和平均分一样可以进行显著性检验。

结果：表5—1展示了库宁的发现，即在复述和课堂作业两项学习活动中，教师的种种管理行为和学生行为的相关性。

表5—1　在复述和课堂作业两项学习活动中，教师管理行为和学生行为的相关性

因变量 / 自变量	复述		课堂作业	
	参与任务	没有分心	参与任务	没有分心
因势利导	0.656	0.641	0.198	0.490
明察秋毫	0.615	0.531	0.307	0.509

续前表

自变量＼因变量	复述		课堂作业	
	参与任务	没有分心	参与任务	没有分心
流畅	0.601	0.489	0.382	0.421
小组提醒	0.603	0.442	0.234	0.290
责任	0.494	0.385	0.002	−0.035
一心多用	0.460	0.362	0.259	0.379
挑战	0.372	0.325	0.308	0.371
变化	0.217	0.099	0.449	0.194
班级规模（人数=21～39）	−0.279	−0.258	−0.152	−0.249

＊N=49 个班级（在 0.05 水平上的相关系数是 0.276）。
资料来源：Kounin，1970，p.169。

讨论和意义：库宁的研究为教师解决课堂管理问题提供了丰富的资源。表5—1说明：因势利导、明察秋毫、一心多用、流畅和小组提醒都可以提高学生的参与度，特别是在上复述课时。同样，因势利导、明察秋毫还会降低学生走神的频率。此外，变化与挑战最有助于提高课堂作业的参与度，明察秋毫还让学生做课堂作业时减少分心。

注意表5—1中的关系虽然不是非常显著，但都是正向的。只有“课堂作业”栏“没有分心”与“责任”之间的相关系数和两项学习活动与“班级规模”的相关系数是负值，这几项负相关系数很小，也即其实质意义是没有发现这些变量之间的关系。

库宁的研究对教师有很多启示，在本章后面的小节中会详细讨论。

有效教师研究

一些课堂管理研究者同时受到了行为理论和生态学取向的影响。这些研究者在20世纪70—80年代之间致力于确定有效教师的行为标志。有效教师指能够使学生持续积极参与学习活动的教师。正如你在第三章中读到的那样，他们之所以选择这一方法，是因为有关研究已经证明了学生的参与和学生成就之间存在紧密的关系。

引领这项在过去的三十多年里广泛流传的研究的，是埃德蒙·埃默斯（Edmund Emmers）、卡罗琳·埃弗森（Carolyn Evertson）等人。就像在他们之前的库宁一样，有效教学的研究者发现，学生行为和教师行为之间具有密切关系。明确地说，将有效的课堂管理者与无效的课堂管理者进行对比时，人们观察到有效教师的行为有以下特点：

（1）有效管理者给出了清晰的演示和解释，在指示学生记笔记时所做的说明也很清楚。

（2）更为有效的课堂管理者有一套方法来对学生的讨论、参与、走动和交作业进行管理，还会指导学生在自由时间内做什么。

（3）在有效管理者的课堂中，实验课和各种小组活动可以流畅而有效地进行，指令清晰，违规行为可以很快得到处理。

（4）有效管理者有明确的任务要求，并认真监控学生的任务进程。

这项研究的意义以及为教师提出的建议，将会在“为有效的课堂管理做准备”一节更详细地讨论。

儿童中心理论

最后，除了行为理论和预防理论之外，还有一个流派。基于约翰·杜威以及人本主义心理学家马斯洛以及罗杰斯和威廉·格拉瑟（William Glasser）的理论，目前的研究者和改革者，如内尔·诺丁斯、珍妮·奥克斯（Jeannie Oakes）、阿尔菲·科恩（Alfie Kohn）和乔治·诺布利特（George Noblit）认为，行为主义研究者是完全错误的，他们认为形成流畅的课堂或使课程变得有趣是对复杂问题过分简单化的解决方案。他们赞成约翰·杜威早年提出的观点：

> 学校“纪律问题”的主要来源是……安静地坐着，不说话，姿势、动作高度一致，就会得到奖赏；机械地表示出对学习的兴趣，就会得到奖赏。教师的任务就是使学生符合要求，利用惩罚来避免偏离行为的发生。（Dewey，Cited in Kohn，1996，p. 7）

这个流派信奉儿童中心而非学科中心的课堂。根据奥克斯和利普顿（2003）所言，违规行为“是由强制学生的教学造成的，即便这些教学是为了对学生自己和社会有益”。或者，如科恩所言，违规行为是由以下情形造成的：“我们‘操纵’学生的行为，尽量让学生按照我们的意愿行事……而非……帮助学生成为心智成熟的人，能为自己考虑，也关怀其他人。”（p. 62）课程不应由教师来决定，而是应当旨在促进学生发展，并满足学生的社交需求、情感需求和学业需求。

> 以儿童为中心的课堂管理者认为，课堂问题的主要来源是设置与学生生活不相关的课程，以及过分强调课堂的肃静和步调一致。

倡导以儿童为中心的教育家并没有为有效的课堂管理提供一套具体的指导方法，也没有为教师提供可以遵循的“处方”。相反的，正如内尔·诺丁斯（1992）所写的，“学校应该对一个更大的道德目的负责：关怀学生，进而促进学生去关怀他人”（p. 65）。与预防性管理和行为控制不同，关怀和发展民主的课堂成为人们的另一种选择。

这一流派经常从人类学角度进行定性研究。乔治·诺布利特（1995）的研究即有此特色。诺布利特等人以两位资深的城市教师（一个是白人，一个是非裔美国人）为对象，研究他们是如何与学生发展关怀关系的。诺布利特等人在一年多的时间里每周花一整天的时间来观察这两位老师的课堂，与学校的教师和学生进行访谈。图 5—1 说明了这些教师是如何面对问题学生的，以及发展“关怀关系”（caring relationships）意味着什么。

罗伯特的故事

从进入玛莎的班级的第一天起，罗伯特就是一个让老师头疼的人物。他是一个矮胖的男孩，前一学年是在矫正青少年严重行为问题的特殊学校中度过的。在这之前的两年里，他因为有“不适当的攻击性”行为不断地从一个班级转到另一个班级。

玛莎竭尽全力地帮助他：每天，她在教室的门口迎接罗伯特，下午放学时，她总是对他说再见。每天她都和他聊几次，什么都聊，聊电视节目，也聊他的妈妈。她坚持要求他参加班级活动——特别是与其他孩子的合作学习。

因为她的这种关注，罗伯特慢慢地开始意识到，玛莎很关心他。到了 11 月，罗伯特开始得到少数学生的认可，学习也还过得去。尽管他在班级中还是爱争吵并且易怒，但是，他对玛莎和同学的态度积极多了。罗伯特再也没有被送到校长或督导人员那里，这是一个很大的转变。尽管罗伯特曾经被贴上“行为失范”的标签，但玛莎还是帮助他转变成了一个学习能力、社交能力更强的人。

玛莎对罗伯特最重要影响是她顽强地坚持给予罗伯特更多的机会，让他在学校内获得成功，养成社会交往能力。没有魔法，也没有技术手段——只是坚持，日复一日，每一小时，甚至是每一分钟，她都在提醒罗伯特完成任务，尊重其他人。她只是拒绝放弃他。玛莎说：“我不放弃任何学生。这是我的责任。”

尽管身处现有的教育体制之中，玛莎还是鼓励、促进罗伯特在社交上、学习上不断成长。他经常参与课堂讨论和班级活动，看起来喜欢上学（事实上，从不缺席），结交了几个朋友，他们一起为他庆祝生日。玛莎和罗伯特之间的关怀关系为罗伯特建立了新的环境。在这个环境中，他既能改善自身行为，也能提高学业成就。

约翰的故事

约翰是在特殊照顾之下被安排进入帕姆的班级的。他有个特殊本事：能逃避任何班级事件。他极其害羞，总是躲在其他学生的后面，或是低下头垂着肩膀藏在课桌后，用这类办法避免和帕姆接触。在进行小组活动时，约翰只是和其他同学坐在一起，既不发言，也不参与。帕姆认为，她有责任帮助约翰成为班级的一员。她要求他坐好，关注任务，与其他学生合作，参与到班级活动中来。

除了对他的严格要求以外，帕姆还将他的座位移到离她更近的位置，在小组活动时也把他安排在近旁。她发现，肢体接触是促使约翰参与的关键，约翰开始觉得这是警告，后来觉得是赞许，再后来就觉得是支持和鼓励了。她把手放在他的肩膀上，他就会发言、参与。到了学年末，帕姆看他一眼就够了。帕姆对约翰是严厉的，但通过关怀为他提供了支持，他也回报了她。

像玛莎一样，帕姆意识到问题学生的内心里也想成为班级的一员，没有理会“特殊儿童不属于常规班级”这一绝对的想法。她关心约翰，对学生而非指定的课程目标负责，因而能探索合适的策略来确保约翰的参与、融入班级。对约翰来说，这种师生关系使得班级成为一个安全的、有利于成长的环境，从而引导他参与课堂活动、完成学习任务。

图 5—1　诺布利特对“关怀型教师”(Caring Teachers) 的研究

资料来源：Noblit，1995。

检测—拓展—探索

检测

- 指导课堂管理研究的主要理论是什么？每种理论的优点和缺点是什么？
- 库宁和多伊尔、卡特的研究是怎样证明“在规范的课堂中学习效果可能最理想”的？
- 根据有效教师研究，哪些具体的教师行为可以造就最有效的课堂管理？
- 在倡导以儿童为中心的理论家看来，课堂管理的主要特点是什么？
- 比较儿童中心理论和行为主义理论的观点。

拓展

- 你认为，你在自己的课堂管理中更倾向于参考行为主义理论还是儿童中心理论？请登录“在线学习中心”，在“拓展问题投票栏”回答这些问题。

探索

- 在网络上查找、讨论“以儿童为中心的教育”和“关怀理论”关于课堂管理的方法，并将你的发现和本章的介绍进行比较。

第3节　为有效的课堂管理做准备

本节将集中讨论新教师可以用来确保有效课堂管理的方法，围绕两个主要话题展开：预防性课堂管理；管理违规行为和捣乱行为。

预防性课堂管理

有效教师通过预防性方法可以处理大部分与学生品行不端有关的问题。本节以库宁的研究和有效教学研究为理论基础。在此先介绍一下相关理论和方法，这些在后面讲述特定教学方法的相关管理要求的章节中会再次探讨。

建立规则和程序　正如在其他的大部分互动环境中一样，在可能发生的班级问题和干扰中，有很大一部分都可以通过预先制定规则和程序来加以预防。为了理解这个原理，请你想一想自己在多人参与的非学校环境中的各种体验。大部分人会想到，在大城市的高峰期驾车，参加足球比赛，去迪斯尼乐园，买电影票或比赛门票。在这些情况下，预先设立好的规则和程序，如设交通灯、安装排队隔栏，可以帮助那些甚至互不相识的人们有规律、有秩序地行事。此外，一些规则，如“路权”和“不加塞”，可以帮助人们安全、有效地完成极其复杂的程序。

试想想，当规则和程序忽然被打破或消失的时候会发生什么情况。你可能会想到以下情景：停电使交通灯不能发挥作用，或者还没修好排队隔栏，大队人马就蜂拥着购买一场重要比赛的门票。最近，一位教师朋友在底特律开会，她预定的返程航线就在她返回的那一天与另一航线合并。当两个航线汇总信息时，计算机出现了问题。这个计算机故障使得售票机构无法知道谁在哪个航线，因而无法安排座位。当时一片混乱。人们为了确保自己的座位而相互推挤，乘客相互叫嚷，并冲着航班工作人员叫嚷，受过正规训练的航班工作人员也互相叫嚷。直到每个人都找到座位，局面才安定下来。登机过程违背常规、缺乏冷静，因为一些已知的程序忽然失效了。

> 课堂规则详细说明学生该做什么，不该做什么。

在某些方面，课堂与拥挤的机场或十字路口相似，同样需要规则和程序来管理重要的活动，此处的规则规定了我们期望学生做的事与不希望他们做的事。通常情况下，规则要写出来，向学生解释清楚，且越简单越好。而程序是保证任务和其他活动完成的方法。它们很少被明文列出来，但有效的课堂管理者会花费相当多的时间，像讲课一样给学生解释程序。学生的移动、讨论和自由时间的安排是最重要的，必须要有规则来进行行为管理，要有程序来保证课堂任务有效、顺畅地完成。

课堂程序是由教师建立的，用来处理课堂常规任务，规范学生的言谈和移动。

学生的移动 在许多中学教学场所，例如科学实验室、艺术室或体育场馆，以及所有的小学课堂里，学生们必须四处移动来参与重要的学习活动，他们需要领取或摆放材料、削铅笔、组成小组等。

有效课堂管理者会设计各种方法，使学生的移动更加顺畅。他们组织队列，安排有效的分发程序；他们建立规则，尽可能让学生不捣乱，并确保安全。例如，限制同一时间内移动的人数，明确坐下的时间。如何起立、如何在走廊里走动、如何在不打搅其他读者的情况下进入图书馆，这些都是有效的方法。

学生的言谈 学生在不适当的时间说话或提问题会减缓课程的进度，这是教师在课堂管理中最头疼的问题之一。这一问题大到全班喧嚣足以干扰隔壁的教学，小到一个学生与邻桌同学交谈会干扰教师讲解重要的概念。

有效课堂管理者拥有一套明确的规则解决这个问题。大部分教师会规定好什么时候不允许说话（教师在讲授或解释时），什么时候允许、鼓励低声讨论（小组活动或课堂作业时），什么时候可以随便讨论（休息或开派对时）。有效课堂管理者还有一套方法，可以促使课堂讨论更恰当、有效，例如在讨论中每次只允许一人讲话，其他仔细聆听发言人的观点，发言前举手，按顺序发言。

自由时间安排 第三个需要规则和程序的课堂生活领域是自由时间的安排。有时候，课程内容提前完成，而又不适合开始新的内容，这便是一种自由时间。同样，当学生做课堂作业时，某些人提早完成了，这也是一种自由时间。在进行安排好的活动时等待分发材料或设备，也是一种自由时间。

当课程提早完成时，或当学生等着做什么事情时，例如等着去另一个教室、去开会或回家时，就有自由时间。

有效课堂管理者设计规则和程序来管理学生在自由时间里的讨论和移动。例如：“如果你完成了作业，可以取一本书，静静地阅读，直到其他人完成作业。”“电影开始之前，可以和同桌小声讨论。”“如果你完成了任务，请看看邻桌是否需要帮助。”表5—2是某位教师及其学生制定的规则。可以看到，表中所列举的内容简明扼要，列举了适当的行为和不适当的行为。

表5—2 **课堂规则示例**

规则	示例（应该做的行为与不应该做的行为）
● 尊重其他人的权利	尊重每一个人 不给人起绰号，不取笑他人
● 有礼貌，乐于助人	要说“请” 不打架
● 尊重私人财物	保持教室清洁 不要用他人的物品

续前表

规则	示例（应该做的行为与不应该做的行为）
● 聆听他人的想法	当其他人说话的时候，要集中精神倾听 不要叫喊或打断他人
● 遵从所有学校规则	使用门卡 不要在餐厅跑动

教授规则和程序 除非被参与者了解和接受，否则规则和程序就没有意义，这便要求教师积极教授规则和程序。一般说来，有效的课堂管理者只需要建立很少量的规则和程序，但要很仔细地教给学生，并通过坚持使用来使其常规化。在大多数课堂中，只有少数的规则是必需的，但是对教师来说，重要的是确保学生理解每条规则的目的及其道德基础、实践基础。像教授学科内容一样，教师教授规则时也要介绍与之相关的概念和思想。例如，当教师解释说，大声讨论会打搅隔壁那些正在学习的同学，那么，年幼的孩子就会看到在自由时间里低声讨论的必要性。“按顺序”这一规则则会引起那些高度关注公平和正义的高年级学生的共鸣。避免对自我和他人造成潜在伤害，可能会让学生明白为什么在科学实验室里要按一定的方式来移动。不过，在教授规则时有一点要注意：教师在解释时要把握好分寸，一方面要给学生提供有用的说明，但另一方面也要避免过分说教或表现出高高在上的姿态。

> 与其他科目一样，规则和程序也必须教给学生。

大部分移动程序和讨论程序不仅要实践，而且是一种技能，教师必须把它们教给学生，就像教授学业技能一样。第十二章提供了可以帮助新教师用以管理学生讨论的方法，即教授如何聆听他人意见、如何参与讨论的策略。移动的技能也需要教授。即便是大学生，也需要指导及两三次操练才能知道在环形、拱形场馆内如何以小组为单位顺利前行。在一学年开始时，有效课堂管理者将花一周左右时间来教授规则和程序，然后在需要的时候进行阶段性复习。

维持一致性 有效课堂管理者在执行规则和使用程序时需要保持一致。如果他们没有保持一致，那么任何规则和程序都会立即崩溃。例如，教师可能制定以下移动规则：“你们做课堂作业，我坐在讲台上时，一次只有一名学生可以来问问题。”如果老师在给一名学生讲解，同时允许另一名学生在教师的桌子前等待，其他学生很快也会聚到教师桌子前。如果这是一个重要的程序，那么只要出现多于一名学生在教师桌子前等待的情况，就必须提醒后来的学生回到原座位。如果这是个不重要的程序，就不应该把它视为一个规则。再比如，教师规定，当他在演示或解释重要观点或程序时不允许讨论。如果此时两名学生在教室后面小声说话，虽然他们并没有打搅别人，教师没有制止，那么其他学生很快也会开始说话。同样，如果教师希望学生在讨论中先举手再发言，但却允许某几名学生想说就说，那么，举手的规则很快就会失去效用。

> 贯彻规则和程序的一致性是课堂管理的一个要素，通常也是新教师的难点。

对新教师而言，维持一致性有时非常困难。主要有两个原因。第一，当多项事件同时发生时，规则通常就会被打破。一位新教师很难随时充分意识到课堂环境的复杂性，因此也很难随时注意到正在发生的事件。第二，维持规则一致性需要花费大量精力，甚至还得拿出点勇气来。许多新教师发现，忽略某几名学生的行为比直接面对、处理更加容易，并且没有危险。但资深教师知道，逃避困难只会导致更多的问题。

利用流畅和因势利导来避免失范行为 预防性课堂管理的另一层意思是调控教学事项，适当地因势利导。多伊尔和卡特（1984）的研究说明了学生如何拖延学习任务，库宁（1970）的研究指出，流畅地授课是很重要的。库宁还描述了教师自己如何时不时地干扰活动流程。例如，教师开始组织一项活动，然后半途而废。库宁将这类行为定义为“悬而不决”。例如，当教师在课程结束时要求学生交笔记，接着又突然说还要补充一两点内容。教师也会因库宁所说的“反复”而减缓课程的进度。先进行某一活动，然后半途中止，进行另一个活动，然后又重新回到原来的活动，这就是“反复”。比如，教师告诉学生拿出课本开始默读，然后打断默读开始解释，接着又让学生继续默读。“悬而不决”和“反复”干扰了课堂活动的流畅性，使某些学生手足无措，更重要的是，不专心上课的学生会趁机捣乱。

教师开始组织某一活动，然后半途而废，此即“悬而不决”。

库宁描述了两种经常出现的削弱因势利导的行为——打碎教学和过度讲解。虽然学生已经很清晰地了解了教学内容，但教师还是一遍又一遍地讲述，这就是过度讲解。教师将活动划分成很琐碎细小的单元，例如“坐直，拿出卷子，递给前面的同学，现在传给旁边的同学”等，教学过程就被打碎了。削弱因势利导会破坏流畅性，让不专心听课的学生有机会干扰课堂活动。表 5—3 总结、展示了库宁提出的破坏流畅性、削弱因势利导的常见问题。

教师将学习活动划分成为过于琐碎细小的单元，就是打碎教学。学生已经很清晰地了解了教学内容，但教师还是一遍又一遍地讲述，这就是“过度讲解”。

表 5—3　　破坏流畅性、削弱因势利导的常见问题

问题	定义
悬而不决	一个主题进行到一半的时候，改做其他的事情
反复	开始一项活动，然后中止，然后又继续
打碎教学	将教学或活动拆分得过于零散
过度讲解	在学生理解之后，仍然一遍又一遍地重复

对新教师而言，使上述问题最小化是非常困难的，正如许多其他的有效管理技巧一样，这是很难掌握的，因为管理措施是否得当取决于具体情境。在每个班级中保持教学流畅性和采取因势利导是不一样的——在一个班级内是“悬而不

决”，在另外一个班级内可能就不是。或者对于某一小组而言是“过度讲解”，对另外的小组却可能不是。

组织不稳定时段的班级活动 预防性课堂管理也包括了在学校不稳定时段协调学生行为，并为此做好计划。在这些时段最难维持秩序。

开始 开始，不管是小学一天课程的开始（清晨几分钟），还是中学一学期课程的开始，都是课堂处于非常不安定的时期。学生是从各种具有不同行为规范要求的环境（他们的家庭、玩耍的场所、其他班级）中来到课堂里的。他们要适应新环境下的不同规则和程序，和前一天放学后没再见面的朋友还有很多话要讲。在大多数学校，新课堂开始时还要求教师完成一些管理任务，例如点名和宣布通告。

有效课堂管理者会做好计划，按程序行事，迅速而稳定地开始一天的工作。例如：

- 他们在门口迎接学生，欢迎他们，建立积极的气氛，并将潜在的问题挡在门外。
- 他们训练学生协助点名、朗读通告、完成其他的管理任务，这样教师可以有时间开始一节课。
- 他们在黑板或通告板上写下教学任务，以便学生一踏进教室就能进入状态。
- 他们确立常规和仪式，提示学生严肃的工作即将开始。

过渡 多伊尔（1986）引用冈普（1967，1982）和罗森沙恩（Rosenshine，1980）的研究成果提出，“每天约有 31 个主要的过渡环节在小学课堂发生，大概占 15%的课堂时间”。中学阶段的过渡比小学少，但是数量依然很多，而且占据大量时间。在过渡时期（分组时，从听课转为做课堂作业时，获取需要的材料来完成作业时，准备休息时），很多违纪的行为会发生。提前计划和运用提示是两个有用的应对技巧。

> 过渡是一堂课中教师从一种教学活动转到另一种教学活动的间隙时间。

提前计划对管理过渡时间来说很关键。第三章描述了如何不折不扣、尽可能认真仔细地做过渡计划，就像为其他教学活动做计划一样。首先，新教师应该考虑到学生在每一个过渡中必须按哪些步骤行事。这些步骤应该以备忘录的形式写出来，必要的时候在黑板或通告板上展示给学生。例如，从全班授课过渡到做课堂作业，应该包括下面的步骤：

步骤一：将笔记本收好，清理课桌。

步骤二：看看你有没有铅笔，是否领到了小组长派发的作业纸。

步骤三：开始写作业。

步骤四：如果你需要帮助，请举手。

当新教师逐渐熟悉这项工作后，他们不再需要为细小的过渡列出详细的步骤，该做什么全印在脑子里了。

运用提示和信号是有效教师用来管理不好控制的过渡时期的另一种方法。理解提示的最好方法就是把它视为提醒的工具，如交通信号灯中的黄灯或转弯处的“减速”标示。教师用“提示”来提醒学生：活动或任务要变了，做好准备。这里有一些提示的例子：

● 在小组活动时，教师走到每一个小组中去提醒："还有五分钟就要回座位了。"

● 在讨论时，教师告诉学生："我们必须在几分钟内完成讨论，不过还有三个人可以发言。"

● 在实验室里，教师说："我们已经进行了 20 分钟，应该完成一半了吧。"

● 在欢迎受邀嘉宾时，教师告诉全班："我们的嘉宾将会在三分钟内来到，让我们起立，准备欢迎她。"

大多数教师还有一套信号手势，以提醒学生要过渡了，或帮助他们顺利地完成过渡步骤。信号对于年幼的孩子来说非常有效，在学生很难听到教师说什么的活动中也很有效。比如，乐队指挥举起指挥棒，是在提醒乐手安静下来，准备好乐器来演奏第一首乐曲。图 5—2 列出了一位资深教师发明的一套信号，在复杂的过渡中帮助、提醒学生，并检验学生对所教内容的理解程度。其他的反馈信号在第六章中有说明。

结束　对大多数课堂而言，结束也是一个不稳定的时间。教师有时由于内容多或课堂拖延不得不匆匆结束；有时必须收作业或试卷；学生总要在这个时候收拾东西，准备去另一个教室、餐厅或者赶着去坐校车。有效教师可通过将如下程序整合到他们班级管理模式中，解决结束时潜在的管理问题。

● 留出足够多的时间来完成重要的结束活动，比如收起作业和试卷。

● 提早安排家庭作业，以便在下课前解释学生可能不清楚的地方。

● 为收作业建立常规的程序（例如在门口放一个纸箱），这样就不必浪费课堂时间来做这件事。

● 使用提醒或提示，告诉学生要下课了，以及在离开前必须完成哪几项任务。

● 告诉高年级学生，教师宣布下课时才能离开，不要听到下课铃就跑。

发展学生的责任感　每天，教师都要给他们的学生分配任务。有时，任务需要的时间比较短，可作为课堂作业让学生练习。另外一些任务则需要花费较长的时间，必须当作家庭作业。通常情况下，任务为学生提供了练习的机会，正如后面的章节要讨论到的，这是学习过程的重要组成部分。不过，应该要求学生连贯地对待任务，并为完成它而负责，否则，就不会有学习上的收获。因此，课堂管理的另一层意思是：制定管理规则和程序，让学生为任务负责。以下指导原则由埃默和埃弗森（2008）、温斯坦（2010）、诺沃德沃尔斯基（Novodvorsky，2011）提出，教师应将其纳入整体预防性管理计划：

（1）清楚地交代任务，详细说明任务要求。教师应该清楚地交代所有任务，以便所有学生对他们要做什么有个全面的理解。必须清楚地描述具体要求，包括作业长度、完成日期、书面整洁程度、拼写、评分方法，以及漏做作业怎么补。仅有口头解释对所有年龄阶段的学生都是不够的。教师可以在工作纸、黑板、通告板或网络上说明任务，帮助学生理解。

（2）制定监控办法。对教师而言，重要的是当任务分配完后，要了解学生的进度。学生做课堂作业时，教师要在教室里四处巡视，检查进展情况。对于长时段的任务，可以将其划分为几个小任务，要求学生每隔几天做一份进度报告保存起来，从而帮助控制进度。复述和讨论是另一种办法，可用以检测学生是否理解任务，是否进展顺利。

图片	内容
	有节奏地击掌或师生击掌应答可以用来引起班级学生的注意。教师击掌四下，学生回应两下，这代表活动停止
	摇铃可以用来吸引学生的注意。短铃即提示学生停止所有活动，开始听讲（用小摇铃）
	亮灯经常被教师用来吸引学生的注意，而且挺有效果。快速打开开关，只亮一次即可。亮灯不可过度使用
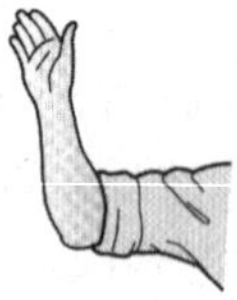	手臂信号有时可以代替声音信号，用来提醒学生注意。当学生在走廊上、在排队或在操场时，教师举起手臂，这提示学生要跟着做并保持安静
	手指信号在管理小组、解散学生或完成其他任务时使用。当解散一组学生时，可以给小组编号，用手势来解散
	凝视经常能有效地引起一名学生的注意。带有探寻意味或坚定的凝视更能充分地发挥其作用
	卡片可以用来发出指令，提示重要信息。在高处悬挂笑脸或哭脸，当学生的行为不可接受时，晃晃哭脸；当学生改正时，再晃晃笑脸。卡片也可以用来告诉学生当他们完成作业时应该做什么，也能帮助学生在有目的的活动中变得更为独立和专心。这些卡片的内容应该多种多样，并经常进行调整
	大拇指信号可以用于展示非此即彼的情况，表示“是”“非”，也可表示“不清楚”。拇指信号案例：你同意（向上竖）；你不同意（向下竖）；不清楚（晃一晃）
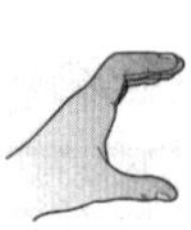	手指信号可用来回应数字问题、做多项选择和判断对错。在胸前摆放手指。 例如：告诉我们 64 中有多少个 10? 哪个词是表示被水环绕的陆地的? 1. 半岛；2. 岛屿；3. 大陆 哪个词表示三边被水环绕? 1. 半岛；2. 岛屿；3. 大陆 用手指表示你选择的答案开头的字母或符号。(尽可能创造性地运用手指)
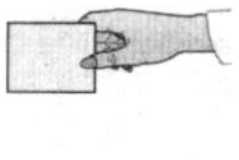	思考卡/答案卡可以让每位学生回答。应答题目可以写在裁成小片的纸张上，然后装在信封里放在学生课桌上。学生写下答案，举起手来让教师检查。可以用于任何科目、任何类型的问题。可以作为预备考试，用来检查前一天的知识，或作为非正式的诊断性评估。 例如：写出七个大陆的名称，然后让我看看

图 5—2　与学生交流的信号

资料来源：Bozeman，1995。

(3) 坚持检查学生作业。在大多数课堂上，学生的作业是很多的。教师需要制定收集作业的办法，例如在教室前面摆放篮子或托盘，还要制定办法及时发回批阅过的作业。教师也需要制定检查作业的制度。有时，对于那些有具体答案的作业，可以让学生相互检查。另一些作业则要求教师仔细地阅读。所有的检查都应该在作业完成后的1～2天内完成。

(4) 提供适当的反馈。当学生接受反馈时，学习就发生了。应该批改所有的学生作业，并为不同年龄的学生提供适当的反馈。这在作业上交后不久就应当完成。在课堂上回顾一下作业，讨论常见的错误或问题，这是一个好办法。第八章将提供详细有效的反馈方法。

管理违规行为和捣乱行为

提前制定计划、运用技巧安排课堂活动有助于新教师解决许多常见的管理问题，但并不能解决全部问题。正如在其他社会领域一样，每个课堂里都会有一些不参与课堂活动而且有意捣乱的学生，该听课时却在讲话，拒绝参加小组活动，向教师叫嚷，一跺脚走出教室等。管理捣乱行为必须有一套专门的知识和特定的技巧。

违规行为的成因　鉴于新教师自己当过多年学生，已经目睹了课堂中的各种捣乱行为，所以，绝大部分人都可以列出学生违规行为的主要成因。最常见的原因包括：(1) 学生发现学校的功课枯燥乏味，不愿意完成；(2) 学生在校外（家庭或社区）生活中产生了心理问题、情绪问题，又把这些问题带到了学校生活中；(3) 学校监管太严，学生有叛逆心理；(4) 叛逆和寻求关注是成长过程的一部分。

新教师都希望分析课堂问题行为的成因，但是他们应该避免在这个问题上浪费太多时间。原因有二：第一，知道学生违规行为的成因，虽然有助于分析问题，但不一定会使这种行为有任何改变；第二，过多地考虑导致违规行为的心理因素或社会因素，特别是那些教师无法改变的因素，可能会使教师接受现状、放弃努力。

家庭和学校

与家庭合作进行课堂管理

在进行课堂管理尤其是处理违规行为方面，家庭可以提供有效的合作。为了实现这种合作，教师需要找到各种各样的方法来就这种期望以及重要的课堂、学校规则和家长进行交流。这可以通过带信回家、在家长会上进行讨论、在返校的前一天晚上对规则和程序进行特别的说明等来实现。在所有这些交流方法中，重要的是以恰当的方式传达信息，以保证家庭成员能够理解。特别是当学生家长的母语不是英语时，这一点尤其重要。

使用电子邮件和电话可以让教师更方便地与家长或其他监护人就学生的行为进行沟通。例如使用电子邮件可以在同一时间将违规行为通知到许多家长。发信息或打电话汇报学生的积极行为也很重要。这些交流以及家长的参与，还有后面章节中提供的其他例子，都可以提高学生的成绩并改善家长和老师、学校的关系。

处理违规行为 一般说来，我们给新教师推荐的处理捣乱行为的方法，不是要致力于寻求捣乱行为的原因，而是要聚焦于违规行为本身并寻求改变它的方法，至少让学生在课堂的这段时间里有所改变。这个方法强调了教师确定违规行为和快速准确地进行干预的重要性。

明察秋毫，一心多用 你们都可以回忆起自己读书时有的老师似乎“后脑勺上长了眼睛”。库宁称这种技能为“明察秋毫”（withitness）。具有这种技能的教师能立即发现违规行为，并能立即意识到是哪个学生在作怪。缺乏这种技能的教师通常不能及早发现违规行为，也不能指出到底是谁的错。

“一心多用”（overlappingness）是教师用来发现、处理异常行为的第二种技能。一心多用意味着能够发现异常行为，并且不露声色地处理掉，以便课程不受干扰。例如，走近一个违规学生便是有效课堂管理者常用的技巧。再比如，将手放在与邻桌讲话的同学肩上，同时继续讲课。又比如，在讲解埃德加·艾伦坡（Edgar Allen Poe）作品的语法特色时，巧妙地将那些学生有意拖延老师教学的提问或带些小聪明的发言融入教学，既帮助了学生加深理解，也巧妙地化解了违规行为。

“明察秋毫”和“一心多用”很难学会，因为要运用这两项技能，需要能够迅速准确地把握课堂环境，并且能够同时完成不同的教学行为。不过，一旦掌握了这两项技能，课就一定能上得更流畅，班级管理就一定能更顺利。

发生“必须制止的事件”时迅速采取措施 正像在其他社会场所一样，在课堂上也会有一些不遵守规则的人。社会上的违规行为如在高速公路上以每小时超过限速10～15英里的速度行驶；在教堂里做弥撒时睡觉；在图书馆里大声喧哗，影响他人阅读。那些负责执行规则和程序的管理人员，对某些违规事件有可能做出回应，也有可能不做出回应。例如，在每小时限速为65英里的高速公路上，遇到了一辆正以70英里每小时的速度行驶的摩托车，大部分道路巡警是不会予以制止的；大部分牧师都不会特别关注某一个睡着了的教民；图书管理员一般也不会制止那些小声说话的人。不过，也有一些违规事件管理者一定会予以制止。这被称为“必须制止的事件”（desist incident），意思是事情已到了足够严重的程度，如果不及时处理，在管理上就会带来数量更多、范围更大的难题。

> “必须制止的事件”是指课堂上发生的严重事件，如果不及时加以处理就会导致范围更大的管理问题。

教师可以采取各种方法来处理这些“必须制止的事件”。教师应对此类事件的几种“制止行为”已得到界定。表5—4中列出了其中的三种行为。针对学生的违规行为，研究者开发出了几组不同的处理方法，当学生开小差时用来把他们的注意力吸引到课堂上来。这些方法有琼斯模式（Jones and Jones，2009）、埃弗森和埃默模式（2008）以及LEAST模式，表5—5概括了这几个模式的使用方法。正如你所见，琼斯模式是非言语的，用于不太严重的违规行为；埃弗森和埃默模式关注的是快速制止不恰当的行为，并且确保学生明白他们错在哪里；LEAST模式（Leave-End-Attend-Spell-Track）既可用来制止较小的失范行为，也可用来解决需要花一段时间来处理的较严重的问题。有效教师创造各种适合他们自己的策略，可能会用到这些模式中的一些方法。

表 5—4　　教师“制止行为”示例

清晰（clarity）——教师应清晰地指出学生哪儿做错了。 不清晰：“不要做！” 清晰：“当我在说话的时候，不要削铅笔。” 坚定（firmness）——教师应明确表达“我的意思是……” 不坚定：“请不要这么做。” 坚定：“我绝对不会容忍你这么做。” 强硬（roughness）——必要的时候，教师应表达自己的愤怒。 不强硬：“你不应该再这么做。” 强硬：“当你这么做的时候，我会生气，要惩罚你。”

表 5—5　　应对学生违规行为的三种模式

琼斯模式	埃弗森和埃默模式	LEAST 模式
1. 走到学生的座位前面	1. 要求学生停止不适当的行为。教师与学生保持接触，直到学生表现出正确的行为	1. 不理会。考虑这种行为是否会带来麻烦，如果不会，忽略它
2. 与学生进行眼神交流	2. 与学生进行眼神交流，直到学生恢复适当的行为。使用这一方法的前提是教师确定学生知道什么是正确的行为	2. 运用间接的方法制止违纪行为，最好换一件事情给违纪的学生做，以分散他此时的注意力
3. 如果需要，轻轻地拍打学生的肩膀	3. 重申或提醒学生正确的课堂规则或程序	3. 多多留意。在你决定行动前，要充分了解学生。家里是否发生了什么烦人的事情？学习上是否遇到了难题？
4. 保持一堂课的正常进展	4. 要求学生识别正确的程序。如果学生没有理解，及时给予反馈	4. 指明方向。提醒学生应该做什么。如果需要，提醒他违纪的后果
	5. 强调违反规则或程序时可能造成的后果及应得的惩罚。一般来说，违反程序得到纠正就可以了	5. 跟踪。如果这是一个持续存在的难题，要坚持系统地记录这一行为以及你所采取的纠正措施。你可据此与学生达成协议
	6. 变换活动。当学生长时间从事冗长、重复、枯燥的学习或没有目的地背诵时，就会开小差。当全班都开小差时，就应当引入多样化的教学方式	

使用奖励　心理学上有一个非常著名的“强化”原则：当某种行为得到强化时，它们就会再现；相反，没有得到强化的行为就会减少或消失。当这个原则被运用于课堂管理时，就为教师提供了一种管理学生行为的手段。使用强化原则去影响学生行为的关键在于教师的以下几种能力：（1）确定期待的行为；（2）确定

合适的强化；（3）熟练地使用这些强化来增强、鼓励期待的行为。

表扬 表扬是大多数教师在课堂上经常使用的强化。不过，遵从一些重要的指导原则，表扬才会有效果。例如，一般的表扬——“做得不错”（great job）、“哦，非常好”（wonderful）、“棒极了”（excellent），对学生来说并不是非常有效。杰尔·布罗菲回顾了大量以“表扬”为主题的研究，总结出适用于教师的表扬原则（Brophy，1981；Brophy and Good，1986），马扎诺（Marzano）也对关于教师表扬的研究进行了总结。表5—6概括说明了布罗菲和马扎诺所得出的有效表扬的指导原则。

表扬是教师运用得最多的奖励。然而，表扬只有运用得恰当才能奏效。

表5—6 **有效表扬的指导原则**

有效的表扬	无效的表扬
明确、具体	普通、笼统
取得了成绩才能得到	只要参与了就能得到
帮助学生意识到自己的成绩	把学生与他人比较
将成功归功于努力和能力	将成功归功于幸运
将注意力集中在与学习有关的行为上	将注意力集中在外部的权威上

奖励和特权 教师也可以通过奖励和给予特权的方法，以鼓励学生达成所期待的行为。教师可以使用的奖励方法包括：

- 为学生的某些任务、行为打分，这些得分可以提升学生的成绩等级；
- 分发小红星、笑脸或成绩证书等；
- 评出学习、社会活动的优秀生。

大多数教师可以提供给学生的特权有：

- 作为班干部或教师的助手，将笔记本拿到办公室，收发试卷、成绩单，放电影，等等；
- 得到额外的休息时间；
- 在特殊的时间完成自己的特殊任务；
- 有自由阅读时间。

精心设计的奖励制度与特权制度将极大地鼓励某些行为并抑制其他行为。但是，奖励和特权并不能解决所有的课堂管理问题，新教师应该注意以下两点：第一，对某些学生来说是奖励或特权，对其他学生来说不见得是。很明显，年龄是一个因素，家庭、种族和地理背景也是决定因素。为了确保奖励与特权的有效性，有效教师一般会让学生说明白他们心目中的奖励和特权是什么。第二，正如第四章所说的，过分强调外部奖励会干扰学生为了学业本身而努力提高学业成绩，还会阻碍教师帮助学生发展自我约束能力和自我管理能力。

强制性的惩戒和处罚 奖励和特权可以用来强化、增加所期待的行为；惩戒和处罚则用来消除违反重要规则和程序的行为。事实上，那些能被教师使用同时又被社会认可的惩戒和处罚是很有限的，主要有以下几项：

- 因违规而扣分，转而影响学生的成绩等级；

- 在休息时间内让学生留下来，或放学后留堂；
- 取消特权；
- 让学生离开课堂，或将他们送到辅导员或学校管理者那里。

新教师建立惩戒和处罚制度时要特别当心。图 5—3 列举了埃默等人（2008）所提供的指导方案。现在，许多人认为因良好行为加分或因违规行为扣分，进而影响学生的成绩等级不是一种好方法，其中的原因会在第六章中进行介绍。

1. 针对学习或与学习有关的行为，如遗漏或没有完成作业，使用扣分策略。
2. 建立罚款或记过制度，处理那些重复违反规则或程序的行为，特别是那些有意违抗合理要求的行为。应先对此予以警告，如坚持不改，就罚款或记过。
3. 如果有一名学生经常受到处罚，应该尝试使用一些积极的方式帮助这名学生制定一个计划来纠正不恰当的行为。
4. 对那些容易观察到的长期的、严重的违规行为，应该限制使用诸如罚款或记过等处罚方式。因为惩罚制度只有始终如一才会有效，而为了做到这一点，当学生违规时你需要迅速发觉并给予相应惩罚。如果没有这个本领，你就会天天如临大敌，担心违规的学生漏网。
5. 使你的班级（课堂）变得更加积极，能为学生提供支持。处罚作为一种震慑手段，应该有节制地使用。可以尝试运用奖励和针对个人的鼓励来维持良好的行为。

图 5—3　使用惩罚的要领

资料来源：Emmer and Evertson，2008。

处理其他类型的违规行为　除了一些比较轻微的违规行为，教师有时必须处理更严重、更难以纠正的问题，例如在学校中发生的说谎、欺骗、偷盗、亵渎、藐视以及不良的性行为等。限于篇幅不再深入探讨每个问题，我们仅在表 5—7 中列出了一些问题并总结了温斯坦、罗马诺和米格纳诺（2010）建议教师采用的方法。

表 5—7　处理严重、持久的问题

纪律问题	建议教师采用的方法
欺骗	● 减少可能引发学生欺骗的诱因 ● 将欺骗发生的可能性降到最低 ● 与学生进行私人谈话 ● 表达对学生欺骗行为的关注和担心 ● 向学生说明欺骗的后果，例如让学生重做作业和（或）将欺骗行为反映给学校领导和学生家长
偷盗	● 帮助学生遵守“尊重他人财产”的规则 ● 意识到对“哪些是我的，哪些是你的”可能存在的文化差异 ● 与发生了偷盗行为的人进行私下谈话，鼓励他将偷盗的财物归还 ● 如果偷盗行为继续发生，将其反映给校长并联系家长
亵渎	● 说明哪些词语不能在学校使用 ● 对那些年纪小的学生，询问他们是否知道这些词语的意思 ● 联系家长并要求他们和自己的子女谈话

续前表

纪律问题	建议教师采用的方法
藐视	● 试图理解藐视行为背后的意思 ● 即使被藐视，也要控制好自己 ● 使违规学生离开班级，给其他学生布置学习任务 ● 不要太靠近学生，站在几步远的距离之外 ● 避免武力冲突
性行为	● 低年级学生经常摩擦他们的生殖器官，这时可转移他们的注意力。如果手淫行为持续发生，与违规学生进行私下谈话 ● 四至六年级学生应该意识到哪些行为是性骚扰和不被允许的 ● 若有持续的手淫和（或）性骚扰，联系家长，并在一些情况下联系儿童福利机构和（或）心理专家

资料来源：Weinstein，Romano，and Mignano，2010。

检测—拓展—探索

检测

- 教师主要采取什么步骤来预防课堂管理问题的发生？
- 课堂上的哪个时间段容易发生纪律问题？为什么？
- 教师的哪些行为会破坏课堂的流畅性，削弱因势利导？
- 处理捣乱学生的一般方法是什么？你同意吗？为什么？
- 若有效地使用奖励制度，教师应该考虑哪些要素？

拓展

● 你是否同意学生的本质是好的，发生违规行为只是因为课堂组织和管理不当？请登录“在线学习中心”，在“拓展问题投票栏”回答这些问题。

探索

● 请登录“在线学习中心”（www.mhhe.com/arends9e），听一下薇姬（Vickie Williams）和理查德（Richard Beyard）关于课堂管理策略的讨论。

第4节　课堂管理方案

心理学家、研究者和教育实践者已经开发出了大量的课堂管理方案。这些方案中有许多以特定的理论或视角为基础，并要求全校范围的参与。创始人编制了各种材料帮助教师理解这些方案，并提供培训教授他们如何使用这些材料。尽管特定方案的有效性并未得到证实，但它们已经被广泛地采纳和应用。这里为新教师提供了三个方案，帮助他们大致了解第一次教学或实习时可能会碰到的问题。

以行为理论为基础的传统方案

严明纪律　学生违规时教师应自信、果断地采取行动，对违反课堂规则的行为应施以相应的处罚。以这些想法为中心，研究者建构了一些课堂管理和课堂纪律维持方案。在过去的30年内，由坎特夫妇（Lee Canter & Marlene Canter，1976，2002）创建的名为“果断处理”的方案很受欢迎。之所以被称为“果断处理”，是因为该方案主张教师要坚持让学生做出适当的行为并要对违规行为果断制止，以此实现对课堂的掌控。

接受培训的教师（有时是全校范围的）一开始就要编制一套班规、校规（如果要保障学习，这些规则是必需的），并要提前说明不遵守规则的后果。教师要向学生和家长清楚地解释这些规则，并详细说明违反这些规则将受到的惩罚。坎特夫妇强调，教师要坚持执行这些规则，对违规处罚要一视同仁，同时寻求家长的支持，这些是很重要的。

严明纪律是一种课堂管理方法，强调教师应该坚持让学生做出正当行为，并果断制止学生的违纪行为。

果断处理的作风　坎特夫妇的中心理念是，教师应该对学生的违纪行为进行果断的回应，而不是采用消极被动或充满敌意的方式。用诸如“你为什么这么做”这类问题来回应学生的违纪行为，试图“以理服人”，是一种被动的做法。根据他们的说法，一个被动的教师无法有效地对他人施加影响，在学生面前会显得软弱无力。与此相反，一个充满敌意的教师经常会愤怒地对待那些违纪的学生，用诸如“你等着瞧吧”这样的话威胁学生；又或者，他试图让违纪学生产生负罪感，而说出“你应当为此感到羞耻”。坎特夫妇认为，被动和敌对的做法都是无效的。使用被动方式的教师并没有向学生交代清楚期望学生做什么；而使用敌对方式的教师经常只是威胁，这些威胁不可能付诸实施，也没什么意义。

果断处理要求教师清楚地知道他们想要什么，并坚决而自信地对学生的违规行为予以回应。他们建议，教师们可以通过点名和眼神交流来回应有违规行为的学生。坎特夫妇还主张，教师不应该接受违规学生的借口。他们认为，即便家教不好、身体有问题、生活中有压力，学生也不能因为这些不幸的因素就在课堂上不遵守纪律，就可以不为自己的行为负责。

处罚结果　坎特夫妇认为处罚结果要简单明了，这样，实施过程中就不会对教学行为造成严重的干扰。坎格罗斯（Cangelosi，1999）引用了一所中学实施的严明纪律方案作为例证：

（1）每个班级的教师都向学生详细说明了班级行为规则。

（2）一天当中，如果学生在上课时第一次违反课堂规则，教师可以将学生的名字写在黑板的特定区域，所违反规则的标号写在名字下面。教师不要说什么。

（3）学生第二次违反规则（不一定是同一规则）时，仍在学生名字后面写所违反规则的标号。教师还是不要对违规行为做任何评论。

（4）在一节课上第三次违反规则时，学生必须离开课堂，准备接受留堂惩罚。

（5）在一节课上，对那些违纪不超过一次的学生不做任何惩罚或要求。

（6）在一节课上，学生两次违纪，就必须在放学后去找教师谈话，讨论课堂违纪行为，并提出预防再次违纪的措施。

（7）三次违纪的学生，家长必须到校讨论该生的违纪行为，并提出预防再次违纪的措施。

虽然坎特夫妇的方法很受欢迎，但也遭到了批评。一些教师发现，如果不中断课堂教学，就很难处理学生的违纪行为。例如，将违纪学生的名字写在黑板上，而且还要弄明白他们违反了哪条规则，是要花费时间和精力的。此外，一些教师认为，严明纪律遵循的是行为主义原则，过分强调惩罚和教师制定的规则，却没有强调让学生如何建立他们自己的课堂规则，也没有引导学生养成自我约束能力和责任感。最后，严明纪律还没有经过全面的评估，其有效性还不太清楚。

杜赖库尔斯（Dreikurs）的合理惩罚 在本书第四章的讨论中，我们看到人类行为是旨在满足动机和需求的、以目标为导向的活动。杜赖库尔斯等人（1968，1988，1998）发展了基于以下想法的课堂纪律管理方法：大多数的学生行为，无论是恰当的还是不恰当的，都源于对归属感与价值的基本需求。根据杜赖库尔斯的观点，当归属感或价值感在社会接受渠道中遭到挫败时，学生就会品行不端。杜赖库尔斯将这些不端行为划分为四类：（1）期待关注；（2）追求权力；（3）寻求报复；（4）故意暴露各种缺陷。教师应对每类行为区别对待。如果一个学生希望获得关注，按照杜赖库尔斯的看法，最好的办法就是忽略它。如果一个学生自命不凡并且希望压倒老师，教师应该拒绝参与这种权力斗争，并尝试寻找新方法以对学生施加更多的影响，为学生负责。

杜赖库尔斯的方法仍旧在一些学校里使用，虽然不如先前那样广泛。接受培训的教师要学会通过判断自己的情感反应来确定学生违纪行为的类型。如果教师感到“被打扰”，很可能是学生在要求得到关注；如果教师生气，也许是学生正在寻求自己的权力。接受培训的教师还要学会如何根据学生犯错行为背后的误导性动因来执行逻辑性后果惩罚。这种惩罚直接与违规行为相关，而不是许多课堂上所使用的一般的留堂或申斥。比如，让那些在卫生间墙上乱画的学生粉刷墙壁就是典型的逻辑性后果惩罚。

逻辑性后果惩罚是对错误行为的惩罚，惩罚措施与该错误行为有直接的关系。

杜赖库尔斯的方法强调课堂民主的重要性，即在制定课堂规则时，学生是有发言权的。杜赖库尔斯认为，违规行为的逻辑性后果惩罚比武断的惩罚更有效。他鼓励教师以友好的方式来实施逻辑性后果惩罚，应该就事论事，而不要进行道德判断。这种惩罚规则的长远目标是让学生知道自己犯错的原因，并找到实现自我价值、得到社会认同的方法。

在使用杜赖库尔斯的方法进行课堂管理时，教师会遇到双重困难：一是如果没有接受全面培训，教师很难养成必需的技能来辨认学生做出违规行为的特殊动机；二是有些教师很难确定对发生在课堂上的违规行为实施哪种逻辑性后果惩罚。例如，不按顺序发言怎么处理？与教师顶嘴怎么处理？在公共场所抽烟或将武器带进学校呢？不过，那些具备必要的学校咨询与辅导技能的教师会发现，杜赖库尔斯的方法是一种应对学生捣乱行为，帮助学生提升自我管理能力的有力工具。

旨在培养自我管理能力、创建共同体的方案

还有些课堂管理方案是建立在人本主义、儿童中心、建构主义的教学理论基

础之上的。

格拉瑟班级会议 威廉·格拉瑟（William Glasser，1969，1986，1992）最早是一名训练有素的工程师，后来成为内科医生、临床心理学家。他在工作中将大部分精力投入到了对学校课堂的研究，努力寻找让学校更加令人满意、更富有生机的方法。如同杜赖库尔斯一样，他相信课堂上的大部分难题是由于学生的基本需要得不到满足而产生的。在早期，格拉瑟强调学生对爱的需求和实现自我价值的满足感；后来，他拓展了基本需求的范围，涵盖了生存和繁殖、归属与爱、权力和影响力、自由和乐趣。杜赖库尔斯认为，咨询和教师的关注能够帮助学生找到满足自我需要的方法。格拉瑟则认为，要解决上述问题，必须改良学校的结构。由此，他提出了“班级会议”的概念，这是一个 30 分钟的非学术会议，会议期间师生一起讨论，共同寻找解决个人问题和行为问题的方法，在讨论的过程中学生可以学习如何对自己的行为、对自己的人格成长和社会发展负责。

> “班级会议”是一种课堂管理方法，教师定期举办班级会议，其目的就是帮助学生发现问题、解决问题。

召开班级会议 格拉瑟班级会议包括六个步骤，或者说是六个阶段（见表 5—8）。为了确保班级会议取得成功，教师在每一阶段都必须采取一些具体措施，另外还需要注意与整体学习环境相关的几个因素。当第一次向学生介绍班级会议时，教师要着力建构学习环境；会议越来越成功时，则要相应地给予学生越来越多的自由。教师必须承担起应有的责任，提供全程的领导，以保证学生积极参与，并确保会议以解决学生的问题为中心。通常，教师作为主持人，在召开班级会议时应该要求学生坐成圆形。低年级学生一起讨论时，有时可以直接坐在地板上；高年级学生一起讨论时，则可以把主持权交给学生。

表 5—8　　格拉瑟班级会议的结构

阶段	教师行为
第一阶段：营造气氛	使用第四章中所描述的策略和方法，营造合适的气氛，使身处其中的所有学生都能自由地参与，分享观点并得到反馈
第二阶段：确认问题	教师要求学生环绕而坐，无论教师还是学生都能提出问题。教师应该确保所有人都完整、客观地描述问题，鼓励学生提出相关问题的具体案例
第三阶段：进行价值判断	在问题确定以后，要求学生表达他们自己对问题和与此相关的行为表现的态度
第四阶段：选择、确定行动方案	教师要求学生提出不同的行动方案来解决现存的问题，并就采用哪一种方案达成共识
第五阶段：制定班级公约	教师要求学生制定班级公约，试行新方法
第六阶段：跟踪和评价	在稍后的会议中，再次讨论问题，看看问题是否得到了有效的解决，学生有没有遵守约定

怎样发动、开展班级会议 为了保证班级会议的有效开展，教师必须在会议前、会议过程中和会议后分别采取特定的措施。和教学的其他方面一样，我们必

须投入大量精力关注会议的计划和执行。

计划　在准备班级会议时，教师需要全面考虑召开会议的目的是什么，准备一些要讨论的问题以防学生可能不提任何问题。更重要的是，教师要制定一个整体计划，保证有足够的时间来开展常规的班级会议。

在小学，许多教师每天上课前召开会议，也有一些教师在全天课程结束后召开会议，还有一些教师每周召开一次会议。在大多数初中和高中，教师不会如此频繁地安排班级会议，也许每隔一周的周五安排一个30分钟的会议，而如果出现了严重问题会召开特别会议。隔多长时间召开一次会议并不重要，关键是要有规律。

执行　班级会议表面上看起来可能相当简单、容易，但实际上是相当复杂的，要求教师具备相当高的技能。如果新教师所在的学校之前经常召开班级会议，并且学生已经知道了班级会议的基本目的和程序，那么新教师在进入学校后就可以马上使用这种方法。否则，最好先等几个星期再采用这种方法。

召开班级会议要求教师具有较高的技能，不过为此付出努力是值得的。

成功召开班级会议所需的大部分技能会在本书的其他章节特别是第四章和第十二章进行介绍，在此仅重复一些与班级会议各个步骤密切相关的技能：

（1）营造气氛。班级整体气氛必须有利于鼓励学生自由参与，而不是以惩罚作为威胁来强迫他们参与，这样班级会议才可能成功。学生也必须有充分的思想准备以使班级会议富有成效。尽管班级会议本身可以创造这样一种有利的环境，但在会议开始之前，班级成员之间也必须具有一定的信任度。第四章所描述的大部分活动都可以用作班级会议的铺垫。

（2）确认问题。对于那些从未参加过班级会议的学生，需要教授他们如何针对会议主题提出有价值的问题。也可以教授他们解决问题的技巧，包括：给出一定的时间让学生练习如何陈述一个问题，举出与问题有关的案例，确定问题的描述维度和评价维度。

（3）进行价值判断。集中于大部分课堂行为问题背后的价值判断是非常重要的。尤其重要的是，关于学习任务的价值判断存在很大差别，坦率地说，一些学生并不像教师那样重视学习任务。与此同时，在对于其他课堂行为问题的价值判断方面，教师可能会发现，不同种族、社会阶层的学生群体有着惊人的相似。例如，大部分学生，即使年龄很小，也都明白遵守秩序、善于倾听和尊重他人在道德上和实践上的必要性；他们还乐于接受那些为了确保安全和公平而设立的规范。班级会议能够成为探讨价值异同的重要论坛。

（4）选择、确定行动方案。除了年纪非常小的孩子，多数学生愿意为自己、教师以及同学确定行动方案，以解决各种课堂管理问题。他们知道表现好时会受到奖励，捣乱时会受到惩罚，还知道过分依赖这些策略的不利之处。他们甚至清楚教师不喜欢但在课堂上也默许的许多“擦边球行为”。在这一阶段，教师的主要任务是倾听学生的提议，确保学生理解彼此的意思，促使学生达成共识。如果一个行动方案不能被接受，特别是它违反了学校政策时，教师必须清楚、直白地告诉学生。不过，这并不是说学生不能做出努力以让学校改变政策。

（5）制定班级公约。班级公约在某些时候不是学生的承诺，而是教师的承诺，那就是要努力改进不良的班级环境。许多教师将这些约定写在通告板上，以便每个人都能记住。

（6）跟踪和评价。当学生承诺要努力遵守一系列新的行为规范时，重要的就是要对他们的承诺做好跟踪和评价。教师必须记住这些公开约定，并在日后的班级会议上定期回顾。如果学生没有遵守承诺，或者计划好的行动方案不能解决问题，就必须另外抽出时间来专门处理这些问题。

充满关怀的课堂

最后，研究者以建构主义、儿童中心理论为基础制定了一些方案，其目的是为了建立没有压力的学习共同体，以帮助学生自己做出选择、提高自我管理能力。这些方案的倡导者是查尼（Charney，1993）、科恩（Kohn，1996）、诺丁斯（1992，2001）、奥克斯和利普顿（2003）等。与传统的课堂管理方案相比，它们更难以通过教科书描述清楚。这是千真万确的，因为它们的发起者强调没有哪一种单一方案能取代传统方案，他们认为对新方案的探索是无止境的。与此观点相一致，建构主义学者和儿童中心教育学者不相信他们的方法可以被概括为一套简单的“处方”。不过，尽管如此，他们还是为教师阐明了一些操作原则，例如科恩（1996）提出的原则：

- 以公众认为公平的方式行动。
- 建立不以权力和控制力为基础的、互相信赖的关系。
- 允许学生建构道德意义。
- 限制规则和程序。
- 给学生发言权，让他们一起解决问题。

奥克斯和利普顿（2003）指出，教师以公众认为公平的方式进行教学的意义，在于它创造了这样一种课堂，在其中教师代表了社会公正并为改变教育系统中的不公平现象而努力工作，课堂上所有言行的目的都是为了理解、追求社会公正。以下是两名教师对这一观点及其现实意义发表的感想：

> 我的目的是打破教育体制中把当下和未来的学生都当作需要控制和教化的儿童的怪圈。我的目的是利用学生心态开放和敏感性强的优势，通过慢慢渗透使他们树立起强烈的社会责任感。如果我不能给学生带来无法忘怀的经验和有启发意义的对话，不能使他们意识到他们愿意且有能力参与到社会现实中去而且可以通过共同努力来改变社会，那么我的教学就没有意义。（Oakes & Lipton，2003，p. 32）
>
> 作为第一年从教的新教师，即使我不能在两周或两个月内营造出一个公正、民主的课堂，我也不灰心。这是一个艰难的过程，我意识到了这一事实。我要记住这一点，不沮丧，不被击垮。如果你充满热情地追求正义、追求变革、追求理想，那么你就已经在为社会公正贡献一己之力了。（Oakes & Lipton，2003，p. 33）

要创建充满关爱的、以儿童为中心的课堂，还要遵循一条原则：建立一种互相信赖、互相关爱，不以权力与控制力为基础的关系。也就是说，要创建出像第四章所描述的学习共同体，这里充溢着分享和信任的气氛——教师关心学生，学生相互关心。如果教师能够限制强加在学生身上的规则和程序，我们就能很好地创造出这种环境。比如，科恩（1996）曾指出设立规则和限制应该遵循一些标准，如果这些规则和程序有弹性，能够保护学生，可促进学生的参与并能使学生得到适当的发展，它们就是合理的；相反，如果只是为了维持秩序，保持课堂安静，或者只是为了满足成人的需要，导致学生不适当地发展，它们就是不合理的。

最后，主张创建充满关爱的、儿童中心的课堂的教育家推荐了一些方法来应对扰乱课堂的学生和违纪学生。注意表5—9列出的建议与本章前面给出的建议之间的差异，科恩的建议强调了建立关系、共同解决问题、将惩罚降到最低程度的重要性。

表5—9　科恩针对扰乱课堂行为或违规行为提出的十个建议

建立关系	如果不能建立互相信任的关系，教师就很难同犯错误的学生相处并帮助他们改正错误
提高技能	教师需要帮助学生提高解决问题和处理争端的技能。这包括倾听能力、平息情绪的能力以及接受他人观点的能力
做出诊断	教师必须确保自己能够准确地解释所发生的事情，并能够帮助学生做出自我分析
反思自己的所作所为	教师需要反思自己的所作所为，问问自己是不是学生错误行为的源头
使学生参与程度最大化	教师需要不断地去寻找一些方法，以使学生能够在做决定中发挥更大的作用
建构真正解决问题的方法	教师和学生需要寻找那些能够真正解决复杂问题的方法，而不是迅速见效却留下隐患的方法
进行弥补	如果学生的行为确有破坏性后果，教师应该帮助他们想一想怎样去弥补
回过头检查	教师应鼓励学生过一段时间回过头检查一下，看看问题是否得到解决，协议是否正在被执行
有弹性	在复杂的情况下，更好地解决问题需要有逻辑和实质上的灵活性
使伤害最小化	在极少数情况下，除了惩罚别无选择。此时，要尽一切可能将对学生的伤害降到最低，要用温暖的、惋惜的语调，并要向学生表达信心：一起面对，问题一定能够得到解决

资料来源：Kohn，1996，p. 47。

许多人相信，与以儿童中心、创建关怀课堂理论相关的观念和方法，体现了创建社会公认的公正课堂的美好希望，在其中教师和学生能够建立一种互相信赖、互相关爱，不以权力与控制力为基础的关系。然而，他们的观念也遭到了批评，批评者认为以儿童为中心的理论原则过于理想主义，对于很多教师而言实施起来太难，许多家长也不认同，他们更喜欢传统的课堂管理方案。

检测—拓展—探索

检测

- 在课堂中严明纪律的优点和缺点是什么？

● 杜赖库尔斯是如何解释违规行为的？逻辑性后果惩罚如何引导学生恰当地行动？

● 要想成功地用格拉瑟班级会议模式管理课堂，需要教师做出哪些行为？哪些要素对会议有帮助？

● 从儿童中心理论的视角来看，哪些原则能够指导课堂管理？

● 比较科恩和坎特处理捣乱行为的建议。

拓展

● 你个人如何看待诸如严明纪律之类的行为主义方式？

● 你认为，以儿童为中心的课堂管理方法是否会奏效？请登录"在线学习中心"，在"拓展问题投票栏"中回答这些问题。

探索

● 在谷歌中检索"课堂管理"，浏览一些和该主题相关的网站。你找到了哪些可供教师利用的资源？

第5节 最后的思考

同教学的其他方面相似，21世纪初期的课堂管理方法正处于转型期。这对新教师而言可能意味着，在你获得第一份工作的学校里可能正盛行着某种传统的学习观和课堂管理观，这种传统的观点或许认为学生是教师建构好的知识的消极容器，学生要去完成学校里的成人要求他们做的事情。而与此同时，你和许多伙伴可能已经接受了建构主义关于教与学的思想，认为教师应该帮助学生积极参与来建构他们自己的知识和道德，而这种新的教学方法需要另外一种课堂管理制度：要求教师创建充满关爱的学习共同体，使学生对他们"要做什么"和"如何做"拥有发言权；还要求教师花费较少的时间来控制学生，而多多帮助学生独立思考、关心他人。这将会是对教学的挑战，也将引领21世纪的课堂管理的方向。

对课堂的反思 ▶▶▶

失控的课堂

正值学年中期，学校里有一位教师由于个人原因提出了辞职——你刚刚在这所学校完成教学实习。校长问你是否愿意顶替她直到学期结束。你对这一委任感到十分荣幸，但是，你也知道这个班级已经完全失控。你曾目睹过这个班级的学生互相打斗。一些教师告诉你，辞职的教师发现这个班级根本无法管理：在应该听讲的时候，学生在说话；上课时，他们会不断地站起来，到处走动，根本就无视教师正在做什么；他们不守规矩并且没有礼貌。甚至有这样一个小道消息：这种失控的情形是教师突然辞职的真正理由。你知道，如果你接受这个职位而且失败了，那么你的声誉和未来的工作机会都会被毁掉。尽管如此，你还是决心接受它。现在你必须决定从哪里做起、如何去做。

针对这种情况写一篇反思报告，让其他人了解你管理课堂的总体理念和方法。根据你要任教的年级或学科分析这种情况。请考虑以下问题：你为这个班级制定的长远目标是什么？你首先会解决哪些具体问题？你会倾向于使用行为主义方法来应对这种情况吗？还是以学生的自我管理作为努力的目标？写完后，看一看下面两位资深教师怎么说，比较一下你们的想法。

埃米·卡伦（Amy Callen），马萨诸塞州波士顿市，林登试点学校，四、五年级

处理失控课堂对任何教师来说都是一副重担，特别是对新教师而言。接受这个位置以后，你不仅要承担起向学生传授知识与能力的任务，而且还要教给他们如何尊重班级成员、学校成员。重要的是要带着切实的想法开始工作，不要期望一夜醒来奇迹会发生，要制定自己和学生都容易实现的分阶段目标。

先做些调查、研究工作。上鲁思·查尼的“教孩子学会关心：‘责任心教室’中的管理”课是个很好的选择。这是一门相当不错的课，它清楚地说明了哪些管理实践是有效的。与曾经教过这些学生的教师聊聊，问问用什么方法管理他们比较有效。最后，认真做好每天的计划，避免出现刚到下午两点就无事可做的情况，计划太多总比计划不足要好。

开始几天应多花些时间定下课堂规则，不要被学生的违纪行为和鲁莽行为所干扰。当这些行为出现时，要冷静耐心地坚持做出处理（有时候，你可能想忽略这些问题）。重要的是选择好你的“战场”，学习问题也可能出现，但它们不应该成为你首先关注的目标。最好是从那些你能控制的任务入手，班级活动或者独立课堂作业（读、写、算等）都曾帮过我的大忙。开展这些活动之前，向学生说清楚你希望他们怎么做，这是非常必要的。每次活动结束时，都要称赞那些出色完成学习任务的学生。

第一周结束时，你将有希望制定出一份班级规则。这些规则或期望应该摆放在教室中显眼的位置，所有条款都应该是正面的、积极的。如果学生违规，处罚应是合理的、公平的、有意义的，而且要说到做到。

在一学年之中，都要明确分配任务，清楚地表述你的期望，并肯定积极的行为。时机到了，孩子会认为你公平、可信、言行一致，他们会以你为榜样，争相模仿你的积极行为。

彼得·费尔南德斯（Peter Fernandez），九年级

我不知道这个班级失控的任何原因。尽管如此，我想有三个主要原因——课程不能满足学生需要，没有管理制度，还有，也许教师对学生不够关心。我会这么做：

接受工作之前，我将会和校长进行一次长谈，向她阐释我的课堂管理观念，要求她提供支持。我会讲清楚课程必须做哪些调整，课堂结构必须怎样改变。如果她不愿意支持我，我将不会接受这个职位。

如果她同意我的方法，我会做三件事。首先，我会告诉学生，我希望赢得他们的尊重，如果我们能和睦相处的话，我相信他们会更愉快并能学到许多东西。每天早上我会花至少一小时（需要多少时间就用多少时间，在这方面不吝惜）告诉学生如何与他人交谈、如何解决矛盾冲突。我会组织一个正规的“问题解决小组”，目的是让学生在制定课堂规则、确定学习内容方面有发言权。我会给出大量的时间让学生讨论：他们认为哪些行为是错误的，他们觉得应该采取什么措施来解决这些问题。

其次，我会花时间与学生交谈，尽量了解他们的兴趣和知识基础，据此安排每天的课程。

最后，我会请所有的家长来校讨论本班的问题。他们可能知道情况已经失控。我会解释我的方法，倾听他们的意见，然后为家长提供一些具体的方法，让他们帮助子女学会与人相处。

总 结

说明为什么课堂管理是新教师面临的重要问题，并描述关于课堂管理的各种观点。

- 如果不能解决课堂管理问题，再好的教学也是浪费，因此它可能是新教师面临的最重要的挑战。
- 课堂管理不仅仅在于管理，而是教师作为班级领导者的角色的一部分。
- 课堂管理和教学密切相关，在现实的教学实践中并不能完全明了地分离开来。

描述课堂管理的完备的知识基础和在研究中所获得的重要指导原则。

- 课堂管理的知识基础为成功地进行小组管理和恰当地处理违规学生提供了指导原则。
- 违规学生的许多行为可以通过预防性的课堂管理措施（例如清晰的规则和程序、组织严密的学习活动等）得到消除。
- 明察秋毫、因势利导、一心多用、流畅和小组提醒等方法，都会提高学生的参与程度，减少开小差和管理难题。
- 有效管理者有确定的程序来指导学生的谈话和行动，给出清楚的解释以使学生明确地知道任务要求。
- 坚持以儿童为中心的研究者，研究教师如何创建没有威胁的学习共同体，允许学生自行选择并发展学生自我管理的能力。

描述和讨论教师进行有效课堂管理时可以采用的策略和方法。

- 有效管理者建立明确的课堂规则和程序，并将这些规则和程序传授给学生，在课堂中的不稳定时段（如开始、结束和过渡期）小心地组织课堂活动。
- 有效管理者创建制度来保证学生为他们的学习任务和课堂行为负责。
- 尽管有各种技巧来帮助计划和组织课堂管理，教师还是经常遇到存在学习困难或缺乏动机的学生，这些学生倾向于捣乱而不是参与到学习任务中。
- 有效管理者具有迅速、直接、公平地处理捣乱学生的技巧。
- 教师可以通过表扬、奖励和惩罚来引导期待的行为。
- 课堂管理的具体方法，例如严明纪律，强调清晰阐述期待的行为并坚持处理违规行为的重要性。

描述各种课堂管理方案，讨论各种方案的优、缺点。

- 从长远来看，有效教师通过帮助学生学习自我管理的技巧，可以减少管理和纪律问题。
- 与其他教学形式一样，有效教师要掌握班级管理的灵活度，因为他们知道每个班级是不同的，计划、规则和程序必须经常调整以适应特定的环境。
- 虽然可以从研究结果中学习关于课堂管理的许多观念和想法，但只有在进一步的实践和严谨的反思中才能获得课堂管理的复杂技巧。

- 课堂管理的方法可能会不断地变化。也许将来，我们会发现教师只花很少的时间来管理学生，而将更多的时间用来帮助学生思考自己、关心他人。

描述你们这一代的教师可能会对传统的课堂管理理念发出怎样的挑战。

- 未来的课堂管理可能会被更多强调对课堂和学生关怀的理论所主导。

互动学习与应用学习

学习与探究

- 登录“在线学习中心”，利用其中的学习指南和测验练习。

观察与练习

- 请到在线学习中心“教师教学”版块听薇姬和理查德关于课堂管理整体方案的讨论音频。

完成下面的第五章配套练习：

- 练习 5.1：建立课堂规则。
- 练习 5.2：设计针对某学生个体的管理计划。
- 练习 5.3：建立课堂管理计划。

档案袋与教学实践活动

通过以下的体验和档案袋活动，你会加深对本章所讲的内容、方法的理解。“在线学习中心”的“档案袋与教学实践活动”版块提供了相关材料帮助你完成这些活动。

(1) 完成本章后面的“课堂反思”练习。其中推荐的反思性文章会帮助你对课堂管理的整体观念和方法形成深刻的见解。

(2) 活动 5.1：评估你的课堂管理技巧。检查你在课堂管理中的理解水平和有效性。(INTASC 原则 5：理解学习环境与动机；INTASC 原则 6：理解课堂交流)

(3) 活动 5.2：观察教师的管理行为。观察并记录资深教师如何维持学生的参与和处理捣乱行为。(INTASC 原则 5)

(4) 活动 5.3：观察不稳定时段的课堂管理。观察资深教师在课程开始、结束和过渡时期所采取的管理课堂的措施。(INTASC 原则 5)

(5) 活动 5.4：观察教师对学生违规行为的回应。观察课堂上教师是如何回应学生的违规行为的。(INTASC 原则 5)

(6) 活动 5.5：档案袋：我的课堂管理平台。建立你的档案袋，整理你现在的关于课堂管理的想法。(INTASC 原则 5)

专业参考书目

Emmer, E., & Evertson, C. (2008). *Classroom management for middle and high school teachers* (8th ed.). Boston: Allyn & Bacon.

Evertson, C., & Emmer, E. (2008). *Classroom management for elementary teachers* (8th ed.). Boston: Allyn & Bacon.

Jones, V., & Jones, L. (2009). *Comprehensive classroom management:*

Creating communities of support and solving problems (9th ed.). New York: Prentice Hall.

Kohn, A. (2006). *Beyond discipline: From compliance to community* (10th annual ed.). Alexandria, VA: Association for Supervision and Curriculum Development.

Marzano, R. J., Marzano, J. S., & Pickering, D. J. (2003). *Classroom management that works: Research-based strategies for every teacher*. Alexandria, VA: Association for Supervision and Curriculum Development.

Noddings, N. (2005). *The challenge to care in schools: An alternative approach to education* (2nd ed.). New York: Teachers College Press.

Weinstein, C., Romano, M., & Mignano, A. (2010). *Elementary classroom management: Lessons from research and practice* (5th ed.). New York: McGraw-Hill.

Weinstein, C., & Novodvorsky, I. (2010). *Secondary classroom management: Lessons from research and practice* (5th ed.). New York: McGraw-Hill.

第六章

评估与评价

学习目标 ▶▶▶

学习本章之后，你应当掌握以下内容：

关于评估和评价的观点	定义评估与评价，讨论评估与评价的重要性，列举关于重要的评估概念的基本含义。
理论支持与实践支持	描述评估对学生的动机和学习的影响以及评估中存在的教师偏见。
标准化测验	描述标准化测验的性质和教师在标准化测验中的作用。
教师的课堂评估计划	描述教师课堂评估计划的主要特征和三个主要目的，说明如何利用评估信息。
采用传统方法评估学生的学习	描述设计和实施传统评估系统和教师自编测试的一般原则。
采用非传统方法评估学生的学习	定义表现性评估、档案袋评估和真实性评估，描述这些评估方式的设计、实施、赋分的过程。
评价和等级评定	描述等级评定的重要性，列出公平、有效地评定等级的原则。
最后的思考	简述新的评估方式怎样才能变得更透明、更公平。

读前反思 ▶▶▶

学习本章的最好方法就是回顾你上学时经历的评估与评价。在小学、中学和大学阶段，你参加过数百次测试。有简单的突击测试，也有高风险的大学入学测试。你也接受过很多次等级评定。有时候评定恰如其分，但有时也是不公平的，甚至是带有某种偏见的。在你经历过的测试与等级评定中，哪些让你印象特别深刻？

● 你对测试和等级评定有什么感受？是喜欢区分度高的、有难度的测试，取得好成绩就非常有成就感，还是有测试焦虑症，结束时总是情绪消极？

● 你如何看待标准化测验，例如智力测验、全州统考、大学入学考试或教师资格证书考试？这些测试可以确保学生和教师候选人能学到他们应该学习的内容吗？或者只能阻碍真正的学习，设置不公平的障碍？

● 你有没有考虑过在自己的班级中建立怎样的评估制度？你是倾向于制定严格的评价标准和苛刻的等级评定政策，以此促使学生努力学习，还是根本不愿意对学生的学习做出评定，计划采取一切措施减少竞争，以保证班级中的每个学生都能通过考试？

请登录“在线学习中心”（www.mhhe.com/arends9e），回答以上问题。

几乎所有领域的领导者都有责任评估和评价为他们工作的员工。教师也负有同样的责任，他们要评估和评价班上的学生——有些教师发现这一工作很困难。不过，评估、评价和等级评定对于学生和家长而言极其重要，怎样实施评估、评价、等级评定对学生有长远的影响。评估和评价过程会耗费教师相当多的时间。例如，谢弗和李斯特（Schafer and Lissitz，1987；Schafer，1991）在他们的报告中说教师用10%的时间来处理有关评估与评价的事情。斯蒂金斯（Stiggins，2007）发现教师可能会将1/3的工作时间花在有关评估的活动上。鉴于以上原因，新教师建立起一套评估、评价学生的有效策略就显得非常重要。

评估和评价学生是教师的工作内容之一，对学生具有重要的、长远的影响。

虽然与评估和评价有关的特定测量技术不在本书的探讨范围之内，但新教师应掌握基本的概念和方法。本章首先提供了一个观点，说明为什么评估和评价很重要，并对几个关键概念进行了界定。然后用两节列举了关于这个问题的知识基础，介绍了当今学校里标准化测验的性质和使用情况。随后介绍了教师课堂评估体系的目的和关键特征。最后介绍了运用传统和非传统的方式评估学生学习的方法和过程，并且还讨论了学生成绩评定的传统方法和新方法。

第1节 关于评估和评价的观点

如果回顾一下当年在校学习的日子，你就会想起即将知道考试结果或即将拿到成绩单时的兴奋，或者焦虑。这个时候，学生总是会问一个问题：“我得多少分?”你也会记得（事实上，你现在也会听到）另一个学生爱问的问题：“这个考吗?”这两个问题和学生问问题时的热切情绪说明评估和评价在学生生活中有多重要。

评估和评价的重要性

可能从测试和等级评定诞生的那一天开始，矛盾就产生了。例如，一些人认为，等级评定是非人性的，使师生互不信任；另一些人认为，进行等级评定和将学生互相比较将会使他们产生焦虑感，这对身心有害，而那些等级较低学生的自尊心会受到伤害。甚至，连那些认为评估和评价过程很重要的人们，也经常谴责时下的测试过分强调脱离具体情境的基本技能，导致竞争不合理。他们说，我们高估了测试，低估了学习。还有一些人认为等级评定是“橡皮尺”，只能测量某些教师或决策者的奇思异想，而不是测量重要的教育目标是否实现。不管怎样，今天的教师必须进行评估和评价，他们必须顺应时势，以标准化测验来评价学生和自己。本章目的是描述当代评估、测试和评价的重要特征。我们也鼓励你不要不加批判地接受既定事实，而应考虑用更加个性化、更加真实、更加公平的评估模式代替当前的评估模式。

强调责任的时代 如前所述，在我们生活的时代里，市民和决策者认为学校教育应该在标准化环境中进行，教师应该对学生学习负责。州议会和教育部门给学生的学习制定标准，并建立测试程序以确保达到这些标准。近来，随着《不让一个孩子掉队》法案和其他法规的颁布，联邦政府在学校如何运作，教师怎样教，教师如何评估学生等教育问题上起到了主要的影响作用。虽然引起过争议，但这种趋势却非常重要，它影响了全国每年对学生学习的评估活动，以及对落后学校的处罚。在某些场合，教师评价和学生进步紧密相连（Colorado District，2010）。

当下强调评估和评价还有以下几个重要原因，它们都与学校教育教学的功能分不开。

学校有分层功能 社会学家已经看到，在庞大、复杂的社会中人们期待学校承担起将公民按社会角色和职业身份分层的责任。虽然一些人可能期待在未来的某一天能够找到更好、更公平的方法对人们的社会角色和职业身份做出判断，但在目前，社会将评估、评价学生的发展和潜能的大部分工作分配给学校和教师。学生在测试中表现如何，他们被评为哪个等级，教师认为他们有什么潜能等，对学生的未来具有重要深远的影响。这些判断决定了谁可以上大学、能上什么大学、可以选择什么样的职业，也决定了学生的第一份工作以及他们的生活方式。学校评估和评价学生的方式也决定了学生能否养成自尊、自信的人格。由于这些原因，在所有教学管理中，评估和评价学生的发展和潜能可能是影响最为深远的。那些不认真对待这项工作的教师（尽管他们可能期待着某种改革）事实上是在严重地伤害学生。还有一些教师认为，美国的测试已被用来维持社会中某些群体的优势地位，阻止其他群体进步。本章的后文将会讨论不公平的、缺乏社会正义的分层功能，介绍人们对目前的测试和等级评定方式提出的批评意见，以及改革建议。

今日之学校对学生进行分层，为他们准备不同的未来。

“工作—等级评定”交换 第四章指出，课堂奖励结构如何影响整个学习共同体，以及多伊尔（1986）提出的“‘工作—等级评定’交换”在多大程度上影响着学生做什么或者不做什么。多伊尔指出，同大多数人一样，学生可以因为外部奖励的激励而去做某些事情。我们可能会为了加薪按照雇主的意愿努力工作；我们也可能会志愿为社区服务，希望获得公众对我们工作的认可。这可能并不意味着我们的工作没有内在价值，或者我们不会出于利他的理由帮助他人。它仅仅意味着，对于社会上的许多人来说，外部奖励是有价值的，它创造了强烈的行动动机。

学生为了等级而学习，正如成人为了工资而工作。

学生的工作包括各种学习任务，例如完成作业、准备考试、撰写论文和进行课堂讨论。许多教师希望学生能因学习本身的价值来学习。虽然这是一个值得赞美、在许多情况下也能达成的目标，但是等级排名还是非常重要的，而且不能被忽视。成人工作是为了获得工资，学生学习是为了等级排名，记住这一点很重要。因为这些交换是非常重要的，可以帮助解释课堂现象。

等级评定对家长的意义 家长非常关心孩子的等级评定，因为他们比自己的孩子更加理解学校中排名的重要性。大部分家长可以想到社会对他们的工作做出的重要判断以及这些判断的结果。同样的，如果教师做出判断，说孩子要被分在低等级的阅读小组，或者被分在普通的算数班，而不能进入代数班，家长也会非常遗憾。

我们知道，教师会抱怨家长对等级评定过于关心，这些抱怨有时是有道理的。例如，一些父母对孩子抱有不现实的期待，这会影响教师对孩子做出专业判断，以至于教师不能给这些孩子布置与他们的水平最适合的任务。相反，另外一些父母无视孩子的学业评价，孩子做好功课或者获得优异的成绩在家里也得不到鼓励。

不过，父母关心孩子的学业多是出于天性，而且也是有益的。一份尚未完成的报告显示（Airasian & Russell，2007；Epstein，2001），父母对等级和成绩的关心可以被教师用来提升学生的学习效果。例如，以适当的方式让父母参与孩子的家庭作业是一个拓展教师教学时间的好方法。研究显示（Cooper，2006；Cooper et al.，2001；Corno，1996，2001），教师关注家长的要求，更多地向他们汇报，让父母支持学校的奖励制度，可以提高学生家庭作业的完成率，提高出勤率，提高学生参与学习的积极性，提升学生的学习效果。

评估和评价的重要概念

评估与评价是教师的工作，旨在为做出更明智的教学决策，公正地判断学生学习情况而收集所需的准确信息。几个重要的概念可以帮助我们更充分地理解这一问题。

评估 “评估”是指教师对学生和课堂信息进行收集和综合的全过程。有关学生的信息可以通过非正式的途径进行收集，例如观察和语言交流，也可以通过正式的途径，如家庭作业、测试和书面报告来获得。与课堂和教师教学有关的信息也是评估的一部分，包括学生对某堂课的非正式反馈，也包括更为正式的课程评价和标准化测验报告。评估是一个持续的过程，有效的评估与教学紧密相连。

> 评估是为做出教学决策而收集有关学生和课堂的信息的过程。

评价 如果说“评估”强调的是对信息的收集与综合，那么“评价”常常指的是做出判断、确定价值、进行评定的过程。例如，测试就是一种评估技巧，用来搜集信息，了解某一主题的知识学生掌握了多少。而等级评定是一种评价活动，因为教师对测试收集到的信息做出了价值判断。

> 评价是做出判断的过程，或确定特定方法的价值、某学生学习的价值的过程。

形成性评估和终结性评估 大部分评估专家依据对评估信息的运用将评估分为形成性评估和终结性评估。形成性评估是在教学之前或之中进行的，是为了帮助教师了解学生的先前知识基础和技能水平，以便安排教学计划。从形成性评估采集到的信息并不用于判断学生的学习，而用于做出如下决定：分组、制定单元教学计划和每堂课的教学计划、选择教学策略等。终结性评估是指在一系列教学活动结束之后，试图采集、分析有关学生和课程的信息，它的目的是总结特定学生或一组学生的学习结果，或总结教师教学目标的完成情况。终结性评估是为判断学生的学业成就而设计的。教师使用从终结性评估中获得的信息来评定等级，并向学生及其父母做出解释。表 6—1 比较了形成性评估和终结性评估的关键问题。

表 6—1　　形成性评估和终结性评估

评估类型	收集	信息的类型	信息使用的方式
形成性评估	教学前或教学过程中	与学生先前知识和教学过程有关的信息	帮助教师做决定
终结性评估	教学结束后	与学生表现或者教师表现有关的信息	有助于对学生的学习表现或教师的教学成就做出判断

信息质量　如果教师要对学生和自己的教学做出重要的决定，他们所使用的信息质量必须很高，这是毋庸置疑的。评估专家使用三个术语来描述评估信息的质量：信度、效度和公平性。

当测试的结果总是一致，这个测试就是可信的。测量专家用多种方式去检验信度。再测信度（test-retest reliability）指某人在某个时间段多次测试是否能得出一致的结果。例如，一个学生在周五参加了测试，在下周五又参加了该测试并获得相同分数，这个测试很可能是可信的。如果一组学生在某一周参加了测试，并在接下来的一周内重复参与测试，排名大致相同，这个测试就可能具有更强的可信度。

复本信度（alternate-form reliability）指同一组学生在两种不同形式的测试中得到了一致的结果。复本信度是十分重要的，教师可以制作两套信度一致但试题不同的测试，以保证测试缺席的同学也能接受信度相当的测试。

第三种信度是折半信度（split-half reliability），就是将测试题目分为两个部分，把学生在这两个部分的成绩进行比较。当两个部分的成绩相似时，我们就说，测试具有很好的内在一致性或再测信度。这种信度多用在标准化测验当中，而在教师课堂评估的自编测试中较少用到。

因此，可信的测试是这样的：在某一时间段内，对学生特定能力进行测试，得出的结果是一致的。可信的测试能为教师提供准确、可靠的评估信息，然而，任何一个测试都不是完美的，记住这一点很重要。诸如学生猜题，教师给错分数，学生测试当天的心情等因素，都会导致测试结果的错误、不一致性、不可靠。我们将在后文介绍减少测试过程中错误量的方法。

如果测试进行几次，结果一致，就具有信度。

如果测试能检测到它要测量的内容，该测试就是有效的，从中得出的推论也将是有效的。例如，一项测试试图测量学生对数学的态度，实际测量到的却是他们对数学教师的态度，这个测试就是无效的。或者，如果测试的目的是测量学生的高级思维水平，而实际测量的却是记忆和回忆事实性信息的基本技能，那么这个测试也是无效的。显然，如果测试无法测量到它想要测量的内容，它所呈现的信息对教师而言就是没有价值的。正如后文所述，提高测试的效度和其他评估工具的效度是完全可能的。

如果测试能检测到它要测量的内容，它就是有效的。

最后，如果测试为所有的学生提供相同的机会，而没有任何的学生因种族、民族或性别而受到歧视，那么它就是公平的。如果来自某一种族或性别的学生在测试中成绩一直比另一种族或性别的学生低，那么该测试就是不公平的。学业能力倾向测试和部分综合成就测试就存在这样的问题。不过，其他的因素，诸如学校贫穷或者教师不合格等，也可能会导致学生学习成绩的差异。图 6—1 展示了效度、信度和公平性的概念。

图 6—1　测试的效度、信度和公平性

增值性评估　最后需要强调的是增值性评估。这种评估实际是分析测试数据的方法，通过分析，特定教师或学校对学生成长所做的贡献就能被测量出来。它起作用的方式是这样的：学生首先测试几个学科，通常是阅读和语言艺术、数学、科学；之后，跟踪学生逐年的学习情况，将这一特定学生或特定班级的进步与相同学科或相同年级的标准样本进行对比。作为分析的结果，这一特定学生的进步可被视为进步平均值，或高于或低于期望值。传统的测试数据的分析只能显示学生在某个特定时间点的得分，增值性评估则能显示相较于标准样本，学生进步成长的情况，它有助于回答这个问题：特定教师或学校对学生成长究竟起到了多大的作用？

增值性评估的使用通常归功于威廉·桑德斯（Sanders & Rivers，1996）。20 世纪 80 年代和 90 年代，桑德斯在田纳西州开始了这项开创性工作，使得整个田纳西州使用“田纳西增值评估系统”作为实行州责任制的办法。其他州，比如俄亥俄州、阿肯色州、明尼苏达州和几个大的校区如达拉斯和西雅图，也试验了增值评估的几种特定形式。随后，“年平均进步”（average yearly progress）的观念写进了《不让一个孩子掉队》法案，联邦立法也是基于价值增值的理念。但正如批评家所指出的那样，“年平均进步”关注的是学生的成绩，而不是学生的成长。

增值性评估也并非没有遭到批评（McCaffrey，Koretz，Lockwood & Hamilton，2004；Ravitch，2010）。一些批评者质疑这类分析使用的统计方法有问题。另一些批评者认为它过于强调标准测试，没有抓住许多重要的教育目标，比如高级思维能力、视觉表演艺术的鉴赏等。大部分教师和他们的工会组织反对将这种评估与教师评价挂钩，认为这种评估太过狭隘。但多数教师和教育工作者，还有市民、决策者都承认这种方法使用得当是有意义的，它与其他评估学生学习的方法配合使用时，有助于强调教学的重要性，强调课堂教学对学生学习的作用。

检测—拓展—探索

检测

- 为什么评估和评价学生对教师的工作来说如此重要？
- “工作—等级评定”交换是什么意思？
- 比较一下教学中评估和评价这两个术语的差异。
- 什么是效度、信度和公平性？
- 形成性评估和终结性评估有什么区别？
- 增值性评估是什么意思？

拓展

- 你是否同意学校应该成为“筛选学生”的工具？登录“在线学习中心”，在“拓展问题投票栏”做出回应。

探索

- 在网络上检索“形成性评估”和“终结性评估”，你找到的定义与本书的定义一样吗？

第 2 节　理论支持与实践支持

评估和评价的知识基础是很广泛的。用于测量各种特性和品质（如学术成就、个性和成绩）的基本概念有着悠久的学术传统。同样的，20 世纪的绝大部分时间里，人们都在深入研究测试结构、等级评定和评估信息的利用等相关的具体技术。本节为新教师介绍两项具有代表性的调查：评估和等级评定对学生的影响；教师在评估和等级评定中的偏见。

评估和等级评定对学生的影响

显然，对新教师而言，最重要和最常见的问题是：“测试、成绩和等级评定的过程影响学生学习吗?”幸运的是，这也是教育学者感兴趣的问题。关于评估对学生的动机和学习的作用，人们已经有了很多了解。可以肯定的是，教师在课堂上使用的评估方式对学生的学习方式和学习内容有直接影响（Airasian & Russell，2007；Brookhart & Durkin，2003；Crooks，1988），但是，正如马扎诺（2007）指出的那样，对这方面的研究要非常慎重，因为涉及的问题错综复杂。正如后文所谈到的，对学生评估的简易办法是找不到的。

等级评定的作用　20 世纪 60—70 年代，学界兴起了一项源于自然实验的研究。这个时期，很多学院和大学开始允许学生自主选择具有评定等级或仅判定是否通过的课程。一些研究（Gold et al.，1971）比较了学生的学习成绩，发现结果非常一致：在评定等级的课上学生成绩更好。

但是，有关等级评定对学生家庭作业的影响的研究却并没有得出十分明确的结论，这让教师很困惑。一方面，教师希望学生因为作业的内在价值而完成任务；另一方面，许多资深教师可能会说："如果我不对作业进行等级评定，学生就不会做。"弗朗西斯·卡伦等人（Francis Cullen et al.，1975）进行了一项有趣的实验研究，为这个问题的解决找到了一丝希望。

研究者给学生布置了一项简单的任务——到图书馆查阅资料，写报告，并在实验中控制两种刺激变量（积极的和消极的），观察它们对学生完成任务有什么影响。他们研究了三个偏远地区中学 14 个班级的 233 名学生。研究者要求学生完成一页纸的报告。虽然任务因科目不同而有所差异，但是长度和难度都是一样的。14 个班级被随机分配到三个不同小组：(1) 积极刺激小组：告知学生，如果交报告，老师将会在期末的等级评定中加上 X 分；如果不能完成任务，也不扣分。(2) 消极刺激小组：告知学生，如果不交报告，老师将会在期末时扣掉 X 分。(3) 控制组：告知学生，完成任务与否不会影响他们的成绩。

消极刺激小组 64%的学生完成任务，积极刺激小组 42%的学生完成任务，而控制组仅有 14%的学生完成任务。这些数据证明了研究者的假设：作为消极刺激物的分数将比作为积极刺激物的分数更加有效。

近来，一些研究（Milton et al.，1986；Poullio，1985；Tuckman，1992）分析了测试、等级评定和学生学习之间的关系。一般而言，这些研究证实了早期的研究：使用等级评定可以提高学生的学业成绩，但是二者的关系非常复杂。例如，科恩（2002）研究证明："强硬的等级评定最开始能提高测试得分……但时间一长就没有效果了。"正如你在第四章所读到的那样，对学习任务有内在的兴趣也影响着动机激发，这与学生本人是否看重等级从而影响他的动机激发的道理是一样的。显然，父母与好友对等级的重视程度也影响着学生的态度。

形成性评估对学生的影响 关于评估的作用，可能最具有说服力的证据是，形成性评估的频繁使用以及它与日常教学的紧密联系，促使学生在学业上进步明显。比利和乌特勒支（Beaulieu & Utecht）的研究显示：教师在班上每周进行一次小测试，这个班学生的期末考试成绩会进步很多。其他研究（Bangert-Drowns，Kulik & Kulik，1991；Dempster，1991）也得出了相同的结论：经常进行评价，学生的学习成绩会得到提高。

关于形成性评估所起作用的标志性研究，比如布鲁克哈特和德金（Durkin）——他们的研究很有意思，我们将在本章的研究摘要中予以介绍。布鲁克哈特和德金的研究发现有效教师会经常使用不同的方式评估学生的学习情况。布莱克和威廉（Black & William，1998a，1998b）做了 280 个研究的元分析，他们发现形成性评估的影响面远远大于其他教育干预方式，他们认为，如果使用得当，形成性评估可以引起学生显著的学习进步，尤其在帮助后进生方面效果更明显。威廉在这些研究的基础上得出结论：如果使用得当，形成性评估可以有效加快学习进度。关于恰当使用形成性评估的话题将在后文予以展开。

最后，形成性评估可以帮助学生更加明确教学的目标（第三章有介绍），由其提供的反馈——无论是正式的还是非正式的——都能提高学生的动机，促进学习

(Brookhart，1997；Brookhart & Durkin，2003；Dempster，1991)。第八章将详细说明：有效的反馈必须及时、清楚、明白，不能太模糊。这一章的研究专题说明了不同形式的评估对学生动机和学习成绩的作用。

标准化测验的作用 今天，学校里已经广泛地使用了标准化测验。一般人认为，如果测试分数高，该学校及其教师就是有成效的。许多案例证实，在某种程度上，这个说法是真实的（Cavanagh，2008；*Conditions of Education*，2009；Education Trust，1998；Sanders & Rivers，1996）。然而，由于种种原因，标准化测验的影响可能并不总是像一些人认为的那样积极。谢泼德等人（Shepard et al.，2005）的研究证明，标准化测验的影响是有好有坏的。一些研究（Grissmer et al.，2005）证实高风险的标准化测验能给学习带来更大的进步；但另一些研究（Nichols & Berliner，2007；Pedulla et al.，2003；Ravitch，2010）指出，标准化测验窄化了课程，因为教师的教学将仅集中于考试所能覆盖的内容。另一个研究发现，州标准测试中的成绩不能被国家教育发展评估的数据所证明（Shepard el al.，2005）。最后，一些教师已经开始抱怨标准化测验的整体有效性。一位教师在网上讨论专栏中说道：

> 没有任何作用！我在佛罗里达州第三大城市学区工作，这里，基本的主题就是“等级评定”。也许《不让一个孩子掉队》法案最初的意图是好的，但推广到全体儿童之后就演变成了灾难。孩子的学业进步只不过是教给他们相当于年级平均水平的标准化测验的内容。三年级的主要内容是FCAT（佛罗里达全面评估测试）要求的阅读，四年级是写作，五年级是科学和算术。难道没有人对初中阅读得分下降觉得奇怪吗？我所在学区的一些学校，如果学生在FCAT中只获得一级或二级水平，那么他们就不能学习其他技艺类课程（音乐、体育、媒体、艺术、计算机等），以便腾出时间用来补习考试内容。对他们来说，学习不再有趣。他们被筛选出来，接受补课，而补课的内容都是没完没了的考试习题训练，即使有效果，也是十分短暂的。学生的自我价值维系于他们做多项选择题，回答或长或短的问答题的能力。学生被视为考试分数，而不是人。当我们努力“不让一个孩子掉队”时，实际上我们已经掉队了，因为我们要培养学生在经济全球化的大背景下谋生存的能力，而现在他们连计算机、艺术、媒体或体育都没有接触过，根本不具备全球竞争力。（ASCD Whole Child，wholechildeducation.org. Retrieved August 27，2007）

标准化测验令人担忧的原因是，大部分的标准化测验所测量的能力十分狭窄，主要是关于数学和语言的能力。正如你在第二章所看到的，今天的主流教育家相信存在多种智力形式，如加德纳提出的八种智力（1994）。因此那些具有艺术才能、人际交往才能或者内省智力的学生就会处于不利境地，因为这些能力不可能在标准化测验中体现。

> 高风险测试指测试分数被视为依据，用以做出某些重要的教育决策，比如分班、制定教育计划或升学等。

教师在评估和等级评定中的偏见

根据自己当学生的经历，你们无疑会知道，让年轻人感受到教师对待他们是公平公正的，这一点非常重要。当教师判定学生的学习成果、评定等级时，远离偏见显得非常重要。教师的偏见也是研究最多的课题。一个世纪以前，斯塔奇和埃利奥特（Starch and Elliot，1912，1913）就完成了一项有意思的研究。他们指出，教师在作文评估和等级评定上存在主观性。在最初的研究中，研究者要求许多不同学校的教师对学生用英语写的考场作文进行等级评定。接着，研究者要求历史和数学教师也从事相同的任务。斯塔奇和埃利奥特发现，教师在评估作文时应用了不同的标准，结果同一篇文章所得的分数差距很大。例如，一篇满分值为100分的英文作文，最低分为50分，最高分为97分。

在接下来几年中，类似研究也表明教师评估学生作业时持有不同的标准，他们受到很多主观因素的影响，例如学生的书写是否工整，观点是否与教师相同，特定学生的作业是否达到了教师的期望值（想想第二章介绍的“自我实现预期”的概念）。幸运的是，研究者找到了很多策略来降低评估和评价中的偏见和主观性。这些方法和技巧将会在本章后文更充分地介绍。

检测—拓展—探索

检测

- 社会通过什么方式说明等级评定可以提高学生的学业成绩？为什么过度强调外在成绩奖励制度可能是不利的？
- 标准化测验怎样影响学生的动机和学业成绩？
- 教师在判断学生的任务时，有哪些主观标准影响他们？

拓展

- 你是否同意目前频繁使用标准化测验来测试学生的方式？登录“在线学习中心”，在“拓展问题投票栏”做出回应。

探索

- 在网络上查查关于测试公平的网站。

研究摘要

课堂评估与学生动机、学习成绩在中学社会课中的关系

Brookhart, S. M., and Durkin, D. T. (2003). Classroom assessment, student motivation, and achievement in high school social studies classes. *Applied Measurement in Education*, 16 (1), 27-54.

问题和方法：一线教师经常问的几个重要问题包括：我如何激发学生更努力学习，取得更好成绩？你认为我评估学生的方法有用吗？布鲁克哈特和德金对此进行了一个有意思的研究：探索教师课堂评估和学生动机、学习成绩的关系。他们试图回答两个重要问题：(1) 学生如何认识特定的学习任务和评估？如何认识自己的能力（自我效能——这些能力是成功完成任务所必需的）？如何认识他们为

特定任务所付出的努力？（2）这些认识会因评估方式的不同而不同吗？即纸笔测试和表现性评估、个人作业和小组作业、教师制定标准和学生制定标准等，哪种方式更有效果？

研究指南：这是一个个案研究的范例，使得研究者可以更深入地研究某位特定的教师以及评估事件。它可以通过观察和访谈收集详尽的资料。但是，它不能让研究结论脱离具体环境加以普遍化，它的结论只在研究的具体环境中才是有效的。

范例：此研究的整个设计属于描述性个案研究。通过与社会课教师合作，研究者抽样、观察、研究一系列“课堂评估事件”。合作教师都在一所很大的市区中学教书，这所中学42%的学生来自低收入家庭。研究者一共观察了五节课：两节普通课——十年级的世界文化课；两节优质课——十一年级的美国历史课；一节哲学选修课。一共研究了五节课的12个评估事件（见表6—2）。评估的类型包括：纸笔测试；表现性评估（既有教师制定的评分标准，也有学生制定的评分标准）；小组作业和个人作业。

表6—2　　课堂评估事件的描述

评估事件	评估种类
美国历史课评估事件	
美国革命的测试	个人纸笔测验
内战连环画	表现性评估：小组合作任务
历史棋盘游戏	表现性评估：学生制定评分标准
评价肯尼迪总统	表现性评价：学生制定评分标准
哲学选修课评估事件	
早期哲学家测试	个人纸笔测验
介绍哲学家	表现性评估：小组合作任务
介绍印度教	表现性评估：学生制定评分标准
描述当前的问题	表现性评估：学生制定评分标准
世界文化课评估事件	
文艺复兴小测验	个人纸笔测验
霍布斯/洛克对话	记录个人表现
工业时代游戏	表现性评估：学生制定评分标准
第二次世界大战时间线索	表现性评估：学生制定评分标准

方法和过程：研究者分别在12个课堂评估事件的前后对学生做了两次问卷，测量了几个不同的理论化概念（constructs），此处的研究摘要列举四个相关的理论化概念。

（1）评估任务特征的认识（评估的重要性和性质）。例如：“对我来说，知道评估的主题是很重要的。”

（2）自我效能的认识（学生觉得自己有能力战胜评估任务的挑战）。例如：“你觉得，评估中的作业难吗？”

（3）目标取向。例如：“我要努力学习。”

（4）心智投入。例如：“你在完成学习任务时有多努力呢？”

此外，研究者还观察了每一个课堂，并在每个班访谈了两名学生。

结论：对问卷、访谈、观察收集到的数据进行的全面分析非常复杂，这里只呈现部分研究结论。

通过这些数据的分析，研究者发现，学生对评估工作的认识有两个特点：(1) 如果是教师控制评估活动，那么，评估的主要任务是使学生内化教师或教材提供的信息。(2) 难度高的评估任务需要耗费较多的时间，但其实未必有想象中的那么难。关于"自我效能"方面，学生通常在小组活动中更自信。在小组活动中，这些任务变得更有趣也更容易达成。但是，有一些学生可能在小组活动中有困难。关于动机方面，学生的学习不完全是为了获得好的成绩，还有其他三个原因：因为兴趣而学习，为了表现自我，为了在小组活动中帮助他人。

接着研究者仔细分析了四种特别的评估作业：

(1) 对"美国独立战争"的传统测试；(2) 关于"美国内战"的小组合作任务；(3) 小组合作任务：制作 1977—1990 年美国历史的棋盘游戏；(4) 通过制作成绩单或其他方式，评价肯尼迪总统。

通过分析，研究者可以发现哪一种评估与哪一类动机和努力相关联。以下是他们的结论：

表现性评估与纸笔测试：显而易见，表现性评估比纸笔测试更能激发学生的学习动机。学生因为兴趣而学习，会投入更多的努力。表现性评估与学生的"自我效能感"也有联系。在纸笔测试中，只有感到自己能获得高分的学生才有较高的"自我效能感"，但这在表现性评估中却不是必需的前提条件。

小组合作与个人表现性评估：大多数情况下，小组与个人表现性评估并没有明显区别。一些学生倾向于小组任务，在与他人的合作中更自信；而另一些学生则在小组合作中有困难。

教师制作评分准则与学生制作评分准则：研究者发现这两者之间也没有具体可辨别的差异。但是他们认为，如果等级评定是基于"评分准则"的，那么谁制作的评分准则并不重要，重要的是它们是否有效，是否对学业表现有明确的指导作用。

意义与讨论

这个研究的结论非常吸引人。首先，它呈现了一位教师在一个学年的教学中使用的各种评价方式，同时他也遵照了教师们经常会得到的建议，那就是"多测验，采用多样的评估方式"。其次，研究发现，表现性评估与学生动机和努力有着内在的联系，这是非常重要的。研究者认为，这一发现给当下教育研究者感兴趣的表现性评估提供了有益的尝试和支持性证据（Wiggins，1998）。最后，研究者强调，教师设计的评估活动要使学生形成自主意识，并能让他们清楚地看到，只要不断朝正确的方向努力，就会取得好成绩。

第 3 节 标准化测验

标准化测验的概念是在 20 世纪初提出来的。尽管标准化测验实行了一个世纪，但直到最近十几年标准化运动和绩效责任运动的兴起，标准化测验的重要性才体现出来。今天，教育部门每年都会使用标准化测验评估学生的学习成绩，这既能体现教育部门的权威，又是联邦法律的要求。正如第三章所介绍的那样，这些测试在各州之间不尽相同，但它们主要用来评估处于基础阶段的学生在数学、阅读、写作方面的能力，中学阶段的测试有时分为科学、历史和地理几个学科。

这些测试的结果会反馈给教师，以便教师对症下药。学生与家长也会得到反馈。学校（或校内的群体比如班级，年级组等）会负责总结这些测试分数。各州内部会在学校之间进行比较。这些比较将会在本地报纸上刊登。图 6—2 是某州通报给教师和家长的测试结果。按这一趋势发展下去，测试将在教师和学生的生活中占有越来越重要的地位，各方将参照测试结果做出高风险的决定。例如，某些社区学校已经由州政府管理，因为这些学校的学生测试成绩一直很糟糕。

阶段性测试计划 八年级成绩报告	教师： 学校： 地区：		
客观测试内容		合格标准（斜线前为及格分数，斜线后为总分数）	学生分数
书面交流： 1. 构思/查阅资料 2. 写作/修改 3. 校订	已具备哪几项能力？	11/15 11/15 11/15	13 12 12 3
阅读理解： 1. 建构意义 2. 使用策略 3. 分析、描述和质疑	已具备哪几项能力？	7/10 4/6 10/14	9 4 11 3
例文	学生分数	阅读能力水平	学生分数
总体写作成绩总分为 12 分，8 分合格	8	阅读训练单元（应完成 64 个单元）	78
您的孩子在写作方面已经达到或高于州定目标。获得这个成绩的学生写作流畅，能比较有条理地进行书面交流。其文章论述得体，详略得当。同时整体构思合理、观点前后一致，过渡自然		您的孩子在阅读方面达到或高于州定目标。获得这个成绩的学生具备必要的知识和能力，可以在教师尽量不提供帮助的情况下，完成适合该年级水平的作业或任务。一般而言，该水平的学生能理解教材和其他的八年级或更高水平的阅读材料	
测试目标——数学		合格标准（斜线前为及格分数，斜线后为总分数）	学生分数
概念： 1. 识别或拓展数字模式、属性模式 2. 认识分数、小数和百分数的符号 3. 将分数和带分数转换成小数，或将小数转换为分数、带分数		4/6 3/4 3/4	4 4 4

4. 将分数和小数转换成百分数，或将百分数转换成分数、小数	3/4	3
5. 识别数轴、比例尺、坐标上的分数、小数和整数	3/4	3
6. 比较带分数和小数的大小	3/4	4
计算/求值：		
7. 进行二、三、四位整数、现金账（money accounts）和小数的加减运算	3/4	4
8. 用一位整数或小数来乘除二、三位整数、现金账或小数	3/4	4
9. 用10、100、1 000进行整数和小数的乘除运算	3/4	4
10. 用通分法进行分数和带分数的加减运算	3/4	4
11. 整数、分数与分数、带分数的乘法运算	3/4	3
12. 了解整数的百分比	3/4	4
13. 确定恰当方法，求整数的值	4/6	6
14. 确定恰当方法，求分数和带分数的值	4/6	6
15. 确定恰当方法，求小数值	4/6	6
16. 确定恰当方法，求百分数的值	5/7	6
问题解决/应用：		
17. 解决分数的顺序与大小的问题	3/4	3
18. 解决整数和小数的顺序与大小的问题	3/4	4
19. 解决整数和小数的四舍五入问题	3/4	4
20. 从图表中得出合理的结论	3/4	4
21. 根据数据画图	3/4	4
22. 在数学故事题中识别出与数字有关的语句	3/4	4
23. 计算或推出整数、钱币计算包括平均数等问题的正确答案	3/4	3
24. 计算或推出分数、小数和带分数等问题的正确答案	3/4	3
25. 计算或推出比率、比例和百分比等问题的正确答案	3/4	3
26. 计算或推出常用单位和公制单位等问题的正确答案	3/4	2
27. 计算或推出基础概率和分配问题的正确答案	3/4	3
28. 计算或推出一组数据的平均数和中位数	3/4	4
29. 识别问题情境中的必要信息	3/4	3
30. 解释数据处理问题	3/4	4
测量法/几何学：		
31. 识别或绘制几何图形和图表	3/4	2

32. 识别或绘制几何图形的变形和对称图形	3/4	4
33. 对图形进行描述、归类，制作模型	4/5	5
34. 测量和判断周长、面积和体积	3/4	4
35. 测量长度、面积、体积和角度	3/4	3
36. 找到适合于给定情境的公制测量单位或常用测量单位	3/4	4
代数：		
37. 解决一步等式运算	3/4	4
38. 会应用运算次序	3/4	4
39. 会用公式来求值	3/4	3
40. 列出应用题的算式	3/4	4
您的孩子在数学方面已经达到或高于州立目标。该水平的学生具备相应知识和能力，可以在教师最少帮助的情况下，完成八年级的任务和作业。一般而言，这些学生会表现出良好的计算能力、概念理解能力和问题解决的能力	已达到的目标数量＝38 学生总分数＝154 （总分 172 分，130 分及格）	

图 6—2　案例：全州阶段性测试成绩单

许多学区也有标准化测验计划。在较大的学区，有经过专门培训的一套班子来协调、管理这项重要的教育活动。很少有学校不让学生参加一年一度的学习技能、阅读、语言习得、数学运算、语言推理和概念发展等测试。有时候，学校使用政府机构编制、发行的试卷，另一些学校使用由州或地区测试管理机构编制、发行的试卷。测试成绩可用来检测学校和教师的教育教学成效，更重要的是，可用来决定学生未来的教育机会和工作机会。

新教师不必为州级或校级测试挑选试卷，也不需要打分或分析试卷。但他们应理解这些测试计划的非技术意义，会使用这些测试结果，并能清楚地将测试结果传达给学生和家长。在许多学区，教师还要负责让学生在测试中取得成功，美国几个州已经开始将测试成绩列为教师绩效评价的一个方面。

标准化测验的性质

与教师自编测验形成鲜明对照的是，标准化测验是专业命题人设计和编制的，有特定目的，如测量学业成绩或读写水平。这些测试通常可以用在不同的情境下，并得到有效和可靠的测试结果。在某些情况下，标准化测验也提供全国范围内的“常模群体”在测试中的表现，为随后参加该测试的学生提供比较的基础。常用的标准化测验包括斯坦福成就测试（Stanford Achievement Test）、加利福尼亚成就测试（California Achievement Test），以及被许多学院和大学用作入学考试的学术能力测试（SAT）和美国大学入学考试（ACT）。多数人通过 SAT 或 ACT 之后，又会参加由美国教育考试服务中心推出的名为“PRAXISⅡ”的标准化测验。

常模参照测验和目标参照测验

今天，我们主要使用两个标准化测验来测量学生的能力和成就。这就是常模参照测验和目标参照测验。重要的是需要理解这两种测验之间的差异，并能与他人交流两种测验的理论基础与优劣。

常模参照测验是通过将某一学生的成绩与特定学生群体参与同一测试所得成绩进行比较，进而评价该学生的成绩的测试。你上学时参加的大多数测试都是常模参照测验。分数告诉你，在某个特定的主题或技能上，与全国的“常模”学生群体相比你的表现如何。大部分的常模参照测验会有两个分数——原始分和百分位排名。原始分是学生答对了多少道题。百分位排名是一个统计工具，它表示学生与其他学生相比的情况如何，特别是与那些在一个特定的测试单元所得原始分相等或较低的学生相比情况如何。表 6—3 说明了在标准的常模参照测验中原始分是如何转换成为百分位排名的。请看，原始分一列中的“38”，表示学生在 48 个问题中答对了 38 个问题。你可以看到该学生的百分位排名是 71，这意味着这个常模群体中有 71%的学生在这个测试中获得 38 分或更低的分数。如果学生的原始分是 30 分，那么它的百分位排名是 22，意味着在这个常模群体中只有 22%的学生获得 30 分或更低的分数。

常模参照测验是指将某一学生的成绩与特定学生群体的成绩进行比较，进而评价该学生的成就。

表 6—3　原始分与百分位排名

原始分数	百分位排名	原始分	百分位排名
48		34	44
47		33	40
46		32	36
45	99	31	30
44	96	30	22
43	93	29	18
42	90	28	15
40	81	27	11
39	76	26	7
38	71	25	4
37	65	24	3
36	56	23	1
35	49	22	1—

常模参照测验把被测学生同其他学生的行为表现进行比较，目标参照测验则把被测学生的表现与设定好的同一行为水平或标准进行比较。为了说明常模参照测验和目标参照测验之间的差异，让我们以一个运动员百米短跑的速度为例。如果使用常模测试，就是将一个运动员同一群运动员进行比较，测试者将会报告，这个运动员的百米速度是 13 秒，在同龄群体中位于 65%。如果使用目标参照测验，测试者将报告，百米短跑的达标时间是 12 秒，学生跑了 13 秒，低于标准 1 秒。

目标参照测验是将特定学生的表现与事先设定好的行为水平或标准进行比较。

一般而言，目标参照测验测量的内容和技能比常模参照测验更为具体。显然，他们为教师提供了不同类型的使用信息。在本章的后面会介绍，那些主张过程性评估和真实性评估的学者对常模参照测验和目标参照测验都提出了质疑，但是现在让我们先来看看这两个方法各自的优缺点。

常模参照测验和目标参照测验的优缺点

如果教师对自己学生同其他学生的测验成绩比较的结果感兴趣，那么就需要常模参照测验。常模参照测验可以在不同学校、地区或州之间进行比较。例如，某个学区所有三年级学生的学业成绩可以与其他学区同年级学生的成绩相比。但是，常模参照测验往往无法充分了解学校或教师的具体目标完成得如何，就完成本地教学目标而言，它也无从了解学生目标的表现与过去相比是否有进步。

而通过目标参照测验可以了解某个学生某些具体知识掌握得如何，是否达到了特定目标或标准。要判断特定教学计划和教学活动是否有效，掌握这些信息是很重要的。然而，仅看目标参照测验结果，无法比较某个地方学生的表现与全国常模群体的表现。不过，目前越来越多的学校和教师使用目标参照测验，因为通过目标参照测验能更好地诊断学生的困难所在，评估校内目标，或者系统内目标是否达成。

教师在标准化测验中的作用

教师在标准化测验中起到几个重要的作用：考前准备，负责测试，与学生和家长交流测试结果，利用测试结果计划下一步教学。

考前准备 许多测试专家（Airasian & Russel，2007；McMillan，2006）相信良好的应试技巧在测试中有助于学生表现。教师可用两种办法提升学生的应试技巧。第一，使学生熟悉测试的样式，并提供训练的机会。新教师将发现许多学区设计了专门用来提升应试技巧的课程。第二，教师可用一种积极的态度与学生交流，解释测试的重要性，因此必须全力以赴。他们应努力使学生将标准化测验看作一次检验自己的机会，而不是一种负担。正如布鲁克哈特和德金所说的那样，“在有效教学和积极环境中进行的测试，和在低效教学和消极的审判式环境中进行的测试，给学生的感觉是不一样的，效果也自然不同”。

“应试教育”是教师和测试管理人员经常出现的问题。一般来说，教师不应纯粹为了考试而教，但同时他们也应该确保学校课程在某种程度上与测试所涵盖的内容和技能是一致的。根据以往的经验，为学生专门开设准备 SAT 或 ACT 测试的课程，提供专门辅导是有帮助的。但是考前准备并不能代替平时做功课和努力学习。国家测量工作委员会（The National Council of Measurement Task Force）给一线教师提供了一些原则，他们认为教师应避免：

- 教学只关注测试内容及试题。
- 教学中只使用与测试题相似的例子。

- 对测试内容进行专门训练。(Airasian & Russel，2007；Canner et al.，1991)

负责测试　教师经常要负责实施标准化测验。多数情况下，实施测验包括安排教室、测试的时间等。如果提供了测试卷脚本，那么教师应仔细阅读。本章后文将介绍减少学生考前焦虑的指导性原则。

利用测试结果　标准化测验能提供有用的信息，用以诊断得失，计划下一步的课程。例如，如果在一次测试中，少数学生得分很低，教师可能希望找出其中的原因，并为这些学生在课程和教学上做出有针对性的调整。另外，如果班上大多数学生在测试的某个知识点得分都很低，那么原因可能是这个知识点没有讲解透彻或者内容安排顺序不恰当。这就促使教师检查自己的课程设计，做出合理的调整。结果可能是一项重要的内容在课程里完全被忽略了，也可能是四年级的内容放到了五年级才教。但是正如你将在下文读到的那样，在对学生进行诊断时，标准化测验的信息不能代替教师日常教学中使用形成性评估收集到的信息。

学校和家庭

跟家长和社区保持联系

家长非常关心孩子的考试成绩。所以，教师以诚实、坦率的方式来解释标准化测验结果是非常重要的。我们可能会要求教师反思学生的测试分数，向父母解释测试结果，说明报纸上刊出的分数。学生和家长需要知道，一次测试分数本身并不能测量一个人的全部能力。同时，他们需要知道怎样利用标准化测验的分数来做出影响学生生活的决定。

我们要经常提醒家长特定测试计划的作用和局限性，尽量让他们了解所有标准化测验的理论基础。教育工作者尚未能够用通俗易懂的语言向他们做出解释，让他们了解常模参照测验的理论基础和局限性，也没有向他们解释大部分标准化的纸笔测试在判断多元智力和技能方面存在哪些局限。资深教师可以找到与家长和其他人交流的合适方法，告诉他们常模参照测验只是将学生与常模群体相比较，并不一定能用来衡量教师、学校或教育系统是否很好地实现了教育目标。教师可以与家长和社区交流，告诉他们：学生的学习能力和学习意愿决定着他们在标准化测验中取得怎样的成绩，有的学校里绝大多数学生学习动机弱，有的学校里绝大多数学生学习动机强，那么前者的测试成绩永远不可能与后者抗衡。最后，教师应提醒家长和其他人，在标准化测验中可能存在测试歧视，而且有些目标通过测验是检测不出来的。

检测—拓展—探索

检测

- 州立测试计划如何影响课程和教师教学方式？
- “高风险”测试是什么意思？
- 教师在标准化测验中需要履行哪些不同的职责？
- 常模参照测验和目标参照测验有何不同？他们各自的优缺点是什么？
- 为什么说教师充分理解标准化测验方法非常重要？

拓展

● 你是否认为在某些情况下不应将测试结果通知父母和社区？

● 你是否同意根据标准化测验的分数对教师的教学进行评价？登录“在线学习中心”，在“拓展问题投票栏”做出回应。

探索

● 登录 NCLB 网站，考察其具体内容。

第 4 节　教师的课堂评估计划

大面积评估和标准测试的投入资金远远超过课堂评估，标准化测验的高风险性质也能吸引更多的关注。但是，学生经历最多、影响最大的评估却是教师日常教学中设置、实施的课堂评估。

评估的主要目的

大部分教育工作者和评估专家将教师评估计划的目的概括为三个方面：（1）为了学习的评估，（2）作为学习的评估，（3）对学习的评估。为了学习的评估（也叫形成性评估）指为了诊断学生先前的知识、错误观念和兴趣而收集信息。这种信息可以给教师提供反馈，有助于监控学生的学习。它是不断发展的，可以帮助教师制定下一步计划。作为学习的评估（Earl，2003）指学生自己收集自己学习的信息。对学习的评估（也叫终结性评估）指收集学生已经习得的内容或已达到的教学目标的信息，实际也是教学成果的信息。这种信息通常是在单元教学完成之后收集的，用以做出分等级、升级或分班等教育决策。三种类型的评估不是顷刻间就能完成的事情。相反，它们是教学中持续的、不可分割的一部分。表6—4概括了三种评估的目的。

表 6—4　　教师课堂评估的三种主要目的

评估的目的	评估信息的利用	时间	案例
为了学习的评估	● 诊断学生先前的知识、错误观念和兴趣 ● 监控学习，提供反馈 ● 指导教师教学计划	教学之前或教学过程中持续的	诊断工具 学生访谈 知识调查 正式和非正式观察
作为学习的评估	● 学生自我评估，用以自我监控和自我定向 ● 同伴评估用以促进共同学习	教学之前或教学过程中持续的	自我评估工具 同学访谈计划
对学习的评估	● 终结性评估，用来测量学生成长，做出价值判断	单元、一季度或学期工作结束时	教师制作的单元测试，期终考试，表现性评估，标准化测验

为了学习的评估

正如你在前文所读到的，为了学习的评估，也称为形成性评估，它对学生的学习有很大的影响。这些评估用来诊断学生先前的知识、兴趣，监控学习过程，提供反馈信息。

诊断先前的知识　要对特定学生进行个性化教学，或对特定班级因材施教，就要了解有关学生的能力、兴趣和先前知识的可靠信息。常模参照测验和目标参照测验在这方面都能提供部分信息，但它们也有局限性。标准化测验适用的学科是有限的，只有阅读、语言、数学、科学等，而且对普通教师来说，标准化测验不是随时都能进行的。这就意味着形成性评估是课堂中教师使用的最主要的评估方式。

在许多学校都有经过专业训练的负责测试和测量的团队，还有咨询人员和专门的教育职员，可以帮助新教师诊断学生的能力和成绩。在另外一些学校中新教师就得不到这些帮助。新教师如果得不到正式的诊断信息，就不得不更多地依赖非正式的技术以评定学生的先前知识。例如，教师可在布置作业之后密切观察学生，了解这项任务对于他们来讲是困难还是容易。同样，通过聆听学生的发言，提出试探性问题，教师可能获得另外一些线索，了解学生对于任何一个课题的先前知识。事实上，师生之间的问答是教师确定学生理解情况的一种主要手段。教师可通过学生的回答判断继续往下讲还是回过头来复习。皱眉、点头、眼神困惑等，也暗示了学生对某个主题的理解程度。然而，新教师应该意识到，这些动作、表情有时会被误解。

因为许多学生在众人面前不愿承认自己缺乏知识或理解力，一些教师便发现，小范围内与学生面谈是教师获取所需信息的一个好方法。该技术对于从不喜欢参与课堂讨论的学生或表情、动作单一的学生那里获取信息特别有用。后面将介绍的学生档案袋对于诊断先前知识也非常有用。

先前知识指的是学生在接受新的教学之前，已经具备的信息和知识。

监控学习　最后，教师设计了一些非正式应答技巧，用来在课堂上收集信息。以下介绍两种（Leahy，Lyon，Thompson，William，2005）。

书写板　书写板技巧需要教师给每名学生提供一块小书写板。课堂上教师提出问题，学生将答案简要地写在书写板上。教师只要扫视学生的回答，便可得知学生掌握的情况。显然，如果学生没有掌握，就有必要做进一步的讲解。

红绿灯　红绿灯技巧是察看学生是否理解教学内容、监控学生学习情况的另一种方法。教师给每个学生发三个空心的锥形物（绿、黄、红各一个），将它们码在课桌上，绿色的在最上层。在教学过程中，教师可以停下来，检查学生的理解水平。如果学生完全理解，他们就亮出绿色锥形物，部分理解就亮出黄色，红色代表迷惑不解。一些教师专门教学生在课堂上大胆地亮出合适的颜色。如果教师看到许多黄色或红色锥形物，就能知道学生没有理解所讲的内容，需要做进一步讲解。

提供矫正性反馈　布莱克（Black et al.，2004）和舒特（Shute，2008）认为，促进学生学习最重要的方式是提供有效的反馈。

当诊断学生先前知识时，有些课题和技能比另一些课题和技能更加容易提供反馈。命题者编制了非常精细和可靠的程序来测量那些非连续性的技能，例如字词认知或者简单的数学运算。我们也能很容易地收集到信息，了解学生跑 100 米或者攀爬 30 英尺长的绳子花费多少时间。生物反馈技术也可以帮助学生监测自己面对压力或付出努力时的身体反应。但是，当教学不再着重于这些基础技能和能力，转而关注更为复杂的思考能力和问题解决技能时，提供矫正性反馈将困难得多，因为缺乏测量这些复杂过程的可靠测试和可用程序。

矫正性反馈，可以让学生了解他们学得怎么样。

记住几条指导性原则，有助于提高反馈的有效性：

- 反馈集中于学习的任务。
- 尽快提供反馈。
- 给出详尽的、非诊断性反馈。
- 指出错误，指导如何改进。
- 反馈不是挑错，强调正面反馈。
- 反馈是可接受的、有利于发展的。

第八章将详细探讨如何提供反馈。

评估经常化 现实中评估的时间经常相距太远，往往是在单元教学或学期结束时才进行。一些研究和元分析（Bangert et al.，1991；Black et al.，2004）已经证明了经常评估的效果。这些研究者建议，一个模块的教学应有 5～10 次评估。对于一个特定学科来说，每周应有 2～3 次评估。

作为学习的评估

由于篇幅有限，我们不能详尽地说明评估是如何成为学习过程的一部分，这里只简单阐述学生怎样参与到他们自己的评估活动中去，同伴评估又是如何整合到教师的整个评估计划当中的。

自我评估 第一章解释了帮助学生变成独立的、自我调节的学习者是教学的重要目标之一。自我评估有助于实现这个目标，它主要通过鼓励学生确立、澄清自己的学习目标，监控学习发展的过程，在学习策略上做出必要的调整等来实现这个目标。资深教师提出了许多自我评估的策略（Adrends & Kilcher，2010；Earl，2003；Stiggins，2007）。以下介绍其中的两种：

学习日志 学习日志是帮助学生考虑学习目标，监控学习过程的策略。教师可要求学生定期写学习日志。有时，教师可要求将学习日志分为两个栏目：一个栏目用来记录学习任务和学习目标，另一个栏目记录已经习得的内容、还存在的问题和对学习的反思。教师可以使用以下问题来引导学生写学习日志：

- 你怎样描述刚刚完成的学习活动，你认为活动的目标是什么？
- 你在学习活动中最成功的表现是什么？为什么能成功？
- 在完成学习任务时，你犯过什么错误？为什么会犯错？
- 将来，你完成同样的学习任务时，会做些什么样的改变？

KWL 奥格尔（Ogle）和“有形的思考程序”（visible thinking program）的研究者们（Ritchhart & Perkins，2008）提出了 KWL 自我评估的策略，用来帮助学生在教学之前评估他们先前的知识，在教学之后反思他们已经习得的内容。引领

KWL 策略的主要是三个问题：

（1）我知道（know）什么？（2）我想（want）知道什么？（3）我已经习得（learn）了什么？

采用 KWL 策略时，教师可以使用图 6—3 中的材料，帮助学生自我评估。教师也可通过制作 KWL 图表或小组讨论等形式将 KWL 用作全班自我评估的策略。

KWL思考表格　　　　　　　　　　　　姓名＿＿＿＿＿

我知道什么?	我想知道什么?	我已经习得了什么?
← 课程开始时使用		→ 课程结束时使用

图 6—3　KWL 自我评估助手

同伴评估　你可能还记得求学时，教师要求你和邻桌交换试卷、核对答案。今天，同伴评估活动不仅仅是为了节省教师的时间，而且还是一种自我评估的策略，用来帮助学生获得自身学习状况的信息。许多同伴评估是作为自我评估的策略而存在的。由于篇幅限制，这里只简单介绍两种。

预检清单　资深教师会经常提醒学生交作业前要认真检查。威廉（2004）提出的“预检清单技巧”就是让学生与同伴合作检查作业的方法。教师先给学生提供一份清单，上面列出了某一任务要求的内容和评判标准，然后学生与同伴交换试卷（或其他作业），将同伴的答案和清单进行对比。如果学生的回答有错误，就返回去更正。在将作业交给教师之前，同伴必须在清单上签字。

“两星一愿”　这种策略要求学生交换他们的作业并提供反馈。交换之后，每名学生评论同伴的作业，指出两处优点（星号，stars）和一处需要改进的地方（愿望，wish），然后相互讨论优点与需要改进的地方。

对学习的评估

尽管形成性评估对学生学习有许多积极作用，但教师也必须花费相当多的时间与精力来评估学生的成绩、评定等级、汇报进程。虽然一些教师不喜欢这方面的工作，觉得它太耗费时间，但是教师们必须做，而且要做好。原因前面提到过，现在重申一下。第一，正如你所见，学生期待他们的学习能得到公平的评价，他们为得到好的等级评定而完成学习任务。不重视这一点或这方面做得不好的教师，通常都会遇到严重的课堂问题。第二，社会已经将对学生成就、能力进行评判的工作转移给教师，如果教师不能很好地完成这项工作，那将会是不公平的。下几节将讨论使用传统的和非传统的方式评估学生的学习。

检测—拓展—探索

检测

- 教师班级评估计划的三个主要目的是什么？
- 教师用来评估学生先前知识的方法和手段有哪些？
- 评估的三个目的在收集信息的时间和利用方式上有什么不同之处？
- 在什么情境下，矫正性反馈更有效？

拓展

- 你是否听到过某位教师做出的等级评定被指责为“糟糕”或“不公平”？教师得到这么个名声，会有什么后果呢？

探索

- 登录“在线学习中心”（www.mhhe.com/arends9e），听丹尼斯（Dennis Holt）和桑迪（Sandy Frederick）讨论课堂评估方式的音频剪辑。

第 5 节　采用传统方法评估学生的学习

在大多数课堂上，评估和评价学生最重要的部分是教师自己设计、实施测试。教师愿意承担这个责任，还要有技巧，才能做好这项工作。下面列出的一般原则为那些想要编制传统纸笔测试的新教师提供了他们急需的标准化测验指导原则。更复杂的成就测试题的设计方法将在后面的章节介绍。

一般原则

格若劳德（2005）提供了一些原则，指导教师设计评估系统，编制测试题测试学生。

评估所有的教学目标　我们经常会听到学生抱怨测试“没有考我们在课堂上学习的内容”。不管出于什么原因，这么说的学生都认为评估是不公平的。因此，第一个原则是，测试应该能清楚地考核教师曾对学生提及的学习目标以及学习过的内容。简单来说，测试应该与教师的教学目标相一致。

涵盖所有的认知领域　大部分课程和教学单元包含了各种学习目标，既包括记忆事实性知识，也包括理解、分析和创造性应用具体原理。好的测试不应完全聚焦于单一的目标，比如记忆事实性知识，而应当测量各种教学目标。测量更为复杂的技能，例如高难度的推理技能。

使用合适的测试题　根据经验可知，教师可以使用各种各样的测试题和测试形式。有些测试题，例如配对和填空，是用来测试特定信息记忆的较好方式；其他试题，例如问答题，则是用来检测高级思维过程和技能的较好方式。一次好的测试应包括那些适合于各种特定目标的题目。后文将有更详细的介绍。

通过测试来提高学习效果　提出最后这项原则的目的是提醒教师：虽然测试主要用来诊断或评估学生成就，但是对于学生而言，测试本身也是一种学习经验。例如分析试卷为教师提供机会来重新教授那些重要而学生容易忽略的知识。关于“正确”答案的争论和探讨可以促使学生更深入地了解这个课题。资深教师会将测试过程整合到整个教学计划中，引导、促进学生学习。

虽然测试被用来对学生进行等级评定，但是它们也可用来提高学生的学习效果。

测验编制

设计试题　几乎在任何班级里，教师们都会教授各种不同的知识。他们所教授的部分内容受到所在地区课程标准的影响，部分内容则是教科书提供的。教授某些内容是因为教师自己对此感兴趣，或认为这些内容重要；教授另外一些内容则是受到学生的选择和兴趣的影响。还有，特定课程的教学目标也可能包含很多内容，包括关于主题、主要概念和原理的重要知识，简单技能和复杂技能，判断能力，以及批判性思考能力和分析能力。显然，一次测试不可能涵盖全部知识、技能和认知过程。因此，教师必须决定什么应该考和什么不应该考。评价专家设计了测试蓝图，帮助教师进行决策，并确定不同种类的知识以及不同级别的认知过程在测试中各占多少比例。表6—5展示了一个使用布鲁姆目标分类法（第三章介绍过）设计的测试蓝图。假设教师在讲授"美国殖民生活"单元，则有以下六个教学目标：

测试蓝图是用来设计试题的工具。运用测试蓝图，可使试卷结构平衡，合理地考查围绕知识和认知过程类型设计的教学目标。

表6—5　　利用布鲁姆目标分类法来评估"美国殖民生活"单元的测试蓝图

知识维度	记忆	理解	应用	分析	评价	创造
事实性知识	目标二测试题目：让学生完成四道"名字—成就"配对题					
概念性知识	目标一测试题目：12个关于城镇和种植园的判断题	目标一测试题目：20个关于城镇和种植园的多项选择题	目标三测试题目，简答题：运用有关知识对比当今生活和殖民时期生活		目标四测试题目，简答题：详述"巫术审判"	
过程性知识						目标五测试题目，表现性评估：制作广告作品

续前表

知识维度	记忆	理解	应用	分析	评价	创造
元认知知识				目标六测试题目，简答题：要求体现学生思维过程		

注：目标一：了解 16 世纪新英格兰州一个镇和南部一个种植园通行的工作方式。

目标二：记住以下四个殖民人物的名字：科顿·马瑟（Cotton Mather）、安妮·哈钦森（Anne Hutchison）、卡尔弗特（Calvert）、托马斯·胡克（Thomas Hooker）。

目标三：知识应用：比较同一地区的人们在殖民时代与当今时代的生活。

目标四：评价有关塞勒姆巫术审判中的马萨诸塞州公民的行为。

目标五：创作书面广告，鼓励欧洲人移民到新英格兰或南部地区。

目标六：考察对殖民地生活的理解是如何影响一个学生对当代生活的思考的。

在表 6—5 的第一行，教师使用布鲁姆目标分类法列出了六种认知过程。该分类法提出的四类知识列在左边一列。在相应的单元格中，教师列出了六个目标。要知道，不是每个单元格都要填入一个目标，大多数单元格都可以留白。最后，在表格中，教师已经列出了测试题目的类型和数目，用以评估学生的每一类知识和每一种认知过程。

编制试题　一旦教师决定在测试中要考查哪些类型的知识和认知过程，下一步就是决定测试的形式和测试题类型。传统测试题目可分为两大类：选择型测试题和问答型测试题。选择型测试题，比如选择题和判断正误，允许学生从给定的选项中选择答案；问答型测试题，比如简答题或论述题，要求学生建构自己的答案。选择型测试题也叫客观题，意思是给这些题目打分时可以相对减少偏见。

在表 6—5 提供的案例中，教师已经决定使用三种客观题：配对、判断正误和多项选择。同时教师决定使用三个问答题和一个表现性评估。下面讲述如何编制不同类型的选择型测试题和问答型测试题，然后会探讨表现性评估。

编制选择型测试题并评分　判断正误、配对、多项选择都是选择型测试题中的题型，意思是这些试题考生可以从有限的选项中选择答案。使用这些测试题型的好处是很明显的：可以考查更多的授课内容，评分也更简单、客观。这些题型的缺点是：有时很难编出可以检测高级认知技能和高级认知过程的问题。另外一个缺陷是：编制一份好的客观测试试卷要花费很多时间，绝不能在考试的前一晚上仅仅花几分钟的时间将题目组合在一起就完事。教师也担心在选择型测试中存在学生“猜答案”的问题。这种现象在配对题和判断正误题中是真真切切存在的。

判断正误题　如果教学内容或学习目标要求学生做出比较，是非题将是用来测量学生理解程度的有用方法。如果教师难以找到几个选择项来编制多项选择题，也可以编成判断正误题。好的判断正误题应该是非分明，答案不能模糊不清。看下面的例子：

好的是非题：

岛屿是比大陆面积小，被水环绕的陆地。

差的是非题：

在世界经济史上，岛屿比半岛具有更重要的地位。

第一个例子要求学生知道“岛屿”的概念，并与其他地理形式进行比较。答案是明确的。第二个例子非常模糊，学生可能对“重要”一词有很多种理解。

是非题最明显的缺陷是：无论学生是否掌握所检测的知识，他们都会有50%答对的机会。

配对题　如果教师要检测学生是否能回忆起大量的事实信息，可以选用配对题。给学生提供两列选项（概念、日期、原则、名称），要求他们从一列选项中找到与另一列选项最为搭配的选项。许多评价专家警告：一列选项不能太多（6～8个为宜），答案不能存在多重性。和判断正误题一样，教师采用配对题时需要考虑一个因素，那就是学生可能凭猜测答题。下面是一名英语教师使用过的配对选项，教师想看看学生是否掌握已学过的各种文学作品的作者。

试题说明：将A栏所列的著作和B栏所列的作者进行搭配。

A栏	B栏
1. ____《草叶集》(*Leaves of Grass*)	A. 梅尔维尔（A. Melville)
2. ____《瓦尔登湖》(*Walden*)	B. 鲍德温（B. Baldwin)
3. ____《陌上伊人》(*A Thousand Acres*)	C. 斯迈利（C. Smiley)
4. ____《白鲸》(*Moby Dick*)	D. 勃朗特（D. Bronte)
5. ____《下一次的烈火》(*The Fire Next Time*)	E. 惠特曼（E. Whitman)
6. ____《简·爱》(*Jane Eyre*)	F. 梭罗（F. Thoreau)

多项选择题　大多数的评价专家认为多项选择题是最好的客观测试题型。多项选择题做起来需要一定的耐心，如果精心编制，就可以将猜测的成分降到最低。而且，如果编制适当，多项选择题也能触及高水平的思考和分析技能。

多项选择题包括三个部分：题干，提出问题；正确答案，提供正确回答；干扰项，似是而非的错误选项。虽然选项数量可以变化，但通常来说三个或四个是最合适的。

好的多项选择题是很难编制的。题干必须提供足够的语境信息，以便学生能充分理解所提问题。同时，题干的语言措辞不可随便透露问题的正确答案。干扰项必须具有迷惑性，对题干所提问题理解模糊、不全面的学生会觉得似是而非，而那些掌握了该项知识的学生又能清楚地辨认出这是错误答案。编制多项选择题的原则如下：

- 题干指向要考核的点，但应含有足够的语境信息；
- 所有的干扰项似是而非，语法结构一致；
- 题干所含信息清楚，学生一读即能作答。

题干应该直接指向要考核的要点，但须提供足够的语境信息。下面是一个好题干的例子：

历史学家认为，安提塔姆（Antietam）战役具有重要历史意义的原因是：

A. 很多人在残酷的内战中被杀。

B. 它给了林肯签署《解放宣言》的机会。

C. 从战略性意义上说，它是南方联盟军队获得的最伟大的胜利。

D. 它展示了北部地区面对南方军队攻击时是多么的脆弱。

这里还有一个糟糕的例子：

安提塔姆战役是：

A. 内战中最血腥的战役。

B. 给了林肯签署《解放宣言》的机会的战役。

C. 南方联盟军队获得的最大的胜利。

D. 展示了北部地区面对南方军队攻击时是多么的脆弱。

多数内战历史学家指出，从战术上讲，双方在安提塔姆战役打了一个平手。从战略上看，它是南方联盟军队的失败，它给了林肯一个契机来正式签署《解放宣言》。好的题干应该提醒学生思考这场战役的历史意义。那些对内战这一特殊时代有较好理解的学生，就会将安提塔姆战役和《解放宣言》联系起来思考。如果没有"历史意义"这一语言环境，干扰项A就成了一个最具迷惑性的答案，因为安提塔姆战役在整个内战期间，是交战双方在一天的时间内伤亡最惨重的战役。

正如必须精心编制多项选择的题干一样，干扰项也必应精心编制。教师编写干扰项时可能会犯以下两个常见的错误：语法错误，不具迷惑性。看看下面的例子：

历史学家认为，安提塔姆战役具有重要历史意义的原因是：

A. 许多人被杀

B. 它给了林肯有利的时机得以签署《解放宣言》。

C. 南方联盟军队

D. 大部分美国人喜欢血腥的战争。

正如你所见，在这个例子中，干扰项存在几方面的错误。与正确选项B相比，A、C、D三个干扰项太短，这很有可能暗示学生B就是正确答案。干扰项C在语句结构上和题干衔接不上，它与其他三项句法结构不一致。最后，对于严谨、认真的学生而言，干扰项D可以立刻被排除。

编制问答测试题并评分 测试题的另一种类型是问答型测试题。这种题型要求学生在没有提供选项的情况下做出回答。问答型测试题主要有两种：(1) 填空题/简答题；(2) 论述题。

填空题 填空题是很常见的题型。这种题书写比较简单，可以较好地测量学生回忆事实性知识的能力。由于没有提供可选择的正确答案，它实际消除了猜测的因素。编制填空题的技巧是确保只有一个正确答案，不要模糊不清。下面的例子就可能有两个正确答案：

安提塔姆战役发生于________。

一些学生可能填"马里兰"(地名)；另外一些学生可能填"1862年"(日期)。一些科目的教学目标和内容比较清晰，适合采用这类测试形式。

论述题和简答题 许多教师和测试专家都同意，论述题和简答题是检测学生高水平思维过程和创造力的最好形式。显然，人们普遍赞同，这是论述题比客观题更具优势之处。论述题的另一优势就是编制时间少一些。然而，也要注意，好且简明的论述题也不是轻而易举就能编出来的。还要记住，编制参考答案、给出

分数，这些都需要时间。

> 论述题让学生用文字表达他们的思想，可以考查学生复杂的思维过程。

论述题受到批评的原因是：与客观题相比，它能检测的主题比较少；很难给出客观的分数；评判时可能会受到写作技巧的严重影响，而不完全取决于学生对学科知识的掌握。我们可以运用复合测验使第一点得到部分的解决——用客观性题目检测学生对基础知识的理解，用论述题检测高水平教学目标。

关于等级评定的偏见，资深教师和评价专家提出若干指导性的意见，帮助教师降低书面表达技巧的影响，减少评分中的偏见。

(1) 清晰地写出论述题的题干，使学生知道答案中应包括哪些内容。例如，如果教师希望学生运用信息，就要在题干中提出来；如果教师希望学生比较两种不同观点或两个不同原理，也应该在题干中讲清楚。如，“讨论内战”就太宽泛，没有告诉学生做什么。结果答案可能五花八门，教师将难以给分。而“描述、比较 19 世纪 40 年代和 50 年代，南北方的经济状况，解释这些状况是如何影响双方做出是否交战的决定的”，这个题干就比较清楚地交代了学生应回答哪些内容、进行什么样的思考。

(2) 提前写出参考答案，给答案的不同部分赋分。参考答案可以成为评价回答的标准。给答案的不同部分分配不同的分值（例如，五分给答案的结构、五分给回答的范围、五分给综合评定），可以有助于应对答案质量参差不齐的问题。如果教师使用这种方法，应告诉学生分数点是如何分配的。

> 写出参考答案、使用全面的评分策略，是教师用以降低评分偏见的两种方法。

(3) 根据评分准则打分。教师根据评分准则打分可以减少等级评定中的偏见。评分准则相当详细地描述了答案应该是什么样子的，并且提供了不同水平答案的评判标准。后面会更充分地描述评分准则，并提供相关的案例。

(4) 运用技巧，减少“期望效应”的影响。第二章介绍了“期望效应”的概念——这一现象能解释教师为何会认为一些学生做得更好，而另一些学生做得较差。让学生把他们的名字写在答卷的背面，就是一种避免这类偏见的技巧。然而，这个策略的价值极为有限，因为多数教师不久就能很容易地辨认出某个学生的笔迹。如果有 2～3 个问题，可以先阅读一个问题的所有答案，然后，把所有的试卷顺序打乱，再看下一题的答案，这是教师用来降低“期望效应”的另一种方法。如果教师集体阅卷，相互检查各自的评分情况也是非常有帮助的。

(5) 考虑使用“整体评分法”。一些评价专家认为，对论述题和其他书面作业（如报告、论文等）的评分，最好用他们所谓的“整体评分法”。这个方法的原理是，学生的整篇答卷不仅仅是各个部分的总和，而且也应该就答卷的整体打分。使用该方法的教师通常先浏览全部学生的答卷，从中选择出差、中、优的例文，而后参照这些例文评判其他试卷。

给论述题或其他书面作业打分时，强调通览整体而不是个别部分，此即整体评分法。

实施传统测试

形式和内容是测试的重要组成部分，学生参加测试的条件同样重要。与教学的其他环节一样，制定合理的测试结构和测试规则可以帮助学生减轻压力，获得更好的成绩。下面是资深教师从实践中总结出来的几条指导原则，在组织测试时应予以考虑：

（1）找到降低测试焦虑的方法。面对测试的时候，学生多少有一点焦虑是很正常的，甚至是有益的。然而，有些学生（比教师担心的更多）的焦虑可能会达到阻碍他们正常发挥的程度。资深教师会识别出这类学生，并用若干方法帮助他们减轻焦虑。一种方法就是帮助学生在测试之前放松自己。一些教师通过幽默释放学生的压力；另一些教师教学生简单的放松方法，例如片刻深思或深呼吸等。有时候，学生焦虑是由于缺乏必要的考试技巧。教师可采用的应对方法就是安排一些教学时间来帮助学生学会如何安排自己的答题速度，如何分配时间，如何在书写之前构思答题提纲，或如何跳过不会做的客观题，以降低测试焦虑，提高测试成绩。

（2）布置有利于学生参与测试的环境。在第三章，你已经了解到空间的使用对教学多么重要。第四章讨论了学习共同体的其他要素。布置测试环境，应该给学生留出足够的空间来完成测试，这也有助于减少作弊。显然，测试环境应该安静，而且远离干扰。

测试环境非常重要，它极大地影响学生的发挥。

（3）测试规则和测试指导要清楚、明晰。新教师常见的失误包括没有精心地制定测试规则，测试指导不明确。大部分资深教师在测试开始阶段就进行了规范。他们发放试卷时让背面朝上，规定学生在允许作答之前不能答题。这一步骤基于两个重要原因：第一，它给每位学生相同的时间来完成测试；第二，教师有时间带领全体学生完成测试指导。关于测试指导，资深教师知道，带学生阅读试卷每一部分的测试指导，并告诉学生每部分应该花费多少时间是非常重要的程序。如果采用新的问题形式，就需要对答题程序和答题要求进行解释。确认一下，确保学生理解了他们要完成什么任务，这是帮学生为测试做好准备的另一个关键。

（4）避免过度竞争造成的压力。除非教师使用了第十章所描述的合作学习策略，否则学生之间总是存在各种竞争。在测试环境中竞争最容易成为焦点。资深教师使用各种方法来降低恶性竞争的影响。例如：使用标准评分代替曲线评分（随后会加以解释）；参考多个作业样本，而非仅凭一两次测试来对一门课程做出最终等级评定；和学生开诚布公地讨论竞争及其对学习的影响。

（5）为学生提供充足的时间。时间不够用是造成测试成绩不好的另一个因素。实际上，教师常能听到学生抱怨："我会做这些题，但是时间不够用。"除了某些以时间为标准的测试（例如 100 米跑），教师编制试卷时应当给学生足够的时间，以便学生完成全部问题。一般新教师难以估计完成某一测试需要多少时间，如果他们估算得不够精确，还会犯时间留得太多的错误。这时，设计可以让学生在家里完成的测试，是避免时间压力的另一个方法。

如果教师希望学生能在测试中取得更好的成绩，那么为学生提供充足的时间就非常重要。

（6）为有特殊需要的学生提供适当的支持。有特殊需要的学生，例如失明或其他残疾的学生，在参与测试时需要特殊的支持。同样的，部分学生可能难以在规定时间内用足够快的速度进行阅读以完成测试，尽管他们其他方面的能力不错。对教师而言，重要的是为有特殊需要的学生提供特殊的帮助（阅读工具、更多时间、特殊的桌子等）。

检测—拓展—探索

检测

- 教师编制试卷时应遵循的主要指导原则是什么？
- “测试蓝图”有什么作用？
- 客观测试题的优势和不足是什么？论述题呢？
- 教师如何创造一个鼓励人心、没有压力的测试环境？

拓展

- 你如何看待“客观试题应该取消”这场争论？登录“在线学习中心”做出回应。

探索

- 登录“在线学习中心”（www. mhhe. com/arends9e），链接关于测试和编制测试题的网站。

第 6 节　采用非传统方法评估学生的学习

上一节主要介绍的是传统测试的实践，探讨了传统测试和等级评定对学生学习的作用，评定过程对家长的重要性以及对学生的长远影响。传统测试和等级评定在许多方面是有争议的。一些改革者认为，过去二十多年的标准化测验强调用多项选择题来检测学生的读写能力和计算能力，使学生的基础技能水平略有提升，但是却没能促进、检测学生的高级思维能力和问题解决能力，没能促进学生形成重要的学习意向和公民品德。一些教育工作者、家长、测试专家认为，通过引入表现性评估、真实性评估、学生档案袋等新方法，可以改善这种情况（Brookhart，1997；Stiggins，2007；Wiggins，1998）。这部分介绍对评估进行创新的过程和方法，可以为我们思考未来的评估、评价和等级评定打下基础。

表现性评估

表现性评估的倡导者不主张让学生通过填答题卡来回答多项选择题，而是要求学生展示他们完成特定任务的能力，例如写一篇论文，做一个实验，解释一个问题怎样解决，演奏一首曲子或画一幅画。

图 6—4 比较了关于体积概念的标准化测验和表现性评估。看看测试的编制者各自是如何描述任务，给出评分标准的。

表现性测试具有若干重要特点。它试图将几个主题（科学、写作、小组合作）整合到评估过程中，而非简单地评估特定技巧。它要求学生在若干天内完成多样化的任务，而不是布置几分钟内就能完成的评估工作。而且，它尝试测量复杂的智力技能和智力过程。

体积的选择测试题

1. 有一个底面积为 78cm²，高为 12cm 的圆锥体，它的体积是多少？

A. 30cm³

B. 312cm³

C. 936cm³

D. 2 808cm³

2. 同一高度的圆柱和正方体，哪个体积更大？

体积的表现性评估

背景：制造商不仅希望尽可能地在产品生产上降低成本，而且也希望在产品包装、运输和贮存上降低成本。他们希望将产品包装的花费最小化，包装内的产品最大化（将运输费用保持在较低的水平：运送的单个包裹越多，花费越多）。

问题情境：假设你们小组由两或三名成员构成，是许多包装部门中的一个，负责M&M公司的糖果包装。运输部门经理发现最便宜的材料是矩形纸板（你将会得到这些纸板）。她要求包装部门的每个小组帮助解决这个问题：利用所给的卡纸制作哪种形状的纸盒能达到安全运输要求，并且容量最大？

（1）写一份有说服力的书面报告，向经理证明，你们小组的设计能使纸盒容量最大化。写报告时，提供所有重要的数据和公式。下次职员大会上，你们小组要做五分钟的口头报告。大家将就准确性、全面性、说服力对报告做出评判。

（2）用提供给你的纸板制作一个或多个模型，其形状、尺寸要能实现容量最大化这一目的。模型不能证明你们的结论，但能直观地说明你们报告中所提到的内容。

图 6—4 两种测试体积的方法

资料来源：Wiggins，1998。

真实性评估

表现性评估要求学生在测试环境中做出某种行为或展示某种能力。真实性评估则更进一步，强调在真实的生活情境中应用技能或能力的重要性。教育改革者，如里克·斯蒂金斯（Rick Stiggins，2007）和珍妮·奥克斯（Jeannie Oakes，2006）认为，“在真实世界中做出有意义行为”的测试，与传统评估过程中“零碎的知识点”测试相比，能捕捉学生对“如何应用知识”的丰富理解，得出更接近实际情况的结论。真实性评估的例子包括在展览会（例如科学展览会、艺术展）上展示作品，在募集捐赠的鸡尾酒会上展示技能，在舞会或音乐会上表演，参与辩论，向同伴或家长宣读原创论文。

表现性评估、真实性评估的设计和评分

你可能会问，既然表现性评估和真实性评估与传统方式相比具有这么多的优点，为什么不经常使用这些方法呢？为什么我们花了这么长的时间才发明了它们？其实，大部分测试专家一致认为（尝试设计、使用表现性评估的教师也这么认

为），编制、实施表现性测试要耗费许多时间，在很多情况下，也是比较奢侈的。例如，想一想，要通过表现性评估来测试所有已出现在学术能力倾向测试中的传统主题需要花费多长时间，投入多少管理成本。

格若劳德、林和戴维斯（Gronlund，Linn and Davis，2000）以及威金斯（Wiggins，1998）为自己着手编制测试试题来测量学生成就的教师提出了如下指导意见，以提高其评估质量：

（1）集中检测那些要求复杂认知技能和学生行为的学习结果；

（2）选择或编制的任务能代表对取得重要学习结果具有关键意义的知识和技能；

（3）尽量限制与评估任务目标无关的技能所产生的干扰；

（4）为学生提供必要的帮助，让他们理解任务和教师期待的结果；

（5）编制任务指导，以使学生得到清晰的任务指示；

（6）依据评判标准，清楚地交代任务。

许多真实性评估专家（Wiggins，1997）认为，要使真实性评估有效，评估标准和学生作业标准必须清楚、明了、不含糊。完成学业任务的学生需要知道教师如何评估他们的工作，就好像奥林匹克的跳水运动员和体操运动员知道裁判如何评判他们的表现一样。评分标准是评价专家使用的一种技术，它可以使评估标准更为清晰。

评分标准　评分标准详细描述不同类型的成就表现，它制定了用来评估学业表现的明确标准。评分标准应该提前告诉学生。在完成艺术类和运动类任务时（在教学中也一样），评分标准常常以专家的表现为依规，因此可以向学生提供视频和其他范例，向他们展示完美的表现。图 6—5 提供了不同等级的三个不同评分标准。

案例

小学 口头阅读评分标准 一年级	初中 加权计算机文字水平测量标准
学生：________ 教科书：________ 表现性任务：________ 教科书 1：知道单词的发音和若干词汇 教科书 2：知道如何在帮助下阅读课本中的词汇 教科书 3：知道如何在最少的帮助下阅读更多的词汇 教科书 4：知道如何独立地阅读全书 分数　日期 ____ 9 月____ ____ 1 月____ ____ 6 月____ 签名：________ （教师）	姓名：______日期：______ 主题：超文本 评估的类型：自我　小组　教师 分数　1　2　3　4　5 （1～5）├─┼─┼─┼─┤ 低　　　　　　高 指导语：划出每个指标的分数 术语　　　　分数：____×1=____ （25） ● 理解主要的功能　1 2 3 4 5 ● 联系不同的功能　1 2 3 4 5 ● 解决问题　1 2 3 4 5 ● 纠正拼写　1 2 3 4 5 ● 合适的水平　1 2 3 4 5 组织　　　　分数：____×2=____ （50） ● 从简单到复杂　1 2 3 4 5 ● 完成每一张卡片　1 2 3 4 5 ● 使用图表　1 2 3 4 5 ● 覆盖关键概念　1 2 3 4 5 ● 涵盖支持性数据　1 2 3 4 5 创造性　　　　分数：____×1=____ （25）

	● 颜色 1 2 3 4 5 ● 风格 1 2 3 4 5 ● 模式 1 2 3 4 5 ● 语言的使用 1 2 3 4 5 ● 多元用途 1 2 3 4 5 分数：93～100＝A 78～86＝C 总分：______ (100) 87～92＝B 70～77＝D 评论：

高中

口头表达的评分标准

姓名：________日期：________

科目：________一年级：______

5	清楚地展示问题，清楚地表述主题 声音洪亮，容易理解 良好的眼神交流 有效运用直观演示 组织优良
4	合理展示问题，能恰当地表述问题 声音适当 眼神接触断断续续 直观演示辅助演讲 良好地组织
3	合理展示问题，能恰当地表述问题 声音不稳定 学生看着提示发言——眼神接触不连贯 直观演示没有辅助演讲 演讲时常反复
2	演讲需要加以解释 演讲难以得到理解 缺乏眼神接触 糟糕的直观辅助 缺乏组织
1	演讲没有涉及主题 演讲声音听不到 很少眼神接触 没有直观辅助 没有组织

分数：5＝A；4＝B；3＝C；4＝D；1＝没有通过

总体评价：

图 6—5 评分标准示例

资料来源：*The Mindful School*：*How to Assess Authentic Learning*，Third Edition，by Kay Burke，© 1999，1993 Skylight Training and Publishing，Inc. Reprinted with the permission of Skylight Professional Development，a Pearson Education Company。

设计评分标准是表现性评估十分重要的方面。幸运的是，测试专家就此提出了一些有用的方法。以下概括了阿来萨和拉塞尔（Airasian and Russell，2007）、墨特勒（Mertler，2001）关于评分标准分类、设计的原则和步骤。

评分标准详细地描述了某些成就类型，以及用来评价这些成就的标准。

评分标准的类型　一般来说，有两种评分标准，即整体评分标准和分析评分标准。整体评分标准要求评分者将学生的表现（结果或过程）当作一个整体来评价。分析评分标准要求评分者将学生的表现当作彼此独立的部分来评价。墨特勒说："当表现性任务要求学生创造性回答，并且答案不是唯一的时候，整体评分标准更合适。当问题的答案很容易聚焦，分析评分标准更合适。"表 6—6 提供了整体评分标准的样板，表 6—7 提供了分析评分标准的样板。一般认为，教师在设计评分标准前需要确定是使用整体评分还是分析评分（Airasian & Russell，2007；Mertler，2001）。

表 6—6　整体评分的示例

分数	描述
5	完全理解问题，回答包含了任务所要求的全部内容
4	对问题有相当程度的理解，回答包含了任务所要求的全部内容
3	没有完全理解问题，回答包含了任务所要求的部分内容
2	对问题只有一点点理解，任务所要求的多数内容缺失
1	不理解问题
0	没有回答

资料来源：Mertler，2001，p. 2。

表 6—7　分析评分的示例

	起步	发展	熟练	示范	得分
标准 1	行为的起步水平	行为的发展水平	行为的熟练水平	行为的最高水平	
标准 2	行为的起步水平	行为的发展水平	行为的熟练水平	行为的最高水平	
标准 3	行为的起步水平	行为的发展水平	行为的熟练水平	行为的最高水平	
标准 4	行为的起步水平	行为的发展水平	行为的熟练水平	行为的最高水平	

资料来源：Mertler，2001，p. 3。

设计评分标准的步骤　阿来萨和拉塞尔及墨特勒提出了设计评分标准的步骤，如下所示：

第一步：检测表现性任务或结果要达到的学习目的或要求，教学目的、实际教学、评分标准三者应该是一致的。

第二步：明确你希望学生表现出来且可观察的特定品质和你不想看到的特定品质。例如，某些特定技能、过程或方法。

第三步：集体讨论每一种品质的特征。在这一步，介绍你预料到的三种成就："高于平均的水平"或"示范水平""平均水平""平均水平以下"。

第四步 a：对于整体评分标准来说，要求全面描述优秀的表现和糟糕的表现，并且将个体的特征整合到总体描述当中。使用表现总体特征的词语，描述最高水平和最低水平的成就。

第四步 b：对于分析评分标准来说，要求针对每个学生的特点，全面描述优秀的表现和糟糕的表现。使用单独表现个体特征的词语，描述最高水平和最低水平的成就。

第五步 a：对于整体评分标准来说，通过描述位于优秀表现和糟糕表现之间的其他水平的总体特征，完成评分标准。描述所有中间水平的成就。

第五步 b：对于分析评分标准来说，通过描述位于优秀表现和糟糕表现之间的其他水平的个体特征，完成评分标准，分别描述每个个体中间水平的成就。

第六步：收集表现每一种水平的范例，作为评分的基准。

第七步：必要时，应修改评分标准。修改时，考虑怎样改变它在帮助评分方面的效果更有效。

学生档案袋

与表现性评估和真实性评估关系比较密切的是学生档案袋。许多教师已经知道档案袋评估法，因为这一方法在视觉艺术的许多领域已应用了很长时间。画家、制图师和漫画家常使用这一方法，例如，选择代表性作品，经过组织，然后装进档案袋，用来向潜在的客户或雇主展示他们的能力。演员、音乐家和模特也经常使用这一方法。

档案袋收集了学生在具体情境中的学习成就。由于建立档案袋的目的不同，档案袋的内容也不一样。有些档案袋主要服务于教学目的，有些服务于评估目的，有些兼而有之。如果档案袋的目的主要是服务教学的、形成性的，其内容的选择主要就由学生决定，用来展示学生的作业样本，展现他们在一段时间里的成长。但如果档案袋主要是用来做总结性的、高风险的评估，档案袋内容主要就由教师决定，用来展示学生对某特定目标或标准的掌握情况。

威金斯（1998）用以下实例说明了学生档案袋可能包含的内容有哪些：

（1）测试：包括课堂上进行的自我评估和大大小小的测试。

（2）评语：评价必要的课堂作业。

（3）表现性任务：给经选择的或指定的表现性任务打分。

（4）作业/作品/手工艺品：学生独立完成或合作完成的作业（论文、计划、视频）。

使用评分标准给档案袋打分和给表现性任务打分的方式是一样的，其规则和表现性任务也是一样的。学生档案袋评估的理念是让学生自己准备档案袋，由此使他们能反思自己的学习。在本章随后的专栏“用技术促进教学”中将介绍今天学生经常创建电子档案的现实，他们在 CD 或网站上展示自己的代表性作品。

> 档案袋评价是一种评估形式，它可以评价学生的作业样本，以及一段时间里的学习成绩。

评估小组成就和个人表现

第十章将会讲到合作学习方式。在合作学习的过程中，学生会因为完成了团队交给的任务和个人的学习任务而获得分数和等级奖励。这些方法能有效减少学生之间因相互比较和过度竞争带来的危害。

当今教育工作者对目标参照测验的兴趣越来越浓厚。如创造、发展“掌握学习”（Bloom，1976；Guskey and Gate，1986）、“凯勒计划”（Keller，1996）和个性化教学（individualized prescribed instruction，IPI）的教育家已经展示了某些科目的学习材料如何被分解成为小的学习单元，教师如何为学生创造机会，让他们朝着特定的目标努力，直到掌握学习内容。这些体系中的等级，不是由学生与同伴之间的竞争决定的，而是由学生所掌握的目标数量决定的。教师可以与学生个体签订学习合约，就其学习目标达成一致意见，在这样的体系中每位学生与自己比较，而非与他人进行比较。不过，根据学生在小组中的表现和个人完成合约任务的好坏来评定等级对于教师来说有实施上的困难。这些新的评估方式与当前乃至传统的评估方式有很大冲突，需要得到学校的政策支持和高校的科研支持才有可能获得成功。

使用哪种评估方式

使用哪种评估方式是教师在制订评估计划时面临的另一个问题。就像教学的其他问题一样，这个问题也没有一个绝对的万能处方，离开具体环境的限制，我们也无法泛泛地说哪种评估方式更优越。通常来说，教师选择的评估方式必须适合测量教师要求学生掌握的特定的知识类型，适合教师要求学生在特定教学单元中达到的学习目标。表 6—8 体现了这个理念。表格的第一列标出了不同种类的知识（第三章有介绍），表格的第一行代表了不同的评估方式（本章前文有介绍）。注意：一般情况下，选择型测试是测试事实性知识的最好方式，而问答型测试，比如论述题，是评估概念性知识的最好方式。程序性知识（如何做的知识）最好用表现性评估方式来评估。元认知知识（关于自身思维的知识）最好用反思性问题或其他以学习者为导向的沟通方式来进行评估。

表 6—8　　选择正确的评估方式

学习类型	选择型试题（比如多项选择题等）	问答型试题（比如论述题等）	表现性评估	通过提问和有声思维进行反思性写作或交流
事实性知识	评估事实性知识的有效方式			
概念思维和高级思维		评估复杂知识和高级思维的有效方式		
程序性知识/技能			评估技能的最好方式（技能在展开时可被观察到）	
元认知知识				使学习者进行反思的有效方式

检测—拓展—探索

检测

- 关于传统测试有哪些争论？解决这些问题的办法是什么？
- 表现性评估和真实性评估有什么不同？这两种测试方法和传统测试方法有什么不同？
- 介绍设计表现性评估和评分标准的步骤。
- 学生档案袋是什么？它该如何应用于教师评估计划之中？
- 教师在选择使用评估类型时，应该考虑哪些因素？

拓展

- 新一代教师提议改变评估学生的传统方法，你是否赞同？登录“在线学习中心”，在“拓展问题投票栏”做出回应。

探索

- 访问格兰特·威金斯（Grant Wiggins）的个人网页，了解他关于表现性评估的最新思想。

利用技术促进教学

测试生成器和电子评分本

今天多数的教师会使用辅助软件来生成试卷、评定成绩，进行真实性评估和表现性评估，记录学生的成绩和等级，然后向学生和家长进行汇报。下面描述了这些软件是如何发挥作用的。

测试生成器

测试生成器便于教师创建一个题库，并从中提取用于某测试的题目，还可以每年添加、删除题目，为没有参加测试的学生编制不同版本且难度相同的测试题。一些测试生成软件支持答案打印。

题库中的试题是教师根据本章或教材出版商提供的指导方针编制的。有些文本生成软件提供共享软件，帮助教师编写或组织不同类型的问题：多项选择、正误判断题、配对题，还有填空题。软件和网络可以帮助教师编制简答题，教师也可以凭借这些技术成果以不同的方式设计问题，为不同班级或等级的学生设计相同内容的不同测试。常用的测试生成软件有“班级管理者”（Class Manager）、“简易等级评定软件”（Easy Grade Pro）等。

标准生成器

软件和网站可以生成各种不同主题的评分标准，大多数这种类型的软件，如“标准软件”（Rubricator），可以帮助教师将课程目标和课程标准同行为任务和行为标准对应起来。“在线学习中心”的网站为编制各种不同主题的标准提供了案例和模板。

电子档案袋

学生可以使用计算机和网络软件，创建出电子档案袋（Costintino and DeLorenzo，2002；Niguidula，1998）。实际上，你可以用这样的软件建立自己的继续教育档案袋。电子档案袋陈列着学生的作品，可以把这些产品和作品刻录在光盘上，或上传到学生建立的网站。

电子等级评定本

对教师来说，记录学生的出勤和测试分数很耗费时间，还要非常精确。电子评分本类似于电子表格和数据库软件，它可以记录分数、等级和其他的统计数据，然后使用电子表格进行计算。教师可以应用等级评定软件区分不同任务的主次，记录学生漏做作业的情况，进行等级计算；也可以应用这种软件制作一张汇报学生学习期间成绩表现的对比图。这是向家长汇报学生表现时的一种好方法，而且可以节省很多时间。

通过网络评定等级、布置家庭作业

学校利用电子技术还可以开发网站，为学生和家长提供大量的信息。建立校园网是电子技术最有趣的用途之一：邮寄每日排名、出勤记录、课时计划和个别教师布置的家庭作业等。校园网之所以有这么多用途，是因为有一些软件可与教师的电子等级评定本的网站连接。学生和家长在家里输入密码就可登录校园网。

这些网站为教师、学生和家长提供了方便。教师可以把学习评语邮寄给学生和家长查看，使他们了解教学进展。学生不能再找借口说不知道作业什么时候交。即使他们真的忘了或没有上课，也可以在网络上查到教师留了哪些作业，以及什么时候交。同样，这些软件也可以对学生成绩进行跟踪记录，让学生知道他在班级中每一阶段的排名。家长可以更积极地监督孩子学习，他们可以经常了解孩子在学校中的学习怎么样，故而在获得自己孩子在某一阶段的成绩单时就不会感到惊讶了。

第 7 节　评价和等级评定

围绕对学生的评估活动存在着许多争论，同样的，如何更好地评价学生，给学生评定等级也存在着许多争论。许多评估专家认为，传统的评估实践不但不能促进学生学习，反而抑制了学生的学习动机（Brookhart，2004；Marzano，2006；Stiggins et al.，2006；Winger，2009）。同时，许多资深教师发现，他们尝试改变传统的评估方式经常引发同事和家长的坚决反对，他们更倾向于接受自己求学时所经历的传统评估方式。

关于评估的争论相持不下的一个重要原因是，人们（教师和父母）对等级评定的目的有不同的认识。一方面，一些人认为等级评定的主要目的是进行比较和区分。他们认为，传统的等级评定提供了客观的手段，用来决定学生排名、升级、毕业和进入大学。另一方面，也有一些人认为，等级评定的主要目的是就学生完成特定的课程目的和标准的情况给出概括性的量化分数。教师和家长对等级评定目的的不同信念显然影响着他们对不同等级评定方法的推崇和选择。

目前存在两种主要的等级评定方法，即常态曲线等级评定和目标等级评定。常态曲线等级评定是中学和大学里常用的一个方法，在预定的评分曲线上，学生相互比较各自所处的位置。严格依照常态曲线等级评定概念评定等级的教师将会给 10%的学生 A 等，20%的学生 B 等，40%的学生 C 等，20%的学生 D 等，10%的学生 F 等。按照这个方案评定等级，学生即使很好地掌握了考试的内容也可能会滑落到下一等级，反之亦然。

常态曲线等级评定是依照常态曲线进行等级分配的方法。

另一种可供选择的方法是目标等级评定或按掌握情况评定等级。使用该方法的教师会制定相当精确的知识目标和技能目标，并对照这些标准来检测学生的表现。以拼写为例，教师可能规定学生必须掌握 100 个单词的正确拼写。那么，教师就会根据学生拼写 100 个单词的正确率来评定等级，填写成绩报告单。使用这种方法的教师会遵循以下的等级标准：A 级，正确拼写 93～100 个单词；B 级，正确拼写 85～92 个单词；C 级，正确拼写 75～84 个单词；D 级，正确拼写 65～74 个单词；F 级：正确拼写的单词不到 65 个。

目标等级评定将学生在学业上的表现同预定的目标或标准进行比较，做出等级评定。

表 6—9 说明了采用两种不同方法对一组特定的学生进行等级评定的差异。正如你所见，同一班级的学生个体，评定方法不同，评定结果也不同。对教师而言，无论使用常态曲线等级评定还是使用目标等级评定，都会遇到两难问题。比如在进行常态曲线等级评定时，教师要面对学生实际能力与等级有矛盾的问题。假定一个班级中的所有学生能力都很强，也要有 10%的学生被评为 F 等吗？一个班级里所有学生学习都有困难，也要有 10%的学生被评为 A 等吗？

表 6—9　　使用两种方法对拼写测试结果进行等级评定

	常态曲线等级评定	目标等级评定
埃里克（Eric）	98　A	98　A
玛丽亚（Maria）	97　A	97　A
鲁思（Ruth）	96　B	96　A
约翰（John）	96　B	96　A
塔妮莎（Tanisha）	96　B	96　A
萨姆（Sam）	95　B	95　A
丹尼丝（Denise）	92　C	92　B
穆罕默德（Mohammed）	90　C	90　B
路易斯（Louise）	90　C	90　B
伊丽莎白（Elizabeth）	90　C	90　B
贝蒂（Betty）	87　C	87　B
马科斯（Marcos）	87　C	87　B
玛莎（Martha）	86　C	86　B
汤姆（Tom）	83　C	83　C
陈（Chang）	80　D	80　C
迪克（Dick）	78　D	78　C
贝丝（Beth）	73　D	73　D
莱恩（Lane）	69　D	69　D
马克（Mark）	50　F	50　F
乔丹（Jordan）	50　F	50　F

对教师而言，测试和等级评定也会存在问题。如果目标的设定与特定学生群体的实际能力相关，有能力的学生就应该完成更多、更难的任务。但是，评定等级的时候，问题就产生了：正确地完成低水平任务的学生与正确地完成高水平任务的学生，应该被评为相同的等级吗?

特殊学生的存在给等级评定也提出了一些难题。例如，一些学生即使努力学习，认真完成教师布置的作业，也没能达到年级平均水平，多数教师便由此给了他们不及格，这是不公平的，因为这些学生可能存在学习障碍或者他们的第一语言不是英语。另一方面，如果学生没有达到某一特定的标准，给他及格等级也是不公平的。琼格和古斯克（Jung and Guskey）表示，假设有了合理的评估体系，教师就不会面临公平和准确之间的两难选择。

为了使等级评定更有效地促进学生学习，更公平、更准确地评价特殊学生，琼格和古斯克（2010）、马扎诺（2006）提出了以下几条原则：

● 确保学习目的清楚明白。将学习目的和学习标准清楚地传达给学生（以及他们的父母），使等级评定能够部分代表着学生掌握学习目的和学习标准的程度。

● 将学业成绩和非学业成绩分开评定。许多教师和家长都推崇这样的等级评定，即将非学业标准，比如课堂表现、课堂参与、完成作业等纳入学生的等级评定当中。评估专家马扎诺建议开发的评价体系包含两种等级：一种等级反映学业成绩，另一种等级反映平时的学习和努力情况。琼格和古斯克建议在决定等级时使用三种标准：(1) 结果标准（学生知道什么，能做什么）；(2) 过程标准（学生的学习行为和努力程度）；(3) 进步标准（学到了什么，进步了多少）。

● 等级评定一般不包括家庭作业的表现，除非家庭作业代表某种特定的目标或标准的达成情况。正如第八章将要介绍的，布置家庭作业是为了给学生提供练习的机会或预习第二天的功课。这些都是教师形成性评估计划中的重要组成部分，但是不应将这些纳入代表学生最终成绩的等级评定当中。

● 避免使用 0 分。以前，教师会给没有完成作业的学生 0 分。这样做也许会促使学生完成作业，但是 0 分不能正确反映学生全部的学习成就。

● 最终的等级评定应基于学生的最好成绩，而不是平均成绩。做到这一点并不容易，它经常使教师面临两难。例如，一个学生平时总得 C，但期末考试却得了一个 A，教师该给学生什么等级呢? 麦克泰格和奥康纳（McTighe and O'Conner，2007）提出了应对这种困境的建议。他们认为，有效的等级评定体系应该给学生两次机会，允许用“新的成绩代替以前的成绩”，尤其当新的成绩更好地说明了学生实际知道什么时，说明了学生能够做什么时，更应该进行替换。

● 注意等级评定引发的情绪问题，理解等级评定对学生和家长的重要性。完善评定程序有助于减少教师在测试和等级评定过程中的焦虑。

检测—拓展—探索

检测

● 比较常态曲线等级评定和目标等级评定。

● 说明常态曲线等级评定和目标等级评定的优势和劣势。

● 介绍教师是如何使用测试生成器和电子等级评定本的。

拓展

● 你是否同意常态曲线等级评定的方法？登录“在线学生中心”，在“拓展问题投票栏”做出回应。

探索

● 登录“在线学习中心”（www.mhhe.com/arends9e），链接到有关等级评定的网站。

第8节　最后的思考

现在，你已经知道，学生学习的评估和等级评定不是一项简单的任务，我们无法开发出一套非常完善、没有争议的体系。但是新的评估方法，比如以实践为标准的评估、非传统评估和表现性评估代表了评估工作朝着更透明、更公平方向发展的潮流。更重要的是，新教师需要留意本章开篇就提出的忠告：学生成绩的评估和评价是教师最重要的工作之一，教师负有重要责任。它是促进学生学习，实现教学目的不可或缺的一部分。作为教师，我们不但要很好地完成这部分工作，而且应该确保评估和等级评定的结果不会伤害学生。

对课堂的反思

我的 A B C

你第一次被聘任为教师，在学校里遇到了校长。你向他请教学校的等级评定和成绩通报政策。他说教师是相当自由的。他们按 A、B、C、D、F 几个等级评定学生，同时必须与学区的等级评定时间保持一致。只要满足这两条，他们可以设计自己的评估体系，自己决定测试、提问、家庭作业、课堂参与等在评估中占多少比重。他们可以决定是使用常态曲线等级评定还是目标等级评定。他告诉你，大部分学生非常关心他们的等级，多数学生计划上大学。如果他们和父母认为教师没有公平地评价他们的学习，他们就会投诉学校。

校长鼓励你与学校其他老师交流一下，提出自己的评估和评价方法，然后与同年级或同学科的教师讨论。你一直认为，教师应该制定一个评估系统，这个系统对学生而言是公平的、可接受的。你也认为，教师的评估系统应该可以促进班级里所有学生的学习。

根据你的教学环境和教学信念编制一份评估计划。要以与你所教的年级或科目最适合的研究成果为依据。在计划中要回答以下问题：你的整体计划是什么？你如何权衡测试、作业和任务的重要性？“课堂参与”占学分吗？“努力程度”呢？你会按同一标准评估所有的学生吗？还是为天才学生或有能力障碍的学生制定不同的标准？你如何向你的学生论证你的系统？如何向他们的父母论证？完成之后，将你的计划和以下一些资深教师比较一下。

薇姬·威廉斯（Vickie Williams），马里兰州格兰·布尼尔市，亚瑟·沙德区天主教学校，幼儿园至八年级。

在我的评估体系中，重点是学生真实的表现、在课堂上的参与程度、特定项目的成果或作品（以上三项各占10%，共30%）、平时小测验（20%）和期末考试（30%）。我相信我的评估系统是公平的，学生和家长容易接受，并能评估多元智力。所以，我感到没有必要使用常态曲线。不过，我也的确设计了检测学生成长与发展的措施，那就是阅读和写作档案袋（20%），每个季度对学生所取得的进步进行评价。有了这一机制，那些学困生，还有天才学生，都能以自己的成绩水平为基础体会到成功的快乐，而不必按是否掌握知识来评判自己成功与否。学生和家长都对我的成长档案袋评估方法给予了高度的赞扬。

我发现，如果我提前提供评分标准、等级范围以及与提问和测试有关的信息，班级里的大部分学生都可以在学业上获得成功。我制定学业成功的标准是公开的，学生都能了解到。同样，我也会向学生和家长公开个人评估数据和总体评估数据。我分析评估数据，检查测试方式、测试题目、评分标准有无不公正的倾向。如果我发现题目或评分标准不公平或含糊不清，就立即做出改变。我不准备欺骗学生或使评分出乎他们的意料。我提前设定合理的期望，必要的时候做出调整，以使评估体系可以一直促进所有学生走向成功。

埃伦·托马斯-科维尔（Ellen Thomas-Covell），纽约州豪威尔山谷学区，泰贝尔兰学校，八年级

我教八年级的“物理科学入门”，这门课多数情况下要在实验室上课。每次实验我都要求学生写出实验报告，我会定期提问，进行章节测试。我以百分制记录每次的等级评估。在学期结束时，我会计算加权平均分——实验报告占50%，平时小测验占10%，期末测试占30%，课堂参与、课前准备、家庭作业完成情况占最后的10%。不过，这一体系有两个问题。第一，对实验报告进行评分非常困难，因为有些报告很短，简明扼要，另一些报告则很长，论证分析有深度。我发现自己总要调整所有的评估标准，以便那些历时较长的实验不会由于信息越多而犯错机会越大导致得分很低。第二，当我分配特定作业或任务时，就要重新思考权重的分配。我是应该降低计划的分数呢，还是套用现有的分类标准呢？自然，再评估是教学的一部分，不管是涉及教学方法、教学内容、教学目标时，还是涉及等级评定时。不过，在这方面，我感到每次评估新任务、新作业都要重新做决定，给自己增加了不必要的负担。

我使用记分制解决了这个问题。这种方法很简单：按照特定的标准，如获取数据的数量、时间的分配和重要性等，给每项任务分配若干分。例如，实验从20分（一天时间，迅速完成）到100分（持续两周的活动，要求有详细的日记、进度表以及有深度的结论）。因此，每个任务之中都要体现“权重”！比如，提问是20～30分，测验是60～80分。特别的任务和评定等级的家庭作业也适当占分。如果学生非常努力，取得了显著的进步或者特别积极地参与，也很容易得到额外加分。没有参加任务或没有完成家庭作业的学生会受到扣分的惩罚。在任何时候，学生都可以先将自己得到的分数相加，所得的和除以总分数，计算所得的商就是他们目前的平均分。我告诉学生，我只在填写期中进展报告和成绩卡时计算平均分，如果他们想在其他时间了解自己的平均分，就必须连续做成绩记录。我研制了“阶段评分表”让学生参照。

许多等级评定计划都是有效的。我觉得最好是寻找一个适合自己的计划，但要有灵活、开放的头脑，并且知道，等级评定技能如同其他教学技能一样，是不断发展的！

总　结

定义评估与评价，讨论评估与评价的重要性，列出关于评估的重要概念的定义。

● 评估和评价可以被定义为教师做出明智教育决策时必须采取的行动。教师在评估和评价过程中要花费很多时间。

● 对学生进行测试和等级评定是极其重要的。它们可以决定学生能否进入大学、未来从事何种职业，甚至是他们的生活方式。

● 评价专家区分了形成性评估和终结性评估。形成性评估信息是在教学之前或教学之中收集的，目的是为了帮助教师了解学生的先前知识，对课堂有效性做出判断。终结性评估信息是在教学之后收集的，用来总结学生的成绩，决定学生的等级。

● 由于教师做出的教育决策非常重要，所以他们所使用信息的质量必须很高。测量专家使用三个技术术语来描述评估和评价的信息：信度、效度、公平。

● 信度是指一项测试内在的一致性，是同一个人或一个群体在某个时间段内反复参加测试，得到一致分数的性能，是两组形式不同的测试得到相同结果的性能。

● 效度是指一项测试能检测到它所要测量的内容的性能。

● 测试公平指测试没有因为特定学生的种族、民族、性别而歧视他们。

描述评估对学生的动机和学习的影响以及评估中存在的教师偏见。

● 关于评估和评价的技术问题需要广泛的理论基础。

● 研究显示，外在奖励，例如评定等级，可以给学生的学习提供强烈的动机，影响学生学习。

● 研究显示，外部奖励有时具有消极影响，特别是当学生对任务具有内在兴趣的时候。

● 人们早就知道教师的偏见会影响他们对学生及其学业表现的评价。

描述标准化测验的性质和教师在标准化测验中的作用。

● 目前，许多州有测量三至八年级和中学阶段学生的学业成绩测试计划。全州测试的信息时常被用来作为比较学校之间的效率的依据。有时，全州测试成绩还决定一个学生是否能升入下一年级或能否从中学毕业。这些信息也用来作为处罚不合格学校的依据。

● 许多人认为，经常进行标准化测验对学生的学习具有积极影响。不过，有些教育家和教师认为频繁的测试也可能阻碍学生的学习。

● 评估计划包括常模参照测验和目标参照测验，一般由学区专家进行选择和实施。

● 常模参照测验是通过将某一学生的成绩与特定学生群体的成绩进行比较，以此评价该学生的成绩。

● 目标参照测验是指将特定学生的表现对照一致认可的标准来评价学生的成绩。

● 教师要理解各种标准化测验方法的优点和缺点，能指导学生准备标准化测验，能将标准化测验方法的优点和缺点有效传达给学生和家长。

描述教师课堂评估计划的主要特征和三个主要目的，说明如何利用评估信息。

● 教师的课堂评估计划有三个目的：为了学习的评估，作为学习的评估，对学习的评估。

- 为了学习的评估包括收集信息以诊断先前知识，监控学生的学习，提供矫正性反馈。
- 作为学习的评估旨在帮助学生对自己或同伴的学习情况进行评估。
- 对学习的评估指收集信息，对学生的成绩做出准确的判断，进行等级评定、分班、为高等院校的招生提供依据。
- 诊断学生先前知识的正式测试主要用在数学、语言等学科，提问、访谈、倾听学生的回答以及使用档案袋是确定学生对某门学科了解程度的非正式方式。

描述设计与实施传统评估系统和教师自编测试的一般原则。

- 教师在编制测试测量学生学习、进行等级评定时，有一系列原则需要遵从。
- 编制测试的一般原则包含：根据教学目标制定测试题目，覆盖所有的学习内容，使测试有效和可信、公平，小心解释测试结果和使用合适的测试题目。
- 测试蓝图是一个工具，它帮助教师决定测试主题的范围，帮助测量学生认知过程的不同水平。
- 教师自编测试可以包括判断正误题、配对题、填空题、多项选择题和论述题。每一种题型都具有自己的优点和缺点。
- 判断论述题时，教师偏见是一个重要的问题。为了降低偏见，教师应该清楚地告知学生他所期待的问题答案，或者提前写出参考答案，利用辅助技术手段等来降低期望效应。
- 测试时，有效教师会寻找各种方法来降低学生测试焦虑，布置良好的测试环境，做出清晰的指导，避免过度竞争。

定义表现性评估、档案袋评估和真实性评估，描述这些评估方式的设计、实施、赋分的过程。

- 目前，国家要求学校承担更多的责任，要求更好、更公平地测试和评价学生。
- 表现性评估和真实性评估，以及档案袋评估在将来可能部分取代较为传统的纸笔测试。
- 表现性评估和真实性评估要求学生在真实的环境中展示他们可以从事的任务，例如写一篇论文、完成一个实验或唱一首歌。
- 开发表现性评估和真实性评估的工具是一项非常困难和复杂的任务，而且要确保这些新的测试形式是可信的、有效的和公平的。

描述等级评定的重要性，列出公平、有效地评定等级的原则。

- 测试学生的进步，决定学生的等级是教师的工作内容之一，社会要求教师做好这项工作。
- 常态曲线等级评定是对照其他学生的成绩来评定某个学生的等级。目标等级评定是对照预先确定的标准或目标来评定学生等级。
- 每一等级评定方法都有它的优势和缺陷。

简述新的评估方式怎样才能变得更透明、更公平。

- 牢记评估和评价的重要性，教师有责任做好它。

互动学习与应用学习

学习与探索

- 从“在线学习中心”获取你的研究指南，完成指南里的小测试。

观察与练习

● 登录“在线学习中心”的“教学中的教师”专栏，听听桑迪（Sandy Frederick）和丹尼斯（Dennis Holt）谈评估。

完成下列练习：

习题1：编制测试和评估蓝图。

习题2：比较选择型测试和表现性评估。

习题3：编制评分标准。

习题4：做出评估决策。

档案袋与教学实践活动

这部分内容的设计是为了帮助你加深理解本章的内容。完成这部分内容的辅助性标准可以从“在线学习中心”的“档案袋与教学实践活动”一栏下载。

（1）完成本章“课堂中的反思”练习。推荐的评估计划会帮助你理解和熟悉评估与评价。（INTASC 原则 8：理解评估）

（2）活动 6.1：评估自己的评价技能。检测自己对评价和评估的理解及其技能。（INTASC 原则 8）

（3）活动 6.2：访谈教师，了解他们的评价或等级评定过程。知道资深教师如何在课堂上测试和评定学生的等级。（INTASC 原则 8）

（4）活动 6.3：分析教师自编测试。通过分析资深的教师编制的试卷，学习编制试卷。（INTASC 原则 8）

（5）活动 6.4 档案袋：展现个人技能的表现性评估。为自己的档案袋设计一件作品，证明你有能力开发和使用不同类型的评估工具。

专业参考书目

Airasian，P. &Russell，M.（2007）. *Classroom assessment*（6th ed.）. New York：McGraw-Hill.

Fisher，D. &Frey，N.（2007）. *Checking for understanding：Formative assessment techniques for your classroom*. Alexandria，VA：Association for Supervision and Curriculum Development.

James，M. &Gronlund，N.（2005）. *Focused observations：How to observe children for assessment and curriculum planning*. St. Paul，MN：Redleaf Press.

Marzano，R. J.（2000）. *Transforming classroom grading*. Alexandria，VA：Association for Supervision and Curriculum Development.

Popham，W. J.（2008）*Transformative assessment*. Alexandria，VA：Association for Supervision and Curriculum Development.

Stiggins，R.（2007）. *Introduction to student-involved assessment for learning*（5th ed.）. Upper Saddle River，NJ：Prentice Hall.

Stiggins，R.，Arter，J.，Chappuis，J.，&Chappuis，S.（2006）. *Classroom assessment for student learning：Doing it right—using it well*. Portland，OR：ETS Assessment Training Institute.

Wiggins，G. P. (1998). *Educative assessment*：*Designing assessment to inform and improve student performance*. San Francisco：Jossey-Bass.

Wormeli，R. (2006). *Fair isn't always equal*：*Assessing and grading in the differentiated classroom*. Portland，ME：Stenhouse.

第三部分

以教师为中心的教学模式

本书的第三、第四部分内容直接聚焦于常人所理解的教学，亦即师生之间实在的面对面互动。这两部分的前六章分别描述了各种不同的基本教学模式和方法：(1) 讲授与阐释法；(2) 直接教学法；(3) 概念与探究式教学法；(4) 合作学习法；(5) 基于问题的学习法；(6) 课堂讨论法。前三种模式将在第三部分呈现，另外三种模式安排在第四部分。第十三章将介绍如何依据学生们的不同兴趣和能力，结合或分别运用这些模式和方法进行教学。

研究这些教学方法时，你将会了解到，每种方法都是为实现某种学习结果而设计的，但又以放弃其他的学习结果为代价。自然而然地，每种教学方法必定有其优势，亦有其不足之处。没有哪一种方法是一定优于其他方法的。如何恰当地运用每一种教学方法取决于一个班级中学生们的天性特征和教师想要达到的目标类型。所有必要的调整都是为了照顾特定学生的需要。

本书第三、第四部分描述的各种教学方法都冠以"教学模式"的名称，尽管其他诸如"教学策略""教学方法""教学途径"等都差不多有着同样的含义。我们之所以选择"教学模式"，主要基于以下原因：

相对于一种特殊的策略、方法或是技巧而言，"模式"的含义更为广泛。如我们在这里所使用的"教学模式"，其概念包含广泛而全面的教学方法，而非一种具体的策略或技术。教学模式有着一些具体策略和方法所没有的属性特征，某种模式的属性特征包括一种合乎逻辑的理论观点，即一种关于学生们应该学习什么以及如何学习的观念，还包括这种理论或观点所推崇的师生行为与其能带来不同学习行为类型的课堂结构。

第三、第四部分所陈述的这六种教学模式皆以对人的发展和如何学习的理论认识为基础。第一章讲述教师如何通过反思来系统地发展和提升自己，开始时他们带着初学者和为了生存的角度看问题，后来形成更加复杂的观念，他们的理念更为专业化，也更加关注学生的学习。教师发展的观点事实上是关于人类总体发展更为广阔视角中的一个子集，这种人类发展被定义为：随着时间的推移，我们的生命在生理、社交、情感和认知等诸多方面发生的变化。某些发展的方面是自然成熟的结果。进入青春期，不再婴儿肥，开始长高，这些都是自然生理成熟的例证。我们与同辈们建立起关系的方式或利用自己情绪的方式则是社会性发展的例证，这种发展的形成主要取决于与我们周围环境的互动。学生学习中最被关注的认知发展部分则是生理成熟和环境影响双重因素作用的结果。在第三、第四部分的几个章节中，你将会了解到更多关于人的发展的理论及其对于教学和学习的重要性的细节。

本书讲述的教学模式主要源于四种学习理论，这些理论都试图努力解释为何在认知过程、知识、社会技能、情商和动作技能等方面的改变都是学习的结果。这些理论包括行为主义理论、社会认知理论、认知和信息加工理论以及社会文化建构理论。为了给下文提供更多的细节信息，每种理论简述如下：

行为主义理论，关注可观察的外显行为，研究学习是如何成为外部事件的结果的，这些外部事件包括强化、训练、反应和惩罚。

社会认知理论，认为大多数的人类学习行为是通过观察其他个体形成的，同时也受到学习者的期望与信念的影响。

认知和信息加工理论，关注思维如何运行，以及记忆系统如何影响知识的获取、编码转换和之后的提取。

社会文化建构理论，认为知识不是固定不变的，而是随着学习者与环境的互动而灵活建构起来的结果，同时这一理论也关注学习行为的社会和文化方面。

附表比较了这四种学习理论，也比较了它们对教学的不同定义，在即将呈现的章节和教学模式中都会被一一论述。

四种学习理论及其对教学方法的影响

学习理论	主要代表人物	主要观点和重要概念	对教学的主要影响	涉及的地方
行为主义理论	斯金纳	知识是固定不变的，学习主要受外在事件的影响	教学活动主要是传授，有明显的学习效果，能够创造精确、结构良好的学习环境	第八章、第九章：直接教学法和直接概念教学的实践操作方面
社会认知理论	班杜拉	学习是观察的结果，学习行为受环境、信念和期望的影响	教学就是程序性知识的模式化，需要精确地、准确地介绍和演示预期行为，并提供实践机会	第八章：直接教学法的演示和实践操作方面
认知和信息加工理论	布鲁纳、加涅、安德森	绝大部分知识是固定不变的，学习包括精确信息的获得和提取，学习通过运用认识和思考过程完成	教学主要是传授，帮助学生们获得和提取准确的陈述性知识，并力求发展学生们的认知加工能力	第七章、第九章：讲授和获取信息的准则，以及探究过程的基础
社会文化建构理论	杜威、皮亚杰、维果茨基	知识是可变动的，认知和社会学习是知识的积极建构过程，通过与他人的互动完成	教师们促进和指导学生之间的互动，帮助他们建构他们自己的理解和观念	第九章至第十二章：探究式教学法的社会互动方面，合作学习，问题解决式教学法和讨论

对于教师们来说，教学模式的概念也是一种实用和重要的交流手段。教学模式概念的创造者（Joyce & Weil，1972；Joyce，Weil & Calhoun，2004）曾经根据教学目标、教学结构以及学习环境的性质区分出了不同的教学方法。教学目标中明确说明了各种专门设计的教学模式所要达到的学习效果的类型。使用某种特定的教学模式能够帮助教师达到某些教学目标，但却不能达成其他的目标。一种教学模式的结构就是一节课的活动的总体流程。学习环境就是所有必须展开的教学行为的背景，包括学生被激励和管理的方式。尽管这些词语或者这种分类系统并没有什么玄妙之处，但它们仍提供了一种用以交流和讨论课堂中教师的教学行为应当何时发生以及为何发生的共同话语系统。

下面几个章节描述的各种教学模式，看起来是强调每一种教学模式的使用只能采取一种正确的使用方法。在某种程度上说，这种理解是正确的。如果教师偏离某一种教学模式的结构太远，或者不考虑学习环境的要求，他们也就不是在使用那种教学模式了。而另一方面，一旦教师掌握了某种教学模式，他们就会依据自己的教学风格和所教学生的群体特点灵活调整自己的教学模式。这些模式不应该被一成不变地照搬到各种教学情境中。

第三部分介绍的三种教学模式包括讲授法、直接教学法、概念与探究式教学法。所有这三种教学模式的理论基础主要涉及行为主义理论、信息加工理论和社会认知理论。它们或多或少都有教师中心论的色彩，在教学方式上有许多相似之处。它们都以帮助学生获得知识、技能以及习得概念为教学目标。运用这些教学模式需要有一种相当结构化的学习环境。当然，不见得这种结构化学习环境中的教学一定是不友好的或专制的。这三种教学模式之间也是有区别的。例如，讲授教学法更适合帮助学生们获得陈述性知识，而直接教学法是获得程序性知识和技能的最佳方法，概念与探究式教学法旨在帮助学生们形成概念性知识和更高水平的思考能力。随着人们不断尝试去对教学模式进行界定和分类，我们常常会发现某些教学方法不止符合一种模式。探究式教学法就是一个例子，它可以被安排在第四部分中更加体现学生中心和建构主义的模块下，但我决定将它放置在这里，是因为把所有能够发展学生思考能力的教学模式放在一起更可取。

教学互动方面有大量颇具价值的知识和智慧，这些都是资深教师的多年积淀。本书精彩而又具有挑战性的部分在于指出了教学活动的复杂性，而这个问题即使是一本组织严谨的专业书籍也不能准确地描述。

第七章

讲授与阐释

学习目标 ▶▶▶

学习本章之后，你应当掌握以下内容：

讲授法概述	能够简述讲授教学法，并解释合理使用它的方法。
理论支持与实践支持	能够描述讲授教学模式的理论基础，概述支撑其运用的研究。
计划和实施讲授课	能够说明如何计划和使用讲授教学模式，包括如何设计先行组织者和如何有效讲授。
管理学习环境	能够描述如何安排一种更易于实施讲授教学法的学习环境。
评估与评价	结合讲授教学的目标，说明评价学生学习情况的适当方式。

读前反思 ▶▶▶

回想你所听过的课，或教师与教练试图向你解释新事物的那些场景，你脑中会浮现出一些趣味盎然的，使你迫切想要学习更多教学内容的情况；也会有一些枯燥无趣的，让你强迫不让自己瞌睡的时候；当然还会有一些可能是幽默且使人愉快，但实际学不到太多东西的课。你可能记得一些非常简练清晰的阐述，也记得一些含混不清、难以理解的絮叨。

在阅读本章内容之前，请你先用几分钟时间想一想，并完成以下要求：

- 列出你所听过的最精彩的讲课的基本特征；
- 列出你所听过的最差劲的讲课的基本特征；
- 列出阐述清晰的课和含糊不清的课的不同特征。

现在，分析你的这些清单并思考，教师们为做到最出色的讲课或阐释都做了些什么，他们做了什么（或没做什么）使得讲课乏味、解释含混。再想想不同类型的讲课和阐释是如何影响你所学到的内容的？你从差劲的讲课和模糊的阐释中学到东西了吗？为什么学到了？为什么没学到？

请登录“在线学习中心”（www.mhhe.com/arends9e），回答以上问题。

教师的讲授和阐释占据了所有课堂时间的1/6～1/4，用于讲授与阐释信息的时间总量在小学、初中和高中各层级学校中随着年级的增高而递增

（Dunkin and Biddle，1974；Rosenshine and Stevens，1986；Strange，2002）。一些教育学家们认为教师们把太多的时间用于说话了。专家们把相当多的精力投入创造一些新教学模式中，以使教师讲话的时间减少，教学活动更加以学生为中心。虽然如此，正式的知识讲授仍旧是一种广为流行的教学模式，且一直以来这种教学模式所占用的时间量保持稳定不减（Cuban，1993；Lotabo，Clarke and Burns，2005）。

讲授与阐释法的流行并不让人感到惊讶，因为目前最广为接受的教育目标仍然是与知识的获得和保持有关的。学校的课程是围绕知识的架构来构建组织的，例如科学、数学、英语和社会等课程。因此，教师经常使用的课程标准、教科书和测验的组织形式也是相似的。而且，学生被要求参加的考试也都是关于已掌握知识的。经验丰富的教师们都知道讲解是一个有效的方法，它可以帮助学生掌握社会认为他们应该掌握的大量重要知识。

尽管批评不断，但讲授或阐释仍然得到教师们的普遍青睐。

这一章的目的是介绍讲授教学模式，以及描述如何有效地使用它。我们不能判定教师用多少时间来运用这个模式是理想的。但是，这个模式被认为是有相当价值的，能够被运用到所有的学科领域和所有的年级水平中。讲授模式的使用是否恰当与情境有关。也就是说，它的使用取决于教师力争达到的目标和教师所面对的特定班级的学生们。

讲授模式的适用环境各异，主要取决于教师的目标和班级中特定的学生们。

幸运的是，基于教师讲授与阐释法的相关知识已经发展得很完备了。新教师们可以很容易地学习这个教学模式。当你阅读本章和研究这个模式的时候，你会发现有很多内容是你所熟悉的。你已经在中学或者大学的演讲课堂中了解到一些相关内容。从过去的非正式谈话或发言经历中你已知晓了一些讲授法的困难。尽管公开的演讲和课堂中讲授的目标是十分不同的，但是许多基本的交流技能却是共通的。我们首先利用本书第三部分简介中描述的分析图式对讲授模式提供一个一般性概述，一种教学模式应该包括三个特征：（1）它所产生的学习结果的类型；（2）它的教学活动的构成或总的进程；（3）它的学习环境。

在概述之后，我们将对讲授模式的理论和经验支持做一个简要的总结，接下来，我们会详细讨论讲授课的备课和实施过程。在第三部分后续章节中也将采用相同的章节结构安排。

第 1 节　讲授法概述

这里所强调的讲授模式，其实是由我们通常所说的“先行组织者模式”改编而来的。这个教学模式要求教师在呈现新知识之前给学生提供一个先行组织者，在对知识进行讲授或解释时要努力加强和拓展学生的思维。我们选择首先介绍这个特别的教学方法（讲授法）主要基于以下两个原因：第一，这个方法和目前认知心理学中关于个体获得、加工、保持新知识的观点是一致的；第二，这个方法中的许多部分在过去的40年中已经被很详细地研究过了，这就给了这种教学方法以很坚实的（虽然未必总是一致的）理论基础。

讲授教学模式要求有一个高度结构化的教学环境，其特点在于教师是一名积极的讲授者，而学生们是积极的听众和回应者。

简而言之，讲授模式的学习结果呈现在图7—1中，它是非常清晰和简明的，即帮助学生掌握、消化新知识；扩展他们的各种概念结构；培养他们倾听和思考的习惯。

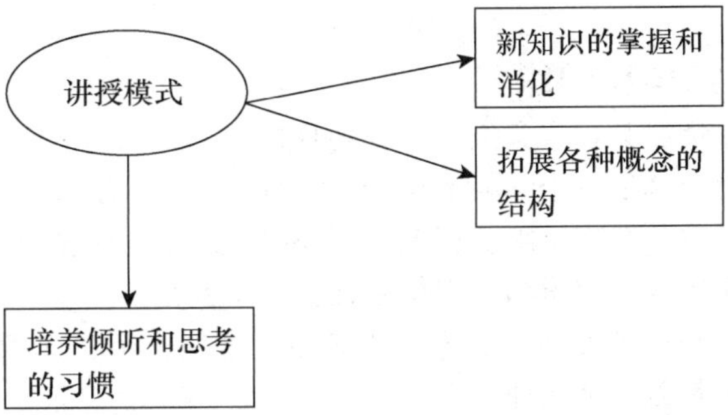

图7—1 讲授教学法旨在达到的三种学习效果

讲授模式是一种以教师为中心的模式，它由四个主要的环节组成：(1)教师初步尝试阐明课程的目标，让学生做好学习的准备；(2)呈现一个先行组织者；(3)讲授新知识；(4)以互动、交际的活动作为结束，目标是检查学生对新知识的理解情况，并拓展、增强他们的思维技能。当使用讲授教学法的时候，教师们要尽力将学习环境构建得紧凑些。除了在模式的最后一个环节外，教师都应该是一个积极的讲授者，并希望学生们是积极的倾听者。使用这个模式要求有一个适合讲授和倾听的学习环境，包括有可以使用多媒体技术的设备等。更多有关这一模式结构的具体细节将会在本章随后的“计划和实施讲授课”部分予以详细介绍。

检测—拓展—探索

检测

- 使用讲授法授课的四个环节是什么？
- 学生在讲授课上的学习结果是什么？
- 对于一堂有效的讲授课来说，什么类型的学习环境是必需的？

拓展

- 许多人认为教师在课堂上花费了过多的时间对学生进行讲授，你是否赞成这种看法？登录“在线学习中心”，在“拓展问题投票栏”作答。

探索

● 登录“在线学习中心”（www.mhhe.com/arends9e），听听帕特里夏（Patricia Merkel）讲述他的讲授教学法的诀窍。

第 2 节　理论支持与实践支持

三个相互补充的主题可以一起为讲授教学法提供理论和经验的支持。这些支持包括：（1）知识结构的概念；（2）有意义言语学习的心理学基础；（3）认知心理学中有关人类记忆系统如何工作，知识如何被表征和获得的观点。重要的是，我们需要了解这三个主题下的观点，因为它为教师如何替学生们选择、组织和呈现知识提供了基础。这些观点也佐证了直接教学法和概念教学模式中的一些特征，而这后面两类模式我们将在本书的第八、第九章分别予以讨论。

知识的结构和组织

一般情况下，人类按照各种各样的主题领域来组织知识，这些领域又可称作学科。历史就是一个学科的例子，它使用时间概念组织知识；生物针对有生命的物体（动物、植物）组织相关的知识和观点；物理则针对物质世界组织相关的知识。大学中各学院里的课程体系设置目录就是各种学科广泛存在的一个很好例证。图书馆里的书籍类别也是按照杜威的十进制分类法或者美国国会图书馆系统来分类的，这是另一个例证。

这些学科，无论其在不同时代的界定有何不同，都构成了大多数教师和课程开发者用以决定把哪些知识教授给学生的资源。多年以前，拉尔夫·泰勒（Ralph Taylor，1949）做了如下的观察报告：

> 从课程的角度看，学科应该被看作一种可以参考的用以对学生进行教育的主要资源。因此，我们希望以这些资源的最佳状态去理解它们……说得极端一些，这些学科的最佳状态绝不仅仅是由需要记忆的事实构成的百科全书式材料，而是一种对世界或生命中的某些部分进行充分理解和把握的积极尝试。（Ford & Pugno，1964，p. 4）

在 20 世纪 50 年代期间，一些学者和课程学家开始研究学科是如何组织的，以及这种组织形式对教学有什么意义，杰尔姆·布鲁纳在 1960 年出版的《教育过程》（*The Process of Education*）就着重于这一研究。这种研究产生了如下观点：每个学科都有自己的结构，这一结构和这个学科所定义的关键概念是一致的。比如图 7—2 显示了美国政府的基本组织结构。

我们可以看到，图中的例子显示出政府的结构可以被看作由一些带有次级概念的主要概念和成分组成的，例如公民权利、宪法修订过程和政府的各种分支部门。在这里并不适合研究各种学科的知识结构的细节。但重要的是，我们需要强调这种结构是存在的，而且它对组织许多主题的知识是非常有用的。它可以把知识分成不同的类别，而且能显示出不同类别知识之间的关系。

这种结构化知识的教学应用是非常清楚的——（第三章中谈到）支持每个结构的关键概念都应该教给学生，而不是列出一些不同的事实或支离破碎的信息。

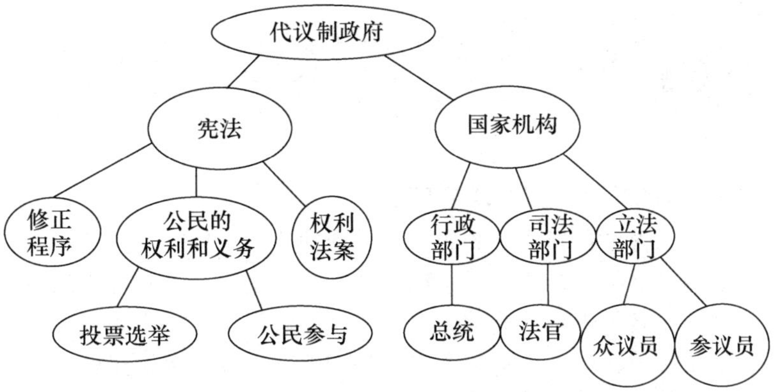

图 7—2 有关美国代议制政府组织结构的部分知识

例如，布鲁纳（1962）认为："认识一座房屋与认识它是钉子、瓦片、墙板和窗子的集合体，这是两码事。"关于房屋的总体概念才是重要的。这个道理对于数学、经济学或者植物学来说也是相同的。

有意义言语学习

在与布鲁纳大致相同的年代，教育心理学家戴维·奥苏伯尔（David Ausubel，1963）也做了一些开创性工作。他对知识组织的方式和人们如何组织这些观念特别感兴趣。他解释说："在任何时候，学习者在一个特定的主题领域中都有一个自己的组织和知识的分类。"他把这种组织叫作认知结构，并相信这种结构决定了一个学习者处理新概念和它们之间关系的能力。新材料的意义只有在它们和学习者已有认知结构联系在一起以后才能形成。

个人的认知结构决定了他处理新信息和新观念的能力。

奥苏伯尔认为正规教育最基本的功能就在于为学生组织知识，并且通过一个精确和清楚的方式来呈现知识。他认为教学最基本的功能是：

> 有意义且有效地呈现艺术和科学的概念和知识——这样就能形成清楚、稳定和明确的意义……有组织的知识能保持很长的时间。

对奥苏伯尔来说，要想实现这样的学习，教师应该创造两个条件：（1）用有潜在意义的形式来呈现学习材料，使用当代学术界所公认的主要和统一的概念和原理，突出教学内容而不仅仅是列出一些事实；（2）寻找各种方法，让新的学习材料和学习者以前的知识联系在一起，引起学生的注意，让他们能够接受新知识。

奥苏伯尔最主要的教学策略是使用先行组织者，它的主要作用是：

> 一方面，清楚地、精确地、明白地描述出新学习材料中的概念之异同。另一方面，清楚地、精确地、明白地描述出新概念与认知结构中已经存在的相关概念之间的异同。

更多关于如何组织和呈现先行组织者的细节将在本章后面提供。

先行组织者提供帮助学习者预览新信息和将新信息与先前知识连接起来的条件。

认知心理学和信息加工理论

第三种更具现代性的研究可以帮助我们了解知识应该如何呈现给学生，它来自迅速发展的认知心理学领域，或者准确地说，信息加工理论。这一研究所涉及的框架对教师来说是非常重要的，因为它提供了关于大脑如何运作，知识如何在记忆系统中获得、组织以及再现的方式。当你读了这里的中心思想，你就会发现这些是如何通过多种方式同布鲁纳有关知识结构的概念（1962）以及奥苏伯尔有关有意义言语学习（1963）的思想相联系的。但是，认知科学将这些早期的思想极大地拓展了，并且在我们今天看来，它对教与学的方式都产生了极大的影响。

在过去二十多年里，几位认知心理学家和信息加工理论的研究者（Aschcroft，2006；Bransford，Brown & Cocking，2000；Gange et. al.，1993；Greeno，Collins & Resnick，1996）以及认知神经科学领域的几位专家（Gazzaniga，Ivry & Mangun，2001；Zull，2002）组织了这些思想，并且将之直接应用于教学的认知心理学领域内进行研究。下面的讨论很大程度上是基于他们的研究著作及他们有关不同知识类型的定义，还有记忆系统中信息如何加工和再现。

知识的类型 传统上学习理论者们区分了两种主要类型的知识：陈述性知识和程序性知识（E. Gagne et al.，1993；R. Gange，1977；Ryle，1949）。陈述性知识是指关于某物或某种事实的知识；程序性知识是指如何去做某事的知识。最近第三种知识类型被加进来了，它被标明为条件性知识。这种知识是关于何时运用陈述性知识和程序性知识的知识。同样，学者们也将陈述性知识的边界拓展了（第三章中有更多详细讲述），他们修改了布鲁姆的教育目标分类学（Anderson et. al.，2001），修改后的版本包括两种陈述性知识：事实性知识和概念性知识。事实性知识是知道关于一个主题的基本信息元素；而概念性知识是知道关于各种基本元素之间的关系。

事实性知识是关于一个主题的基本元素。
程序性知识是关于如何去做某些事情。
条件性知识是关于何时使用或应用特定的陈述性知识或程序性知识。
概念性知识是关于各种基本元素之间的关系。

关于事实性知识的一个例子是，知道美国宪法中规定有三个权力的分支，知道立法分支部分有两个议院（众议院和参议院），以及众议院的议员两年选举一次，而参议院的议员六年选举一次。概念性知识则是理解三个分支之间的关系既是由宪法规定的也是传统使然。针对这一相同的主题来说，程序性知识是指知道怎样才能在选举日到投票点去投票，怎样给一名参议员写信，或者如果某人是一名参议员，那么应当怎样引导一个参议院的议案最终通过并形成法律。条件性知识是指知道采取怎样的政治行动才能保证议员所期望的议案条款得以通过；也包括学习者通过学习形成自己的观点，以及认识到自身对于这一主题缺乏了解。表 7—1 总结了这四种类型的知识，并对每一种类型的知识都给出了实例。

表 7—1　　四种类型的知识及其各自的例子

知识的类型	定义	例子
事实性知识	知道关于某主题的基本元素	游戏的规则；三角形的定义；经济学中“供给与需求”术语的定义
概念性知识	知道各元素之间的关系	供给与需求规律中两者的关系
程序性知识	知道如何去做某事	会打篮球；能使用文字处理软件；能写一封信；懂选举
条件性知识	知道何时应用特定的陈述性知识或程序性知识	何时略读一篇文章；何时传球而不是运球；基于对供给与需求的了解知道何时投资

除此之外，正如在第三章中所讲的那样，我们可以对知识进行分类，根据在认知过程中运用知识的不同方式来划分。最低水平是指回忆那些学习者获得了的、可能使用或者没有使用的事实性知识。回忆五言律诗的写作规则就是一个回忆事实性知识的例子。相比之下，更高水平的认知过程包括以某种方式使用知识，比如评论罗伯特·布朗宁的诗歌，或者将其与济慈的作品进行比较。在程序性知识中我们常常需要对事实性知识或概念性知识有熟练掌握。对于刚才这个例子，就是要掌握诗歌的基本概念。教师希望他们的学生能够拥有所有四种知识。他们希望学生掌握大量的基本事实性知识，同样也希望学生能掌握重要的概念性、程序性及条件性知识，以便于学生能够有效地采取行动及处理问题。

最后，认知心理学家们（Brown，1987；Flavel，1985；E. Gagne et al.，1993；Pressley et al.，2003）说明了知识的另一个特殊维度，即元认知知识。这一维度是“关于认知的认知”或个体关于认知的总括性知识，即个人对自我认知加工过程的意识。正如我们后面将要介绍的，拥有元认知知识是学生们能够很好地调节和监控自己学习过程的一个重要因素。

不同类型的知识是通过不同的方式掌握的。本章描述的讲授模式对学生掌握简明的事实性知识和概念性知识是极有帮助的。另外，第八章描述的直接教学的模式则是为促进学生学习程序性知识以及某些类型的元认知知识而设计的。

记忆与信息加工　阿什克罗夫特（Ashcroft，2006）将记忆定义为“为之后提取信息而获取和保存信息的心理加工过程，心理储存系统使这些过程顺利运行”。他和其他人将此命名为信息加工过程模式。这一模式认为记忆包含三个组成部分：瞬时记忆/感觉记忆、短时工作记忆和长时记忆。图 7—3 展示了这三种记忆，图中的箭头表明，记忆过程不是线性的或单向的，而是多方向的，每一部分都能够影响其他部分的记忆。

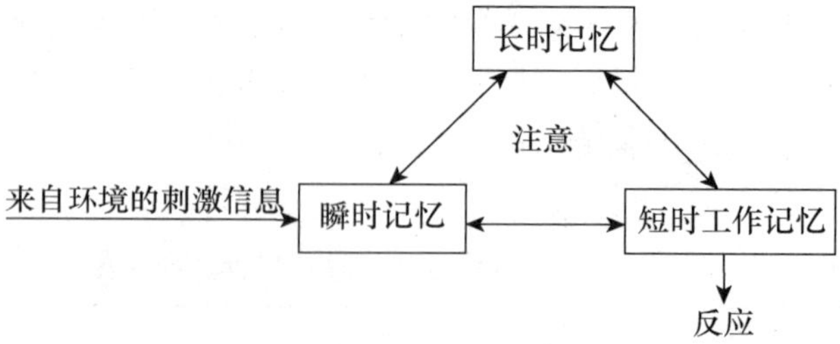

图 7—3　信息加工过程模式

资料来源：Adapted from Ashcroft (2006), p. 52。

接受来自环境的各种感官刺激（视觉、听觉、触觉、嗅觉、知觉）使得新知识进入大脑或记忆系统中。这些刺激首先是被学习者的感觉和瞬时记忆所注意，瞬时记忆对刺激进行最初级的加工。瞬时记忆能够摄取大量的信息，但在这些信息被遗忘或进入短时工作记忆系统之前它只能持续很短的时间。短时工作记忆有时被认为是记忆系统的工作台，这里是意识工作的地方。例如，如果你正在心算解决 26×32，你会马上在短时记忆中得出 52 和 78 这两个数字，并将二者错位相加。

> 瞬时记忆是指从感官中接受的新信息在大脑中初级加工的场所。
> 短时工作记忆是指在大脑中有意识的思维活动进行的场所。

短时工作记忆中的信息如果不被进一步储存在长时记忆中，有可能就会很快遗忘。长时记忆的工作机制就像电脑一样。信息必须首先经过编码才能被储存，尽管长时记忆可能被储存一生，但如果之前不先给出适当的提示，它也不可能被再度提取出来。长时记忆中储存的信息或想法在使用之前也必须被提取至工作记忆中。

图 7—4 展示了在教学背景中短时工作记忆与长时记忆如何相互作用的例子。

假设一位二年级的老师想要其学生乔学习得克萨斯州的首府是奥斯汀。老师问乔："得克萨斯州的首府是哪里？"乔回答说："我不知道。"与此同时，乔可能建立了一种期望，即他将要学习得克萨斯州的首府，这就会使得他集中自己的注意力。之后老师说："得克萨斯州的首府是奥斯汀。"乔的耳朵接收到了伴随其他学生的讲话以及学校之外交通噪声而来的这一信息。

乔听到的所有声音转换成神经信号进入感觉登记器，但关于得克萨斯州的首府是奥斯汀这一部分被选择出来进入短时工作记忆，其他的声音因为没有得到关注而无法进入。

乔可能会对得克萨斯州的首府是奥斯汀这一事实同其他一些他已经知道的关于奥斯汀的事实（如那是一个很大的城市，他曾经去过那里）一起进行编码。编码的过程使得新的事实进入长时记忆中去。如果乔已经发展了特殊记忆策略（这对于一个二年级的学生不大可能），他的执行控制处理过程将引导编码处理应用这些特殊策略。

第二天，乔的老师可能会问他："得克萨斯州的首府是哪里？"问题将会被接收，并进入短时工作记忆去寻求答案，这为在长时记忆中提取答案信息提供了线索。反应发生器将长时记忆系统中的答案复制来组织言语行为并发出声音："奥斯汀是得克萨斯州的首府。"此时关于乔习得得克萨斯州首府的期望被证实完成。

图 7—4　短时工作记忆与长时记忆的一个例子

资料来源：E. Gagne et al., 1993, p. 78。

> 长时记忆是指在信息在大脑中存储的地方，并准备好在需要的时候被提取出来。

知识的表征　现在，知识同时以视觉影像或口语单元的形式在长时记忆中被储存和表征的说法已被广泛接受。这一概念同时突出了语言形式和视觉形式的重要性，这一主题我们稍后会重新返回来阐述。同时，个体也会意识到长时记忆中储存的一些信息（外显记忆），而意识不到其他的一些信息（内隐记忆）。

认知心理学家使用“图式”一词来定义人们组织特定对象信息的方式，以及这种组织如何影响对新的信息及想法的处理。不同个体的图式存在显著差异，个体对各种问题所持有的图式也帮助他们加工新信息和发现事物间的关系。个体先前知识以及针对特定对象的图式越完备，处理新信息及发现更为抽象的关系就变得更加容易。尽管认知心理学家们并不一直认同知识在记忆系统中进行表征的精确方式，但他们都同意知识是在知识网络中组织起来的，他们也都同意先前知识的确能够筛选新的信息，从而决定教师所讲授的新信息怎样被学生所获得和记忆。

> 个体的图式反映了信息在记忆网络中组织和保存的方式。先前知识是指个体在教学之前就已掌握的信息。

对于教师来说，从认知心理学中发展起来的关于知识表征的教学原则在三个方面有启发意义。首先重要的一点是，知识是围绕基本命题及统一思想被组织和建构的，然而个体在有关特定主题的知识或组织方式上是各不相同的；其次，学生学习新知识的能力取决于他们的先前知识及存在的认知结构；最后，记忆系统中每一部分工作的方式和知识表征的方式对教师的一般教学和特定讲授模式的应用具有重要影响。稍后我们将作更为详尽的描述，有效的教师应该做到：

（1）吸引学生们的注意力，使刺激能够进入学生的瞬时记忆，并被初级加工。

（2）给学生提供先行组织者和各种提示用以激发学生长时记忆中的先前知识，并将之与新信息一起转移到短时工作记忆中去。

（3）提供“助手”，帮助学生将短时工作记忆中的新信息转入长时记忆中，以便将新信息储存并为日后的提取做准备。

经验支持

研究者对学习者基于讲授与阐释法的知识在一些不同领域进行了发展，特别是认知心理学及信息加工过程，这些在前面部分已经介绍过。其他一些则来自对教学的研究，重点集中于设置导入、利用先前经验以及先行组织者等主题。还有一些研究是观察教师教学的清晰度和教学热情对学生学习如何产生影响。因为不可能对这些广泛的研究基础提供全面的介绍，本章只选择其中的一些重点。

先前知识、创设情境（establishing set）及提供暗示（cues）

关于先前知识对于学习阅读、学习新的信息及学习写作之影响的研究，在过去的30年中一直进行着。一般说来，此类研究关注先前知识对于学习新信息和新技术的影响。

> 创设情境是教师在新课开始时使用的一个非常重要的步骤，目的在于让学生对新知识的学习做好准备。

帮助学生利用先前知识的一个重要的教学步骤是导入，或者称作创设情境。创设情境由教师在讲授开始时采用，意在让学生准备学习，并且建立一个学习者的先前知识与将要呈现的信息之间的沟通链。研究者曾经就这一主题开展过一些研究。其中最有意思的一项研究是在20世纪80年代早期澳大利亚的舒克（Schuck，1981）的领导下进行的。在一个十分复杂的实验学习中，舒克将120位九年级学习生物的学生随机分成两组。实验组的教师接受了有关创设教学情境的四个小时训练。在对比实验组与对照组学生的成绩时，舒克发现，创设教学情境对于提高学生成绩有明显的影响。这种影响不仅在教学之后马上呈现出来，而且在24～26周后对学生的测试中也产生了作用。

正如你随后可以看到的，创设教学情境与提供先行组织者是不一样的，尽管二者的目的都在于利用学生的先前知识。通过创设教学情境，教师可以帮助学生从长时记忆中重新获取恰当的知识及智力技能，以备导入新知识和技能时运用。后面我们还将介绍更多关于创设教学情境的知识和例证。

教师同样会利用提供暗示来帮助激发学生的先前知识。暗示为学生提供了将要体验的和将要学习的事物的线索。有时教师通过告诉学生将要看到和听到什么来提示他们。有些时候教师则通过提问唤起学生先前知识。在这方面有一项关于暗示影响且持续20年之久的实证基础研究（Guzzetti，Snyder & Class，1993；Marzano，2007；Ross，1988；Wise & Okey，1983）。有关创设教学情境以及使用暗示的更多信息，我们将在随后部分详细介绍。

利用先行组织者　正如你在先前部分读到的，奥苏伯尔把先行组织者的使用看成是有助于给学生提供有意义知识的手段。奥苏伯尔认为，一个先行组织者由教师在讲授新知识前所呈现的相关学习材料构成。这种材料比起接下来的信息有很高的抽象水平。本章稍后将对先行组织者给出更为明确的定义。这里必须要说明的是，提供先行组织者和创设教学情境一样都是帮助学生利用先前知识，然而，他们又是不同的，先行组织者与随后的知识联系更为紧密，并对随后的学习提供支持。

> 教师运用先行组织者，通过将先前知识与新知识联系起来使得新信息对学生们更具有意义。

本章“研究摘要”展示了奥苏伯尔有关先行组织者的重要研究。

自从奥苏伯尔首次发表自己的成果，其他心理学家及教育研究者们纷纷开始验证他的理论。沃勒伯格（Wallberg，1986，1999）报道说，从1969年至1979年，共有32项研究针对先行组织者。沃勒伯格还给出了一个由路易藤、艾米及阿尔松（Luiten，Ame，Aerson，1980）共同完成的，旨在确认先行组织者影响效果所做的135项研究的综述。同样，迈耶（Mayer，1979）用了很多年时间来界定先行组织者和检验其效果，尤其是在提高理解和增强迁移方面。最后，马扎诺（Marzano，2007）的一篇书评展示了运用先行组织者的主要积极成果。尽管不是所有的研究都证明了先行组织者的有效性，但大多数研究的一致结果足以建议教师在向学生讲授新知识时使用先行组织者。

教师教学的清晰度　利用先行组织者创设教学情境，以及关注先前的学习经验都会影响学生的学习。另一个已被证实能影响学生学习且与信息讲授有关的变量是教师教学的清晰度。希勒、杰什尔及凯斯（Hiller，Gisher and Kaess，1969）早期曾进行过一个有关教师教学清晰度的重要研究。他们让教师对自己的学生给出两种不同的15分钟的讲授——一个是有关南斯拉夫的，另一个是关于泰国的。他们鼓励教师用自己习惯的风格做这次讲授。他们研究了教师讲授的五个变量：语言流畅性、信息数量、知识结构线索、兴趣及模糊性。研究者发现，语言流畅性（清晰度）与模糊性两个因素之间有着重要的相关性。研究表明，如果讲授缺少清晰度，很大程度上是因为讲话人对信息并非很了解或者不能记住其中的重点。当然，这个研究对准备向学生传递信息的教师提供了一些步骤：首先，确保自己透彻理解要讲的内容；其次，讲授前练一练，记住重点，或者严格按照书面提示讲。

回顾过去三十多年，教师教学的清晰度一直是许多研究和述评的主题（Bransford，Brown，Cocking，2000；Marzano，2007；Rosenshine and Furst，1973；Rosenshine and Stevens，1986），每一项研究都显示，教师讲授和阐释得越清晰，对学生学习就能产生越积极的影响。

教师的激情　人们认为影响教师讲授的另一个变量就是“教师的激情”。这是一个有趣的概念，原因有二：首先，激情常常被误认为是一种夸张的舞台表演，并且还会使学生分心；其次，关于教师激情与学生学习关系的研究是混乱复杂的。

1970年，罗森沙恩回顾了关于教师激情的研究，并且做出了报告。报告认为，教师激情与学生学习之间存在非常一致的关系。从那时起，研究者开始试图研究教师激情并开发了训练计划，帮助教师在讲授时变得更加富有激情。例如，柯林斯（Collins，1978）开发了一套具体且富有激情的行为，并进行了检测：如快速的、振奋人心的、富于变化的专业化表达；跳舞，睁大眼睛；流畅的、情感外露的提问；肢体动作多变而富于表演性；面部表情富于变化，感情丰富；不同语句，特别是形容词富于变化；对学生的情感和思想随时准备积极回应；从头到尾充满活力激情。柯林斯发现，在接受过激情训练的教师所在课堂的学生，其表现要优于没有经过训练的教师所在课堂的学生。

但是，贝特考特（Bettencourt）主持的另一项研究（Borg & Gall，1993）发现，接受过激情训练的教师与没有接受此类训练的教师，其教学效果没有区别。不过，威廉斯和西西（Williams and Cici，1997）认为教师的激情对学生给教师的评价有积极的影响，而帕特里克（Patrick）、赫斯里（Hisley）和坎普拉（Kempler）证明了学生听激情澎湃的讲课远比没有激情的讲课更富有内在动机。因此，在这个时候，看起来我们必须谨慎对待激情的重要性。尽管激情看起来会使教学发生变化，但是激情的本质是什么，能起多大作用，这些仍然是未知的。

研究摘要

关于有意义的学习，我们了解多少？

Ausubel，D. P.（1960）. The use of advance organizers in the learning and retention of meaningful verbal material. *Journal of Educational Psychology*，51，267－272.

所有教师都面临的一个常见问题是如何能使教师期望学生学到的知识变得有意义。教师常问的问题则是：知识是否必须得让学生感到有趣味？是否需要把将要讲的知识与先前学生已经知道的知识联系起来？是否存在一些可以使教学有所改变的细节？

问题与方法：五十多年前，奥苏伯尔提出："给学生一个先行组织者，能否使其成为一个智力支架，以促进学生学习和记住不熟悉的知识？"奥苏伯尔是最早对这个问题进行思考和研究的学者之一。在这里提出它是因为它激发了有关这一问题的研究兴趣，并相应地为论证使用先行组织者，将新知识与学生已有知识联系起来的重要性奠定了理论基础。同时这一研究也表明，教师在教学上做出的小小改变可能会使学生所学的知识发生巨大变化。

实例和背景：奥苏伯尔对伊利诺伊大学110名三年级的大学生（78名女生和32名男生）进行了研究。在参与这个研究之前，这些学生都接受了师范教育，并且选修了教育心理学方面的课程。

步骤：研究者设计了一篇长达2 500字的短文，主题是"有关碳素钢的冶金性能"。根据研究者的目的，这个学习材料中需要强调的是"金属颗粒的组织与温度，碳含量及降温速度之间关系的原则"。选择这个主题是因为文科和师范专业的学生一般对此比较陌生，这是检验该研究主要假设的重要条件。受测学生被分成两组：实验组和对照组。两组学生学习不熟悉材料的基本能力是对等的（此能力测试标准来自另一篇类似难度水平的文章）。每一组分别受到了如下的实验处理：

- 实验组：在实验组正式学习有关钢铁知识的短文前，提供一篇隐含先行组织者在内的500字介绍性文章——相比将要学习的材料，背景材料在一种更为抽象的水平上进行陈述。
- 对照组：在对照组正式学习有关钢铁知识的短文前，提供了一段与钢铁冶炼历史相关的500字材料，但不隐含先行组织者。

两组的学习时间均为35分钟，并且三天之后对学习内容进行测试。测试包括36道多项选择题目，涵盖了该学习材料的主要原理及事实。

阅读提示：在表7—2中没有什么新的概念引入。奥苏伯尔的实验是十分直接的。然而，同这一领域内这些年来的许多其他研究一样，奥苏伯尔的研究对象是大学生。从这一群体得出的实验结果不一定能推广至更年幼的学生及那些教育背景各不相同的学生，尤其是小学和中学的学生。直到20世纪70年代，大量的研究者们才从大学的教室中走出来，进而调查研究中小学校。不过，尽管奥苏伯尔的调查研究有这种缺点，本书还是将其收入，因为奥苏伯尔与教学中的先行组织者模式的关系紧密，而且他的研究对随后的研究也都具有极大的影响。

表 7—2 实验组和对照组的记忆测试成绩

组别	导入的类型	平均分	标准差
实验组	先行组织者	16.7*	5.8
对照组	历史回顾	14.1	5.4

*显著性在 0.05 水平上。

结果：表 7—2 表明了实验组和对照组的学生的测试得分。

讨论和应用：正如从表 7—2 中看到的，三天之后，与那些在读有关钢铁的 2 500 字文章之前提供历史性文章的学生相比，那些被给以先行组织者的学生记住了更多的知识。作为对先行组织者有效性的测试，奥苏伯尔的研究之局限在于给学生的这种引导知识是书面文字而不是言语。不过，原理是一样的。有一点需要注意：奥苏伯尔的研究不能说明历史性知识是不重要的。历史的背景同样可用来导入新课，但是它们可能没有像概念引导性材料那样，在帮助学生整合和获得有意义言语知识时那么有效。

检测—拓展—探索

检测

- 为什么“知识结构”对讲授教学非常重要？
- 奥苏伯尔的“有意义言语学习”指的是什么？
- 知识分为哪三种类型？为什么这些分类对教学很重要？
- 长时记忆和短时工作记忆有什么不同？
- 在讲授课的备课过程中，怎样就了解学生先前知识、创设情境、给出提示，以及教师清晰讲解等方面进行准备？

拓展

- 正如你在本章中读到的，教师的激情对学生的学习产生的影响是复杂的。你个人如何看待激情教学的作用？对表演性教学你又有什么看法？

探索

- 有很多关于先行组织者的网站和文章，在互联网或你们图书馆的数据资源库中检索，看你能发掘多少资料，并比较你所找到的与这里所呈现的不同知识。

第 3 节 计划和实施讲授课

理解影响教师讲授模式的理论基础和研究基础，也并不一定能有效地利用这个模式。那需要专家在教学前环节、互动环节和教学后环节做出专业决策和实施专业行为。这一部分将为教师有效地使用讲授与阐释法提供指导性原则。

备课

除了极为羞涩内向的人，一个人站在一班学生面前说上 20～30 分钟是件很容易的事。但是，讲话并不是教授。决定讲什么，以及如何组织这些内容使其对学生来讲合乎逻辑并有意义，是要求教师做充分准备的。以下四项备课任务是十分重要的：(1) 选择教学目标和教学内容；(2) 了解学生的先前知识；(3) 选择合理和有效的先行组织者；(4) 规划时间和空间的利用。

教学远远不止是教师在讲台上不停地说；一堂成功的讲授课需要大量精心的准备。

选择教学目标和教学内容 讲授课的目标主要在于让学生获得陈述性知识。图7—5提供了几个教师可能在教学中设定的典型目标。除了帮助学生获得新知识以外，教师选用讲授法可能还有其他原因。例如，讲授课中蕴含的兴奋感与激情能够激起学生对某个主题内容的兴趣，并激励他们去学习这些知识。有时教师利用讲授法概括一个主题，能帮助学生把每个知识点整合、联结起来。另一个恰当运用讲授课的例子就是复习已经向学生讲过的同时又对他们来说有难度的材料。最后，如果教师认为应该将课文中或其他地方比较片面或有所偏颇的材料折中一下，那么讲授法就是一种能够提供“可供选择的观点”的有效手段。然而，任何领域中需要掌握的陈述性知识都是无穷尽的，有几条基本原则可以帮助新教师更好地为特定的讲授课或者一系列讲授课做准备。

- 学生能够陈述宪法第十四修正案的意义。
- 学生能够说出三部19世纪美国小说的女性作家。
- 学生能够列出冰球运动的基本规则。
- 学生能够说明光合作用的意义。
- 学生能够讲述三位非裔美国人对美国历史的贡献。

图7—5 一堂讲授课的教学目标样例

效力与效率 在第三章中，我们引入了效力与效率的概念，把它们作为课程选择的工具。这两个概念也可以帮助教师选择讲授课的教学内容。切记，有效力是指需要教给学生的只有最重要和最有效的知识，而不是那些有趣但偏离所教科目的中心知识甚远的内容。有效率是指教师不要浪费时间在杂乱烦琐的语言上，要集中讲解最核心的知识内容。课堂讲授要有效力和效率，并不完全依靠老师的授课风格，而更多在于备课方面。事实上，经过周密组织的、单调的讲授课与活跃但内容匮乏的讲授课相比，对于学生掌握知识可能更加有效，尽管学生更喜欢后者。

概念图 另一个可以用于决定教学内容的工具是概念图。概念图展示了各种不同概念之间的关系，就像路线图，可以帮助使用者弄清自己所处的位置。概念图也可以帮助教师弄清需要教授的概念的类别，并可以提供给学生一张图，帮助他们弄清楚各种概念之间的关系。要制作一张概念图，教师必须识别出与特定主题相关的关键概念，并按照逻辑关系安排概念。第九章会更详细地介绍制作概念图的方法，还会给出一些例子。

了解学生的先前知识 讲授课中提供的知识要基于老师对学生已有的认知结构和之前掌握知识的估计。就好像教学过程的其他环节一样，这里没有特别明确的规则或简易的公式可供教师套用。但是有些理念可以指导教师的实践，同时也有一些来自资深教师的方法可供借鉴。

认知结构 要使学习材料对学生产生意义，教师必须找出这些材料和学生已经掌握的内容之间的联系。在某个主题方面学生已经有的知识决定了哪些新概念对他们具有潜在的意义。图 7—6 阐释了一个学生就与政府相关的概念形成的认知结构。注意，图 7—6 和图 7—2 有相同的知识，但图 7—6 用于说明一些概念已经被掌握，而另一些概念还没有被学生掌握。请注意画图者对哪些知识与学生先前的知识相关所做出的判断。(参见本书 284 页"多元化与差异性"专栏有关基于学生不同的知识和能力水平来调整讲授课的讨论。)

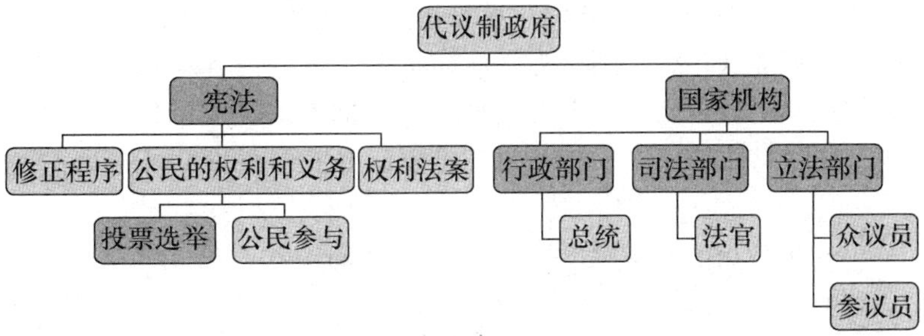

图 7—6 个体形成的关于代议制政府架构的认知结构图示

智力发展 认知结构既受到学生知识背景的影响，同时也受到学生成熟程度和发展的影响。一些研究者（Hunt，1974；Piaget，1954，1963；Perry，1969；Spinthall & Oja，1998）提出了四种发展理论。由于篇幅有限，此处无法充分讨论这几种发展理论之间的相同和不同之处。但几位理论家一致认同，学生的认知结构，从早期极其简单的、具体的认知结构的形成，到后期抽象的、复杂的认知结构的形成，都需要经历一系列发展的阶段。因此，教师需要根据学生的发展阶段为他们提供最适合的学习内容。这是很重要的。

教师掌握了关于学生智力发展的知识，有助于他们设计特定的讲授课。然而，这些知识并不能解决具体问题。原因有几个：首先，资深教师知道，发展不是均衡的，也不是到了某个特定的年龄阶段就会发生的。在任何一个班级中，教师都可能发现不同的学生处于不同的发展阶段。其次，教师可能还会发现，有的学生在某些学科中（比如历史）已经发展到抽象认知水平，但在像数学这样的学科上还只停留在具体思维的水平。

学生的智力发展水平是教师准备讲授课时应考虑的一个重要因素。

教师想要把发展阶段理论应用于讲授课的备课环节所遇到的另一个问题在于如何测量学生的发展水平。大多数教师会依赖非正式的评估。例如，当学生在解决具体任务中，教师可能通过观察学生的行为表现得出一个粗略的评估，以判断他们的具体认知水平和抽象认知水平。通过认真倾听学生的话语，或提出试探性问题，教师也可以判断出他们所讲授的知识对学生来说是不是有意义的。在课堂讲授的过程中，通过观察学生的非言语反应，例如沉默、皱眉、表情愉悦等，都可以看出学生从课堂中收获了什么。例如，沉默可能意味着学生感到学习内容枯燥，或者表示他们并不理解教师所讲的内容。资深教师可以捕捉到学生发出的这些微妙信号，依据这些信号调整教学，使新的学习材料为学生所理解、接受。这可能是专家教师与新教师的主要区别之一，也是一种“教学艺术”的展现。

教师可以通过向学生提问和注意观察学生非言语的反应来有效检测自己的讲授是否被学生理解。

选择合理和有效的先行组织者 与讲授模式有关的第三个计划任务是选择合适的先行组织者。记住，先行组织者对于后来的学习材料而言就是诱饵、是锚、是“智力脚手架”。奥苏伯尔认为，先行组织者应该比后面要学到的内容稍稍抽象一些。迈耶（1984）则认为，从即将要学习的内容中抽象出来的具体例子，可能会比抽象的先行组织者要好一些。不论抽象的程度如何，一个好的先行组织者必须要包含学生所熟悉的材料，并且根据学生过去的知识基础来设计。

先行组织者是学生学习新知识的脚手架，它们绝不仅仅是教师导入新课时的一种手段。

我们应该在此重复一点：先行组织者和其他的教学导入技巧，比如回顾过去所学的知识、创设情境，或者总览所学过的课程等，都有所不同。所有这些都使讲授课更有效，但是它们都不是先行组织者。下面介绍三个教师利用先行组织者的特定讲授课：

例1：一位历史教师将要上一堂关于越南战争的课。他回顾了前一天的课程后，告诉学生当天的学习目标，并让学生回忆关于越南的知识（创设情境），然后呈现如下的先行组织者：

> 我将要给你们介绍一些知识，帮助你们理解为什么美国会卷入越南战争。大多数战争都反映了人们在以下方面的冲突：意识形态、领土争端或者打破贸易壁垒。就好像我们以前讲到过的，美国在1945—1965年卷入东南亚的战争，当时我给你们找到一些例子，从中发现意识形态、领土争端或者贸易是如何影响到之后美国决定发动越南战争的。

例2：一位科学老师要上一堂有关人体所需食物的课。在强调了课程的目标后，教师让学生们列出他们昨天所吃的各种食物（创设情境），然后呈现了如下的先行组织者：

> 一会儿，我将会提供给大家一些关于人体所需的各种食物的知识。在此之前，为了帮助你们了解不同种类的食品，我会向你们介绍一个观点：你们每天所吃的食物大体上可以分为五类：脂肪、维生素、矿物质、蛋白质、糖酶。每种食物类别中都含有特定的元素，例如碳、氮等。当然，我们所吃的具体的食品（肉、土豆）为我们提供了这些元素。现在当我讲人体需要均衡饮食时，我希望你们能够注意到，我们每天所吃的食物都是属于哪种类型。

例3：一位艺术教师要向学生展示、介绍一系列不同时期的油画作品。他先总体介绍了课程，让学生用一分钟时间来思考不同时期的油画有什么区别，然后提供了如下的先行组织者：

接下来的时间里，我将要向大家展示、讨论几幅不同时期的油画作品，一些是法国 19 世纪早期的作品，其他是 19 世纪末 20 世纪初的作品。在此之前，我想要给大家介绍一个观点，帮助大家了解你们待会儿会观察到的这些作品的不同：油画反映的不仅仅是艺术家的个人才华，同时也反映了它所处的时代。时代和阶段影响了画家的技术风格、绘画内容以及色彩的使用。在我向你们展示这些作品的过程中，我希望你们能够看出不同作品在色彩、主题以及绘画技术方面的差异，并且看出这些如何反映了画家所处时代的特点。

规划时间和空间的利用　计划和管理好时间、空间对于保障讲授课的教学效果来说是非常重要的。有两点教师一定要牢记于心：第一，要确保时间安排和本班学生的智力水平以及能力相适应；第二，要注意在上课过程中不断激励学生，维持学生的注意力和兴趣。许多教师，尤其是一些新教师，低估了内容要讲透所需要的时间，在课程结束时不能很熟练地检测课程进展是否顺利。在本章的后面将介绍一些评估策略，帮助教师检查学生的理解情况。教师可以用这样的评估来判断他们是否应该在某个特定的主题上留出更多时间。确保学生理解了讲授课的目的，并且能够将课程内容同学生的兴趣和先前知识联系起来，这是提高学生的注意力和参与度的最好方式。这样做的指导原则将在下一部分详细介绍。

计划和管理空间在讲授课中也是同样重要的。在大多数情景下，教师倾向于按照“横排—竖排”的形式摆放桌椅（见图 7—7）。这是管理班级空间的最传统形式，在早期非常流行，以至于一些教室里的桌椅都固定在地板上，无法移动。这种形式比较适合于下述情况：学生需要集中注意力听教师讲授，看黑板上的板书，看幻灯片，或者是上计算机课。

有效的讲授教学取决于教师有效地管理和使用时间、空间。

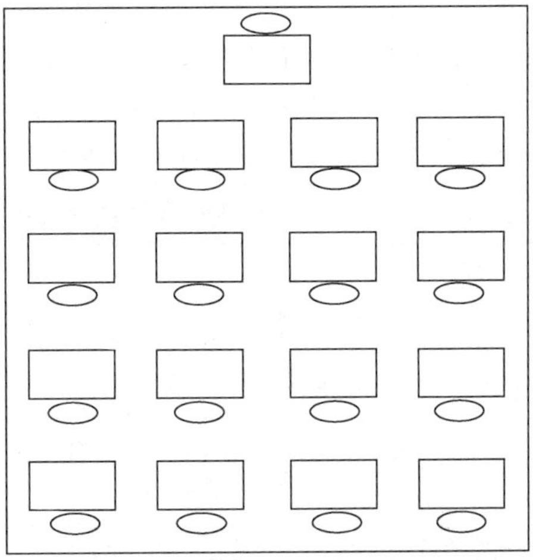

图 7—7　“横排—竖排”桌椅摆放形式

多元化与差异性

针对不同的学生调整讲授内容

在一般情况下，课堂讲解不可能对班内所有的学生都适合，因为学生的知识背景不同，智力发展的水平也不一样。他们同样也会有不同的学习风格和智商。因此，教师有必要根据授课班级学生的不同需要、不同背景来调整自己的讲课内容和讲解方法。教师可以通过不同的方式调整授课内容，使之适合更多的学生，对更多的学生有意义。

充分利用图片和图示 有句俗语说得好："一图抵千言。"图片和图示可以用来启发思维、说明概念，这样的作用有时候是语言所不能及的，对于年纪比较小的儿童以及抽象思维能力发展比较有限的学生来说，尤其如此。如果想要验证这个说法，可以尝试仅仅用言语对一个三岁小孩子解释绿色，然后用一些绿色的图片来解释。本章中"利用技术促进教学"栏目将详细介绍如何利用电脑和电子放映设备，借助音频、视频内容配合讲解。

使用不同的提示和例子 这一章强调知识背景的重要性，它像一个过滤器，新知识必须从这个过滤器通过。向学生提供的内容如果是他们先前完全没有涉及的，那么这些内容对他们而言就是毫无意义的，学生也无法掌握。提示和例子的使用是一种方法，教师可以用它们使学生建立起新知识与他们所知道的事物之间的联系。由于在同一个班级内，不同学生之间知识背景的差异很大，教师如果能够使用不同的提示和例子，将能够更好地帮助所有学生理解学习内容。

具体一点还是抽象一点 年龄大、学习能力强的学生与年龄小、学习能力弱的学生相比，抽象思维能力更强。当这样两类学生在同一间教室学习时，教师解释一个观点就既要使用具体的方式，也要使用抽象的方式，以此满足不同类型学生的需求。

上课

课堂讲授的过程包括四个基本阶段：(1) 明确教学目标，做好准备工作；(2) 呈现先行组织者；(3) 讲授新的学习材料；(4) 检查学生的理解程度，并拓展、巩固学生的思考技能。各个阶段以及教师的必要行为都在表 7—3 中进行了说明。

表 7—3 **讲授模式的教学安排**

阶段	教师行为
阶段 1：明确教学目标，做好准备工作	教师概述整个课程目标，让学生做好学习准备
阶段 2：呈现先行组织者	教师呈现先行组织者，确定这种引导材料可以为随后的学习材料提供支撑，并且和学生先前的知识建立联系
阶段 3：讲授新的学习材料	教师讲授学习材料，要特别注意按逻辑顺序讲解，确保学生能理解
阶段 4：检查学生的理解程度，并拓展、巩固学生的思考技能	教师提问，并让学生针对授课内容回答，引导学生更深入的思考，促进精确思考、批判性思维

吸引注意力、阐明目标、创设情境　使用任何教学模型进行有效的教学时，都需要教师在开始的时候采取一些措施，激发学生积极投入课堂学习。研究者发现，以下做法能够帮助教师吸引学生的注意力，向学生阐明课堂目标，创设学习情境。

> 教师在导入新课时，要能够引起学生的兴趣，并能够激励学生参与到课堂中来，这是很重要的。

吸引注意力　如果学生们想要成功地获取、加工和保存新知识的话，吸引和保持学生的注意力是至关重要的。正如下面所说，确保教学目标清晰和创设情境是教师们能够吸引学生注意力的两种方法。教师们也可以运用其他方法来引起学生们的注意力，比如，创造惊喜或激起好奇之心，不按课堂常规来安排一个特殊事件，走到教室后面，跳上课桌等异常之举都可以抓住学生们的注意。“假如、万一”类的问题（第十二章中有介绍），或者用与讲授课程无关的其他感官刺激导入，例如音乐或独特的气味等，也都可以激起学生的好奇心。

阐明目标　在关于动机的讨论中，我们已经介绍过，学生需要一个动机来参与特定的课堂活动，并且需要了解他们要如何表现。有效教师会将课程计划贴在黑板上、海报里，或者存在电子服务器中，告诉学生学习的目标以及教师的期望。这就使得学生们能够看到课堂的整体进展，并且明白如何将各部分整合在一起。和学生分享课程的时间安排也能促进学生积极配合。图7—8展示了一个社会课教师怎样与正在学习第二次世界大战的十一年级学生分享他的授课目标和授课步骤。

今天的教学目标：今天的教学目标就是帮助你们理解，历史事件和环境是怎样使人们的思考方式发生改变的。
时间安排：
5分钟　介绍、复习、做好准备。
5分钟　呈现课程的先行组织者。
20分钟　讲述战舰的沉没过程，解释决定性战役的概念。
15分钟　对有争议的观点进行讨论。
5分钟　总结，预习明天的课程。

图7—8　关于第二次世界大战的课程目标和时间安排

使学生意识到他们将学习什么，有助于学生在即将学习的知识与以前经历的有关事物之间建立联系。这会激励他们付出更多的努力，也会帮助他们把先前知识从长时记忆中提取到短时记忆中，而这些知识能够同教师讲授的新知识结合在一起。

创设情境和给出提示　为使赛跑者在比赛开始之前做好准备，顺利起跑，发令员会发出以下指令：“各就各位，预备，跑!”提醒赛跑者在起跑线上做好准备，集中注意前面的跑道，顺利、快速地起跑。

在学校中，创设情境与这是很相似的。有效教师已经发现：一个简单的复习能使学生回忆昨天的课程，或者提一个问题，讲一个趣闻轶事，联系到学生先前的知识，这些都是导入新课的好方法。注意图 7—9 中教师在创设情境、给出提示时的话语。

创设情境的过程也可以帮助学生把注意力从正在做的事情（如初中生更换教室上课，小学生开始上另一门课，午饭或休息）中收回来，开始关注将要进行的课程。这些活动也能促使学生参与到课程中去。每个教师都有自己创设情境的模式，但是，没有哪位有效教师会把这一重要环节从课程中剔除出去。

促使学生回顾上一节课的学习内容和知识的简单复习，是一种导入新课的有效办法。

图 7—9　通过复习创设教学情境

资料来源：Gagne，Yekovick，1993。

呈现先行组织者　前面部分谈到过备课时如何选择适当的先行组织者。现在具体考虑怎样呈现先行组织者。

有效教师必须把呈现先行组织者与导入新课、讲授学习材料的程序明确区分开来。根据课程的目标，用一些视觉形式来呈现先行组织者，诸如黑板、布告栏或投影仪，都是非常有效的。当然，关键是学生必须领会这些先行组织者。教师必须像讲授后续学习材料那样讲授先行组织者，这就要求教师讲得精确、清楚。

先行组织者必须与导入新课、讲授学习材料区分开来。

讲授学习材料　讲授模式的第三部分就是讲授学习材料。要记住，根据效力和效率的原则，用最简洁和最清楚的形式组织学习材料，对教师而言是多么的重要。现在，关键是用有效的方法呈现事先组织好的材料。教师需要注意以下几点：教学语言清晰，恰当举例和解释教学内容的关联性，使用隐喻和类比，掌握"规则—例子—规则"的教学技巧和过渡语的使用，以及最后一点，充满教学热情。

教学语言清晰　正如先前所描述的，能对学生的学习产生持续影响的是，教师必须有能力清楚和具体地讲授学习材料。一般说来，教师的讲授清晰且具体要比模棱两可更让学生受益。但是，对新教师和工作多年的教师的研究和观察显示，他们在很多情况下都存在讲解模糊和混乱的问题。当教师对他所教的学科没有充分理解或没有充足的实例来阐明内容的时候，教师的讲授就会让学生感觉模糊费解。

通过计划、组织和大量练习，教师的讲解才能清楚明了。图 7—10 提供了教师可以采纳的建议，这个建议是从一些研究者（Cruickshank and Metcalf，1994；Marazano，2007；Rosenshine and Steven，1986）的研究小结中得到的。

目标和要点清晰： ● 说明授课目标； ● 一次只关注一个要点； ● 避免跑题； ● 避免模糊的句子。
逐步讲授： ● 把呈现学习材料的过程分割成许多小的步骤； ● 如果材料复杂，就用大纲呈现给学生。
讲解具体，并提供一些例子： ● 对于难点要给予详细的解释； ● 举出具体的、不同的例子； ● 尽可能用模型或举例来说明一个想法，要记住，一千句话抵不上一幅图。
检查学生的理解情况： ● 确定学生明白了一个要点后，再往下讲； ● 通过提问，监控学生是否理解； ● 要求学生用自己的话来总结或解释要点； ● 如果学生迷惑不解，就得重新讲解。

图 7—10　讲授清晰的几个特征

小步调教学　实现教学清晰的办法之一就是缩小主题范围，按照罗森沙恩（2002）所提出的"小步调教学"来具体操作。他认为有效教师一次只呈现新知识的一小部分。这样的操作策略是与我们的短时工作记忆理论相联系的，短时工作记忆系统的信息存储量有限，每次只能管理少量信息。

使用关系词，举例子　有效的讲解包括精确地使用关系词、恰当地举例。关系词是介词或连接词，表明事件或观点的原因、结果、方法、目的。这种关系词有"因为""既然""为了""如果……那么……""因此""因而"，等等。对关系的解释通过一些介词和连接词能表明一个事件或观点的原因、结果、意思，或者目的。使用关系词能够帮助学生理解教师的讲解中所暗含的逻辑和关系，使他们更有可能听懂。

讲授课中使用的关系词能够帮助学生理解事物之间的因果关系及其他关系。

举例是成功的讲授者帮助学生理解授课内容的另一种方法。但是，对于新教师而言，想出好例子并加以运用是很难的。下面是资深教师在选择例子时遵循的有效原则。

- 确定概念和观点的关键属性；
- 从学生的真实生活中挑选一些有相同关键属性的先前经验或知识作为例子；
- 剔除那些不适合的例子；
- 呈现例子；
- 描述例子的关键属性和元素；
- 呈现反例。

下面是一个案例。一位教师要给一群年轻的学生解释哺乳动物和爬行动物的不同。她可能是按照如下步骤进行的：

- 陈述一个重要的概括，如："所有的哺乳动物都是恒温动物。"
- 然后举例子："在你每天的生活中，你了解的哺乳动物包括人类、狗和猫。所有这些都是温血哺乳动物。"
- 最后，做出结论："另一方面，爬行动物是冷血动物，不是哺乳动物。最广为人知的爬行动物是蛇，你能想出其他的爬行动物吗？"

另一位教师举的例子如下：

> "气候"和"天气"的含义显著不同。"气候"意味着一个地区许多月、许多年的一般天气情况。"天气"是指一个地方一天的温度和降雨情况。
>
> 这里有一个例子，能表明气候和天气之间的不同。凯文和克里斯塔去年夏天参观波士顿时，天气很热。然而我们不能说波士顿气候炎热，因为那里冬天的天气是很冷的。

清晰阐释教学内容，使用简洁准确的关系词和例子，要求教师既透彻地理解将要讲授的材料，又要了解所教学科的基本结构。对于有困难的新教师来说，只有潜心研究所教的内容和学科结构，直到熟练掌握为止，除此别无他法。

对所教学科的理解可以让讲授者的讲解更加简洁和完整。

"规则—例子—规则" 有效教师所使用的第三种技术是"规则—例子—规则"技巧。运用这种技巧，需遵循下面的步骤：

步骤1：描述规则，诸如"自由市场的价格是由供需影响的"。

步骤2：举例子，诸如"早在20世纪80年代初，美国人选择少用石油（需要减少），而沿海开发了新油田（供应增加），中东石油的价格就下降了"。或"当

2001年石油短缺（减少供应）时，石油的价格就上升了”。

步骤3：总结和重申最初的规则，诸如“所以，像你看到的那样，人们对一种产品的需要和供应的变化，影响了该产品的价格变化”。

使用指示语和过渡语　在讲授中，尤其是讲授包含几个要点的较长材料时，有效教师会通过口头提示、过渡语的使用等帮助学习者获取主要信息，从课程的一部分过渡到另一部分。指示语告诉学生什么是重点。比如，“这就是我一直要强调的一点”“请记住这点”“要记住的最重要的一点是……”。

指示语和过渡语能够帮助学习者从一个主题移向另一个主题的学习，并且能够提示学生什么是重要的。

有时一个过渡句可以用来提醒学习者注意刚才所讲授的要点，诸如，“现在，让我在继续往下讲之前，给你们总结一下要点”。另一种情况是，过渡句能透露出随后要讲什么，例如“我们已经了解了海明威一生的几个重要时期，现在让我们来看看，参加西班牙内战这一经历是怎样影响他的写作的”，或“我们已经知道连词的用途，让我们看看它们在一些句子中是如何使用的”。过渡语是重要的，因为它们说明了教师讲授的不同主题之间的关系，也有助于揭示知识的内部结构。

类比和隐喻　讲解某些知识最好的方法往往就是将它和其他知识进行比较。在教学中，这就是指将新观点与学生已有的观点进行比较、联系。类比和隐喻是帮助学生建立起新旧知识连接的解释性方法。类比强调两种观点间的不同之处，有些人可能会在一些智力或态度测试中觉得米勒的类比测试项目或类比型问题比较熟悉，这就会导致，比如BEEF：BOVINES VS PORK：________。答案显然是牛肉之于牛正如猪肉之于猪。这里还有格罗思（Grothe，2008）举出的其他两个例子。

- 阅读之于思想，正如锻炼之于身体。
- 眼泪之于心灵，正如香皂之于身体。（意第绪语谚语）

教师可以利用类比的方法讲解很多观点，例如：

- 通过与棒球的比较来讲解板球的知识。
- 通过与计算机的比较来讲解我们人类对信息的加工处理。

隐喻是能够进行比较的另一种教学方法，隐喻的方法有好多种，但一般情况下教师们运用这种方法比较两种不太像的事物，而二者事实上却有共同之处。我们熟悉的隐喻有：

一个强大的堡垒就是我们的上帝。
世界就是一个舞台，所有的男人和女人都只是演员而已。
历史脉络把众生攒在了一起。

在讲授教学中使用类比和隐喻能够帮助学生更好地理解他们将要学到的新观点。这两种方法的运用也会使得教学更加风趣和引人入胜。

利用技术促进教学

交互性教学

教师使用计算机和交互式多媒体可以优化讲授的效果，使讲授更有趣，更有利于学生理解、吸收。与使用粉笔、黑板和一般的投影仪教学不同，使用多媒体授课可以结合文本、声音、图片、图表和影像。这些基于计算机的授课方式也可以让学习者和观看者更多地参与进来。这些工具不仅对教师有用，学生也可以使用多媒体来呈现他们的报告，提高叙事和策划项目的能力。

教师使用的多媒体

多媒体授课与白板 多媒体通常是指把一种以上的媒介，诸如文本、图表、音频和影像整合到授课过程中去。现代社会里，教师可以使用多媒体软件来优化在任何学科领域的授课效果。对于复杂课程，一方面可以简单利用文本、图片，有时使用 PPT 来说明新知识或新观点。另一方面，可以使用白板或学生作答器。

互动白板 可能大多数人都发现了，一些老师或教授在使用互动白板。它事实上就是挂在教室前面的一块巨大的显示器屏幕，能与已接入网络的计算机连接，将音频与影像组合到讲授教学中。许多教师信任白板，也见证了白板增强教学效果，提高师生互动质量的潜力。然而，也有教师认为白板并没有什么，只不过是一块被神化了的粉笔板（Marzano，2010），较便宜的替代品也可以发挥同样的作用。

使用多媒体或白板的讲授，像任何传统讲授一样，要求教师对内容、知识和观点的顺序乃至正确使用先行组织者和例子，做出明确的决定。但是，与传统授课不同的是，多媒体讲授中教师还要考虑视听方面的计划。许多教师是通过使用“情节串联图示”来完成这一计划的，这种设备能够告诉学生每张幻灯片将要展示什么样的文本材料和视频内容。把每张幻灯片的摘要放置到特定尺寸的卡片上之后，教师就能够得心应手，确保这些内容发挥最大效用，把整个“故事”讲完。

一旦确定了多媒体课件的内容，就要考虑其他的设计问题。下面列出的是主要来自皮尔逊（Pierson，2002）和马扎诺（2009）的研究结论：

- 在每一张幻灯片中限制文本的容量。
- 将知识分成短小而有意义的片段，不论用何种讲授法，都采用小步调教学。
- 使用插图来分隔大量的文本。
- 选择易读的字体——介于 19 磅到 24 磅之间，没有特殊修饰的字体最便于阅读。
- 以短语或关键词的形式呈现信息。
- 不要全部使用大写字母——大写字母很难辨认。在 PPT 中，软件会给出使用大写字母的建议。
- 使用合适的颜色。文字和背景要有鲜明对比（如背景用深色，文字用浅色）。

● 图片和声音要真正为教学服务，而不是仅仅为了装饰。

学生作答器　作答器是一种手握式设备，你可能在大学课堂上使用过。现在，很多学区都争相购买这种设备，这样学生们就可以在教学过程中回应教师提出的问题。作答器是形成性评估的一种形式，它使得教师可以在一堂课上搜集好几次学生理解情况的信息。第五、第六章中将之描述为电子版“帮助卡”和“交通灯”。不过，尽管作答器有其积极的益处，但也受到不少批判。有人担忧作答器的使用可能会排挤掉更有意义和形式更完整的形成性评估。马扎诺（2009）观察了作答器常常是如何被误用的，他列举了如下需要避免的陷阱：

● 虽使用作答器，但对学习效果作用甚小或没作用，例如，即使大多数学生报告对知识不够理解，但教师的讲解依然继续进行。

● 学生做出回答之后，教师没有讨论正确答案与错误答案。

● 没有使学生关注到“为什么”某个答案是正确的或错误的。

学生使用的多媒体

目前，教师已看到让学生自己制作整合文本、声音、视频和图片的课件是很有效的。大部分教师介绍说，这种学习活动能帮助学生完成多重学习目标。学生有较高的积极性，并能学习更多的内容，因为他们必须设计一个课件并且呈现给其他人。另外，学生也能学到怎样使用广泛用于商业活动的技术和软件，教师也可以帮助所有年龄段的学生设计、制作多媒体课件。很明显，年幼的学生比年长的学生需要更多的帮助，即便他们设计的幻灯片不像其他学生设计的那么复杂。一些研究证据表明，使用多媒体本质上是建构主义教学，能够提高学习者的自我管理能力。

无论白板和作答器在讲授课堂上运用得有多好，教师须谨记，它们本质上仍然是教学的一种传授模式，存在着以牺牲其他目的为代价来换取一定教学效果的弊端。

满怀热情　在“经验支持”部分讨论过，一些证据显示，教师的热情对学生学习有重要的影响。然而，有些研究的结果与此相互矛盾。

许多教师，尤其是那些在中学和大学任教的教师认为，保障讲授效果的关键是借鉴表演艺术中的技术和策略。事实上，已有一些著作介绍过这种手段，诸如，廷普森和托宾（Timpson，Tobin）的《以表演的方式进行教学》（*Teaching as Performing*，1982），菲尔曼（Felman）的《从不沉闷》（*Never a Dull Moment*，2001），他们强调风趣、活力和魅力，乐于让教学片段充满戏剧化手法、奇闻和幽默。这类讲授能得到学生的积极评价，但前提是不考虑学习结果。

尽管让学生感到课堂有趣、有活力这一目标很诱人，但是，有能力开展这种讲授的新教师应该考虑一个值得警惕的问题。事实上，过度的戏剧化可能偏离教师要传递的要点知识，并使学生把注意力集中在课堂的娱乐性上。这并不是说教师教授某一学科或上某一堂课时不能表现出自己的热情。有些教师使用幽默、讲故事和自主参与的方式把主要知识教授给学生，而有些教师使用这些手段只是为了使课堂更有趣。

干预和检查学生的理解，拓展学生的思考　讲授课的最后一个环节是检查学生是否理解了新的材料，拓展学生对新观念的思考。

检查学生是否理解 尽管教师教了许多知识，但学生并没有学会，那么这堂课就是一无所获，这是很明显的事实。有效教师会运用家庭作业、测验和其他正式检测手段来进行阶段性（每周、每单元、每季度）评估，检查哪些内容学生已经理解了，哪些内容还没理解。授课期间教师也可以运用非正式的方法检查学生的理解情况。观察语言的和非语言的暗示（前面提过的）就是一种可运用的方法。当学生问的问题与主题无关，就表明他们对知识迷惑不解，表情迷惑、沉默以及皱眉是学生“不懂”的信号。好奇地睁大眼睛、微笑以及肯定性的点头都表明他们已经掌握。

> 在讲授过程中检查学生是否理解，能够帮助教师了解到学生是否掌握了新知识。

资深教师非常善于解读学生的言语和非言语暗示，然而更有把握的方法是要求学生对某一讲授或问题做出直接反应。几种简易的技巧对新教师是很有价值的。一种是针对刚讲过的材料提一个问题，让学生分小组来回答。下面的例子是由马德琳·亨特（Madeline Hunter，1982）提供的，从中可以看出这一方法对年龄较小的学生是如何起作用的：

> 如果我的说法是正确的，请竖起大拇指；如果是错的，请倒竖过来；如果不肯定，请侧指。
>
> 如果你同意这个说法，用你的手指写个加号；不同意，写减号；没有明确的看法，写零。
>
> 用你的手指表示一下，句1和句2哪个包含从句。
>
> 每听到或看到教学中的例子，请举起手。

从这几个例子中可以看到，教师鼓励学生用信号系统来报告自己迷惑不解或不太确定的事情。很明显，有些领域需要教师额外的进一步讲解。这种信号系统甚至在大学里也可以使用，学生们很欣慰自己的错误观念被及时纠正，避免在考试中犯错误。让全班学生齐声回答是另一种检查方法，随机抽取几个学生回答也可以。非正式回应技术（如交通灯）在第六章中已有介绍，本章“利用技术促进教学”一栏中提到的学生作答器，是另外一种简便、有效的检查学生理解情况的工具。

还有几种方法资深教师也尝试过，但不太有效。例如，有时候教师在做出某一推论后会问：“现在，你们都理解了，是不是？”学生们通常会觉得这个问题有倾向性，是不会回答的。教师有时会问得更直接一些：“现在，你们还有什么问题吗？”运用这个问题同样无法了解学生是否已经理解。大多数学生通常不希望公开承认自己的困惑，或者是认为就只有自己没理解教师的讲授，或者是害怕教师责备他们没有认真听讲，因此就不承认自己没听懂。

扩展学生的思维 尽管有效的讲授应当将新信息传递给学生，但那并不是唯一的目的。更为重要的是，教师想要学生应用、巩固他们现存的认知结构，增强控制自己思维的能力。在讲授之后，如果想拓展学生的思维，最好的方法是组织课堂讨论，由教师提问题，让学生讨论。通过这一过程，学生将新知识和先前知

识整合，建立更复杂的认知结构，并理解更复杂的关系。提出恰当的问题，组织有效的讨论，是教师最难掌握的技巧之一，所有这些将在第十二章里专门讨论。

检测—拓展—探索

检测

- 为什么学生在讲授课上学习时，先前知识是一个非常重要的因素？
- 讲授课的四个环节是什么？各个环节相应的教学行为是怎样的？
- 一堂清晰的讲授课有哪四个主要特点？
- 使用关系词、举例在讲授课中起到怎样的作用？
- 请总结一下，为什么说检查学生对知识的理解是讲授课中的一个重要环节？

拓展

- 时至今日，在你自己的专业领域中，是否可以保证自己对所教授的学科领域已经充分理解，并且可以向他人解释清楚？请登录“在线学习中心”，在“拓展问题投票栏”做出回应。

探索

- 请登录“在线学习中心”（www. mhhe. com/arends9e），观看视频剪辑，了解这位中学科学教师是如何运用 PPT 讲授新课的。

第 4 节　管理学习环境

正如第五章所描述的，学者已经研究出了应用于所有课堂、所有教学模式的一般性课堂管理原则。这些原则阐释了教师努力获得学生参与的途径，激发学生动机的手段，制定教授清晰规则和过程的方法，以及保持课程顺利进展和气氛活跃的措施。尽管这些课堂管理的一般原则非常重要，但对于教师来说，认识到下面一点同样重要：课堂管理行为要随着教师所采用的教学方法及与之相关的学习任务的类型而变化。一堂课上的“失控”状态，可能在另一堂课上恰恰是“有序”的。例如，当教师正在运用讲授模式对着全班学生讲话，对于学生来说交头接耳是不合适的。然而，在运用小组讨论方式进行教学的课堂上，讲话是恰当的，甚至是必需的。在这一部分，我们探讨针对讲授课的管理要求。

在讲授课堂上，教师通常非常严谨地建构学习环境。在课堂的前半部分，教师会认真讲解，并希望学生能积极倾听。该教学模式的成功运用需要有适合听说的条件，如环境安静、光线充足，还有多媒体设备可以使用。该教学模式的成功运用也依靠学生的积极参与，比如观察教师正在做什么，听教师正在说什么。对学生来说，这段时间不适合削铅笔、与邻座交谈，或者干其他事情。教师讲完，要求学生讨论或详述所讲授的内容时，就需要另外的课堂管理要求了。实质上，课堂讲授模式要求教师制定规则来调控学生的发言，设定程序来保证教学的流畅性，寻求有效方法来处理违纪行为。

学生在不恰当的时刻谈话，或问一些打乱课堂节奏的问题，这是教师在讲授过程中最棘手的管理问题之一。重则全班喧哗、打扰邻班教师讲课，轻则教师解释、论证重要观点时，某个学生和邻座说话。正如第五章所讲的，教师务必要制定规则，规定正在讲课时，学生不能说话，而且应该始终如一地强化这一原则。在课堂的讨论和复述环节，必须教会学生们倾听其他学生的观点，并且要求他们在参与复述或谈论时按顺序发言。

> 如果教师不能适时地激励学生，或者学生违纪，那么讲授课的教学效果就会极差。

当教师讲授拖沓冗长且不能适时地激励学生时，讲授课就只能事倍功半。在第五章中讲过学生在迪女士的课堂上如何通过问问题和假装迷惑来故意破坏课堂的节奏。这导致教师无法完整讲授教学内容，并越来越多地代替学生思考。有效教师会识别出学生的这类行为，刚一露头就加以阻止，并继续按既定步骤讲课。当违纪行为发生时，他们会运用第五章中介绍的策略，坚决、及时地予以制止。

检测—拓展—探索

检测

- 请描述一下讲授课学习环境的特征。
- 教师可以通过何种手段来检测学生在讲授与阐释课堂上对知识的掌握情况？

拓展

- 请思考一下你曾体验过的有效的讲授课的学习环境。这类学习环境有何特点？

探索

- 请登录“在线学习中心”（www.mhhe.com/arends9e），并链接到有关“课堂学习环境和评估”的网站。
- 运用谷歌检索“演讲方法应用”，我们会发现数千个与此相关的网站，许多是来自大学有效教学研究中心的，浏览两三个这样的网站，比较其中提到的建议与本书中的建议。

第 5 节　评估与评价

对学生的学习进行评价是讲授课上需要教师完成的最后一项重要工作。讲授教学模式尤其适合于向学生传递新知识，并帮助他们记忆这些新知识。因此，测试学生对知识的掌握程度和记忆水平，对于这种模式来说是最适合的评估策略。这种测试自然会使用大家所熟悉的纸笔测验和选择题。然而，在考察学生的知识掌握时，有几个因素需要考虑：首先，教师要检测学生对知识掌握的各个层次，而不仅仅是简单的信息回忆；其次，教师应当清楚告诉学生要测验哪些内容；最后，平时经常性的测验要比等到期中或期末测验好，对比较小的学生来说更是如此。

对课堂的反思 ▶▶▶

让校长满意

这是你从教的第一年。校长觉得教师在讲授上花费的时间太多。如果她走过教室看到你正在讲授，就会皱起眉头，表达自己的不赞同。在教职工大会上，校长经常发表自己的观点：教师应当是学习的促进者，而不是知识的“容器”。你也同意教师不应当仅仅是给孩子们讲课，而应当创造活跃的学习气氛。然而，你也相信，如果要讲完课程指导规定的所有内容，确保学生在标准测验中取得好成绩，就必须经常采用讲授法教学。

这种情况使你左右为难。一方面，你想让校长认为你是一个好老师；另一方面，你又觉得讲授新知识和新观点是教学工作的中心。

想一想怎么解决这一问题，根据你任教的年级和学科来思考。得出结论后写下来，与以下资深教师的想法对照，他们也遇到过类似的问题。你可能会考虑怎样适当地运用讲授法，想一想，什么时候这一模式会被滥用？

贾森·奥布赖恩（Jason O'Brien），佛罗里达州圣·彼特斯堡主教教区，圣心学院，三至五年级

对于管理部门来说，对新教师的能力有信心是非常重要的。也就是说，教师是专家，不是匠人。如果校长不想让你不停地讲授，或者不希望你每个环节、每个阶段都讲授，你就应该暗自庆幸。如果恰恰相反，校长希望你多讲，我会对她解释说，我认为在教社会课时促进学习是非常重要的。我会让她旁听一堂课，在课上，我会做讲解，但同时也会把几个问题集中起来，让学生合作学习。几乎没有学生有足够的动力完全凭自己获得重要的知识。所以，对于教师来说，先讲授重要的信息，然后问一些或浅或深的问题是非常重要的。这能使学生积极主动地听讲。当你的教学经验增长后，你就会知道什么时候学生注意力集中，什么时候没有。教师应该从错误中学习，并不断试图改进讲授的方式，他们也可以利用身边的事物、音乐和基础性资料来增强讲解的趣味性，调动学生的积极性。作为一名教师，你有责任发现最有效的教学途径。有时你会成功，有时你也会失败，但是不要害怕尝试创造性的新教学方法。

迈克尔·T·吉拉德（Michael T. Girard），宾夕法尼亚州布里斯托尔自治镇，布里斯托尔中学，九至十年级

当然，无论是新教师还是成熟教师，要解决这个问题，最好的策略就是在校长表现出不满之前，建立一个开放的、专业的沟通渠道。比如，我将对校长尽快做出积极的反应。我会召开一次会议，来使校长确信仅仅讲出知识并不是我的课堂教学的核心，并指出我们对如何进行有效教学的观点事实上是一致的。

在会议上，我将充分解释为什么知识讲解在课堂中是必需的。我将介绍我的课堂计划，以便使得目标、标准、活动和评估能被她清楚地看到和理解。我会强调并让她理解，当我用讲授方式来上课时，是适合于我所教的科目的。

下一步，我将邀请她来课堂上观察接下来的活动或最后的评价过程，以说明当我用讲授法帮助学生们达到课程目标时，他们也在积极学习。

总　结

简述讲授教学法，并解释它的恰当操作方法。

● 教师的讲授和阐述占用了课堂的大部分时间，因为学校的课程是围绕期待学生学习的知识实体而构建的。

- 讲授模式的教学目的主要是帮助学生获得、消化和保持信息。
- 讲授课程的程式由四阶段组成：陈述目标和创设教学情境，呈现先行组织者，讲授学习材料，帮助拓展和巩固学生思维。
- 成功地讲授要求一个结构非常严谨的学习环境，该环境能够促进教师有效地讲授和阐释新信息，同时促进学生理解并获得新信息。

描述讲授教学模式的理论基础，概述支撑它运用的研究。

- 讲授教学模式的基本理论源于现代三大思想主流：关于构建知识方式的概念，关于如何帮助学生获得有意义言语学习的观点，解释信息是如何被获得、加工和保持的认知科学中的概念。
- 教师所讲授的重要概念和观点应来自逻辑结构清晰的学科知识。
- 知识可被分为四种主要类别：陈述性知识、程序性知识、概念性知识和元认知知识。陈述性知识是关于是什么、为什么的知识；程序性知识是关于如何做的知识；概念性知识是关于基本元素之间关系的知识；元认知知识是对个体有什么知识，个体的思维过程的意识，以及关于何时使用何种知识的知识。
- 人们通过他们的感官摄取信息和知识，将之转换为瞬时记忆、短时工作记忆和长时记忆。当教师讲授主要的、统一的想法，并将这些观点和学生先前知识联系起来时，有意义言语学习就发生了。
- 对于讲授模式的实证研究，现在已经做得很好了。研究表明，运用先行组织者将新信息和学生的先前经验联系起来，以及清晰、热情、高效率、有力地讲授信息是有积极效果的。

说明如何计划和使用讲授教学模式，包括如何设计先行组织者和如何有效讲授。

- 讲授教学模式的计划包括认真地选择内容，创建先行组织者，以及将两者与学生的先前知识进行匹配。
- 向学生讲授知识需要在让学生做好听讲准备的同时，向他们传授学习素材。
- 讲授教学的清晰度取决于教师的言语讲解能力以及教师对课题的掌握情况。
- 先行组织者是新知识所依托的智力脚手架。
- 在讲授新材料中用到的具体的技术包括：使用关系词、规则—例子—规则，以及语言过渡。
- 教师可以通过讨论、提问和对话来帮助学生拓展和巩固对新知识的思考。

描述如何安排一种更易于实施讲授教学法的学习环境。

- 在讲授课上，教师创建学习环境要非常严格，并且要确保学生专注于课堂。
- 最重要的是，讲授式课程需要有管理学生发言的清晰规则，确保教学顺利进行的程序，以及处理学生错误行为和与任务无关行为的有效方法。

结合讲授教学的目标，说明测试学生学习情况的适当方式。

- 由于大多数讲授教学模式的主要目标是获取知识，所以评估各层次知识的主要观点是很重要的。如果测试仅是复述具体的事实或信息，那么学生只能学到这一点东西。如果教师在测试中要求学生具备更高层次的认知加工能力，学生也能学会。
- 教师基于讲授教学模式的目标而多采用选择题作为测试题型，但也应该考虑使用其他评价方式。

互动学习与应用学习

学习与探索

- 在“在线学习中心”访问含有操作性测验的学习指南。

观察与练习

- 登录“在线学习中心”，听取关于帕特里夏（Patricia Merkel）和丹尼斯（Dennis Holt）在“教学领域的教师们”这一栏目中讨论关于讲授教学的音频剪辑。

完成练习 7.1，设计一个讲授课，包括：

- 写清楚教学目标。
- 创设教学情境。
- 呈现先行组织者。
- 讲解学习材料。
- 检查学生的理解情况，并巩固学生的思维。
- 反思讲授课的设计。

完成下述额外的操作练习，以此结束第七章：

- 习题 7.2：教学困境——保持学生的学习兴趣。
- 习题 7.3：依能力层次变换使用教学法。
- 习题 7.4：反思讲授教学法的使用。

档案袋与教学实践活动

通过以下方面的经验和活动，拓展你对本章内容的理解和认识。完成这些活动的支持性资料可在“在线学习中心”的“档案袋与教学实践活动”一栏找到。

（1）完成本章最后的“对课堂的反思”练习。并使用推荐的陈述或反思报告以展示你对讲授教学模式正确或不正确地使用的看法。（INTASC 原则 4：理解各种教学策略）

（2）活动 7.1：评价自己的讲授技能。评估自己的理解水平和计划与执行一节讲授教学课的能力。（INTASC 原则 4）

（3）活动 7.2：观察微格教学或教室中的教学活动。观察一位同事或代课教师的讲授课，注意教学方法层面的不同是如何体现出来的。（INTASC 原则 4）

（4）活动 7.3：观察教师教学的清晰度。观察一位经验丰富的教师，关注他或她在讲课时清晰或模糊的程度。（INTASC 原则 4）

（5）活动 7.4：运用先行组织者设计一节讲授课。在备课活动中，或在“在线学习中心”的“档案袋与教学实践活动”一栏的活动 7.4 中，运用先行组织者设计自己的讲授课。将设计的成果上传到你的专业档案中，以证明你对设计和实施讲授课的理解水平和实际能力。（INTASC 原则 4；INTASC 原则 7：理解教学计划）

专业参考书目

Burmark, L. (2002). *Visual literacy: Learn to see, see to learn*. Alexandria, VA: Association for Supervision and Curriculum Development.

Finkelstein, D., & Samsonov, P. (2007). *PowerPoint for teachers: Dynamic presentations and interactive classrooms*. San Francisco: Jossey-Bass.

Marzano, R. J. (2004). *Building background knowledge for academic achievement: Research on what works in schools*. Alexandria, VA: Association for Supervision and Curriculum Development.

Riddle, J. (2009). *Engaging the eye generation: Visual literacy strategies for the K-5 classroom*. Portland, ME: Stenhouse.

Willis, J. (2006). *Research-based strategies that ignite student learning*. Alexandria, VA: Association for Supervision and Curriculum Development.

Zoller, K., & Landry, C. (2010). *The choreography of presenting: The seven essential abilities of effective presenters*. Thousand Oaks, CA: Corwin Press.

Zull, J. E. (2002). *The art of changing the brain*. Sterling, VA: Stylus.

第八章

直接教学

学习目标 ▶▶▶

学习本章之后，你应当掌握以下内容：

直接教学概述	简述什么是直接教学，解释如何恰当应用直接教学。
理论支持与实践支持	描述直接教学模式的理论基础，对支持其应用的研究进行总结。
计划、实施直接教学	解释如何计划和应用直接教学模式，包括如何让该模式适用于不同能力和背景的学生。
学习环境的管理	描述如何实现有利于应用直接教学的学习环境。
评估和评价	描述评估学生学习的恰当方法，学生的学习与直接教学的课程目标是一致的。
最后的思考：直接教学的应用	讨论为什么直接教学一直以来都能成为一种流行的教学模式，列出这一模式的一些缺点。

读前反思 ▶▶▶

花一分钟时间回忆并列出父母或老师为帮助你学习下列事项所采用的方法：

- 宪法修正案的前十条。
- 如何骑自行车。
- 如何系鞋带。
- 乘法表。

他们是否采用了与主题无关的特殊步骤或活动？某些活动是否对你的学习特别有帮助？这些有什么共性？他们做的事情是否阻碍了你的学习？

请登录“在线学习中心”（www.mhhe.com/arends9e），回答以上问题。

认知技能和身体技能奠定了更高级的学习活动（包括学习方式的学习）的基础。在学生掌握核心概念，进行批判性思维，乃至解决问题，进行创造性写作之前，他们必须首先获得基本的技能和知识。例如，要获取、加工大量的知识，学生必须具备破译和编码口头信息、书面信息的能力，记笔记的能力，总结概括的能力；要发展批判性思维，学生必须具备基本的逻辑推理能力，如从资料中得出结论的能力，从介绍中发现偏差的能力。要写一篇雄辩的文章，学生必须掌握基本的句子结构，能正确运用词汇，具备完成一项写作任务所必需的自制力。总之，任何领域的知识在熟练掌握之前，都必须先学习最基本的技能。

事实上，几乎在任何领域，新手和专家的区别都是专家已经熟练掌握了相关领域的基本技能，即使是在新的或有压力的情形下，后者也能本能地、不折不扣地使用。例如，专家型教师很少为课堂管理而烦恼，因为他们已有数年的经验，对自己控制班级的能力充满自信。类似地，全美橄榄球协会的顶级四分卫可以不假思索地判断每一个防卫动作，并且熟练地发动安全系数极高的突袭，或者是对直接接球手发起夹击，而四分卫新手就做不到这一点。

在任何领域，新手和专家的主要区别在于他们掌握所属领域的基本技能的程度。

本章重点介绍一种旨在帮助学生循序渐进地学会某些基本技能和基础知识的教学模式。在这里，我们把这个教学模式称为直接教学模式。这个教学模式还有其他名称，有时被称为“主动教学”（Good，Grouws & Ebmeier，1983），亨特（Hunter，1982）称之为“精熟教学模式”，罗森沙恩和斯蒂芬斯（Rosenshine & Stephens，1986）称之为“明示教学法”。有一种专门教授阅读的方法也采用直接教学这个名称，尽管这一阅读方法与此处讨论的直接教学有很多相似之处，但本章讨论的这一模式对于从艺术到动物学的所有学科的教学都更为通用、更为适用。

本章首先概述直接教学模式，紧接着讨论这一模式的理论基础和实践基础；然后详细探讨直接教学的计划、实施和评价。本章“在线学习中心”提供的反思和练习材料可帮助你实践和反思使用直接教学进行授课的方法。

第1节　直接教学概述

即使你从没有系统地思考过直接教学，但你对这一教学方法的某些方面无疑是熟悉的。成年人可能用这个模式隐含的基本原理、基本方法教过你某些技能，例如教你驾车、刷牙、有力地反手击球、写研究报告，或者解代数方程式等。这个模式隐含的行为原则可以用来纠正恐高症或者是戒烟。直接教学模式简明易懂，能在较短的时间内掌握。它是所有教师必须掌握的教学模式。

同其他教学模式一样，直接教学模式的特征可以从三个方面来描述：(1) 学习者会有什么样的收获；(2) 教学安排，或者说教学活动的整个流程；(3) 学习环境。

简而言之，直接教学是为促进学生循序渐进地掌握技能（程序性知识）和事实性知识而设计的。图 8—1 中列出了这两个学习结果。这个模式的教学目标不是为了促进学生的社会性学习或培养他们的高级思维能力，以此为目的来使用直接教学模式也不会有效果。直接教学是一种以教师为中心的教学模式，具体的教学程序分五个步骤：创设情境，解释或示范，指导练习，反馈和拓展练习。直接教学课需要教师做出认真细致的安排，同时也需要一个有效率的、以任务为导向的学习环境。直接教学的学习环境主要为学习服务，目的是让学生积极地参与其中。

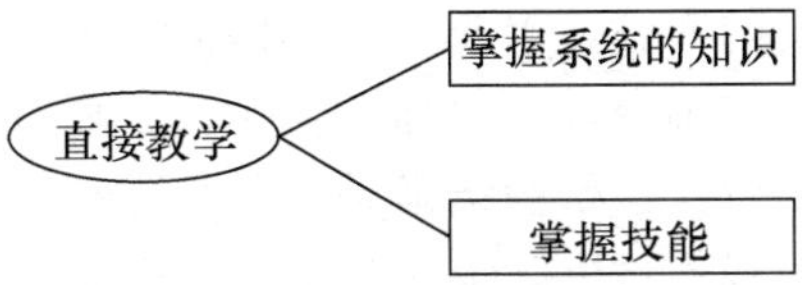

图 8—1 直接教学的目标在于让学生有两个收获

在简要介绍直接教学的理论基础和实践基础之后，我们将更详细地讨论如何计划、实施、管理和评价直接教学课。

> 直接教学的目标在于达成两个主要的学习结果：掌握结构恰当的学习内容和获取各种不同的技能。

检测—拓展—探索

检测

- 一堂直接教学课的五个阶段是什么？
- 学习者在一堂直接教学课上的学习结果是什么？
- 什么类型的学习环境最适合直接教学课？

拓展

- 想一种你已经掌握的、或多或少能自动使用的基本技能。你花了多长时间学习它？从哪一刻起你真正掌握了这种技能？你意识到了正在发生的这一切吗？

探索

- “在线学习中心”（www.mhhe.com/arends9e）上有与直接教学相关的许多网站可供查阅。

第 2 节 理论支持与实践支持

直接教学原理有许多理论基础和历史渊源。这个模式部分源自工业领域和军事领域的培训模式。例如，布莱克·罗森沙恩和罗伯特·斯蒂芬斯（1986）宣布他们找到了一本 1945 年出版的书，标题为《如何教学》（*How to instruct*），书中介绍了许多与直接教学有关联的思想。不过，在这里，我们只介绍三个学术流派，它们为当代直接教学的运用提供了理论基础。这三个流派是：行为主义、社会认知理论以及教师效能研究。本书第三部分开篇的概述对行为主义理论和社会认知理论进行了简单的介绍。这部分内容将在随后的章节进一步展开。

行为主义

行为主义学习理论对直接教学有重要贡献。早期的行为主义者包括俄国的生理学家伊万·巴甫洛夫（1849—1936）和美国的心理学家约翰·华生（1878—1958）、爱德华·桑代克（1874—1949）和后来的 B. F. 斯金纳（1904—1990）。这个理论被称为行为主义，乃是由于这一流派的理论家和学者的兴趣在于研究可观察的人类行为，而不是那些无法观察的对象，如人类的思想和认知。斯金纳有关操作性条件反射的研究，以及“人类以某种方式学习、做事是特定行为受到鼓励性强化的结果”的理论，对教师而言尤为重要。第三章讲到了强化概念在行为理论中有着特殊的意义：行为结果是强化特定行为的途径，或者通过提供某种奖励进行正强化，或者通过去除负面刺激进行负强化。

行为主义理论指出，人类通过对积极行为结果或消极行为结果做出反应，学会按某种方式行动。

正如你在本章后面将会看到的，遵循行为主义理论的教师会设计这样的教学目标：准确地描述他们要求学生学习的行为，创设一定的学习情境——如练习——以监控学生的学习，并得到反馈；同时特别关注如何奖励学生的课堂行为。

社会认知理论

社会认知理论假定人类的许多学习源于对其他事物的观察。

艾伯特·班杜拉（Albert Bandura）等研究者认为，古典行为主义提出的学习理论过于偏狭，因此，他们提出社会认知理论来帮助研究那些无法观察的人类学习行为，如思考和认知。社会认知理论在学习（获取知识的途径）和表现（能被观察的行为）之间做了区分。这个理论也指出，人类的许多知识是通过观察他人学到的。根据班杜拉的说法，大多数人是通过如下方法学习的：有选择地观察其他人，然后把其他人的行为储存在记忆中。班杜拉（1977）写道：

> 如果人们只是依赖自己行为的结果来决定应当做什么，那么就算不会造成什么危害，学习起来也是非常吃力的。幸运的是，人类大多数的行为是通过模仿观察来学会的：通过观察其他的人，一个人对新的行为如何实施就有了认识，在以后的场合，这些已编码的信息就会成为他行动的指南。因为人们在实施任何行为之前都会借鉴他人的做法，至少从大致的形式上进行模仿，由此就减少了不必要的错误。

社会认知理论家认为，一个观察者有意识地关注一些行为（如点燃一根火柴），然后把这些观察储存到长时记忆中，这个时候就会学到一些东西。这与早期行为主义者的观点不同。按后者的想法，这个观察者并没有实施观察到的行为，所以也就没有行为结果（强化），行为主义者认为行为结果对于学习来讲是必要的。社会认知理论家相信，只要记忆保存下来，这个观察者就知道如何点燃一根火柴，无论他选择去做还是不做。能证实这一点的简单行为成千上万，如刹车，用勺子吃饭，开瓶子。

依据班杜拉的理论（1986），观察学习可以分三个步骤：（1）学习者必须关注主要学习内容；（2）学习者必须记住这个行为；（3）学习者必须能够复制和实施这个行为。直接教学中使用的操练和智力练习，是帮助学习者储存、输出所观察到的行为的过程。下面的教学行为可以由社会认知理论的基本原则转化而来：

通过观察学习包括三个步骤：注意、储存、输出。

- 运用策略引起学生的注意。
- 确保观察过程不是太复杂。
- 将学生的已有知识与新技能联系起来。
- 通过操练以确保长时间的记忆储存。
- 确保学生对新技能有一个积极的态度，以便激发他们复制或实施这个新行为。

后续章节将详细讨论如何应用这些源于社会认知理论的原则。

教师效能研究

直接教学的实践基础来自许多领域。然而，就这个模式的课堂效能而言，最明显的实践基础来自教师效能研究，它主要盛行于20世纪70年代和80年代，研究对象是教师行为和学生成绩之间的关系。

教师效能研究是一种进行教学研究的方法，关注教师可观察到的行为与学生学业成绩之间的联系。

早期的研究（Stallings & Kaskowitz，1974）主要调查了小学的课堂，在这些课堂里，教师使用各种不同的方法进行教学。一些教师使用了高度条理化的、正式的教学方法，而另一些教师更多地使用了与当时开放课堂活动时间相联系的非正式教学方法。斯托林斯等人打算从各种不同的方法中寻找一种能最好地提高学生成绩的方法。他们观察了166个班的教师的行为，测试学生的阅读成绩和数学成绩。尽管从这个庞大而复杂的研究中得到了许多发现，但其中两个最明显、最持久的发现是：在特定任务上花多少时间与学习成绩紧密相关；与那些使用非正式的、以学生为中心的教学方法的教师相比，有效率的、使用以教师为主导（直接教学）策略的教师更容易让学生参与进来。

在这些早期研究之后，1975—1990年间，又有数百项研究得出了基本相同的结果，即有的教师课堂组织能力强，课堂教学严谨，有的教师则更多地使用非正式教学方法，课堂更偏重以学生为中心。相比之下，在前者的课堂上，学生的任务时间更多，学习成绩更好。学者无数次总结过这项研究（Brophy & Good，1986；Marzano，2007；Rosenshine & Stevens，1986；Stronge，2002）。本章“研究摘要”简要描述了这项研究的实质性结果，并对汤姆·古德（Tom Good）等人所进行的一组研究进行了说明，该组研究为直接教学模式提供了实践基础。

研究摘要

我们如何研究教师行为和学生成绩之间的关系？

Good，T. L.，and Grouws，D. A.（1977）. Teaching effect：A process-product study in fourth-grade mathematics classrooms. *Journal of Teacher Education*，28，49-54.

Good，T. L.，and Grouws，D. A.（1979）. The Missouri mathematics effectiveness project：An experimental study in fourth grade classrooms. *Journal of Educational Psychology*，71，355-362.

本章“研究摘要”着重探讨的是20世纪70年代古德等人开展的系列研究，而不是某一项研究。古德的研究之所以重要，原因有二：一是它很清楚地解释了“过程—结果”研究，这是一种研究教师行为和学生成绩之间关系的独特方法；二是它揭示了过去数年来通过大量研究所得出的研究结果：知识是如何生成、提炼的。

问题：在20世纪70年代以前，许多教育研究者主要关注的是教师个人的特点以及这些特点与学生学习的关系。渐渐地，研究者不再依赖于这种调查方法。到了20世纪70年代早期，一种关于教和学的新研究范例开始出现，一般称之为“过程—结果”研究，这种研究方法对我们的有效教学观点产生了深刻的影响。“过程—结果”研究的特色在于其所关注的问题和研究者所使用的研究方法。指导“过程—结果”研究的最主要问题是：“教师个人做了什么，使得他们的学生的学业成绩有所不同?”

这个问题中有两个关键词。一个是“做”，指出了教师的行动或行为的重要性，与早期研究只关注教师自己的品质和特性形成了对照。这些教师行为被研究者称为“过程”。第二个关键词是“成绩”。对“过程—结果”研究者来说，成绩是教学的“产品”。在大多数情况下，成绩被界定为获得能用标准化试题检测的知识和技能。如果教师的行为方法能使学生取得等于或高于平均分的成绩，研究者就判定这个教师是高效能的。所以，“过程—结果”研究可以概括为：寻找那些导致学生的分数（结果）高于平均分的教师的行为（过程）。

“过程—结果”研究也因其特定的调查方法而区别于其他研究。最典型的做法是，“过程—结果”研究者直接进入教室，观察正常（常规）课堂背景下的教师活动。他们使用各种手段观察、记录教师的行为，分几个时间段测量学生的成绩——一般在学年的开始和结束时进行测量。这样就能发现特定的教师行为与学生学业成绩之间的关系，确认哪些教师行为是成功的，哪些是不成功的。

步骤：现在让我们来看看“过程—结果”研究对我们理解一般情况下的教师效能和特定情况下的直接教学有什么作用。20世纪70年代和80年代的人们虽然完成了成百上千的类似研究，但古德和格诺斯（Good & Grouws）在1972—1976年间开展的“过程—结果”研究最充分，其支持直接教学模式效能的证据类型也同样充分。

最初的研究：在1972—1973年，古德、格诺斯等人在一个学区里研究了100名教三年级和四年级数学的教师。这个学区在美国的中西部，位于大都市学区中心的周边。在连续两年的秋季学期和春季学期，研究者使用爱荷华基本技能测试（Iowa Test of Basic Skills）来测试教室中的学生。通过对学生所取得的成绩进行分析，研究者发现，在提高学生的数学成绩方面，有九位教师的效能相对较高，还有九位教师的效能相对较低。为此，研究者计划并开展了一项观察研究，探究高效能教师和低效能教师之间的差异。

观察研究：为了保护高效能教师和低效能教师的身份，研究者从41个班级中收集观察资料，其中包括那九位高效能的教师和九位低效能教师任教的班级。在1974年10月、11月和12月这三个月的时间里，经过训练的观察者对每个教室进行了六七次观察。“过程”数据是根据多个变量来收集的，包括如何使用教学时间、师生互动模式、课堂管理、使用的材料类型以及布置作业的频率。在1974年的10月和1975年4月使用爱荷华基本技能测试对学生的成绩进行了检测。研究者对课堂过程数据进行了分析，查找这九位高效能教师和九位低效能教师是否在某些变量上有区别。

结果：通过比较，古德和格诺斯得出了研究结论，他们认为教师的效能是与下面的一系列行为密切相关的。

全班教学　一般来说，这一研究支持了全班教学（与小组教学相对），特别是如果教师具备了全面兼顾、并行处理问题的能力。

教学、讲授清晰　高效能的教师比低效能的教师更能有针对性地介绍课程内容和更清楚地阐释学习材料。

成就期望值高　与低效能的教师相比，高效能的教师会对学生表现出更高的期望，布置更多的任务，在更活泼的氛围里完成教学。

以任务为核心且有成效的学习环境　与低效能的教师相比，高效能的教师很少会遇到课堂管理的问题。他们的课堂以任务为中心，教学过程流畅，很少受到干扰。

学生的主动性　在高效能教师的课堂上，学生能更主动地与教师互动，而在低效能教师的课堂上学生却无法做到。研究者对此的解释是：学生认为高效能教师比低效能教师更平易近人。

过程反馈（结果获知）　高效能的教师会让学生知道他们正在做什么。他们提供给学生过程的反馈或者个人发展的反馈，特别是学生在做课堂作业的时候，这类反馈是即时的、非评价性的反馈。

表扬　与低效能的教师相比，高效能的教师始终很少表扬学生，这反映了高效能的教师的非评价性立场。这个研究结果有悖于当时的一种普遍经验：教师都很随意地运用表扬。“过程—结果”的研究结果说明，仅仅在某些条件下，用特定的方式表扬学生才会有效，太多的表扬，或者是不恰当的表扬都不能促进学生的学习。

总之，“过程—结果”的研究者发现，能使课堂秩序井然，多数时候都非常严谨的教师，比起那些没有这样做的教师更能提高学生某方面的成绩。

检测—拓展—探索

检测

- 行为主义的主要观点是什么？
- 社会认知理论的主要观点是什么？
- 描述“过程—结果”研究方法的特征。
- 大多数“过程—结果”的研究者如何界定成绩？

拓展

- 一些人对“过程—结果”的研究提出批评，主要是认为它忽略了认知维度的学习。你是否同意这个观点？请登录“在线学习中心”，在“拓展问题投票栏”进行回答。

探索

●“在线学习中心”（www.mhhe.com/arends9e）提供了多个网站的链接，读者可查阅有关“直接教学研究库”的信息。

第3节 计划、实施直接教学

与采用任何教学方法一样，要成为直接教学模式的行家里手，在备课、上课、评估三个环节都需要教师做出特定决策，采取特定行为。这些教师的行为有一些可以在其他的教学模式中看到，而另一些则是直接教学所独有的。本章着重探讨直接教学在上课阶段所独有的特征。

备课

第三章和第七章描述了各种不同的知识。请记住，事实性知识是对事物基本元素的了解，概念性知识是对各种元素之间关系的了解，程序性知识是对如何做事情的了解。直接教学模式既是为教师循序渐进地促进学生系统地学习事实性知识，又是为帮助学生掌握应用简单和复杂技能所需要的程序性知识。

表8—1对比了旨在促进知识获取和促进技能发展的教学目标。从表8—1列出的两套目标就能很容易地看出它们的区别所在。例如，在第一套目标中，目的是期望学生了解冰球运动的规则。在体育课上，对学生而言，这是重要的事实性知识。然而，能辨别这些规则并不必然意味着学生能运用任何冰球技能。比如传球，这是第二栏中列出的程序性知识目标。另一个音乐领域的例子说明了这两类目标的区别。许多人能认出一把法国小号，一些人甚至熟悉这种乐器的历史，但几乎没有多少人具备足够的程序性知识来很好地演奏它。

表8—1　　　　目标比较：知识的获取和技能的发展

知识的获取	技能的发展
1. 学生能够列出冰球运动的基本规则。	1. 学生能够做传球运动。
2. 学生能够找出下面句子中的主语：	2. 学生能用恰当的动词填空：
a. 你是谁的兄弟？	a. 你（在）哪里？
b. 拉尔夫总是步行上学。	b. 拉尔夫总是（步行）上学。
c. 乔斯喜欢读推理小说。	c. 把这个苹果（给你）姐姐。
3. 根据方程式 $y=2.6x+0.8$，学生能正确选择与 y 轴截距相对应的数字。	3. 学生能解出方程式 $9=2.6x+0.8$ 中的 x 的值。
4. 学生能列出某个等值线图的主要特点。	4. 学生能读懂等值线图。

直接教学模式能够应用于任何学科，但更适合于以操作为主的学科，如阅读、写作、数学、音乐、体育。直接教学同样适用于历史或科学这样以教授知识为主的学科，用来教给学生某些相关的技能。例如，直接教学可帮助学生学习画地图和看地图，使用时区分界线，或者调整显微镜来聚焦。

确定教学目标　在确定一节直接教学课的教学目标时，最好使用第三章中详尽描述的具体行为模板。STP 指导纲领特别强调，适宜的教学目标应当以学生为基础并具有特别针对性，突出测试（评价）情境，明确学生应达到的水平。以培养技能为主的课和内容相对复杂的课不同，其主要区别在于，以培养技能为主的课通常要列出易于观察的行为，这些行为可以准确描述、精确测量。例如，如果教学目标是让学生在 7 秒钟的时间内爬一根 15 英尺的绳子，学生的行为能被观察，所用时间也可测量。如果教学目标是让学生走到世界地图前面，指出伊拉克的位置，那么这个行为也能被观察到。

学习进程安排与任务分析 作为一种方法，学习进程安排与任务分析是教师用来明确给学生讲授某一知识或技能所要达到的学习结果，以及确定如何以最佳方式来安排教学。第三章描述了学习进程安排的过程。这种方法（有时被认为是由波帕姆在 2008 年提出的）用来确定一系列子技能和可应用的知识（如同基石），学生只有掌握它们才能达到更一般化和整体化的目标或标准。

任务分析是与之类似的一个手段。任务分析的核心理念是，对复杂问题的理解和复杂技能的习得不能一次或者全部同时实现。相反，为了方便理解和掌握，复杂的知识与技能首先必须被分解成若干个有意义的组成部分。

任务分析包括把复杂的技能分解为各个组成部分，以便循序渐进地教授。

任务分析能帮助教师准确界定学习者要掌握一种技能时必须做的事情。教师可以通过以下几个步骤来完成这项工作：

步骤 1：看看专家在运用这个技能时是如何做的。

步骤 2：把一个完整的技能划分成许多子技能。

步骤 3：把这些子技能按逻辑顺序排好，这样就能看出哪些子技能可能会成为另一些子技能的先决条件。

步骤 4：设计教授每一个子技能的策略，并设计把各个子技能的教授衔接起来的方法。

有时，任务分析也可以用流程图来展示，这样可以直观地呈现技能以及各子技能之间的关系，也能展示学习者掌握这一技能必须完成的各个步骤。学生在上科学课时需要掌握的一门复杂技能是如何使用显微镜。学生在调节和有效安全地使用显微镜之前有几个步骤和子技能必须要掌握。图 8—2 给出的是由一位中学生物教师进行的一项任务分析，说明了正确使用显微镜的步骤和子技能。

有人认为，教师对每一项他们所要教授的技能都应进行详细的学习进程安排和任务分析。这种看法是错误的。不过，高效能教师都认同任务分析的主要理念，即大多数的技能都有几种子技能，除非学习者已经掌握了这些子技能，否则他们就不能很好地运用整个技能。另外，教师应当始终认识到，知道如何运用每一个子技能，并不意味着把所有子技能集中到一起就可以正确地掌握更完整、更复杂的技能。

为时间分配和空间运用做计划 就直接教学课而言，对时间做出计划、进行调控是很重要的。教师必须确保时间是充足的，与学生的天资和能力匹配，能使学生整堂课都积极参与。确保学生理解了教学目的，将学生的已有知识和兴趣与课堂内容联系在一起，是提高学生注意力和参与程度的好方法。

子技能 1　开始：接通显微镜电源，确保所使用的是低倍物镜。

子技能 2　载玻片定位：将放置标本的载玻片放在显微镜载物台上面的玻璃盖圈中央上方。如果你能看到你的眼睫毛，就再凑近一些。请闭上另一只眼。

子技能 3　调焦：使用低倍物镜时，将物镜降低到最低点，然后使用粗准焦螺旋，再使用细准焦螺旋进行调焦。

子技能 4　看到清楚物像：向目镜内注视时调节光圈；如果光亮度较低，你会看到更清晰的物像。

子技能 5　使用高倍物镜：在低倍物镜下找到标本后，保持准焦螺旋不变，切换到高倍物镜。如果没有在中间位置发现标本，说明标本跑到视野之外了，如下图所示。

子技能 6　使用细准焦螺旋：把标本放在高倍物镜下后就可以使用细准焦螺旋了。注意，在高倍物镜下不要移动载玻片，不要使用粗准焦螺旋，否则会刮坏或弄碎镜头。

图 8—2　在电子显微镜下观察标本

资料来源：http：//shs. westport. k12. ct. us/mjvl/biology/microscope/microscope. htm，2005－04－12。

对于直接教学课而言，对空间做出计划和管理也很重要。许多教师喜欢使用比较传统的行列课桌排列形式（见图 7—7）。大家应该记得，这种形式特别适合于以下情境：学生的注意力必须集中在教师的身上，或者学生必须高度注意在教室前面展示的信息。这种传统的行列排列方式的变体是把桌子水平排开（见图 8—3），学生相互紧挨着坐在几排座位上。这种排列方式对直接教学中的展示课非常有用：在这种课上，让学生看明白教师在做什么是很重要的，或者说，让他们离教师近一些是很重要的。在此需注意的是，无论是行列式排列，还是水平式排列，都无助于以学生为中心的教学过程，因为这种教学需要学生与学生之间的充分互动。

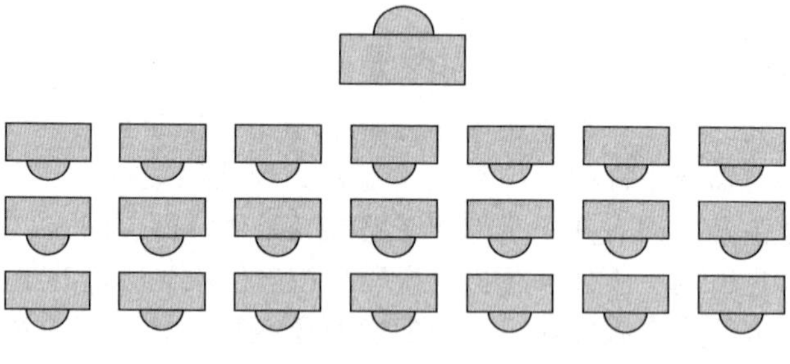

图 8—3　水平排列方式

上课

尽管资深教师使用直接教学法时会随时进行调整，以适合各种不同的情况，但多数直接教学课都有五个基本的阶段或步骤。刚上课，教师就对这节课进行简介，创设学习情境，使学生做好学习准备。在这个热身阶段之后，教师会介绍要教授的主题，或者示范特定技能。然后教师提供机会，让学生在教师指导下练习，同时又对学生的进展情况进行反馈。在“练习—反馈”阶段，教师应当尽量提供机会，让学生把在课堂中学到的知识和技能迁移到现实生活中去。直接教学课包括了拓展练习和技能迁移等活动。表 8—2 概括了直接教学模式的五个阶段。

表 8—2　培训模式的教学安排

阶段	教师行为
阶段 1：明确目标，创设情境	教师阐释这节课的目标、背景资料，解释这节课的重要性，使学生做好学习准备
阶段 2：呈现知识或示范技能	教师准确示范技能，或者一步一步地呈现信息
阶段 3：提供指导练习	教师组织最初的练习
阶段 4：检查理解程度，提供反馈	教师检查学生是否做得正确并给出反馈
阶段 5：提供拓展练习和技能迁移机会	教师创造条件，让学生做拓展练习，注意引导学生将技能迁移运用到更复杂的情境中

明确目标，创设情境　一位好教师不管使用哪种教学模式，一上课就会先向学生说明他们的学习目标，创设情境，引起学生的注意。前面讲过，教师应简要地把目标写在黑板上，或打印出来分发给学生。这样可以提示学生他们下一步将要做什么。另外，教师应当告知学生，这一天的学习目标与以前的学习目标有什么联系，在大多数情况下，教师还要告知学生，这一天的学习目标和长期学习目标或学习主题有什么联系。教师还应当告知学生某节课的流程，以及这节课可能会花多长时间。图 8—4 展现了一位理科教师在上一节显微镜课之前为学生提供的信息。

今天的目标：今天这节课的目标是学习如何调试复式光学显微镜的透镜焦点，以便准确地观察标本。

课程安排

5 分钟	导入，复习，明确教学目标
5 分钟	阐述基本原理
10 分钟	示范如何使用电子显微镜，如何调焦 演示各个分步骤
20 分钟	练习使用显微镜（教师会巡视，提供帮助）
10 分钟	小结，介绍明天的安排

图 8—4　显微镜教学课的教学目标和概述

介绍基本原理和主要观点，对任何一节课来说都是重要的，对于一节技能课来说尤其如此。这样的课普遍关注的是具体的技能，学生可能没有意识到它的重要性，但这种课程却需要实质性地激励学生付出努力去练习。让学生了解特定技能的基本原理有助于调动他们的积极性和主动性，这要比泛泛地说“这项技能对你有好处”“找工作需要这项技能”“课程指导要求掌握这项技能”等更有效果。

呈现知识或示范技能　直接教学模式的主要理论依据是，学习者的很多知识和行为技能都是通过观察其他人学到的。社会认知理论也主张，学生通过观察特定行为，学习实施这些行为，并学会预测实施这些行为的结果。其他人的行为，不管是好的还是坏的，由此都变成了学习者的行为指南。这种模仿学习减少了学生许多不必要的尝试错误，但也可能使他们学到不恰当、不正确的行为。为了有效地示范一个特定概念或技能，教师对之要非常精通，达到完全理解，课堂演示前自己要进行精心全面地演练。

掌握、理解 为了保证学生们能观察到正确的而不是错误的行为，教师必须注意示范的精确性。父母经常给孩子们讲述一句古老的谚语："察吾言，勿观吾行。"但教师如试图准确地教授基本信息和技能，仅有"言"是不够的。有些人的操作错误，会使得观察模仿他们并从他们那里学习技能的人不知不觉犯同样的错误。这样的例子在各个领域还是很多的。因此重要的是，如果教师要学生正确地做事，就必须保证示范是正确的。

有效示范需要教师在正式上课以前完全掌握自己所要教授的内容，并在课前认真地进行演练。

注意演练 完全准确地进行示范是相当困难的。信息和技能越复杂，在教室中进行准确的示范就越困难。为了确保示范正确，需要进行提前练习，也需要清楚地对技能或概念的关键属性进行思考。例如，假定你要教学生如何使用计算机系统在图书馆查找资料，并要给学生示范如何判定图书编号所对应的书籍位置。事先准备、演练，以使示范的数字系统与学生在特定图书馆中所要查询的系统相一致，这就是很重要的。假设这个示范包括以下几个步骤：打开计算机，点击有关这本书的信息，记下图书编号，然后走进书库。那么事前就要达到非常熟练的程度，确保实际示范的时候不会遗漏任何步骤（如记下图书编号），这是相当重要的。

提供指导练习 常言道，熟能生巧。但在现实生活中，这个准则并非总是行得通。我们都认识一些人，他们每天都开车，但实际上还是个糟糕的司机，或者有些人虽然孩子很多，但却不是称职的父母。司空见惯的是，教师总给学生布置一些对他们帮助不大的作业。比如，学完一章后对这一章的课后题给出答案，解20道数学题，写一篇作文，这些并不总是能帮助学生掌握重要的技能。

直接教学模式的关键步骤是教师使用指导练习的方法。幸运的是，现在已经有相当多的研究可以指导教师如何准备练习。例如，我们知道主动练习能使记忆更持久，使得学习更自觉，能够使学习者在新的或有压力的情境中也能利用所学的知识和技能。下面这些原则可以指导教师准备练习。

指导练习增强记忆的持久性，更能使学习者自发运用技能，促进其所学知识和技能向新的情境迁移。

布置少量有意义的练习 在多数情况下，特别是学习一种新技能时，让学生在短时间内展示所需技能是非常重要的。如果这个技能比较复杂，那么一开始先要简化任务。但值得注意的是，进行简化时不能破坏整个技能的模式。

布置练习以增强过度学习 因为技能对于以后的发展很重要，所以在掌握之后，还必须不断地练习。许多与表演艺术、运动、阅读和打字相联系的技能必须借助一定的过度学习才能运用自如。过度学习可以保证对技能达到完全熟练地掌握，这样才能在新的环境中或是有压力的情况下也能有效运用。在所有的领域里，能否自发地运用一种技能或一组技能是新手和专家的区别。然而教师必须小心，因为过度学习有时会很单调，容易降低学习的积极性。

过度学习一种技能，就可以自发地将该技能与其他技能结合，即使在新的环境和有压力的情况下也能灵活运用。

了解集中练习和分散练习的优缺点　关于练习的类型，心理学家已经做了明确的界定：集中练习（连续不断地）与分散练习（分成几个小环节）。尽管研究文献并没有明确给出在某一个学习情境中该如何运用这两种练习的直接原则，但集中练习常被用来学习新的技能，而且务必谨记，长时间的练习会导致烦躁和疲倦。分散练习对已经熟悉的技能进行精益求精的巩固训练最有效，但要小心两次练习不能间隔太久，否则学生会遗忘或者记忆会出现消退，那意味着一切又要从头开始。

关注练习的起始阶段　练习的起始阶段特别重要，因为在这个阶段，学习者可能在不经意间就使用了不正确的技巧，以致以后怎么学都学不好。在练习的最初阶段，学习者还会对照相应的技巧评判自己的表现，以此来衡量自己是否成功。这一点在下一节会更详细地探讨。

检查理解程度，提供反馈　直接教学课的这个阶段近似于我们常说的背诵。它的具体过程是：教师对学生提问，学生用他们认为正确的答案做出回答，或者教师点名让学生演示一项特殊技能或子技能。这是直接教学课最重要的一环，因为如果没有对操作结果的了解，练习对学生而言价值就不大。事实上，教师运用直接教学模式最重要的任务是为学生提供有意义的反馈和明确最终的学习结果。教师能通过许多方法提供反馈，如口头测试、借助视听资料、考试、写评语等。只有提供有针对性的反馈，学生才可能通过写而写得更好，通过读而读得更好，或者通过跑而跑得更快。对教师而言，关键的问题是如何为大班学生提供反馈。下面是公认为比较重要的指导策略：

指导策略 1：在练习之后尽快提供反馈　没有必要在练习后即刻提供反馈，但反馈时间与实际练习时间要足够接近，学生才能清楚地记得他们自己的表现。这意味着，如果教师为文章写了书面评语，应尽快把批改后的文章返还给学生。教师应当及时批改学生的测试题，并与学生一起讲评。对于口头的、视觉的和听觉的信息都要及时反馈，尽量不要拖延。

没有对操作结果的了解（反馈），练习对于学生而言几乎就是没有价值的。

指导策略 2：给出详尽的反馈　一般来说，尽可能详细地提供反馈对学生非常有帮助。例如：

> 评语“此处用‘居所’这个词过于正式；用‘房屋’就好得多”，就要比以下的评语更为具体：
>
> “你用了太多过于正式的词汇。”

比如：

> 评语“你的手姿势相当正确，反手击球成功”比“漂亮的反手击球”更

具体。

再比如：

评语“你的文章中有三个词写错了：Pleistocene、penal和recommendation”，比评语“错别字很多”更详细。

为了得到最好的学习结果，应当尽可能给出详尽的反馈，并且应在练习之后立刻给出反馈，而且要适合学习者的发展水平。

指导策略3：注意行为而不是意图　如果反馈直接评判行为，而不是针对学生行为背后的意图，对学生会非常有帮助，而且缓和了学生的抵抗心理。如：

评语“我无法看清你的笔迹；你没有留出足够的字间距；O's和A's无法区分”比评语“你根本不想把字写得整洁”更恰当。

再比如：

评语“在最近的一次演讲中，当你面对全班同学时，你说话的声音太小了，全班大多数同学没有听清你在说什么”，比评语“你应当努力克服你的羞怯感”更合适。

指导策略4：反馈应与学习者的发展阶段相适应　反馈同学习的最终结果一样重要，应该审慎，以使其真正有助于学生的学习过程。有时，教师给出的反馈太多或太复杂，学生难以掌握。例如，第一次学开汽车的人，很感激教练提示他因为“抬离合器”太快而导致汽车前冲。但是，一个已经学会开车的司机会很不耐烦听教练解释如何踩刹车、换挡，以免汽车从陡峭的山坡上滚下去。开始教年幼的小学生“i在e前面”的拼写规则时，告诉他“brief”的正确拼写，他很容易积极回应，但至于为什么“recieve”不正确，他就没有耐心去思考了。

指导策略5：强调表扬和正面反馈　每个人都喜欢得到正面的反馈多于负面的反馈。一般而言，表扬会被接受，而负面的反馈可能会被拒绝。所以，教师应当努力提供表扬和正面的反馈，特别是在学生学习新的概念和技能的时候。然而，当教师观察到学生的错误表现时，就必须加以纠正。当学生回答错误或表现不恰当时，教师应该做如下处理：

（1）提出一个和学生的答案相符的问题，以维护答错学生的尊严。例如：“如果我问你谁是美国的第一任总统，乔治·华盛顿就是正确的回答。”

（2）给学生提供一个帮助、暗示或提示。例如：“记住，这位1829年在位的总统也是1812年那场战争中的一位英雄。”

（3）保护学生的责任心。例如：“你今天不知道杰克逊总统，但我打赌，明天我再问你的时候你肯定知道。”

虽然不正确的行为必须得到纠正，但在学生学习新技能的时候，教师应该尽量提供正面的反馈。

在多数情况下，综合使用正面反馈和负面反馈是最好的。例如：“在这个段落中，主谓一致这一点你做得相当不错；只是在这个例子中，使用集体名词做主语不恰当。”或者：“击球的时候，你握拍的姿势很正确，但你左手用力太大。”或者：“我喜欢你课上积极发言，但是在最近的一次讨论课上，当诺恩试图表达自己想法的时候，你曾三次打断了他的发言。”

指导策略6：给出负面反馈时，应当展示如何正确地操作　知道某件事做得不正确并不能帮助学生把它做正确，负面的反馈应当始终伴随着教师的正确示范。如果一个正在投篮的学生用手掌投球，教师就应该指出错误，并示范用手指尖托球的正确做法。如果一篇写作样例用词不正确，教师应当写出更恰当的单词。如果学生在使用计算机的键盘时，手指的姿势不正确，教师就应当纠正他击键的姿势。

给出负面反馈的同时，应给学生示范如何做才是正确的。

指导策略7：帮助学生关注学习过程，而不是学习结果　许多时候，初学者总是关注可以测量的表现。比如“我每分钟输入了35个单词，没有任何错误”“我用一个小时完成了论文”“我这次打高尔夫球，打出了175码”“我跳远跳过了4英尺6英寸”。教师应该让学生认识到在具体行为表现背后的思维过程或技巧，帮助学生认识到，虽然运用不正确的技巧可能会立刻达成目标，但会抑制以后的发展。例如，一个学生可能每分钟输入了35个单词，但他用两根手指来打字，使用这种方法不可能达到每分钟输入100个单词的目标。一开始使用错误的步法可能很容易跳过4英尺6英寸，但它将阻碍你越过5英尺6英寸。

指导策略8：教会学生如何做自我反馈，如何判断自己的表现　学生学会如何评估和判断他们的自我表现是很重要的。教师可以通过许多途径帮助学生判断他们自己的表现。他们可以给学生解释专家在判断表现时所用的标准；他们可以给学生提供机会，对同伴做出评价，并且与他人对照来判断自己有无进步；他们可以对学生强调自我监测和确立目标的重要性，以及不仅仅满足于教师提供的“外在”反馈的重要性。

布置练习和向学生提供反馈是教师工作中非常重要的一部分，需要教师学习和掌握整套的复杂行为模式。在“教学经验与档案袋手册”里设计了一种学习活动，可以帮助你观察资深教师如何使用练习和提供反馈。

提供拓展练习和技能迁移机会　教师运用直接教学模式时，需要特别注意的一点是管理自主练习。学生可通过课堂作业或家庭作业来完成自主练习。

无论是在课上还是课下，自主练习给学生提供了独自运用新技能来解决问题的机会，也给他们提供了进一步学习的机会。然而，家庭作业的效果并不像一些教师和家长认为的那样是显而易见的，一直以来家庭作业的使用和被接受程度总在不断变化。19世纪时，家庭作业被认为是记忆的“黄金法则”。20世纪早期，进步主义教育者认为家庭作业太结构化，侵扰了学生的家庭生活。根据斯特劳斯（Strauss，2006）的报告，20世纪30年代美国健康协会声称，儿童劳动和家庭作业是儿童肺结核和心脏病的头号杀手。今天，既有强烈支持家庭作业的学者（Cooper，Robison & Patall，2006；Marzano & Pickering，2007），也有人认为家庭作业是在浪费时间，是一种无任何用处的练习（Bennett & Kalish，2006；Kohn，2006，2007）。虽然不同学科的进步为教师的思考提供了更宽泛的知识基础，但布置家庭作业的本质所在和数量多少仍然是人们争议不断的话题。

哈里斯·库珀等人长期以来一直在研究家庭作业的实质和作用，并总结有关该主题的其他研究（Cooper，1989；Cooper，Jadson，Nye & Lindsey，2001；Cooper，Robinson & Patall，2006；Cooper & Valentine，2001），他们发现了家庭作业的如下作用：

- 家庭作业似乎对小学生的学习影响非常小。然而，库珀和他的同事们（1989，2006）还是建议给小学生布置一些作业，因为这有助于形成良好的学习习惯和对学校的态度。
- 家庭作业并不会使六年级以及更高年级的学生学会更多东西。库珀等人（Good & Brophy，2003）认为家庭作业必须是有意义的，并且有恰当的时间限制才是有效的。对学生来说，家庭作业必须具有连贯性，必须保证较高的完成率。
- 家庭作业的作用不仅局限于学术性学习。林恩·科尔诺（Lyn Corno，2001）研究认为："家庭作业涉及重要的社会、文化和教育问题，它不仅仅是一个学业任务。家庭作业在校外如同在校内一样，它渗透和影响着学生的家庭生活、同伴互动和教师教学实效。"家庭作业促进了学生间的人际交往，提高了学生和同伴以及家长之间的相互影响程度。这个话题将在下面"家庭与学校"专栏中进一步展开讨论。

家庭与学校

家庭的适当参与

家长以恰当的方式参与到孩子的家庭作业中，这一点很重要。但是很多家庭反映他们难以胜任，家庭作业经常导致家庭压力（Corno，1996，2001）。艾普斯坦等人（Epstein，2001；Epstein，Simon & Salinas，1997）提出了帮助家长有效参与的方法。

- 教师提供关于作业以及家长如何提供帮助的清晰指导。这些指导可以是从整个学校政策出发制定的，也可以是某个特定教师的说明。比如，教师可以在特定的作业上附一张说明：

  "今天晚上的作业是为了达到……"

  "您可以通过……来给予帮助。"
- 与家长沟通，让他们明白他们不需要成为专家，但是可以扮演其他的重要角色，比如只是简单地让孩子展示并说明他们的作业完成情况。
- 鼓励家长随时抽出时间参与到关于家庭作业的对话中，通过提问帮助孩子理清或总结他们学到的东西。

一些家长和监护人会很熟练地遵循教师的指示，正确地参与到家庭作业中来。而其他人不具备这些技能。许多教师发现在家长会时展开专门的家庭作业会议或研讨会可以让更多家庭以更恰当的方式参与进来，获得更大的激励效果，取得更多成效。

● 布置作业的多少影响学生的学习。库珀等人（Cooper，Robinson，and Patall，2006）的报告认为，对于年龄较大的学生，一周 7～12 个小时的作业可以产生最好的效果。古德等人（Good and Brophy，2003；Bennet，Finn，and Cribb，1999）建议每晚 5～10 分钟的作业量，逐年级递增，这是个值得遵循的好方法。也就是说，低年级的学生每晚 10～20 分钟，中学生每晚可以是 30～60 分钟。

另一方面，也有许多对家庭作业批评和指责的声音。比如科恩等（Kohn，2006，2007；Bennett and Kalish，2006）就对家庭作业的作用提出了质疑，并指出了其可能带来的负面结果。科恩认为，家庭作业和考试分数之间的关联非常小，所谓家庭作业能带来的学业外的益处如良好的学习习惯、积极的人格特点等都不过是“都市神话”。还有批评者认为，家庭作业被过度使用，从而导致压力、挫折、家庭矛盾，以及其他活动时间的丧失，学习兴趣的下降等。在批评者看来，家庭作业的存在和延续是因为它长久以来形成了一种传统，还因为家长和教育者错误地认为这是人们学习的一种方式。

暂且不考虑有关课堂作业和家庭作业作用的争论，假以时日，二者在美国教育中都很可能被制度化。因此，教师更应该小心地使用，采纳同作业相关的研究所支持的指导性结论，同时意识到作业可能带来的消极或无意识的不良后果。这里有几个中肯的建议，总结如下：

课堂作业　课堂作业是指在教室里布置的需要学生完成的任务和进一步的练习；它使用非常广泛，特别是在小学教育中。下面是适用于课堂作业的指导：

（1）布置让学生觉得有趣而且乐意完成的课堂作业，尽量不要使用标准化的任务表。

（2）确保学生理解课堂作业的目标要求。

（3）通常要把直接教学课后布置的课堂作业作为练习活动的延续，而不是教学过程的继续和拓展。

（4）具备清晰的流程，在学生遇到问题时能告诉学生应该做什么，同时要给完成作业比别人快的学生或落后于他人的学生提供相应的建议。

> 课堂作业是教师在课堂上布置的需要学生独立完成的练习或任务。

家庭作业　下面是关于布置家庭作业的指导：

（1）同课堂作业一样，家庭作业也应该饶有趣味、令人愉快，并确保学生真正理解。

（2）为学生布置的家庭作业要难度适中，学生可以成功完成。同课堂作业一样，家庭作业也不应当涉及新的教学，而应该是练习的延续，或为明天的课做准备。

（3）安排少量的、经常性的家庭作业，而不是偶尔安排大量的家庭作业。当然，这受学科性质和学生年龄的影响。例如，第十一章中将讲到的大的项目型作业是最令人期待的，特别是对高年级学生。但是，对指定技能进行少量练习的效果通常要好于大量练习。

（4）讲清楚作业规则。学生应当清楚他们是否可以和同学共同承担作业，家长是否可以帮助他们，是否可以使用计算器，在多大程度上可以使用互联网，没有按时完成作业会有什么后果。

(5) 告诉家长可参与的程度。是希望他们告知子女难题的答案，还是只提供一个安静的学习氛围即可？是否鼓励家长检查孩子完成的家庭作业？他们是否应了解家庭作业布置的适当频次和合理的完成时间？

(6) 及时给出家庭作业的反馈和分数。许多教师只是检查学生是否完成了作业，这等于告诉学生，如何完成家庭作业并不重要，只要完成就行了。学生用不了多久就会发现，他们只要在纸上随便写上一些东西就可以交差了。这就会形成一种不良的惯例。一种便于提供反馈的做法是让学生互相批改作业。同样，想要学生能从家庭作业中获益，就要把作业及时返还给学生。

家庭作业经常是课堂练习的延续，应当保证学生能成功完成。
家庭作业是学生个体的自主练习，是需要学生在课外完成的工作。

检测—拓展—探索

检测

● 直接教学课的主要备课任务是什么？

● 对于某些类型的直接教学课来说，为什么任务分析是一种重要的备课工具？

● 直接教学课有哪五个阶段？与各个教学阶段相对应的是哪种教学行为？

● 当教师布置指导练习时，他们要考虑的主要因素是什么？布置自主练习的时候呢？

● 概括有效反馈的指导策略。

拓展

● 关于家庭作业有相当大的争论。你认为家庭作业对提高学生的学习有多大价值。登录“在线学习中心”，到“拓展问题投票栏”做出回应。

探索

● 请登录“在线学习中心”（www. mhhe. com/arends9e），并链接到有关“直接教学，练习和家庭作业”的网站。

多元化与差异性

使直接教学课多样化以满足学生多样性的需要

第二章描述了儿童和青少年的许多差异。这些差异包括社会经济地位、种族或民族、性别、能力水平、知识基础、认知风格，还有各种身心障碍等。第三章描述了学生的动机和需要的不同。基于这些差异可得出一个结论：不存在对所有学生都同样有效的课堂。直接教学也是如此。尽管我们可以提供关于直接教学的一般性使用模式，但在真实的教学情境中，它经常不能按计划执行。高效能的教师会考虑到学生的多样性，进而调整教学。下面是一些教师调整直接教学课以适应学生需求的方法：

调整课堂结构

● 为年纪小的学生和成绩欠佳的学生上课，课堂要组织严谨，目标要具体，进度不要太快。

● 为高年级的学生和成绩优秀的学生上课，要在教授基本技能的基础上有所拓展，并提供探究的机会。

调整讲授和示范的类型

● 为年纪小的学生和成绩欠佳的学生上课，要在黑板、投影机或其他放映装置上着重展示主要的观点和步骤，每次仅讲授几个要点或观点，陈述尽量简单。

● 为高年级的学生和成绩优秀的学生上课，在教授、示范基本观点或技能的基础上要拓展、延伸。

调整互动的类型

● 以全体学生的先前知识为基础进行教学。教授学生已经知道的知识将令学生厌烦；教授学生不具备完备知识基础的观点或技能则是没有意义的。

● 不同种族或民族对在他人面前进行互动活动的自愿程度不一样，教师要关注这种文化差异；不同性别在这一点上也有差异，教师同样要关注。

调整鼓励和支持的类型

● 对成绩欠佳的学生和依赖性强的学生要不间断地提供鼓励和支持。学生知道得越少，就需要越多的教学支持。

● 允许成绩优秀的学生和有很强独立性的学生自行解决问题。对他们来说，教师太多的鼓励可能会是一种干扰。当学生相当了解某一学科时，就会找到许多成功解决问题的方法。

调整练习、课堂作业和家庭作业

● 确信成绩欠佳的学生能理解练习，给他们布置的作业要简短。

● 对成绩优秀、有更强独立性的学生而言，课堂作业不宜太多，家庭作业要更富挑战性，复习和自主练习要少一些。

第 4 节　学习环境的管理

直接教学课的学习环境营造与讲授课基本相同。在直接教学课上，教师会非常严格地控制学习环境，以学习任务为核心，期望学生积极地观察、聆听和参与。第五章介绍了高效能教师如何控制学生的发言以及保证课堂进度的策略和方法。在直接教学课上若发生了干扰行为，教师必须准确迅速做出处理。但是，营造一个专注于学习任务的组织化学习环境并不排斥它的民主性和积极的情感调动。

第 5 节　评估和评价

第六章强调了这一主题：对某些特定课程或特定教学模式的内在目的而言，与之相匹配的测试与评价策略是非常重要的。直接教学模式最适合教授那些需要按部就班地展开教学的技能和知识，因此其评价应该是以测量技能发展的行为表现测验为主，而不应该采用检测陈述性知识的纸笔测试。例如，一个人可能能辨别出打字机键盘上的字母，但这显然无法证明他的打字能力，不过，定时打字测试就可以显示他的打字能力怎么样。一个学生能辨别出一列名词中的动词，但这并不意味着他能写一个句子，要求学生写句子的测试就能使教师评价学生的造句技能。一个学生能正确复述出本书中任何一种教学模式的实施步骤，并不能说明他会在30个学生面前使用这个模式，只有上一堂示范课，才能说明他掌握了这种模式的运用。

许多时候，设计表现性测试非常困难，这种测试也不容易精确计算成绩，并且非常花费时间。然而，如果你想让学生掌握课上教的技能，表现性评价的作用就是无可替代的。表8—3列出技能测试中的试题样例，并与同一主题知识测试中的试题样例进行了对比。注意，试题与表8—1中列出的教学目标是对应的。

表8—3　知识测试题和技能测试题

知识测试题	技能测试题
1. 一个冰球队有多少名运动员？ a. 6 b. 8 c. 10 d. 以上都不对	1. 做一个冰球运动中的传球动作。
2. 下面这个句子的主语是什么？ “Mary's mother is an artist.” a. Mary b. mother c. an d. artist	2. 改正下面句子中误用的动词： a. Kim ran slowly to the store. b. Tommy said it was time to go. c. Levon sat joyfully to greet her day. d. “Please be noisier,” said the teacher.
3. 截距位于哪个点？ a. 1 b. 2 c. 3 d. 4	3. 解出下面方程式中“x”的值。 a. $2=x+4$ b. $5x=1+(x/2)$ c. $14=2x+9x$ d. $x/3=9$

第6节　最后的思考：直接教学的应用

在美国，直接教学占课堂教学时间的一大部分。用来讲授教学内容、进行行为示范、指导学生背诵的时间在小学高年级、初中、高中都不断递增。它在全国各地都被广泛采用，一直是最受欢迎的教学模式。然而，这个模式并不是没有受到批评。对于教师来说，了解直接教学存在的问题，形成自己的看法，评估这种模式及其在课堂上使用的价值，都是很重要的。

> 因为直接教学是最流行的教学模式，所以教师应该了解批评者对这一模式提出的问题。

人们认为直接教学最主要的缺陷是强调教师讲授。多数观测者说教师的讲授占每课时的一半甚至到了 3/4，按照库班等人（Cuban，1982，1993；Lobato，Clarke，and Burns，2005）的说法，在过去一百年里大部分时间都是如此。一些教育家认为直接教学占用了课堂太多的时间。另一些人认为这种模式仅限于基本技能和低水平知识的教学，无法完成高水平的目标。还有一些人由于反对行为主义理论而批评直接教学模式，他们认为这个模式必然会赞同如下观点：学生是一个空空的容器，可以用支离破碎的知识去填满；他们并非积极的学习者，没有获取知识和技能的内在需求。最后，还有一些人，包括这个模式的早期创建者，也在批评直接教学，原因是它在许多课堂中被滥用。例如，在东海岸一个规模很大的公立学校系统内，教师被要求每天上一节直接教学课。如果教师使用了其他方法，同时又被督学看到，这个教师就会得到负面评价。另一个例子是，学校要求教师每天把行为目标写在黑板上，这是直接教学模式的创建者根本没有预料到的。

由于最常见的教学目标总是与学习知识和掌握技能相联系，所以讲解和示范占统治地位并不令人惊讶。相应的，课程指导、教科书、测试也都这样组织，教师也就按部就班地遵循。资深教师心里也明白，如果想让学生掌握那些社会认可且非常重要的基础知识和技能，那么采用直接教学就是一种有效的方式。

本书对直接教学持中立观点。正如我们反复强调的，直接教学只是高效能教师使用的几种教学方法中的一种。有效教学真正的关键是一个教师使用各种教学方法技巧的能力，这种能力使得教师能够针对特定的教学目标和特定学生的需要采取相应的教学方法。

检测—拓展—探索

检测

- 如果让你观察一堂直接教学课，你最可能看到什么样的学习环境？
- 哪种评价方式能最好地测评出学生对直接教学目标的理解？

拓展

- 你是否同意教师应当营造一个以任务为导向，以学业发展为核心，同时又保持积极和民主氛围的学习环境？登录“在线学习中心”，在“拓展问题投票栏”做出回应。

探索

- 在谷歌上检索“直接教学”，会出现超过八万个网站，很多与教育有关。“直接教学协会”激起了初任教师的一项特殊兴趣。浏览该网站可以了解更多关于直接教学的内容。
- 登录“在线学习中心”（www. mhhe. com/arends9e），可查看有关评估和学习环境管理的网站链接。

对课堂的反思

基础，还是基础

在刚做教师的时候，你发现自己所在学校的教师十多年前就接受了直接教学培训。虽然这所学校的教师流动性很大，但直接教学模式似乎一直占有绝对的优势，学校里的所有教师都使用这一模式。学校期望教师们用行为目标设计教案，按照直接教学模式的步骤上课。整体教学风气反映出这样一个事实：学校偏重于讲授基本技能，对“训练—练习”法过于倚重。

你认为应该教给学生基本技能，然而，你也认为应该为学生们设置个性化的课程，应当给学生更多的自主权，允许他们制定自己的目标，问自己的问题，追求自己的兴趣。

当你仔细考虑这种情境，试图找到自己的教学方法时，思考下面的问题：

● 在你所教的年级或者教学领域，挑一个单元思考一下：你想让你的学生从中获得什么？记下这些目标。问问自己：哪些目标是由学校课程设置制定的，哪些目标是受教员的整体教学方法影响制定的，哪些是根据你自己的信念制定的，哪些是根据学生的信念制定的。可以考虑给这些目标编号、分级。

● 如果你正在实习，与其他实习生或所在学校的教师讨论你制定的目标。你也可以同学校的学生讨论这些目标，看看他们认为哪些目标最重要。

现在写下你将如何着手处理你要教的单元，以及哪些目标和方法是你要重点强调的。当然，记住你个人的教学观点是与学校大多数教师不同的，而且要根据你准备教授的年级或学科来考虑这个问题。完成后，将你的工作记录到你的职业档案中。将你的想法同以下面临相同或类似情境的教师的观点进行比较。

肯德拉·甘泽（Kendra Ganzer），艾奥瓦州得梅因市，亚当斯小学，五年级

我对新教师的建议是，最好用你的专业判断确定哪些教学方法是最恰当的。作为一名新教师，你知道基本技能是重要的，但你也知道不止一种方法可以帮助学生学习。教室对你来说是一个新的地方，所以你一定要关注、重视其他教师的经验。直接教学方法在课堂教学中的确占有重要地位。当适合预期目标和预期学习结果时，这是一种有效的教学模式，但仅仅因为其他教师喜欢直接教学模式，你就不得不使用这唯一的教学方式，你肯定不乐意。

我将使用我认为最恰当的教学方法实施我的课，直接教学模式只是其中的一种。如果教师看到我使用其他方法，如合作学习，我会告诉他们这种方法在某些课堂上的运用是如何的成功。我将与他们一起讨论教师教育和教学方法正在发生的变化。我也将同教师们分享研究报告或师范教材中支持合作学习或其他教学方式的资料。不过，我不会因为其他教师使用直接教学法而质疑或歧视他们。如果你向他们征求建议，能了解到很多非常好的思路。然后你可以调整一下这些做法并使之适合你自己的教学情境。过些时候，你可以将学生的作品或者项目活动展示给其他教师看，来说明你的学生是如何掌握这些基本技能的。

费伊·艾雷（Faye Airey），新泽西州西温莎—平原学区，托马斯·R·格罗弗中学，六至八年级

在我教学生的年代，我目睹了基本技能教学观的重要转变。是学习最基础的东西重要？还是以掌握实践性的、联系生活的、解决问题为导向的任务更重要？加入这种争论的，既有经验不足的新教师，也有经验丰富的教师。我主张在强调应用的、以学生为本的环境中教授基本技能，这个环境能促使学生积极参与，完成与他们的日常生活经验相关的任务。这是理想教学环境的代表：教是有意义的教，学是有目的的学。

一个强调应用的案例，如模拟股票市场的活动，在这里，全体学生或小组以真实世界中的公司运作为基础，用筹码投资，监控每日的跌涨情况。这是一个教师主导的教授以下基本技能的良好情境：分数的加减法，画图展现股份公司的趋势。当学生对特定技能有真实需求时，他们在学习的过程中就会积极参与。记住的东西增多了，同时获得了理论联系实际的能力。在没有目的的情境中，"训练—练习"会导致学生烦躁和疲倦；在真实的情境里，练习是很能调动学生积极性的。

一开始关注的是整体教学目的，而不是具体的授课目标，这样的教学设计在重视个体学生成绩的同时，也创建了一个培养内在求知欲的教学环境："每天股票的价格变化是如何结算的?""股份公司是如何紧跟市场走势的?"没有人质疑学生在这样的课上会产生巨大的热情，学习也是富有成效的、有意义的。有效教学需要取得平衡，让学生通过发现、批判性思维和质疑来真正理解和掌握基本技能。

总　结

简述什么是直接教学，解释如何恰当运用直接教学。

● 在学校开设的每一门学科中，获取基本的信息与技能是学生的一项重要目标。几乎在所有的领域中，学生在学习更高级的知识之前必须先学习基本的知识。

● 直接教学模式想要达到的教学效果是促进对简单或复杂的技能，以及可细致定义、逐步教授的陈述性知识的快速掌握。

● 直接教学课的一般流程通常由五个步骤组成。

● 直接教学模式需要精心营造的学习环境和教师的细心编排。这种紧凑的结构并不表明它是专制的、缺少关心的。

描述直接教学模式的理论基础，对支持其应用的研究进行总结。

● 直接教学模式的理论支持来源于行为主义理论、社会认知理论，以及教师效能研究。

● 直接教学在学校和学校以外的环境中得到了广泛的应用和检测。实践有力地证明了应用该模式可实现某些类型的知识学习。

解释如何准备和应用直接教学模式，包括如何将其应用于有着不同能力和背景的学生。

● 与该模式相关的教学前备课方法侧重于精心准备授课目标，进行任务分析。

● 直接教学模式的五个阶段分别为：(1) 明确目标，创设情境；(2) 呈现知识或示范技能；(3) 提供指导练习；(4) 检查理解程度，提供反馈；(5) 提供拓展练习和技能迁移机会。

● 进行直接教学授课要求教师讲解清楚，示范和演示要准确；并提供练习，监控学习过程，做出及时反馈。

● 使用练习应当在以下几条原则的指导下进行：布置少量有意义的练习；布置练习以增强过度学习；恰当运用集中练习和分散练习。

描述如何实现有利于应用直接教学的学习环境。

直接教学课需要一种独特的课堂管理技能，能够在一个集体环境中吸引学生的注意力，在延长时间的情况下能够继续保持其注意力集中。

特殊的课堂管理事项包括：组织课堂环境以期发挥出最大效果；保持恰当的步调、流程和动力；参与、投入、参加；快速坚定地处理学生的不当行为。

描述评估学生学习的恰当方法，学生的学习与直接教学的课程目标是一致的。

与该模式相关的评估任务注重的是练习，开发和使用正确的基础知识，以及能够准确测量简单和复杂技能，并为学生提供反馈。

讨论为什么直接教学能够成为一种受欢迎的教学模式，列出该模式的一些缺点。

尽管对直接教学多有抱怨（过于以教师为中心，学生处于被动地位），但它仍然是一项受欢迎的教学模式，因为该模式可以让教师实现社会大多数人所提倡的主要教育目标。

互动学习与应用学习

学习与探究

- 访问“在线学习中心”的“学习指导”，其中包含有练习测验。

观察与练习

- 在“在线学习中心”上收听丹尼斯（Dennis Walker）和安杰拉（Angela Adams）关于直接教学的讨论。

完成练习题 8.1，直接教学备课，包括：

- 编写目标。
- 计划“示范和指导练习”。
- 区分“指导练习”。
- 检查理解程度，提供反馈。
- 计划“自主练习”。
- 评估“学生学习”。
- 回顾“直接教学计划”。

完成以下与第 8 章配套的附加练习题：

练习题 8.2：任务分析。

练习题 8.3：评估成绩。

练习题 8.4：教学困境：直接教学的应用。

练习题 8.5：回顾直接教学的应用。

档案袋与教学实践活动

通过以下实践和职业档案活动来进一步理解本章的内容和展开过程。完成这些活动所需的支持性资料可查阅“在线学习中心”的“档案袋与教学实践活动”。

（1）完成本章最后的“对课堂的反思”中的练习，将反思报告列为你的职业档案中的一件作品，表明你对直接教学的看法。（INTASC 原则 4：理解各种教学策略）

（2）活动 8.1：直接教学应用技能评估。评估你应用直接教学进行备课和授课的理解程度和技能水平。（INTASC 原则 4）

（3）活动 8.2：在微型教学或课堂上观察直接教学。在直接教学课上观察一位资深教师，看他或她是如何紧紧围绕本章提到的顺序的。（INTASC 原则 4）

（4）活动 8.3：观察教师如何使用练习。观察一位资深教师如何布置课堂或家

庭作业，以此来提高你在使用指导练习和自主练习方面的理解和技能水平。（INTASC 原则 4）

（5）活动 8.4：职业档案：演示你对任务分析的运用。完成活动 8.4 的任务分析，将你的工作成果列为职业档案中的一件作品。（INTASC 原则 4）

专业参考书目

Fisher, D. & Frey, N. (2007). *Checking for understanding: Formative assessment techniques for your classroom*. Alexandria, VA: Association for Supervision and Curriculum Development.

Goeke, J. (2008). *Explicit instruction: Strategies for meaningful direct teaching*. Boston: Allyn & Bacon.

Hollingsworth, J., & Ybarra, S. (2008). *Explicit direct instruction* (EDI): *The power of the well-crafted, well-taught lesson. Thousand Oaks*, CA: Corwin Press.

Joyce, B., Weil, M., & Calhoun, E. (2006). *Models of teaching* (7th ed.). Boston: Allyn & Bacon.

Kohn, A. (2007). *The homework myth: Why our kids get too much of a bad thing*. Cambridge, MA: Capo Lifelong Books.

Marchand-Martella, N., Slocum, T., & Martella, R. (2004). *Introduction to direct instruction*. Boston: Allyn & Bacon.

第九章

概念与探究式教学

学习目标

学习本章之后，你应当掌握以下内容：

教授学生如何思考的研究概览	概述教授学生如何思考的重要性，以及达到这一目标的方法。
教授学生思考的理论视角	描述教授学生如何思考背后的理论与实践支持，以及概念与探究式教学的应用。
概念教学	解释概念教学如何备课和授课。
探究式教学	解释探究式教学如何备课和授课。
让思考可视化	解释如何计划和使用能让学生的思维清晰可见的程序和过程。
营造可促进思考的学习环境	描述如何营造可以支持和促进学生思考的学习环境。
评估思考过程和技能	描述用于评估学生思考过程和思考技能的恰当方法。

读前反思

从你所教的学科领域中挑选一个你比较了解的概念。例如：

- 数学——三角形
- 经济——匮乏
- 体育——运动
- 文学——爱

在一张纸上写下这个概念，然后以编概念图的形式写下与这个概念有关的其他概念。下面是有关“匮乏”的概念图的部分图示：

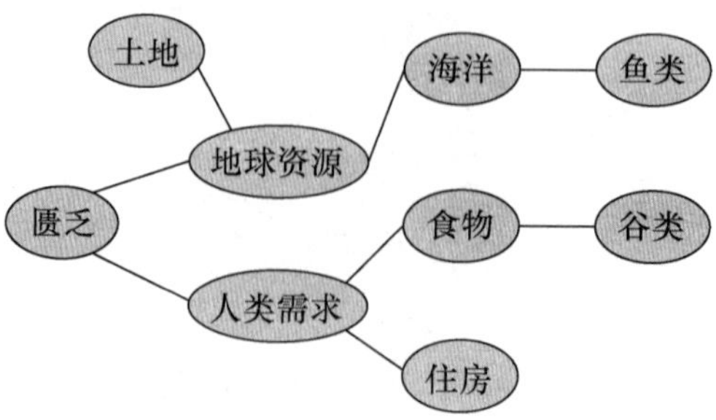

下面，考虑一下，你怎样给一个小孩子教授“匮乏”的概念。让年龄较小的孩子做这个教学练习比让年龄较大的孩子要好，因为你必须尝试用词语以外的其他手段来教授这个概念。预先考虑你在教学中可能采取的步骤，在这个过程中，关于“教授概念”你学到了些什么？比你预想的容易还是困难？下一次你会采取不同的做法吗？

请登录“在线学习中心”（www.mhhe.com/arends9e），回答以上问题。

第1节　教授学生如何思考的研究概览

教育工作者和家长都认为教授学生如何思考是教育最重要的目的之一。成千上万本书，上百万个网站都涉及“思考”，以及如何帮助学生成为自我约束和自主学习者的相关话题。本章的重点是概念与探究式教学——专门开发的两个用于提高学生思考能力的模式。本章还将介绍一个旨在达到同样目的的思维项目。在后面的章节我们首先阐述为什么教会学生思考很重要，从某个角度介绍了如何能最好地教学生思考，列出了该话题的理论基础。接着介绍了三种提高学生思考能力的课程（概念教学、探究式教学和思维程序的运用）以及如何进行备课和授课。最后一节讲述了营造注重思考的课堂环境的最佳方法，以及如何对思考过程和思考技能进行评估。

第2节　教授学生思考的理论视角

思维以及它同大脑活动的关系多年来一直是基础理论工作者、哲学家和研究人员感兴趣的领域。因此，教学生思考的理论和实践支持很广泛，涉及的话题范围很广。现在，这项工作主要围绕认知心理学展开，研究人员包括皮亚杰、杰尔姆·布鲁纳、戴维·奥苏伯尔和霍华德·加德纳。他们的研究表明了思考过程和技能是如何在儿童和青少年身上发展起来的，某些方法如何影响这些过程。

思考的普遍性

你可能会问这样一些重要的问题：我们需要教学生如何思考吗？难道人类不是自主进行思考的吗？尼克森等研究者（Nickerson，1987；Sternberg and Williams，2002）认为：是的，人类的思考能力是具备一定自主性的，与呼吸、眨眼一样，也是自动进行的。这不需要进行教学。但是，并不是每一个人都是一个高效的思考者。比如，仔细浏览一下本地报纸的读者来信栏目，你就会很快发现关于偏见和不合理推理的争论。同样，政治争议经常充斥着不准确的信息和逻辑错误。因此，教学的目标是教学生如何更清晰和更有批判性、创造性地进行思考。

思考类型

思考可能是普遍的，但同时具有多种维度和类型。教师感兴趣的主要类型如下：

高级思考　当前关于思考的大多数研究都认识到基本思考和高级思考的差别。

与教授基本思考技能或常规的行为模式相比，教授高级思考的技能需要不同的方法（Palincsar，1998；Resnick，1987；Ritchhart，2002；Tishman，Perkins & Jay，1995）。你已经读了第三章和第七章中有关布鲁姆分类学的段落，其中探讨了基本思考技能是如何成为那些与记忆和回忆相关的技能的，而高级思考包含了诸如理解、比较、评估和创造等认知过程。尽管并不是总能找到对高级思考很精确的定义，但我们可以在运用的过程中认识到这种思维。另外，不像一些具体行为，高级思考是复杂的，很不容易简化为固定的套路。请思考以下劳伦·雷斯尼克（Lauren Resnick，1987）关于高级思考的定义：

- 高级思考是非算术性的，也就是说，它的发生过程不能完全预期。
- 高级思考通常很复杂。你从任何一个单一的视角来看都难以窥见其全貌（从心理活动而言）。
- 高级思考常会产生多个解决方法，每一个都各有利弊，没有独一无二的解决方法。
- 高级思考需要细致入微的判断和解释。
- 高级思考涉及多个标准的应用，这些标准有时会互相冲突。
- 高级思考经常涉及不确定性。并不是所有与手头任务相关的内容都是已知的。
- 高级思考涉及思考过程的自我控制。当每一步都是另外一个人“说了算”的时候，我们不会在个体身上看到高级思考。
- 高级思考涉及强加含义，在明显的无序中梳理出结构清晰的东西。
- 高级思考很费力。按要求进行的详细阐述和判断需要相当大的脑力工作量（pp. 2-3）。

请注意雷斯尼克使用的词汇和短语，比如细致入微的判断、自我控制、强加含义和不确定性。很明显，人们激活自己的思维所需要的思考过程和思考技能是高度复杂的。雷斯尼克还指出了“对思考进行思考”时情境的重要性，即思考过程在各种情形中有一些相似性，但他们也会随着人所思考内容的不同而变化。比如，我们学习数学时的思考过程与我们学诗歌时的思考过程是不同的。思考抽象观念的过程不同于思考实际生活情景的过程。由于高级思考技能的复杂及其与情境相关的性质，适合于更为具体的观念和技能的教授方法并不能用来教授这些技能。然而，高级思考技能和思考过程明显是可以教授的，并且大多数以此为目标而开发的项目和课程所高度依赖的方法与本章所描述的方法是类似的。

> 不能用教授具体概念和技能的方法来教授高级思考技能。

批判性思考 批判性思考是另外一种重要的思考。这种思考需要分析和评估人的认知过程，包括对逻辑一致性的分析讨论，从而发现偏见或错误的推理。如何有效地进行批判性思考在今天看来特别重要，因为学生正在不断地接触电视、网络、社交网站上未经准确筛查的信息。事实是，电视和网站上有很多信息都是用来迷惑和欺骗人的。进行有效的批判性思考需要一定的技能，用来帮助确定信息的准确性以及找出不符合逻辑或错误的观点，同时还要求持有一种以探究为导向的态度以及对知识和事实本质的追寻心态。

科学思考和推理　大多数人都能够意识到与科学思考相关的过程：确定问题情境，生成并测试假设，收集数据和证据，进行推断并得出结论。科学思考的核心是在观察和证据的基础上推理并得出结论。这类思考可分为两种推理：归纳推理和演绎推理。演绎推理是在更一般的前提下得出结论，从一般到具体。比如，当向学生讲授供求原理时，可以使用该原理预测供应增加时，或者需求增加或减少时，价格会发生怎样的变化。相反，归纳推理是将这个过程反过来进行，结论是在对具体的观察和事实进行考虑之后得出的。这种推理是从具体到一般。演绎推理是与科学探究相关的推理，它包括之前描述的重要过程。你会发现探究式教学在多数时候依赖于演绎推理，而概念教学可以采用归纳推理也可以采用演绎推理，这取决于教师所选择的特定方法。你将看到，在本章后面几节介绍的概念教学与探究式教学中，科学推理是奠定了教学策略的重要思维类型。

元认知思考　最后要提及的是，当代理论家对思考的元认知方面很感兴趣。回忆一下第三章、第七章的讨论，元认知，或称“对思考进行思考”，是我们具有的关于我们自身认知过程的知识和理解，以及我们所具有的检查我们的思想和监控正在发生的事情的能力。教授学生如何思考的重要目标是：增强他们对自身的思考的意识，开发元认知能力从而监控和规范他们的学习。你会发现本章介绍的所有教授思考的方法都是为了实现某些元认知目标。

检测—拓展—探索

检测

- 为什么教授学生如何思考很重要？
- 思考的四种主要类型或者维度是什么？

拓展

- 想一想几节旨在教授学生如何思考的课程。你的教师使用了什么方法？对不同的方法你的感受如何？

探索

- 有成千上万的网站专门教授如何思考。在谷歌上检索思考技能或教授思考，看看各种关于这些话题的观点。思考与这里讲到的观点有何不同。

第 3 节　概念教学

“球”“椅子”“盒子”“桌子”“蜡笔”，凯姆正在给物体命名并且将物体分类放置。在她大脑中，概念正在形成。通过把一个具象的物体，如“球”，和一个抽象的特性，如“圆形”联系起来，凯姆能够确认彼此不同的物体、事件、观念的类别。通过反复拣选和给不同的球分类，她最终可以形成一个关于这些相似物体的抽象概念，使她可以用来思考这些物体，并就这些物体与他人交流。但是，教师该怎样帮助学生学习概念，发展对概念的理解能力呢？

概念教学模式首先用于教授关键概念，这些概念是学生进行高级思维乃至与他人沟通交流的基础（见图 9—1）。这种教学不适用于向学生教授大量信息，但是在特定学科中，通过学习和运用关键概念，学生能够把特殊的学习内容迁移到更普遍的领域。概念教学不仅仅是简单地对物体归类，对类别有所认识，也不只是学习给各类物体和观念冠以新的标签或名称。概念教学是建构知识的过程，是将信息整合到综合的、复杂的认知结构中的过程。请记住，“概念性知识”是第三章和第七章中提到的主要知识类型中的一类。

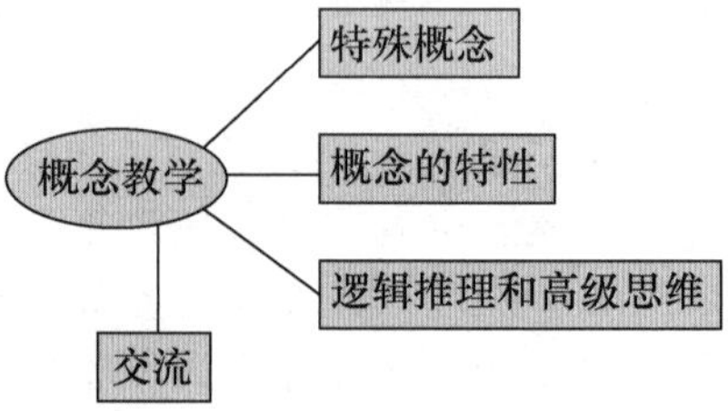

图 9—1　概念教学中学习者的成果

进行概念教学有多种途径，本章只选取了其中的两种基本方法，分别是直接陈述法和概念获得法。正如后面将详细描述的，这两种方法的过程稍有区别。不过，一节概念课基本上由四个主要步骤构成：（1）呈现目标，创设情境；（2）引入正例和反例；（3）检测概念掌握情况；（4）分析学生的思考过程。

适于进行概念教学的学习环境应该是组织合理、以教师为中心的。概念教学的导入和结束都应当精心准备。

概念的特性

当“概念”这个术语与教学和学习一起使用时，就有了准确的含义，它指的是对知识和经验进行归类的方法。换种说法，概念是我们对社会和物理世界中的事物在意识上的抽象和归类。

从本质上说，概念的学习就是学习“对事物归类”，然后能够辨别出同一类中的事物。这要求学习者能够举出一种特例，如自己的宠物狗麦克斯，并能将其归入某种具有特定属性的事物类别——对这个特例而言，其类别是“犬类”。在这个归类过程中需要做出判断：该特例是否是某一大类中的个例。

概念本身能够被归类　概念，像其他事物和理念一样，可以进行分类。了解概念的不同类型很重要，因为不同类型的概念要求不同的教学类型，这一点后面会讲到。一种方法是根据说明概念特征的属性来给概念归类。

> 概念是用来将知识和经验组织到类属中的方法。

一些概念有固定不变的属性。例如，“岛屿”的概念始终具有“陆地”“被水环绕”这两个属性；“三角形”则具有“由三条边和三个角构成”“封闭的平面图形”等属性。这些概念的属性是不变的，它们的关键特征必须同时呈现。这种类型的概念被称为合取概念。

> 概念本身能够被归类。

另一些概念更宽泛且更有弹性，其属性不必同时呈现。这些概念的属性不是固定不变的。例如，棒球中的“好球”这个概念有许多先决条件，符合任何一条即可称为“好球”。击球手击球未中是“好球”；或尽管击球手没击球，但裁判认定球是从好球区投给击球手的，这也是“好球”；击球手击球出界还是“好球”。这类概念被称为析取概念，即其属性不必同时呈现。“名词”概念是析取概念的另一个例子，可指一个人，可指一处地方，或者一件事情，但同时又不限于这三类。

第三种类型的概念是指那种其标准结构要依靠关系来确认的概念。“姨妈”的概念就是一例，它描述了同胞姐妹与他们后代之间的关系。“时间”和“空间”也属于关系型概念。要理解这两个概念中的任何一个，必须知道其他关系概念，还要知道它们之间的关系。例如，“星期”被定义为连续的数天时间，以第一天为起点（通常是星期天），并以第七天（通常是星期六）为结束，共持续七天。

概念是通过正例和反例来学习的 学习特定的概念须识别概念的正例和反例。举例说，牛是哺乳动物的一个例子，但却是爬行动物的反例。澳大利亚是一个南半球国家的例子，但却是发展中国家的反例。棉花和丝绸是纺织物的例子，而皮革和钢铁则是其反例。正如我们在后面所描述的，举出正例和反例的方法被教师认同和使用，在概念学习中很重要。

对所教授的内容，教师应当提供清晰的正例和反例，保证学习者对概念的完全理解。

概念会受到社会背景的影响 合取概念的关键特征，如“等边三角形”的属性，在任何社会背景中都是固定的。然而，析取概念或关系概念，如“贫困”或“识字率”，则随着社会背景的变化而变化。举例来说，美国的“贫困”和非洲发展中国家的“贫困”的含义就有很大不同。关键特征会发生变化的概念经常出现在行为科学和社会科学中，需要根据相应的社会背景或者文化环境才能给出具体定义。再来看看“姨妈”这个概念，在一些地方，姨妈或阿姨可以是社会上的任何一个成年女人，她负有照顾某个孩子的职责，但是实际上没有任何血缘关系。我们也来看看与气候相联系的地理概念“南”“北”。生活在北半球的孩子被教授了这样的观念：越往南走天气越热。显然，这种概念关系是澳大利亚或阿根廷的孩子们很难理解的。概念的称谓也是受背景影响的，汽车挡风玻璃在美国称为“windshield”，在英国被称作“windscreen”；汽车后备箱在美国叫作“trunk”，在英国被称为“boot”。在这两个例子中，概念本身是相同的，不同的是他们的名称。

社会背景和文化环境影响某些概念的定义和特征。

概念有定义和称谓两部分 所有的概念都有名称或称谓，并有或精确或不那么精确的定义。例如：四周被水环绕且彼此相连的一小块陆地被称作“岛屿”。有了称谓和定义，人们可以使用这个概念相互理解、相互交流。称谓和定义是教授概念、学习概念的先决条件。不过，称谓是人为创造的，本质上具有随意性。了解称谓并不意味着学生理解了概念，而这正是概念教学的难点所在。

概念具有关键和非关键属性　概念也具有可以用来描述和定义自身的特征（见表 9—1）。某些属性是关键属性，可以将某概念与其他概念区分开来。例如：等边三角形是指有相等的三条边的三角形。这里的关键特征就是：必须是三角形，且三条边相等，即三条边不相等的三角形不是等边三角形。此外，如果这个概念是一个更大概念的子概念，那么它必须包含这个更大概念的关键属性。等边三角形是“三角形”这个大概念集合中的一员，因此必须具备三角形的所有关键属性。

概念的关键属性使其与其他所有概念区别开来。

表 9—1　　鸟类的关键和非关键属性

关键属性	非关键属性
有羽毛	羽毛颜色
恒温动物	会飞
有爪	生有蹼足

概念还具有非关键属性。例如：有多大面积就并非等边三角形的关键属性。所有的概念都有关键属性和非关键属性，有时学生往往很难区分二者。例如：在大多数人的意识中，“鸟类”概念的代表性属性是“飞翔”。的确，知更鸟、北美红雀、鹰以及多数鸟类都会飞翔。然而，飞翔却并不是鸟类的关键属性，虽然鸵鸟和企鹅不会飞翔，但是它们仍然属于鸟类。当学习新概念时，只注意关键属性和该类型中有代表性的成员有时会导致概念混淆。尽管飞翔是鸟类的非关键属性，但它毕竟是多数鸟类的典型特征，在教学中必须考虑和关注。

只注意关键属性和类型中有代表性的成员有时会导致概念混淆。

关于关键和非关键特征在概念定义中的重要性一直存在着争论。阿什克罗夫特（Ashcroft，2006）等人认为，我们自身已有的经验“原型”最能代表特定的概念和类属，这些原型最适于定义概念。

人的发展和概念学习

概念教学的另一个重要依据是有关人的发展的研究。这个领域的研究（有些可回溯至半个世纪以前）已经揭示出年龄和智力发展对学生学习各类概念的生理、心理条件和能力的影响（Barsalou，2000；Benjafield，1992；Piaget，1954，1963；Starkey，1980；Tharp & Entz，2003）。这些研究表明，儿童很早就开始通过对物体和行为分类来学习概念，而且概念学习会伴随人的一生。学习概念的方式受到学习者年龄、语言发展和智力发展水平的影响。皮亚杰和布鲁纳关于认知的理论对教师了解学生如何学习概念非常重要。

学习概念的方式受到学习者年龄、语言发展和智力发展水平的影响。

瑞士心理学家皮亚杰构建了一种理论——关于人类如何发展，如何形成对世界的认识的理论。按照皮亚杰的观点，人类一直在努力建立对于以下方面的认识：周边环境、个人生理发育、个人与环境的交互作用，以及个人的社会经验（这些社会经验影响着人们对事物的看法）。对于教师来说，皮亚杰最主要的理论贡献是他的“认知发展阶段理论”。皮亚杰认为，随着儿童的成长和成熟，他们要经历四个认知发展阶段：感觉运动阶段、前运算阶段、具体运算阶段和形式运算阶段。这几个阶段及其思维类型在表9—2中进行了说明。你可以看到，一个人可能达到的学习类型与年龄有关。幼小的孩子更多运用具体的、动手操作的方式认识世界，而较大的儿童和成年人则能够研究和解决抽象的问题。

表9—2　　皮亚杰提出的认知发展阶段

阶段	年龄	思维能力的类型
感觉运动阶段	0～2岁	开始认识物体；会模仿
前运算阶段	2～7岁	语言应用得到发展；开始具备象征性思维能力；能领会他人的观点；缺乏逻辑运算能力
具体运算阶段	7～11岁	能用逻辑方式解决问题；能够分类
形式运算阶段	11～15岁	能用逻辑方式解决抽象问题；对社会问题有所关注

皮亚杰提出了同化和顺应的理论，说明了人们是如何适应环境的。当个体遇到新的概念或新的情况，首先会尝试将新的信息纳入原有的图式。注意，图式是指个体在记忆中存储和组织知识的形式。试图把新的信息组织到我们已有的图式中，这个过程就称为同化。举个例子来说，家里养着一只大猫的小孩，第一次看到一只小狗，她可能会叫小狗为“猫咪”，因为她尝试用自己关于动物的已有认知图式去理解新看到的动物，而她原有的图式可能只包括猫。如果个体无法将新的材料或情况纳入原有图式，那么他们就必须建立起新的概念或新的图式，这就是顺应。在上述的猫狗一例中，当这个孩子把“狗”和“小狗”的概念添加到自己关于动物的认知图式中时，就是顺应的过程。

个体总是运用先前具有的认知图式来适应环境。概念教学是一种提供新知识来扩大和改变原有认知图式的过程。后面将要讲到同化和顺应的过程是怎样影响教师进行正例和反例的选择，从而帮助学生理解特定概念。

皮亚杰的重要发现是：学习是一个建构过程，个体通过与他所在的环境交互作用来构建知识。

当个体将新的信息嵌入已有的图式中时，就发生了同化。

当个体改变现有的图式对新的概念或情况做出反应，就是顺应的表现。

美国心理学家布鲁纳也提供了一套关于儿童在不同的成长阶段如何学习概念的理论，布鲁纳（1966）确定了三种不同的学习模式：（1）通过动作学习的阶段，称作动作学习模式；（2）通过形成心理图像学习的阶段，称作映像学习模式；（3）通过抽象的符号或人为设计的特征来学习，称作符号学习模式。当儿童渐渐长大，年级越来越高，他们很少再依靠动作学习模式，而更多依靠映像学习模式和符号学习模式。一般来说，7岁以下的儿童主要依靠动作或动作学习模式来掌握概念。7～11岁的儿童仍然依靠动作模式，但是已开始用映像学习模式来学习概念。儿童晚期和少年早期仍然采用映像学习模式，但越来越多地依赖于抽象符号。研究表明，儿童学习概念可以在相当早的时期开始，早期的概念学习基础会使以后的学习变得更容易。

概念教学的备课阶段

在概念教学课的备课阶段，教师必须决定教什么概念以及采用什么方法教授。他们也必须对教授的概念进行界定和分析，并确定使用哪些正例和反例，以及在课上讲到什么程度。这些都是很重要的。为概念教学课做准备很困难，或许比任何其他教学模式的备课都还要难一些。

选择概念 课程内容是选择教学概念的主要依据。概念可能隐含在教科书中，教师用书可指导教师选择要教授的关键概念。例如，下面这段关于温度和热量的内容是从六年级科学教科书中摘录的。

> 科学家把“做功”定义为：力作用在一个物体上，并导致物体运动。这种做功得以完成是因为移动的物体具有“能量”，这种“运动”的能量被称为“动能”。

这段文字介绍了功、运动、动能等概念。然而，如果不把这些概念列为正式课程内容，由教师讲授，那么多数学生并不能完全理解这些概念。

地方的课程指导是选择教学概念的另一来源。有些课程指导把重要概念列入单元词汇表中，另一些课程指导把概念列入主要学习内容概述中。例如：美国历史教材一般包含一个介绍西部移民的单元。在这个单元中，学生将学习为什么在美国历史早期会出现西部移民。在学习过程中，他们会学习一些重要概念，如“移民”“经济增长”“信仰自由”“政治自由”等。他们也会考察与这个单元内容有关的一些概念，如“扩张”“自负”“多种族混合体”“边疆”“先锋”“多元主义”“地形”等。显然，在一个单元内无法教授所有概念，老师必须决定在课上要挑哪一些来教。

教师还需要决定哪些新词汇需要作为概念直接进行教授。他们必须经常判断：哪些新术语对于学生理解一个课程或者单元的内容是重要的。如果学生不理解一个单元中这些重要的概念，那么就应该抽出时间专门教授这些未知概念。如果材料当中出现了学生不熟悉的术语，或者学生不了解的过程，或者使用了学生不熟悉的“规则”，就必须专门教授这些内容。

在选择教授概念的过程中，了解前面提及的一个观点是很重要的：要帮助学生理解概念的内涵，而不是仅仅给他们提供新词汇的定义。另外需要记住的一个重点是第三章中提到的概念：“效力”“效率”和“基本概念”，以及如何用这些概念来构建课程的重点。

教师没有足够的教学时间教授统一领域中的每个概念。选择合适的概念进行教学是教师的一项主要备课任务。

确定方法　概念教学课程有几个组成部分。包括概念的名称和定义、概念的属性（有些是关键属性，有些则不是），以及概念的正例和反例。教师可采用若干方法来教授这些内容。正如前面提到的，本章主要集中讲述两种方法：直接陈述法和概念获得法。

直接陈述法采用从规则到实例的演绎方法。老师首先给概念命名、下定义，然后提供正例和反例，以强化学生对这一概念的理解。该方法的重点是给概念命名和下定义。

直接陈述法要求教师给一个概念下定义，然后提供合适的正例和反例。

概念获得法正好相反，使用的是从例子到规则的归纳方法（Bruner，1996）。教师首先给出一个特定概念的正例和反例，然后让学生通过归纳推理的方法自己发现或者掌握这个概念。给概念命名、下定义是在课程结束而非开始时进行的。

老师采用什么方法取决于教学目标、学生特点以及概念的本质。对于那些学生了解不多或根本不了解的概念，用直接陈述法通常是最好的。当学生对概念有一些了解，课程的目标是探究特定概念具备或不具备哪些关键属性，或者学习归纳推理方法时，用概念获得法是最好的。当学生在学习复杂的概念时，有时也可以同时使用两种方法。

概念获得法是给学生提供一些正例和反例，让他们通过归纳推理自己获得概念的方法。

定义概念　正如前面提到的，所谓本质属性，就是指那些在每一个概念的例子中都出现，并因此区别于其他概念的那些特征。例如：树的概念可能被定义为“具有一个主干的多年生木本植物”。这一定义包括本质属性：“植物”“多年生”“一根主干”“木本”。这些本质属性定义了一个概念，因此，学生必须理解它们。然而，定义概念时也会涉及非本质属性。例如：大小、形状和颜色是树的非本质属性。蓝色的礁湖、沙滩、棕榈树可令岛屿爽心悦目，但它们是非本质属性。在学习概念时，不管非本质属性如何深入人心，学生一定不能将其与概念的本质属性混淆。

概念的本质属性和定义在什么地方出现对教师而言也很重要。概念的定义有时出现在教材的词汇表中，有时出现在地方教育机构发布的课程指导中。教师要认真分析这些定义和关键属性。在给概念下定义时，某些词汇可能与定义不相关，认识到这一点是非常重要的。例如，多数字典提到了狗的驯化问题。这是一个有趣的问题，但它并不能定义一条狗，也不能区分狗和猫。从根本上说，定义一个概念有三个步骤：（1）确定概念的名称；（2）列出概念的本质和非本质属性；

(3) 给出一个简明的定义。以“岛屿”定义为例，这将包括确定“岛屿”这个名称，列出“陆地”和“被水环绕”这两个本质属性，然后给出如下定义：“岛屿是比大陆小的、周围被水环绕的陆地。”

对于学科中的复杂概念，要采用适于学生年龄的方法去下定义和教授。

分析概念　一旦教师选定一个概念来教，并根据其关键属性下了定义，就要举出这个概念的正例和反例来加以分析。正例和反例的选择可能是概念教学课最困难的备课任务之一。例子是概念的抽象性与学习者已有知识和经历之间的桥梁。例子对学习者来讲必须是有意义的，而且要尽可能具体。

选择恰当的正例和反例是概念教学课最具挑战性的备课任务之一。

图表、网络以及图片是教授抽象概念时很形象的例子，教师也可以借助这些材料分析概念，作出教学决策。表 9—3 是对一组概念的分析。通过为关键属性编号，教师可以提醒自己每个关键属性都要举一个相应的例子。

表 9—3　　**分析一组概念**

概念	定义	正例	反例	本质属性
岛屿	没有大陆那么大，且周围被水环绕的陆地	夏威夷 古巴 格陵兰	佛罗里达半岛 伊利湖 澳大利亚	1. 陆地（非大陆） 2. 水 3. 被水环绕的陆地
湖	被陆地环绕的、较大的内陆水域	休伦湖 大盐湖 大湖	俄亥俄河 夏威夷 池塘	1. 内陆中的较大水域 2. 陆地 3. 陆地环绕的水域
半岛	几乎被水包围，但有一部分与大陆连接的陆地	佛罗里达半岛 意大利 德玛瓦	古巴 哈得逊湾 大湖	1. 与较大的陆地连接 2. 水 3. 几乎被水包围的陆地
海湾	部分被陆地围绕，有较宽的部分与大海相连的水域	切萨皮克湾 哈得逊湾 绿湾	佛罗里达半岛 湖 深渊	1. 有很大部分与大海相连的水域 2. 陆地 3. 由陆地部分环绕的水域

让我们来看表 9—3 中“夏威夷”的例子。它是一片不像大陆那么大面积的陆地，周围有大片水域，而且被水域完全环绕。作为岛屿的三个本质属性都具备，因此它就是“岛屿”这个概念的典型例子。教师们可能也看到佛罗里达半岛不是岛屿的例子——那里有陆地和水域，但是陆地没有完全被水围绕，不能满足所有的标准，因此，佛罗里达半岛不是“岛屿”的例子。

可见，对于概念的教授和分析，把所有属性分开观察是至关重要的。教师需要决定哪些属性是本质属性，应该与正例和反例（如夏威夷和佛罗里达）同时呈现，哪些是概念的非本质属性，最好在介绍完概念的本质属性后再通过有分歧的例子呈现。

选择正例和反例并排序　教师选择那些用以说明概念的正例和反例是非常重要的。大致来说，开始举的例子应该是这一类别中最为常见的。学生们需要先把典型例子弄明白，再考虑非典型例子。学生通常会发现，如果把某个概念同其类别中关系最近的例子联系起来进行识别，比去找与它关系较远的例子会更容易一些。如果把知更鸟当作“鸟”这个概念最典型（学生最熟悉）的例子，对于学习者来讲，同知更鸟相似的鸟（如北美红雀、麻雀或者蓝色知更鸟）都很容易用来加深理解“鸟”的概念，但要用关系较远的例子（如鸭子、鸡或者企鹅）来理解“鸟”的概念相对就困难一些。

在选择一组典型例子时，教师经常会使概念的非本质属性尽可能不同，从而帮助学生集中关注其本质属性。例如，如果教师正在教授“岛屿”这个概念，他们就可能选择“夏威夷”这个热带岛屿，以及“格陵兰”这个气候寒冷的岛屿。气候方面的显著差别将帮助学生集中注意这两个例子的共同属性。同样，当设计有关“昆虫”这个概念的一组典型例子时，教师们可能会选择“蟑螂”和“蚂蚁”，尽管它们生活在不同环境里，仍然具有共同的本质属性。

彼此完全不同的例子将使学生把注意力集中到概念的共同特征上来。

在选择成对的正例和反例时，教师们一般应尽量选非本质属性相似的，这样就可以让学生集中注意正例和反例的差异。例如，在教授“岛屿”这个概念时，可选择佛罗里达半岛和古巴岛作为一组正例和反例，因为这两个地方气候相似。正例和反例应该按照合理的顺序给出，一般是从易到难的顺序。教师也可以在给出三四个例子之前先给出一些提示以促进学生思考。

运用直观教具　使用直观教具影响概念的学习，也验证了“一图抵千言”这样一句古谚。例如，安德森和史密斯（Anderson and Smith，1987）研究了学生怎样理解科学概念，如“光”和“颜色”。他们让五个班的 113 名儿童学习下面这段话：

> **反射光**
>
> 你曾经把橡胶球扔向别的物体吗？如果扔过，你就会知道，当球碰到大多数物体时，它就会反弹回来。像橡胶球一样，当光碰到大多数物体时也会反弹。
>
> 当光线遇到不透明的物体时，并不是所有的光线都会停下来，一部分光线会反射回来。当光线遇到透明或半透明的物体时，并非所有的光线都能通过，一部分光线也会反射回来。当光线从物体上反射回去并照射进你的眼睛时，你就能看见它了。

他们发现，只有 20%的学生能够理解，视觉产生的过程就是眼睛捕捉某些物体反射的光线的过程。然而，在第二个实验里，他们使用了直观教具（见图 9—2）。通过阅读文字材料了解反射光的概念的学生只有 20%，而通过直观教具掌握反射光概念的学生却多达 78%。

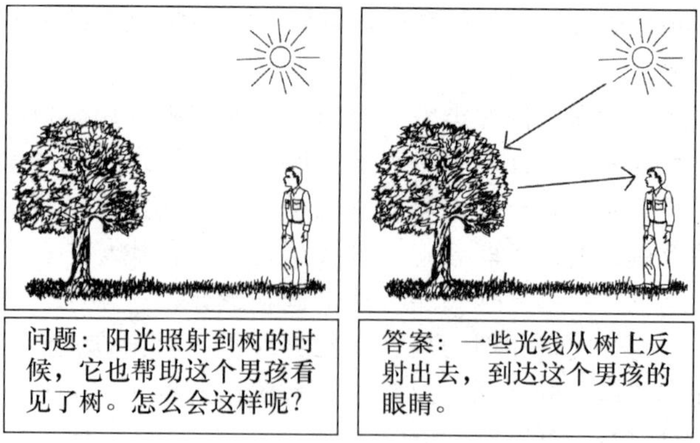

图 9—2　视觉产生过程中光线作用的直观展示

资料来源：Richardson Koehler，1987，p. 327。

> 直观教具和图片可以极大地提高学生对复杂概念的理解程度，这一点已得到证实。

使用图表　图表和概念网络图是另外两种有用的直观材料，能够突出概念的关键属性，使这些概念在学生眼里更具体，也能够更有效地从学生的长时记忆中提取信息，使得新的概念更容易理解。

> 图表是一种直观的材料，是帮助学生连接新旧信息的好方法。

为一个特定概念构建网络图一般需要四个步骤：

第一步：构建内核，它是网络的焦点。它可能就是这个概念的名称。

第二步：从这个内核中引出分支。这些分支是这个概念的关键属性。

第三步：画出连线，把关键属性和这一概念连接起来。

第四步：注明几条连线的意义，表明不同属性之间的关系。

图 9—3 是等边三角形的概念网络图。概念网络图有时也叫思考地图。除了用来突出某个特定概念的关键属性外，教师还可用概念网络图来表示因果关系以及整体和局部的关系。很多学生都喜欢在阅读和查看作业的时候使用图表来记笔记。

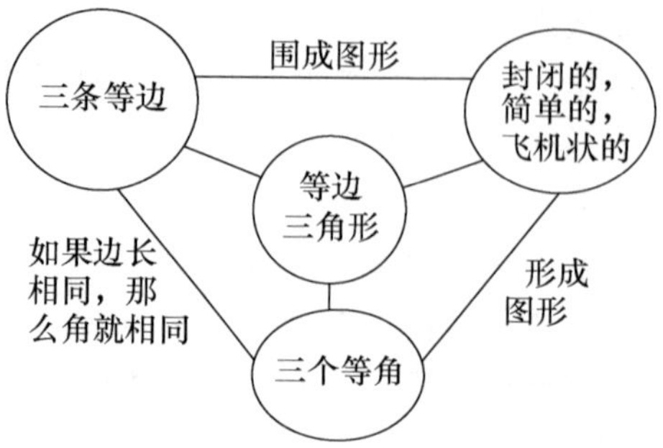

图 9—3　等边三角形概念网络

运用类比 教师通常发现，在教授特定概念时使用类比会很有效，特别是使用直接陈述法的时候。类比，例如“就像是”或“类似于”，就是指出两件事或两个想法的相似性或相同特征，并允许进行比较。比如，你可以比较大脑和计算机处理信息的方式，或就人眼与照相机的运行进行比较。最重要的是，类比帮助学生在已掌握的知识与新概念或学习材料之间建起一座概念桥梁（Glynn，2007；James & Scharmann，2007）。

计划好时间分配和空间利用 就像以前的教学模式一样，在概念教学课中如何分配时间来满足教学需要、如何使用教室的空间是非常重要的。教学所需时间的长短取决于学生的认知水平和能力，以及教授概念的复杂程度。刚刚入门的教师最常犯的错误就是低估深入、透彻教授概念（即使是最简单概念）所要花费的时间。记住之前的提醒：记忆概念的定义与理解概念并不是一回事。

> 教师们犯的共同错误，就是往往会低估完整讲授概念（即使是最简单的概念）所要花费的时间。

概念教学模式中的空间使用跟讲授模式与直接教学模式的空间使用相似。由于概念教学是通过教师指导而实现的，多数教师选择第七章介绍的比较传统的行列式，或者使用第八章介绍的水平式。这两种桌椅排列方式使学生把注意力集中在教师身上，以及教室前方展示的信息。遗憾的是，这两种桌椅排列方式不能完全满足概念教学课上较多互动环节的需要。

多元化与差异性

调整教学计划，满足多元化的需要

与教授其他任何内容相比，教师在教授概念时更需要清楚地了解学生之间存在的巨大差异，因材施教。学生的差异之一是：他们的智力发展有显著差别，并且大部分科目的知识基础各异。其结果是，一些概念对于一些学生是有意义、适当的，而对于其他学生来说就十分困难，超出了他们的个人经验。教师调整指导方法以适应所有学习者的途径之一，就是考虑课上使用正例和反例的难度。图 9—4 表明在教授“副词”这个概念时的由易到难的正例和反例。副词的概念就是用来修饰动词、形容词或者另一个副词，其功能是回答与时间、方式、地点或者程度有关的问题。“副词”概念的本质属性包括“修饰另一个词”和“功能”。

学生的其他差异指文化背景和过去的生活经历不同。例如，对纬度与温度关系的概念理解取决于学生生活在哪个半球。生活在北半球的学生很早就把“北方”与较冷的天气联系起来。对于在南半球长大的学生来讲，正好相反，他们的生活经验是，离赤道越远，越往南，气候越寒冷。另一个因地理位置不同而有差异的概念是“雪”。据报道，爱斯基摩人有好多关于“雪”的词汇，而在英语里只有一个单词“snow”。正如第二章详细介绍的那样，文化差异也可能会影响人们对特定概念的理解和感知。例如：美国原住民的传统时间概念与欧裔美国人很不相同。他们在界定社会关系、口头交流和社会距离方面存在明显的文化

简单的正例	简单的反例
1. You are so happy.	13. Sewing makes you happy.
2. She has been absent lately.	14. She has been late.
3. Slowly, she walked home.	15. She is slow.
4. The train chugged loudly.	16. The loud train chugged.
中等难度的正例	中等难度的反例
5. Are you fighting mad?	17. Do you fight?
6. Clouds gathered threateningly.	18. The threatening clouds gathered.
7. It was not difficult to explain.	19. It is difficult to explain that *not* is a negative word.
8. The most dangerous weapon is a gun.	20. Most guns are dangerous weapons.
难度大的正例	难度大的反例
9. The small floral print looked pretty.	21. The small print looked pretty.
10. Cats are my number one favorite pet.	22. One special cat is my favorite pet.
11. He wants the dark purple bicycle.	23. He wants the dark trim to match.
12. The book had three color pictures.	24. The book had three pictures.

图 9—4　副词概念由易到难的正例和反例

差异。缺乏与特定概念有关的生活经历或环境，是引起概念理解差异的重要原因之一，例如，对于一个从未见过计算机的人来讲，要说明或解释什么是互联网可能非常困难。

为了保证教学效果，教师必须了解学生的巨大差异，任何时候都不能假定两个学生对一个概念的理解是一样的。同运用其他教学模式一样，教师运用概念教学模式时，在备课、设计教案期间应考虑学生的多元化需要，并设法满足这些需要，这是非常重要的。

上课

表 9—4 中简要介绍了概念教学课的四个阶段，后面将详细介绍各阶段的教师行为和学生行为。

阐明目标，创设情境　概念教学课跟其他类型的课一样，教师需要在刚上课时向学生清楚地介绍教学目标是什么以及这堂课怎么上。教师可能也会简要介绍课堂步骤，并告诉学生学习这些概念的重要性。概念教学课的情境需要完全按照第七章、第八章介绍的方法来创设。教师可进行简单的复习，就前一天学习的内容提问，或者讲一个能将本课内容与学生的基础知识联系起来且有趣的故事，通过这些方式让学生做好上课准备。

创设情境、做好准备是概念教学课的重要组成部分。

表 9—4　概念教学课的结构

阶段	教师的行为
第一阶段：阐明目标，创设情境	教师解释学习目标和课程步骤，并让学生做好学习准备

续前表

阶段	教师的行为
第二阶段：引入正例和反例，检查学生的概念获得	用直接陈述法时，教师给概念命名，确定其关键属性，并用正例和反例加以说明 用概念获得法时，教师给出正例和反例，学生用归纳法推导出概念和概念的属性
第三阶段：理解水平的测试	教师提供另外的正例和反例来检测学生对概念的理解水平；要求学生自己举出概念的正例和反例
第四阶段：分析思维过程，整合新知识	教师让学生反思自己的思维过程。要求学生检测他们的决定及其后果；通过把一个概念与单元中的其他概念联系起来，教师帮助学生整合新的学习内容

引入正例和反例，检查学生的概念获得 是先命名和给概念下定义，还是先提供正例和反例，其先后顺序取决于教师所采用的不同方法。正是这种课内活动的安排和流程赋予了这两种概念教学方法独有的特性，使得每一种方法都能够帮助教师、学生完成事先设计好的学习任务。

> 概念教学的流程和次序取决于教学主题和教师选择的教学方法。

直接陈述法 用直接陈述法教授概念，有以下几个步骤：

（1）给概念命名并介绍定义。

（2）指出关键属性并给出正例和反例。

（3）通过让学生提供正例和反例来测试学生对概念的理解水平。

对于表 9—3 中所分析的“岛屿”，采用直接陈述法的教师可能按照以下步骤进行教学：

（1）告诉学生他们将要学习“岛屿”这个概念，并在黑板上写出这个名字以便学生能够看到。

（2）列出关键属性：a. 陆地（不是大陆）；b. 水；c. 被水围绕着的陆地。

（3）给出一个岛屿的简图，图中只包含关键属性。然后给出最典型的岛屿图片，如夏威夷、格陵兰岛。在出示每一张图片时，再次指出关键属性。

（4）给出概念的正例与反例，让学生判断某个事物是正例还是反例并给出理由。要求学生自己举出正例和反例。

利用技术促进教学

通过网站和模拟来阐释概念

资深教师在教授比较难的概念时，都懂得“一图抵千言”的道理。但通常很难找到一张合适的图片来表示一个抽象的概念。如今，互联网和媒体技术在帮助教师找到合适的图片以及合适的动画和音频文件方面起到了重要的作用。这些技术能够将外面的世界带入教室，通过视频、音频来阐释抽象概念。

我们来看一个历史上的例子。让学生去想象历史上的事件，比如“丝绸之路”，理解与那个时代相关的概念通常是比较困难的。但现在有很多与“丝绸之路”相关的网站，成功地将历史和地理知识带入了教室。使用静态图片、视频文件、其他类型的动画和音频文件以及有意义的文字，关于“丝绸之路”的网站都能展现出13—14世纪亚洲的生活，也都描述了促进亚洲和中东、欧洲之间丰富的贸易路线的经济与社会因素。其中有几个网站在讲述早期贸易对当代世界发展的影响时，牢牢抓住了学生的兴趣。

每个科目都有类似的网站和CD可用。《国家艺术长廊》和《科学之窗》使用多组静态图片和视频文件来讲解视觉艺术和科学中的难以解释的概念和观点。

通过模拟也可以帮助学生攻克复杂的概念和观点。模拟就是为了再现真实生活场景中的关键元素，而这些场景在实际生活中通常是很危险或很难进入的。通过模拟设计，学生就可以在虚拟环境中进行探索和操作。多数情况下他们选择的行动以及其所产生的结果与现实世界常常是相似的。模拟还有许多其他的用途：

- 可以在教授概念或观点之前使用，增强学生的兴趣。
- 学习完一个专题之后，可以让学生将已掌握的知识运用到模拟的环境中。

模拟方法与其他方法一起使用时最为有效，比如事实性知识和概念性知识的讲授、调查研究或项目课程。同时，教师需要帮助学生认识到：不论模拟有多逼真，依然只是模拟，而不是真实生活，它是不可能完全准确的。

最后，有些网站可以带领学生在虚拟世界中进行“考察”，阐述那些可能很难用其他方式阐明的概念。例如：

- 生活在明尼苏达州的学生可以体验沙漠。
- 生活在内华达州的学生可以体验冻土地带的生活。
- 阿拉斯加州的学生可以体验夏威夷的沙滩。

对所有网站都要谨慎选择，因为其中有很多知识的准确性并未得到验证。更多关于网站评估的信息将在第十一章中介绍。

概念获得法　概念获得法适合于学生已经对一个概念或一组概念有了一定了解，而教师要求他们确定特定例子是否是某类概念的典型。如采用概念获得法，教师应当按照以下步骤教学：

（1）给学生举出例子，其中一些是某概念的例子，另一些不是。对最恰当的正例标明“是”，同时也对反例标明“不是”。

（2）让学生猜测概念的属性，把他们自己思考的原因记录下来。教师可以问一些额外的问题，帮助学生集中思考，让他们比较正例和反例的属性。

（3）当学生似乎知道了这个概念时，他们会给这个概念命名，并说出他们采用什么方法来识别这个概念。学生可能一开始就猜出了这个概念，但教师需要继续举出正例和反例，直到学生掌握这个概念的关键属性和名称。

（4）教师检查学生是否已经掌握了这个概念，采用的方法通常是再举出一些例子，让学生辨别是正例还是反例，说明原因，同时举出正例或反例。

概念获得是一个归纳的过程，帮助学习者根据先前学过的概念来组织材料。与使用直接陈述法不同，教师只能在学生发现概念的关键属性以后给出概念的名称和定义。

为了了解概念获得法，请看下列上课步骤，这里仍是教授“岛屿”这个概念：

使用概念获得法时，教师应在学生认真考虑并理解了概念的关键属性之后才能给出概念的名称。

第一步，教师给出一张岛屿的图片，告诉学生它是这个概念的一个例子。然后给出一张不是岛屿的地形图片，并且说明这是“岛屿”概念的反例。

第二步，教师继续展示岛屿和其他地形的图片，并告诉学生哪一个是正例，哪一个是反例。要求学生猜测这个概念是什么。所有的假定和意见都写在黑板上。教师继续提供正例和反例，要求学生对他们最初的假定进行思考。

第三步，要求学生陈述概念的定义，如果可能，还可以给它命名。同时要求他们把这个概念的关键属性罗列出来。

第四步，教师出示一些岛屿与其他地形的图片，要求学生辨别每一个图片“是”或“不是”岛屿。同时要求学生举出岛屿的例子和其他地形的例子，学生还要说明原因。

运用概念获得法上课，教师的主要作用是记录学生的假设和他们识别出的关键属性，给学生一些提示，以及在必要的时候补充一些额外的资料。

分析思维过程，整合新知识 这两种概念教学的最后阶段都强调由教师来主导，这样教师可以帮助学生分析他们的思维过程，并把新知识整合进他们的知识结构中。为了达到这个目标，教师要求学生回顾并阐述他们在学习概念时的思考过程：他们用什么标准来给事物分类？他们在什么时候、怎样第一次辨别出这个概念？在直接陈述课中，哪些内容让他们困惑？这个概念与他们知道的其他概念有何关系？他们关注这个概念的整体还是部分属性？非本质属性对概念的掌握有何影响？如果让他们给年龄更小的学生讲授这个概念，他们准备怎么做？

提出这类问题的目的是让学生反思自己的思维过程（也就是“元认知”，在第三章曾经具体讨论过），并且发现、判断他们用什么模式来学习新概念，然后把它整合到已有的认知结构中。显然，概念学习课的最后阶段有赖于学生的讨论和参与。第四章和第十二章介绍的提问、鼓励和促进学生讨论和参与的指导原则，也可以用在概念教学课的最后阶段。

检测—拓展—探索

检测

- 概念教学课的主要备课任务是什么？
- 用归纳法讲授概念和用演绎法讲授概念有何不同？
- 概念教学模式有哪四个阶段？每一个阶段教师应采取什么措施？
- 教师可以采取哪些步骤来针对不同能力、不同背景的学生进行概念教学？
- 正例和反例的运用在直接陈述课和概念获得课上有什么不同？
- 为什么说帮助学生分析他们的思维过程很重要？

拓展

- 有些教师认为，概念教学耗费大量时间，不如直接呈现概念的效率高，你是否同意这种观点？登录“在线学习中心”，在“拓展问题投票栏”表达你的观点。

探索

- 登录“在线学习中心”（www.mhhe.com/arends9e），点击“怎样计划和指导概念学习”的相关内容。

第 4 节　探究式教学

探究式教学是另外一种以教授学生如何思考为目的而开发的教学模式。探究式教学大部分是基于与前面所介绍的概念教学相同的理论基础，此处不再赘述。该模式受到约翰·杜威（1916）以及杰尔姆·布鲁纳（1960，1961）早期工作的影响。20 世纪中期，科学、历史以及社会科学的课程修正主义者芬顿（Fenton，1966）、施瓦布（Schwab，1966）和萨奇曼（Suchman，1962）也帮助界定了应当如何在当代课堂上使用该模式。最近，马格努松和帕林克萨（Magnusson and Palincsar，1995）、迈耶（2004）以及 BSCS（生物科学课程研究）科学教学模式（2009）的相关人士拓展改进了早期探究式教学的方法。后续几节将介绍探究式教学备课和授课的程序和指南。

备课

探究式教学的备课主要包括两项准备工作：确定教学目标，选定一个恰当的问题进行探究。同概念教学一样，探究式教学同时具有内容目标和过程目标。教师不仅想要学生获得与探究任务相关的新知识，同时还想要学生学习探究的过程，特别是那些与科学探究相关的过程，并培养学生积极探究的倾向，掌握用于调查社会和物理世界的基本程序。

探究式课程具体的学习目标见图 9—5。教师应当清楚他们的内容目标和过程目标，并能够将这些目标直接教授给学生，做到这些很重要。

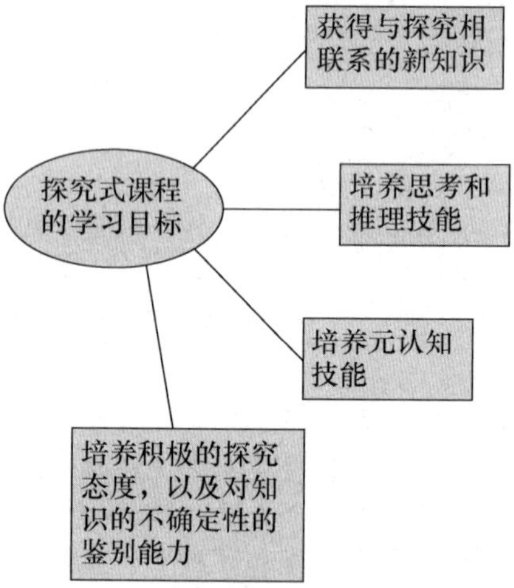

图 9—5　探究式课程的学习目标

另外一项准备工作是确定一个问题情境或问题来激发探究乐趣。有人（Suchman，1962）认为这个问题应当作为奇异性事件提出。奇异性事件是指那些令人困惑但又令学生感到惊奇，能激发好奇心，促使他们积极探究的事件。通常这些事件与人们平常预期的恰恰相反。思考下面两个例子：

> 教师拿着一个封闭的球形玻璃连通器，上面有两个球，由一根玻璃导管连着。其中盛有部分红色液体。当教师把手放在左边球的上方时，液体开始

冒泡，向另一边移动。当教师把手放在右边球的上方时，红色液体移动到左边。教师问学生：“红色液体为什么会移动？”

讲台上有三个玻璃杯，一个装有自来水，另一个装有盐水，第三个装有糖水。教师在每个玻璃杯里都放入一个煮得很熟的鸡蛋。鸡蛋在自来水中沉了下去，在盐水和糖水里却浮了起来。教师问：“为什么鸡蛋在盐水和糖水里浮了起来，在白水里却没有？”

下一节你会看到，给出探究主题之后，教师会鼓励学生对他们所观察到的现象提问，提出假设，给出测试他们假设的方法。（如果你在 YouTube 上搜索“奇异性事件”，会发现有几十个短视频都是关于教师如何在探究式教学中使用奇异性事件，有一些非常有趣。）

马格努松和帕林克萨（1995）定义和识别探究问题的方法略有不同。他们认为事件不一定必须是超乎寻常的，但一定要让人感到迷惑不解，且满足以下三个标准：

（1）有意义的探究总是有丰富的概念内涵，能给学生提供机会让他们理解事物永恒的价值；

（2）能灵活关注发展的问题；

（3）与儿童的生活息息相关，既容易创设又充满趣味。（p. 45）

基于以上标准，陈述问题情境的例子包括：

（1）为什么钟摆会以这种方式摆动？

（2）鲸鱼如何交流信息？

（3）为什么人们曾经认为世界是平的？

授课

教师在探究课堂上的基本作用是保证探究活动的顺利进行，维持学生的注意力，督促他们不断反思。虽然探究课有多种授课方式，但大多数方式的整体流程都由六个阶段组成，这六个阶段总结在表 9—5 中。

吸引注意力，说明探究过程　不管什么课程，重要的是吸引学生的注意力，激励他们参与到事先计划好的学习活动中。教授探究式课程时，激励通常很容易做到，通过刺激性的问题情境或奇异性事件就可以实现。当教师第一次使用探究式教学模式时，他们需要向学生讲清楚课程的目标及整个流程。特别重要的是通过解释，能让学生理解这类课程最重要的目标是学习与探究本身相关的技能和过程。

给出探究问题或奇异性事件　重要的一点是，要以能够激起学生好奇心的方式明确给出问题情境或差异性事件。教师向学生传达问题情境最常用的方法是演示和讲解，也可以使用视频文件或其他媒介。给出的问题情境可供全班共同探究，也可以在小组中探究。

表 9—5　　**探究式课程的流程**

阶段	教师行为
1. 吸引注意力，说明探究过程	让学生做好上课准备，讲述授课的过程
2. 给出探究问题或奇异性事件	向学生给出问题情境或展示奇异性事件

续前表

阶段	教师行为
3. 帮助学生做出假设，解释问题情境	鼓励学生就问题情境提出问题，陈述假设，该假设将对所发生的事做出解释
4. 鼓励学生收集数据，测试假设	教师问学生将如何收集数据来测试他们的假设。有时也可进行课堂实验
5. 进行解释	教师让学生得出结论并做出概括来结束此次探究
6. 反思问题情境和思维过程	教师让学生思考他们的思考过程，回顾探究过程

下面是一位教师在她的科学课上向学习小组给出探究问题的例子：

> 今天我们将要探究钟摆的实质，以及影响其摆动的因素。每个学习小组要做的是：（1）构造一个摆锤钟摆；（2）把钟摆挂起来，让它在课桌下面自由摆动；（3）让钟摆开始摆动，在15秒内对摆动次数计数，并绘制表格。

帮助学生做出假设，解释问题情境 在这个阶段，鼓励学生提问，形成假设，帮助解释所发生的现象。在钟摆这个例子中，学生可能会说“摆线的长度影响摆动”或“钟摆的重量影响了它的摆动”。在这个时候要接受学生所有的看法，这一点很重要。

鼓励学生收集数据，测试假设 通过让学生做实验来收集数据，有的时候是可以成功的。例如，在探究钟摆的过程中，教师让各个学习小组的学生进行若干次实验，比如改变摆线的长度，或者摆锤的重量乃至摆动的起始位置。在其他情况下，学生可能必须做假想实验，或者教师可能会选择为学生提供数据，并向学生提问：这些新数据将会如何影响到他们的假设。

进行解释 这个阶段是探究过程中教师开始做结束工作的时候，要求学生在实验和可获得的数据的基础上做出解释或得出结论。所有的解释都应该被接受，但是老师的质询可以让学生思考与自己观点不同的解释。比如：

- 你对你的结论有多大自信？
- 如果我认为……会影响到你的思考吗？
- 你会把你的结论和西德尼的结论做怎样的比较？不同点在哪里？为什么？

研究摘要

概念教学和探究式教学不适用于哪种情况？

Meyer，R.（2004）. Should there be a three-strike rule against discovery learning? A case for guided methods of instruction. *American Psychologist*，59，14－59.

Kirschner，P.，Sweller，J.，& Clark，R.（2006）. Why minimal guidance during instruction does not work：An analysis of failure of constructivist，discovery，problem-based，experiential，and inquiry-based learning. *Educational Psychologist*，41（2），75－86.

尽管概念教学和探究式教学有很强的理论和实践基础，但是学生在多大程度上可以自由发现并建构自己的知识，以及应该接受多少指导仍存在争议，亟待解决。这篇研究总结讨论了理查德·迈耶和保罗·基尔施纳（Meyer，2004；Paul Kirschner，2006）等人的工作，他们都对单纯的发现方法提出了质疑，并给出了加入更多指导的案例。

基尔施纳等人查阅了赞成和反对教师指导的各种观点，反对者（Bruner，1961；Papert，1980；Steffe & Gale，1995）坚持认为，人在“无指导或最少指导的环境里”学习是最佳的，在那里他们才有机会“发现或构造”自己的知识（p. 82）。赞成者（Cronback & Snow，1977；Klahr & Nigam，2004；Meyer，2004）认为，教师不应该让学习者特别是初学者自己去学习概念，而应该主动指导。基尔施纳等人总结认为，有充分的证据支持指导性教学的优势，而无指导的教学“远不如强调对学生学习过程进行指导的教学更有效”（p. 82）。

2004年，理查德·迈耶对20世纪50—90年代有关发现学习、问题解决以及与计算机教学相关的研究进行了总结。尽管迈耶说他认可建构主义思想和积极的教学行为，承认它们大大促进了“教与学的新理念”，但他还是认为拥护者太过于强调发现和“实践性学习”，太过于注重“学生在极少甚至没有指导下”的学习情境了（p. 14）。迈耶关注的是对两种方法进行比较的研究，这两种方法，一种是使用了他称之为“单纯发现”的方法，另一种是使用了“指导发现”的方法。经过对文献的查阅研究，他得出了两个结论：

- 在探究式或发现学习中，一些学生并没有掌握“规则”“概念”“原则”等探究活动的要素，因此似乎有必要对他们进行适度的指导。
- 学生在其表现积极的时候会学得更好，但他们的活动需要指导。

迈耶指出，以往的研究并不否认主动学习的重要性与探究的自由。但是他说，学生太自由了就“可能无法实质性地学到该学的东西”（p. 17）。

对教师来说，一个关键的问题是知道何时提供指导以及提供多少指导。迈耶的回答是：

学生在感知问题的过程中需要有足够的自由去形成认知，他们也需要足够的指导来保证他们的认知能够实现对知识的有效建构（p. 16）。

正如教学中遭遇的其他问题一样，给予多少指导可能是难以明确回答的。这个问题取决于学生的基础知识和能力，以及特定教学活动的内容和情境。

反思问题情境和思维过程　这也许是探究课程最重要的阶段了。在这个阶段，主要鼓励学生回顾他们做了什么，分析他们随课程进展而进行的整个思考过程。教师可通过使用以下几个问题来达成这一目的：

- 你什么时候想到了对你来说有意义的假设？
- 这个假设最后证明是准确的吗？
- 探究过程中你的思考有过变化吗？如果有，是什么导致了这一变化？
- 如果再给你提供一个类似的问题情境，你会如何解决这一情境？

检测—拓展—探索

检测

- 与探究式教学相关的主要备课任务是什么？
- 探究式教学的主要阶段有哪些？每一阶段分别与哪种教师行为相联系？
- 奇异性事件在探究式课程中的作用是什么？

拓展

- 有些理论家（例如基尔施纳和迈耶）认为，有些教师过于强调发现和探究过程，其实学生在提供大量指导的情况下学到的东西更多。你是否同意这种观点？登录“在线学习中心”，在“拓展问题投票栏”表达你的观点。

探索

- 登录“在线学习中心”（www. mhhe. com/arends9e），点击“怎样计划和教授探究式课程”的相关内容。

第5节　让思考可视化

概念教学和探究式教学都是阐释性的教学模式，它们通过将“关于思考的教学”注入常规的学科课程（主要是科学、数学、社会科学和人文科学）中来教学生。这种在教学中渗透思维教学的方式有助于学生在学习知识的同时掌握与该内容相关的思考和推理过程。资深教师发现“注入策略”通常都很有效，但在另外一些时候似乎就不那么有效了。学生（和他们的老师）经常发现，很容易去完成掌握课程内容的目标，但“学习思考”的目标却被牺牲掉了。即使要求学生自己通过探究把事情搞明白，但实际上他们可能并没有学习到重要的思考技能。因此，一些理论家和资深教师（Beyer，2001；Ritchhart，2002）认为，思考技能和探究的过程应当与学科内容分开教授。他们坚持认为，这种分离可以使学生直接关注思考技能和思考过程，而不必担心对教学内容的掌握。当然，这并非意味着那些包含着可教授的思考策略和技能的教学内容并不重要。

业已开发出的众多以此种方式教授思考技能和思考过程的项目和方法，由于篇幅有限，无法一一介绍。其中最好的是哈佛大学的“可视化思维项目”（Visible Thinking Project）。作为一个教授学生如何思考的示例，下面将对这个项目做简单的介绍。

哈佛大学的研究人员在对课堂进行研究的时候发现，某些教师培养和鼓励“严谨的高水平思考”。其中特别重要的是罗恩·里奇特（Ron Ritchhart）的工作，他研究了那些真正关注“如何让学生学会思考”的教师。在进行了多次课堂的观摩和访谈之后，罗恩发现，这些教师的所作所为通常在其他教师的课堂上很少见到。他们营造的课堂是以“思考的文化”为特征的，他们让自己和学生的思考过程外化，并使用特定的“思考程序”来帮助学生更好地思考。

营造具有“思考文化”的课堂

“可视化思维项目”的研发人员认为，我们之所以无法达到多数人所认可的教授思考的目标，原因之一是大多数课堂的学习环境不具备帮助学生学会如何思考的关键要素。罗恩（2002，2005）得出的结论是：如果想让课堂具有一种思考文化的特征，需要具备八个要素：

● 期待和态度：对学生的思考持有高度期待和乐观态度。

● 时间：分配思考的时间。既要提供时间来对话题进行深层次探究，又要提供时间对问题做出深思熟虑的反应。

● 机会：提供一系列有目的的活动，要求学生进行思考，进行理解力的开发，将此作为他们课堂作业的一部分。

● 程序和结构：此时要支撑学生的思考和学习，提供独立工作时可以使用的思考工具和模式。

● 语言和对话：使用思考语言，向学生提供描述和反思思考的词汇。

建模：说明思考是什么样子的，表明教师是一个善于思考、爱问问题的学习者。

● 交互与关系：对学生的想法和思考表示尊重和感兴趣。

● 物理环境：使思考和思考的产物在课堂上可视化。（Ritchhart，2002，pp.146－147；Ritchhart，2005）

让思考更加外化

根据“可视化思维项目”研发人员的总结，教授学生如何进行思考之所以困难，另一个原因是与思考相关的认知行为是不可见的。为了应对这种情况，罗恩和珀金斯（Ron and Perkins，2008）认为，思考是在我们心理的“遮蔽”下产生的。因此，若想成功教会学生如何进行思考，需要采取策略让思考可见。比如，教师可对思考进行建模，描述他们自己的思考过程。他们可以说：

> 这就是我的大脑在得出结论的时候所想的。
> 当你说那句话的时候，大脑里是如何想的？
> 在大家得出一种结论时，你为什么得出了不同的结论？

另外一种让思考可见的方式是借助课堂的物理环境。在整个教室里展示并标识学生思考的产物，比如论文、视频、公文包，将注意力引领到对学生思维的关注，就如同观看能显示人们思考活动的图片一样。

最后要提到的一点是，教师使用语言有助于让思考和思考过程可视化。比如，那些提出一个假设、使用证据，或者进行概括的思维过程都可以被描述和加以讨论。使用特定的词，比如“比较”“预测”“归类”“分析”“应用”，可以帮助学生认识和理解与思考相关的认知过程。

使用思考程序

“可视化思维项目”的核心是研发人员称之为思考程序的部分。这些程序同教师使用的其他程序在结构上类似，如课堂管理与对话程序（举手、排序、列队）或家务程序（收拾杂物、安置桌椅）。思考程序是学生探索自己的思想，预演和反思其思维过程的一系列流程。“看—想—疑问”就是一个已开发出来的程序的例子。该程序由三个步骤组成，每个步骤都要求不同类型的认知行为。关于这三个步骤的具体内容描述如下。与每一步相关的认知过程见表9—6。

表 9—6　　“看—想—疑问”程序中使用的认知行为的例子

程序的步骤	认知行为的主要类型
你看到了什么？	● 生成很多想法 ● 给出证据和解释 ● 寻找比较和联系
你想到了什么？	● 做出有理的综合、总结和结论 ● 做出有据的说明和解释 ● 进行辨别和评估 ● 确定各个部分、组成和维度
你有什么疑问？	● 提问 ● 确定和探究多个角度 ● 创建隐喻 ● 反思并巩固所学知识

资料来源：Ritchhart et al.，2006，p. 10。

步骤 1：你看到了什么？这一步骤要求学生观察调查中出现的现象，确定各个部分和维度，寻找其中的联系。

步骤 2：你想到了什么？这个步骤要求学生进行有根据的说明，进行综合并得出结论。

步骤 3：你有什么疑问？这个步骤要求学生提出问题，对他们的学习进行反思，或者形成新奇的想法和隐喻。

还有许多其他程序，如下为另外两个程序：

提议—支持—问题

(1) 提出一个论题。

(2) 对你的观点给出支持的证据。

(3) 问一个与你提出的论题有关的问题。

提议—拓展—挑战

(1) 这些想法和信息是如何与你已知的信息相关联的？

(2) 你得到了什么新的想法，从而在一个新的方向上拓展了你的思考？

(3) 什么问题对你来说还是一个挑战或使你迷惑不解？你现在有什么问题和迷惑之处？

我们可以看到，思考程序都相当直接，多数都简单易用。就其本身而言，这些程序并不能构成教授学生如何思考的方法之全部。但是，有效地使用这些程序可以帮助学生直接关注他们的思考过程和思考技能。

检测—拓展—探索

检测

● 哈佛大学的“可视化思维项目”所使用的方法与概念和探究式教学所使用的方法有哪些不同？与教授思考的方法有哪些不同？

●“思考程序”在教授学生如何思考中的作用是什么？

●“思考总是在心理的‘遮蔽’下产生”，这句话是什么意思？

拓展

● 有些理论研究者认为，独立于教学内容之外教学生思考是最佳方法；其他理论家认为在教学中注入思考教学是最佳途径。对此，你更倾向于哪种方法？登录“在线学习中心”，在“拓展问题投票栏”表达你的观点。

探索

● 有关“可视化思维项目”的更多信息，请在谷歌上检索“可视化思维零方案”，可得到与该项目及其他项目有关的各类网站信息。

第 6 节 营造可促进思考的学习环境

在概念教学和探究式教学课上，管理学习环境和运用思维程序的任务和方法同在讲授课或直接教学课上的要求很相似。但在别的方面它们差异很大。比如，当教师运用直接陈述法讲授概念，或给学生教授某个特定思考程序时，他们总是希望学习环境能够得到严格的安排和控制。在教学过程中，他们希望学生在课堂上全神贯注——做最佳的观察者和倾听者。高效能教师使用第五章中介绍的方法来避免学生随便说话，保持课堂的教学节奏。

而运用概念获得法、探究式教学和其他一些思考程序时，学生要自己探究和发现，这些归纳过程要求学生发言和讨论。有时候，教师的角色就是鼓励学生相互交流，给学生创造条件，让他们探索自己的思维过程。这就需要比较宽松的学习环境，使学生能够自由地探究、表达观点。你之前读到过罗恩等人如何在“可视化思维项目”中强调“使用一种思考的语言”的重要性。这种语言系统可以向学生提供用于描绘和反思自己思维过程的词汇。探究和思考最适合在以开放交流和讲话为特征的课堂环境中进行，在这种环境中学生彼此相互尊重和相互包容。以学生为中心的教学活动所需要的且更趋向建构主义的管理机制将在第十、第十一、第十二章中详细介绍。

第 7 节 评估思考过程和技能

许多用于定义概念、分析概念的方法和策略都可以用于评估学生对概念的掌握。同样，探究式教学课上教师的提问是了解学生对重要思考过程和思考技能掌握情况的重要评价方式。但是，当对学生的概念掌握情况进行评估时，很重要的一点是教师不能仅仅要求学生陈述概念。同样，学生能对一个认知过程给出自己的界定并不意味着他们理解这一过程，或者可以有效掌握这一过程。教师可以让学生在新的情境中使用某个概念或思考技能，由此了解学生掌握的情况，获得有价值的信息。

教师可以使用第六章中介绍的更为传统的“选择—反应”来测试学生对知识、概念以及探究式学习的掌握程度。但是，对于许多高级认知过程和思考技能来说，使用本章介绍的真正的绩效评估程序可收到最佳的评估效果。教师在对学生的概念发展和探究技能进行测试时，应当遵循许多原则。测试题应当包含一些例子，测试学生对某个概念下新出现例子的概括能力。测试题还应当能评定学生区别正例和反例的能力，展示其识别偏见和错误推理的能力。测试还可能采用不同的形式，如对错选择、多项选择、配对、简答或写短文。图 9—6 列出了一些多项选择题，这些题可以检测学生对“推理”概念的掌握情况。

检测对“推理”概念的了解： 下列哪一项是“推理”的最佳定义？ A. 运用一种或多种感官去仔细观察事物并得出结论。 B. 将科学观察的结果和人们熟知的事物联系起来，并得出结论。 C. 不借助科学观察，对可能的结果得出结论。 D. 将科学事实与观察所得联系起来，并预测出科学的结论成果。	检测识别概念的正例和反例的能力： 下面的一些故事，有的描述了推理过程，有的没有。仔细阅读这些故事，判断故事中的人是否进行了推理？ A. 仙蒂在一棵大树下看到许多橡树果。她知道了这些橡树果是从橡树上落下的。 B. 汤姆仔细看一片面包，发现上面长着些绿色的东西。 C. 山姆去牧场看望叔叔。他来到畜棚里看他叔叔是否在那儿。 D. 乔伊烤蛋糕。蛋糕没有蓬松起来。乔伊知道要用发酵粉使蛋糕蓬松。	检测区分概念的关键属性的能力： 下面哪一项说明了某人将科学观察和已知事物联系起来？ A. 汤姆查找了关于非洲野生动物的资料，并写了一篇关于狮子的报告。 B. 玛丽画了天空中三种不同的云。 C. 比尔看到鸟巢里有一些蓝色带斑点的蛋，于是他知道了知更鸟下蓝色且带斑点的蛋。 D. 帕姆听到黑屋子里有响动，她想：“那一定是怪物。”

图 9—6　检测概念理解情况的多项选择题示例

资料来源：Klaumeir，1980，1992。

检测—拓展—探索

检测

● 教授学生如何思考的课堂学习环境管理与讲授课或直接教学课的学习环境管理有哪些相似点？不同点又有哪些？

● 评估学生的思考过程和思考技能的最佳方法有哪些？

拓展

● 有些教师认为只有“聪明的”学生才能从概念或探究式教学中受益，你是否同意这种观点？登录“在线学习中心”，在“拓展问题投票栏”发表意见。

探索

● 登录“在线学习中心”（www. mhhe. com/arends9e），查阅如何教授学生思考和如何营造学习环境的方法，以及针对这些方法的评估流程。

对课堂的反思

高级思维——有多少？

初为人师的你正在和两个同事讨论关于概念教学和高级思维的话题。你在过去几周里奉校长之命听了一些课。在这些课上，教师很少进行概念教学。你想知道这是为什么。一个同事的回答是，要教的内容太多，大家都觉得花太多时间去精心设计和实施概念教学没有必要。另一名同事应和说，学校里很多学生能力较低，他不相信这些学生能从概念教学中受益，除非他们掌握了基础的技能，且基础技能应主要通过直接教学模式的“训练—练习”模式来掌握。你没再和他们争论，但是他们的回答动摇了你对概念教学的认识，也动摇了你原来的看法，即教师应当制定这样的教学目标——促进全体学生进行有意义的学习，发展高级思维，不管他们能力高低。

反思这种情况，写一篇关于你将如何与学生一起进行概念教学的反思报告。根据你任教的年级和科目来写。在你的反思报告中，关注以下问题：

概念教学为什么重要，或者为什么不重要？什么样的学生会从旨在促进高级思维发展的课程和概念教学中受益？如果概念课程耗时较多，教师怎样证明这种课的价值所在？概念教学在你的全部教学方法中处于何种地位？是核心地位、边缘地位，还是要根据学生的情况而定？

将你的思考与下面两名资深教师的思考进行比较，把你的反思报告放入你的职业档案袋中。

黛安娜·卡鲁索（Diane Caruso），马萨诸塞州塞勒姆市，索顿斯托尔中学，四、五年级

“要教的内容太多了”，这是成千上万新老教师听过，自己也多次说过的一句话，特别是在各州教学大纲不断修订的情况下。教师要抵制只图完成全部教学任务，而放弃促进学生对概念深入理解和掌握的念头，这一点很重要。对任何一个学生而言，学习了全部教学内容都不能保证他深入理解和掌握了概念，不管这个学生的精力有多少。

作为一名从事特殊教育多年的老师，我一直觉得自己有能力去帮助我的学生获得成功和自信。这除了我重视对基本知识和技能的讲授和强化外，还包括培养学生的研究能力（对部分学生来说要简单一点，在教师指导下进行），给出明确的期望和提示，让学生接触、了解国际大事和日常生活，鼓励学生在安全、舒适的环境里通过书写或讨论来表达观点。

大约十年前，我转而从事普通教育，我考虑的主要问题之一是如何开展天才儿童的教育。我发现方法是相同的！我们必须观察、评估，提供那些能让他们获得成功的活动，然后引导他们去挑战下一步，这也许将激励他们取得自己都难以置信的成就。是的，概念教学是要多花些时间，而且高级思维教学策略也会延长授课时间，但是课堂上往往会产生一些意想不到的教育时机。

认识到这些并不能缓解教师的现实压力，帮助他们教完所有的内容。运用多样化的教学方法——拼图游戏、故事接龙，以及其他协作性的小组练习——在某种程度上是有帮助的。教师应该认识到并相信，引导学生进行批判性思考和花时间组织学生开展高水平的讨论有助于证明概念教学的合理性。邀请持不同意见者进教室来观察教学过程也很有用。最近，我们班学生开展的一次头脑风暴活动，引发了一次知识密度非常大的讨论，这次讨论涉及了虐待穷人的问题，“塞勒姆巫术审判”期间剥夺殖民地居民公民权的问题，还有19世纪的美洲原住民，20世纪的非裔美国人和其他一些种族。一位在教室听课的教师为这些孩子的卓越表现感到吃惊，赞叹道：“他们真的只是四、五年级的孩子吗?”这就是有力的证明。不要为了要讲完全部教学内容而放弃这种令人激动的教育！

伊恩·考尔（Ian Call），佛罗里达州波尔卡郡，密克尔高等专科学校，十年级

所有的学生，不论学习能力强弱，都可以从概念教学中获益。在学生成绩不佳的班级中开展概念教学，目的应是使所教授的内容尽量变得有趣。课堂操作和练习与学生生活毫不相关，上学令人厌烦，徒然浪费学生的时间，这种情况太常见了。采用概念教学后，教师可以设计出让学生感兴趣的学习内容，使他们的课堂学习活动更有效率。

另外，阅读、书写等基础技能没有必要和高级思维分离开。有效的概念课程可以在提高学生知识和技能的同时促进高水平的思维精进。尽管每年有大量的内容要教，但高效的教师总能够创造出这样的概念教学：不仅照顾到学习内容，而且能培养学生在未来需要的思维技能。学生在学校里需要学习的不仅仅是基础知识和技能，还需要掌握高水平的思维方式和方法。

作为一名教龄不足一年的老师，你的职业之路还很漫长，一开始采用的方法将对你今后的职业生涯产生深远的影响。准备一堂概念教学课最初可能要花费你较多的时间，但是一旦开始你就会发现，这不仅对学生有益，而且对你也益处多多。在课堂中采用概念教学的教师将与学生更加融合，在工作中经历更多的智慧挑战，也可以避免陷入“职业枯竭”的可怕境地。

总　结

概述教授学生如何思考的重要性，以及达到这一目标的方法。

- 教育家和家长一致认为教学生如何思考是最重要的教育目标。
- 对于学校教学来说，无论教授什么，概念学习和逻辑思考都是极其重要的目标。这些是学校通过各个科目讲授促成学生知识结构形成的主干。
- 概念教学、探究式教学和可视化思维都是教授学生如何思考的方法。

描述教授学生如何思考背后的理论与实践支持，以及概念与探究式教学的应用。

- 概念与探究式教学的理论和实践支持非常广泛，其涵盖的话题范围也很广泛。其中包括了皮亚杰、杰尔姆·布鲁纳、戴维·奥苏伯尔和霍华德·加德纳等人的贡献。
- 多数理论学家都认为思考虽然是广泛的、自发的，但不一定总是有效的。教学的目标不是教会学生如何思考，而是如何更清晰和更具批判性地思考。
- 思考有很多种类型。最常见的有高级思考、批判性思考、科学思考和推理，以及元认知思考。

解释概念教学如何备课和授课。

- 概念教学的教学目标主要是帮助学习者对所学科目获得概念性的理解，为高层次的思考奠定基础。
- 教授概念有几种不同的方法。其中最为流行的两种方法是直接陈述法和概念获得法。运用直接陈述法时，教师在课程开始时给出概念的名称并下定义，然后提供标准正例；使用概念获得法时，教师首先给出某个特定概念的正例和反例，直至课程的最后阶段才界定这个概念。

● 概念教学课的备课方法包括选择和分析概念，以及选择最恰当的方法。

● 概念教学课的一般流程或顺序由四个阶段构成：简明目标，创设情境；引入正例和反例，检查学生的概念获得；理解水平的测试；分析思维过程，整合新知识。

● 呈现概念并下定义在先，还是提供正例和反例在先，其顺序因教师使用的方法不同而不同。使用直接陈述法时，教师首先给出定义；而使用概念获得法时，教师首先给出正例和反例，学生使用归纳过程发现和定义这个概念。

● 通过提问和讨论，教师帮助学生反思他们的思考过程，整合新知识与旧知识，这是概念课的最后阶段，与使用何种方法无关。

解释探究式教学如何备课和授课。

● 探究式教学课的两种主要的备课方法是：确定课程目标，确定一个合适的问题进行探究。

● 在探究式教学课开始时使用奇异性事件来激发探究。奇异性事件是指激发好奇心的令人迷惑的情境。

● 探究式教学课的一般流程由六个阶段组成：吸引注意力，说明探究过程；给出探究问题或奇异性事件；帮助学生做出假设，解释问题情境；鼓励学生收集数据，测试假设；进行解释；反思问题情境和思维过程。

解释如何计划和使用使思考可见的程序和过程。

● 哈佛大学的“可视化思维项目”是另一种教授学生如何思考的方法。这种方法的核心就是营造以思考文化为特征的课堂，使用可以使思维外化的程序。

● 教学生如何思考难度很大，原因之一是思考或者说认知行为是不可见的。

● 已开发出的思考程序给出了各个步骤供学生探究想法，预演和反思他们自己的思考过程。

描述如何营造可以支持和促进学生思考的学习环境。

● 在概念教学课的讲解和概念获得阶段，教师要保持一个结构化的学习环境。但是概念教学课的最后阶段要鼓励学生互动，因此需要一个以学生为中心且更为灵活的学习环境。

● 在探究式教学课上，学习环境是开放灵活的，期望学生去探究和发现。

● 可视化思维的课堂环境是以开放的交流和对话为特征的环境，每个人都彼此尊重，倾听所有的想法。

描述用于评估学生思考过程和思考技能的恰当方法。

● 同其他教学模式一样，教师教学后的任务是确保教学评价方法与教学的目标和学习结果相一致。

● 当对学生所学习的有关思维过程的知识和技能进行评价时，很重要的一点是运用各种实践性考察和反思评价技术，让学生展示他们所掌握的内容，以及他们是如何思考的。

互动学习与应用学习

学习与探究

● 登录“在线学习中心”，利用其中的学习指南进行学习，包括测验练习。

观察与练习

● 请到“在线学习中心”的“教师教学”版块听肯德拉（Kendra Genzer）和费尔顿（Felton Wrust）关于如何教学生思考的讨论音频。

完成练习 9.1：设计一堂概念教学课或探究式教学课，包括以下内容：

● 选择一种模式和特定的方法。

● 写出本节课的教学目标。

● 如何在教学中照顾不同水平的学生。

● 进行课后反思

完成下面第九章的专题练习：

● 练习 9.2：设计概念图。

● 练习 9.3：解决教学困境：比较不同的教学策略。

● 练习 9.4：总结思考概念教学和探究式教学的优点。

档案袋与教学实践活动

通过以下教学经验和档案袋活动拓展你对本章内容和过程的理解。完成这些活动的支持材料请在“在线学习中心”的“档案袋与教学实践活动”部分查找。

（1）完成本章最后的“对课堂的反思”中的练习，建议使用反思报告作为你职业档案中的一项作品，以展示你对概念教学的看法。（INTASC 原则 4：理解各种教学策略）

（2）活动 9.1：教授学生如何思考的技能评估。评估你对概念教学模式运用的理解程度和技能水平。（INTASC 原则 4）

（3）活动 9.2：观察概念获得法或探究式教学课。观察一位资深教师教授概念获得法或进行探究式教学授课，思考他是如何紧密遵循本章所介绍的教学流程的。（INTASC 原则 4）

（4）活动 9.3：运用思考程序进行实践。从本文介绍的思考程序中选取一个程序，备课，然后对一个小组的学生授课。学生可以是来自你的教学现场，也可以是一群朋友。

（5）活动 9.4：职业档案：演示你编制网络图的技能。针对你的学科领域或年级中的某个概念，构造一个概念网络图。将你的工作成果列为你职业档案中的一项作品。（INTASC 原则 4）

专业参考书目

Audet，R.，& Jordon，L.(2005). *Integrating inquiry across the curriculum*. Thousand Oaks，CA：Corwin Press.

Barell，J.(2003). *Developing more curious minds*. Alexandria，VA：Association for Supervision and Curriculum Development.

Bellanca，J.(2007). *A guide to graphic organizers：Helping students organize and process content for deeper learning* (2nd ed.). Thousand Oaks，CA：Corwin Press.

Costa，A.(ed.).(2001). *Developing minds：A resource book for teaching* thinking (3rd ed.). Alexandria, VA: Association for Supervision and Curriculum Development.

Erickson, H. L. (2007). *Concept-based curriculum and instruction for the thinking classroom*. Thousand Oaks, CA: Corwin Press.

Ritchhart, R. (2002). *Intellectual character: What it is, why it matters, and how to get it*. San Francisco: Jossey-Bass.

Williams, R. (2007). *Higher order thinking skills: challenging all students to achieve*. Thousand Oaks, CA: Corwin Press.

第四部分

以学生建构为中心的教学模式

本书第三部分介绍的三种教学模式的理论观点源于行为主义、认知理论和信息加工理论。这些以教师指导为主的教学模式旨在帮助学生掌握重要且稳定的陈述性知识和技能。总之，这些观点指向以教师为中心的教学模式，教师在这些模式中确立教学目标，保证课堂学习环境的可控性和合理组织。还记得在第三部分我们讨论过，探究式教学本可以放在第四部分而不是放在第九章。探究式教学在很大程度上应该属于以学生为中心的教学，但正如先前所述，它同其他几种教学方法一起可以服务于教学生如何思考的目的。

本书第四部分介绍的三种模式是以学生为中心的。这些模式建立在关于教与学的不同理论设想的基础上。以学生为中心的教学模式的理论基础来自约翰·杜威和其他20世纪进步主义教育学者的哲学观点，以及现代认识发展和社会建构主义学者提出的理论观点。上述理论认为知识不是客观和固定的，在某种程度上应是个体的、社会的和文化的。意义是学习者借助经验建构起来的。

这种关于教与学的建构主义观点对教师和学生的行为、课堂管理和评价的方式都提出了与传统教学模式显著不同的要求。下文的表格列出了以教师传授为中心的教学模式和以学生建构为中心的教学模式的重要差异。

本书的第四部分将描述三种以学生为知识建构者的教学模式：合作学习、基于问题的学习和课堂讨论。你会发现，这三种模式的许多特征是相同的。它们都鼓励学生对知识进行探究，强调营造没有压力并充满自主性和支持性的学习环境。但是，你也会发现这三种模式的重要差别。它们中有的可用来教给学生重要的社会交往技能，有的用来指导学生的知识学习更合适，还有的强调学生在合作学习小组中的互动学习。

就像以教师传授为中心的教学模式一样，以学生建构为中心的教学模式也有它们坚实的理论基础，同时，资深教师多年积累的教学智慧也在其中发挥作用。这两方面都会引导新教师去理解和实施这些教学模式。

以教师传授为中心的教学模式和以学生建构为中心的教学模式的比较

特征	以教师传授为中心的教学模式	以学生建构为中心的教学模式
理论基础	行为主义、认知理论和信息加工理论	认知理论和社会建构理论
教师角色	教师设计教学来完成预定的教学要求和目标；有特定程序来帮助学生掌握特定知识和技能	教师创造学生探究的条件；让学生参与备课；鼓励和接受学生的个人见解；向学生提供自主选择的机会
学生角色	学生在听讲或阅读中经常以被动的角色出现；在教师指导下进行技巧练习	学生大部分时候处于主动角色；积极同他人互动并参与自调查和问题解决活动
备课任务	主要由教师负责；紧密围绕特定的课程标准和目标	教师和学生共同协作；教学同课程标准和目标的联系较灵活
学习环境	在大多数时候有严格计划和组织，但不是独裁和专断	较为宽松；学生的思考和探究较为民主，具有自主选择性
评价过程	更多借助传统的“纸—笔”和“选择—反应”测验的过程和程序	借助真实性和表现性评价的过程和程序

第十章

合作学习

学习目标

学习本章之后，你应当掌握以下内容：

合作学习的概述	对合作学习进行概要介绍并阐明怎样合理使用。
理论支持与实践支持	介绍合作学习模式的理论基础和支持其应用的相关研究。
计划与实施合作学习课	介绍怎样计划和实施合作学习课程，包括怎样针对不同文化背景和能力水平的学生开展合作学习。
管理学习环境	阐明怎样创建有利于合作学习的环境。
评估和评价	阐明对学生的学业表现和社会性发展进行评价且与合作学习目标相一致的合理方式。
最后的思考	阐明开展合作学习的困难以及为什么不要对其期望过高。

读前反思

想一想你在学校时与其他学生完成一项特定任务的学习经验。这些任务可能非常简单，比如与同桌一起完成几道数学题；也可能比较复杂，需要共同完成一项重要的学期项目。

通过思考下面的问题，写出你对于这些经验的思考和看法：

- 对于和其他人合作完成任务，你最喜欢哪一点？最不喜欢哪一点？
- 你所想到的这些经验对你有意义吗？为什么有？为什么没有？
- 当学生们共同学习时，你认为他们学到了什么？
- 共同学习有什么特别积极的作用吗？是什么？
- 共同学习有什么特别消极的作用吗？是什么？

思考你的答案，你认为自己对合作学习持肯定意见吗？或者对这一方式有一些保留意见？

请登录“在线学习中心”（www.mhhe.com/arends9e），回答以上问题。

前几章阐述了三种教学模式——讲授教学、直接教学与概念教学。教师采用这些教学模式来帮助学生获得新知识，学习重要的技能，思考并分析前面学习中已经掌握的内容。从本质上说，这属于学业学习。虽然这类学习非常重要，但却不是学生的唯一目标。本章介绍合作学习教学模式，它不仅有助于学生学习知识，获得技能，还有助于他们发展重要的社会能力与人际关系。

本章首先对合作学习进行概要介绍，然后介绍它的理论与实践基础，接下来介绍教师在应用这一教学模式时可采用哪些具体方法备课、上课、管理学习环境，最后重点介绍合作学习的评估与评价。

第 1 节　合作学习的概述

所有教学模式的特点都在于它们的任务体系、目标体系和奖励体系。任务体系指课堂组织方式和要求学生完成任务的类型，包括教师是面向整个班级还是小组组织教学，教师期望学生完成的任务，教师要求学生在完成指定的学习任务的过程中必须达成哪些认知目标和社会性目标。任务体系随着具体的课堂中关注的不同活动而有变化。比如，有些课只需要学生静静地坐着，从教师的讲授中接受信息，有些课则要求学生完成特定任务，还有一些课要求学生进行讨论和辩论。

> 合作学习模式的任务体系、目标体系和奖励体系要求学生合作、互相帮助。

课堂的目标体系是指学生们在完成任务时互相依赖的程度。目标体系分为三类。如果完成教学目标不需要与他人互动，与其他人的表现好坏无关，那就是个体化目标体系。当学生意识到如果其他同学不能实现目标，自己才可以实现目标时，就是竞争性目标体系。如果只有与自己相关联的其他同学实现目标，自己才能实现目标，就是合作性目标体系。前面第四章介绍过这三种目标体系。

各种教学模式的奖励体系也不同。就如同目标体系一样，奖励体系也可以分为个体化的、竞争性的、合作性的。奖励可以独立获得，与任何人都没关系，即个体化奖励体系，比如个体四分钟跑完一英里，因此得到奖赏。竞争性奖励体系是在与他人相比较的情况下，凭个体努力而取得的奖励。排名次就是一个例子，许多田径比赛中评定胜利者的方式也属于竞争性奖励体系。相反，个体的努力能帮助其他成员赢得奖励，则是合作性奖励体系。大多以团队或集体为单位的体育活动如足球，都采用合作性奖励体系，尽管这些团队与其他团队之间也存在竞争。

> 目标体系与奖励体系是指学生达到目标或取得奖励所需要的合作程度或竞争程度。

以教师为中心的课堂一般采用面向全班学生的教学任务体系，每个学生独立进行学业学习。因此，其目标体系与奖励体系是基于个体竞争与个人努力的。而合作学习模式，顾名思义，特点是采用合作性任务体系、目标体系和奖励体系。合作学习鼓励或要求学生们共同完成一项任务，且他们必须相互协调才能实现目标。同样，在合作学习中，作为一个优秀的团队，团队成员（两个或两个以上）之间将相互合作，赢得同一个奖励。合作学习课堂的特点如下：

- 学生分组学习以掌握学习目标。
- 小组由高、中、低能力的学生组成。
- 只要有可能，小组就应包括不同种族、文化背景与性别的学生。
- 奖励系统既适用于团队，也适用于个体。

这些特质在后面章节中将更详细地阐述。

合作学习模式至少有三个重要的教学目标：获得学业成就、对多元化的包容与接纳和发展社会技能（见图 10—1）。

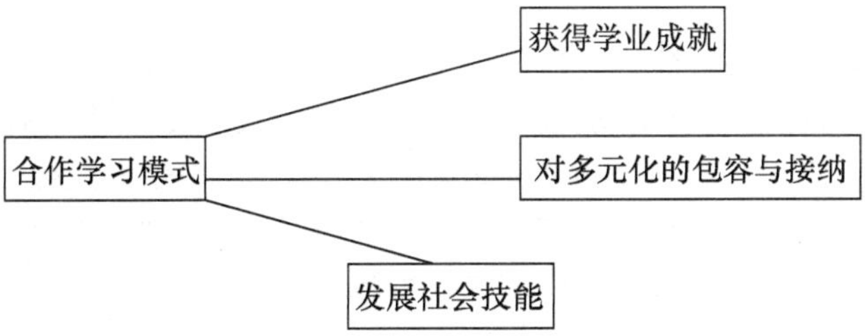

图 10—1　合作学习的目标

合作学习的三种教学目标是获得学业成就、对多元化的包容与接纳、发展社会技能。

虽然合作学习的目标是促进各种社会性发展，但同时也包括提高学生在重要学业任务上的成绩。合作学习的支持者认为，这一模式采用的合作性奖励体系提升了学生对学业学习的重视，改变了评价成就的标准。作为合作学习创始者之一的斯莱文认为，合作学习重视团体合作，可以改变青少年文化的标准，并使学习优异的人更易被他人接受。斯莱文(1996) 认为：

> 学生们通常不重视学习好的同伴，而是重视体育优秀的同学……这是因为体育上的成功有利于集体（团队、学校、城市），而学习上的成功只有益于个人。事实上，班级中对成绩排名次或采用任一竞争性等级评定法和激励体系时，任何个体的成功都会减少其他个体获得成功的概率。

除了改变成就评价标准，合作学习还对共同完成学习任务的成绩不同的学生都有益处。成绩好的指导成绩不好的，依据年轻人所共有的兴趣和语言来提供具体的帮助。在这一过程中，成绩好的学生在学习上也有所收获，因为作为指导者要更深层次地思考具体学科中概念、思想之间的关联。

合作学习的第二个重要的影响是：种族、文化背景、社会阶级和能力不同的人更能互相包容，互相接纳。半个世纪前，奥尔波特（Allport，1954）提出，不同种族或有特殊需求的儿童之间的交流不足以减少偏见与成见，我们想一想在自助餐厅里白人和黑人学生各自分开坐的情景就能体会到。合作学习创造了条件，让不同背景的学生互相帮助，完成共同任务。通过使用合作奖励体系，可以让他们学会彼此欣赏。

合作学习第三个重要的目标是教学生们合作的技巧。这些是社会中的重要技能。在我们的社会中，大多数成人在大规模的、相互依赖的组织中工作，这些组织呈现出多元文化与全球化的发展趋势。然而，许多青少年缺少社会技能，成年人也是如此。比如个体间小小的分歧往往导致暴力冲突，人们在合作工作时经常会对团队成员表示不满。合作学习促进合作，因为它重视并能促进“交往—交流智力”的发展，这是第二章所讲述的加德纳多元智力之一。

合作学习环境为学生提供了平台，使得他们可以学习宝贵的合作技巧与社会交往技巧，这些技巧将使他们终身受益。

合作学习的课堂包括六个主要阶段。(1) 教师介绍本节课的目标，激发学生的学习动机；(2) 展示学习内容，通常以文本形式而不是讲授形式传递；(3) 划分学习小组；(4) 学生们在教师的指导下共同完成任务。合作学习课的最后两个阶段是：(5) 展示小组的最后成果或检测学生已学习的内容；(6) 对小组取得的成绩与个人付出的努力提出表扬或进行奖励。合作课的六个阶段在后文将做更翔实的阐述。

合作学习的学习环境有以下特点：采用民主的方法，让学生积极发挥自主性，决定学习什么和怎样去学。小组划分和整体流程制定由教师严格控制，但小组内的互动由学生控制。

检测—拓展—探索

检测

- 合作学习的特质是什么？它们如何与其他的学习模式相区分？
- 合作学习课堂有哪六个阶段？
- 合作学习要求学习者有哪些主要收获？
- 什么样的学习环境最有利于合作学习？

拓展

- 读完“合作学习概述”之后，你是否同意合作学习的基本目标与前提？

探索

- 请登录“在线学习中心”(www.mhhe.com/arends9e)，并链接到有关“合作学习”的网站。

第 2 节　理论支持与实践支持

合作学习模式并非源于某个人的理论或单一的学习方法。它的根源要追溯到古希腊，但它的现代发展是沿袭着 20 世纪初教育心理学家和教学理论者的研究，以及晚近的学习与认知的信息加工理论和发展心理学家皮亚杰、维果茨基的研究。

“民主课堂”的概念

1916 年，杜威写了一本《民主主义与教育》(*Democracy and Education*)。杜威的教育观点是：课堂应该反映大社会，应该是学习现实生活的实验室。根据杜威的教学观，教师应该创设程序民主、过程科学的学习环境。他们的主要任务在于让学生参与、探寻重要的社会与人际问题。杜威及其后来的追随者提出了具体的教学方法，强调划分小型问题解决小组，让学生自己找寻答案，并让他们通过彼此每天的交流学习民主原则。

数十年后，赫伯特·西仑（Herbert Thelen，1954，1960）为帮助学生团队学习提出了更精确的方法。西仑和杜威一样相信，为了研究重要的社会问题与人际关系问题，课堂应成为实验室或微型民主社会。西仑对团体动力学有着极大的兴趣，他更强调小组调查的组织性，并为当代合作学习的发展提供了概念基础（将在后面章节中介绍）。

对于杜威和西仑来说，使用合作小组的优势远不止促进学业学习。他们认为合作行为与合作过程是人类奋发努力的基础，是建设、维持高度民主的团队的基础。他们认为，要完成这些重要的教育目标，合理的方法是按照预期的学习结果建构课堂与学生的学习活动。杜威的哲学和教育学思想对基于问题的学习也有重要的影响，这一模式与合作学习有许多相似之处，第十一章将做具体介绍。

杜威和西仑视合作行为为民主的基础，把学校看作发展民主行为的实验室。

小组间的关系

1954年，最高法院就“布朗诉托皮卡教育委员会案”做出了具有历史意义的裁决，规定美国的公共学校不再遵循“分离但平等”的政策，而是必须促进种族融合。这导致了全国司法与立法机构许多新决策和法案的提出，新规定要求公共学校管理机构实施消除歧视计划。

当时的理论家与实践者经过深思熟虑后认为，把不同种族背景的人群置于同一地区，并不能抵制偏见的影响，也不能促进不同种族间的融合与更多的包容。比如，他们知道在综合学校的食堂中，仍然是非裔学生坐在房间的一侧，而白人学生在另一侧。他们还知道，尽管社区可能已经高度融合，但黑人和白人去不同的教堂，在不同的餐馆用餐。大多数人均已意识到，仅靠法律并不能减少族群间的偏见和促进更多的包容与理解。

对于合作学习模式的兴趣产生于人们想寻求一种新课堂结构和教学程序来减少族群间的偏见和推动多元文化的包容。前面介绍的罗伯特·斯莱文的研究致力于种族融合，有些是在沿东海岸的内陆城市中进行的。莎伦（Sharan）和她在以色列的同事基于国家的需要，通过研究找到了促进欧洲犹太移民和中东地区的犹太人彼此理解、增强民族认同的方法。约翰逊兄弟等人（Johnson & Johnson，2009；Johnson，Johnson & Holubec，1998）的研究工作探究了合作的课堂环境是如何促进更好的学习的，其方式是把有特殊需要的学生编到普通班级中，并且尊重他们，充分考虑他们的需求。

地位平等情况下发生的种族交融才可能减少种族的偏见。

体验学习

有些理论研究者对个体如何从经验中学习很感兴趣，这为合作学习提供了第三种理论基础。经验占据了人们学习的大部分，比如，大多数人通过身体力行来学习骑车，学习如何扮演兄弟姐妹的角色。相反，虽然每个人都能阅读有关婚姻和育儿的书，但只有那些已婚的和抚育过孩子的人知道，生活中的经验与书中的描述永远不可能是相同的。人们从经验中增长见识，提高理解，学到技巧，而这些很难向没有类似经验的人描述。著名的合作学习理论家约翰逊兄弟（1994）这样描述体验学习：

> 体验学习基于三个假设：当你亲身参与到学习中时，学习效果最好；你需要自己发现知识的时候，这些知识对你才有意义，才能改进你的行为；你能自主地设置自己的目标，并在既定范围内积极地去实现这些目标，你才能最投入。

神经科学的最新研究（Berninger & Richards，2002；Jensen，2005；Willis，2006）也强调了体验学习的重要性。具有个人意义的信息会更快地储存在长时记忆中，如果多种感官受到刺激，记忆过程会更短。以行动为定向的、动手操作性的学习经验，就像合作学习，有助于学习者调动多种感官和个人经验去理解新知识。

个体参与到学习中，即体验学习，为合作学习提供了理论支持。

合作学习的作用

合作学习是人们研究最多的教学模式之一。我们在这里无法总结有关合作学习的所有研究成果，但可以简要总结一下这一模式对三种学习结果（合作行为、接受多元化和学业成就）的作用：

对合作行为的作用 21世纪的特点是：人们生活在全球化的、互相依赖的社团中，生活在需要成员高度合作的复杂社会组织中。因此，大多数人都高度支持合作学习，认为它是教育的重要目标。学校的许多课外活动，如小组体育活动、戏剧表演与音乐演奏，都是在此基础之上展开的。但课内活动呢？某些类型的活动，诸如与合作学习相关的活动，对学生的合作态度与合作行为有作用吗？

莎伦（Sharan，1984，1992，1999）和他的同事十多年来一直在寻求这一问题的答案。他们已找到一种合作学习的方法，并就这种方法能否促进以色列不同犹太人群体间的社会关系进行了检测。在一项研究中，研究者随机将32位英语教师和文学教师分为三个训练组。教给第一组如何调整面向全班的教学技能，教给第二组如何使用斯莱文的按成绩分组法（后面再介绍），教给第三组用于合作学习的莎伦的小组调查法。调查者在实验前、实验进行中和实验后收集了大量的信息，包括学生的成绩测验、课堂观察与合作行为等资料。

为了检验合作行为，研究者从使用三种不同教学方法的班级中随机选取学生，要求他们参与“乐高玩具拼装人”的任务。在六人小组（每一组有三名欧洲犹太移民和三名中东犹太移民）中，要求学生们做出计划，一起合作用48个“乐高拼装玩具拼块”拼出人的模型。

莎伦的研究清晰地表明，教学模式影响了学生的合作与竞争行为。合作学习模式比班级授课模式更能激发合作行为，包括语言与非语言的。在合作学习课上，竞争行为更少，跨种族合作行为更多。

有相当数量的研究表明，合作学习既有利于学生的学业学习，也有利于其社会性发展。

对接受多元化的作用 在最高法院立法终止“分离但平等”的公共学校政策20年之后，国会在1975年通过了一项历史意义同样重要的法案，即《残疾儿童教育法案》（公共法案94—142），它规定：应尽可能将特殊学生安置于非限制性的环境中。应将特殊学生（大约占学生人数的12%）安置于正常的班级中，而不是安置于特殊的学校或班级中（20世纪常使用的方式）。很明显，这意味着普通班教师需要面对在身体、情感和心理上有障碍的儿童。

正如理论家认识到种族融合不能消除偏见一样，1975年也有大量的证据表明，将特殊人群（传统上被消极地对待）安置于正常群体中也无法消除人们对他们的消极态度。事实上，一些研究者认为，过于密切的接触会使正常人对特殊人群的偏见与成见有所增加。增进积极态度与积极行为的关键因素，似乎是特殊学生与正常学生相互作用的唯一方式。约翰逊兄弟（1979）和他们几个明尼苏达大学的同事就目标体系是怎样通过独特而有趣的方式影响正常学生与特殊学生的相互作用进行了研究。他们的研究结果小结见“研究摘要”。

研究摘要

什么能使我们为有特殊需要的同伴欢呼?

Johnson, R., Rynders, J., Johnson, D. W., Schmidt, B., and Haider, S. (1979). Interaction between handicapped and nonhandicapped teenagers as a function of situational goal structuring: Implications for mainstreaming. *American Educational Research Journal*, 16, 161-167.

把不同的人安置在一起并不意味着他们会以积极的方式相处，或能消除偏见与成见。所以，对于教师与其他教育工作者来说，一个重要的问题是：“我们如何帮助学生更积极地看待、更乐于接受不同种族背景、不同社会阶层或残障的同龄人?”约翰逊兄弟等人开展了一项重要的研究，试图解决这一问题。研究方法很有创意，在一个非常简单的场合——保龄球馆——中探寻这一复杂问题的答案。

问题与方法：研究者试图发现，在特定学习情境（比如保龄球课）中，不同目标体系对于正常的中学生与可接受教育的智障学生之间的互动有何影响。

样本：研究对象来自三所中西部初中的30名学生（3～16岁，男女生各15名）。正常的9名学生来自公立初中，另外9名来自私立的教会学校。12名特殊学生来自启智学校。这些学生都能正常交流，并能理解教学指令与内容，没有妨碍打保龄球的肢体残障。

步骤：把学生随机分成五人学习小组。每组包括三个正常学生和两名特殊学生。每个学习小组从以下三种实验情境中择其一：

● 合作情境。要求小组成员“最大限度”地提高小组的保龄球成绩，在上周成绩的基础上提高 50 分。他们可以用任何方式互相帮助。

● 个体情境。要求这组学生“最大限度”地提高个人成绩，在上周成绩的基础上提高 10 分。每人只需关注自己的成绩。

● 放任情境。不给学生具体的指导。

三个保龄球教练按研究设定的要求讲解，并在各组间轮流指导。所有的小组在六周内接受同样的训练。

受过训练的观察者并不了解实验目的，他们观察学生打保龄球，按三个类别记录学生的互动：积极的、中立的和消极的。集中观察的是从一个保龄球员上前掷球到他退下这段时间。

阅读提示：研究者使用卡方检验（χ^2）来检测研究结果的含义。当数据属于类别变量时，研究者常使用这种统计方式。这种检验方法与前面介绍的其他显著性检验的目的相同。这项研究公布的结果比较直观，易于阅读和理解。

结果：表 10—1 和表 10—2 展示了研究的结果。表 10—1 阐明了三种情境中同质学生互动与异质学生互动的频率。表 10—2 展示了在研究过程中残障学生第一投全倒、二击全倒时“小组欢呼”的次数。

表 10—1　　各情境中同质学生互动与异质学生互动的频率

	积极的		中立的		消极的		总数
	同质	异质	同质	异质	同质	异质	
合作	495	336	67	47	4	10	959
个体	243	92	61	17	15	11	439
放任	265	136	75	49	9	6	540
总数	1 003	564	203	113	28	27	1 938

*　$\chi^2=86.87$，$p<0.01$

注：同质互动发生于正常学生间或残障学生间；异质互动发生在正常学生与残障学生间。

资料来源：R. Johnson et al.，1979，p. 16。

表 10—2　　各情境中小组欢呼的频率

情景	频率
合作	55
个体	6
放任	3

资料来源：R. Johnson et al.，1979，p. 16。

讨论与分析：表 10—1 和表 10—2 所呈现的数据清晰、直观。在合作情境中，学生的互动更多，更重要的是，同质互动与异质互动都更积极。进一步分析数据可以发现，在合作情境中，每位特殊学生与正常学生的积极互动平均每小时 17 次，个体情境中平均每小时 5 次，放任情境中平均每小时 7 次。

合作情境中正常学生为特殊学生欢呼的次数证明了这样一个观点：合作性目标体系是促使正常学生对于特殊学生做出积极反应的一种方式。

这一研究和其他结果类似的研究有两个重要发现可供教师借鉴：

(1) 许多课堂学习任务中运用的个体化目标体系和竞争性目标体系并不能促进不同背景、不同条件的学生之间的积极互动。要解决这一问题，可以重新界定目标体系，使之更偏重于合作。

(2) 重残学生，像那些智障生，在适当的环境中，可以通过对他们自身及正常学生都有益的方式融入课堂主流中，与正常学生一起学习。

类似的研究证明（Gilles，2002；Smith，2006；Vedder & Veendrick，2003），合作学习不仅能促进对有特殊需要的学生的包容与接受，还能使不同种族的学生关系更好。

对学业成就的作用　合作学习的一个重要方面是，它在促进合作行为、促进小组成员形成良好关系的同时，还有助于学生的学业学习。过去的十年中，好几位研究者回顾、总结了关于合作学习的研究（Leinhardt，1992；Slavin，1995；Slavin et al.，1992；Stronge，2002）。他们回顾了针对各个年级水平进行的研究，涵盖语言艺术、拼写、地理、社会、科学、数学、外语、阅读与写作等学科领域。这些研究是在美国、以色列、尼日利亚和德国的城镇、农村和郊区的学校中进行的。在45项研究中，有37项表明，开展合作学习的班级在学业成就上表现优异，有8项研究没有发现区别，没有一项研究表明合作学习有消极影响。

大多数合作学习研究者认为，异质小组的学习有益于所有的学生。他们假定：能力差的学生通过与能力强的学生一起工作会学得更多，而后者在作为指导者帮助能力差的同龄人的过程中也可以受益。然而，一项小型研究（Robinson & Clinkenbeard，1998）表明，聪明的学生不一定能从异质小组的学习中获益。研究者进一步指出，对于聪明的学生来说，合作学习是对他们权益的剥夺。

虽然该项研究没有最后的结论，但新教师在使用合作学习时应该时刻注意可能出现有违初衷的消极结果。

总之，合作学习坚实的理论基础与实践基础说明，通过经验学习，积极参与小组活动有助于学生学习重要的社会技能，同时发展学习技能，形成民主态度。

检测—拓展—探索

检测

- 杜威与奥尔波特对于合作学习的发展做出了哪些哲学贡献与理论贡献？
- 为什么体验学习的观点对于合作学习很重要？
- 合作学习的实践基础有多强大？
- 对于合作学习的作用，研究者认同哪些？不认同哪些？

拓展

- 罗宾逊认为合作学习对于天资聪慧的学生来说是一种权益的剥夺，你是否同意？

探索

- 请登录“在线学习中心”（www.mhhe.com/arends9e），并链接到有关“合作学习”的网站。

第3节　计划与实施合作学习课

合作学习的计划

前面章节中介绍的有关备课的许多内容都可以应用于合作学习。不过，合作学习还有一些独特的备课任务。比如，直接教学中用于组织、分析具体技能的备课时间，在合作学习中可用于收集资源信息、课文或工作单，有了这些材料，学生小组可以独立学习。教师无须计划如何确保课程流畅推进，按什么次序呈现主要观点，而应计划如何从全班统一授课向开展小组活动平稳地过渡。接下来介绍合作学习课独有的备课任务与决策。

选择方法　虽然合作学习的基本原则不会变，但其模式有许多种。这里介绍其中四种，它们是新教师应掌握的技能。

学生小组成绩分工法　学生小组成绩分工法（Student Teams Achievement Divisions，STAD）由约翰·霍普金斯大学的罗伯特·斯莱文和他的同事提出。这可能是最简单、最直接的合作学习的方式（1994，1995）。运用STAD的教师们每周或不定期为学生呈现新知识，有时是口头传授，有时是发放文字材料。固定班级中的学生分为4～5个成员的学习小组，每组都有不同性别、种族的学生，成绩高、中、低不等。小组成员使用工作表或其他方法来掌握学习资料，通过指导、互相评分或组织小组讨论的方法来帮助其他成员学习资料。学生每周或每两周参与有关学习资料的测试。这些测试要评分，每个学生都会获得“进步成绩”。“进步成绩”（后面将介绍）的评定并非基于学生的绝对成绩，而是基于此次成绩超出该学生过去平均成绩的程度。

> 在STAD模式中，异质小组的成员使用多种合作学习方法和测试程序，彼此之间相互帮助。

拼图组合法　由阿伦森等人（Aronson & Patnoe，1997，2010）研究并提出。使用拼图组合法（Jigsaw）时，可以把学生分成含5～6名成员的异质学习小组。教师将学术资料打印出来后分发给学生，每个学生负责学习其中的一部分。比如，如果学习资料是关于合作学习的，就应该这样分工：一名学生负责学生小组成绩分工法，一名负责拼图组合法，一名负责小组调查法，另外两人则专门负责合作学习的研究基础与历史发展。负责同一问题的不同小组的成员（有时称为专家组）共同学习并互相帮助。然后学生返回各自的小组，把他们所学的内容教给其他人。图10—2表明了专家组与各小组的关系。

各小组集体讨论后，学生参加有关学习材料的测验。

> 在拼图组合模式中，每个小组成员负责掌握学习材料的一部分，并把那部分教给其他小组成员。

小组调查法　小组调查法（Group Investigation，GI）的许多关键特质最初由

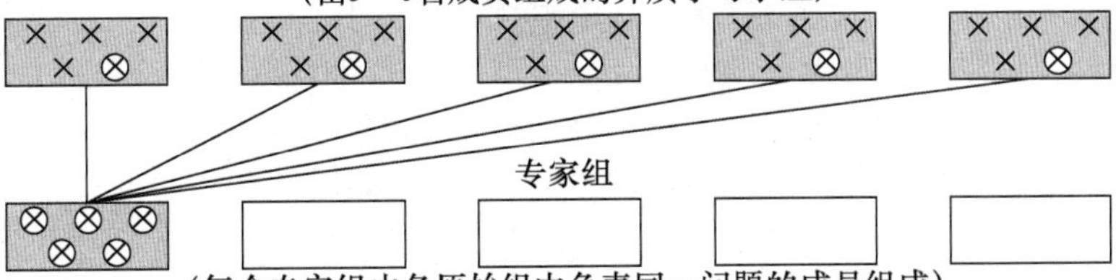

图 10—2　拼图组合法分组

西仑提出。后来，特拉维夫大学的莎伦等人扩展并重新界定了这一方式。小组调查可能是合作学习中最复杂、最难实施的方式。与学生小组成绩分工法和拼图组合法不同，小组调查法不但要求学生计划学习的主题，还要求他们计划调查的方式。与以教师为中心的教学方式相比，它需要制定更严密的课堂规范和组织。

> 在使用小组调查法时，学生们不仅共同学习，还协助教师计划学习主题和调查程序。

使用小组调查法的教师通常把他们的班级分为 5～6 名成员的异质小组。然而，有些情况下，是基于成员间的友谊或对特定问题的共同兴趣而组成小组的。学生们自己选择学习的主题，并展开深度调查，然后进行准备，面向全班做报告。莎伦（1984）等人描述了实施小组调查法的六个步骤：

（1）选择主题。学生们选择一般领域中的具体主题，这个领域通常是由教师选定的。然后学生们组成 2～6 人的任务型小组。小组成员的构成要考虑成员成绩与种族的异质性。

（2）计划合作方式。学生们与教师计划适合步骤一所选主题的具体学习程序、任务和目标。

（3）实施。学生们实施步骤二中的计划。学习应涉及大量不同的活动和技能，教师还要引导学生利用校内外的各种资源。教师此时要紧密关注每一组的进展，并在需要时提供帮助。

（4）分析与综合。学生们分析、评估步骤三所获得的信息，并计划如何通过有趣的方式进行总结，向全班展示。

（5）陈述最后的成果。部分小组或所有小组就所调查的主题做一个有趣的陈述，其目的是使各小组了解彼此的工作，并对教师界定的领域有一个广泛、全面的认识。小组展示时需要教师协调。

（6）评价。在小组探寻同一问题的不同方面的情况下，学生和教师评价的是每个小组对于整个班级工作的贡献。评价包括对个体的评价或小组的评价，或二者兼有。

在第十一章中，你会发现基于问题的学习和小组调查两种教学模式有许多共同的特质，但也有一个主要差异，那就是小组调查倾向于运用异质小组。

结构法　合作学习的另外一个方法主要由斯宾塞·卡根（Spencer Kagan, 1998, 2001；Kagan & Kagan, 2008）提出。虽然结构法（The Structural Approach）与其他方法有许多共同之处，但它强调特殊体系的使用，设计这种结构旨在影响学生的互动模式。卡根设计这些结构是想以之替代传统的课堂结构（比如教师向全班提出问题，学生先举手，待教师点到其名字后再说出答案）。卡根的结构要求学生在小组中互助学习，运用合作奖励体系而非个体奖励体系。一些结构的目标是使学生掌握更多的知识，另一些结构用于教授社会交往技能或小组合作技能。这里所介绍的“思考—配对—分享”和“集思广益”是教师用来教知识或检测学生对于特定内容理解程度的两种结构。“积极倾听”和“时间标记代币”是教授学生社会交往技能的两种结构，在后面介绍“社会技能”的章节中将会讲述。

在结构法中，小组可以有2～6名成员，既可以强调社会目标，也可以强调学习目标。

思考—配对—分享 “思考—配对—分享”策略源自合作学习研究与等待时间的研究。这一特殊的方法最初由马里兰大学的弗兰克·莱曼（Frank Lyman，1985）等人提出，是一种改变课堂讲述模式的有效方式。这一策略对“必须以全组为单位组织复述或讨论”的预设提出了质疑，并提出了固定的教学程序，给学生更多的时间思考、回答和互相帮助。图10—3展示了“思考—配对—分享”的运作方式。比如，假设教师已做完简短的陈述，或学生们已理解了教师分派的任务、提出的问题。现在教师希望学生们更充分地考虑她所解释的内容。她选择使用“思考—配对—分享”策略，而不是整个小组问答。她采用了下面的步骤：

图10—3 思考—配对—分享

步骤一——思考：教师提出与课程相关的问题或观点，要求学生用一分钟的时间独立思考答案或观点。教师需要提醒学生的是：思考时间不要讨论。

步骤二——配对：接下来，教师要求学生配对并讨论他们思考的内容。如果教师提出一个问题，那么这段时间学生可以交流答案；如果教师提出了一个具体的论点，那么学生可以交流观点。通常，教师仅给出4～5分钟的配对讨论时间。

步骤三——分享：在最后一步中，教师要求小组与全班分享他们讨论的内容。教师只需走到各组身边让他们发言，直到一半或1/4的小组都有了发言机会。

集思广益 集思广益是由斯宾塞·卡根（1998）提出来的方法，指让更多的学生参与到课程材料复习之中，教师借此检查他们对课程内容的理解。采用这一方法时，教师不是对全班直接提问，而是运用下面的四个步骤：

步骤一——编号：教师把学生分成3～5名成员的小组，然后编号，这样组里的每位学生都有一个号码。

步骤二——提问：教师问学生一个问题。问题可以变化：可以是具体的问题形式，如“美国有多少个州”；也可以是指令，比如“每个人都必须知道沿太平洋海岸各州的首府”。

步骤三——集思广益：学生们在一起研究，确保每个人都知道答案。

步骤四——回答：教师说出一个编号，每组中相应的学生举起手，向全班说出答案。

“思考—配对—分享”和“集思广益”技术替代了更多传统课堂中集体问答的方法。

表 10—3 总结和比较了四种合作学习的方法。

表 10—3　　四种合作学习方法的比较

	学生小组成绩分工法	拼图组合法	小组调查法	结构法
认知目标	事实性学术知识	事实性知识与概念性学术知识	概念性学术知识和探究技能	事实性学术知识
社会目标	小组工作与合作	小组工作与合作	构成更复杂的小组合作	团队与社会技能
小组结构	4～5 名成员组成的异质学习小组	5～6 名成员组成的异质学习小组；运用原始组与专家组	5～6 名成员组成的异质学习小组	可变化，二人组、三人组、4～6 名成员组成的小组
学习主题的选择	通常是教师	通常是教师	教师或学生	通常是教师
主要任务	学生可以使用工作单，互相帮助，掌握学习材料	学生组成专家组，研究材料；帮助原始组成员学习材料	学生完成复杂的探究	学生完成教师安排好的任务——社会任务与认知任务
评价	周测试	多种形式，可以是周测试	完成项目，做报告；可以是主观题测试	有多种形式
教师的肯定	定期发放成绩报告单，或以其他形式公开成绩	定期发放成绩报告单，或以其他形式公开成绩	书面表扬；口头表扬	有多种形式

选择合适的内容　和其他所有教学模式一样，合作学习课的主要备课任务之一是选择适合于学生兴趣与先前知识的内容。这对于合作学习来说尤其重要，因为这一模式很大程度上需要学生自学和主动参与。合作学习如果缺少有趣的、难度适宜的内容，可能很快就会中止。

资深教师能凭借经验判断学生的大致发展水平和兴趣，也能凭借经验判断哪些主题最适合用合作学习来教授。新教师必须要更多地依赖课程指导和教科书来选择合作学习的内容。不过，新教师可以利用下面的问题来选择合适内容：

- 学生对学科内容有了解吗？或教师需要进一步解释吗？
- 为各小组准备的内容会吸引他们吗？
- 如果教师计划使用文本材料，这些文本材料是否提供了与课程内容有关的足够信息？
- 如果用学生小组成绩分工法或拼图组合法上课，课程内容是否适合用客观测试题来检测（这种测试方法考试时间短、打分快）？
- 如果用拼图组合法上课，学习主题可以按其结构分解为许多子主题吗？
- 如果用小组调查法上课，教师是否就教学内容提出了充分的要求以指导学生就自己负责的部分开展调查并利用相关的资源？教师是否为学生准备好了在图书馆或是从网络上获得的有关资源？

> 因为合作学习需要学生自学、主动参与，所以教师必须精心选择能吸引学生的内容。

划分学习小组　合作学习的第三个重要的教学准备是划分学习小组。显然，这一任务会根据具体教学目标、学生种族融合的情况和学生能力水平的高低而变化。这里介绍一下几个教师划分学习小组的依据：

- 综合学校五年级的教师可以使用合作学习方式来帮助学生更好地理解种族背景不同的同龄人。小组划分除了要适合学生的能力水平，还要精心安排，容纳多种族的成员。
- 在一个基本由中产阶级白人家庭的孩子组成的学校里，一位七年级英语教师（任课班级多是中等规模的）会根据学生的英语成绩来划分学习小组。
- 在一个学生社会背景相似的十年级社会课上，教师可能会使用小组调查法，分组时以学生的兴趣为依据，但也要记住，每一组中要有不同能力水平的学生。
- 一位四年级的教师所在班级有几个孤僻的学生，她会基于学生能力划分合作小组，但也会设法把孤僻的学生与友善的、人缘好的学生编到同一组。
- 如果班上分来几个新学生，教师年初时应随机划分学习小组，确保新学生有机会与还不认识的同学一起学习。一段时间后，可以根据学生的能力再次划分学习小组。

> 对于教师来说，怎样划分学习小组是一项重要的备课任务。

有一些研究对划分学习小组提供了理论指导。由教师进行分组，其优点是可以保证小组在性别、种族和学习能力方面有好的搭配。然而，适宜的小组构成并不总是这样。例如，伦纳德（Leonard，2000）研究了小组成员构成如何影响了六年级学生的数学成绩。她发现，虽然异质小组在数学学习成绩上表现得比同质小组稍好一些，但学生互动的频率更多的是受小组内部的凝聚力而不是成员构成的影响。西德尼（Sidney，2004）等人在研究中比较了中学科学课上由教师选定小组和学生自选小组的不同。他们发现，当采用学生自选小组的方式时，学生感到有义务去选择朋友作为小组同伴，这种情境有时可能会导致消极的小组互动。他们还发现，当成绩较差的学生被成绩一样差的学生选择时，他们会质疑同这些学业成绩与自己差不多的学生一起学习有多大益处。

显然，小组的构成方式几乎是无穷尽的。在备课阶段，教师必须明确学生的学习和社会性发展目标。他们还需要收集有关学生能力的足够信息，这样一旦想组成异质能力小组，就有必要的依据。最后，教师应该认识到，划分小组时，为了满足某种需要，可能得牺牲其他目标。

收集、整理资料　当教师为面向全班的讲授课备课时，主要任务是收集可以形成有意义的讲授内容的资料。而在合作学习课上，虽然教师也会口头讲授，但同时还会发放文本材料、学习指导或网络资料。

要为学生提供文本材料，就要既考虑材料的趣味性，又考虑特定班级中学生的阅读水平，这是很重要的。如果提供学习指导，那么这些指导就应该突出最重要的学习内容。如果学生希望从网络资源中收集信息，很重要的一点就是教会他们如何审查和严格评价特定网站和互联网信息。好的学习指导与材料准备起来很耗费时间，不是上课前一夜就可以轻松应付的。如何对互联网上找到的信息进行评估将在第十一章详细讨论。

如果学生小组准备自主学习，有趣的、水平适宜的学习材料对于他们来说将是很重要的。

设定学生的任务与角色　学习任务和奖励的构成方式影响着学生在合作学习中的学习和互动的质量。维德和韦瑞克（Vedder & Veendrick，2003）在荷兰实施的一项有趣的研究中发现，为使合作学习更有效，任务体系和奖励体系必须彼此依附，而且在本质上是合作性而非竞争性的。学生们在参与合作学习课时，对于他们须承担的角色和教师对他们的期望有一个清晰的理解是很重要的。如果学校中的其他教师已经运用过合作学习模式，就会比较容易，因为学生们已了解了这一模式和他们须承担的角色。如果学校中很少有教师使用合作学习的方法，新教师就得花费一些时间向学生介绍合作学习模式，并和学生们一起学习所需的技巧。第四章和第十二章介绍了促进班级小组交流的方法，还介绍了增强小组凝聚力的活动。这些是学生在教师计划使用合作学习模式时需要掌握的重要技能。

如果学生没有合作学习的经验，那么教师帮他们适应合作学习课独有的任务体系、目标体系与奖励体系就至关重要。

如果新教师以前没有使用过合作学习模式，学生也不熟悉这一模式，那么第一次运用合作学习模式上课的教学效果看起来就不会很明显。这对于教师来说需要牢牢记住。学生对于合作奖励体系会困惑不解，家长们也反对。而且，学生们对于小组内部就学习内容展开交流一开始还会缺少热情。

使用合作学习模式对于新教师来说非常困难，因为这一模式需要教师同时协调多项活动。不过，运用这一模式可以实现一些重要的教育目标，这些目标是运用其他模式难以实现的。且对于精心备课的教师来说，合作学习的收获是非常大的。

家庭与学校

让父母和监护人知晓情况

通常情况下，合作学习的成功有赖于对这种教学模式的理解和认可。虽然未来发展更趋向合作，但在我们社会的诸多领域，特别是许多家长的工作场合还是充满着竞争和权力等级。其结果是，父母经常对教师努力推行的合作学习的目标和过程缺乏理解。他们可能对合作奖励体系特别困惑或者直接反对。那些学业优秀和有可能上大学的学生的家长常常抱怨他们的孩子在合作学习中浪费自己的天资，与能力差的同伴一起学习还增加了他们的负担（Fisher，2007）。有时学生也会有这些感受，他们就会鼓动父母去促使老师改变合作学习模式。要知道，在教室里听前面的老师讲课是许多父母在中小学教育和大学教育中所经历的教学模式，这让他们觉得其他模式都不恰当。

教师可以采取多种措施来促进对合作学习的理解和认同。有效教师的做法是：

- 倾听家长的反对声音并严肃对待。
- 真诚对待家长对教学方法的意见。
- 以口头和书面的方式，尽量用通俗的语言向家长解释合作学习的目标和过程。
- 在学校开放日或家长会上模拟合作学习的活动。
- 鼓励父母来教室听课，直接观摩合作学习。

安排好时间与空间的使用　合作学习的最后一个重要备课任务是确定如何安排时间、使用空间。如第三章所介绍的，课堂学习时间的珍贵超出大多数教师的预想。合作学习依赖于小组互助，与其他教学模式相比，更需要时间资源。大多数教师低估了合作学习所需要的时间。学生们相互交流重要的思想比教师直接讲授更耗时。从全班讲授教学到小组活动的过渡也会占用宝贵的教学时间。精密的计划有助于教师更现实地考虑时间分配，可以最大限度地减少非教学时间。

因为合作学习课依赖于小组教学，因此要比其他的教学模式花费更多的时间。

运用合作学习需要特别关注教室空间的安排和可移动设施的使用。分组排座和灵活排座是资深教师在合作学习模式中经常使用的两种座位排列方式。

分组排座和灵活排座机动性强，适合于合作学习。

分组排座　四或六个学生坐在一起，有助于合作学习和完成其他的小组任务（见图 10—4）。使用这种排座方式，可能得让学生们在听讲、看演示时移动椅子，以便所有的学生都能面对教师。

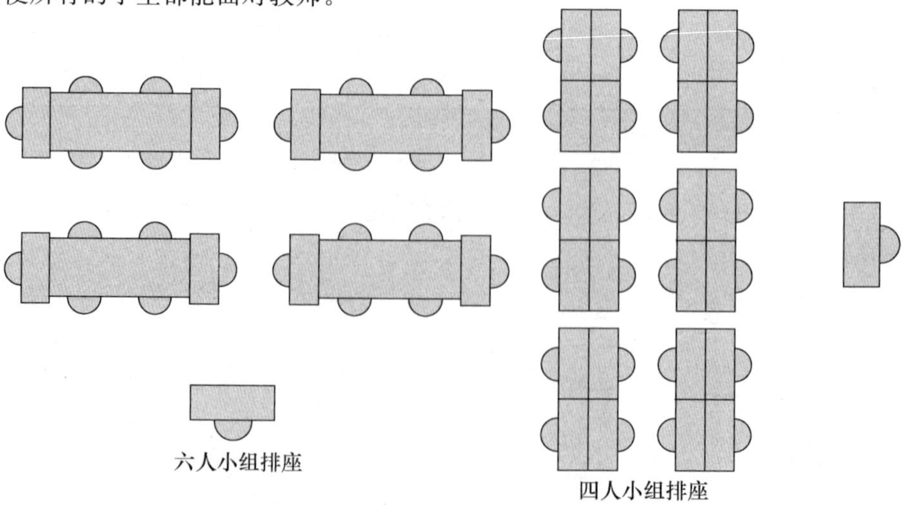

图 10—4　四人或六人小组排座安排

灵活排座　马里兰州霍华德郡的一位阅读教师林恩发明了一种特殊的排座方法。在合作学习中，她使用了一种灵活的座位安排方式，能有效地从直接教学过渡到合作学习。她把学生的桌椅排成翅膀的形状，见图 10—5 的上半部分。转到合作学习时，位于阴影处的学生把他们桌子移成图 10—5 下半部分的样子。林恩表示，在这两种形式中，她都能“与学生保持眼神的交流，教室显得很宽敞”。

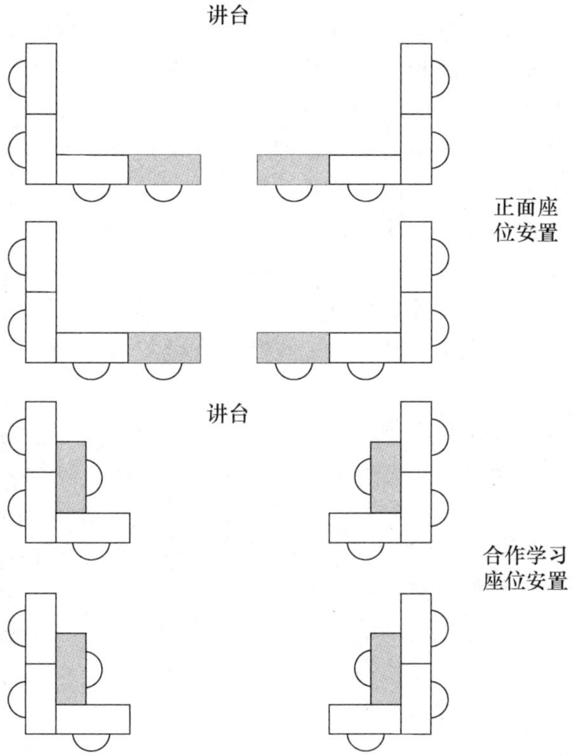

图 10—5　翅膀状的座位安排

开展合作学习

合作学习的六个阶段以及每一阶段的教师行为见表 10—4。前四个阶段在这一部分讲述。后两个阶段详见本章后面的“评估和评价”部分。

表 10—4　　**合作学习模式的结构**

阶段	教师行为
阶段 1：阐明目标，创设情境	教师简介课程目标，创设学习情境
阶段 2：通过口头、文本或在线网络的形式呈现信息	教师通过口头或书面形式呈现信息
阶段 3：组织学生分组	教师向学生解释怎样组成学习小组，并帮助学生分组
阶段 4：帮助各小组合作、学习	教师在学习小组开展工作的时候进行指导
阶段 5：检测	教师检验学生对学习材料的掌握情况，或小组展示成果
阶段 6：予以肯定	教师设法肯定个人与小组的努力、成就

利用技术促进教学

促进学生间的合作互动

不赞同运用技术的人通常会指出，计算机与互联网会使学生之间、学生与教师之间产生隔膜。他们描绘了这样一个场景：学生在一个大屋子里独自固守在电脑前，或是在家里上网冲浪，远离家人和朋友。虽然这种问题是需要关注的，但是使用电脑和互联网并不必然导致隔膜。技术的作用处在教师的掌控之中。如果教师要求学生独立学习，那么他们就倾向于独自上机、上网；相反，如果教师要求学生共同学习，那么技术实际上能促进学生间的互动与合作。让我们来看一下可能促进合作的一些方法。

互联网和其他一些通信手段为团队学习和合作学习提供了许多的机会。教师可以采取这一章所提到的几个合作学习的方法，如小组学习、拼图组合和小组调查，给学生布置任务与方案。教师鼓励（要求）学生们以互助而非独立的方式使用计算机和互联网，完成任务或调查。下面是一些运用技术进行合作学习的例子：

- 就特定主题进行网络检索。
- 创作报纸。运用出版工具，学生们可以共同撰写和出版一份班报。
- 创作多媒体或超媒体的呈现方式。在小组调查中，学生小组可以创设一个多媒体或超媒体的呈现方式来展示他们工作的成果，并向其他人解释他们的主题。

技术还可能为“认知学徒制”（cognitive apperenticeship）的运用提供机会。如前所述，“认知学徒制”和“支架式教学”是缺乏经验的学生通过与资深的成人或学生互动、模仿他们的认知行为来获取知识与认知能力的过程。学生们互动和共同学习时可以使用光盘或在网上模拟情境中探索，或创建并使用资料库，这样可以运用“认知学徒制”。通常，这只能通过技术来实现。

任何一节合作学习课，都要让学生通过互助完成任务，利用技术上课时也不例外。并且，教师在利用技术上合作学习课时，必须帮助学生发展社会技能，以实现有效的共同学习。

最后，计算机与相关技术的运用还是推动学校改革的动力。学校不像社会上其他的组织那样可以很快地接受新技术。一些观察者（Collins & Halverson，2009；Trotter，2007）认为，传统的课堂并不能很好地采用较新的技术，只有当我们对于学习与课堂的认识有了重大的转变时，新技术才能得以广泛使用。对于相对传统的学习观（获取信息）和课堂教学（设置竞争奖励体系）来说，新技术没有什么好处。但是，计算机与互联网的使用交互性强，符合建构主义的观点，在合作学习情境中会大有用武之地，这表现在：

- 学生在小组中一起学习。
- 教师作为学生质询的答复者。
- 允许学生从多种资源中收集信息，而不限于由教师传递信息。

可能由于合作学习模式在美国课堂中的使用越来越广泛，它或许会成为推广计算机与电信技术的催化剂，反过来，这些新技术将造就新的课堂类型和新的学习形式。

阐明目标，创设情境　在这一阶段，合作学习的部分工作与其他模式一样。有效教师开始上课时，都会复习上一节课，用学生可以理解的语言解释本课目标，并让学生明白本课与先前知识的联系。因为许多合作学习课一个课时甚至一周都完不成，而且它的目标是多面性的，所以教师通常格外关注这个阶段。

比如，当教师第一次上小组调查课时，他需要花费大量时间确保学生理解这一方法的特定步骤和他们的任务。教师也可能想在这一阶段告诉学生们如何对自己的学习负责，不一味地依赖教师。在这一阶段，教师还可以和学生讨论如何通过多种渠道，比如读书、看电影、与他人交流来获取知识。

如果教师准备上拼图组合课，他可能想和学生讨论人们在工作中是多么需要与他人相互依赖和协作，拼图组合法将给学生一个机会来锻炼合作行为。同样，如果教师的主要目标是促进不同种族背景的学生的关系，他可以向学生解释这一想法，并和学生讨论如何与不同于自己的人工作，如何能为双方提供了解彼此的机会。

上合作学习课之前阐明目标是很重要的，因为学生必须清楚地理解课程的程序与规则。

所有这些例子的关键之处在于，如果明确地讨论了课程目标，学生就更愿意依循程序去学习。如果学生不清楚他们为什么要这样做，或者成功的标准不公开，他们就很难成功地完成任务。

通过口头、文本或在线网络的形式呈现信息　这里不再重复呈现信息的方法与原则，因为第七章已详细地介绍过。但介绍一下怎样通过文本呈现信息仍是很重要的。这里所提到的大部分内容并不只适用于合作学习模式，新教师在许多需要文本的课中都可以使用。

低年级教师知道，如果依赖文本传达内容，就需要帮助学生学会阅读特定的材料。较高年级（如大学）的教师则通常假定学生可以阅读、理解特定的材料。在许多情况下，这一假设并不成立。如果合作学习课需要学生阅读纸质的或网络上的文本材料，那么有效教师不管教哪一年级、什么科目，就会认为自己有责任帮助学生成为更优秀的阅读者。同样，如果要求学生从互联网上获取信息，就必须教会他们评价网络信息的性质和准确性，这一点将在第十一章加以阐述。

组织学生分组　引导学生组成学习小组，指导他们开始合作学习可能是合作学习模式中最困难的教学步骤之一。这是极易导致混乱的阶段，除非教师精心地做了计划，谨慎地引导学生从整体向小组学习过渡。没有比这种过渡更令教师烦恼的了：30 名学生要分成小组，他们不清楚要做什么，每个人都希望得到教师的关注与帮助。

另一个教师需要考虑的问题是，当组织学生分组学习时，是否需要给特定学生分配角色。一些教师喜欢让学生在不安排角色的小组中学习，他们认为最好是让每个学生做他自己。然而，另一些教师喜欢给学生安排角色，认为这会促进学生的参与和学习。一些研究者（Palincsar & Herrenkohl，2002）支持角色分配和教会学生如何扮演自己在合作学习中所要求的角色。在小组学习中分配角色的教师可能会发现由卡根（1994）提出的角色分配表很有用。卡根注意到角色分为两种：一种是帮助小组成员完成学习任务的角色，一种是帮助小组成员在过程中推进任务完成的角色。

任务定向的角色

- 任务管理员——引导小组成员集中精力完成任务。
- 资料管理员——负责收发材料。
- 教练或学习指导者——帮助小组成员学习课程内容。
- 记录员——记录想法、计划等。明确记录于工作图表上。

过程定向的角色

- 守护者——帮助小组成员合理使用空间；保证平等参与。
- 鼓励者——鼓励不积极的同伴参与小组活动；对完成任务者给予表扬和赏识。
- 核查者——帮助成员检查知识掌握情况。
- 反馈者（时间监控人）——提醒成员任务进展情况或欠缺之处。

从全班讲授教学到小组活动的过渡必须精心设计。

帮助各小组合作、学习　如果合作学习活动不复杂，学生可以独立完成任务，教师应尽量不要干扰或帮助他们。如果活动复杂，教师就需要密切关注各个小组，提醒他们需要完成的任务和每一步骤所需要的时间。当使用小组调查法时，教师必须随时指导学生利用资源。在这个阶段，教师须遵循一条原则，即教师介入太多、提供不必要的帮助会惹怒学生，还会剥夺学生自我学习的机会。同时要注意，如果发现学生对于目标不清楚或无法完成既定的任务，那么就需要提供指导和帮助。

多元化与差异性

调整合作学习方式，满足不同学习者的需求

与使用其他的教学法一样，教师使用合作学习模式时必须设法适应不同学生小组的需要。与此有关的许多方法在前面章节中已有描述，那些也适用于合作学习。然而，运用合作学习模式时，教师还是会有一些独特的有利机会，也会面临一些特殊的挑战。

合作学习固有的最重要的有利条件是：有特殊需要的学生和来自不同背景的学生们有机会在合作小组中共同完成特定的任务。合作学习是不同种族背景的学生加深理解的重要方式，也是残障学生充分参与课堂生活的重要方式。

然而，教师必须调整合作学习课，以适应所有学生的需要。下面举一些适当调整的例子：

- 记住：学生在合作学习小组有效工作之前，必须相互了解，并尊重个体差异。任何班级中学生互相理解与互相尊重的程度都不相同，所以，有关这些方面的教学需要调整。

● 为残障学生提供更直观的帮助与解释，帮助他们由单独听讲过渡到小组合作。

● 对于那些愿意学习但存在困难的学生，教师应为他们提供帮助与支持性反馈。

● 帮助普通学生理解残障同学与正常人的区别，对残障同学能在学习小组中做什么有个正确预估，并指出所有学生在团队合作中的作用。

● 帮助所有学生理解不同种族群体的文化标准，以及对小组互动与合作的影响。

● 帮助所有学生熟悉残障学生需要的辅助设备、手段，比如助听器、手语和第二章所描述的辅助技术。

检测—拓展—探索

检测

● 合作学习模式有哪些主要的备课任务？

● 准备合作学习课与准备讲授课或直接教学课有何区别？

● 当教师选择特定合作学习方法时，他们应该考虑哪些因素？选择特定分组方法时呢？

● 合作学习课有哪六个阶段？每一阶段教师要实施哪些行为？

● 教师在合作学习中的作用与在直接教学中的作用有何不同？

拓展

● 思考你所教的各个学科，哪些适合采用合作学习模式？

● 你是否同意“教给学生社会技能是教师的责任”这一说法？

探索

● 请登录“在线学习中心”（www. mhhe. com/arends9e），并链接到有关“合作学习”的网站。

第 4 节　管理学习环境

合作学习不同于前几章所介绍的教学模式，它是以引导学生自学的方式来进行教学。管理合作学习环境，需要注意这一模式一系列独有的、相当困难的问题。比如，向学生介绍如何完成一项复杂的小组合作任务比在一章结束时留作业困难得多，组织学生分组、合作比安排学生休息或要求他们坐着听教师讲课困难得多。举个例子，新教师汤姆在实习时，试着使用合作学习模式，就遇到了以下问题：

我迫不及待地给学生们分组。我不想和我的指导教师一样——她一言堂，不允许学生们在一起学习。学生们显得非常消极和孤立。虽然我的指导教师对我的分组尝试不热情，但她祝我成功。我很激动。我相信如果给予学生积极参与、互动的机会，他们会有较好的反应。

我决定在科学课上使用小组学习法，因为指导教师在这一学科领域给予我的自由度最大（我认为她不喜欢科学，认为科学课没那么重要，所以她才让我随心所欲）。我告诉学生可以自由选组。我认为可以与朋友一起学习的期望能调动孩子们的积极性。

但一开始分组时就乱作一团。首先，我们必须把桌子由排变成组。学生大喊大叫，争论谁该分在哪一组。整个过程花了十分钟，太吵了。我的指导教师相当不满意，我看到这一切也很沮丧。我的班级的确是异质班级，有黑人、白人、西班牙裔美国人、亚裔美国人，可是小组却没有体现种族融合。结果一组全部是男孩，或者全部是女孩。更糟糕的是——我们班有一个白人女孩（她有学习障碍，多动），根本没有人想和她一起学习。我最后把她"摊派"到一个组，那组学生很不情愿。还有一个孩子，特别害羞、安静，我只好把他也安排到一个组。这对他们两个人来说真的很尴尬。

最后，我让每个人都安顿下来，他们开始小组学习。我们讲的是种子和植物，每个组都得设计一项实验，这样他们可以实际操作，展示植物生长需要什么物质。我强调他们应共同学习，确保每个人都做出贡献。

这下天下大乱了。两个组已完成，但有一个组总在谈论，不做记录。另一个组——全部都是男孩——决定让在科学上表现最出色的孩子自己设计实验。他老来我这儿告状，抱怨说别人什么都不愿做。这是真的。整个过程他们都坐在那儿，吊儿郎当。另外一个组有三个女孩、一个男孩。那个男孩立刻就"当家作主"了。他全权负责，女孩们只是坐在那儿，听凭他发号施令。

我本以为所有学生都会团结协作、互相帮助、出谋划策。但事实并非如此。嘈杂声越来越大。我关了灯，提醒他们小声说话。有几分钟的时间，他们安静了一些，但随即又吵闹起来。最后，我的合作指导教师进来，对每个人大喊。我真的很没面子。我就是管不住学生，很快对使用合作小组的方法失望透顶。我想指导老师可能是对的。这些孩子不能应付一起学习的场面，或许最好的办法是让每个人坐好，听我一个人讲课。

第五章中介绍的许多通用的管理原则和讲授课、直接教学的管理原则（第七章、第八章）可用于合作学习课，帮助汤姆解决对学生的管理问题。在使用任何一种教学模式时，指定几条规则都是很重要的，这可以规范学生的言行，使课程有序地进行，保持基本的课堂礼仪，在违纪行为发生时，教师也能快速、稳定地处理。合作学习模式独有的管理任务，则是帮助学生从单独听课向合作学习小组过渡，在学生开展小组活动时协助他们，教授他们社会技能与合作行为。

帮助学生过渡

给学生分组，让他们开始小组合作学习的过程是很困难的。正如汤姆的故事所示，如果不经过精心筹划，新教师在这一过程中会遇到严重的问题。教师可以使用一些简单但重要的策略使得过渡顺利进行：

第一，把关键步骤写在黑板上，或制成图。当人数较多的小组从教室的一处移向另一处时，直观的提示可以帮助他们。这些就好像人们购买热门戏票时提醒他们排队的标识，或者大型公共活动（如球赛）中使用的排队方法。这儿有一个例子：

步骤 1：墙上标示出了各组的名字，帮助学生快速地找到对应位置。

步骤 2：选一个人到讲台前领取所需的材料。

步骤 3：用十分钟阅读你们的任务。

步骤 4：听我的口令，开始讨论。

步骤 5：听我的口令，返回各自的学习小组，开始介绍信息。

第二，清晰陈述要求，让 2～3 个学生进行复述。让几个学生复述要求，这有助于每个人集中注意力，还可以给教师提供反馈——学生是否理解了要求。

第三，规定每个学习小组的位置并做出标志。如果不加干涉的话，任何年龄的学生（甚至成人）都不会在教室中恰当安排各自的位置。他们更倾向于聚在教室中最易到达的区域。为了有效率地分组，教师应该为各组指定明确的位置，并坚持要求各小组到指定位置去。

> 三项措施可帮助学生向小组过渡：把指示写在黑板上，让学生复述，为每组安排特定的位置。

以上方法不宜轻易更改。师生习惯于合作学习模式后，使用这些方法时可以灵活一些。然而，对于新教师来说，尤其是刚开始使用合作学习模式时，指示与程序要非常严谨，这样可以使得课程进展顺利，不会重蹈汤姆所经历的困惑与灰心。

> 如果教师制定严谨的规则与程序并向学生详细说明，那么运用小组学习模式就会比较顺利。

教学生合作

在一些学校中，学生没有机会完成共同的任务，所以许多学生并不知道怎样合作。为了帮助学生合作，教师需要注意分配给各个组的任务类型，还需要教给学生下述重要的社会技能和小组合作技巧。

任务互助　如前面所述，合作学习任务应是互助任务，而非独立任务。举一个独立任务的例子：教师给学生发一张数学任务单，并把他们分组，告诉他们可以互相帮助，但是接下来要求每个学生单独完成任务单上的任务，单独打分。虽然学生可以互相帮助，但他们并不是互相协助完成任务。如果教师把班级分组，要求每个小组所有成员共同参与，完成任务单上的数学任务，那么同样的例子就会变为互助任务。许多第一次使用合作学习的教师由于不能成功设计互助任务，当学生不合作或选择独立完成时，他们就会变得很沮丧。

> 设计需要学生互助的任务。

如前面所举的例子，小组成员共用学习材料是建构任务互助的一种方式；让学生小组共同完成任务是又一方式；围绕材料运用方法建构互助的第三种方式是给一些学生问题，给其他人答案，要求他们通过讨论找到对应的问题与答案。前面所描述的拼图组合合作学习课程是创设互助的另一种方式，即小组成员为获得信息而互助、协作。

还有一种建构互助的方式：角色区分。比如，在小组调查项目中，一名学生可能负责打印报告，一些人负责制作 PPT，以便在演示时使用，其他人负责直接陈述。每个小组成员都执行一项具体的任务，但小组作为整体的成功有赖于所有成员的合作与互助。

社会技能　教师们不应该想当然地认为学生们具有合作学习所需的社会技能或小组技能。学生们可能不知道怎样互助，怎样制定合作活动计划，怎样使各小组成员协同配合，怎样评价小组为完成特定目标所取得的进步。为了确保合作学习的正常进行，教师需要教授多种小组合作方式和社会技能。

社会技能是促使个体与他人有效合作，建立成功的社会关系的行为。孩子可以向许多不同的个体学习社会技能：家长、保姆、邻居和教师。理想的状态是，孩子们从没有社会技能的婴儿成长为具有丰富技能的成人。然而，许多儿童和青少年在入学前没有学到共同生活与学习所需的社会技能。教师发现，许多孩子缺少分享技能、参与技能与交流技能。因此，教师帮助学生掌握这些技能十分重要。

教师不应该想当然地认为所有学生拥有有效开展小组工作的社会技能。有些学生需要帮助。

分享技能　许多学生在分享时间与材料方面有困难。这在合作学习课上可能导致重大的管理问题。对其他学生专横，不间断地谈话，大包大揽，是学生缺乏分享能力的例子。专横的学生往往很自我，他们无法理解自己的行为对其他人或小组工作有什么影响。这些学生需要了解分享的价值，学会控制自己盛气凌人的行为。教师教授分享技能的两个方法如下。

（1）轮流。轮流是教学生在小组中学习时如何转换次序的活动。这一过程非常简单。教师介绍一个想法或提出一个有多种答案的问题。然后要求学生说出自己的意见。一个学生说出意见，然后转给下一个人，以此类推，直到小组中每个人都有机会参与为止。

学生必须互相了解，尊重个体差异，合作学习小组才可能有效果。

（2）结对检查。帮助专横的学生学习分享技能的方式是结对学习、互相检测。此处介绍的结对检查法改编自卡根(1998) 提出的八个步骤：

> 步骤 1——结对合作：小组成员结成对子。一个学生完成任务或解决问题，另一个同学给予帮助和指导。
>
> 步骤 2——指导者检查。小组中的指导者检查同伴的工作。如果指导者和操作者之间在答案或观点上无法达成共识，他们可以听取组内其他成员的

建议。

步骤 3——指导者表扬：如果两人意见相同，指导者给予操作者表扬。

步骤 4～6——转换角色：重复步骤 1～3。

步骤 7——小组检查：小组内各对学生集中到一起，比较答案。

步骤 8——小组激励：如果整个小组达成一致意见，小组成员可以手拉手欢呼。

参与技能 有一些学生想支配小组的活动，但也有一些学生可能不愿意或不能参与。有时不参加小组学习的学生很害羞。害羞的学生往往非常聪明，他们可以独自一人或和另一个同学很好地完成任务。然而，他们发现自己参与到小组中很困难。被孤立的学生参与小组活动也有困难。此外，还有一些其他方面都正常的学生，因为某些原因选择独立学习，不愿参与合作小组。

保证害羞的学生或被孤立的学生参与到部分成员拥有丰富社会技能的小组中，是教师使这些学生实现参与的一种方式。如前所述，建构互助任务（前文提过）是降低学生独立学习概率的又一方法。使用计划表，标明各组任务以及完成每项任务的责任，是确保小组成员任务平衡、教学生学会这一任务分配技能的第三种方法。“时间代币法”与“给频繁发言者的提醒”是教师专门用来教授参与技能的小技巧。

（1）时间代币法。如果合作学习小组中几个人控制对话，还有几个人很害羞，从不说话，那么时间代币有助于促进成员的均衡参与。给每个学生几枚代币，每枚代表 10～15 秒钟的讲话时间。一个学生监督，看发言者用完了既定时间，就收回他的一枚代币。当一个学生用完所有代币时，就什么也不能说了。这样，手里还有代币的学生当然就必须参与到讨论中来。

（2）给频繁发言者的提醒。只有一小部分学生参与到小组学习或讨论中的现象并不鲜见。要使小组成员的参与更平衡，一种方式是安排一个学生追踪每个学生的参与情况。如果这位监督者发现某个学生再三发言，就可以递给他一个条子，要求那位学生克制一下，直到每个人都有一次发言机会之后再发表意见。监督者还应该以同样的方式鼓励害羞的学生发言。

交流技能 缺乏重要的合作技能对于低年级学生或高年级学生（包括成人）来说都是很正常的。要清楚描述自己的想法与感受，让听者确切理解，是很困难的。确切地倾听、解读他人对我们所说的内容同样困难。如果合作学习小组交流不畅，就不能有效地运行。第十二章中介绍的四种交流技能（变换措辞、描述行为、表达感受、印象检查）是很重要的，应该教给学生们，让他们在小组情境中轻松地交流。

> 教师应该帮助学生增强交流技能，以确保他们在小组学习环境中取得成功。

在课堂互动中，学生通常不注意听彼此的观点。听讲时，他们举着手坐着，等待教师叫他们发言；小组活动时，他们可能会不间断地发言，打断别人。在某些课堂讨论（主要的教学目标是让学生学会听）中，促进积极听讲的一种方法是要求学生在讲话之前，必须首先复述前一个同学所说的内容。更多教授积极倾听和措辞变换的方法见第十二章。

小组技能 大多数人都有这样的经历：自己小组的每个成员都很优秀，有很丰富的社会技能，然而整体表现却不佳。成员们可能一直南辕北辙，以致无法完成任务。个体必须学习社会技能，才能在小组或集体中与他人成功地互动。同样，小组作为一个整体，如果取得成效，也必须学习小组技能和小组方法。学生要想在合作学习小组中有效地学习，也必须互相了解，尊重彼此的不同。

小组建构 帮助建构小组认同、创造互相关爱的氛围是教师使用合作学习小组的重要任务。具体措施很简单：确保每个人都知道其他小组成员的名字，让全体成员为小组取名字。让小组制定口号、设计组徽也可以增强团队精神。接下来的三个活动也可以用来教授小组技能，建构积极的小组认同。

（1）小组访问。合作学习小组中的学生互相访问。可以了解其他人的姓名、所去过的地方、特殊的兴趣，或喜欢的运动、节假日、颜色、书、电影等。教师可以要求学生访问小组中的每位成员，然后与整个小组分享他们所了解的小组成员和小组整体。小组访问的另一种方式是每个学生访问小组（或班级）中的另一个学生，然后准备一份该生的简历，向全班或整个小组介绍那个人。

（2）小组壁画。教师可以要求学生使用各种各样的材料，比如标志、蜡笔、粉笔、彩笔和杂志的图片来制作壁画，展示他们希望小组如何共同工作。要鼓励所有成员参与这个活动。完成之后，小组成员们讨论一下他们的壁画，并向其他组的成员解释他们的壁画。

（3）魔幻数字 11。卡根（1998）介绍了一个小组项目，让学生们坐成一圈，伸出握紧的手。他们上下摆手，说“一、二、三”。在数到三的时候，每个学生都伸出手指，要求伸出手指数的总和为 11。这个过程不允许学生讲话，成功以后，小组可以欢呼。

教授社会与小组技能 教授特定的社会技能和小组技能与教授具体内容的技能（比如看地图或怎样使用望远镜）没有差别。第八章描述了直接教学模式，这种模式需要教师阐述并示范所教的技能，留出时间让学生练习该技能，并对他们的表现做出评价。一般情况下，当教师教授重要的社会技能和小组技能时，应该使用这种模式。关于如何教授社会技能和小组技能，在第十一章、第十二章中还会有阐述。

检测—拓展—探索

检测

● 合作学习环境有什么主要特征？

● 教师可以通过哪些步骤帮助学生从大组稳步过渡到小组？

● 学生们要有效地合作学习，需要重要的社会技能与小组技能，请列出这些技能。

拓展

● 考虑到当前重视学业内容讲解的现实，你是否同意教师花时间教授社会技能与小组技能？

探索

● 请登录“在线学习中心”（www.mhhe.com/arends9e），并链接到有关“合作学习”的网站。

第5节　评估和评价

对于前面所介绍的每一个教学模式，我们都强调：评价策略应与特定一课的教学目标相符，与该教学模式的总体理论基础相符，这是很重要的。比如，如果教师使用讲授与阐释模式帮助学生掌握重要的观点，并批判性地思考这些观点，那么就需要设计既要求学生回忆观点，也要求他们运用高级思维的测试问题。如果教师使用直接教学模式教授特定技能，就需要运用成就测验来检查学生对于技能的掌握，并提供矫正型反馈。然而，前几章中所提到的例子和建议有一个共同的前提，即教师使用竞争化奖励体系或个体化奖励体系。合作学习模式改变了奖励体系，因而需要用不同的方式来进行评价和认定成绩。

对学生的学业学习进行测评

使用学生小组成绩分工法和某些类型的拼图组合法时，教师会测验学生对学习材料的掌握。在大多数情况下，测验题必须是客观题，这样可以当堂评分，或在课后很快给出成绩。图10—6显示了如何为个人评分，图10—7是一张计分表。这种评分系统的开发者斯莱文（1994，1995a）是这样介绍的：

> 每个学生能为小组贡献多少分，取决于该生的测验成绩比自己过去的平均成绩高多少……不论基础成绩如何，测验成绩“优秀”的学生总能获得最高分。这种个人进步系统给每个学生提供了为小组贡献最高分的好机会：当且仅当他们尽了最大的努力，取得重大进步或获得“优秀”成绩时，才能做到。可以看到，即使没有分成小组，这种进步得分系统也能提高学生的学习成绩。不过，在运用学生小组成绩分工法时，这一评分系统尤其重要：能力差的学生如果不能为小组做出大的贡献，就不会被其他小组成员完全接受，进步得分系统恰恰解决了这一问题。

步骤1 确定的基础分数线	给每位学生打一个基础分（该生历次测验平均分）。
步骤2 得出此次测验成绩	就与目前课程相关的内容测试、打分。
步骤3 得出进步成绩	比较学生此次成绩与其基础分，为其打进步分。标准如下。
低于基础分10分以上	0分
低于基础分1～10分	10分
高于基础分10分以内	20分
高于基础分超过10分以上	30分
优秀（不管基础分高低）	30分

图10—6　学生小组成绩分工法和拼图组合法的评分方法

资料来源：Slavin，1994，p.19。

学生	日期：5月23日			日期：			日期：		
	成绩： 重新分组附加测验			成绩：			成绩：		
	基础成绩	测验成绩	进步分	基础成绩	测验成绩	进步分	基础成绩	测验成绩	进步分
萨拉（Sara）	90	100	30						
汤姆（Tom）	90	100	30						
厄休拉（Ursula）	90	82	10						
丹妮尔（Danielle）	85	74	0						
埃迪（Eddie）	85	98	30						
娜塔莎（Natasha）	85	82	10						
特塔维斯（Travis）	80	67	0						
塔米（Tammy）	80	91	30						
埃德加（Edgar）	75	79	20						
安迪（Andy）	75	76	20						
玛丽（Mary）	70	91	30						
斯坦（Stan）	65	82	30						
阿尔文（Alvin）	65	70	20						
卡德（Card）	60	62	20						
哈罗德（Harold）	55	46	10						
杰克（Jack）	55	40	0						

图 10—7　学生小组成绩分工法和拼图组合法的成绩单

资料来源：Slavin，1994，p. 20。

小组调查方法并没有特殊的评分系统。小组的报告或陈述是评价的一个依据，教师可根据个人贡献与集体成果奖励学生。

评价合作

前面讨论过，合作学习的主要目标之一是发展社会技能，特别是合作的技能。评价这些技能不像评价学业技能那样简单，但如果教师不把这些技能纳入评价系统，学生们就不会认为这些技能重要。图 10—8 列出了可评价的重要合作技能及评价标准。

为合作学习评定等级

在使用合作学习教学模式时，教师必须小心对待奖励体系。教师应奖励小组成果，既要奖励最终结果，也要奖励促成这一成果的合作行为，这是很重要的。与此同时，教师也想评价每个成员对最终成果的贡献。然而，当教师试图根据小组的成果给个人评等级时，这种双重的评价就给他们带来了困难。比如，有时几个雄心勃勃的学生可能为完成小组目标承担了大部分的责任，他们会对那些仅做出很小贡献却与他们评级相同的学生心怀不满。同样，如果学生忽视了自己的责任，明明没有完成该完成的任务，却也得到奖励，学生就会对这种奖励体系不屑一顾。一些资深教师发现了一个解决的办法，即为学生提供两种评价方式——一是评价小组成果，二是评价个体的贡献。

A. 为完成小组目标合作
4 分：积极促进小组目标的确定，努力工作来实现目标。
3 分：就小组目标进行交流，分配任务，并完成了各自的任务。
2 分：就小组目标进行交流，分配任务，但未完成任务。
1 分：不按照小组目标工作或有意反其道而行之。
B. 表现出色的人际交流技能
4 分：积极地促进小组成员有效互动，在表达自己的思想和观点时，照顾他人的感受和知识基础。
3 分：参与小组互动，但起不到促进作用。在某种程度上，表达想法时能照顾他人的感受和知识基础。
2 分：在他人催促下参与小组活动，或者表达想法时不考虑他人的感觉和知识基础。
1 分：即使在他人催促下也不参与小组活动，或表达想法时完全无视他人的感受和知识基础。
C. 促进小组改进工作
4 分：在小组合作的过程中，必须改变或调整时，积极主动地帮助小组成员认识到这一点，并促使小组成员共同努力做出改变。
3 分：在小组合作的过程中，帮助小组成员认识到必要的改变或调整，并朝这一方向努力。
2 分：在小组合作的过程中，经人提示时才帮助小组做出必要的改变或调整；或者，在小组转变过程中参与极少。
1 分：在小组合作的过程中，即便经人提示，也拒绝承认必需的改变或调整，或在小组做出改变时不予配合。

图 10—8　合作技能评价标准

资料来源：Marzano，Pickering and Mclighe，1993，pp. 87－88。

使用合作学习模式时，教师最大的挑战在于既要为小组评定等级，也要为个人评定等级。

认可合作的成果

合作学习在教学结束后的又一个重要任务是认可学生的成果。斯莱文和约翰·霍普金斯大学的后继研究者创造了“每周班级通讯”的概念，用于小组成绩评定法和拼图组合法。教师（有时班级自身）借助通讯能汇报、发布小组的成果和个人的学习成果。

小组调查方法的开发者提出，可以通过在教室里或班级网页上隆重推出小组汇报，醒目地展示小组调查结果，来表示对小组成绩的赏识。学期末如果能邀请客人（家长、其他班级的学生或校长）来听取汇报，效果还要显著得多。教师也可以制作总结小组调查结果的通讯，发送给家长或学校和社区的其他人。第十一章在基于问题的学习方面将进一步阐述关于成果认同的问题。

检测—拓展—探索

检测

- 当教师考虑在合作学习模式中怎样评价学生的成就时，应考虑那些因素？

拓展

- 给小组成果评等级是有争议的。你同意这么做吗？

探索

● 请登录“在线学习中心”（www.mhhe.com/arends9e），并链接到有关“合作学习”的网站。

第6节　最后的思考

合作学习应该是每位新教师必须掌握的教学技能。研究者不断悉心探索，开展实证性研究，开发了合作学习的应用模式。合作学习有助于促进学生更强的包容心态，还有益于讲授社会技能和小组技能，同时能提高学生的学业成就。然而，教师还是应该小心谨慎，并应了解在某些情境中指导合作学习可能会遇到的困难。

比如，在某些社区中，人们会强烈地抵制教师使用合作奖励体系。许多家长和社区成员看重个体成就，认为学校应该重视个体奖励体系，以使青少年为进入充满竞争的成人世界做好准备。许多学生，特别是在比较传统的个体奖励体系中表现出色的学生，同样会反对重视互助活动以及让学生分享奖励的方法。

一些教育工作者对合作学习抱有极高的期望，认为它是增强学生积极社会行为，同时修正社会中许多不公正现象的有效方式。事实证明，这一模式的确可以帮助教育工作者实现这些目标。然而，教育工作者应该谨慎，不应夸大这一模式的优点，他们应该帮助人们认识到，没有一种教学模式可以在一夜之间解决长期存在的社会痼疾。

对课堂的反思

合作学习，“悠着点儿”?

在教学的第一年，你发现在你所在的学校（小学或中学）里，教师不太关注合作学习。他们并不反对合作学习，只是更偏好使用更传统的以教师为中心的教学方式。然而，在实习的时候你广泛应用过这一模式，并且坚定地相信通过合作学习能有效实现你所重视的教学目标：团队合作，包容差异。你迫不及待地想让学生开展合作学习。

第二周，你在语言艺术课上介绍了两个合作学习的项目。你选择使用学生小组成绩分工法教授拼写，使用长期的小组调查法教授诗歌。在拼写教学中，你把学生分成小组，保证能力水平不同、种族背景不同的学生合理搭配；在诗歌教学中，虽然你清楚地向学生说明，你不希望某个小组中全是男孩或全是女孩，但你还是允许学生根据兴趣分组。你告诉学生每周检查拼写，个体的进步与小组的成果会决定每个人的等级。你还声明，在诗歌调查中，奖励的最主要依据是小组成绩。

前两周，你对学习的进展并不满意。学生发现，安定下来并在一起学习很困难，他们并没有表现出很高的热情。你听到一些对你采用的评分系统的小小抱怨。然而，你并没有在意，相信事情会很快好起来。

第四周的周一，你收到了校长的便条，让你放学后去见她。当然，你很好奇，也有些担心为什么她要安排这次会面。见面时，你很惊讶——校长告诉你，一些优等生的家长来学校，投诉你使用合作学习模式。他们说，他们的孩子不得不与资质差的学生一起学习，这对孩子不利，且按小组成果评等级不公平。他们表达了自己的观点：个体应该根据独立的成果得到奖励。校长郑重地提示你重新考虑教学方法。

反思这一情况，考虑一下你应该怎么办。以你准备教的年级或学科领域作为出发点来考虑这一问题。能否找到一个办法，在不惹怒学生、家长和校长的前提下，继续使用合作学习模式？你能否在改变教学方法的前提下，仍然实现你所重视的小组合作和包容差异的教学目标？如果你正在实习，可以与同伴或指导教师讨论一下。然后比较你的想法和下面教师的观点，他们也遇到了类似的情境，或对此有所了解。写出你对这一问题的反思。

帕特里夏·A·默克尔（Patricia A. Merkel），宾夕法尼亚州佩恩斯伯瑞市，埃莉诺·罗斯福学校

知道形成良好的班级关系需要花费多少时间不是一件容易的事情。你能努力采用合作学习方法，我得为你喝彩。你要有耐心。前几周需要确定合作学习的行为指导原则。在引入合作小组前，需要让孩子们模仿这些行为，做大量的操作练习。这是必需的。可以让小组中的一个人负责计时，倾听小组中成员发言并做出反应，这个方面需要练习。我还会在每组中安排一个人做“任务管理者”。这个人的唯一责任就是监控其他小组成员在任务中的行为。设立自我评价标准可以给学生提供机会，来反思他们在小组中是否积极参与。所有这些都要花费时间练习。但不要灰心，不要放弃合作学习模式。要特别清晰、具体地向学生介绍你对他们的期望。不要忘记，“他们是好孩子”。

就个人而言，我不喜欢小组等级评定。合作学习给许多善于交往的学习者提供了机会，让他们能按照最适合自己的方式学习。小组的成果或展示不是评定个人等级的唯一标准。小组活动的优势在于通过提问、讨论和巧妙的表达来鼓励积极的学习。这激励了那些在传统的教学和测试中表现一般的孩子。甚至最优秀的学生也需要通过实践，获取参与合作学习必需的社会技能。

校长的幸福感也非常重要，你需要赢得她的支持。让她知道你希望学生能够做到什么：倾听、反思，愿意适应其他人。无须放弃你原来认真思考过的方法。如果学生使用这一模式取得成功，他们的快乐可以和家长分享。同时，你可以先发制人，制作简报、通讯，让家长注意到你的成绩。

埃米·辛（Amy Shin），八年级

我也见到过类似的情形。通常是新教师存在这样的问题，他们都想立即解决教育中所有的问题。如果我是这位教师，我不会放弃合作学习。相反，我会“悠着点儿”。这所学校的教师过去没使用过合作学习模式，因此小组工作和等级评定对于学生和家长来说很新鲜。教师不应实施全套的学生小组成绩分工法和长期的小组调查法，而应该让学生结成对，比较自在地合作，这样风险最小。比如，可以在阅读特定的诗歌后使用“思考—配对—分享”的方法。合作等级评定法也应逐步实施。这个问题需要在学校开放日和其他情况下向家长解释，和他们讨论甚至争论，也应该和其他教师（包括校长）进行讨论。在一个从未使用过合作学习模式的学校，教师想把这一模式介绍进来，应做好心理准备，可能得花上2～3年时间才能成功。

总 结

合作学习的概述

● 合作学习是一种独特的教学模式，因为它运用了不同的目标、任务和奖励结构来促进学生学习。

● 合作学习的任务结构要求学生在小组中共同完成学习任务。目标和奖励结构要求相互依赖的学习，并且在认识到个人努力的同时，也要认识到小组的作用。

● 合作学习模式基于学术学习之外的教学目标，特别是小组内部的认可、社会与小组技能和合作行为。合作学习模式的建构依赖于小团体的合作而不是整个班级的教学。主要包括六个主要阶段：陈述目标和制定规则；呈现信息；组织学生分成学习小组；帮助小组工作和学习；针对学习材料进行测试以及予以肯定。

● 这种模式下的学习环境需要的是合作而不是竞争性和个人化的目标体系。这种学习环境体现的是一个民主过程，学生们在其中扮演积极的角色，并各自承担起自己的学习责任。

理论支持与实践支持

● 合作学习的智力根源产生于一种教育传统，它强调民主的思想和实践、积极的学习、合作的行为，以及对多元文化社会中多样性的尊重。

● 强大的实践基础支持合作学习在以下教育目标中的使用：包括合作行为，学术学习，改进种族间的关系，改进对于残障儿童的态度。

计划与实施合作学习课

● 合作学习的计划任务很少强调组织学习内容，而更多地强调组织学生形成小组进行工作和收集在小组工作中使用的各种学习材料。

● 重要的计划任务之一在于决定使用哪种合作学习的方法。有四种最基本的模式：学生小组成绩分工法、拼图组合法、小组调查法和结构法。

● 如果不考虑具体方法，合作学习必须在四个方面做好准备：即如何组成异质小组，学生们是如何在他们的小组中学习的，怎样奖励那些做出贡献的人以及需要多少时间。

● 实施合作学习课使教师的角色从中心舞台的表演者变成了小组活动中的一个参与者。

管理学习环境

● 小组学习使教师面临特殊的管理挑战。

● 在合作学习过程中，教师必须帮助学生向小组过渡，帮助他们管理小组学习，并且教授重要的社会和小组技能。

评估和评价

● 评估和评价任务，特别是评价，用个人和小组的奖励代替了早期模式中的传统竞争方法，同时伴随着新的识别方式。

● 新闻时事和公共论坛是教师用来识别学生在合作学习课中学习成果的两种方式。

● 合作学习是一种重要的教学方式。然而，教育者在使用时要谨慎，不要夸大这一模式的优点。

互动学习与应用学习

学习与探索

- 从“在线学习中心”取得学习指南，包括练习题。

观察与练习

- 倾听“在线学习中心”中“教师的教”栏目里埃米（Amy Callen）和贾森（Jason O' Brien）有关合作学习的音频剪辑。

完成专题练习 10.1，计划合作学习课，包括：

- 合作学习的计划。
- 组建学习小组。
- 促进小组。
- 接受合作学习。
- 合作学习计划的反思。

完成有关第十章的以下专题练习：

- 专题练习 10.2：选择一种合作学习的方法。
- 专题练习 10.3：给学生小组提供援助。
- 专题练习 10.4：设计一个小组参与的题目。
- 专题练习 10.5：教学困惑——合作学习小组里学生的参与。
- 专题练习 10.6：教学困惑——学生的抱怨。
- 专题练习 10.7：合作学习重要性的反思。

档案袋与教学实践活动

通过以下档案袋与教学实践活动来拓宽你对本章内容和步骤的理解。支持你完成以下活动的材料请在“在线学习中心”的“档案袋与教学实践活动”部分查找。

（1）完成本章结尾处的课堂反思练习，采用所要求的反思文章作为你的档案袋的展示部分，来表达你对合作学习的认识。（INTASC 原则 4：理解各种教学策略；INTASC 原则 9：注重反思性实践）

（2）活动 10.1：评价本人进行合作学习的技巧。评估你当前对计划和实施合作学习的知识和技能的理解。（INTASC 原则 4）

（3）活动 10.2：观察合作学习。观察有经验的老师如何使用合作学习。（INTASC 原则 4）

（4）活动 10.3：观察学生的小组互动。观察一堂小组活动课，并详细记录小组成员是如何互动的。（INTASC 原则 4）

（5）活动 10.4：档案袋活动：设计一堂课来教授社会交往技巧。在你确定的教学目标基础上设计一堂社会交往课，将你的工作成果作为档案袋中的人工作品部分。（INTASC 原则 4）

专业参考书目

Aronson, E., and Patnoe, S. (2010). *Cooperation in the classroom: The Jigsaw method* (3rd ed.). London: Pinter & Martin Ltd.

Gilles, R. (2007). *Cooperative learning: Integrating theory and practice*. Thousand Oaks, CA: Sage.

Johnson, D., & Johnson, F. (2009). *Joining together: Group theory and group skills* (10th ed.). Saddle River, NJ: Pearson.

Jolliffe, W. (2007). *Cooperative learning in the classroom: Putting it into practice*. Thousand Oaks, CA: Corwin Press.

Kagan, S., & Kagan, M. (2008). *Kagan cooperative learning*. San Juan Capistrano, CA: Kagan.

Williams, R. (2007). *Cooperative Learning: A standard for high achievement*. Thousand Oaks, CA: Corwin Press.

第十一章

基于问题的学习

学习目标

学习本章之后，你应当掌握以下内容：

基于问题的学习概述	能够对基于问题的学习进行评述，并总结基于问题教学模式的主要特征。
理论支持与实践支持	概述基于问题的学习的理论基础，并总结与之相关的应用性研究。
计划、实施基于问题的学习	解释如何计划、使用基于问题的学习，包括如何对之加以调整以适应不同背景和能力的学生。
学习环境的管理	概述如何设计学习环境以有益于基于问题的学习的使用。
评估和评价	概述、讨论与基于问题的学习目标一致的评估方式。
最后的思考	推测基于问题的学习应用的约束条件，并预测它的应用前景。

读前反思

也许你曾经遇到过这样的教师，他们花费大量的时间促使你学习特定的内容，并要求你对自己的学习负责。这些教师并不要求你坐在课堂上听讲或参加讨论，而是要求你花大量的时间去图书馆、上网查资料或到社区参加实践。他们不是通过考试来评定你的成绩，而是要求你写报告或创作其他可评价的成果。你对这样的学习经历有什么感受？

- 你喜欢这样吗？或者，你是否发现自己对这些不感兴趣，甚至感到厌烦？
- 从这样的学习经历中你学到了什么？哪些东西是你本应该学而又没有学到的？
- 你是否觉得这种教学的某些方面对你特别有效？或者说，特别无效？

对这些问题的回答能否帮助你明确，当你成为教师时，将怎样做？你会使用基于问题的学习这种教学策略吗？或者，你是否更倾向于坚持使用以教师为中心的方法来教学？

请登录“在线学习中心”（www.mhhe.com /arends9e），回答以上问题。

本章的主要内容是基于问题的学习（Problem-based Learning，PBL）和它在以问题为导向的情境中促进高级思维发展的作用，这当中包括学会如何学习。这个模式还有其他名字，比如“课题式教学”“真实学习”“抛锚式教学”。第七章的讲授教学模式和第八章的直接教学模式中，教师教学的重点在于讲授观点或者示范技能；而在基于问题的学习中，教师的任务是提出课题，提问和帮助学生调查和交流。最重要的是，教师为学生提供了学习的“脚手架”——一个支持他们进行研究的框架，这能增强学生的探究能力，促进学生智力的发展。教师必须创设一个能真诚、坦率地交流观点的课堂环境，否则基于问题的学习就不能够实现。从这一方面看，基于问题的学习与合作学习及课堂讨论有许多相似之处。你会注意到，基于问题的学习与第九章探究式教学具有相同的理论基础。在后文中，我们将更详细地探讨所有这些模式的共同特征。

> 教师在 PBL 中的作用就是提出真实性问题，促进学生调查并支持学生学习。

与前面几章的结构相同，本章以概述基于问题的学习为开端，并介绍它的理论基础和实践基础，同时还简要地讨论了该模式的历史传统。接下来描述该模式的具体备课方法、上课方法和评价方法。最后讨论在基于问题的学习中如何管理学习环境。

第 1 节　基于问题的学习概述

基于问题的学习的本质在于为学生呈现真实且有意义的问题情境，并以此作为学生调查和探究的出发点。要说明基于问题的学习的含义，我们可先思考下面发生在马里兰州切萨皮克湾附近一所小镇小学里的几个情节：

> 十岁的詹梅尔站起来准备发言。来自当地中学的一名学生是主席，说道：“现在有请里奇学校的代表发言。”
>
> “我赞成 R130 议院法案，”詹梅尔说，“这一法案将会告诉农民，他们不能在切萨皮克湾 200 英尺范围内的土地上施化肥，因为化肥会污染海湾，使鱼类绝迹。即使农民不在接近水源的地方种植，也仍然可以种植足够的庄稼。假如我们能够制止海湾的污染，那么所有的人都将会过上更好的生活。下面我接受提问。”
>
> 一只手举起来了，主席让来自卡弗学校的代表发言。这名代表问道：“化肥对海湾有什么损害?”詹梅尔随即解释了化肥如何向海藻提供营养，当海藻过多时，如何消耗牡蛎、螃蟹、蛤等其他海洋生物赖以生存的氧气。
>
> 来自格林霍利学校的代表提出了另一种观点。“我是一个农民，”11 岁的玛丽亚说，“我很难完全照办。我还有三个孩子要抚养，如果我不能给整块地施肥，我就会破产。”

这个讨论持续了一个多小时，学生们分别从农民、蟹民、生意人和居民（他们目睹了环境污染摧毁切萨皮克海湾旅游业和房地产业的过程）的角度出发，思考污染问题和污染与经济之间的关系。

这些学生正在参与基于问题的学习活动，在这里通过让学生参与真实的生活问题情境，帮助他们掌握学科知识和问题解决的技能。与其他基于问题的学习的课题一样，这一特定项目具有区别于其他教学方法的特征。

基于问题的学习的本质就在于呈现真实而有意义的情境，以此作为学生调查和探究的基础。

基于问题的学习的特征

基于问题的学习的不同研究者（Cognition & Technology Group at Vanderbilt，1990，1996a，1996b；Krajcik & Czerniak，2007；Slavin，Madden，Dolan & Wasik，1994）描述了这种教学模式的以下特征：

问题激发　基于问题的学习是围绕那些既有社会意义又对学生个人有意义的问题来组织教学，而不是围绕具体学科知识和技能来组织教学。这一模式提供真实的生活情境，这样，问题不会只有单一的答案，学生可以从多方面争先恐后地提出不同的解决方法。

基于问题的学习课程围绕真实生活情境来组织，这样，问题不会只有单一的答案，而是能激发学生争先恐后地提出多个答案。

学科综合　尽管基于问题的学习的内容可以集中在一个特定的学科（科学、数学、历史），但是由于我们选择的问题应是真实问题，而要解决这些问题，学生必须综合运用多种学科知识。比如，在切萨皮克海湾课程中提及的污染问题就跨越了几个理论学科和应用科目——生物学、经济学、社会学、旅游学和政治学。

真实性调查　基于问题的学习不可避免地要求学生进行真实的调查，寻求解决实际问题的真正方法。他们必须分析、界定问题，提出假设，做出预测，收集信息，分析信息，进行实验（如果合适的话），进行推论，得出结论。当然，所采用的具体调查方法取决于课题的性质。

制作手工作品和展览　基于问题的学习要求学生制作手工作品并进行展示，以这种形式来呈现学习成果，解释、描述他们提出的解决问题的方法。这样的成果可以是一场如前文切萨皮克湾的小学课堂上的模拟辩论，也可以是一次报告、一个物理模型、一盘录像带或者是一个计算机程序。像后面将要叙述的那样，学生设计手工作品和展示是为了向他人说明自己已经学到了什么，同时也为评价提供了一种除传统报告或试卷测试以外的全新选择。

合作　与第十章描述的合作学习模式一样，基于问题的学习也是以学生之间（常常是两人或小组成员之间）的合作学习为特征。合作学习为学生持续投入复杂的学习任务中提供了动力，增加了共同参与探究以及对话交流的机会，也增加了发展社会技能的机会。

在基于问题的学习中让学生进行合作，可以鼓励他们共同探究、对话，发展思维能力和社会技能。

基于问题的学习并不是用来帮助教师向学生传授大量的知识，直接教学法和讲授法更适合这样的工作。更恰当地说，如图11—1所展示的那样，基于问题的学习主要目的是帮助学生发展思维，提高问题解决的能力和学习技能；通过真实情境或模拟情境体验，学习成人角色；成为独立、自主的学习者。下面是关于这三个目的的简要讨论。

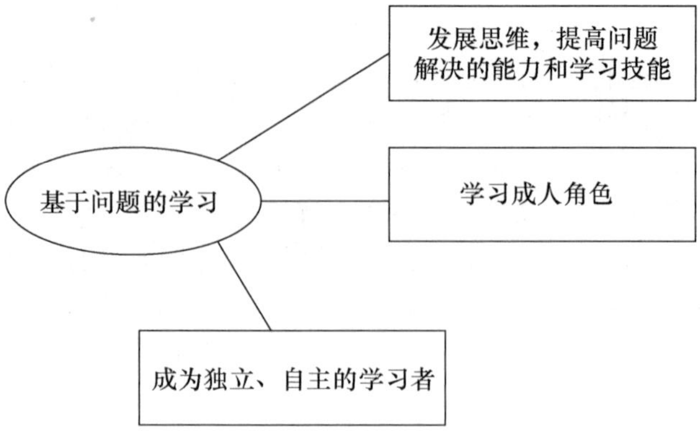

图 11—1　基于问题的学习的学习结果

> 基于问题的学习帮助学生发展思维能力和问题解决的技能，学习成人的真实角色，成为独立、自主的学习者。

探究和问题解决的技能　第九章描述了大量观点和程序。这些观点和程序可以让人们通过多种更有效的方式探究问题。众所周知，绝大多数思维的定义都包含了智力过程和认知过程，从回忆、记忆等基本思维过程到分析、综合和评估等高层次思维。基于问题的学习尽力培养学生的高水平能力，也即在合情推理和判断的基础上进行分析、批判并得出结论的能力。

学习成人角色　基于问题的学习还有一个目标，就是帮助学生在真实生活情境中完成任务，学习重要的成人角色。雷斯尼克（Resnick，1987）在《校内外的学习》（*Learning in and out*）中描述了学校学习与校外智力活动之间的四个主要不同点：

（1）学校学习的重点在于学生个体的行为能力，而校外的智力活动主要关注与他人的合作。

（2）学校学习强调学生学习过程的独立性，而校外智力活动通常需要借助认知工具，比如计算机、计算器和其他科学仪器等。

（3）学校学习培养学生在假设情境下的抽象思维，而校外智力活动需要个体直接接触具体的事物，参与真实的情境。

（4）学校学习注重学生的基本技能（读、写、算）和基础知识（世界历史、化学元素），而校外智力活动主要关注的是对特定情境的思考，比如考虑是买一辆新车，还是租一辆。

上述观点为基于问题的学习提供了强有力的理论基础。因为基于问题的学习本质上是连接正式的学校学习和校外的实践性智力活动之间的一座桥梁。下面就解释一下，为什么说基于问题的学习这一模式适合于校外的智力活动。

- 基于问题的学习强调通过合作和共同参与来完成任务。
- 基于问题的学习含有“学徒制”的元素。这一模式鼓励学生观察并与他人交流，这样学生就能逐渐胜任观察者的角色（科学家、教师、医生、艺术家或史学家等)。

● 基于问题的学习使学生参与自己选择的调查研究，这样的调查研究能使他们说明、解释现实世界的现象，并且以此建构他们对这些现象的理解。

自主学习　最后，基于问题的学习尽力帮助学生成为自主而又能自我调控的学习者。学生在教师的指导下提出问题，自己寻找解决实际问题的方法，老师为此不断鼓励和奖励他们，这样学生就学会了在以后的生活中独立自主地完成任务。

开始时基于问题的学习由教师为学生设定问题情境，在学生展示、分析学习成果时达到高潮，整个过程通常包括五个主要阶段。如果问题的规模适当，那么完成这五个阶段一般会花费学生一学期的时间。但是，如果问题很复杂，那么完成的时间可能会持续一学年。这五个阶段我们将在本章“计划、实施基于问题的学习”一节中更详细地讲解。

直接教学需要一个紧密的、有组织的学习环境，合作学习要求小心翼翼地运用小组策略，而基于问题的学习与它们都不同，它的学习环境和管理系统以开放、民主程序和学生的积极参与为特征。事实上，要想帮助学生成为一个对自己智力技能有信心、能自主调控的学习者，就必须有一个智力上不受约束、以研究为导向的学习环境。虽然这一模式的各个阶段从某种程度上说是有组织和预设的，但是，教学环境的标准仍然是开放研究和自由思考。这一模式的学习环境强调以学生为中心，而不是以教师为中心。

基于问题的学习的课堂环境以学生为中心，并鼓励学生开放地探究，自由地发表自己的观点。

检测—拓展—探索

检测

● 基于问题的学习的关键特征是什么？怎样把它与其他教学模式区别开来？

● 基于问题的学习的主要学习结果是什么？

● 什么样的课堂环境最适合基于问题的学习？

拓展

● 雷斯尼克提出：学校学习和校外智力学习有很大不同，教师应该帮助搭建两种学习之间的桥梁。你同意他的观点吗？

探索

● 登录“在线学习中心”(www. mhhe. com/arends9e)，并链接到有关基于问题的学习的网站。

第 2 节　理论支持与实践支持

正如你在第八章读到的那样，直接教学法的理论基础来源于行为心理学和社会认知理论。教师使用直接教学法时，主要依赖如强化这样的外部刺激来维持学生的合作，促使学生始终专注于学习任务。在运用直接教学法的课堂中，教师的作用主要是向学生讲授知识，并以一种清晰而有效的方式进行技能演示。而基于问题的学习主要以认知心理学和社会建构主义为理论基石。它的关注点不是学生正在做什么（学生的行为），而是学生正在思考什么（学生的认识）。虽然在基于问题的学习的课堂中教师有时也会向学生描述和解释一些事物，但这样做更多地是为了指导和帮助学生学习，以便学生学会独立思考和解决问题。

基于问题的学习以认知理论和社会建构主义作为其理论支持。

使学生学会思考、学会解决问题和成为一个自主的学习者，并不是现在才有的教育目标。一些教学策略，比如发现学习、探究训练和启发式教学，在这方面都有悠久的历史。追溯到古希腊时期，有“苏格拉底法”，强调教学过程中启发、推理和师生对话的重要性。约翰·杜威（1933）详细论述了他所说的“反思”的重要性，以及帮助学生获得创新思维的技能与方法的教学方式的重要性。杰尔姆·布鲁纳（1962）强调了发现学习的重要性，以及教师帮助学生成为自己知识的“建构者”的重要性。理查德·萨奇曼（1962）创造了一种名为“探究训练”的方法，即教师在课堂上为学生呈现一个奇异性事件，然后鼓励学生去调查研究、寻找答案。从本章的需要出发，基于问题的学习的理论依据可以追溯到20世纪最主要的三种思想流派。

杜威与“以问题为导向的课堂”

与合作学习一样，基于问题的学习也可以在杜威的著作中找到理论根基。在《民主主义与教育》一书中，杜威阐述了这样一种观点，即学校应该像镜子一样反映全社会，教室是探究现实生活，解决实际问题的实验室。杜威的教育方法鼓励教师引导学生开展以问题为导向的活动，并帮助学生探究重要的社会和智力问题。杜威和他的弟子，如克伯屈（Kilpatrick，1918），都认为，学校学习不是抽象的，应该是有目的的。让小组中的孩子们从事他们自己感兴趣的、自己选择的学习项目，最能实现有目的的学习。这种有目的或以问题为中心的学习点燃了学生天生具有的亲自探究有意义情境的梦想，从这一点看，当今基于问题的学习与杜威的教育哲学和教育学具有明显的联系。

皮亚杰、维果茨基与建构主义

杜威在20世纪早期为基于问题的学习提供了哲学基础，而心理学则为基于问题的学习提供了更多的理论支持。皮亚杰和维果茨基都发展了建构主义的概念，而这当中的许多理论也成为当今基于问题的学习的理论依据。

瑞士心理学家皮亚杰用了五十余年的时间研究儿童如何思考以及儿童智力发展的相关过程。在解释幼儿智力怎样发展时，皮亚杰确定孩子天生好奇，并不断努力地了解他们周围的世界。依照皮亚杰的学说，这种好奇心激发了孩子在大脑中积极地构建周边环境的图式。随着孩子年龄的增长，他们获得了更多语言能力和记忆能力，这样，关于这个世界的心理图式就会变得更精确、更抽象。在各个发展阶段，想了解周围环境的需要都会激发孩子去调查、去建构可以解释周围环境的理论。

基于问题的学习依据的认知—建构主义的理论主要借鉴于皮亚杰（1954，1963）。正如皮亚杰说的那样，认知—建构主义假设任何一个年龄阶段的学生都会积极地参与到获得知识和建构自己知识的过程中。知识不是静态不变的，相反，它是不断发展变化的：当学习者面临新的经历时，这个经历迫使学习者在先前知识的基础上做出调整。用皮亚杰的话说，就是：

> 好的教学必须为学生创造开展实验的情境，此处“实验”的含义非常广泛：亲手试一下，看会发生什么事情；处理具体的事情；利用理论知识；提出问题，自己寻找答案；分析不同时间发现的不同结果，得到一致意见；记录下每个人的答案，并比较这些答案。

维果茨基是一位俄国的心理学家，欧洲和美国的心理学家一直都对他很陌生，直到晚近才有所了解。像皮亚杰一样，维果茨基（1978，1994）相信，当个人面对令人困惑的新体验，并尽力解决由这种体验带来的矛盾时，个人的智力就得到了发展。为了能够理解，个人会把新旧知识联系起来建构出新的意义。但是，维果茨基的观点在一些重要的方面也区别于皮亚杰的观点。皮亚杰非常重视个人的智力发展阶段，而忽视社会和文化背景方面的内容，但是维果茨基却非常重视学习的社会性因素。维果茨基相信，个体与他人的社会交往能促成新观点的建构，促进学习者的智力发展。

从维果茨基的社会认知理论引申出的一个关键概念就是“最近发展区”。根据维果茨基的观点，学习者有两种不同的发展水平：实际的发展水平和潜在的发展水平。实际的发展水平是指个人当前的智力水平和解决当前具体事务的能力。个人还有潜在的发展水平，维果茨基把它定义成个人在教师、父母或更优秀同学的帮助下能够达到的能力水平或取得的成就。而位于学习者当前发展水平和潜在发展水平之间的区域就被维果茨基称为“最近发展区”。伯杰（Berger，2004）通过“学习者的知识和最近发展区”（见图 11—2）阐明了最近发展区的概念及其教学含义。

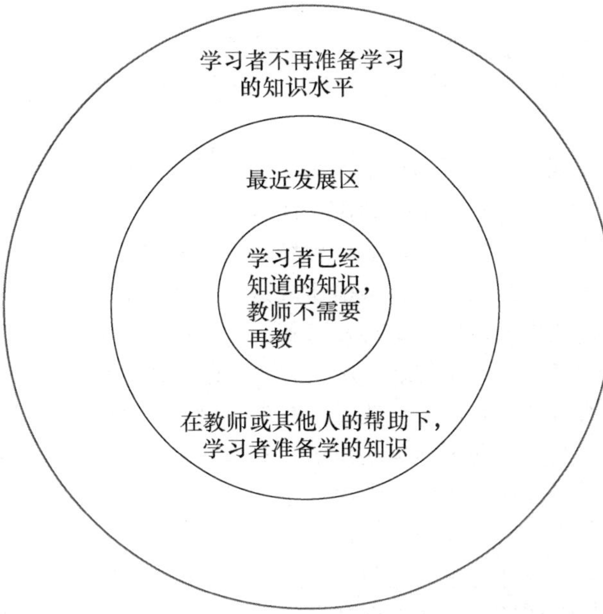

图 11—2　学习者的知识和最近发展区

资料来源：Berger，2004。

维果茨基这一教育观点的重要性非常明显。学习就发生在学生与教师和同伴之间的社会交往中。在教师或更有能力的同伴提供的适当挑战和帮助下，学生进入他们的最近发展区，在那里新的学习又发生了。

维果茨基提出的最近发展区就是指学习者实际发展水平和潜在发展水平之间的区域。

布鲁纳与发现学习

美国在20世纪的50—60年代进行了一场著名的课程改革，这次课程改革从数学和科学课程发起，最后扩展到了历史、人文学科和社会科学。改革者们强调：要改革小学和中学的课程，焦点就是把课程的重点由以前确定学科知识的传授转变为问题解决和探究。新课程的教学包括以活动为基础的教学法和“动手做”教学法（activity-based and hands-on instruction），在这样的教学中，学生应运用自己的直接经验和观察获得信息，解决学习问题。教科书常常被丢弃在一边，取而代之的是实验手册。改革者鼓励教师成为促进者和提问者，而不是知识的呈现者和证明者。

杰尔姆·布鲁纳是哈佛大学的心理学家，也是美国此次课程改革的领导者之一。他和他的同事为“发现学习”提供了重要的理论支持。发现学习是一种强调帮助学生理解知识结构和知识要点的教学模式，它要求激发学生积极地参与到学习过程中，并相信真正的学习必然经历个人发现的过程。教学的目标不仅仅是要增加学生的基础知识，而且还要为学生的发明、发现创造条件。

发现学习强调以学生为中心的积极学习体验，学生通过体验，自己发现观点，建构意义。

当发现学习应用到科学课程与社会课程中时，它非常强调科学方法和问题解决的两个特征：归纳推理和探究过程。

基于问题的学习也依赖布鲁纳提出的另外一个概念，也就是关于“支架”的观点。布鲁纳把支架式教学描述成这样一个过程，即学习者通过教师或其他精通学业的人提供的帮助（支架）来解决一个超过他能力水平的问题。我们注意到布鲁纳的“支架”概念与维果茨基的“最近发展区”概念很相似。

在布鲁纳看来，社会性对话在学习过程中扮演的角色也很重要。他相信校内外的社会交往有助于学生获得语言和解决问题的知识与能力。但是，这种特殊的社会性对话在大多数的课堂中并不常见。第十章讲述的许多小组学习策略就是出于改变课堂对话结构的需要发展起来的。

总之，教师使用的这种基于问题的学习强调学生的积极参与，强调归纳而不是演绎，强调学生发现或自己建构自己的知识。教师用直接教学法教学就是把关于世界的观点和理论直接呈现给学生；与此相反，如果教师使用探究或基于问题的学习方法，则主要是给学生提问题，并允许学生得出自己的观点和理论。

基于问题的学习是否有效?

同其他任何一种教学方式一样，基于问题的学习的有效性也是非常重要的。基于问题的学习是否能够激励学生和影响学习？幸运的是，关于基于问题的学习的研究越来越多。这也包括好几个元分析研究（meta-analysis）。然而，基于问题的学习模式的影响是非常复杂的。该模式源于科学教育和医学教育。布莱德曼（Bredderman，1983）于 20 世纪 60—70 年代开展了一项元分析研究，该研究包含 57 项基于活动的科学课项目影响的研究。他发现基于活动的课程主要在两个方面对学生成就的影响最大：科学方法的理解力和创造力。然而，与传统课程相比，基于活动的课程并不能明显地增加学生对科学知识的掌握。

阿尔巴内塞和米切尔（Albanese and Mitchell，1993）对 1972—1992 年间关于医学教育中使用基于问题教学方法的研究作了元分析研究。研究结果表明，在基于问题的教学方法训练下的学生，在临床医学的考试中，比在传统教学方式下接受训练的学生表现得更好，而且他们更善于推理。然而，在基于问题的教学方法训练下的学生，在基础知识的考试中，比在传统教学方式下接受训练的学生取得的分数低一些，而且他们基本科学知识的储备也少于传统教学方式训练下的学生。

赫美罗等人（Hmelo，2000，2004，2006；Gijbels，Dochy，Van den Bossche & Seeger，2005）的元分析研究也得到了类似的结论。采用基于问题的教学方式教学的学生拥有很强的主动性、更为深刻和全面的理解力，并能将所学知识迁移到新情境。然而，与前面已有的研究一样，该模式并没有明显地影响学生对事实性知识的掌握。

尽管基于问题的学习的理论基础非常强大，但是一些人（Hickey，Moore & Pellegrino，2001；Mergendoller，Bellisimo & Maxwell，2000）坚持认为研究结论还是不足以令人信服和明确。基于这点，我们认为最好的建议是，和其他的教学方式一样，基于问题的学习并不是灵丹妙药，它只能帮助实现一些目标，但不是其他的目标——大家一直争论不止的。最后，已有研究主要是关于基于问题的学习模式在中学和大学中的应用。不过，本章的研究摘要提供了一个将基于问题的学习在小学课堂中成功应用的研究，这个研究很有意义。

研究摘要

基于问题的学习对于小学生是否有效?

VanSledright, B. A. （2003）. Fifth graders investigating history in the classroom: Results from a researcher-practitioner design experiment. *Elementary School Journal*, 103 （2）, 131-160.

问题：布鲁斯·范斯兰怀特（Bruce VanSledright）对将基于问题的学习模式运用于小学五年级美国历史部分内容的教学中是否恰当的调查非常感兴趣。他力图通过对调查结果的分析揭示学生们弄清历史文件、图片的意义的准备状态，并获得经证实的解释。这个研究非常重要，我们之所以选择它作为“研究摘要”，主要基于以下三个原因：（1）它挑战了某些人的假设：小学生由于年龄太小，不能从事历史调查和使用基于问题的学习。（2）这个研究采用了定性研究方法。研究者为我们研究复杂的课堂实践提供了一种重要研究方式，它不是采用传统的标准测验。(3) 这是一个非常有意义的案例。研究者放弃了大学的职务，去当23个五年级学生的教师。他在研究助手的帮助下，从事个人的教学实践研究。

样本：一个规模比较大的K—5小学的23名学生。该校位于美国大西洋沿岸的州内城市学区。该班拥有多样化的学生人口：非裔占30%，白人占30%，西班牙裔占30%，亚裔占10%。

方法：布鲁斯·范斯兰怀特教美国历史四个月有余。他编写了大量教案，对所有的课进行了录像，并让他的研究助理每八节课做一次采访，以做好详细的"现场记录"。另外，研究者每天都写反省日志，对每节课或有趣的事件进行反思。

他们收集了所有23个学生的信息，其中八名学生被选作信息提供者。这八名学生为他们提供更为详细的信息，并要完成两个由调查者设计的行为任务。第一个任务在上课前完成。第二个在课后完成。这两个任务主要用于观察学生的历史理解力和学生的思维，以及问题解决过程。

- 任务一是朗读两份文件，文件主要是关于1770年波士顿的"枪击事件"，后来称为波士顿惨案。每个学生都要向研究者大声朗读这些文件，并在规定好的地方停顿，谈谈他们的想法。
- 任务二的过程与任务一一样，但是学生朗读的材料是如何处理列克星敦战役的四篇课文和两张图片。

这两个任务的完成情况要根据历史资料分析策略的四个水平来判断。

- 水平1：运用综合分析能力，例如检查资料来源的细节和寻找它的最初版本。
- 水平2：做出判断，评估资料来源。
- 水平3：鉴别作者或资料来源，并通过多种渠道寻求资料来源的最初解释。
- 水平4：通过多种渠道，精炼对某事件经证实的解释。

结论：布鲁斯·范斯兰怀特的研究为我们提供了大量信息，这包括学生历史理解力的发展和历史文件的分析能力方面的数据，还有八名信息提供者的详细描述。由于篇幅所限，在这里不能呈现人种志研究信息。研究结论可以简单地归纳为以下几条（尽可能引用作者的原话）：

- 系统地参与到"实践历史"中，可以将五年级学生的分析能力从水平1、2提升至水平3、4。特别是"提供了一个机会去考查学生在鉴别文献来源（一手文献、二手文献）、交叉引用、检查和确证证据方面的能力，批判性地阅读和分析历史证据的能力等方面已经有所提高的潜在能力"(p. 149)。
- 调查经验能够帮助提高学生从原始资料和二手资料获得可靠性结论的敏感度，让学生从不同角度进行鉴别。
- 调查数据表明学生能够使用专业术语或演讲来讨论历史思维和分析问题。

最后，研究者宣称所有学生的收获是不同的。绝大多数学生的收获都来自对历史文件或事件的思考，分析和问题解决的过程中。另外，研究者还声称，与其他学生相比，有两名学生的进步不明显。

讨论和影响

这个研究以强有力的证据论证了基于问题的学习方式对于大多数小学生是有

效的。但是，与其他学生相比，有些学生的收获不太大。这表明，课程要通过适当的调整才能适应特定学生的特殊需要。研究者还指出，他所使用的研究方法需要相当长的时间配置资源，需要教师具有对研究主题较强的理解力。关于本研究的详细信息，您可以通过所在学校图书馆的数字资源来获得。

检测—拓展—探索

检测

- 基于问题的学习的主要理论基础是什么？
- 建构主义的观点如何影响基于问题的学习？
- 基于问题的学习从皮亚杰、维果茨基和布鲁纳的著作中吸取了哪些重要的观点？
- “支架”的含义是什么？它是怎样运用到基于问题的学习中的？

拓展

- 一些教育者认为基于问题的学习过于强调教和学中的建构原则。你同意这样的评价吗？

探索

- 登录“在线学习中心”（www.mhhe.com/arends9e），并链接到有关基于问题的学习的网站。

第 3 节 计划、实施基于问题的学习

因为基于问题的学习简单易懂，所以理解这个模式的基本观点并不是一件很困难的事情。然而，要有效地实施这一教学模式却有很大的困难，因为在设计和实施这个教学模式的过程中，教师要进行大量的实践并做出具体的决策。这个模式中的一些教学原则在讲授法、直接教学法和合作学习中已经讲过了，但是有些教学原则却是基于问题的学习所独有的。下面的讨论中，我们将重点讲解基于问题的学习的独特之处。

备课

基于问题的学习的基本特征，就是两个学生或一个小组一起调查现实生活中的模糊问题。由于这种教学具有高度的互动性，因此有人认为详细备课没有必要，也根本不可能做到。然而，这种想法完全不对。基于问题的学习与其他互动性教学和以学生为中心的教学方法一样，要求教师在备课时下同样多的功夫，甚至更多的功夫。正是教师的教学设计使各个阶段自然地过渡，同时帮助教学目标顺利达成。

由于基于问题的学习具有互动性特征，因此与以教师为中心的教学模式相比，这种教学模式要求教师在备课上付出更多的努力。

确定教学目标 确立具体的教学目标是基于问题的学习的三个重要任务之一。

前文我们已经说明，基于问题的学习旨在达成这样三个目标，即提高学生的学习技能和调查技能，使学生学习成人的角色，帮助学生成为自主的学习者。一些基于问题的学习课程以同时实现以上三个目标为目的，但通常情况下，教师在具体的课堂上只强调其中的一个或两个目标。比如，一位教师设计了一堂以环境问题为主题的课，但是，教师的目标并不是促进学生学习成人角色，寻找解决环境问题的不同方案（像切萨皮克湾小学课堂上讨论的那样），而是要求学生在网络上搜索与主题相关的资料，以发展学生通过网络进行检索的技能。无论一堂课是强调一个单一的目标还是强调一系列目标，提前确立课程目标都非常重要。这样，教师才能清楚地与学生交流。

设计恰当的问题情境　基于问题的学习立足于这样一个假设，即令人困惑的、模糊的问题情境会激发学生的好奇心，促使学生参与探究。因此，对于教师来说，设计恰当的问题情境是一个很重要的任务。一些基于问题的学习的开发者认为，学生在确定研究问题方面具有很大的自主权，因为这个过程能培养学生在问题面前的主人翁意识（Krajick & Czerniak，2007）。然而，其他人则认为教师应该帮助学生从预先选择好的问题（出自校本材料）中提炼出问题，因为教师和学校对这些问题有充分的资料和设备。

一个好的问题情境应至少满足以下五条重要标准：第一，问题应该是真实的。这就是说问题应该与学生现实世界的经验紧密联系在一起，而不是与具体的学科原理相联系。上文提到的如何处理切萨皮克湾的污染问题就是一个联系现实生活问题的绝好例子，而学习阳光对温水中的营养物质和海藻的影响则是一个生物学问题的绝好例子。第二，问题应该比较模糊，且能造成一种神秘或使人困惑的感觉。因为模糊所以就不会只有一个简单的答案，它通常要求学生提供多个可供选择的解决方案，且每个方案都有自己的优势和劣势。引起部分学生认知冲突的问题能够激励探究，对学习产生重要的影响（Guzzetti et al.，1993）。当然，这又为对话和争论提供了素材。第三，问题对学生来说应该有意义，应该适合学生的智力发展水平。第四，问题范围应该足够宽泛，以允许教师完成教学目标，但是也要有必要的限制，以使课程在规定的时间、空间和有限的资源内切实可行。第五，一个好的问题应该能使学生从团体的努力中获益，而不是受到团体的阻碍。

> 一些教师在运用基于问题的学习模式进行教学时，在选择要调查的问题时喜欢干涉学生的自主权。

大多数使人困惑的情境要么是围绕一个特定主题进行因果关系的探究，要么就是提出“为什么”或“如果……将会怎样”的问题。任何一个领域都可以提出数之不尽的问题情境。当你准备为一节课选定一个问题情境时，就需要考虑以下几点：

- 选择的情境必须包含一个一直令你困惑的问题或主题。这个情境必须能引发一个通过因果分析进行解释的问题，或者为学生提供做出假设和推测的机会。

好的问题情境应该真实、令人困惑、开放、便于合作，并对学生有意义。

● 确定问题情境是否能自然地激起学生的兴趣？是否符合学生的智力发展水平？

● 你是否能用学生理解的方式来描述问题情境，并能很好地突出问题的“困惑性”？

● 要考虑问题的可操作性：学生能否在给定的时间内利用可找到的资料进行充分地调查？

有时候，模拟的课堂问题情境比真实的生活问题情境更有用。

显然，许多问题情境都能很清楚地描述出来并提供给学生。事实上，可引入课堂的情境非常多，无法完全列举出来。下面是几个教师报告的实例，其中一些很集中，能够在短时间内完成；而另一些则比较复杂，可能会要求当作一门课程来教。

学习探险　美国的一些学校在试用以问题为基础的名为“学习探险”的学习项目（Adventure Learning Foundation，2005；Rugen and Hart，1994）。该项目要求学生自己调查刺激性的问题，并且通过有目的的调查（包括实地调查）找出解决问题的方法。一些项目三周或四周就可以完成，而其他的可能会持续好几个月。呈现给学生的都是一些定义模糊和开放性的主题，涉及多个传统的学校科目，包括城市重建、生活在池塘中的小动物、濒于灭绝的物种，等等。从这些一般性的主题中可以提出具体问题，下面就是教师提出的一些问题：

- 怎样判断一个社区是否欣欣向荣？
- 有哪些复杂因素影响着生活在池塘中的小动物？
- 生物物种正面临怎样的危险？人类和环境之间复杂的相互作用如何影响着濒于灭绝的物种？

与其他基于问题的课程一样，探险学习通过真实的问题情境来激发学生的兴趣，帮助学生参与实地调查，并促使他们找到解决问题的方法。

罗格河生态系统项目　对环境问题有兴趣的教师是实践基于问题的教学的领军人物。俄勒冈州一所中学的一位生物教师汉斯·史密斯使用的基于问题的教学方法即可证明这一点。

热衷于环境问题的教师是实践基于问题的教学的领军人物。

史密斯设计了一个涉及若干学科的课程，学生每天要花两个小时的时间学习这个课程，最后获得生物学、美国政府和健康三个科目的学分。这个课程围绕两个环境主题展开——罗格河流域和太平洋大马哈鱼的生活周期。罗格河流域单元的某个部分要求学生完成一个具体的项目，这个项目要求学生运用他们所学的有关罗格河和它所在流域的科学知识来设计一个露营地。他们必须提供一个全面的调查报告，说明建造露营地对环境有何影响，同时要说明与管辖露营地的州政府部门进行交涉的情况。史密斯指出，这些热身活动常常促使学生进行更深入的调查，使他们能进行下述更为真实的研究：

- 通过勘查河流、测试水样、绘制栖息环境图、确定池塘和浅滩的比率等方式来研究这个地区的其他河流。
- 设计并修建一个学生自己开办的鱼类孵化场，每年要培养 2 000 尾银大马哈鱼的鱼苗，并投放到太平洋。

史密斯采用的教学方法要求学生进行大规模的、复杂的问题研究，研究周期相当长。史密斯是一个创造型教师的表率，这样的教师愿意给学生创造机会，使他们承担大量校外成人的角色，比如测试水样、建造房屋、培养鱼苗、撰写报告、与政府部门打交道以及做报告等。

其他情境　表 11—1 提供了另一些基于问题的学习的情境案例。这些情境是为不同的年级和学科领域而设计的。

表 11—1　　基于问题的学习的情境案例

学科	小学	中学
科学	天气模式是如何影响人们生活方式的？	全球变暖的影响因素有哪些？全球变暖是否会危及地球上的生命？
历史	人类早期的活动是如何影响我们现在的生活方式的？	今天事物演变的速度是否比以前更快？我们能否控制演变速度？
地理	祖先的定居点是如何影响在这些区域上发展起来的社区的？	如果所有的水坝都被拆掉，美国境内的生物将会有何不同？
环境	一般而言，旨在保护濒临灭绝物种的立法是如何影响其他物种和环境的？	美国阿拉斯加州的瓦尔迪兹漏油事件和墨西哥湾的英国石油公司漏油事件，给环境带来了怎样的长期影响？

今天，网络对于运用基于问题的教学的教师来说是一种非常有价值的备课资源。这是本章“利用技术促进教学”这一栏目的主题。

利用技术促进教学

在基于问题的学习中使用网络

直到最近，使用基于问题教学法的教师仍然受到限制，他们只能利用地方图书馆和所在社区，让学生到那里查找信息。然而，在过去的十年里，这种情形发生了巨大的改变。今天，学生可以通过网络获取世界各地图书馆和社区的信息。参与基于问题的学习项目的学生可以采用多种方式使用互联网，包括获取基于问题的学习的课程项目需要的信息，或是直接参与到网上虚拟的基于问题的学习中去。比如，历史课上的学生可以在网上参观像葛底斯堡这样的历史遗址或像史密森学会这样的博物馆。艺术课的学生可以进行网络虚拟的旅游，比如参观卢浮宫或是英国国家美术馆的东翼。科学课的学生可以访问美国航空航天局（NASA）以及世界各地的科学机构，获取相关数据。

今天，确切地说有成百上千的网站都为学生提供基于问题的学习的虚拟体验或是有组织的探究活动。比如，“冒险学习基金会”（Adventure Learning Foundation）就为学生提供了在线“学习探险”（Adventure Learning Expeditions）的课程。这个网站为学生提供了到世界各地进行虚拟旅游和文化体验的机会，比如到美国的阿拉斯加、加拿大的育空、南加利福尼亚、秘鲁以及墨西哥的瓦哈卡等地。进行虚拟的旅行时，学生可以和其他国家同样在经历虚拟探险的学生进行交流和互动。这个网站上有丰富的信息，大量的图片、地图，以及为教师提供的基于问题的学习的课程设计。“思考探究网”（Think Quest Web）是另外一个帮助学生参与探险，进行基于问题的学习并进行文化交流（包括与网友聊天）的网站。这儿也有针对个人的思考探究网站，比如针对你，一个准备当教师的人。

当学生使用互联网时，教师有必要警惕三个问题。第一，虽然许多高年级学生都能有效地使用互联网做个人感兴趣的事，但是在检索有关学习或实际生活方面的资料时却未必娴熟。教师有必要教给学生有效的检索查找策略，并专门安排课程和作业来培养学生的检索技能。

第二，互联网上的资料并不都是准确的。多数学术期刊和电子数据库（比如科教资源信息中心）的信息在公开发表之前都要经过学者反复地检查，其准确性更有保障。主流报纸和杂志上的信息都要经过编辑的仔细检查，新闻记者也要受到职业道德规范的约束，有义务真实而准确地报道新闻。然而，任何人都可以创建一个网站，并且没有编辑或审查机构来监督网站内容提供者，追究相应责任。因此，教师应该把这个状况告诉学生，并教会学生如何评估网络信息的准确性，这是很重要的。

第三，有很多网站在宣传仇恨、种族歧视、色情作品和暴力等。尽管人们对宪法第一修正案提到的新闻言论自由颇为关注，但很多家长还是不愿意他们的孩子接触这样的网站。当前，许多学校的局域网都使用了互联网过滤器软件，这个软件会阻止它认为不恰当或不适宜的网站，被阻止的通常是涉及成人内容（裸体、性和女性内衣）、毒品、赌博、极端主义组织和宣传非法活动的网站。许多学校局域网也会阻挡购物网站。

考罗等人（Coiro，2005；Kuiper，Volman，Terwel，2005）就如何教学生使用互联网、如何评价他们找到的信息提供了如下建议：

- 选择一个能够激发学生动机的网络主题或网站，比如提供动画片、图解说明、实时数据和模拟情境的网站。
- 在学生使用前，彻底地检查那个网站，以确定其内容是否与学生的年龄段适合。
- 示范如何访问网站，并讨论在这个网站上可以找到哪些信息。
- 给学生布置一个主题，要求学生访问这个网站和其他的几个网站。这个作业应该要求学生收集信息和数据。
- 要求学生报告他们的检索结果，并讨论哪些网站能提供最准确可靠的信息。

使用表 11—2 中的问题和信息，我们可以更为深入地分析这个重要课题。

表 11—2　　网站评估范本

关注点	问题	原因
创始人/准确性	建站者的资质如何？	了解建站者的相关信息非常重要，要调查建站者的背景和资质。
赞助人/权威性	谁是网站的主办者？网站从属何种领域？（商业是 .com；政府是 .gov；教育是 .edu）主办者是否审查网站信息？	了解网站的主办者和发行者的相关信息，是否存在被屏蔽现象等，有助于评估信息。这还有助于读者判断网站的权威性。
时限	信息是否在有效期内？信息的最后更新的时间是何时？	网络中的好多信息都是过期的，只有经常更新的网站的信息才能保证一定的有效性。
立场/客观性	建立网站的目的是什么？网站信息是否存在偏见？网站是否存在泄密、煽动和欺骗现象？	同其他任何信息一样，我们必须知道该信息的写作目的和写作对象。
参考文献/参照性	网站主办者是从何处获得信息的？网站信息是否标注了参考文献或链接其他网站？该链接是否有效？网站是否编制了文献目录？	为了确保网站信息的可信性，读者需要知道信息的出处。同纸质文件一样，网站信息也需要标准参考文献、网页链接和文献目录信息。

组织资源和做好“后勤”工作　基于问题的学习鼓励学生使用多种资源和工具进行学习，其中一些是在教室里，另外一些在图书馆和计算机室里，还有一些在校外。提供组织好的资料，为学生的调查做好“后勤”工作，是教师采用基于问题的学习法之后的主要备课任务。

几乎每个调查中，教师都要负责为调查小组提供充足的材料和资源。在某些情况下，特定课程项目会提供材料和资源。许多科学教室里有必需的设备供学生做实验、做设计。许多学校都有在线学习中心、网络数据库和光盘资源，这些都能方便基于问题的学习。如果学生需要的资料校内均已收录，那么教师的主要备课任务就是收集这些资料并提供给学生。

有时候，学生需要到校外做调查。教师要鼓励那些参与调查水域生态系统的学生外出收集水样，给当地的政府部门讲述他们的调查计划，投放大马哈鱼苗，等等。有时一些项目还涉及拜访当地的商业领袖和政府领导人。对于教师来说，要求学生到校外活动就意味着会有特殊问题，需要教师专门备课。教师必须详细地计划：比如，学生应该如何到达预订地点，学生在学校外又应该如何表现。教师也有必要教给学生恰当的观察技能、访谈技能，或许还得教他们怎样和当地人合影。

那些要求校外调查和合作的项目对采用基于问题的学习法的教师来说是一个特殊的挑战。

上课

基于问题的学习的五个阶段和每个阶段对教师行为的要求都总结在表11—3中。

表11—3　　基于问题的学习的结构

阶段	教师的行为
阶段1：使学生适应问题情境	教师说明教学目标，介绍调查中的重要行为规范，激发学生参与到解决自己所选择问题的活动中。
阶段2：组织学生学习	教师帮助学生确定、组织与问题相关的学习任务。
阶段3：帮助个人和小组做调查	教师鼓励学生收集恰当的信息，参加实验，寻找解释与解决方案。
阶段4：制作、展示作品	教师帮助学生设计、准备适合的作品，比如报告、录像和模型等，还要帮助学生与他人分享这些作品。
阶段5：分析、评价问题解决的过程	教师帮助学生反思调查过程和调查方法。

接下来的部分，我们将详细介绍每个阶段对学生和教师行为的要求。

使学生适应问题情境　基于问题的学习的课程在开始阶段与其他类型课的开始阶段一样，教师应该清晰地说明课程目标，使学生树立积极的学习态度，并描述教师期望学生做什么。如果学生年龄太小，或以前没有参与过基于问题的学习，教师还必须详细地解释这个模式的过程和步骤。需要教师详细交代的主要有以下几点：

● 在这门课上，主要目标不是学习大量的新知识，而是学会如何调查重要的问题，如何成为一个独立的学习者。对于低年级的学生来说，教师应该专设几堂课，让学生在课上独立解决一些问题，从而了解基于问题的学习这一教学模式的主要目标。

> 学生需要理解，在基于问题的学习课上，目的就是学习如何调查重要的问题，如何成为一个独立的学习者。

● 要调查的问题没有绝对正确的答案，复杂的问题通常有多种答案，有时答案甚至是互相矛盾的。

● 在调查阶段，鼓励学生提问题、查找信息。教师会提供帮助，但学生应尽量独立学习或与同伴合作。

● 在分析、解释阶段，鼓励学生公开、自由地发表自己的观点，任何观点都不会受到教师和同学的嘲笑。所有的学生都有机会参与调查，表达自己的观点。

教师应该慎重地呈现问题情境，一步一步地引导学生参与到问题中来。本书第八章提到的“如何上演示课”的指导意见在这里也能适用。教师应该尽可能兴趣盎然、尽可能准确地向学生呈现问题情境。如果能够看见、感觉和触摸，学生通常会产生兴趣和探究欲。一般说来，自相矛盾的事件（如第九章中列举的结果出人预料或令人惊讶的问题情境）能够激发学生的兴趣。比如，演示水向上流或冰在低温下融化等现象，能够产生神秘感，使学生萌生解释这些现象的强烈愿望。奇闻逸事的短片或揭示现实生活问题（比如污染或城市恶劣环境）的录像也同样能激发学生的积极性。关键是，这一阶段是为后续调查打基础的阶段，因此，问题情境的呈现必须能够引起学生的兴趣，并使学生产生好奇心和兴奋感。

在基于问题的学习中呈现问题情境的方式之一，就是利用能够激发神秘感的奇异性事件。

家庭和学校

与父母或监护人保持密切联系

获得家庭的支持和认同是教师在使用基于问题的学习模式过程中的一项重要工作。正如第十章所讲的那样，家长往往不理解小组学习和合作学习的目标和过程。他们也对学生离开教室，参加大型社区活动和长时间使用互联网表示担心。教师要通过倾听家长提出的异议，清晰地与他们沟通教学目标和基于问题学习课的期望，保证家长能够理解这一教学模式，获得家长对校外活动的许可。

让家庭参与基于问题的学习也是非常重要的。家庭成员参与的形式主要有：

- 主办“家庭之夜”，在这里，成年人可以帮助学生从事基于问题的学习项目。
- 引导实地考察或帮助监管社区里的学习活动。
- 帮助设计基于问题的学习课和基于问题的学习单元。
- 帮助联络自己所在的各种社区组织，比如教堂、工会和工作单位。
- 参加学生的学习成果报告会。

越来越多家庭的加入不但会使更多的学生加入学习，还会促进父母对基于问题的学习活动的理解和接受。然而，需要注意的是，这种联系必须循序渐进。许多父母和监护人工作时间很长。他们非常忙，很难有时间参与活动。另一些家长在学校和课堂中可能感觉不太舒服。教师必须密切注意这些情况，努力将家庭成员的感受与自己项目所需等同视之。

组织学生学习 基于问题的学习要求教师培养学生的合作技能，帮助学生共同调查问题，同时也要求教师帮助学生为调查和做报告提前计划。

学习小组 第十章讲述的许多关于组织学生进行小组合作学习的建议，同样适用于组织学生进行基于问题的学习。但是，很显然，怎样划分学习小组会根据不同教学目标而改变。有时候，教师认为调查小组体现不同的能力水平和种族、宗教或性别差异很重要，那么教师就有必要干预小组划分。而有时，教师又会允许学生根据共同的兴趣组成小组，或根据自己的伙伴关系组成学习小组，调查小组也就这样本着自愿原则形成了。在这个阶段，教师应该提出明确的分组原则。

调查小组可以由学生根据友谊自愿形成，也可以由教师根据社会性要求和认知性要求进行安排。

合作计划　在学生已经适应问题情境并组成学习小组后，教师和学生必须花费大量的时间确定具体的子主题、调查任务和时间表。一些项目的主要设计任务就是把一般性问题恰当地分解为一个个子主题，然后帮助学生选择他们自己想要调查的子主题。比如，以气候为主题，就可以分解成为酸雨、飓风、云等子主题。教师在这个阶段面临的挑战就是要让所有学生积极地参与到调查中，确保把所有子主题的调查综合起来就可以产生解决一般性问题的可行方案。

如果调查规模大且较复杂，那么这一阶段的教学主要任务就是帮助学生按照时间进度表安排任务和活动。图 11—3 的根特表就提供了一个教师帮助学生安排历史项目进程的样例。如第三章讲到的那样，利用根特表，学生可按照每个任务开始和结束的时间来安排具体任务。第一行是时间，第一列则是任务，×表示完成每个任务需要的具体时间。

这次基于问题的学习把学生划分为四组，任务是调查当地的历史。四个调查任务是：访谈社区的老人、从当地历史学会保存的旧报纸中收集相关信息、研究当地的墓碑和收集、阅读有关这个地区的早期历史著作。

任务	时间			
	3 月 10—15 日	3 月 18—23 日	3 月 26—31 日	4 月 3—7 日
使学生了解问题情境	×××			
组织学习小组	×××××××			
和校长商讨学生什么时候可以出校	××			
得到家长的允许	×××××			
争取历史学会同意学生的到访。	×××			
学习小组做计划		×××××××××		
仔细检查访谈提纲		××		
仔细检查四个小组访问		××		
小组模拟访谈，确保准备工作已就绪		××		
小组开始进行调查			×××××××××	
小组准备作品或展示				××××
与家长等人一起分享作品				××××

图 11—3　八年级学生的历史调查根特表

帮助个人和小组做调查　无论是学生单独调查，还是两人一组做调查，或是学习小组一起做，调查都是基于问题的学习的中心。尽管每个问题情境要求的调查类型略有不同，但多数调查都包括数据收集并验证，形成假说并进行解释，提出解决方案等过程。

> 多数基于问题的调查都包括收集数据、验证、提出假设与分析解决方案等过程。

收集数据，进行验证　调查的这个方面至关重要，教师就是通过这个步骤鼓励学生收集数据进行理论验证或事实验证，直到学生完全理解问题情境为止。目的就是让学生收集大量信息，形成自己的观点。在这个阶段，学生要做的远不止是读书上的问题。教师应该帮助学生从各种各样的资料中收集信息，还应该提出一些问题让学生思考，同时，也要让学生考虑，如果要想获得解决方案，应该搜集哪些信息。教师还有必要教给学生如何积极地进行调查，如何根据正在研究的问题选择访问、观察、测量、追踪采访领导者或是记笔记等方法。同样，教师也要教给学生在调查中应有的礼节。

> 在调查阶段，教师必须做的就是支持学生自由地交换观点，对学生提出的观点充分肯定。

形成假说，并进行解释，提出解决方案　当学生收集了充分的数据，并针对调查的对象做了实验后，他们就会通过提出假说、进行解释、提出解决方案等系列举措来阐明自己的观点。在这个阶段，教师应该鼓励所有学生提出自己的观点，并给予充分肯定。与“收集数据，进行验证”阶段一样，教师要提出问题，促使学生思考他们的假说是否正确，解决方案是否合理，收集到的信息质量是否可靠等。教师要继续提供支持，并做出榜样，让学生自由地交流观点。如果有需要，还要鼓励学生更深入地探究问题。教师在这个阶段可以提这样的问题：“为了确保你的解决方案是最好的，你需要了解哪些信息?”或者：“你可以采取哪些措施测试你所提出解决方案的可操作性?”“你还能提出哪些解决方案?”

在整个调查阶段，教师应该提供必要的帮助，但这种帮助不应是强制性的。对于某些调查主题和参与调查的学生，教师有必要手把手地帮助学生查找资料，提醒学生应该完成哪些任务。而对另外一些调查主题和学生，教师只需要站在一边观察，让学生按照自己的选择做就可以了。

制作、展示作品　调查阶段后紧跟着就是制作作品和展览的阶段。此处的“作品”不局限于书面报告，还包括能够展示问题情境和问题解决方案的录像带，以实物形式展现问题情境及问题解决方案的模型，乃至计算机程序或多媒体展示。显然，作品的复杂程度与学生的年龄和能力有关。十岁大的孩子制作的关于酸雨的海报与一个中学生设计的测量酸雨的工具之间就会有巨大的差异。二年级学生制作的表现云彩形成过程的立体模型也区别于中学生编制的反映天气的计算机程序。

当学生完成自己的作品后，教师通常应组织一次展览来公开展示学生的作品。这些展览会引起它的观众——学生、教师和父母——的重视。可以是传统的科学展览，每个学生展示自己的作品，供他人观察和评断；也可以是口头介绍，或播放影像资料，交流观点，提出反馈意见。学生还可以在线展示学习成果，愿意的话也可以在线与其他学生展开竞赛。如果家长、学生和社区成员都参与到展览中，就能扩大展览的影响力。如果展览能说明学生已经掌握了具体的主题和过程，也能提升展览的地位。第十章中讲到的简报是展示学生作品，为某个学习项目做总结的另一种方式。

分析、评价问题解决的过程　最后一个阶段应通过一些活动来帮助学生分析、评价自己的思考过程、调查过程，以及整个过程中使用的调查技能、学习技能。在这个阶段，教师要求学生改进他们在其他阶段的想法和活动。教师需要思考，什么时候他们开始比较清晰地理解问题情境？为什么他们比其他人更乐意接受某些解释？为什么他们采用了最后的解决方案？在调查的过程中，他们改变过自己对于问题情境的想法吗？是什么原因导致了这种改变？下一次做类似调查时，他们会采取哪些不同措施？

建立学习中心，开展基于问题的学习

长期以来，小学的学习中心都是促进基于问题的学习的地方，它使得低年龄段的学生可以进行独立学习、小组学习以及基于问题的学习。学习中心有时又叫作“学习站”、“探究中心”或者是“发现中心”。无论叫什么名字，这个中心都要给学生创造机会，让他们参与多样化的实验和互动，在课堂上体验基于问题的学习。学习中心通常准备有各种各样的学习材料，如书籍、电影光盘、计算机软件和音像带等。在材料如此丰富的学习环境里，所有年龄段和各种能力水平的学生可以按照自己的步骤学习，而且经常可以自己选择学习主题。

根据卡斯尔（Castle，2002）的观点，教师可以通过几种方式选择学习内容。一些教师可以围绕主题（比如“秋天”）来组织学习中心，另一些教师可以围绕学科（数学、语文、科学课、社会课）组织学习中心，还可以围绕具体的故事或一篇文学作品来组织学习中心，并开发不同分支，让学生学习听力、阅读理解、词汇或写作等技能。还有的教师根据加德纳的多元智力理论（在第二章中讲过）来组织学习中心。针对一个具体的主题，一位教师可能着重强调视觉、空间方面，而其他教师可能重点关注逻辑、数学方面，另一些教师也许会关注处理人际交往方面。

让学生在学习中心以什么样的方式学习，不同教师的处理方式也不一样。有些教师让学生自由选择。然而，在多数情况下，教师会为学生提供指导原则，设置一定的条件。不管指导原则的具体规定是什么，重要的是让学生自己选择想要学习的东西，并让学生承担责任，自己安排时间，自己完成任务。有时，教师组织的学习内容有利于学生在小组内共同学习，这样可以培养学生合作解决问题的技能——每个小组都可以共同决定其成员如何学习。

成功的学习中心要求有严密的组织、简明的指导和明确的规则与要求。对于教师来说，学习中心最常见的挑战就是帮助学生管理他们自己的时间和相应的任务。一些学生毫无重点地从一个学习中心转移到另一个学习中心，对这样的学生教师就要进行额外的指导。而另一些学生则不愿投入太多精力就草草完成学习中心的任务，教师要警惕这一问题的出现，在允许这些学生转到另一个学习中心之前，应该仔细地检查他们的学习成果。

多元化与差异性

为所有学生设计基于问题的学习

有时人们认为基于问题的学习更适合有天赋和才能的学生。事实并非如此，所有的学生，不管他们的能力如何，都可以从基于问题的学习中学到东西。实际上，能力较差的学生通常都缺乏独立学习的技能，因此，教师运用一些教学方法培养学生的这些技能就显得尤为重要。不过，当有学习障碍的学生或缺乏独立学习技能的学生参与基于问题的学习时，教师应该采用各种方法，努力使基于问题的学习课程适应学生的要求。

- 为学生提供更直接的指导，帮助他们掌握有关调查技能，比如查找信息，从数据库中抽取可用的参考资料，分析相反的假说。
- 花更多的时间向学生解释基于问题的学习课程和教师对学生学习的期望。
- 在每个探究阶段都给学生留出充足的时间。
- 绘制一个更精确的时间表，以便核查任务的进展情况，让学生对项目负责。
- 如果要组织社区活动，就要考虑如何帮助有生理缺陷的学生或者考虑为他们选择另一种活动。

看到有特殊需要的学生慢慢形成探究能力，获得解决问题的技能，成为独立自主的学习者，会给教师带来极大的满足感。

检测—拓展—探索

检测

- 基于问题的学习和教学最关键的备课任务是什么？
- 基于问题的学习有哪五个阶段？每个阶段对教师的行为要求是什么？
- 为什么让学生适应基于问题的学习比让他们适应其他教学模式更复杂？
- 学生的作品和展览与传统的考试试卷和报告有何不同？

拓展

- 一些教育工作者认为基于问题的学习太浪费时间了，并且觉得期望学生自己调查问题也不现实。你同意这样的观点吗？请登录“在线学习中心”，在“拓展问题投票栏”中回答这些问题。

探索

- 登录“在线学习中心”（www. mhhe. com/arends9e），并链接到有关基于问题的学习课程设计和指导的网站。

第 4 节　学习环境的管理

第五章中讲述的许多日常课堂管理原则也可以应用于基于问题的学习管理中。对于教师来说，制定一套明确的行为准则和日常规范，保证课堂运转流畅，同时快速而果断地处理学生的不良行为，总是很重要的。同样，第十章合作学习中提到的如何管理小组学习的指导原则，也可以运用于基于问题的教学中。当然，教师在运用基于问题的教学时也有独特的管理方式，这就是本节要讲述的内容。

处理多重任务环境

在运用基于问题的学习的课堂中，会同时产生多种学习任务。一些小组可能会在课堂上探究教师分配的具体任务，而另一些学生可能会在图书馆查找资料，还有一些学生可能外出到社区或参加在线学习。年龄小的学生在全班同学共同讨论他们的研究之前，可以先组成兴趣小组，两人一组或几人一组，研究与科学、数学、语言、社会相关的问题。要想安排一个具有多重学习任务的课堂，就必须先教会学生掌握独立学习和合作学习的本领。有效教师会制定一套提示系统，以提醒和帮助学生由一种学习任务转向另一种学习任务。教师有必要制定明确的规则，告诉学生什么时候讲，什么时候听。教师在黑板上列出的图表和时间安排表应该详细说明与各种学习项目相关的学习任务和完成期限。教师也应该建立规范，指导学生每天或每个时期该如何开始和结束项目活动。用库宁的话来说，在多重任务环境下，教师还应该"明察秋毫"，监控每个学生或每个小组取得的进步和获得的技能。

协调不同的学习进度

教师使用基于问题的学习时所面临的最复杂的管理问题之一，就是如何处理下述情况：一些学生或小组很早就完成任务，而有些学生或小组却落在后面。对于那些很早就完成学习任务、有空余时间的学生来说，有必要事先给他们制定规则、程序和准备空闲时间的活动，包括准备一些能吸引学生兴致的活动，比如专门准备一些学生能独立完成的阅读材料或教育游戏，也包括为那些年龄较大的学生制定一些具体的操作步骤，让学生到实验室去研究其他项目。有效教师还会提出期望，让那些较快完成任务的学生去帮助其他学生。

延时完成任务的学生又会有另外一些不同的问题。在一些情况下，教师可能会给落后的学生更多的时间，以便他们完成任务。当然，这样做的后果就是提前做完的学生会有更多的空闲时间。教师或许还有一个选择，就是让落在后面的学生利用放学或周末的额外时间来完成任务。然而，这样做又常常有问题，因为如果学生以小组的形式一起研究，那么他们在校外很难聚在一起。此外，落在后面的学生通常独立学习能力也存在不足，需要教师帮助才能完成重要任务和作业。

监控和管理学生的学习作品

在其他教学模式中，一般都是所有的学生在同一时间内完成相同的任务，而基于问题的学习与此不同，它会产生多样化的作业和作品，完成时间也常常是变化的。结果，当教师在运用这种模式时，监控和管理学生的学习作品就变得非常重要了。如果教师想维持学生学习的责任心，并想在整个教学的过程中保持学生学习的动力，那么完成三项重要的管理任务就非常关键了：（1）教师必须向全体学生清晰地描述学习作品的要求；（2）教师必须监控学生的学习，管理学生的作品，并做出反馈，说明学生取得的进步；（3）保留这些记录。

许多教师运用学生项目表格来完成以上三项管理任务。每个学生保留一份项目表格（见图 11—4），这是一份书面记录，它记录了一个学生或小组约定要完成的项目、完成的时间期限和进程的概要。

学生的姓名____________________
学习小组的名称____________________
项目的名称和范围____________________
____
____
____
具体安排和最后期限
项目 1____________________
对项目 1 的反馈____________________
项目 2____________________
对项目 2 的反馈____________________
项目 3____________________
对项目 3 的反馈____________________
项目 4____________________
对项目 4 的反馈____________________
最后的手工作品或展览____________________
____

图 11—4　学生项目表格

管理学习材料和教学设备

几乎所有的教学模式都要使用学习材料和教学设备，对教师来说，管理这些材料和设备又是一件很麻烦的事情。然而，基于问题的教学比其他教学模式更需要加强这方面的管理，这是因为基于问题的教学要求使用大量的学习材料和调查工具。有效教师必须完善组织、存储和分发学习材料和设备的程序。在这个过程中，许多教师让学生帮助他们。教师期望学生在科学课教室里自己保存设备和物品，在其他教室也由自己分发课本，收取实验报告。教师牢牢地掌控这方面的管理权非常重要，因为没有明确的步骤和规则，教师就会被学生的细节问题打倒。

调控学生的课外活动

鼓励学生走出教室，到图书馆或计算机实验室这样的地方进行调查时，教师要确保学生明白校内活动程序和校内设施使用要求。如果相关场所要求有通行证才能进入，教师必须确保学生能恰当地使用通行证。如果这些场所按照规则进行管理，那么学生就必须明白相关规则。同样，当学生在社区进行调查时，教师必须建立规则和日常规范来管理学生的行为。比如，教师应该教给学生访问的礼节，告诉他们，在查看某些记录或拍摄照片之前，需要征得别人的同意。此外，运用网络进行基于问题的学习时应遵守的规则和管理原则在本章前面的“利用技术促进教学”中已经讲过了。

基于问题的学习课的具体管理问题包括协调学生完成任务的不同进度，管理学生的作品，管理学习材料和设备，调控学生的课外活动。

第 5 节　评估和评价

在前面章节中所讲的许多一般性评估和评价原则也适用于基于问题的教学，

评估的步骤必须根据这个模式想要达到的教学目标来制定。而对于教师来说，很重要的一点就是收集值得信赖的、有价值的评估信息。与合作学习一样，基于问题的教学的目的不是获得陈述性知识，因此基于问题的教学课程的评估不能仅仅由纸笔测验组成。在第六章讲解的表现性评估和评价步骤也非常适用于基于问题的教学。学生在基于问题的学习中创作作品，正好可以用第六章讲解的那些方法和这里将要讲述的等级评定量表来记录、评价。此外，表现性评估也可以用来测量学生解决问题的潜能和小组合作的能力。

评估的趋势已经由传统的纸笔测验转向表现性评估，这种评估允许学生展示在面对真实的问题情境时他们会做什么。

评估理解力

基于问题的学习的教学目标不是教授事实性知识，而是培养学生深入地理解问题和他们周围的这个世界的能力。图 11—5 为我们提供了一个测量理解力而非知识的例子。

学生家长集体起诉，反对你所在的中学购买含下述材料的历史书（这本书是必备补充读物，但并不会取代现行教材）。假设你是检察官或辩护律师，两人一组，分别代表正反双方，用十分钟的时间向陪审团陈述：这本书是否适合采用作为必备读物。（写一份书面小结，支持自己的观点。）我们将评估你是否能证明自己对下述材料的判断：“这些材料有偏见、不准确，还是仅仅与美国常见的观点不同?”

美国的独立战争

殖民地的人民为他们的政治权利进行了长期不懈的斗争，其结果就是 13 个殖民地成立了自己的议会，建立了资本主义代议制政府。在每个殖民地，选举权受到各种限制，因而那些被选出来的议员大多都是地主、贵族和资产阶级的代言人，而无论如何都没有劳动人民的代表。这些斗争反映了殖民地与他们宗主国之间的矛盾……

殖民地的英国管理者完全代表英国中产阶级的利益……

英国的殖民统治阻碍了北美的经济发展。这会导致一些企业破产，其结果就是在殖民地上的英国统治集团与不断增长的中产阶级以及大批劳动人民之间的矛盾急剧激化……

在此之前（在波士顿大屠杀之前），殖民地人民的斗争都是零散的、区域性的。然而，在斗争的过程中，他们总结了经验，并逐渐认识到有必要站在一起，进行统一的斗争。这样，在 1772 年 11 月的波士顿集会上就采纳了由塞缪尔·亚当斯（Samuel Adams）提出的建议，即创建一个通信委员会（Committee of Correspondence），以便和其他地区交换信息、统一行动和宣传革命观点……两个月以内，马萨诸塞州的 80 多个城市和地区都建立了通信委员会，后来这些都成为革命的权力机构……

《独立宣言》是中产阶级的革命宣言，其政治原则就是保护资本家的剥削制度，使中产阶级的利益合法化。实际上，宣言中的“人民”仅仅是指那些中产阶级，而“追求幸福的权利”也是从“财产权”推导出来的，其目的是显示资产阶级剥削系统的合法性。这个宣言有 56 个人签名，其中有 28 人是中产阶级律师，13 人是大商人，8 人是种植园主，7 人是自由职业者，这其中没有一个是劳动人民的代表。

在独立战争期间，美国开始向西扩张。一开始，殖民地是通过在印第安人的土地上开办公司来建立……在 1779 年，乔治·华盛顿派给约翰·沙利文一支部队，让他“消灭”纽约北部的易洛魁族部落。

在战争期间，爱国的妇女也扮演了重要的角色。当男人们走向前线的时候，妇女就完全承担起了生产的责任。她们耕作、织布，运送食物、衣服和前线需要的其他物品。当华盛顿的军队处于不稳定状态，有可能退回到宾夕法尼亚州时，妇女们筹集了一大笔资金，为革命的战士购买过冬衣物。

在战争爆发后，美国人不仅没能组织起黑奴参与战事，反而更加严厉地看管他们，这就强化了对黑奴的压迫。这种情况严重地阻碍了黑奴参加战争，这也是独立战争不能快速取得胜利的一个原因……

在你的研究和陈述中应该涉及以下问题：

(1) 作者最可能受哪种政治观点影响而形成上述立场？这么说有什么证据？这些政治观点又是如何影响了作者的语言表达？

(2) 为何作者非常关注 (a) 通信委员会，(b) 妇女的贡献和 (c) 印第安人和黑奴的状况？这些说法是真实的吗？你认为这几点值得这么关注吗？

(3) 我们将判断你陈述的正确性、倾向性和说服力，以及你描述案例时所使用语言的修辞效力。要公平客观，但也要有说服力、有文采。

图 11—5 理解力评估一例

资料来源：Wiggins，1997。

使用核对表和等级评定量表

如何找到有效而可靠的测量技术是准备采用真实性评估的教师所面临的一个问题。一些教师开始关注体育和表演艺术领域，在这两个领域已经形成了针对复杂的表现性任务的测量体系，目标参照核对表和等级评定量表就是经常应用于这些领域中的评价工具。例如，跳水和滑冰比赛的裁判员会使用将个人表现与标准相对照的等级评定量表。此外，在音乐和舞蹈领域等级评定量表也经常被采用。

罗伯特·罗思曼（Robert Rothman，1995）提供了一个教学案例，这个案例是科罗拉多州里特顿市马克·吐温小学的教师运用等级评定量表对自己学生进行评定的过程。那里的教师已经形成了一系列的问题单元要求学生去解决，如："黑猩猩和人类在哪些方面是相似的？""木质棒球棒是怎么做成的？""鹦鹉是怎么学说话的？"学生们进行调查研究之后，会写出书面调查报告或制作一个网站（作品的形式）来展示他们的成果，或者制作一个能让大家观摩的展览，同时向学生、校长以及一位家长或社区代表进行讲解。测量口头表达和讲解能力的等级评定量表见图 11—6。

1. 学生能清晰地描述出问题，并能说出其重要原因。	学生能陈述问题，但不能描述问题；或不能说出问题的重要原因。	学生不能指出问题。
2. 准备了充分的证据，并有很强的组织逻辑性。	准备了一些证据，有一定的组织逻辑性。	没有准备证据，也没有组织逻辑性。
3. 能生动形象地解说。	比较生动形象地解说。	枯燥而单调地解说。
4. 语句结构完全正确。	语句结构有一些错误。	语句结构有许多错误。
5. 能采用视觉图像来加强自己的描述。	个别地方能借助视觉图像的帮助。	没有采用视觉图像做辅助。
6. 对观众提出的问题能做出清晰的回答，并能提供准确的信息。	对观众的提问只能部分地做出回答。	对观众的提问完全不能做出回答。

图 11—6 测量口头表达能力的等级评定量表示例

资料来源：Rothman，1995，pp. 12-13。

评估成人角色和情境

正如你在本章开篇时所读到的一样，基于问题的学习要尽力鼓励学生参与到一些情境中，这些情境能帮助学生学习有关成人角色的知识，并能使学生完成一些与成人角色相关的任务。图 11—7 详细描述了学生要体验哪些成人情境，以及如何对他们的学习进行评估。这些情境中的大多数都可以运用前面所讲的表现性评估、核对表和等级评定量表来评估。

- 律师：通过扮演一些历史事件（斯科普斯审判案或是布朗诉托皮卡教育委员会案）中的人物角色来展示辩论技能。
- 广告代理人员：设计广告竞赛，制作书签。
- 社会学家：设计并进行社区调查，并把调查结果绘制成图表。
- 工程师：调查并绘制出附近地区的地图。
- 随笔作家：书面做结论或写一篇议论短文。
- 历史学家：口述历史或评论孩子用的历史教科书。
- 教师：对一个小孩子进行教学。
- 父母：使一个小孩开始学习。
- 求职者：准备一份自己的档案和简历。
- 市民：解散一个小团体，完全重新思考某个观点，完善并有效地完成一个计划，评价候选人，与别人商讨一种进退两难的境况，判断一个情感诉讼的恰当性，对一些显而易见的事情提出质疑。

图 11—7　可评估的成人角色和情境

资料来源：Wiggins，1997。

评估学习潜能

多数测验，无论是纸笔测验还是表现性测验，都可用于测量学生某方面的具体知识和技能，但并不一定能评估学生的学习潜力或学习准备。我们前面讲到的维果茨基关于最近发展区的理论已经促使测量专家和教师开始考虑：如何测量一个学生的学习潜力，尤其是在教师指导或优秀同伴帮助下能增强的学习潜力。学习准备（学习潜力）测验可以用于阅读或其他语言发展的领域。现在也出现了一些新的评估手段能让学生参与一些问题解决任务，这些任务可以诊断学生有无能力从特定教学方式中得到发展。然而，在许多领域，测量学习潜力的评估任务仍然处于起始阶段，还有许多工作需要做。

评估小组学习的效果

在第十章的合作学习中，我们就已经讨论了用来评估单个学生学习和整个小组学习并给出成绩的评估步骤。这些评估步骤也可以用于基于问题的教学中。评估小组的成绩可以减少一些有害的竞争，这些有害的竞争常常来自小组同学间的比较，它使得学校学习和评估更像现实生活中的竞争。

检测—拓展—探索

检测

- 基于问题的学习之学习环境的最主要特征是什么？
- 对于使用基于问题的学习这一模式的教师来说，有哪些独特的管理任务？

● 当教师考虑如何评估学生在基于问题的学习中的表现时，他们应该考虑的因素是什么？

拓展

● 你认为新一代教师会拥护还是抛弃基于问题的学习？请登录“在线学习中心”，在“拓展问题投票栏”中回答这些问题。

探索

● 登录“在线学习中心”（www. mhhe. com/arends9e），并链接到有关基于问题的学习的学习环境和评估的网站。

第 6 节　最后的思考

基于问题的学习影响非常大。这个模式以坚实的理论原则为基础，而相当多的研究又为其应用提供了支持。此外，许多教师和学生表示出对这个模式的热情和兴趣。这个模式为部分教师提供了一个有吸引力、可供选择的方法，这些教师希望它能超越以教师为中心的教学方法，而用这个模式的活动学习来挑战学生。基于问题的学习要利用强有力的互联网资源，因而在互联网时代来到之后更具有可行性。

然而，如果推广基于问题的学习，仍然有一些障碍有待克服。当前，许多学校都发现自己的组织结构并不适合基于问题的教学方法。比如，许多学校都缺乏足够的图书馆和技术资源来支持这个模式的调查活动。多数中学的课堂都是标准的 40 分钟或 50 分钟，这点时间不允许学生更深入地参与校外活动。此外，由于这个模式自身没有包含大量的信息或基础知识，所以一些管理人员和教师并不鼓励使用它。以上这些缺点使得一些批评者指出：基于问题的学习并不会发展得比杜威与克伯屈提出的方案和方法更好，可能也不会优于 20 世纪 60 年代和 70 年代的“动手做”和以“过程为导向”的课程。这些都有待年青一代的教师去验证。

对课堂的反思

失望

你刚刚为学生的历史作品评定完等级，感叹学生的作品太让你失望了。按你的计划，这些作品（论文、录像带、档案袋以及计算机模拟等）都是经过六周的时间才完成的，而且学生以问题为基础单元来研究当地的各种历史问题以及与这些问题相关的现实问题，按理，学生应该可以制作、设计出有趣而又有吸引力的作品和展览。但是，你刚才评定的学生作品都不好。大多数学生准备的报告就是一些常规的学期论文而已。学生并没有认真做，这些报告都缺乏深入的分析，并且有许多语法和标点符号的错误，这说明，这些作品都是在匆忙中完成的，其中大多数缺乏创意。

作为一位新教师，这就是你第一次尝试运用基于问题的教学。你会很困惑，为什么学生就不能做得更好呢？于是你开始思考究竟什么地方做错了。你自问，“我是否为学生提供了足够的指导，让他们明白该做什么”，“在学生探究时，我是否给了他们充分的帮助”，或是“我是否充分地调动了学生的积极性”。在把你的观点和以下经验丰富的教师提出的意见做比较之前，先反思你对上面问题的回答。

林恩·乔蒂（Lynn Ciotti），宾夕法尼亚州布里斯托尔自治镇，斯奈德小学，六年级

当我布置一些重要的学习项目给学生时，我常常问自己：我给学生的指导清晰吗?学生是否明白教师期望他们做什么？我是否激发了学生的兴趣和积极性，以使学生尽力完成自己的项目？因此，在我给学生布置一项必须完成的学习项目时，我总是给出清晰的细节描述和样例，以便学生知道教师期望他们做什么。

为了确保学生能理解，我采取的第一步就是把成功完成这个项目要求的所有相关信息都详细地告诉每个学生。第二步是在课堂上给学生提供一个实例以供学生参考评论。这个例子通常取自前一年学生完成的项目，它对学生非常有益，这样学生对教师期望自己做什么就有一个更具体的认识了。第三步，也是最重要的一步，就是向学生提供评价这个项目的纲要。这个评价纲要是一个至关重要的工具，可以向学生表明教师期望他们在任务或项目中做什么。如果正确地运用，它就可以像核对表一样，使学生核实自己是否达到了成功完成项目所需要的所有标准。评价纲要还可以像指导手册一样，帮助学生确定自己完成的项目能得到什么等级。当然，评价纲要必须包含学习项目中每个领域所要求的努力程度，它正好能使学生准确判定自己的努力水平。

如果完成了以上步骤，学生的进展仍不好，我就会在适当的方面再次教学，指导学生。当我用评价纲要告知学生他的弱项时，我会和学生一起讨论每个人的基础。我还会给学生充分的时间，以使他们反思和改善自己的项目，并做出必要的修改。然后，重新评价学生的项目，并给出最后的评定等级。

珍妮弗·帕特森（Jennifer Patterson），佛罗里达州夏洛特镇，默多克学校，八年级

当我对学生递交的作品质量感到失望时，我会自我反思。我会问自己以下问题：我是否为自己的学生设置了现实的期望，这些期望是否符合学生的水平层次?我是否清晰地说明了教学目标和期望得到的结果？我是否提供了清晰而又简明的说明？是否核查过，以确保所有的学生都明白自己的任务？我是否在课堂内外为学生留足了时间以完成活动？评估标准是否和教师期望与结果相关联？简而言之，我总是问自己是否给学生足够的准备和指导，作为一位教师，我是否做了充分的准备，以确保学生能够成功地完成活动。

我还会鼓励学生反思自己的研究项目，要求学生讨论一些他们遇到的问题和困难，然后为学生提供一些建议，使他们的项目变得更刺激、更有意义。学生的反馈与他们的自我反思一样有价值。如果有必要，我会尝试创造一种平衡的解决方法，比如按照一定的标准修改我的期望和评分等级标准。另外一种可选择的方法就是允许学生延长时间以编辑作品，然后再次交上来。

教师还可以做很多事情来阻止这种失望的发生。任何一个学生，要想成功地完成研究项目，最重要的就是做好准备。检查一下，确保你完全理解了你所运用的教学策略的过程和结构。如果你没有完全理解教学策略的本质，你就不能期望你的学生能领会它。同样，教师也需要彻底地重新考虑期望、目标和要求的结果，以便确保它们具有恰当的难度水平，并符合学生的年龄特征。

接下来，要使你的学生一开始就参与到项目中来，并尽力激发学生的好奇心和兴趣，同时也要使任务变得更恰当和有意义。学生对那些以学生为中心的活动和项目反响很好，因此，要尽力使学生参与到设定目标和评估标准的过程中去。这就为学生的学习树立了一个支柱，并且，主人翁的地位将会激发学生的学习动机。另外一种激发学生的方式就是给他们展示以前学生完成的作品样例——既有可仿效的作品也有蹩脚的作品，这些作品都可以促使学生更好地理解教师期望他们做什么。在多数情况下，这样的练习会推动学生超越以往的作品。

同样，教师必须对研究项目的所有方面和阶段做出详细的解释。比如，如果学生需要运用原始资料，你就必须确信学生能理解原始资料。如果布置的作业要求学生按照具体的格式书写报告，你就应该示范这种格式，并提供范例。

最后，如果研究项目很长或很复杂，那么最重要的一点就是监控学生的进展情况，这需要限定一系列的日期期限，或“核查”项目不同部分的完成情况。总之，最重要的还是教师应该提供指导和方向，使学生成为自主学习者。

总　结

基于问题的学习概述

● 与重点在讲授知识和训练技能的教学模式不一样，基于问题的学习中的教学重点在于向学生呈现问题情境并使学生自己调查和找出解决问题的方法。

● 基于问题的教学目标有三层：一是帮助学生发展调查和解决问题的技能，二是为学生提供成人角色的体验，三是使学生对自己的思考能力充满自信并成为自主学习者。

● 基于问题的课程一般要经历五个阶段：使学生适应问题情境，组织学生学习，帮助个人和小组做调查，制作、展示作品，分析、评价问题解决的过程。

● 基于问题的学习的学习环境的特征是具有开放性、学生的积极参与和学术氛围的自由。

理论支持与实践支持

● 基于问题的学习的理论根基可以回溯到古希腊的苏格拉底，但它最主要的理论来源是20世纪的认知心理学。

● 基于问题的学习的知识基础非常丰富和复杂。过去几年的几次元分析清晰地说明了这种教学模式的效果。

● 过去三十多年来，人们投入大量的精力研究和开发了各种著名的教学方法——发现学习、探究训练、高层次的思维——所有这些方法的重点都是帮助学生成为独立自主的学习者，并且有能力建构自己的知识体系。

计划、实施基于问题的学习

● 与基于问题的学习相关的主要设计任务就是明确提出学习目标，设计有趣而又恰当的问题情境并做好恰当的准备。

● 在基于问题的学习处于调查阶段时，教师应该促进和指导学生的调查。

学习环境的管理

● 与基于问题的学习相关的具体管理任务包括处理多重学习任务的环境，调节完成任务的不同速度，找到一种可以监管学生学习的方式以及管理一系列材料、设备和课外后勤保障。

评估和评价

● 评估和评价方式要想适合基于问题的学习，就有必要找到那些可供选择利用的评估程序，以便测量学生的作品，如学生的行为表现和作品展示等。这些评估可以称为表现性评估、真实性评估和档案袋评估等。

基于问题的学习的局限性和未来展望

● 运用基于问题的学习模式的教师会面临许多阻碍，而基于问题的学习带来的益处是否会持久？或者随着教龄的延长，教师是否会放弃使用基于问题的学习？

互动学习与应用学习

学习与探索

● 登录“在线学习中心”，利用其中的学习指南，包括测验练习。

观察与练习

● 请到“在线学习中心”的“教师教学”版块听科琳（Corine Marino）和伊恩（Ian Call）讨论基于问题的学习的音频。

完成实践练习 11.1，为基于问题的学习做教学计划，包括：

● 确定教学目标。
● 设计问题情境。
● 形成逻辑框架。
● 教学实施过程。
● 评价学生表现。
● 备课反思。

完成下面的第十一章的配套练习：

● 实践练习 11.2：划分学习小组。
● 实践练习 11.3：引导课外调查。
● 实践练习 11.4：构建表现性评估标准。
● 实践练习 11.5：教学困境：来自外部的指责。
● 实践练习 11.6：基于问题的学习模式适合这个时代吗？

档案袋与教学实践活动

通过以下档案袋与教学实践活动来拓宽你对本章内容和步骤的理解。支持你完成以下活动的材料请在“在线学习中心”的“档案袋与教学实践活动”部分查找。

（1）完成本章结尾处的课堂反思练习，采用所要求的反思文章作为你的档案袋的展示部分，来表达你对基于问题的学习模式的认识。（INTASC 原则 4：理解各种教学策略；INTASC 原则 9：注重反思性实践）

（2）活动 11.1：评价本人运用基于问题的学习模式的技巧。评估你当前对计划和实施基于问题的学习的理解。（INTASC 原则 4）

（3）活动 11.2：在微格教学或课堂教学中观察基于问题的学习模式的使用。观察有经验的老师是如何使用基于问题的学习模式的。（INTASC 原则 4）

（4）活动 11.3：对教师使用基于问题的学习进行访谈。通过访谈了解有经验的教师是如何使用基于问题的学习模式的，他们所感受到的阻碍自己充分使用基于问题的学习模式的障碍是什么。(INTASC 原则 4)

(5) 活动 11.4：档案袋活动：设计问题情境。设计两个可用于基于问题的学习的问题情境。将你的工作成果作为档案袋中的人工作品部分。(INTASC 原则 4)

专业参考书目

Barell，J.(2006). *Problem-based learning: An inquiry approach* (2nd ed.). Thousand Oaks，CA：Corwin Press.

Bellanca，J.(2010). *Enriched learning projects: A practical pathway to 21st century skills*. Bloomington，IN：Solution Tree.

Boss，S.，Krauss，J.，& Conery，L.(2008). *Reinventing project-based learning: Your field guide to real-world projects in the digital age*. OR：International Society for Technology in Education.

Krajcik，J.，& Czerniak，C.(2007). *Teaching science in the elementary and middle school: A project based approach* (3rd ed.). Mahwah，NJ：Erlbaum.

Lambors，A.(2004) *Problem-based learning in K-12 classrooms: A teacher's guide to implementation*. Thousand Oaks，CA：Corwin Press.

Richardson，W.(2010). *Blogs，wikis，podcasts，and other powerful web tools for classrooms* (3rd ed.). Thousand Oaks，CA：Corwin Press.

Savin-Baden，M.(2008). *Problem-based online learning*. NewYork：Routledge.

Weinbaum，A.(ed.).(2004). *Teaching as inquiry: Asking hard questions to improve practice and student achievement*. New York：Teachers College Press.

第十二章

课堂讨论

学习目标

学习本章之后，你应当掌握以下内容：

课堂讨论概述	对课堂讨论给予概括性的认识并知道如何有效使用。
理论支持与实践支持	描述课堂讨论的理论基础并总结支持其应用的相关研究。
计划、实施讨论课	阐述如何计划和实施课堂讨论，包括怎样针对不同背景和能力的学生区别使用。
学习环境的管理	阐述如何创造一种有助于运用课堂讨论的学习环境。
评估与评价	阐述对与课堂讨论课目标相一致的学生学习过程进行评估的合理方式。
最后的思考	思考为什么课堂讨论还没有被大多数教师采用，并预测它的应用前景。

读前反思

在学生时代，你肯定遇到过那种大量使用讨论方式开展教学的教师。有一类教师是每天一到教室就给学生一些充满争议的问题让他们讨论，还有一类教师则是以讨论前一晚布置的家庭作业来开启每天的课堂教学。

反思一下你在学生时代曾参与的课堂讨论：

- 你是否经常参与讨论？还是很少参与讨论？如果你没有参与，你知道原因是什么吗？
- 你是否认为参与讨论的程度影响到你对知识获得的程度？为什么？
- 就你记得的课堂讨论而言，哪些令你印象深刻？哪些对你有很大影响或者影响甚微？
- 通常有效的课堂讨论有哪些特点？
- 通常效果不佳的课堂讨论有哪些特点？
- 你认为学生通过讨论学到了什么？哪些东西是在讨论中学不到的？

回答以上问题，这对于你以及你对课堂讨论的看法有什么影响？受此影响，一旦你走进课堂，你又会如何使用讨论法？你会成为一位经常使用讨论法的教师吗？还是你打算不用讨论法而更多采用其他方法？

请登录“在线学习中心”（www. mhhe. com/arends9e），回答以上问题。

前几章描述了一些具体的教学模式，你会发现，在很多课堂中，不管是哪一种模式的课堂，都需要对话或讨论。例如，背诵作为师生对话的一种类型，是教师在讲授教学和直接教学快结束时，用以检测学生对知识掌握程度以及帮助学生对所学内容和概念进行深入思考的方法。讨论主要用于合作学习小组，而探究课或基于问题的学习则需要不断地对话以实现教学目标。

本章将从一般教学意义上来研究课堂讨论。你将发现，讨论并不太像前面章节中所提到的教学模式。相反，它是一种特别的教学程序或策略，它可以单独使用，也可以穿插在其他模式中使用。我们将采用同前面介绍其他教学模式时相同的顺序与体例来介绍课堂讨论。

本章先从对课堂讨论的概述开始，然后介绍有关讨论法的理论与实践的支持，并对课堂讨论的设计、实施及评价的具体过程进行分析。最后，将重点阐明教师怎样引导学生成为课堂讨论的积极参与者及其重要性，以及教师应如何改进在当今课堂中普遍存在的低效率课堂交流模式。

讨论不是真正意义上的教学模式，但它是几乎所有教学都必须运用的一种教学方法。

第1节　课堂讨论概述

课堂讨论和对话对教学的整个过程都很重要。要想有效地使用课堂讨论，就必须深入理解课堂讨论与课堂对话的不同。词典对“对话”（discourse）与“讨论”（discussion）的定义基本一致：参与口头交流，对特定的主题表达自己的想法。教师更倾向于用“讨论”这个术语，因为它描述了教师用以鼓励学生进行口头交流的方法。学者与研究者更倾向于用“对话”这个术语，因为它们更能反映学者和研究者对课堂中多样化的交流与沟通模式的关注。“对话”这个术语是理论用语，为课堂交流提供了全面的视角；“讨论”这个术语则在介绍具体的教学方法时常常使用。

有时“讨论”和“背诵”之间会有一点混乱。就像后面将详细介绍的，讨论是师生之间或生生之间交流与分享想法和观念的过程，用以激发讨论的问题一般都要求较高的认知水平。相反，背诵是另一种交流类型，例如在直接教学课中，教师向学生提一些低水平的或事实性的问题，其目标是检查学生对特定想法或概念的理解程度。

背诵是一种以问答方式进行的交流，教师通过它检查学生对事实性知识的记忆或对概念的理解。

教师使用讨论来达到至少三个重要的教学目标，如图12—1所示。

第一，讨论能推动学生思维，帮助他们形成对所学内容的理解。像前章所讲的，告知学生某些内容并不一定能确保他们理解。对一个主题进行讨论却能帮助学生加深和扩展对该主题知识的理解，并提高对问题的思考能力。

第二，讨论可以促进学生在课堂中的参与和合作。研究表明，真正意义上的

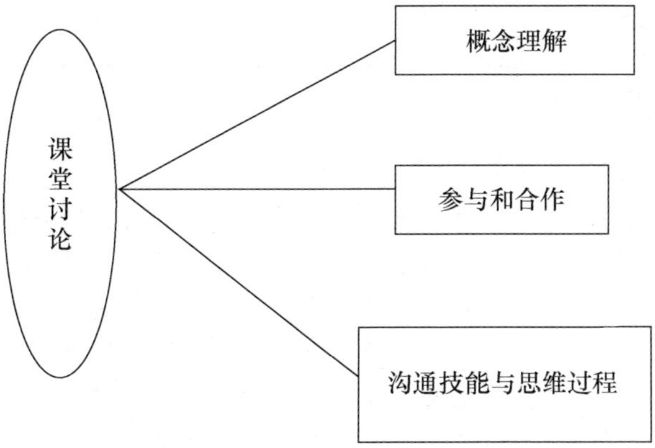

图 12—1　讨论所带来的学习结果

学习是学生必须对自己的学习负责，而不是仅仅依靠教师，这一点与资深教师的理解不谋而合。讨论就是这样一种方法，它给学生机会在公开的场合谈论和展示自己的想法，并且激发他们在课外继续交流的愿望。

第三，教师利用讨论来帮助学生获得重要的交际技能和思维方法。因为讨论是公开的，教师可由此发现学生在想什么，他们怎样组织正在学习的观点和信息。因此，讨论提供了一种社会性的环境，教师可以通过这一环境帮助学生分析他们的思维过程，学习重要的交际技能，包括清楚地表达观点、聆听他人发言、以适当的方式回应别人，以及提出好的问题等。

大多数的讨论遵从一种相似的模式，但也有不同的模式，这取决于教师具体的教学目标和学生的特点。本章将介绍三种不同的模式，基本上这三种模式都包括以下几个基本阶段：解释教学目标，关注并展开讨论，保证讨论有效进行，得出结论，汇报讨论结果。

讨论所发生的学习环境和对讨论进行监控管理非常重要。适合讨论的环境应体现民主开放的教学过程，能让学生积极参与，还包括能让教师合理有效地利用教室空间。教师将根据班级学生的特点和具体学习目标，为讨论提供不同的组织形式和焦点问题。另外，在很多方面，总是由学生来控制讨论中的特定交流和每一刻的互动。这种教学方式要求学生在更大程度上具备自我管理和自我控制的能力，这一点我们将会在后面深入分析。

检测—拓展—探索

检测

- 课堂讨论有哪几个步骤？
- 课堂讨论的主要学习成果是什么？
- 课堂讨论最需要什么类型的课堂环境？

拓展

- 有人说不管学习环境的特性如何，教师都能有效组织课堂讨论，你同意还是不同意？

探索

- 登录“在线学习中心”（www.mhhe.com/arends9e），链接到与课堂讨论有关的网站。

第2节 理论支持与实践支持

课堂讨论的许多理论支持来源于学者对语言、交流过程和沟通模式等领域的研究。这些研究事实上可以延伸到人类生活的每一个方面。想想语言在生活中扮演的角色你就会发现，我们在日常生活中完成很多事情时都离不开语言和人际沟通。例如，友谊的建立和保持主要通过语言——朋友之间聊天并分享彼此的经验；家庭的维持需要家庭成员之间形成固定的对话模式，有时甚至使用一些暗语，这些暗语对于家庭成员是很自然的，而对于外人（比如刚进门的媳妇或女婿）却相当陌生；青少年往往发展出一套特有的沟通模式，从而为他们提供一种身份认同，或提升群体的凝聚力；帮派团伙中所使用的密码或暗号也是一种用以维系会员身份的沟通方式。很难想象，如果人们不用口头语言来表达他们的想法，或不学会聆听别人的想法，那么鸡尾酒会、聚餐晚会、教堂活动或其他社会活动如何能够长久存在。电台谈话节目和网络聊天的流行也证明了通过语言媒介进行交流对于人类来说是多么重要。

> 语言和交流是人类生活（包括课堂生活）的中心。

语言交流对于课堂来说也是非常重要的。美国最早从事课堂对话研究的学者之一卡兹登（Courtney Cazden，1986）写道：“口头语言是教师用以进行教学的一种媒介，同时也是学生用以向教师展示他们所学到的知识的一种媒介。”学生通过口头语言来谈论他们已经学会的内容，同时也借此理解刚学会的新知识。口语还影响学生的思维过程，并使他们扮演好学习者与班级小组成员的角色。

对话与认知

语言与思维关系密切，二者共同促成了人的分析、归纳和演绎能力，以及建立在知识基础之上的有效推理能力。

对话与思维 对话是学生展开思维和提高思维技巧的一种有效的途径。玛丽（Mary Budd Rowe，1986）很好地概述了这个重要观点：

> 为了“成长”，复杂的思维系统需要大量的经验分享和交流。我们讨论我们做过什么和观察到什么，讨论我们从经验中学到什么。正是通过这些方式，我们的思想变得越来越灵活和简洁，最后产生新的问题，并进一步加以探究。(p.43)

在某种程度上，对话可以被称作思维的外化——也就是说，向他人展示个体内部的想法。讨论为教师打开了一个窗口，让他们检视学生的思维技巧，同时也给教师提供机会去反馈和修正学生那些错误或不完整的推理过程。教师可以让学生经过思考后大声说出答案，也可以让学生有机会去“听听”自己的思维成果，并学习怎样控制自己的思维过程。但要记住，学习者并不是简单地就如将信息刻制到白板上那样获取新知识；相反，学习者将经历一个对新知识进行理解，并使它们同自己的已有知识相整合的过程，最终形成自己的知识结构。

对话对社会性交往的促进 课堂对话一方面可以促进认知发展，另一方面能够将认知学习和社会性学习联系、整合起来。事实上，课堂对话有助于创建积极的学习氛围，促进学生的积极参与，并会对课堂管理产生重要影响。师生对话创造了很多社会交往的契机，使他们在课堂生活中融为一体。

讨论除了促进认知发展外，也能促进课堂中积极社会交往环境的形成。

认知与社会性之间有联系，最明显的表现就是，社会性参与将影响思维和认知的发展。如劳伦·雷斯尼克和利奥波德·克洛普弗（Lauren Resnick，Leopold Klopfer，1989）认为，社会环境能提供机会让学生模仿有效的思维策略。

> 熟练的思考者（经常是指导者，有时是较年长的学生）能够展示出一些更好的提出问题的方式、分析文本的方式、形成论据的方式……但更重要的是，社会情境可以让学生明白：批判思维的所有要素——诠释、提问、探寻多种可能性、推理判断——都是有社会价值的。（pp. 8-9）

持认知—建构观点的维果茨基以及其他当代教育者都强调社会交往在人类学习中的重要作用。正是通过这种社会交往，学生学会了怎样思考和解决问题（Hick，1996；Kosminsky & Kosminsky，2003；Palincsar，1986）。

课堂对话模式

通过从不同角度来分析，课堂研究者发现了一种已经稳定发展了相当长时间的对话模式，同时他们发现，传统教学模式并不一定是促进学生全面参与、发展高水平思维的最佳模式。

我们都已经很熟悉“启动—回应—评价”的基本模式。它是卡兹登（1986，1988）和巴布勒斯、布鲁斯（Burbules，Bruce，2001）提出的。这种交流发生在整个课堂环境中，它包括三个阶段：

- 启动：教师在课堂上进行提问。
- 回应：学生举手回答。
- 评价：教师通过表扬学生或纠正其回答做出评价。在课时比较短的课堂中，教师经常自己回答他所提出的问题。

后面我们将谈到，这种模式的课堂进度很快——大多数时间都是教师在讲授，而只有个别学生参与进来。

拉里·库班（Larry Cuban，1984，1993）在其研究中说明了这种模式是如何在早期正规学校里产生的，同时他也说明了这种模式是如何得以在所有学段、所有学科教学中沿用至今。内德·弗兰德斯（Ned Flanders）通过有关师生交往的大量研究证明，全美的教师在20世纪60年代晚期的课堂交流中占主导地位。弗兰德斯（1970）总结说，在大多数的课堂中，教师的说话时间占了整个课堂时间的2/3。在这之后，约翰·古德拉德（John Goodlad，1984）也对学校进行了广泛的研究，他所观察到的结果与巴布勒斯和布鲁斯基本相同。

今天，这种模式仍然被我们广泛采用。在20世纪90年代，施穆克夫妇参观了美国农村学校，收集了相关信息。施穆克夫妇（1994）报告说教师说话占课堂3/4的时间，教师在课堂中说话的比重比弗兰德斯30年前观察到的（教师说话时间占课堂2/3的时间）还要大。此外，在他们的观察过程中，学生进行两两配对对话的次数只有两次，小组互动和交流的次数也只有四次。

研究已经多次证明，教师的常规性言语大约占了课堂时间的2/3～3/4。

尽管“启动—回应—评价”模式有潜在的不良影响，并且大家不断地努力想改变这一模式，但是根据目前的研究（Burbules，1993；Burbules & Bruce，2001；Marzano，2007；Nystrand et al.，1997），大多数的学校仍然是以这种“传授式和背诵式交流方法”为主。

教师的提问

课堂讨论和背诵式教学都依赖于教师的提问。在相当长的一段时间内，教师提问的方式和其所提问题的类型是学者们研究的焦点（Cuban，1993；Gall，1970，1984；Marzano，2007）。人们非常关注教师提问的方式和问题类型对学生学习的影响，特别是那些事实性提问和高水平问题对学生的学习和思维会产生怎样的影响。传统看法一直认为高水平问题比起具体的事实性问题更能促进认知发展。但是，20世纪70年代早期的研究报告显示，这种说法并没有什么明显根据（Dunkin & Biddle，1974；Rosenshine，1971）。一直到1976年，巴拉克·罗森沙恩根据其研究结果对传统的看法提出了挑战，他的研究结果显示，“狭隘”（事实性）问题实际上是最有用的，特别是在教师对正确和不正确的答案提供即时反馈的时候。几年后，雷德菲尔德和鲁索（Redfield，Rousseau，1981）对事实性提问的应用提出了挑战，他们指出，能激发人思考的高水平问题对学生学习成绩和思维有积极影响。

高水平的提问和以事实性提问为主的“问—答”提问之间哪一个更有效？不同的研究结果形成了对立的结论。

在过去十年里，研究者们继续对上述争论（有关提问问题的类型对学生学习成绩和思维影响的争论）进行研究。最后，他们得出了一致的结论，即教师所提问问题的类型应取决于他们所要教的学生，以及他们希望达到的教育目标（Gall 1984；Marzano，2007；Walberg，1999）。

- 强调事实性问题对提升年幼儿童的成绩更有效，特别是在最初掌握基础知识和基本技巧的时候。
- 强调较高水平的认知性问题对于培养学生的独立思考更有效。

除了对教师所提问题的类型进行研究外，研究者还对问题的难度水平和教师提问的整体模式进行了研究。难度水平指的是学生能正确回答问题的能力（不论他们的认知水平如何）。对此问题的研究也呈现了多样化的结果。但是，在对相关研究做了全面的考察之后，杰尔·布罗菲和汤姆·古德（Jere Brophy，Tom Good，1986）指出，教师在决定采用哪一种难度水平的问题时，应该考虑以下三个准则：

- 教师提出的大部分问题（也许多达3/4的问题）的难度水平应该是班级里的学生能够给出正确答案的。
- 另外1/4问题的难度水平，必须能让学生给出一部分答案，即答案可以是不完整的。

- 不能提出那种学生完全无法回答的问题。

> 教师应该提高水平问题还是较低水平的问题，取决于他们的教学目标和其所教学生的情况。

提问的整体模式也很重要。很多时候，在“无声”的课堂讨论中，其规则是教师负责提出所有问题，学生负责给出正确答案，如果学生回答错误，教师则会重复该问题。随后你将发现，这种讨论模式并不能促进学生高水平思维的发展，也不能实现学生的真正参与。

等待时间

最后，有关课堂讨论和对话的研究所关注的另一个重要问题就是交流的速度，以及所谓“等待时间”的变量。等待时间是指教师提问和学生回答之间的间隔，以及学生回答和教师的即时反应或进一步提问之间的间隔。直到 20 世纪 60 年代，“等待时间”才开始受到关注，当时人们正进行大量的研究来对所有学科课程进行改进。教育者们开发这些新课程，尤其是科学课和社会课，是为了帮助学生学会如何对社会现象或自然现象进行探究，并发现其中的联系。对于所有这些新课程，教育者们推荐的方法都是以探究或发现为导向的讨论法。然而，研究者发现这种讨论类型并没有在课堂中落实。本章的“研究摘要”之所以摘录了罗（Rowe）对这个问题所做的经典研究，主要有两个缘由。首先，她的调查指出了课堂对话中的一个重要问题，并提出了补救方法。其次，她谈到了教育研究在某些时候如何从对教师的常规课堂行为观察转变到对教师实践行为的实验与检测上面。

> 等待时间是指教师提问和学生回答之间的间隔和学生回答和教师反应之间的间隔

研究摘要

什么时候放慢讨论速度能够促进学习?

Rowe，M. B.（1974）. Wait-time and rewards as instructional variables, their influence on language, logic, and fate control. Part one: Wait-time. *Journal of Research in Science Teaching*，11，81－94.

教师不说话（指教师的言语停顿）是否比教师说话对对话和复杂思维产生的影响更大？这是罗在她一系列有趣而又重要的研究中所要探究的问题。

问题和方法： 第八章介绍过的“过程—结果”研究阐述了研究者对自然情境下的教学实践所进行的分析，从而发现了教师行为与学生学习这两者之间的关系。在其他章节中也介绍了借助实验研究得出的一些结果，以及通过对创新性教学实践的效果进行比较而得出的研究结果。有时候，研究者们会同时采用自然观察法和实验研究法。在罗等人所进行的有关教师对话模式的经典研究中，从对教师在日常课堂中的行为进行观察研究，转变到采用一种新程序进行的实验研究。这是一个很好的研究范例。

样本和背景： 这个研究实际上分成两个阶段：(1) 在自然情境中对教师进行观察；(2) 研究者试图通过有计划的实验去改变教师的固有行为。

自然观察： 最初，这些讨论模式是对那些教授新科学课程的教师的录像带进行分析。在第一阶段调查的最后，他们已经收集了来自农村、郊区和市区以及不同年级的300多盘录像带。通过分析，他们发现在大多数课堂中，教学的步调非常快。在所分析的几百个课堂中，除了三个课堂外，所有的教师都应用了以下的模式：

- 教师提问一个问题，学生必须在一秒钟的时间内做出反应。
- 假如学生不能在一秒内回答，教师就会重复问题、改变问法、提不同问题或叫另外一个学生回答。
- 当学生做出回答后，教师会在平均0.9秒的时间内做出回应或提出另外一个问题。

调查者总结，几乎在所有课堂上，教学步调都非常快，缺乏足够的等待时间。在一些他们能观察到的有学生参与进来探究、持续对话、进行推论和对观点进行辩论的课堂中，其平均等待时间大约是三秒钟。通过这些研究结果，研究者计划并开展了一系列对照研究，想进一步了解：(1) 能否利用等待时间让教师放慢讨论的速度；(2) 较慢的速度是否对对话和认知过程有影响。

微观研究的程序： 招募来自两个地区的96名教师进行培训，训练他们在课堂上使用至少三秒钟的等待时间。研究者准备了很多的课程，要求教师去给那些以四人为一个学习小组的学生讲六门课。每一节课都录像。然后对录像带进行转录和编码。等待时间用以下标准进行测量：

- 等待时间1：教师停止说话与学生开始做出反应或教师再次说话之间的时间。
- 等待时间2：学生停止说话与教师再次说话之间的时间。

阅读提示： 研究的结果都是描述性的，且相当直接。然而，这项研究的有趣之处在于，研究是分阶段开展的。这说明，一个好的研究是如何通过对自然情境中偶然现象的观察，转变到更系统化的观察这样一个过程，然后再通过在控制的环境中干预和操纵重要的变量，来看是否能使事情变得更好。

结果： 通过对等待时间使用的培训，教师行为发生了改变。表12—1展示了在等待时间培训前后，教师提问的问题数量以及提问问题类型的分配。

表12—1　“等待时间”培训前后，教师提问的问题数量和问题类型分配的比较

	培训前	培训后
每15分钟内提问次数的平均数量	38	8
典型问题		
修辞性问题	3%	2%
知识性问题	82%	34%
引导性问题	13%	36%
探索性问题	2%	28%

请注意，经过使用等待时间的培训后，教师提问的数量有明显下降。同时还可以看到，当探索性的、引导性的问题明显增多时，知识性问题的比例就会下降。

研究者假设，如果教师能够放慢速度，将影响学生的反应方式。表12—2展示了罗的等待时间研究对学生表现的影响。

表12—2　学习结果变量：将培训前的录像1组和经过培训的录像2组进行对比，录像2组的95位教师中有76位教师达到了使用三秒或更长等待时间的标准

学生变量	录像1组	录像2组
回答的长度		
平均数	8	27
范围	(3～12个单词)	(14～39个单词)
教师不做要求但学生恰当回应的数量		
平均数	5	17
范围	(0～17)	(12～28)
回答失败的数量		
平均数	7	1
范围	(1～15)	(0～3)
论据式叙述的数量		
平均数	6	14
范围	(0～11)	(6～21)

表12—2展示了当教师开始使用较长等待时间后的结果：

- 学生回答问题的答案长度，从教师使用快速节奏时每次回答8个单词到后来每次回答27个单词。在对教师使用等待时间进行培训之后，学生回答问题时更倾向做出更长的表述。
- 教师不做要求但学生恰当回应的数量，从平均5个增加到平均17个。
- 回答失败的次数（“我不知道”或沉默）减少。培训前课堂中学生不回答的发生率高达30%。一旦教师开始等待至少三秒让学生思考，情况将发生显著改变。
- 当等待时间延长时，学生提供更多的“论据型”叙述去支持他们正在做出的推断。他们还会问更多相关的问题。

讨论和意义：这个研究引人注目的地方是：(1) 教师放弃其自然反应的倾向以及快速的教学步调，以便开展更仔细的探究性讨论和更深入的对话；(2) 在对话模式中，一种简单的干预就能带来相当显著的变化。学会了等待，教师提问的问题数量就会减少，而提问的问题类型也会变得多样化，更重要的是，学生的反应会有所变化。在教师使用等待时间的课堂中，学生表现出更多的探究性和推理性的思维活动。

检测—拓展—探索

检测

- 语言、对话和思维之间有什么关系？
- 澄清认知与社会性之间的联系为什么对理解课堂讨论很重要？
- 怎样用不同类型的问题来激发学生不同的思维方式？
- 为什么“等待时间”对课堂对话很重要？

拓展

- 假如你是一名教师，在课堂讨论中你会采取什么措施确保合适的节奏呢？
- 你怎么理解课堂讨论的“启动—回应—评价”模式的经久不衰？

探索

● 登录“在线学习中心”（www.mhhe.com/arends9e），链接到与课堂讨论的理论和研究有关的网站。

第3节 计划、实施讨论课

和前面几章描述的教学模式一样，有效的讨论要求教师完成预定的计划、互动、管理、调控和评价等诸多任务。本节将介绍计划任务和互动任务，后面一节介绍管理任务和评价任务。

为讨论做计划

许多教师常会有两个错误观念。其一，他们认为，为课堂讨论做计划比为其他类型的教学做计划所需的准备少；其二，讨论是完全无法事先进行计划的，因为讨论依赖的是学生之间自然发生的、不可预测的交流。这两种想法都是错误的。无论从哪一个方面来说，为讨论做准备都是必要的，为讨论做计划就像为其他类型的教学做计划一样，需要做许多甚至更多的准备工作。虽然自发性和灵活性在讨论中是重要的，但这些要依靠教师的事先准备才可能实现。

考虑目标 确定讨论法是否适合所要讲授的内容是计划的第一步。准备与课程相关的内容，确定所要采用的讨论类型和具体的策略则是第二步。就像前面所提到的，虽然讨论法能单独用作一种教学策略，但它经常与其他教学模式一起使用。即使讨论法在使用中不受太多限制，但教师一般都想达到以下三个目标之一：（通过背诵）检查学生是否理解教师布置的阅读任务；对思维技巧进行指导；分享个人经验。

考虑学生 就像为其他课做准备一样，在计划一堂讨论课时，教师必须在课前先了解学生已有的知识状况，这是十分重要的。如果学生不能理解所要讨论的主题，就不可能发表观点或形成合理的见解。资深教师还会认真地考虑学生的交流技巧和讨论技巧。例如，他们会考虑，在课堂中特定的学生在面对不同类型的问题时会如何以不同的方式做出回应；他们能预见到一些学生会说个不停，而一些学生却反应冷淡。为讨论课做计划，重要的是设法让更多学生参与进来，而不仅仅是比较聪明的学生；同时还要准备一些能引发来自不同社会群体的学生共同感兴趣的问题或话题。关于这一点将在后面详细阐述。

选择方法 讨论法的类型很多，应当根据教师的教学目的和学生的特性选择方法。这里介绍如下三种方法：

背诵 即使背诵经常被过多使用，但其重要性是毋庸置疑的。教师要求学生听讲或阅读某个特定主题的相关内容时，背诵是很重要的。例如，历史课对学生阅读量的要求各不相同，少的话可以是一页，多的话可以是一整本书。再比如，教师在讲授生态系统的内容时，长的话可以整节课都在讲授，短的话可以只讲5～10分钟。无论是哪一种，都能包含不同的主题。教师一般是要求学生带着任务或问题去读或听的，其目的有时是收集关于某一主题的重要信息，有时只是让学生熟悉某一特定的作者、某种特定的文学类型、某一观点、某种特别的解释。针对教师所布置的阅读内容或所讲授的内容进行简要的"问—答"（背诵讨论），能让教师了解和检测学生的掌握情况。这种方法还能鼓励学生完成他们的阅读任务，认真听讲。

对所布置的学习内容进行简要的"问—答"或背诵，将十分有助于检测学生的掌握情况。

探究或基于问题的讨论　讨论法有时是为了使学生参与到高水平的思维活动中，从而激发他们自己进行智力的探索。通常，这类讨论是基于问题的教学的一部分。

虽然教育者们开发了大量的方法，但是这些方法都具有共同的规则，例如教师们都会使用一种被萨奇曼（1962）称为"奇异性事件"或一种被帕林斯卡和布朗称为"神秘之点"的内容来导入一堂课。这两者都是一些无法即刻得出解释且令人疑惑的问题，例如水看起来是往高处流动的，铁加热时变形，以及与社会惯例习俗相冲突的社会信息。由于这些问题使学生感到迷惑，且与学生的认识不一致，因此提供了一种激发思考的自然动力。使用这种方式时，教师鼓励学生提问，形成经验性的知识，并形成理论与假设以对问题进行解释。在这种类型的讨论中，教师帮助学生有意识地注意他们自己的推理过程，并教他们监督和评价自己的学习策略。

基于问题的课围绕着能激发学生讨论的"奇异性事件"来展开，并帮助学生了解自己的推理过程。

分享式讨论　很多时候，教师开展讨论是为了帮助学生分享共同的经验，或是为了让学生根据彼此不同的意见相互争论。教师可能会要求较年幼的孩子说出他们在参观动物园或苹果园后的学习收获，要求年长的孩子说出他们在参与科学实验或阅读小说后的学习心得。在课堂中教师也经常讨论一些当前的重要事件，例如军事谈判的进展，新出台的堕胎法案或发生的自然灾害等，从中发掘学生所持的不同观点。分享式讨论不同于背诵或基于问题的讨论，背诵时教师要求学生回忆具体知识，在基于问题的讨论中教师要求学生去推理判断。分享式讨论则帮助学生形成并表述自己头脑中独立的观点和思想。通过经验分享中的对话和对这些经验之意义的讨论，学生的观点会变得更清晰，认识会得到拓展，同时讨论过程中所产生的新问题也能成为以后学习的基础。

制定计划　为讨论课做计划包括确定讨论的题目和具体内容。计划中不仅应该包括与教学内容有关的部分，还应包括对焦点问题精心设计好的陈述，对"奇异性事件"的描述，以及一个问题清单。如果讨论是在讲授课之后进行，教师很容易就能确定讨论内容，并且明确重要概念间的关联。如果讨论是在阅读课后进行，资深教师就知道自己必须做大量的笔记，其中不仅要涵盖相关的事实性知识，更重要的还应包括阅读材料里的核心思想、主要观点及其内在联系。

有时教师会发现，概念网络图是一个做计划时的有用工具。就像在第九章中所介绍的，网络图可以让人们一目了然地看到文章中主要概念的属性及其关系结构。但要记住，在创建概念网络图时，你必须确定与该主题相关的关键论点，并按一定的逻辑思路来组织这些内容。

形成提问策略 在某些类型的讨论中，向学生提问是讨论的关键点。教师在准备他们的提问策略时，必须同时考虑问题的认知水平和难度水平。有些研究是根据教育者所要求学生展开的认知过程来进行问题分类的。最为广泛应用的就是我们在第三章描述的布鲁姆教育目标分类系统。表 12—3 展示了我们如何根据布鲁姆的分类系统为课堂讨论设计不同类别的问题，同时提供不同水平问题的实例。

事先准备、确认问题模式将能大大促进课堂讨论的流畅性。

表 12—3　　根据修订版布鲁姆目标分类学所划分的问题类型

认知过程	问题举例	回答问题要求的认知类型
识记	俄亥俄州在美国哪个地区？H_2O代表什么？	回忆事实性知识
理解	经线和纬线的区别是什么？《老人与海》讲了什么内容？	建构意义
应用	如果约翰有 12 英尺长的木材，他能做几根 2 英尺长的木板？牛顿第二定律在什么情况下运用？	应用或使用原则和方法
分析	为什么一些树在冬天会掉叶子？ 海明威的战争观念怎样影响当时的政治？	解释关系或整体目标
评价	你认为哪部小说是最好的文学著作？ 你怎么看待城市的资源再循环计划？	在一定条件和标准下做判断
创造	如果北方联盟没有赢得内战，今天美国的社会生活会怎样？	形成假设

必须注意到，“识记”和“理解”型的问题要求学生回忆那些他们学过的知识（事实、事件、原则）并做出解释。“分析”和“应用”型的问题对学生的要求更多，主要是让他们回答某种情况“为什么”会出现，并应用特定方面的知识。这类问题有时被称为“聚合式问题”，因为它们要求学生做出唯一的、最好的结论，并对已知事物间的关系做出解释。“评价”和“创造”型问题则要求学生基于一定标准对“如果……将会……”的问题做出判断和回答，它们被称为“发散式问题”，允许学生给出多种答案和结论，并体现个人的创造性。

普瑞斯利等（Pressley et al. 1992）和马扎诺（2007）的研究都提出了一种近似于发散式的问题类型。他们将其称为深入质询问题。也就是说，在学生对一个推论性问题给予回答后立即追问以下问题，如：

- 为什么你认为自己的回答是正确的？
- 告诉我为什么你认为事实就是这样？
- 你有什么证据来支持你的观点？
- 你将怎样验证自己的想法？

深入质询问题有利于加深学生对讨论主题的深入理解和全面思考，也为教师提供了一扇窗口去洞悉学生对问题的思考过程。

最后要注意的是，有些问题应该避免在讨论中提出。桑德拉·梅茨（Sandra Metts，2005）列举了五种教师在提问中不应该有的问题类型：

- 封闭性问题：仅要求用“是/不是”回答的问题。这种问题无法扩展，如：

动物能交流吗?

● 多变性问题：由某个方向开始，随后转向不同方向的问题。如：如果语言同时需要符号和规则，那么动物能有语言吗？或者：如果一只猩猩能学会为香蕉制定一个符号的话，那它有语言吗?

● 模糊性问题：不清晰、令人迷惑的问题。如：你怎么看动物的交流?

● 拒绝性问题：带有大量修辞的问题，降低其意见合理性的问题，或有碍于进一步讨论的问题。如：我们不是都明白为什么玛丽的方案行不通吗?

● 设定答案问题：问题中给出了可能的答案。如：许多学者认为动物可以相互交流，但它们是靠信号还是语言呢?

如前所述，不同类型的问题能发挥怎样的效用目前仍没有定论。但是，新教师应该记住一个重要的事实——不同的问题需要不同的思维方法，同时，好的课堂应同时提出低水平问题和高水平问题。为此，教师可以在刚上课时提出一些借助回忆就可以作答的事实性或概念性问题，看学生是否已经掌握了基本知识。紧接着提问应用型和分析型问题（即“为什么”这一类的问题），最后以更有助于激发思考和体现创造性的问题（“如果……会怎样”）来对课堂进行总结。

在准备教案和提问策略时，必须充分考虑与问题难度相关的事项。经验将有助于教师了解自己的学生，从而设计出难度适中的问题。事先对问题的类型和难度精心计划要比在讨论现场临时做决定更为妥当。

合理使用教室空间　另一计划任务涉及对教室空间的妥当安排。先前的章节介绍了课堂中的座位安排会影响课堂交流。最好的座位安排是U形和环形，如图12—2和图12—3所示，在其中学生们能互相看见对方，有利于开展口头交流，而且这两种座位安排方式在大多数教室都能运用。但必须同时考虑到两者的优缺点。

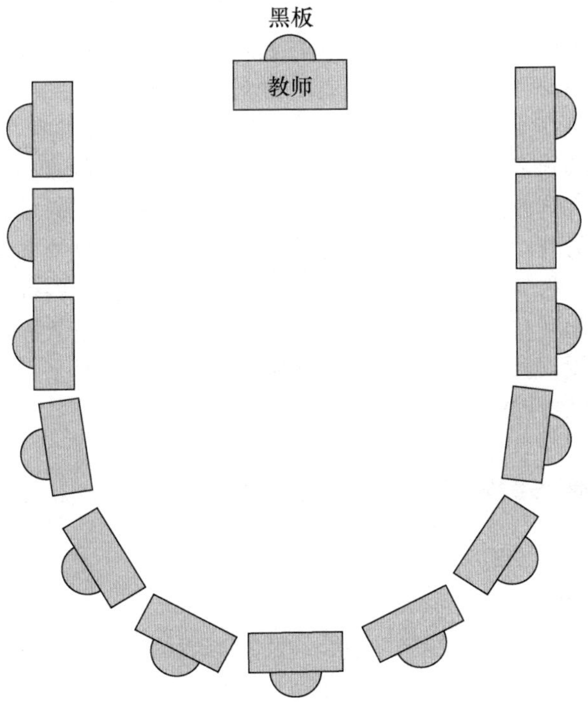

图12—2　U形座位安排

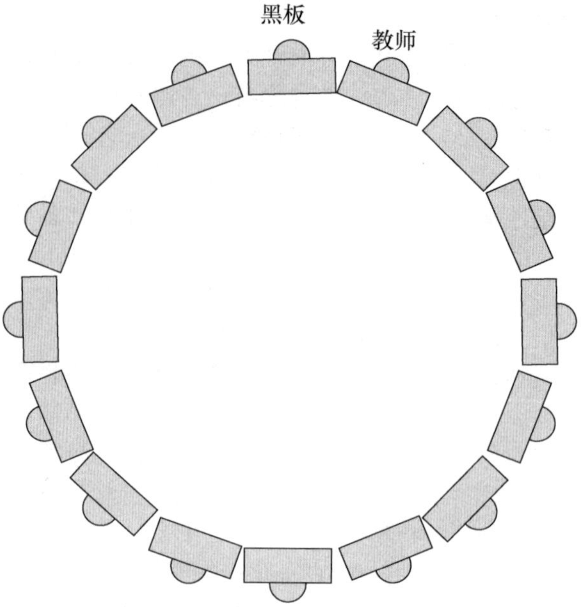

图 12—3　环形座位安排

U 形座位模式　教师坐在 U 形开口前面，这种模式给了教师更多的权力。其意义还在于，它便于教师指导那些小组中缺乏讨论技能以及那些有行为障碍的学生。在讨论中教师还可以自由走动，必要时可以随时走到黑板处或活动挂图处，甚至还可以走进 U 形内部近距离接触学生。U 形模式的缺点在于，它容易让作为管理者的教师与学生间产生情感上的距离。还容易导致坐在 U 形首端和末端的学生距离较远。

环形座位模式　与 U 形座位模式相反，环形座位模式能同时把参与者之间的情感距离与物理距离减到最低，并最大限度地扩大了学生之间随意对话的机会，其缺点则在于它不利于教师自由走动到黑板前或学生面前。

现今很多中小学都提供了便于变换座位安排的桌椅设施。但尽管如此，某些学校仍在这方面受到很大限制。例如科学实验室和教学车间中的固定桌椅就无法移动，另外，有的戏剧课或英语课可能会在一些桌椅固定的剧场里进行。在这些情况下，教师就需要具备解决特殊问题的能力。一些资深的科学教师会在讨论的环节让学生立着围成一个 U 形；戏剧教师及一些小学教师则会让学生坐在地板上。总的来说，教室具体的空间特点和教师的个人偏好是预先设计讨论的空间安排时需要重点考虑的因素。

讨论课的最佳座位安排是 U 形座位或环形座位。

实施讨论

要想让课堂讨论获得成功，教师和学生需要掌握一些较为精细的交流技能和沟通技能，也需要制定一些有助于讨论者进行自由交流、相互尊重的准则。大多数讨论的步骤包括五个阶段：阐明目标并完成准备工作、确定讨论主题、开展讨论、结束讨论及听取汇报。表 12—4 是以上这五个阶段的概述。作为讨论的领导者，教师有责任确保讨论顺利进行，比如在讨论过程中让离题的学生及时回到讨论主题，鼓励所有学生积极参与，并做讨论记录。上述的这些行为将在下面依次具体介绍。

作为讨论的领导者，教师必须确定讨论主题，确保讨论顺利进行，鼓励学生参与，并详细记录讨论过程。

表 12—4　　开展讨论的步骤

阶段	教师行为
阶段 1：阐明目标并完成准备工作	教师确立讨论目标，并让学生们做好准备来参与讨论。
阶段 2：确定讨论主题	教师解释讨论的规则并给出讨论的主题，可以抛出一个初级问题，或者描述一个令学生感到疑惑的情境，或阐述一下要讨论的问题。
阶段 3：开展讨论	教师调控学生的互动交流，进行提问，聆听意见，对意见做出回应，强调讨论的规则，进行记录并表达个人观点。
阶段 4：结束讨论	教师可以通过做总结，或阐明讨论带给自己的意义和感受来结束讨论。
阶段 5：听取汇报	教师要求学生反思他们的讨论与思考过程，以及本次讨论带给他们的意义和收获。

完成准备工作，确定讨论主题　很多课堂讨论往往只是泛泛而谈，很少涉及课堂的主要目标或激发学生思考。有效的讨论就如同有效的讲授，必须明确地集中到一个点上。在讨论开始时，教师必须阐明讨论的目的，并使学生准备好以便积极参与到讨论中。同时，教师必须提出一个具体问题，并就此引出话题，或者描述一个与主题相关而又争议很大的事件。这些都必须以学生能够理解并做出回应的形式提出。此外，清晰明确地阐述所要讨论的主题也是确保讨论能有一个良好开端的关键。另一种能让学生有所准备并激发他们讨论兴趣的方法，就是把开始讨论的第一个问题或话题焦点与学生已有的知识经验联系起来。注意图 12—4 中的教师是如何确定讨论主题的。

图 12—4　确定讨论主题

开展讨论 在课堂讨论中会有很多情况导致讨论中断。比如在某些时候，学生更愿意谈论上周五举行的球赛而不是第一次世界大战的起因，一些学生就会故意想方设法让教师尽快结束讨论的主题。如果课程的目标就是讨论周五的球赛，那么学生讨论球赛当然很好，但如果课程的目标是为了让学生对历史上的军事冲突进行分析，那么允许学生讨论球赛就不合适了。

另一种情况是，学生提出了一个与主题不太贴近甚至毫不相干的观点或问题。这种情况经常发生，尤其是发生在那些在学校里不爱学习的孩子，或者是还没掌握良好倾听技能与讨论技能的低年级学生身上。

在上述两个例子中，资深教师会对学生所谈论的内容表示理解——“我们在讨论上周五晚上的球赛”或“你说你爸爸上周在纽约度过了一段美好的时光”，然后通过提建议使班级的注意力再次集中到讨论主题上，例如“谈论球赛似乎是大家最大的兴趣。在这节课的最后五分钟我将给大家讨论的机会，但是现在我要求大家回到我所提的问题上”或“我知道你对你爸爸在纽约经历的故事很感兴趣，我很希望你能在午饭时间跟我们分享。现在我们要讨论有关……”

有效的讨论领导者对学生离题的论点表示理解，并即刻让学生的注意力再次集中到主题上。

做讨论记录 如果教师能为讨论内容做一些文字记录，那么讨论中的口头交流将会更有条理。教师可以在黑板或活动挂图上写下学生的主要观点或意见，也可以将各种不同意见和观点的联系用网络图的方式呈现出来。

新教师在为讨论做笔记时往往面临一个难题：究竟应记录多少细节，是不是必须把所有的观点都记下来。显然，这些取决于参与讨论的学生特点及讨论的目的。如果参与讨论的学生小组对讨论技能缺乏自信，那么教师尽可能地多做记录将使学生受益良多。写满观点的黑板或活动挂图是对小组所提出的诸多宝贵见解的公开展示，它能促进学生的参与。相反，对于一个经验丰富、充满自信的讨论小组，教师只需列出关键词就能保证学生能更为自由开放地交流各自的观点和意见。

如果教师深入了解了学生对讨论主题的观点与立场，他就必须把所有的想法列出来并平等对待（无论其质量如何），这一点是十分重要的。相反，如果问题所要求的仅仅是直接回忆正确答案，那么教师就只需记录答案即可。

在讨论进行时若能做一些文字记录，会使讨论变得更有条理。

聆听学生的意见 许多高年级教师特别偏爱的一项讨论技巧是“故意唱反调”。采用这种技巧的教师会在讨论中故意提出与个别学生或小组的意见相反的论调。虽然这个方法能促使教师与个别几个较为踊跃发言的学生之间发生更为活跃的争论，但并不适合低年龄段的学生及那些缺乏良好语言技能与交流技能的大龄学生。尽管辩论与争论能激发学生的动机与潜能，但也会激惹学生的情绪，导致他们的注意力从讨论主题上移开，让许多表达能力较弱或内向害羞的学生在讨论中退缩。如果教师的目的是帮助学生掌握教学内容并拓展他们的思维，那就必须仔细聆听每一个学生的意见。在这种情况下，教师应该对学生的观点减少评论，适时给予引导性的提问，避免与学生形成对立和争辩。研究发现，教师以权威自居时往往造成讨论中的对话减少和参与度降低等不良后果（Smith & Connolly, 2005）。

当教师仔细聆听学生意见且不对学生意见做判断时，将能使讨论更为自由与开放。

利用技术促进教学

借助博客和社交网络进行在线讨论

互联网和社交网站的出现为人们的生活开创了前所未有的交流沟通方式。全球每一天都有数以百万计的男女老少利用博客、论坛和社交网络与他人交流，有时是熟识的人，有时则是素昧平生的人。不管怎样，这反映了对话在人类群体中的重要性以及在线聊天是如何的风行和普遍。

教师可以利用在青少年群体中流行的网络来实现一些课堂讨论的传统目标，包括利用网络这种新兴的沟通方式来丰富课堂讨论的形式。目前，越来越多精通网络技术的教师利用电子邮箱、社交网络、博客来发起在线讨论。罗森（Rosen，2010）的研究报告说，一些讲授三角学和人类学的教师在 Facebook 上让学生分组进行在线讨论，要求学生就讨论的主题至少要发表一条评论。这些教师随后对学生在线讨论的数量和热情感到吃惊——很多讨论持续到凌晨，一直延续到第二天的课堂上。有些教师建立了个人博客或班级博客，要求学生通过博客进行回应或对有争议的问题进行讨论，这种做法也收到了同样的效果。

看起来，在线交流激发了学生在课后对一些重要话题继续讨论的愿望。这无疑增加了学生课下的学习时间。网络讨论提高了学生对讨论的参与程度，这是我们在本章想要强调的重要观点。有些学生在网络上表达了一些在课堂中不敢说的想法，特别是那些害羞的学生（Panza，Poytthast & Cathey，2006；Rosen，2010）。还有，许多学生之所以喜欢网络交流，乃是因为他们不需要像面对面讨论那样马上做出回应。他们在回答前可以有更多的思考时间和整理自己思绪的时间。他们也可以更自由地参与到一些有争议或需要激烈辩论的讨论中去。然而，有效的网络讨论与交互学习并不会自动发生。教师必须鼓励、引导并推动网络讨论，就如同在面对面讨论中所付出的努力一样。为鼓励与推动网络讨论，教师应该做到以下内容：

● 教会学生使用网络讨论。

现今，大多数学生都对聊天室或其他类型的网络交流形式非常熟悉，但也有一些学生感到陌生。就如同面对面讨论一样，学生进行网络讨论就必须学会相应的上网聊天技术及规则。

● 做好网络讨论的准备工作。

对于年龄较小的儿童，教师可以先在学校的计算机教室或学生教室（若教室里具备条件）进行网络讨论。这种校内尝试可以逐渐增加，直到让每一位学生每周至少参与一次网络讨论。对于年龄比较大的学生，可以要求他们使用自己的、学校的或公共图书馆提供的计算机来进行主题讨论。大多数教师把课外网络讨论当作一种家庭作业。

● 控制网络讨论的步调，鼓励学生踊跃参与。

就如同面对面的讨论，网络讨论也可能出现快节奏或受个别几位学生操控的问题。教师可提醒学生放慢速度，要求那些发表意见的学生使用星号标识发言记录，以控制讨论步调及学生的参与。

● 采用小组讨论。

就如面对面讨论一样，教师可以把学生分成若干小组，让他们共同完成特定的任务，然后以小组的形式借助班级博客和社交网络同其他小组进行交流。

● 监控讨论进程。

教师应该浏览所有学生的发言，从中选择一两个特别有价值的问题进行回应。然后，与全班进行沟通，要求学生阅读指定的发言并进行回应。

● 选定学生领导者。

有时，教师喜欢指定一两个学生负责推进和总结班级的网络讨论。设计一个讨论主题，在“学生领导者，请在此发表见解”的指引下，先让他们将自己原创的意见和观点发表出来。

教师也必须对网络讨论可能出现的负面影响保持警惕。当学生在与其他人进行面对面交流时，他们可以发现肢体语言的微妙之处并观察到许多由主题所导致的情绪，特别是那些具有争议性与敏感性的主题。然而，网络讨论就缺乏这些约束，因此就需要“虚拟礼节”。希拉·哈贝特（Sheila Harbet，2002）提出了以下简单的网络讨论规则：

● 相互尊重彼此的观点。
● 不无礼喊叫（全用大写字母）。
● 不亵渎他人。
● 不激怒他人（封某人 IP 或删除他们的帖子）。

当教师使用社交网络比如 Facebook 时，他们还需要决定在何种程度上与学生进行朋友般的交往。大多数研究者（Richardson，2010；Rosen，2010）主张一种“无友情”的政策，即最好是将网络中的师生关系限制在学术范围内而不触及学生的社会生活。但是，一些教师也反映，除非他们同学生建立一种亲近而真诚的私人关系，否则就无法同学生深入交流。

最后，教师和家长都一定要警惕这一现象的出现：学生将自己隐匿在计算机屏幕后，拒绝学习与他人面对面交流的技能。

利用等待时间　在前面我们谈到，许多教师没有给予学生足够的时间来对问题进行思考和回应。细数其中的原因，一是因为在我们的社会文化规范中拒绝沉默（沉默令很多人不舒服，因此，他们往往努力使谈话继续进行）。另一个原因在于教师们往往认为，花时间等待学生将影响讲课的步调与进度。此外，沉默与等待会使不愿参与的学生有机会开始说话或做出其他违纪行为。虽然有很多因素制约着等待时间，但我们还是建议教师必须给予学生至少三秒的反应时间，若学生依然没有回应，教师才可以再次向学生提问或稍微变换一下提问方式，千万不要在第一个问题尚未结束时便进入第二个问题。对于直接记忆型问题的等待时间应该尽可能减少，但对于思考水平较高、较复杂问题的等待时间则可以长一些。当学生做出回应后，教师也应该在停顿一段时间后再进入下一环节。

> 在大多数的情况下，教师都必须给予每位学生至少三秒钟的等待时间来做出回应。

对学生的答案做出回应　当学生正确回答了教师的提问，资深教师会以简洁的方式来肯定学生的正确答案，例如“答对了”、“好的”或“是的”。他们不会花时间给予学生过分的夸赞。大多数教师能很快地学会这些肯定行为。相反，要对不正确或不完整的回答做出回应则是一个比较复杂的问题。在这里再重述一遍第八章中谈到过的几种策略：

（1）当学生给出了错误答案或表现不佳时，教师可提出一个能够修正该答案的问题，从而照顾学生的自尊。例如：“如果我问的是‘谁是美国第一任总统’，正确答案才是‘乔治·华盛顿’。”

（2）给予学生帮助或提示。例如：“请记住，1829 年的总统也是 1812 战争中的英雄。”

（3）给予学生期望和责任感。例如：“今天你不知道杰克逊总统，但我敢肯定明天我再问你时你一定知道。”

> 学生的思维可以通过教师的行为而得到拓展，这些行为包括回顾学生的观点和见解，要求学生给出其他答案以及追问有关说明或支持的论据。

对学生的想法和意见做出回应　虽然提问的艺术对于有效的讨论是很重要的，但教师的其他口头行为也同等重要，尤其是那些对学生的想法和意见做出回应的行为。这些回应是为了打开学生的思路，并使他们自觉意识到自己的思考过程。关于上述情况具体应如何操作，以下的一些表述提供了实例说明：

- 对学生的想法做出回应：

“我听到你说……”

“我认为你想告诉我的是……”

“这是个很有意思的想法。我从来没有用这种方法来考虑过……”

- 引导学生考虑其他方案：

“这是个很有意思的想法。但是，我想你是否还考虑过其他可能的方案……”

“你已经对这个课题提供了一个观点。如果这个观点与刚才表达的另一个观点进行比较的话……”

“伊夫林刚刚发表了一个有趣的观点。我在想，是否有谁愿意说说自己同意或不同意他的观点。”

“你认为这个作者会同意你的观点吗？为什么会？为什么不会？”

- 征求说明：

“我觉得你的想法很好。但是，我还有一点困惑。你能进一步说明你的想法，让我更清楚地了解吗？”

- 展现思维过程并要求提供论据：

“听上去你好像已经用这些数据进行了一项心理实验。”

“你用手头的信息做出了有说服力的结论。”

“你能不能想出一个能充分检验那个假设的实验？”

“如果我告诉你……（教师提供新的信息），你会对你的假设做何修正？”

“这是个很有意思的观点，是什么让你这么想的？”

“如果每一个人都采用你刚才的论断，结果会是什么样的？”

表达意见 教师都不想控制讨论，也不希望学生形成只有教师才能给出精辟见解的印象，因此很多新教师都不太确定他们是否应该在讨论中表达自己的想法和意见。但是教师若能恰当地表达自己的观点，对讨论将是有益的。这将是教师向学生展示他的推理过程与问题解决过程的机会。同时，这也让学生认识到，教师把自己看作学习群体中乐于分享想法和共同发现知识的一员。当然，如前所述，教师说得太多或展现太多的权威和技巧会限制乃至阻碍学生参与讨论的热情。

寻求乐趣 最后，教师可以通过增加讨论的趣味性来吸引学生参与。资深教师会采用多种策略来达到这个目的。马扎诺（2007）总结出下面几点：

- 表现出对讨论主题的热情与投入。
- 引导学生进行友好的对立，但提醒他们：“友好”不能妨碍不同意见的表达和争论。
- 提供机会让学生去谈论他们自己。
- 将问题导入一种游戏中，比如正流行的电视真人秀节目。

结束讨论 就像其他课堂模式一样，讨论需要在恰当的时候结束。有效教师会有多种结束讨论的方法，例如他们可能选择用几个句子来扼要地总结讨论的内容，并尝试将各种不同的观点联系在一起，或将它们与所学过的更大的主题联系起来。在其他的情况下，教师也可能会通过简短的讲解突出重点信息来结束讨论。一些教师通过最后提出问题来做总结，如：“在今天的讨论中，你主要的收获是什么？”或者：“你认为讨论中最具争议性的观点是什么？”

听取汇报 应该时常对讨论进行汇报。在这里，焦点不是讨论的内容，而是讨论进行的方式。要想组织成功的讨论汇报，教师必须教会学生区分讨论与听取汇报之间的区别，然后向学生提出问题，如：“你们觉得我们今天的讨论进行得如何？我们是不是给了每一位成员参与的机会？我们是不是相互聆听了彼此的想法？我们是否曾陷入僵局？为什么？我们下次应该怎么做才能使我们的讨论更具刺激性与挑战性？”

多样性与差异性

调整讨论，适应不同的学习者

即使在最理想的情况下，也很难让学生参与完全开诚布公的讨论。个体差异的存在给课堂讨论既带来了机遇，也带来了挑战。一方面，当学生文化背景、经验、性别及外貌不同时，课堂讨论为他们创造了相互学习的机会。还有什么能比这更好的呢？但是，另一方面，学生之间的差异也可能导致沉默，制造不必要的误会。有效教师知道，要想在课堂讨论中成功，一定要对各种差异性保持敏感，并且必须在传统的“启动—回应—评价”讨论模式之外运用其他的可能方案。

性别差异　性别是导致课堂讨论模式产生显著差异的影响因素之一。有相当多的研究（Gilligan，1982；Tannen，1990，1994）说明了男性与女性在表达与聆听方式上的差异，以及男性与女性在交流行为目的上的差异。在社会化作用下，男性倾向于在大庭广众之下发言，而女性则喜欢私下聊天（Tannen，1990）；在公开讨论中，女性显得被动、体贴，甚至遵从男性。克拉马拉和特雷克勒（Kramarae & Treichler，1990）阐明了这种社会化过程如何在数学课堂中体现。在他们的研究中，女孩更倾向于聆听及对“学习过程”进行综述；相反，男孩则更多地发言，并专注于他们对某观点的意见。女孩把重心放在“相互支持”与“合作”上，而男孩则相对地把重心放在表达个人见解、辩论、给出正确答案以及阐述抽象概念上。传统的“启动—回应—评价”讨论模式注重竞争与正确观点的表达，这在天性和客观环境上更适合男孩，因此女孩在课堂上更容易受到冷落。这同时造成另一种情况，那就是教师提问男孩的次数远多于女孩，不管教师是否有意，这种情况看起来一直持续着。

种族与阶层差异　种族与阶层也是影响课堂讨论的重要因素之一。个体首先是在家庭中接受社会化的。我们在幼年的家庭生活中便学习与人礼貌交流的方式，恰当或不恰当的手势，以及说话的时机与场合。课堂中的“启动—回应—评价”讨论模式主要反映白人中产阶级的价值观念，往往不适于亚洲人、美国黑人、美国土著以及低收入家庭的学生。因此，很多在社会化过程中接受了非主流沟通模式的学生，往往处于劣势，以至于完全脱离于上述的对话系统之外（Burburles & Bruce，2001；Delpit，1988，1995；Ladson-Billings，1992，1995a，1995b）。就如对不同性别的学生区别对待一样，教师对不同文化背景和不同社会化背景的学生往往也区别对待。教师较少向他们提问，给予他们做出回答的等待时间较短，给予他们较少的表扬与鼓励（Delpit，1988；Good & Brophy，2003；Ladson-Billings，1995a，1995b）。

目前，依然没能找到使课堂讨论满足所有不同学生需要的简单解决方案。我们有必要重复一下第二章中所提到的关于文化定式的影响，学生不仅是简单的男孩或女孩、美国黑人或西班牙裔、富足或贫困，相反，他们是所有这些元素的结合体。考虑下列指导方针时请牢记以上事实。

指导方针1：通过提问、使用等待时间和给予表扬来全面调控讨论进程。这一点十分重要，因为事实表明，教师往往意识不到他们采用的讨论模式会对学生产生怎样的影响。大多数教师都说他们对所有学生一视同仁。其实，即使教师获得了有关学生个体差异的指导，他们依然会有所偏向。大部分教师这么做并不是因为他们故意要对学生区别对待，而是因为他们意识不到自己正在做什么。

指导方针2：了解学生的背景、习俗、价值观和方言。每一个班级都是不同学生的集合，因此没有任何指导原则能适合所有班级的情况。但是，有效教师会不断反思学习，寻求在学校正式事务以外用其他方式与家长或学校群体中的其他成人交流，从而了解学生的文化。欧文与约克（Irvine & York，1995）描述了一些在特定学生群体中可能出现的交流模式：

● 美国黑人学生通过直觉与螺旋式逻辑获取知识，这与偏好分析推理的中产阶级白人形成了对比。相对于言语交流，他们一般更擅长非言语交流。

● 西班牙裔与拉丁裔学生对其他人的意见比较敏感，他们关注人胜过关注意见，而且更喜欢亲密的人际关系和互动交流。

● 美国原住民学生更喜欢用视觉的、空间的或可感知的信息进行沟通而不太喜欢语言交流。此外，他们更喜欢在私人空间里学习而不是在公众场合学习。

指导方针3：与学生共同探讨：交流与互动对他们有何意义。教师能在听取汇报的过程中获取关于讨论模式的宝贵信息。如询问学生："对于我们的讨论，你喜欢什么？不喜欢什么？""我们的讨论是否能让你与其他同学一样平等地参与？""在我们下次的讨论中，我能为你做些什么让你觉得更舒服？"

指导方针4：帮助学生体验到交流的成就感。就如同其他的技能，讨论与交流技能的习得需要通过实践来实现。采用如"思考—配对—分享""嗡嗡讨论小组""水皮球"（将在本章接下来的部分中加以介绍）的技巧帮助减缓讨论的步调，使每位学生都能参与到讨论中来，而不让讨论被那些强势和善于言辞的学生所独占。

指导方针5：创造并完善新的讨论模式。不幸的是，"启动—回应—评价"的讨论模式造成了教师对学生的区别对待。通过采用"思考—配对—分享""配对法""分小组讨论"这些组织方式来改变传统的讨论模式，将能扩大学生的参与度，提升讨论质量。

检测—拓展—探索

检测

● 在为课堂讨论做准备时需要做哪些事？

● 课堂讨论的五个阶段是什么？与每个阶段相对应的教师行为是怎样的？

● 教师在为讨论安排座位时需要考虑的重要因素有哪些？

● 教师在课堂讨论中应该如何看待和应对学生的文化与性别差异？

拓展

● 你是否认为教师在讨论中扮演"唱反调者"是提升课堂讨论效果的有效方式？登录"在线学习中心"，在"拓展问题投票栏"给出自己的意见。

探索

● 登录"在线学习中心"（www.mhhe.com/arends9e），链接到与计划与实施讨论课有关的网站。

第4节　学习环境的管理

前面章节中提到的课堂管理任务在讨论课上也都存在。例如控制课堂节奏、果断处理违纪行为，这都是教师在讨论课上必要的管理措施。但最重要的还是那些旨在提高课堂讨论效果的管理措施，如指导学生运用讨论技能，建立起能促进有效讨论的课堂准则。一些关于讨论的技能与准则是很重要的。这一节将介绍一些能促进学生更多地参与讨论、学会彼此尊重、提高学生思维水平的技能与策略。但我们所要介绍的内容都包含一个前提，那就是要想让讨论与对话更加有效，就必须改变课堂中的传统对话模式。

放慢节奏，扩大参与

我们经常听到缺乏经验的教师说："我尝试组织讨论，但却没人发言。"这种现象在课堂讨论中是经常出现的，即使在一个资深教师组织的讨论中，常常也只有不到六个学生参与，而教室内可能有25～30个学生。还记得在前面的章节中罗所提出的快速讨论模式吗？要想让更多学生加入，深入展开讨论，就需要改变以往那种单一狭隘的讨论模式。讨论的步调应该减慢，提问与对话的准则也需要改变。以下是一些资深教师经常采用的有效策略：

> 教师在讨论中所面对的重要管理任务是促进学生讨论技能的提升和对讨论过程的调控。

思考—配对—分享 思考—配对—分享是第十章中提到的增强学生参与的合作学习策略。也是一个减缓课堂步调、扩展学生思维的有效方法，因为它能给予学生更多思考与回应的时间，并影响到学生的参与方式。关于这种策略的三个步骤，请参考第十章的内容。

> 要想扩大学生在讨论中的参与度，必须减缓讨论步调并改进提问的方式与发言的次序。

嗡嗡讨论小组 采用嗡嗡讨论小组是另一个增加学生参与的有效办法。教师要求学生每三到六人组成一个嗡嗡讨论小组，然后对特定的主题或课程内容进行讨论。每组选择一名成员列出小组提出的所有想法。几分钟后，教师要求记录员简要地将自己小组所表达的意见和想法向全班同学汇报。就如"思考—配对—分享"一样，嗡嗡讨论小组能让更多学生参与到学习讨论中，并减少讨论被一个或几个学生主控的情况。采用嗡嗡讨论小组可以改变课堂讨论的动力与基本模式，同时也易于被大多数教师采用。

水皮球 第三种技巧——水皮球——对于扩大较低年龄段学生的参与、促进学生单独发言特别有效。教师把球递给一个学生开始讨论，并且大家都明白只有持球的人有权说话。其他学生若想发言，则需要举手来得到球。第十章中提到的"时间代币法"与"给频繁发言者的提醒"是另外两种教师可以用来扩大班级讨论规模的技巧。

增进人与人之间的相互尊重与理解

开放与真诚的交流也许是促进课堂对话与讨论的唯一关键变量。幸运的是，教师的领导能力对讨论和对话的方式会产生很大影响，特别是在教师教给学生一些沟通交流的技能之后。

由于交流的本质是一个发送信息与接收信息的过程，有效的交流就需要发送信息者清楚表达他们的想法，同时接收者必须准确地解读信息。但在现实中，接收者所获得的信息往往不是发送者想要表达的内容。发送者头脑中的所想很可能没有被准确表述出来，或其表达方式无法被接收者捕捉和理解。只要上述任何一种情况发生，交流的隔阂就会产生。

教师可以通过协助学生掌握一些重要的沟通技能来改善讨论中的对话交流。

以下是施穆克（2001）提出的四种沟通技能，它们能够使信息发出和接收更有效，并减少交流障碍。在这四种技能中，前两种针对发送者，后两种针对接收者。

变换措辞　变换措辞可以检验你是否真正理解了正在讨论的观点。任何一种揭示你对问题理解的方式都包括了措辞的运用。变换措辞不仅仅是变换一种说法或复述他人的话，它首先要回答“我弄明白发言者的陈述了吗”，然后请发言者核实自己是否真正理解他的意思。信息发送者的陈述可能传达了特定的信息、例子或更普遍的观点，例子如下：

例 1

发送者：我当然想拥有这本书。

你：（进一步明确）那里头有有用的资料吗？

发送者：我也不知道，但是它的装帧很漂亮。

例 2

发送者：我使用这本书时很吃力。

你：（给例子）你是说它引用的研究成果不全面吗？

发送者：对，这是一方面；另外，它没有给出资料准确的出处。

例 3

发送者：你有关于教学的书吗？

你：（一般化）你是想了解关于教学方面的知识吗？我这有几篇关于教学方面的文章。

发送者：不是，我要找的是关于合作学习的资料。

描述行为　在采用行为描述时，要求个体在不对他人进行评价和不对他人动机进行揣测的情况下，客观具体地描述观察到的行为。当我真的想礼貌对待你并顾及你的感受时，你却说我很无礼（一种特质）而且不听你的意见（我的动机），我很可能搞不懂你真正想要说什么。相反，如果你直接指明我在前面十分钟内多次打扰到你，我会立刻意识到自己的行为对你的影响。有时候，以“我发现……”或“我听到你说……”来开头，将有助于提醒自己更具体地描述行为。请看下列例子：

我们应该说：“吉姆，对这个问题你比其他人说得都多。”

而不是：“吉姆，你总是要成为大家注意的中心。”

或者说：“鲍勃，当你在我上课前称赞我的报告时，我真的感觉很好。”

而不是："鲍勃，你总是能很好地用你自己的方式来赞扬别人。"

表达感受 虽然人们心里总是渴望别人理解自己，却很少表达自己的这种感受。相反，他们顺着自己的感情行事，让别人从中去揣摩和推断。如果你觉得他人没有理解你的感受，那么将感受直接说出来会更有帮助。与其脸红、沉默，还不如试试"我觉得很难堪"或"我觉得很高兴"。与其说"住口"，不如试试"我很难受，再也不想听了"或"我对你感到很生气"。

印象检查 印象检查是用来深入了解自己的感受并核查自己是否真正理解他人感受的技能。你把对他人情绪（脸红、沉默、语气）的感受尝试转变成一种描述性语言，并检查它的准确性。印象检查表达了你对他人内心感受的认识，但并不表示赞成或否定。它仅仅是传达了"这是我对你的感受的理解，是否正确?"的意思，比如以下的例子：

我觉得你在生我的气，是不是?

我觉得你因为没有人对你的建议发表评论而感到失望，是这样吗?

印象检查常常伴随着行为描述，如以下的例子：

艾伦，你一言不发，看上去好像对班级很失望。是不是这样?

吉姆，你好几次提出那个建议，会不会因为我们没有采纳它而难过?

教师可以在教室里练习这些技能，也可以直接指导学生，就像教授其他技能一样。第八章的直接教学模式已经介绍了在一开始给学生传授交流技能的有效策略。图 12—5 是个典型的课堂实例。

> 发展以上四种沟通技能将有助于有效地发送和接收信息。

步骤 1：介绍并解释这四种交流技能，并为学生选定一个主题展开讨论。
步骤 2：让学生以三人为一组完成练习目标。三人小组中的每一位将分到一个角色：发送者、接收者和观察者。发送者开始谈话，并尝试对自己的感受或接收者在交流过程中的行为表现进行描述。接收者聆听并变换措辞来回应，同时检查自己是否真正理解了发送者的意思。观察者则记录两人运用沟通技能的情况以及出现沟通障碍的场景。
步骤 3：轮换角色，由不同的学生担任发送者、接收者和观察者。
步骤 4：最后，教师开展一次班级讨论，让学生讨论哪一项技能容易掌握、哪一项难以学习，并讨论这些技能如何在课内与课外都加以应用。在讨论中，教师应该对这些技能的使用做出示范并鼓励学生进行练习。

图 12—5 典型的教授沟通技能的课堂设计

使用能提高对话与思考技能的工具

莱曼与麦克泰格深入研究了有助于教师与学生提升对话与思考技能的教学工具，特别是直观教具（Lyman，1986；McTighe，1998；McTighe & Lyman，1988）。

> 莱曼与麦克泰格对直观工具与教师所能采用的方法感兴趣。

“思考—配对—分享”中的直观提示 之前描述过的“思考—配对—分享”的讨论策略对学生来说并不容易。学生的一些旧习惯很难改变，如不加思考就回答教师的问题或抢着给出答案。莱曼等研究者提出了多种教授学生如何使用“思考—配对—分享”的方法，特别是在何时用何种方式进行不同模式的转换。其中一个最受教师偏爱的策略就是设计并使用直观提示，如图 12—6 所描述的。

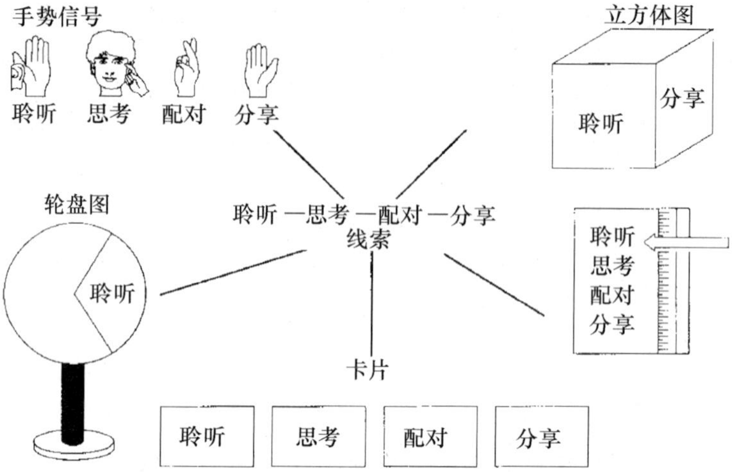

图 12—6 应用“思考—配对—分享”的直观提示

资料来源：Lyman，1985，p. 2。

思维矩阵 莱曼与麦克泰格（1988）同时也研究了如何使学生与教师提出更多问题以促进高水平的思维，并分析了师生对不同问题会做出怎样的回应。他们发明了一个称为“思维矩阵”的东西。莱曼（1986）建议教师们自己设计能够对应布鲁姆目标分类系统中不同教学目标要求的符号，并制作出能贴在墙上或握在手里的符号卡片。在讨论中，教师提出哪种问题就指向相应的符号。教师同时也要鼓励学生利用符号卡片对他们自己提出的问题与他们所做的回答进行分类。图 12—7 就是莱曼等人建立的符号系统。

R 回忆	＝比较	≠对比
事实	类推	对比
图的设计	比率	差异
顺序	对照	差别
细节	相似性	辨别力
总结		区别
原因 效果	→例子 观念到例子	例子→ 例子到观念
原因	类推	分类
效果/结果	分类	归类
结论	演绎	结论
推论		归纳

预测	评价	寻求共性
假设	评估	
	评价	
	评判	
	评级	
R	说出“领袖的赎金”中所发生事件的顺序。	
=	革命与内战的起因有什么相似性？	
≠	菱形与平行四边形有什么不同？ 哺乳类与爬虫类有什么不同？	
	测试的效果是什么？ 您认为彩虹的成因是什么？ 如果地球一年只自转一次，将会发生什么情况？	
→例子	“领袖的赎金”中有哪些讽刺的例子？ 从我们的故事书目中找出一些关于友谊的例子。 这是不是一个宣传的案例？为什么？	
例子→	这个故事的主题是什么？ 多萝西的性格特点是什么？	
	阿哈继续前进追赶鲸鱼对吗？为什么？	

图 12—7　通过提问—反馈线索教授思维技能

资料来源：Lyman，1986，p. 3。

教给学生具体的讨论技能与教给他们阅读分析的技能或社会交往的技能没有区别。直接教学模式是最佳的方法，它要求教师示范所要教授的技能，为学生提供练习时间，并及时反馈学生掌握技能的情况。

第 5 节　评估与评价

同其他教学方法一样，讨论法同样涉及评估与评价的问题。对课堂讨论进行评价，一方面可以知道接下去该如何设计下一次的讨论课，另一方面可以评定等级。

进一步的讨论

资深教师会通过做记录或在头脑中做总结来为下次讨论做准备。这些记录与讨论的内容有关，有助于安排接下来的课程。比如，讨论中教师如果发现学生对讨论主题的相关知识非常欠缺，就会安排一次同讨论有关的专题讲座或补充一些阅读材料；讨论中教师能发现学生们感兴趣的话题；同时，教师可以借助在讨论中收集的资料来设计课程，使课堂真正结合学生的兴趣；教师在讨论的过程中还能了解学生思维的长处与不足，以及小组在参与讨论中的作用。借助上述信息，教师可以在接下来的课程设计中不断改进教学。

另一个在讨论课后的任务是收集学生对讨论过程的看法以及他们对自己在讨论中所扮演角色的感受。图 12—8 呈现的评价量表是处理这些评估信息的有效工具。

您觉得今天的讨论如何？						
班级对主题的讨论						
表面、肤浅的	1	2	3	4	5	全面而深入
讨论对你理解知识的帮助						
低	1	2	3	4	5	高
你自己的参与度						
低	1	2	3	4	5	高
班级整体的参与度						
低	1	2	3	4	5	高
你参与讨论的质量						
差	1	2	3	4	5	优秀

图 12—8　讨论的等级评定量表

资料来源：Wiggins，1993，p. 66。

对课堂讨论进行等级评定

课堂讨论的等级评定是一个困扰许多教师的问题。一方面，如果不对参与讨论进行等级评价，学生可能会认为他们正在做的事情不如那些需要评定等级的任务重要。还记得第三章与第六章介绍的“等级的转换”概念吗？另一方面，我们却又很难找到一个令人满意的方法来对学生参与讨论进行量化。教师在试图对讨论进行等级评定时经常面对的问题是：“我奖励的依据是基于参与的质量还是数量？”“是什么构成了有质量的发言？”“对于那些一直发言却没说出什么有用内容的学生应如何评价？”“对于那些性格内向却有独到见解的学生又应如何评价？”

资深教师在面对这个等级评定的困境时所采取的办法有以下两种：

第一种办法是给那些始终认真准备讨论的学生以及那些对讨论做出重要贡献的学生额外的分数。如果采用这种方法，讨论就必须在班上全面铺开，保证每个学生都有均等机会得到额外给予的分数。然而，这种方法也要谨慎使用，因为如第六章所描述的，学业成绩在大多数情况下不应该跟与学业无关的因素挂钩，如行为表现良好和态度积极。

第二种办法是把讨论作为反思性作业的跳板。在这种情况下，教师评价的不是学生的参与程度，而是对讨论进行反思，并用书面语言加以阐述的能力。如果教师能合理运用这一方法，让学生知道讨论后需要写出反思报告，就能提高学生在讨论时的注意力，促使他们在讨论后继续思考相关问题。这种对反思报告进行评价的问题在于教师必须花费时间阅读报告后才能做出等级评定；另一个问题是，教师不能确定评价的客体到底是学生在讨论中的学习收获还是学生的写作能力。

两种对讨论进行等级评定的办法分别是：给予参与的学生额外的分数；要求学生根据讨论完成一份反思报告。

第 6 节　最后的思考

几乎所有的研究者和资深教师都赞同一点，那就是要在讨论中收到真正的学习效果，就必须建立一种新的不同于以往的讨论模式。当新教师被问到该如何组织课堂讨论时，他们大都会强调应该创造条件让学生讨论核心问题并学会与其他同学和教师交流见解。

但是，在课堂研究者每年的观察中，都发现教师们在讨论课中并没有做到这一点。教师们依然用自己主讲和直接要求学生被动表达的方式来控制课堂讨论。当向学生提问时，大多数教师都只是要求学生进行直接记忆，并不要求他们进行高水平的思考。如果学生没有马上回答，教师就会提出其他问题或请其他学生回答。这些事情都在一种快节奏下进行。通过研究，我们发现教师控制的课堂讨论模式与快节奏的讨论进程是有问题的，而减缓讨论的步调以及采用不同的讨论模式（如“思考—配对—分享”）将能促进学生更多更好地思考。

虽然大多数教师都认同课堂讨论是学习过程中的重要环节，但课堂中实际的讨论时间往往是非常有限的。

如果这些都是事实，那么改变课堂讨论模式为什么会如此困难？现象背后是否隐藏着另一些原因？学生是否真的愿意参与讨论？或许对学生而言，坐着听讲更舒服。教师们是否真的愿意组织讨论？也许对教师而言，单纯地讲授更轻松。我们这个时代的教师能够真正开启被议论已久的课堂讨论模式的变革吗？

检测—拓展—探索

检测

- 课堂讨论所需的学习环境的关键特征是什么？
- 当教师在思考如何评价学生在课堂讨论中的学习时，他们必须考虑的因素是什么？

拓展

- 为什么在大多数课堂中，改变讨论模式如此困难？

您是否认为大多数学生真的都想参与到课堂讨论中？登录“在线学习中心”，在“拓展问题投票栏”给出自己的意见。

探索

- 登录“在线学习中心”（www.mhhe.com/arends9e），链接到与学习环境和课堂讨论评估有关的网站。
- 用谷歌检索“课堂讨论”，挑选出几个在引导语中显示能实施有效课堂讨论的网站，看一下它们的建议同本书有何不同？

对课堂的反思

他们到底为什么不发言？

连续三天，你以一个富有争议性与挑战性的问题开始你的科学课。你一直期待自己能开展一个精彩的讨论，但始终面临着学生们死气沉沉的沉默，只有两三位学生尝试回应，其他学生只是呆坐着瞪着你或低头盯着自己的桌子。你为学生的沉默感到尴尬，然而，更严重的是，你为此感到深深的挫败，因为在学生时代，你最热爱的课堂就是那些自己能踊跃参与讨论的课堂。你深信有效教师是那种能在自己课堂中组织精彩讨论的教师。

你为这种情况感到困惑，自问究竟出了什么问题？“也许我的学生们只是一群不关注科学，更不关注科学讨论的孩子；也许我班里的每一位学生都是害羞的；又或许是我做错了什么？”

利用一些时间对这种情况进行反思，然后把您的想法与以下一些资深教师进行比较。从最接近学生等级水平的角度或你正准备讲授的学科领域的角度来考虑上述情况。在完成这些以后，写出你的反思报告并将它装入你的职业档案袋。

贾森·奥布赖恩（Jason O’Brien），佛罗里达州圣彼得斯堡主教教区，圣心学院，三至五年级

无论学生自己是否承认，每一位学生其实都希望能感觉到自己有话语权。因此，当没有学生对我的提问进行回复时，我就会对自己所提出的问题进行反思。如果教师们以一个很复杂的问题来开始讨论而导致没有学生对问题做出回应，那么教师就应该尝试以比较简单的问题开始，然后努力过渡到高水平的思考。此外，提一些与学生生活相关的问题也将有助于讨论的开始。如果你想提出一个有关地球极性的问题，可以先问问学生有关你手上拿着的指南针。一旦学生成功地回答了这些简单的问题，教师应对此给予表扬，学生将因此而感到舒服并更有勇气回答其他难度更大的问题。此外，肢体语言也非常重要。让学生知道你重视他们的答案是十分重要的。千万不要打断学生的回答。教师可以通过一些简单的提示，如“你是否可以对此进行详细的描述”，以促成高水平的思维。如果你依然得不到学生的回应，那么你可以向学生做出示范。请学生写下与学校相关的问题，你来回答，并向他们示范正确答案的各种形式。我常在学年开始时应用一个技巧以确保全班学生参与，就是给每个学生发一枚代币。每当一位学生回答一个问题时，我便取回他的代币。我告诉学生我希望每位同学都能在课堂结束前把代币归还给我。又或者您也可以采取相反的做法，即设计一个奖赏系统以奖励高质量的答案。最重要的一点便是勇于尝试。只要通过一点辛苦与努力，你就能拥有一个充满积极发言者的班级！

丹尼斯·霍尔特（Dennis Holt），佛罗里达州希尔斯堡市，坦帕湾技术中学，十一年级和十二年级

课堂讨论与辩论将会成为你教学经验中印象最深刻的一部分。但是，有时候讨论会平淡无奇，甚至讨论不起来。要想减少这种情况的发生，可以预先在讨论前或直接在讨论中采取一些对策。首先，确定你的学生已经对所要讨论的问题准备就绪。要求学生完成一幅图画，或为课堂中提过的重点写一份简短的笔记，这将有助于学生集中思考并促进讨论。你也可以给予学生语言提示，以帮助学生克服他们对所讨论问题的生疏感与紧张感。

我的建议包括：将不同能力的学生配对，以使讨论过程更为顺畅；以很容易回答的问题来发起讨论；给予学生时间，让他们经过讨论完成一份简短的书面报告。接下来，随意请几组学生与全班同学分享他们的答案。从最基本的问题开始，然后递进上升到更为复杂的概念或问题，这种方式能让学生有更多时间一步步去形成和分享自己的观点。这种方法通常被称为“思考—配对—分享”。你也许还愿意给不同组的学生提供矛盾的或有争议的资料，以激发他们去辩论。

无论是讲授科学课、数学课、语文课还是社会课，你都会发现该领域的专家总会对该学科持有不同的看法（思想总是在不断演进）。教师可以为学生提供这些相互矛盾的资料，它们将有助于让学生认识到，知识与理解力往往来自不同见解的碰撞。在这里有一点要提醒大家：在任何讨论或辩论进行之前，特别是当主题充满争议的时候，必须保证学生带着尊重去倾听彼此的见解，还要学会有效地交换意见。制定建立课堂讨论与辩论的规则能避免学生情绪受挫，还可以营造一种每个人的想法都受到重视的氛围。

总　结

对课堂讨论给予概括性认识并知道如何合理运用。

- 对话和讨论是提升学生思维水平，将学习中的认知发展与社会性发展联系起来的重要手段。
- 当资深教师谈到课堂对话，他们常会使用“讨论”这个术语来描述他们正在做的事情。课堂讨论就是师生就学习材料展开讨论，学生踊跃公开表达自己的思维过程。
- 讨论可以被看作思维的外化，在认知和社会性方面都具有重要意义。
- 一堂讨论课的基本教学目标包括提高学生的思维水平，促进对学习材料的深入理解，获得重要的人际交往和思维的技巧。
- 一堂讨论课的一般流程或者结构包括以下五个步骤：阐明目标并完成准备工作，确定讨论主题，开展讨论，结束讨论，听取汇报。
- 讨论课学习环境的营造主要表现为开放的讨论过程和学生的积极参与。

描述课堂讨论的理论基础并总结支持课堂讨论实际运用的相关研究。

- 多年来的研究发现，大多数课堂讨论模式并不能保证学生间的有效交流或激发更多有创见的高水平思维。
- 有确定的理论可以告诉教师如何制定积极的课堂讨论计划并有效展开讨论。一些研究对课堂提问的问题类型提供了指导，并提出了适合学生思考和反应的提问速度。
- 大多数课堂讨论的展开速度太快。教师可以通过减缓速度，给自己和学生在做出反应前留出更多的思考时间，从而收到更好的讨论效果。

阐述如何计划和实施课堂讨论，包括怎样针对不同背景和能力的学生区别使用。

- 在计划讨论课时一项重要任务是决定采用何种方式。有多种不同的讨论方式，包括将讨论与其他教学模式结合使用，背诵式讨论，发现式或质询式讨论，澄清价值取向和分享个人经验的讨论等。
- 计划一堂讨论课时需要教师考虑的另外一些重要任务包括：确定讨论的目的，了解学生原有的知识基础和讨论技巧，制定开展讨论的进程计划，决定将要提问的问题类型。
- 安排学生采取环形或U形就座，有利于展开课堂讨论。
- 教师实施课堂讨论的基本任务包括：阐明讨论主题，使讨论有序展开，做讨论记录，听取学生的想法，提供合理的等待时间等。

• 教师应该尊重学生的观点。他们应该帮助学生通过自我阐述拓展思路，促使学生寻求替代的想法，并记录下学生的思维进程。

• 教师必须意识到性别、种族以及阶层的不同在讨论中造成的差异。为有效开展讨论，教师必须调整讨论过程以适应学生的多种语言背景。

阐述如何创造一种有助于运用课堂讨论的学习环境。

• 一般来说，如果教师放慢讨论的步调，扩大学生的参与度，教会学生相互理解和彼此尊重对方的思想和情感，课堂讨论和对话模式就可以得到不断改善。

• 教给学生四种特定的人际沟通技能（变换措辞、描述行为、表达感受、印象检查）可以提高课堂讨论的质量并加强学生的彼此尊重。

• 特定的视觉交流工具如“思考—配对—分享”中的直观提示和思维矩阵中的符号卡片都可以帮助学生掌握讨论和思考的技能。

• 为了让学生在课堂对话和主题讨论中更有成效，就需要教给他们特定的讨论技能，这同直接教授他们教学内容或社会交往方面的技能是一样的。教师可以运用直接教学模式来传授这些技能。

阐述对与课堂讨论课目标相一致的学习过程进行评估的合理方式。

• 适合于课堂讨论的评估与评价任务包括找到组织进一步讨论的方法以及对学生参与讨论的贡献进行等级评定。

• 教师运用两种方法来对学生进行等级评定：一是给予那些始终认真准备讨论的学生和对讨论做出重要贡献的学生以额外的分数；二是根据讨论内容对学生的反思报告进行等级评定。

思考：为什么课堂讨论还没有被大多数任课教师采用，并预测它的应用前景。

互动学习与应用学习

学习与探究

• 登录“在线学习中心”，利用其中的学习指南，包括测验练习。

观察与练习

• 请到“在线学习中心”的“教师教学”版块听薇姬（Vickie Williams）和伊恩（Ian Call）关于课堂讨论的谈话录音。

完成练习 12.1，为讨论做计划，包括：

• 写出教学目标并准备提问策略。
• 为实施讨论做计划。
• 关注学生的差异。
• 评价学生的学习。
• 反思讨论课的计划。

完成以下同第 12 章有关的更多的练习：

• 练习 12.2：使用概念图来策划一个讨论。
• 练习 12.3：采用不同水平的提问。
• 练习 12.4：采用等待时间。
• 练习 12.5：教学难点：学生参与。
• 练习 12.6：教学难点：讨论与计划。

● 练习 12.7：反思课堂讨论模式。

档案袋与教学实践活动

通过以下档案袋与教学实践活动来拓宽你对本章内容和步骤的理解。支持你完成以下活动的材料请在"在线学习中心"的"档案袋与教学实践活动"部分查找。

（1）完成本章结尾处的课堂反思练习，采用所要求的反思文章作为你的档案袋的展示部分，表达你对课堂讨论的认识。（INTASC 原则 4：理解各种教学策略；INTASC 原则 9：注重反思性实践）

（2）活动 12.1：评估我的讨论和对话技巧。评估你当前对计划和实施课堂讨论课的知识和技能的理解。（INTASC 原则 4）

（3）活动 12.2：观察课堂讨论。观察资深教师组织课堂讨论。（INTASC 原则 4）

（4）活动 12.3：观察学生参与课堂讨论。观察一堂讨论课并详细记录学生参与的方式。（INTASC 原则 4）

（5）活动 12.4：观察教师使用提问和等待的时间。观察一位资深教师，看看他是如何在讨论中提问和使用等待时间的。（INTASC 原则 4）

（6）活动 12.5：档案袋：展示对提问过程的执行控制。形成一套能引导课堂讨论的问题，在一小组学生中反复练习。将你的工作成果列入档案袋中的人工作品部分。（INTASC 原则 4）

专业参考书目

Cook, A., & Tashlik, P. (2004). *Talk, talk, talk: Discussion-based classrooms*. New York: Teachers College Press.

Hale, M., & City, E. (2006). *The teacher's guide to learning student-centered discussions: Talking about texts in the classroom*. Thousand Oaks, CA: Corwin Press.

Henning, J. (2008). *The art of discussion-based teaching: Opening up conversation in the classroom*. New York: Routledge.

Hess, D. (2009). *Controversy in the classroom: The democratic power of discussion*. New York: Routledge.

Richardson, W. (2010). *Blogs, wikis, podcasts, and other powerful Web tools for classroom*. Thousang Oaks, CA: Corwin Press.

Spiegel, D. L. (2005). *Classroom discussion: Strategies for engaging all student, building higher-level thinking skills, and strengthening reading and writing across the curriculum*. New York: Scholastic Teaching Resources.

Walsh, J., & Sattes, B. (2005). *Quality questioning: Research-based practice to engage every learner*. Thousand Oaks, CA: Corwin Press.

第十三章

多元模式联合与适合个别差异的教学

学习目标

学习本章之后，你应当掌握以下内容：

概念介绍与理论依据	介绍什么是联合运用多元模式与适合个别差异的教学，它们的重要性何在。
多元模式的联合与运用	阐释如何运用多元教学模式完成特定教学目标，提供多样化指导和满足所有学习者的需要。
适合个别差异的教学	描述适合个别差异教学的理论依据和主要特征，讨论可支持适合个别差异课堂的教学策略。
适合个别差异课堂的管理与评价	描述如何营造一个有助于适合个别差异教学的学习环境，在适合个别差异教学的课堂上应特别关注评价与成绩评定方式。

读前反思

本章将通过介绍多元模式的运用和适合个别差异的教学来关注如何满足所有学习者的需要。在准备阅读本章之前，思考一下你在中小学课堂或者大学课堂上的经历和感受。

● 你属于什么类型的学习者？你是否觉得采用某种学习方式比用其他方式更容易成功？在教师采用的教学方法中，你最喜欢哪一种？最不喜欢哪一种？

● 你喜欢日复一日只固守一种教学方法的教师吗？还是更欣赏那种拥有丰富多样的教学模式并能灵活运用的教师？

● 你能按照教师的意图和安排去完成所有的活动和作业吗？还是希望每一堂课的教学安排都能够适合你的现实情况和学习需要？

现在思考一下你的教育观。

● 你认为绝大多数学生使用相同的书，具有共同的目标，接受相同的课程是最理想的教育吗？还是认为应该根据学生不同的学习需要给予他们相应的教材和活动安排？

● 你认为按年龄分班的学生应该按同样的进度以同样的方式来学习吗？还是认为他们的学习进程是有差别的？

● 让学习者自己去选择学什么、怎么学更重要，还是让所有学习者掌握一种标准化课程更重要？

请登录“在线学习中心”(www. mhhe. com/arends9e)，回答以上问题。

第 1 节　概念介绍与理论依据

贯穿本书的一个重要主题就是如何最大程度地关注学生的需要，帮助他们取得成功。这对于 19 世纪的教师们来说是个挑战，因为当时的公立教育只能在乡村仅有一间教室的学校里进行，而唯一的任课教师要负责一群 6～16 岁学生的读、写、算、历史、拼读等所有学科的教学。到了 19 世纪末，情形有所变化，人们开始努力消除和减少一个班级中学生多样化和异质性的存在。课程实现了标准化，教科书如今天我们所了解的那样变得平淡无奇，学生开始按年龄分班。但分班以后的每个班级仍然是由不同能力、兴趣和各种需要的个体组成，这种情况导致了进一步按能力分班的模式出现。从一开始，按年龄分班被许多人认为是刻板的。近年来，能力分组也受到质疑，主要是因为人们开始充分关注社会平等，认为能力分组给一些学生带来了消极影响（Oakes，1985；Oakes & Lipton，2006；Slavin，1987，1990）。即便如此，现实情况是，许多学校推行的标准化运动仍然要求教师在传统的年龄和年级分班中讲授规定的课程，同时以各种不同形式使用能力分组。

教师们希望调整自己的教学以适应所有学生的需要。但今非昔比，过去的教师对学生的学习只是负较少的责任，许多学生无须进入学校和正规教室中学习，现在的教育不能接受学生的学业失败或允许学生辍学离校。今天，所有的适龄儿童都被期望入学就读，而且大多数都被安排进常规班级。这样一来，教师就会在班里发现各种各样的学生，而自己也被寄予厚望去帮助学生达到各门功课的特定标准。这是 21 世纪开始时学校教学所面临的独特挑战，而且将有可能贯穿教师大半生的教学生涯。幸运的是，已经出现的多种类型的策略和方法为教师们应对这种挑战提供了机会和手段。

> 教师们被寄予期望去帮助所有学生学习，一些策略和方法使其成为可能。

教师可以运用两种主要策略来满足所有学生的需求——多元模式教学和适合个别差异的教学。多元模式的应用是指教师根据学习目标和学生的具体特点来灵活选择不同的教学方法和策略。也就是说，他们能够在一节课或一个单元的教学中先后将不同的模式联合起来加以运用。另外，适合个别差异的教学是指教师调整自己的课程与教学方法以促进所有学生充分发挥个人的潜能去学习。

> 多元模式的联合运用是指在一节课或一个单元的教学中采取几种不同的模式展开教学。
>
> 适合个别差异的教学是指教师调整教学以满足不同学生的需要。

多元模式联合与适合个别差异教学的理论依据源于我们对有效教学和个体差异性的认识，特别是过去一百多年的经验所得到的不可动摇的结论：个体的学习存在差异，分班并不能充分减少异质性，而且还可能导致不良后果。更多新的方法将不同能力水平的学生放在一个班里，通过调整教学满足他们的需要，并采取一些灵活有效的分组措施。

这一章有三个目标：首先，介绍多元模式联合运用的理论基础，然后通过两个实例来详细说明教师如何在教学过程中运用这种模式；其次，讨论适合个别差异教学的理论基础，并介绍在课堂中实施适合个别差异教学的具体策略；最后，探讨在多元化和差异性的课堂上，教师该如何进行管理和评价。

检测—拓展—探索

检测

● 简要比较一下在帮助所有学生的学业进步方面，今天的教师和过去的教师被寄予的期望有何不同。

● 描述在以往的课堂上用于缩小学生学业差别的主要措施。

● 给出“多元模式联合运用”的基本含义。

● 给出“适合个别差异的教学”的基本含义。

拓展

● 回顾你的校园生活，在多大程度上你同意或不同意教师充分实施适合个别差异的教学？在多大程度上他们真正实现了帮助每个学生发挥个人潜能去学习？登录“在线学习中心”，在“拓展问题投票栏”发表见解。

探索

● 登录“在线学习中心”（www. mhhe. com/arends9e），链接到与多元模式及适合个别差异的教学有关的网站。

第 2 节　多元模式的联合与运用

许多年来，教育者、普通民众和政策制定者一直在激烈争论一个问题：哪一种教学方法是最有效的——是讲授法还是讨论法？是演绎法还是归纳法？今天，关于一种教学方法比另一种更好的争论，就像英语学习者在所谓“阅读战争”中的对峙一样，是从音标入手的读音教学更好还是强调整体语言情境教学更好，是浸透式学习更好还是双语学习更好。以教师为中心和以学生为中心这两种对立教学模式的拥护者也是各执一端，争论不休。在第一章我们就指出，这种争论是徒费口舌甚至误入歧途的。没有某一种方法在任何情况下都比另一种好。对特定方法的选择取决于教师想要达到的目标、学习者的特点以及社会价值取向。这意味着教师必须准备好使用多元教学模式，在他们的一节课或一个单元的教学中创造性地加以整合运用。

> 有效教师在一节课或一个单元的教学中会使用多种教学模式。

本书第三部分和第四部分一共介绍了六种教学模式，并详细描述了如何计划和使用每一种模式。这些模式都可以被教师单独采用。但更多时候，这些模式和策略可能会在几天或几周之内被先后使用，有时则会在一节课里同时被使用。在这一部分，我们首先回顾第一章谈过的一个主题，即“保留剧目”对于有效教师的重要性。然后再探讨什么时候以及怎样整合运用多种模式完成教学任务和目标。最后，我们举两个教学案例，分别介绍一位小学教师和一位中学教师如何将多种模式整合起来，给学生提供多样化的指导，并通过合理运用来完成有意义的教学目标。

“保留剧目”与选择

教师的“保留剧目”是指教师所掌握的各种教学模式和策略的数量与种类。教师的“保留剧目”类似于一位钢琴家所能演奏乐章的数量和类型，或者说一位木匠所能有效使用的工具。对于一位在酒吧演奏钢琴的人来说，仅有两三首曲子的曲目是远远不够的，就像只会使用改锥和榔头对于成为一个好木匠是不够的。教师也是这样，效率（和满意度）的提高只有在教师可以运用相当数量的不同教学模式和策略的时候才会实现。

一个教师的“保留剧目”指他所掌握的可以用来促进每个孩子学习的教学模式和策略的数量。

即使教师已经掌握了多种教学模式与策略，但根据具体情况明智地加以选择应用并不是一件容易的事。前面我们介绍的所有教学模式都是为了帮助教师达到教学目标，从而促进学生的学习。例如，讲授法教学在帮助学生掌握和运用陈述性知识方面颇为有效；直接教学旨在帮助学生掌握重要的技能和程序性知识；概念教学支持了概念的发展和高水平思维；合作学习、基于问题的学习和课堂讨论所体现的学生中心模式可以促进学生的研究性学习。这些方法在促进问题解决和提高学生的社会交往技能方面成效显著，而且还能帮助学生认识到元认知的重要性，发展自主学习能力。

在选择特定的教学方法时，教师首先要考虑一节课或一个单元教学的具体目标和任务，其次要考虑学生的背景和特征。当某种模式最为适合某个教学目标要求的时候，直接选择运用就行了。例如，很难想象学生会通过课堂讨论来学习如何使用显微镜，而附带指导性练习的直接教学可以很快让学生掌握显微镜操作这项技能。再比如，通过讲授法给出的有关一篇小说写作特点的信息，很难让学生获得对文学的积极态度以及将小说情节与自己的现实生活相联系，但课堂讨论法或许能达成上述目标。

在某些情况下选择合适的模式和方法会变得很困难。有时，几种模式都有助于达成同一个目标。比如说，学习拼读可以采用直接教学法（全班演练和实践练习），但采用合作学习小组的方法也被证明是有效的。直接教学法和归纳教学法在给学生讲解概念时都能达到预期的结果，这同基于问题的学习的效果一致。无论是小组讨论还是全班讨论，都是鼓励学生与他人交流思想、帮助教师了解学生思维过程的有效方法。当几种教学模式可以达成同一个目标时，选择哪一种就经常取决于教师的个人偏好（“我喜欢发起课堂讨论”）或他们的思想认识（“我觉得让学生一起学习比他们自己单独学习要好”）。

在任何一个班级里，学生总是有着多种多样的兴趣、学习风格以及能力倾向，这就使得教学模式选择变得更为复杂。一些学生从教师的讲授中收获很多，可能会拒绝加入合作学习小组或班级讨论。另一些学生在以教师为中心的课堂学习中很不适应，但可能会兴趣盎然地投入自主选择的学习课题中。

教学方法的多样化使学生和教师都能保持对学习活动的兴趣和投入。

就像生活中的大多数事物一样，多样化为教和学增加了趣味。缺少多样化会使学生和老师感到厌倦乏味，对后继的教学活动产生抵触。你可以在脑海中想象一些场景：教师日复一日地重复同样的东西——总是对你侃侃而谈，总是让你在章节结束时回答问题，总是发起一些只有少数学生参与的讨论，或者总是让你“融入集体”。反复使用同一方法的结果是使其最终失去了效果。成功的教师知道在任何一节课上都需要采用两三种不同的方法和活动形式，而且知道多样化会使一个单元的教学更有趣。

多元模式的联合运用：两个课堂实例

现在让我们走进两个班级来了解不同模式是如何结合在一起被运用的。它们一个是六年级的科学课，另一个是十年级的语文课。这两节课都是由经验丰富的教师授课，学生已经在班内形成了有效的学习集体，并能够推动所有人全力投入课堂的任务和活动中。两位教师都掌握了一整套教学策略的“保留剧目”。

六年级科学课生态单元：湿地

本单元的授课对象是一所中西部学校六年级的一个班，学生的能力参差不齐。任课教师是埃维·奥恩斯坦（Avi Ornstein）先生，他在科学课教学方面经验丰富，背景深厚，被校长任命来负责协调整个学校的科学课教学。

背景

班里的学生由多个族裔组成：55%是白人，23%是非裔，13%是拉美裔，还有9%是亚裔。这所学校处于一个彻底融合与包容的社区。因此，奥恩斯坦先生的班级中有三个学生的智力达到超常水平，有两个学生存在学习障碍，一个有视力缺陷，还有一个只能坐在轮椅上。

概要

湿地是一种重要的地理形态，尽管许多成年人和儿童并不能够准确理解什么是湿地以及它在我们生活中所起的重要作用。湿地分布在美国全境，因此本单元的教学不但可以使学生关注本地的环境状况，还能关注更大范围的生态问题。湿地研究常被认为是科学课程的一部分，实际上它可以整合成一个涉及公民学、社会学、艺术学以及文学的教学单元。在本单元教学中，图书馆和网络都可以为教师提供丰富的课程资源。

州课程标准

以下是选自堪萨斯州五至七年级科学课的课程标准：

(1) 标准1：学会进行科学调查。应该培养学生开展科学调查的能力，亲身体验科学调查是如何进行的，并理解科学调查的过程。

(2) 标准6：从个人与环境视角审视科学。学生能够应用各种实用技能去探究和认识有关个体健康、人口、资源和环境以及自然灾害等一系列问题。

奥恩斯坦先生的单元教学目标

(1) 学生们应该清楚，怎样通过科学调查来给出问题的答案；他们应该学会借助适合的工具和技术进行科学调查来获取关于湿地的数据，并对之进行分析和解释。

（2）学生应认识到人类活动对资源与环境的影响，能够针对人类活动对湿地的影响开展调查，并从利弊两个方面给出结论。

（3）使学生认识到会导致自然灾害的各种自然过程和人类行为的方式，如开辟航道和在湿地建立泊船中心。

资源

借助学校图书馆、信息资源中心、专业网站以及地方的草原湿地研究机构，收集相关的生态与环境资料。

单元授课时间

本单元教学至少需要 13 天。

教学日程

现在，让我们来看看奥恩斯坦先生是怎样安排他的授课日程，以及怎样运用多元模式来达到州课程标准要求并实现他自己设定的单元教学目标。还要注意他在每一节课中怎样做出调整来满足一些特殊学生的需要。

第一课：课件演示当地湿地状况（演示——为期 1 天）

在单元教学开始，奥恩斯坦先生通过幻灯片演示让学生了解什么是湿地。

第 1 天：奥恩斯坦先生指出湿地有两种基本类型：海岸湿地（有时也叫潮汐湿地）和内陆湿地（非潮汐或淡水湿地）。不同种类的海岸湿地和内陆湿地，还有许多的名称，如沼泽、沼泽地带、草原坑洞、森林沼泽等。接下来奥恩斯坦先生进行了充满激励性和鼓动性的课件演示，其中包括他找到的当地过去和现存的湿地景观图片。课件还展示了本单元的学习概要以及需要学生解答的问题：

（1）怎么界定湿地？我们在哪里能找到它们？美国哪些地方有湿地？中西部地区呢？

（2）为什么湿地很重要？

（3）不同类型的湿地有何共同点？有何不同点？

（4）湿地是怎样保护环境和影响野生动物的？

（5）在过去几十年里，当地居民的哪些活动影响了湿地及其上赖以生存的野生动物？

第一课的调整：一个特别助手会来到教室帮助那个视力有缺陷的学生。奥恩斯坦先生还会提供一个关于该课件的小册子给两个有学习障碍的学生。当天晚些时候，他们会在助教的帮助下复习当天的主要知识点。

第二课：模拟湿地（体验活动和讨论——为期 1 天）*

州课程标准和奥恩斯坦先生的教学目标都强调的一点：学生需要理解湿地与某些种类的野生动物生存之间的关系，人类的活动（如开发建设）对湿地和野生动物有怎样的影响。这节课的目的在于让学生了解湿地与候鸟的关系，先是户外兴趣活动，然后是全班讨论。

第 2 天：户外活动过程。

（1）奥恩斯坦先生领着学生来到一个空地上，他在这里已经画了一个很大尺寸的类似跳房子的路线图，然后开始上课。

（2）他引导学生排好队列站在路线的开头，让他们扮演成候鸟，开始向北方的迁徙之旅。他告诉学生，每一个正方形区域都代表得克萨斯州与加拿大之间的一块湿地。

（3）所有学生都顺利完成了他们的第一次迁徙。现在奥恩斯坦先生告诉学生，他扮演一个开发商，已经在两块湿地上建设了公寓。他将两个 X 标志放在两个正方形里。学生们开始下一次迁徙，但不能落脚在已经被破坏的湿地上。他不断地重复这个过程（让湿地消失），直到学生们无法再模仿迁徙。

第 2 天：全班讨论。奥恩斯坦先生的这节课以全班讨论来结束。他领着学生回到教室，让学生按 U 形就座。他提出以下问题来引导讨论：

（1）为什么一些鸟死得比其他鸟要早？剩下的鸟为什么也都死掉了？

（2）这个游戏是如何体现真实的迁徙过程的，有哪些真实迁徙的特征还无法表现出来？

（3）湿地消失的后果会是什么？

（4）为什么拯救湿地是重要的？

第二课的调整：对于那个坐在轮椅里的学生，教师通过一些特别的安排帮助他参与到这节课的活动中。

* 该活动源自哥伦比亚教育科学中心的设计[http://ofcn.org/cgber.serv lacade my/ace/sci/(ecsci/cecsci 045.html)]。

第三课：湿地调查：拼图游戏（合作学习——为期 3 天）

这节课采用合作学习小组，为期 3 天。奥恩斯坦先生之所以选择这种方法，是因为他想让学生共同协作，一起完成关于不同类型湿地的调查。

第 3 天：展开教学，组织团队。奥恩斯坦先生介绍了课程内容，要求学生准备好在三天时间里以合作学习小组的方式进行一个关于湿地拼图的活动。他提醒学生使用拼图组合法（参阅第十章）以及他们将同时参与两个小组：原始小组和专家小组。他发给了学生讲义来告诉他们要做些什么。图 13—1 中列出的原始小组都是包括不同能力水平学生的异质小组。

在以后的三天内，我们将以合作学习小组的方式获得更多关于湿地的知识。我把全班分为四个小组。

原始小组 1	原始小组 2	原始小组 3	原始小组 4
杰克	米歇尔	苏哈	琼
玛莎	马里萨	苏西	沃恩
乔	爱娃	桑福特	克里斯塔
多尼特	凯文	玛丽亚	朱迪
艾米	吉姆	克里斯汀	安东尼

专家小组将围绕以下五个主题任务组成。你们需要每次推选出自己原始小组里的一个成员加入不同的专家小组。

专家小组 1 号：你们的任务是深入了解名为 bogs 的湿地。

专家小组 2 号：你们的任务是深入了解名为 marshes 的湿地。

专家小组 3 号：你们的任务是深入了解名为 prairie potholes 的湿地。

专家小组 4 号：你们的任务是深入了解名为 swamps 的湿地。

专家小组 5 号：你们的任务是深入了解名为 fens 的湿地。

图 13—1　湿地教学单元拼图组合活动

第 4 天：学生在专家小组中一起认识和了解自己小组所分到的湿地类型。

第 5 天：学生回到各自的原始小组，然后将在专家小组学到的知识讲授给其他成员。这节课的最后，奥恩斯坦先生要求每一个原始小组都要向全班汇报他们的学习收获，同时对有关五种湿地类型还不清楚的问题进行提问和讨论。

第三课的调整：奥恩斯坦先生把不同水平的学生分到一个小组，并要求他们尽其所能为小组做贡献。他还准备了专门的教学资料，一方面帮助学习有困难的学生，另一方面拓展智力超常学生的知识领域。

第四课：湿地计划（基于问题的学习——为期 7 天）*

本单元教学的课程标准和教学目标是帮助学生发展他们的调查与分析技能。基于问题的学习是实现这种教学目标的最佳策略。

第 6 天：奥恩斯坦先生给学生提供了图 13—2 所呈现的基于问题学习的任务表，开始这一课的教学。

在接下来的几天，你们的任务是分组调查在我们家园周边发现的草原湿地各个方面的特征。大家分成四组，各自担任一个角色，包括动物学家、植物学家、土地勘测员、动物保护者。

动物学家

植物学家

土地勘测员

动物保护者

动物学家：动物学家是关于动物知识方面的专家。你们小组的任务是了解在草原湿地中生存的各种常见的以及稀有的动物。

另外的调研任务还包括：

- 列出在草原湿地中生存的野生动物的名称。
- 介绍至少两种野生动物，也可以是一种陆地动物、一种鸟类。
- 用图像或语言来阐明野生动物与湿地之间的关系。

植物学家：植物学家擅长的是了解植物种类和植物的生长状况。你们小组的任务是了解在草原湿地中发现的各种常见的或者稀有的植物。

另外的调研任务还包括：

- 列出在草原湿地中生存的植物的名称。
- 介绍在草原湿地中生存的至少两种植物。
- 用图像或语言来阐明植物与湿地之间的关系。

土地勘测员：土地勘测员是去考察土地状况，勘定环境地貌的显著特征。你们小组的任务是考察草原湿地的物理特征。

另外的调研任务还包括：

- 考察草原湿地的普通地貌、地形以及水质类型。
- 完成调查列表上所需要的数据。

动物保护者：动物保护者的职责是捍卫动物的权利。你们小组的任务是弄清楚在各种湿地中的濒危物种，并提出保护建议。

另外的调研任务还包括：

- 列出与各种湿地相关的濒危物种。
- 制作旗帜或飞行宣传物，劝说当地居民保护湿地中的濒危物种。

一旦个人完成了他的调研任务，就要向小组中其他成员汇报并一起讨论。然后把信息整合起来，做成幻灯片上传到网络上供全班观摩。对各组的活动成果将用“湿地课件评分规则”进行评价。

图 13—2　基于问题的学习计划中的任务单

第 7 天：到草原湿地的野外旅行。

第 8、9、10 天：学生以各小组为单位对所分配的任务进行调研。

* 本次活动计划借鉴了阿蕾达·佩雷斯（Aleida Perez）和帕蒂·托里斯（Patty Torres）的课堂教学设计（原题为“湿地与野生林区”，见 http://www.pavenet.org/FTP/Users/all Share/Cohort5/5319Project/ Torres Web Quest/）。

第 11、12 天：学生展示。

（1）由动物学家小组和植物学家小组展示，然后全班讨论。

（2）由土地勘测员小组和动物保护者小组展示，然后全班讨论。

第四课的调整：和拼图计划一样，奥恩斯坦先生将不同水平的学生分成异质小组，要求学生尽其所能投入小组研究中。他还分别为学习有困难的学生和智力超常学生准备了不同的学习材料。根据本次活动的计划要求，奥恩斯坦先生还挑出三个兴趣和能力都较为突出的学生组成三人小组，负责对有关湿地及其相关问题进行网络检索。他还做出合理安排，保证所有学生都能充分和安全地参与到野外旅行中。

第五课：单元评价（评价——为期 1 天）

第 13 天：奥恩斯坦先生用一个自编的单元测验作为湿地单元的结束，其内容涵盖了湿地的概念与相关知识，以及在本单元中提出的调查题目。他在最后还给出了成绩评定。

第五课的调整：奥恩斯坦先生设计了两套测验卷子，一套针对大多数学生，另一套针对有学习障碍的学生。另外安排特殊教育方面的教师来帮助学习困难的学生，还有一个助手为那个视力障碍的学生阅读测验题。同时要求负责网络检索的学生写一篇小型的反思论文来介绍他们的学习收获。

十年级语文教学单元：《杀死一只知更鸟》

以下是达席尔瓦（DaSilva）夫人的单元教学课，她是一位经验丰富、受人尊敬的中学英语教师，现在就职于加利福尼亚州一所坐落在河畔的郊区中学。

背景

这所学校的学生主要来自中产阶级家庭，包括不同的族裔，其中 30%是白人，30%是拉美裔，25%是非裔，还有 15%的学生是来自亚洲和墨西哥的新移民。

概要

在 1960 年获得普利策奖之后，哈珀·李（Harper Lee）的小说《杀死一只知更鸟》（*To Kill a Mockingbird*）就成为中学语文教师们钟爱的读物。这个故事的主人公是一个名叫斯考特的小姑娘，她生活在 20 世纪 30 年代的亚拉巴马州乡村。当她的父亲被安排去为一个受到强奸指控但实际蒙受冤屈的黑人辩护时，她无忧无虑的童年生活也被打破了。虽然这本书不断被政治上的左派和右派利用和抨击，但仍旧是语文教师和学生们喜爱的读物，因为对这本小说的研究可以帮助我们分析现代小说的许多特征（叙事声音、节奏把握、描写风格以及主人公性格塑造等），探讨一些重要和永恒的社会问题：儿童与成年人的冲突、种族与阶级、陈规陋习以及不容异说。

课程标准

以下选自加利福尼亚州九年级和十年级语文教学课程标准要求：

（1）标准 3.3：分析文本中主要人物和次要人物的互动过程。

（2）标准 3.4：小说中的人物是怎样通过叙述和对话来表达他们自己的，借此分析人物性格。

（3）标准 3.5：理解和比较小说中对人类社会一些普遍主题和问题的表达。

（4）标准 3.7：认识和理解多种文学手法的意义。

（5）标准 3.9：说明叙述者的声音和身份转换如何影响小说的特色、风格和情节发展等。

达席尔瓦夫人的单元教学目标

（1）学生能够描述《杀死一只知更鸟》中主要人物和次要人物的性格特点，分析他们的互动过程。

（2）学生能够解释叙述者的声音和身份转换怎样影响了小说的风格和情节。

（3）学生能够认识和讨论两种文学手法的重要性：叙事声音和描述风格。

（4）学生能够通过讨论来阐明他们关于勇气、偏见、不容异见、公正和歧视的个人见解，引导他们学会将这些观念同小说内容和个人现实生活联系起来。

课程资源

课程将使用小说本身以及从互联网和图书馆收集的相关资料。

单元授课时间

12 天。

教学日程

现在，我们来看一看达席尔瓦夫人是如何运用她的一整套教学模式和策略将她的整个单元计划在每天的授课中付诸实施的。首先需要说明的是，作为家庭作业，学生们已经在前几周读过了这本小说，因此可以说他们在第一课就比较熟悉这本小说了。

第一课：讲故事（小组活动和全班讨论——为期 2 天）

作为《杀死一只知更鸟》这一课讲授的开始，达席尔瓦夫人让学生思考发生在文学作品里和他们现实生活中许多平凡的、日常发生的故事的重要性。*

第 1 天：为了达成她的教学目标，达席尔瓦夫人将小说中的引用段落张贴在教室的不同位置。

- “你害怕了，”他说，“你真的很害怕，以至于都不敢走进前院。”
- “我意识到我将在一周后去上学。我从来对自己的生活都不敢有太多的奢望。”
- “上帝啊，我想，她是怕耗子。”
- “闭上眼，张开嘴巴，我会给你一个大大的惊喜。”
- “除非你从他的角度考虑事情，否则你永远也不会真正理解一个人。”

（1）学生们按照要求在教室里走动，直到发现以上某句话正说到了自己心里，或者与他们生活中发生过的情形非常相似。

（2）聚集在同一个段落处的学生被分为一组。每个人都要讲述自己的故事，然后挑出一个故事同全班分享。

第 2 天：在所有小组都讲完故事以后，达席尔瓦夫人主持了一场全班讨论，主要围绕着以下问题：

- 小说中的故事在生活中对你有什么启示？
- 作为一个班，我们有类似的故事发生吗？还是不一样？
- 从今天我们所引用的小说片段中，你期待从《杀死一只知更鸟》这部小说中找到些什么？

第一课的调整：全体学生都参与到小组讨论中。达席尔瓦夫人凭经验知道，一些学生不愿意参加讨论。她付出额外的努力去鼓动他们，让这些学生在全班发言时没有不自在的感觉。

* 这节课改编自英语在线（http：//english. unitecnology. ac. nz）。修订于 2005 年 5 月 23 日。

第二课：叙事声音（合作学习，演示，讨论——为期 2 天）

这一部分的教学目标是让学生在领会《杀死一只知更鸟》核心思想的同时，理解现代小说的文学特征。叙事声音是作者让读者从特定视角来了解小说中事件发展和人物性格的重要方式和手法。以下的任务布置和活动安排就是要帮助学生思考和理解“叙事声音”。

第 3 天：达席尔瓦夫人用投影给出学生如下信息来开始这一课。*

理解“叙事声音”的活动

由于哈珀·李邀请我们通过斯考特的眼睛去看小说中的事件和人物，因此大量信息是通过她所注意到的和报告的，以及她在讲述故事时给予的评论提供给我们。这就将读者置于一个有趣的位置。我们借助这种方式来了解发生的事情，其结果是我们既能获得对小说中人物的印象，也能对叙述者本人有所了解。在第三章结束时，斯考特给我们介绍了以下一些人物：艾提卡斯、迪尔、波、小查克、卡尔普尼亚、拉德雷先生、卡罗琳·费什、巴利斯·埃维尔、吉姆、南珊和沃尔特·卡宁汉姆。

达席尔瓦夫人接下去把学生分为几个四人小组，其中包含不同水平的学习者，并要求这些合作学习小组完成以下任务：

（1）将斯考特最喜欢的到她最不喜欢的人罗列并进行排序。

（2）将斯考特最了解的到她最不了解的人罗列并进行排序。

（3）比较这两个名单，看有何不同。如何解释这些不同？一部分原因要归结于斯考特的性格，另外可能与她的年龄有关。

（4）作为叙述者的斯考特还是个孩子，所以我们是从一个孩子的视角来了解正在发生的事情。对于一些事情，斯考特不能解释得很清楚。作为读者，我们有时能够在斯考特之前就了解一些事件的意义。但有时我们和她一样感到困惑。如果斯考特 18 岁了，那么小说中的故事和人物会有什么不同？如果那样的话，对我们读者会有什么影响？

第 4 天：

（1）要求每个合作学习小组都要准备好向全班做一个简短汇报。

（2）达席尔瓦夫人简单总结了作为一种文学手法的“叙事声音”，并围绕这个主题组织了一场讨论结束这一课。

第 2 课的调整：达席尔瓦夫人将学生分为异质的合作学习小组，鼓励每个学生尽其所能为小组做出贡献。她为有学习障碍的学生和智力超常的学生准备了不同的辅助学习材料。她还根据第四天的课件编制了讲义发给那些需要特别帮助的学生。

* 这节课改编自英语在线（http：//english. unitecnology. ac. nz）。修订于 2005 年 5 月 23 日。

第三课：描述风格（合作学习——为期 1 天）

课堂概要：作者必须在作品中给出足够的细节让读者清楚知道正在发生什么。

让学生理解“描述风格”这种重要的文学形式同认识“叙事声音”一样重要。

第5天：达席尔瓦夫人一上课就安排好合作学习小组，给小组成员布置了如下任务：

（1）学习图13—3中给出的材料。

房子低矮，以前曾经是白色的，并有着深深的前廊和绿色的百页窗，不过现在早已霉变成了深蓝灰色。房子四周有院子围绕。被雨水侵蚀的木瓦耷拉在前廊上的房檐外；几棵橡树遮蔽了阳光。

读者借她的眼睛产生了同样的视觉感受。找一下跟色彩有关的词的数量。

关于动态的描写（她所用的动词）非常简洁生动。听上去房子似乎正在加速腐朽。（耷拉，霉变，……）

他是我见过的最脏的人。他的脖子灰黑，手背上全是皴皮，指甲一直黑到底下的肉里。他透过脸上拳头大一小块干净的地方，窥视着卡罗琳小姐。

巴利斯身上很脏，他不得不“窥视”，似乎脏让他看东西都很费劲。

图13—3　描述风格

（2）接下去，在《杀死一只知更鸟》的前几章选择两个描述段落，做摘要来分析为什么这些描写清晰准确，令人印象深刻。

（3）在新闻纸上描述你们组非常熟悉的一个人或一个地方。用三四个句子提供视觉上的细节描写，尝试模仿哈珀·李的描述风格来写作。

每个小组都在全班展示他们描写的段落，达席尔瓦夫人随后对作为一种文学手法的描述风格进行了简短总结，结束了这一课。

第三课的调整：在先前的合作学习活动中，达席尔瓦夫人将不同水平的学生分入合作学习小组，鼓励他们每个人都要发挥自己的能力为小组做贡献。

第四课：围绕小说展开讨论（全班讨论——为期3天）

许多语文老师在讲授小说的时候喜欢采用全班讨论的方法，让学生们探讨各种各样的问题和冲突。

第6、7、8天：在三天的教学中，达席尔瓦夫人提出了如下问题*：

（1）在斯考特的童年自述中，她的父亲艾提卡斯非常独断。你怎么看待他作为一个单身父亲的能力？你怎样描述他对卡尔普尼亚和汤姆·罗宾逊的不同态度，也就是说如何对待他的白人邻居和同事？在他所处的社会阶层和同时代人的大背景下，你怎样确定他对于种族和阶级的典型看法？

（2）由于对儿童与成人之间矛盾冲突的描述以及不合语法的言语表达触及了性、超自然现象和巫术，并且出现了黑人等元素，《杀死一只知更鸟》被政治上的左派和右派反复攻击，并被人试图从图书馆书目里清除。你认为这本书的哪些元素——如果有的话——触及我们现代文化或社会阶层中的矛盾冲突？你找到那些让人忧虑苦恼、不可抗拒和鞭辟入里的元素了吗？

（3）这本书的哪些元素让你觉得特别难忘、风趣幽默或者鼓舞人心？有没有某个人物的信念、行为或者愿望给你留下特别深刻的印象或者出乎你的意料？书中有没有一些事件勾起了你的童年记忆或者产生了新的体验?

第四课的调整：所有学生都参与到全班讨论中。凭借以往的经验，达席尔瓦夫人知道一些学生不愿意参加全班讨论。她努力采取措施鼓励这些学生参与讨论，使他们能够在全班同学面前自在地发言。她还时常采用“思考—配对—分享”（参阅第十章）的策略来保证每个学生都有讨论发言的机会。

* 资料来自《杀死一只知更鸟》的阅读指导。修订于 2005 年 5 月 23 日。

第五课：探讨永恒的社会问题（小组调研——为期 3 天）

《杀死一只知更鸟》在教师中广受欢迎，不仅因为其固有的文学魅力，还因为它在 50 年前面世时就提出了几个关于人类基本生存状况的主题和问题，这些主题和问题直到今天仍然很重要。

第 9、10 天：教师将学生分成五个合作学习小组，要求每个小组探讨五个问题中的一个，并准备向全班汇报对自己要探讨的主题的思考和解读。这些主题包括勇气、偏见、公正、不容异见、歧视。

学生在教师指导下将他们的研究结果制成图表，其中包括从小说和他们现实生活中找到的能阐明研究主题的事件。这些图表将被展示出来，用以引导小组发言。

第五课的调整：同先前的合作学习小组活动一样，达席尔瓦夫人将不同水平的学生分到一组，并告诫每个人都要尽其所能地参与其中。

第 11 天：在全班展示每个小组的研究结果并进行讨论。

第六课：单元评价（评价——为期 1 天）

第 12 天：在单元教学最后，达席尔瓦夫人出了一张测验卷子，包括简述小说作为一种文学形式的典型特征以及分析哈珀·李作品的特殊风格。

检测—拓展—探索

检测

- 对于教师来说，为什么拥有一整套丰富的教学模式和方法非常重要?
- 当选择一种教学方法或运用多元模式的时候，需要考虑哪些因素?
- 举例说明怎样将特定的教学模式和策略应用到教学中，从而完成课程的目标和要求?

拓展

- 你在多大程度上同意或不同意教师运用多元模式比固守一种或两种自己喜欢的模式更能提高教学效果? 登录“在线学习中心”，在“拓展问题投票栏”发表见解。

探索

- 登录“在线学习中心”（www.mhhe.com/arends9e），链接到与灵活调整和运用多元模式有关的网站。

第 3 节　适合个别差异的教学

有效教师知道怎么使用各种教学模式和策略去完成重要的教育目标。他们还知道怎样开展适合个别差异的教学来满足不同学生的需要。

适合个别差异的教学的理论依据

今天，社会希望每个儿童都能在学校获得成功。如前所述，这对教师而言是一个艰巨的挑战，因为学校教育采用的基本模式仍然是由教师为学生制定计划和实施指导，而这些学生都被分入按年龄划分、充满多样性的班级。这种情况要求教师采用适合个别差异的教学。他们必须专注于课程的实质性标准和目标，但也必须根据学生的实际需要和能力水平去调整所教内容，选用适合的教学策略。

这一节将介绍实施适合个别差异教学的方法。我们将提供关于适合个别差异教学的一种观点，确定适合个别差异课堂的重要特征，同时为教师提供能帮助到每一个学生的特别策略。篇幅所限，我们不能对这种重要的教学策略进行全面阐述，但在本章最后列出了一些参考资料。

有三种观点提供了相关理论背景，说明适合个别差异的教学的重要性。

认知发展与能力方面的差异　儿童发展理论认为，在人的正常发展中存在相似性和差异性，儿童和青少年以不同的成长速度经历着共同的发展阶段。在第二章和第九章，我们介绍了个体发展理论研究者的观点：个体成长经历着可预知的认知发展阶段，首先是感觉和动作技巧的发展，然后是具体思维能力的发展，最后达到抽象思维能力的发展阶段。

另一个理解差异性的重要的认知发展观点是我们在第十一章介绍过的维果茨基的“最近发展区”理论。最近发展区是指两种水平之间的差异，一种是学生的实际发展水平，也就是个体独立完成任务所能达到的水平；另一种是学生的潜在发展水平，也就是个体在成人或更优秀的同伴的帮助下所能达到的水平。维果茨基认为，学习（发展）发生在个体与成人或同伴之间的互动中，教师的工作就是提出适当的学习目标来帮助和推动学生在最近发展区中不断进步。

教师有责任去评定学生的实际发展水平和最近发展区水平，然后据此制定教学计划。实际发展水平非常重要，因为它决定了个体能胜任什么样的学习，不能胜任什么样的学习。

认知发展的差异支持了适合个别差异教学的应用。

多元智力　认知和智力的发展不是像先前认为的那样是一种单一的、没有差异性的潜能或能力。相反，如同你在第二章读到的，智力可以通过多种方式来定义和测量，一个人的智力是变动的——它在人的一生中因学习而变化。斯滕伯格（1999a）定义了三种类型的智力：分析型智力、实践型智力、创造型智力。然而，最为人所知的多元智力理论来自霍华德·加德纳的研究工作（1983，1993，1994）。他提出了八种基本智力类型：言语—语言智力、逻辑—数理智力、视觉—空间智力、音乐—节奏智力、身体—动觉智力、交往—交流智力、自知—自省智力、自然智力。随后本章将详细介绍多元智力理论怎样被用来改善教学。

多元智力理论为适合个别差异教学的实施方法提供了重要的理论框架。

学习风格和偏好 人类有不同的学习方式。一些研究者认为，学习方式的不同在某种程度上是文化差异影响的结果。在第二章我们提到过，在一些文化看来，教和学是在"社会情境内"进行的，也就是说知识和技能大部分是在真实的生活情境中因实际所需而被人们掌握的。相反，美国的学校主要是围绕"社会情境外"的学习来组织的，也就是说学习同现实生活中真正的、即时的需要无关。学生们在他们各自偏好的学习方式上也有差别，一些人更喜欢视觉引导下的学习，而另一些人更喜欢通过听觉渠道来获得信息。

认知发展理论与学习风格和偏好的差异对于教和学而言都有极为重要的意义。在任何一个课堂上，教师都可能面对处于不同认知发展阶段的学生和存在显著智力差异的学生。一位教师有可能会在任何一个正常班级内发现智力相差3～5岁的学生。此外，一个班级可能会呈现出文化和语言的多样性。这种多样性就需要适合个别差异的教学策略来满足学习者各种不同的需要。

在大多数常规班级里，教师很可能会发现学生在能力上相差3～5岁，包括在智力和学习风格方面的较大差异。

适合个别差异的课堂

在传统课堂上，许多教师用同样的方法给所有学生讲授同样的课程。但在适合个别差异的课堂上，教师努力将教学建立在学生的兴趣、需要和准备状态（学生所处的水平）上，采用不同的教学进度和教学安排来保证学生展开适合自己能力水平的学习。表13—1比较了传统课堂和适合个别差异课堂的进程和程序安排。这些对比有助于我们认识两种形式的课堂在课程设置和教学安排上的不同，对那些想更多采用适合个别差异教学的教师来说，这个对比也提示他们需要做出哪些改变。

表13—1　　传统课堂和适合个别差异教学的课堂的主要特征比较

传统课堂	适合个别差异教学的课堂
教师中心	学生中心
教师制定大部分计划，解决大多数问题	学生参与到制定计划和解决问题中
全班讨论占优势	采用多种教学形式——小组学习、配对学习、个人学习
通常安排一样的作业	提供给学生多种作业由其选择
智力一元论观点	多元智力观被认识和应用
依据课程标准和教科书	多种课程资源供学生使用
很少关注学生兴趣	经常照顾学生的兴趣并将其视为教学基础
采取共同标准指导教学并确定优秀者	根据学生的需要、准备状态和能力展开教学；学生的进步程度决定优秀标准
经常在一个教学活动或教学单元结束后进行评价	评价是经常性的、随时的
对全班采用单一的评价方式	采用多种评价方式

资料来源：Tomlinson，1999，p. 16。

适合个别差异教学的基本要素

为了应对多样性的挑战，教师必须找到适合个别差异教学的方法，以使得每个学生都可以尽其所能地去学习。适合个别差异的教学最早的权威之一汤姆林森（Carol Ann Tomlinson，1999，2004）确定了适合个别差异教学的重要元素。我们将它们在表13—2中列出并加以简要论述。

表13—2　　适合个别差异教学的要素

● 教师关注基本要素。
● 教师顾及学生差异。
● 教师将评价和教学视为不可分割的；用多种方式评价学生。
● 所有学生都参与适合自己的学习活动。
● 教师和学生在学习中合作。
● 教师在团体和个体的准则之间寻求平衡。
● 教师和学生在一起灵活地工作。
● 教师调整教学内容、进程和结果。

资料来源：Tomlinson，1999。

● *关注基本要素*　就如第三章所描述的，由于时间是一种非常稀缺的资源，因此至关重要的是，教师要将教学重心放在基础知识和基本技能上，而不是浮皮潦草地掠过诸多主题。

> *实施适合个别差异教学的教师知道，在决定教什么的时候聚焦于基本要素非常重要。*

● *顾及学生差异*　如前所述，学生是带着不同的准备状态、能力、兴趣和需要来到学校的。教师必须意识到这些差异，帮助每个人发挥他们各自的潜能。

● *整合教学与评价*　对于适合个别差异的有效教学而言，评价必须成为教学中不可分离的一部分。在第六章我们介绍过，评价可以让教师每一天都能知道学生们学到了什么，什么时候应该转入新内容和新技能的学习。

● *全员参与*　教师应该对所有学生都达到教学的实质性目标抱以期望。然而，作业和学习活动必须有所差异，以适应特定学习者的需要和准备状态。这种差异性不应该导致课业的减少或加重，而应该是学生能够合理应对且适合他们的学习水平。

● *帮助学生在学习中学会合作*　适合个别差异的有效教学只有在教学计划和实施是以学习者为中心的课堂上才会发生，在这种情况下，学生能够理解他们个人付出和参与教学计划过程的重要性。

● *平衡团体和个人的准则*　在下一节我们将详细讨论，教师兼顾个人和团体的准则和需要是非常重要的。

● *调整教学内容、进程和结果*　最后，汤姆林森（1999）写道："教师可以调整教学内容、进程和结果……依据一个学生的准备状态、兴趣和学习状况。"（p. 11）这种观点在表13—3中加以阐明。

表 13—3　调整教学的方式

课程要素			
学生的特征	内容：技能和知识	策略和进程	结果和评价
学习准备			
兴趣			
学习状况			

资料来源：这个矩阵基于 Tomlinson（1999）的研究工作，并由乔治曼森大学教授贝弗莉·沙克利（Beverly Shaklee）和莎伦·卡斯尔（Sharon Castle）修订。

汤姆林森模式涵盖了教师让学生学习的基础知识和基本技能。进程是指用来完成学习任务的策略和活动，而结果是指给予学生的评价和学生用以证明他们学习过程的手工作品。学习准备状态包括学生对特定学习内容的理解水平和他们对参与某些学习活动的准备。兴趣来自学生的好奇心或对某些讨论主题的热情，而学习状况是指他们的多元智力类型和学习风格的表现。教师可以根据一个或多个课程要素或学生特征来调整教学。

教师可以根据学生的准备状态、兴趣和学习状况来调整教学内容、进程和结果。

适合个别差异教学的教学策略

有多种教学策略可以提供给教师来实施适合个别差异的教学。下面我们介绍几种最主要的教学策略。

运用多元智力来实施适合个别差异的教学　如前所述，霍华德·加德纳提出，智力是多种而不是一种。教育者在多种途径上应用了他的模型。一种途径是围绕他的模型来设计整所学校。这些学校通过组织课程和教学来使学生参与到一定范围的活动中，而这些活动涵盖了人类能力的全部范围。

另一个更为谨慎的应用表现为，教师设计教学策略来帮助学生发展符合这八种智力类型中任何一种。有可能被应用到的教学策略案例在表 13—4 中列出。

表 13—4　适合加德纳八种智力类型的教学策略

智力	教学策略
逻辑—数理	让学生玩逻辑游戏 寻找一些能够激发学生想起数字并建构对数字理解力的情境 带领学生前往计算机实验室、科学博物馆和电子展览的户外旅行 与学生一起开展数学活动
言语—语言	读书给学生听，并让他们读给你听 和学生讨论书籍的作者 领学生去图书馆或者书店 让学生记日记
音乐—节奏	给学生提供录音带 让学生有机会弹奏乐器 创造机会让学生制作音乐 带领学生去音乐会

续前表

智力	教学策略
视觉—空间	准备各种与创造活动有关的材料供学生使用 让学生玩迷宫游戏并画出指示图表 带领学生去艺术博物馆 同学生一起散步，让他们观察身处何方；画出行进路线图
身体—动觉	给学生提供机会进行体育活动 给学生提供玩耍场地 带领学生去看运动会或芭蕾表演 鼓励学生参与舞蹈活动
交往—交流	鼓励学生在团体中工作 帮助学生发展交往技能 组织学生参与团体游戏 鼓励学生加入俱乐部
自知—自省	鼓励学生发展爱好和兴趣 聆听学生的感受并积极回应 鼓励学生发挥想象力 让学生记日记、随想和内心的体验
自然智力	带领学生去科学博物馆 在教室里创设自然学习中心 鼓励学生开展户外大自然探索活动 让学生收集植物和动物标本

资料来源：Santrok，2004，pp. 113-114。

加德纳的多元智力理论在针对多种智力类型的学生开展适合个别差异的教学方面有很大帮助，而且反过来也促进了学生多方面能力的发展。它还能帮助教师和教育者认识到人类存在的多种差异性，个性化地开展教育活动。然而，加德纳也警示教育者不要错误地使用他的理论（Gardner，1998；Woolfolk，1998）。他指出，任何一门课程都不可能将所有的智力类型都纳入其中。那些试图将所有智力类型都纳入一节课教学的教师不可能合理应用他的模式。他还提出，将一种特定智力用作其他课堂活动的教学背景（如在数学课上放音乐）是浪费时间，甚至喧宾夺主。他反对将不同智力划分优劣等级。

重要的是，加德纳的多元智力理论不应被错误应用。

适合个别差异的课程　为了适合个别差异教学的有效实施，课程本身必须有所改变。如果学生具有不同的能力、兴趣和学习准备状态，教科书的内容和课程框架中的描述就必须进行调整以适合不同学生的需要。这意味着要为一些学生压缩课程，而为另一些学生拓展课程。它还意味着给一些学生更多的时间去发展他们的理解力，而对另一些学生可以缩短时间要求。教师必须聚焦于教学的基本要素而不是面面俱到且浮于表面。

适合个别差异的课程给教师带来了挑战和困惑。一方面，州（还有可能是联邦）立法机构颁布了希望所有学生都能达到的共同标准。教师有责任帮助学生达到这些标准。另一方面，资深教师和学习与发展理论的研究者们又都知道，学生是带着不同的生活经验和发展水平、不同的学习态度和能力倾向走进学校的。因此，教师应该做些什么？是不顾班里一些学生还无法胜任所学内容而另一些学生已经做好学习更难知识的准备，只是按照年级一般水平按部就班开展教学吗？还是将课程为某些学生做大的调整，即使这意味着这些学生将不能达到事先确定的标准？是强调标准化还是强调适合个别差异的教学？这个问题可能将伴随我们很长时间。有效教师会寻求将二者整合起来——在一种激发思考的环境中讲授这些标准，同时也考虑到学生各自的成长背景和独特的学习习惯，促使每个学生都获得最大程度的进步。

合作学习 合作学习是应用于适合个别差异课堂的一个重要策略。在第十章我们讨论过，在合作学习中，教师通常将不同水平的学生分为一组，给不同组分配有差异的任务。不同能力水平的学生在小组中共同学习，发挥他们各自的学习潜力，尽其所能为小组做贡献。合作学习作为一种重要的策略还被推荐用来教授英语学习者（ELLs，Quiocho & Ulanoff，2008；Slavin，1990）。在这种情况下，合作学习为 ELL 学生提供机会去和他们的同伴一起建构意义和分享观念。这种策略之所以能发挥作用，是因为合作学习中的学生在一起沟通意义和解决问题时必须借助大量的口头交流。

基于问题的学习 基于问题的学习模式在第十一章介绍过，它在学生探究疑难情境和缺少明确答案的问题时赋予学生积极主动的角色。学生运用这种模式调动自己的各种方法和资源来解决问题。相对于合作学习，基于问题的学习允许学生贡献他们的个人力量，运用他们的独特天赋，靠自己的选择判断去认定问题，其设计的方案常常用真实且充满挑战的叙述方式去表述问题。

> 合作学习和基于问题的学习允许不同能力的学生为完成小组目标贡献自己的力量。

压缩课程与教学 如果学生很好地掌握了与课程有关的知识和技能，教师就可以在授课中将课程压缩。这通常意味着迅速复习授课内容，然后让一些学生转向更复杂和更高水平的理论、概念和技能的学习。

分层活动 教师也可以采用汤姆林森（2004）所谓的分层活动。分层活动让所有学生都学习相同的知识和技能，但在不同的抽象和复杂水平上。当教师采用分层活动时，很重要的一点是对那些在某些领域有特殊知识和技能的学生提高难度水平。

道奇（Dodge，2005）描述了教师怎样开展分层活动，并提出了三个步骤：

第一步：给那些符合年级一般水平的学生布置学习任务。

第二步：给那些学习吃力的学生布置学习任务，为他们提供额外支持以保证他们顺利完成任务。

第三步：给那些更优秀的学生布置具有挑战性的学习任务。这些任务应该提升他们的能力水平，而不是增加额外负担。

> 分层活动允许不同能力水平的学生在不同的难度水平上学习基础知识和技能。

自主学习和学习契约 自主学习和学习契约是另一种专门针对天才儿童和学

习有困难的儿童的策略。策略发明者在给一群九年级孩子讲授有关西北太平洋历史的课程时首次使用了这种策略。班上的两个孩子超乎寻常的聪明，他们具有高水平的分析推理技能，擅长写作，有丰富的历史知识。在上课时间他们不用到教室，而是去几个街区以外的一所当地大学的图书馆。根据和教师达成的一份学习契约，他们的任务是自己编写一部地方史，从第一批定居者在 1850 年来到此地，一直到 20 世纪的 100 年，而且只采用第一手资料。这两名学生努力付出后的成果非常突出，还发表在当地的报纸上。

使用学习契约是在适合个别差异的教学中针对天才学生的一种重要策略。

利用技术促进教学

运用多元模式和适合个别差异教学的技术

技术对于那些努力运用多元模式和适合个别差异教学的教师来说是巨大的帮助。在此提到的许多措施在前几章都提到过，我们现在从新的视角再次讨论一下它们。

多元模式的使用将计算机及其相关技术引入教学，这对于具有多样化学习风格和偏好的学生是有吸引力的。例如，幻灯片和数字化白板演示对于那些更喜欢通过视觉渠道学习的学生是有吸引力的，而充满各种趣味声音的教学方案有利于偏好通过听觉渠道获得信息的学生。技术还有助于多元智力在学习中的应用。例如，由于计算机在对书面作业的修改校订方面很方便，语言技能借此可以得到提高；当学生利用计算机聚在一起进行小组学习或者在交友网站上进行互动时，人际交往技能也可以得到发展。

对于有特殊学习需求的学生，计算机可以帮助教师完成由州、联邦和地方教育机构要求的档案记录。对于有一些额外需求的学生，或者那些需要教师授课更清晰和更具体的学生，教师可以通过互联网获得大量有针对性的方案来帮助他们。对于那些在参与其他类型学习活动方面有困难的学生，许多电脑教学方案可以激发他们的学习兴趣。

同样的，计算机和网络沟通技术对于天才学生的培养也有益处。互联网可以将天才学生与大学、博物馆和研究实验室的数字资源联系起来。网络检索可以让你对无穷尽的主题进行探究。电子邮箱和社交网络使得有活力的学生能够同全美甚至全世界的同龄伙伴交流思想。

弹性分组在适合个别差异课堂中的应用

实施适合个别差异教学的一个基本措施是使用弹性分组。有人将其称为班级内部分组（Kulic，1992，2003；Tomlinson，2004）。这种措施是将学生分入正规班级，然后再临时编成小组，让他们完成通常是读、写、算一类的任务和活动。

弹性分组是将一个班的学生分成有特定主题和任务的小组。

当前弹性分组的流行乃是对过去能力分组的响应。在能力分组中，学生因其最初的能力评估而被纳入固定的班级或小组。例如，一些五年级学生被分入快班，还有一些被分入中班或者说正常班，另外那些学习差的学生则单独分班。传统上的教师认可这种分班方式，因为他们认为这样可以减少较大规模班级中的多样性，更方便实施管理（Tieso，2003）。这种能力分组的弊端是给某些学生带来了消极影响，而且教师在备课时只是考虑所在班级学生具有的能力和基础水平（Oakes，1985；Segro，1995；Slavin，1990）。

能力分组指根据对学生学习能力的评估将他们分为特定的班级或小组。

为了使弹性分组措施更成功，教师们必须注意以下教学与评价事项：

（1）准确判断学生的学业表现和已有知识水平。将学生划分小组的关键是对学生的学业表现和已有知识水平的正确判断。错误判断或只看其以往的学业表现将导致许多和传统能力分组措施一样的负面后果。

（2）课程与教学要适合个别差异。如果教师将学生分为不同小组，仍然用同样的方法和同样的内容来为每一组授课，就等于没有任何改变。课程适合个别差异的变化应该包括课程所涵盖的种类和数量；教学适合个别差异的变化应包括教学的进度和所采用的教学模式和策略。

（3）与正规的班级学习集体认同。需要限制学生只在小组中活动的时间，这样他们才能与班里所有的学生保持交流和联系。

（4）保持小组具有的变动与灵活的特性。只要学生一直希望实现个人的学习目标，就要维持他们在特定小组内的学习。但要注意，不要将学生归入任何定型化的小组——比如说“聪明组”或者“愚笨组”。整体的学习环境必须帮助全体学生认识到，分组是为了适应他们的个人需求和基础水平。

（5）形成性评估。要想成功地在弹性小组中对学生进行分配和调整，关键是要进行形成性评估。如果学生有进步，就要将他们分入新的小组，参与更有难度的学习；相反，对于不能完成特定学习目标的学生，就应该将他们重新分入一个能让他们感受到成功的小组。

（6）为所有小组的学生设置有意义且适合其能力水平的学习任务。一些研究者（Tomlinson，2004）发现，使用了弹性分组的班级需要一种新式课堂管理。教师必须能够同时对几个从事不同学习活动的小组进行管理。据报道，一些教师通过给处于低水平组的学生提供工作单、演练和实践要求来促使他们投入学习。虽然这有助于解决班级管理问题，但不能保证这些学生参与更高水平的（而且是他们实际需要的）思维活动。重要的是，所有学生都应该参与到有意义且适合他们能力要求的学习中去。

检测—拓展—探索

检测

- 阐述适合个别差异教学的理论依据，描述支持其在课堂中应用的理论观点。
- 列出适合个别差异的课堂教学的基本特征，并将其与传统课堂特征相比较。

- 解释教师怎样运用计划过程来调整和改变教学，以满足特定学生的需要。
- 列出并讨论支持适合个别差异教学的教学策略。
- 什么是弹性分组？如果教师想要成功应用这种方式，必须注意些什么？

拓展

- 你在多大程度上同意或不同意使用能力分组以及弹性分组？登录“在线学习中心”，在“拓展问题投票栏”发表见解。

探索

- 登录“在线学习中心”（www.mhhe.com/arends9e），链接到与适合个别差异的教学有关的网站。

第 4 节　适合个别差异课堂的管理与评价

在教师运用多种教学方法和适合个别差异教学的课堂上，课堂管理和学业评定的方式都需要做出或大或小的调整。本章的最后我们就来谈一下这些问题。

课堂管理

第五章描述的许多一般性管理原则都可以应用在适合个别差异教学的课堂上。例如，教师拥有一套清晰的课堂规则和惯例，保证授课不受干扰地平稳推进，迅速而坚决地处理课堂的问题行为，这些措施对任何课堂都是重要的。同时，在第十章、第十一章介绍的合作学习和基于问题的学习中，教师对小组学习进行管理的指导原则也可以应用于此。下面我们探讨实施适合个别差异教学的教师在课堂管理中需要注意的一些特别事项。

对多重任务环境的管理　在适合个别差异的课堂上，同基于问题的学习一样，会同时展开多项学习任务。有的学习小组在课堂上讨论问题，有的可能在图书馆查阅资料，还有的可能会进入社区或登录互联网。学生们会在兴趣中心以独立、配对或分组等方式来学习那些符合他们特定兴趣、能力和需要的学习任务。为了承担一个多任务环境中的工作，学生们必须学会既能自主学习又能共同学习。他们必须认识到，没有教师的随时监督，他们也需要对自己的学习负起责任，而且教师总是期望他们有高质量的学习。

为开始工作和实现转变建立规则　从开始工作到学习任务的转换，有效教师会建立各种规则。教师应该建立规则并指导学生如何开始和结束每一天或每一个阶段的学习活动。这包括给某些学生发出清晰、准确的指令来让他们开始，发展一套提示系统去提醒学生从一项学习任务顺利转入下一项。当希望学生互相交流或认真倾听时，需要告诉学生清楚的规则。黑板上的示意图和时间轴线应该特别说明各种作业和方案的任务要求与完成期限。在多任务情境中，还需要制定控制每个学生或每个小组工作进展的规则，用库宁的术语来说，这是教师“明察秋毫”的课堂管理技巧的体现。

适应学生不同的完成速度　实施适合个别差异教学的教师所面临的最复杂的管理问题之一是从事一系列学习活动的学生可能会用不同的时间完成任务。一些学生的完成时间可能比预期的要早，另一些可能会比预期的晚。应该给那些完成任务早而且有空余时间的学生设计专门的规则、计划和空余活动。这包括能引起他们高度兴趣的活动，比如给他们准备特别的读物或者能够独立完成的教育游戏，或者（对于大一些的孩子）计划好让他们去实验室完成一些其他的作业或方案。有效教师还会鼓励那些较早完成任务的学生去帮助别人。

完成任务较晚的学生表现出的是另一类问题。在许多情况下，教师会给那些落后的学生更多的时间。当然，这种行为的结果是早完成的学生有更多的空余时间。教师可能会决定在放学后或者周末给落后的学生补习。但这种行为通常也有问题。如果学生是集体学习，放学后就很难让他们聚在一起。进一步说，落后的学生经常是那些独立学习能力很差而且需要教师的帮助才能完成重要的学习任务和作业的学生。当然，解决这个问题就需要教师为每个学生布置适合各自能力水平的作业和学习活动。

监控学生的学习，管理教学资源　在其他教学中，一般都是所有学生在同一时间内完成相同的作业，而适合个别差异教学的课堂与此不同，它会产生多种作业、多种学习成果，完成时间也常常是不一致的。这样一来，监控和管理学生学习进程的有效技术就显得很重要了。如果教师想要维持学生学习的责任心，并在整个教学过程中使学生保持一定程度的学习动力，就要完成以下三项重要的管理任务：（1）对所有学生的学习要求必须阐述清晰；（2）必须监控学生的学习，并且对其学业进步进行反馈；（3）保留这些记录。

许多教师运用“学生项目表格”来完成以上三项任务（在第十一章介绍过），还让学生自己保留一份特殊的档案系统。

几乎所有的教学情境都需要一些教学材料和教学设备，对教师来说，对这些资源的管理总是一件很麻烦的事。适合个别差异教学的课堂对这方面可能有更高的管理要求。有效教师会完善组织、储存和分发这些学习材料的程序，并在此过程中寻求学生的帮助。

在适合个别差异教学的课堂上，对学生的学习和资源管理进行有组织的安排，对于教师随时了解学生的学习过程是重要的。

家庭与学校

寻求家长的理解和参与

应用适合个别差异的教学对于让父母和监护人更深入地参与孩子的教育提出了新的挑战和新的可能性。以下是教师可以采用的促进家长与学校积极和有效沟通的措施：

- 为家长提供明确的沟通信息，让他们了解适合个别差异教学的目标与进程。许多家长可能不了解这种教学模式。他们可能期望所有学生都得到一样的对待，就像他们以前上学时那样。
- 要特别注意向家长解释清楚学生合理进步的概念。如果孩子落在他们所认为的年级平均水平的后面，许多家长或监护人会感到失望。
- 要让家长认识到让学习好的学生同有学习困难学生一起学习是有理由的。

这可以将学生的天赋和学习资源有效地调动起来。

● 如果采用发展性评价，就需要向家长解释这种成绩评定系统的合理性。这对于许多家长来说是一种新观念，是他们以前在学校学习时没有体验过的。

● 邀请父母和家庭成员参与到适合个别差异教学的课堂中来。许多家长乐意帮助教师管理多重任务环境，比如组织和分发材料，当志愿指导者，整理文档等。但要注意保护学生的隐私。重要的是，教师还要认识到，工作繁忙可能是许多父母无法对班级做出贡献的真实理由，教师不能误解为他们不关心自己孩子的教育。

对学生学习的评估与评价

在前面章节介绍的许多评价策略和程序也都适用于适合个别差异的课堂。为了不使评价成为一堂课或一个单元的教学临近结束时的孤立事件，或者只是作为一种对学生知识记忆的测评方式，评价必须持续进行，而且是作为教学的一个完整部分。评价应该为教师提供关于学生基础水平的重要诊断信息，以及如何调整教学内容，选择特定教学策略的信息。教师可以运用多种评价方式来保证学生学习活动的各个方面都得到评价。

在适合个别差异教学的课堂上，学生承担的是适合他们能力和需要的学习任务和教师安排的学习活动。在这种情况下，教师感兴趣的是学生的成长而不是标准参照评价。传统的成绩排序和成绩报告书不适用于适合个别差异的教学。成绩评定和成绩报告书需要加以改变来反映个人的成长，而不仅仅是相对的名次。根据与竞赛相联系的成绩报告书上的评定标准和第六章描述过的测评标准是反映学生成长与进步的一种方式。汤姆林森（2001）提出，应该重新定义成绩报告书上的字母等级代表的意义。例如，A=进步显著，B=进步很大，C=有所进步，D=小有进步，F=没有进步。她还建议增加一套数字评价系统，1 代表学业表现超出年级一般水平，2 代表等同于年级一般水平，3 代表低于年级一般水平，同时要对学生和他们的家长给予特别的提示。举例而言，阅读课的 B2 意味着这个学生在阅读方面进步很大而且符合年级一般水平，A3 则说明这个学生进步显著但仍低于年级一般水平。这种方式旨在对学生的学业发展进行评价，同时让家长了解自己孩子在整个年级中所处的位置。非常重要的一点是，学业评价和成绩评定措施必须尊重学生的差异性，强调每个学生的成长与进步。

检测—拓展—探索

检测

- 描述适合个别差异教学的课堂管理需要注意的方面。
- 解释形成性评估以及评估与教学相整合的理论依据。
- 解释为什么对学生的进步与成长进行评价要比只进行标准参照评价更重要。

拓展

- 你在多大程度上同意成绩评定应该反映学生的成长与进步？在多大程度上不同意这种观点？登录“在线学习中心”，在“拓展问题投票栏”发表见解。

探索

● 登录“在线学习中心”（www.mhhe.com/arends9e），链接到与适合个别差异教学、课堂管理，以及对反思性个人成长进行评定等有关的网站。

对课堂的反思

十月的压力与挫折

这是你从教第一年的十月中旬，你对自己有强烈的期待，认为自己能够帮助每一个孩子学习，但你面对的是26个能力、兴趣和学习风格存在差异的学生，还包括4个需要实施特殊教育的学生。为了满足每个学生的需要，你已经非常努力地营造“以学生为中心，适合个别差异教学的课堂”，比如为关注学生的差异，调整你的课程和教学方式，将很多精力放在个别化教学或者灵活学习小组上。对于所有的课程，你制定了适合个别差异的活动计划和适合特定学生的能力与兴趣的多样化作业。你确信拥有多方面的教学资源来帮助你应对学生不同的准备水平。

但是，越来越多的事情不再如你所愿。当你看起来无法同时管理那么多学生的学习进展以及正在发生的事情时，你的教学经常会出问题甚至停滞。你相信每一次作业都要认真批改，但总有成摞的还没看过的作业堆积在你的案头。一位同事告诉你，她听说你班上的一些学生家长对你正在努力做的事情感到困惑。总而言之，你筋疲力尽，感到无助，充满挫败感，而距离这一学年结束还有八个月的漫长时光。

思考这种境遇并想一想你该做些什么。你需要重新考虑对适合个别差异的、以学生为中心的课堂的那些付出吗？有什么措施可以让事情重新回到你的掌控之下？有什么办法可以帮助你管理课堂中的多重学习任务的情境吗？有办法更有效地监控学生的学习吗？将你的想法同下面这些遭遇或熟悉同样处境的资深教师们的想法比较一下。

塞缪尔·巴克（Samuel Barker），五年级、六年级的班主任

我能向那些遭遇无助和挫折的初任教师提供的最好建议就是：起步小些，走得慢些。因为对第一年的新教师来说，他们总会有许多要求，而且许多职责和活动都是他们第一次承担。你可以在很多方面起步小些。在一个单元的教学中，选择一小部分学生（三或四个人）给他们布置一种特定的作业。让班里其他同学完成普通的作业。另一种起步小些的方法是在面向全体学生的单元教学中选取一节课来实施适合个别差异的教学，其他课则仍采用更传统或者不考虑差异性的教学方式。

在开学头三个月选择一门功课实施适合个别差异的教学，而不是同时在所有课程中都推行它，这是“走得慢些”的一种方法。在阅读课或算术课上（不是同时）使用灵活分组也是一种展开教学的好办法。另一种是多花点时间学习怎样判断学生的兴趣和基础水平，但要等到完全实施适合个别差异的教学和作业之后。学会和学生交谈来了解他们的学习情况，观察并记录他们能做的和不能做的，监控什么样的作业他们能按时完成，什么样的作业对他们过难或过易。

在第一年起步小一些和慢一些可以帮助新教师积累关于适合个别差异教学的知识和技能，这将会在第二年让他们做得更好。

路易斯·福尔曼（Louise Foreman），十年级社会研究

当我在四年前开始我的教学生涯时，也遇到了同样的问题。我试图在第一天就拥有一个以学生为中心的、适合个别差异的课堂。但我在这个月末就陷入一种无助感。我发现需要缩减我的努力，只能在课程、作业和教学策略的某些片段实施适合个别差异的教学。我用讨论课作为开始。我要让全班参与讨论，但时不时让学生两两配对讨论。我安排特定的学生在一起配对来保证好的讨论者和差的讨论者能一起学习。我强调，重要的是每个人都有机会表达他们各自的思想和观点。在讨论课之后，我让学生写个人反思来回顾讨论过程。这使得学生能够根据最适合自己水平的复杂度来表达自己的观点。

我还开始归纳自己的一套技能，用有效而非正式的方法评价学生的能力。我选择了三个学生，成绩分别是较差、中等和优等，开始观察他们的学习行为，例如家庭作业完成情况，遇到难题的表现以及小测验的成绩。这让我每天都能了解他们的学习进展。只有在我对自己的评价策略感到自信以后，我才开始对自己教学的全部过程进行评价，并在这些评价的基础上开始实施适合个别差异的作业和教学策略。

我还发现，我需要与学生和家长讨论我正努力想要达成的东西。我寻求家长的帮助，慢慢建立规则，让学生们日渐增加对自己学习的责任感，并在适当的时候学会帮助其他同学。

总　结

介绍什么是联合运用多元模式与适合个别差异的教学，它们的重要性何在。

- 当今教师所面临的最重要和最困难的挑战是关注所有学习者的需要。
- 一个多世纪以来，教师都被警告要关注学习者的个人需要，但在实际教学中，他们却被期望去为一个同年龄班级里的20～30个学生教授业已规定好的课程。
- 今天，教师已经可以掌握现有的策略和手段去应对有关调整教学以满足所有学习者需要的挑战。

阐释如何运用多元教学模式完成特定教学目标，提供多样化指导和满足所有学习者的需要。

- “保留剧目”是指教师已经掌握的教学模式和策略的数量。储备丰富的“保留剧目”允许教师运用多元模式来调整教学，做出明智的教学决策以保证不同类型学生的学习。
- 虽然特定课程目标是决定哪一种模式或策略被采用的一个因素，但学生的特性是另一个不可忽视的因素。
- 学生多样化的需求是帮助教师决定在一节课或一个单元教学中使用多种类和多元化模式的第三个因素。

描述适合个别差异的教学的含义和主要特征，讨论支持适合个别差异课堂的教学策略。

- 研究人类的能力与发展的理论家可以帮助教师认识到，所有教室里都存在着学生在学业基础和能力发展水平上的巨大差异。

● 发展心理学家比如皮亚杰和维果茨基提供了一种理论观点，说明儿童是如何发展和成长的，在发展速度上有哪些不同。

● 不同于他人，斯滕伯格和加德纳提出了与众不同的观点，认为智力是多元的而不是唯一的。斯滕伯格界定了智力三元理论，加德纳描述了八种不同形式的智力。

● 适合个别差异的课堂的显著特征是：教师重视基本要素的学习，关注学生的差异，评价与教学是不可分的，对教学内容、进程和结果进行调整，为所有学生提供适合他们能力和需要的合理的学习任务。

● 支持适合个别差异的教学的策略包括适合个别差异的课程、合作学习、基于问题的学习、课程压缩、分层活动，以及自主学习和学习契约。

● 在20世纪的大部分时间里，将学生按照能力分组是控制班级中学生能力差别过大的主要方法。

● 在过去30年里，许多研究已经指出了能力分组的一些弊端，而且引导许多教育者探索替代措施，如班级内部的“灵活分组”。

● 一些小范围的研究正逐渐展现着灵活分组的积极效果。

描述如何营造一个有助于适合个别差异教学的学习环境，在适合个别差异教学的课堂上应特别关注评价与成绩评定方式。

● 适合个别差异教学的课堂，就像大多数以学生为中心的情境一样，对教师的管理系统有特别的要求。教师需要有一套管理系统来对待那些正从事多样化的学习任务而且有不同的任务完成进度的学生。

● 监控和管理学生的学习过程是一项复杂的工作，尤其在学生们承担的是不同类型的学习任务和作业的班级里。

● 为了使适合个别差异的教学更有效，评价和教学就必须紧密联系而且完全融为一个整体。

● 传统的评价和评定方法常常阻碍我们去努力调整教学来满足不同学习者的需要，应该重视对学生发展的评价而不是标准化比较或常规的排名次。

互动学习与应用学习

学习与探索

通过“在线学习中心”进入“学习指导”部分，包括进行练习测验。

观察与练习

完成以下同第十三章有关的实践练习：

- 练习13.1：制定一个运用多元教学模式的单元计划。
- 练习13.2：在单元计划中思考多元智力理论。
- 练习13.3：在一节课中采用适合个别差异的教学模式。
- 练习13.4：应用于不同内容、步骤和成果的适合个别差异的教学。
- 练习13.5：制定一个运用适合个别差异教学的单元计划。

档案袋与教学实践活动

通过以下档案袋与教学实践活动来拓宽你对本章内容和步骤的理解。支持你完成以下活动的材料位于“在线学习中心”的“档案袋与教学实践活动”部分。

（1）完成本章结尾处的课堂反思练习，推荐文章将为你提供对于教学“保留剧目”和适合个别差异教学的全面认识和深入理解。（INTASC 原则 3：理解学生差异，对教学做出调整；INTASC 原则 4：理解各种教学策略）

（2）活动 13.1：评价我的“保留剧目”和适合个别差异的教学技巧。检查你运用多元模式教学和适合个别差异教学的知识和技能的水平。（INTASC 原则 3）

（3）活动 13.2：访问采用适合个别差异教学的教师。访问一位资深任课教师，获得他如何实施适合个别差异教学的实例。（INTASC 原则 3）

（4）活动 13.3：观察在一节课或几天内运用多元模式教学的教师。（INTASC 原则 4）

（5）活动 13.4：访问教师关于在实践中进行弹性分组的看法。访谈一位资深教师，了解他如何使用弹性分组。（INTASC 原则 3）

专业参考书目

Benjamin，A.（2005）. *Differentiated instruction：A guide for middle and high school teacher*. Larchmont，NY：Eye on Education.

Dodge，J.（2005）. *Differentiation in action*. New York：Scholastic.

Fogarty，R.，& Stoehr，J.（2007）. *Integrating curricula with multiple intelligences：Teams，themes，and threads*. Thousand Oaks，CA：Corwin Press.

Gregory，G，（2008）. *Differentiated instructional strategies in practice*（2nd ed.）. Thousand Oaks，CA：Corwin Press.

Narvaez，L.，& Brimijoin，K.（2010）. *Differentiation at work，K-5：Principles，lessons，and strategies*. Thousand Oaks，CA：Corwin Press.

Tomlinson，C.（2004）. *How to differentiate instruction in mixed ability classrooms*（2nd ed.）. Alexandria，VA：Association for Supervision and Curriculum Development.

Tomlinson，C.，& McTighe，J.（2006）. *Integrating differentiated instruction and understanding by design*. Alexandria，VA：Association for Supervision and Curriculum Development.

第五部分

教学的组织

本书的第五部分是关于教学的组织方面。如同其他专业一样，教师不仅被期望去履行他们的基本职责——开展教学，还要在学校实施管理。对教师来说，这意味着在学校中同其他人（同事、领导、家长以及学生等）一起工作，去帮助树立学校的期望，获得清晰的目标与行动，实施必要的改革。

第十四章关注社会对教师的四种特殊期望：理解作为社会组织的学校，对学校共同体中的成员实施指导并协同工作，促进学校的改进，以及持续的专业发展。为有效地实现这些期望，教师必须理解学校的本质，它不仅仅是一个孩子们来学习的地方，还是一个成人工作的地方。教师还需要特殊的组织技能来保证他在与学校其他人的团队合作中更有成效。

当你阅读和思考完这一部分，你就会理解这些主题非常重要的两个原因。首先，它们能够对学校工作产生一种催化剂的作用，帮助教师和其他人员协同工作并对所要教授的内容达成一致。这种催化作用会对学生的学习过程产生重要影响。其次，你对学校和更大的专业团体中的其他成员给予指导并和他们建立联系、进行团队合作将对你的职业生涯产生重要影响。在这些方面你通常会结识很多人并建立自己的专业信誉。那些能够积极参与到专业领域和学校范围内关于教育问题的讨论和对话的教师，以及那些努力使自己卓有成效的教师，往往能在职业生涯中获得不断的成长和进步。

第十四章

学校领导与合作

学习目标

学习本章之后，你应当掌握以下内容：

关于学校作为工作场所的观点	描述学校作为社会组织及教师工作场所的观点。说明学校与其他组织的异同点。
理论支持与实践支持	描述学校背后的理论基础及教师工作的本质，概括有效学校的特征。
教师的组织技巧	描述教师必备的技能，讨论教师应如何与同事、领导和家长相处才能达到改进教育的目的。

读前反思

在你阅读本章之前，请思考下列个案的情境研究，这些都是在研究了有关教师在校做了什么，以及如何度过在校时间等问题的基础上形成的。

尼尔是赫尔布卢克小学三年级的一名新教师。他通常在早晨7:30左右到校。这是一个特别的上午，其他三、四年级的教师正在计划组织学生去当地机场实地考察，尼尔一进办公室就加入他们的讨论中。他们分别就如何将此次考察纳入社会课中发表了意见。尼尔在8:35准时回到教室开始上课，他同三年级的学生一起待到中午放学。其他人员好几次介入他的教学。先是校长过来观察了几分钟，看看尼尔是否需要什么帮助。9:30时，两位学生的母亲来到课上帮助尼尔组织阅读小组，她们一直待到午间休息。接着，学校的阅读专家过来测试了一个尼尔认为有严重识字障碍的学生。随后，一位负责特殊教育的教师又来到班上对两个有学习障碍的学生进行了30分钟的专门辅导。

午餐时，尼尔与两位去年帮他带过班的二年级教师进行了交谈。在回教室的路上，他顺道去图书馆取了一盘计划在社会课上使用的录像带，同时提醒图书管理员，下周二他将带一个小组的学生来图书馆。

下午2:45放学。尼尔查看完邮件后便来到阅读专家的办公室，和她讨论了上午测试的结果，随后还去校长办公室参加了一个科学教材编选委员会的会议。校长指定尼尔参加这个委员会，因为他知道尼尔不仅有非常深厚的科学知识，而且前两个暑假都在海洋生物研究中心工作。

海伦娜在考多匝中学教十年级英语。她也是早晨7:30左右到校，接着她与另外一位新教师会面，一起去喝了一杯咖啡，并讨论了有关交换教学材料的事情。海伦娜上午教高中二年级三个班的英语。就在午饭前，学科主任听了她一堂课，因为海伦娜是他要考察的新教师之一。

在下午计划的时间里，海伦娜与学科主任碰了一下头。学科主任反馈了她的上课情况，赞扬她讲课清晰，用例恰当，但也指出在随后的小组练习中，学生在准备工作上花费了过长的时间。

放学后，作为学校辩论队的指导老师，海伦娜与队员们交流了几分钟。因为一会儿还要参加本周全体教员大会关于各种学生建议的讨论，所以她提早结束了辩论队这边的工作。全体教员大会后，海伦娜赶回家快速吃了晚饭。因为今晚是学校的开放日，海伦娜约了几位家长见面讨论他们孩子的情况。回到家已经22:00点了，海伦娜往安乐椅上一躺，跷起腿来，享受着杯中的红酒。

分析两位新教师典型的工作日生活是为了阐明：除了在课堂上与学生交往互动之外，他们还做了很多事情。他们与学生一起处理学习以外的事情；他们会见学校的其他教师和专家；他们参加会议；他们与家长合作；他们自己也还要进行学习。你如何看待教师工作的这些方面？如何认识你同这种日程紧密、节奏紧张的教学工作的关系？如何看待你同非教学事务之间的关系？又如何看待与同事、家长以及团队的合作？

请登录“在线学习中心”（www.mhhe.com/arends9e），回答以上问题。

本书前面各章描述了教师计划内所做的事情，比如教学以及课堂管理等活动。然而，教师的工作不仅仅是教学和管理学生，他同时还是一个被称作“学校”的组织中的成员，要在学校层面上执行重要的领导职能，包括与同事合作、参加委员会以及与管理者和家长合作。教师在这些方面的工作方式会对学校的专业团体、学生行为以及学习内容产生重大影响。教师履行这些职能的方式也会对他们自己的职业生涯产生重大影响。

> 教师是被称作“学校”的组织中的成员，教师身在其中，所要履行的职责是多样的。

本章描述了学校里的工作环境和相应的教学文化，强调学校不仅是学生学习的地方，还是教师作为成年人开展工作的地方。本章先给出将学校看作工作场所的概念性框架，随后总结了教师工作行为的本质，同时分析某些学校比其他学校更为有效的原因。最后我们还讨论了新教师融入学校和团体所应具备的几项重要技能。

第1节　关于学校作为工作场所的观点

初为人师时，你对学校的观点主要源自学生期间的认识。你对课堂教学中教师的角色职能、学生的角色地位以及师生围绕学习任务来开展的互动方式都非常熟悉。然而，你可能从未站在教师的立场来观察学校，也无从反思教师在教学之外的工作。事实上，很少有人（包括媒体）能从复杂的社会组织的角度去看待学校。这是非常遗憾的，因为仅仅来自学生时期的经验正是让教师、家长和决策者对学校改革产生误解的原因。不仅如此，一些不切实际的观点还导致许多新教师对学校感到失望。下面这一部分介绍超越课堂去看待学校的观点。

学校是人类社会的一个系统

讨论学校时，我们要把学校看作一个人类社会系统，这个系统不仅受在学校里面学习和工作的人的影响，而且受更大的团体和社会的影响。学校中，个体的行为方式并不是完全自由和分离的，而是或多或少相互依赖和可以预料的。虽然每个人到学校都是为了有目的地提高、学习，但个人不能制定自己的课程，每个人的行为也不会仅仅对他自己产生影响。同样，教师一致行动所产生的合作优势对学生学习会产生重要的影响。为了理解“把学校看作一个人类社会系统”的观点，我们先来考虑一下为每日的有效教学提供保障的一些相关活动：

- 准备好纸、笔和计算机。
- 教室已经打扫干净。
- 制定好课程结构、定购好教材。
- 父母选择让孩子接受学校教育。
- 教师接受了专业培训。
- 校车已经出发，早餐和午餐已经着手准备。
- 课程表已制定好，学生们已分好班。
- 医疗卫生服务已经计划好并执行。

这个清单还能不断地列下去。关键在于，当代学校是一个复杂的人类社会系统，需要其成员相互协作，以执行重要的职能。

学校拥有自己的历史和文化

如同其他组织，学校也拥有自己的历史以及由长期发展和积淀形成的信仰、价值观和期待所组成的文化。学校的历史为学校创造了许多传统和惯例——有好的，也有不那么好的——这些传统和惯例会被组织成员理所当然地接受。“学校的文化”提供了发挥着凝聚作用的组织安排和使学校成为一个社会实体的力量。洛特把文化看作“小组成员认识和理解社会行为的方式；在集体生活中，文化包含了解决问题的各种方式”（Lortie，1975，p. 216）。其他人也给出了类似的定义，尽管使用的称谓有所不同。例如，拉特（Rutte，1979）等人提到共同的价值观、信念和处事方式时称其为“校风”；格拉斯（Glass，1981）称之为“气氛”；乔伊斯以及塞格瓦尼（Joyce，1993；Sergiovanni，1996）更倾向于称之为“共同体”。不管称谓如何不同，“学校文化”这一概念所指称的意义极大地影响了学校中的诸多事情，并且决定着新教师的期望和角色。

> 学校文化由其成员对自身行为的思考方式组成，反映了其成员的信念、价值观和历史。

学校存在于环境中

学校存在于一定的社会环境中，环境是看待学校的另一个视角。对于环境，有一种理解是把它看作教与学发生的背景或外界条件。复杂的教育系统是处在层层相嵌的环境中的，从周围社会的价值观，到社区的文化，再到具体某个家庭的结构和规范。图 14—1 阐明了各种环境特点（contextual features）间的关系。

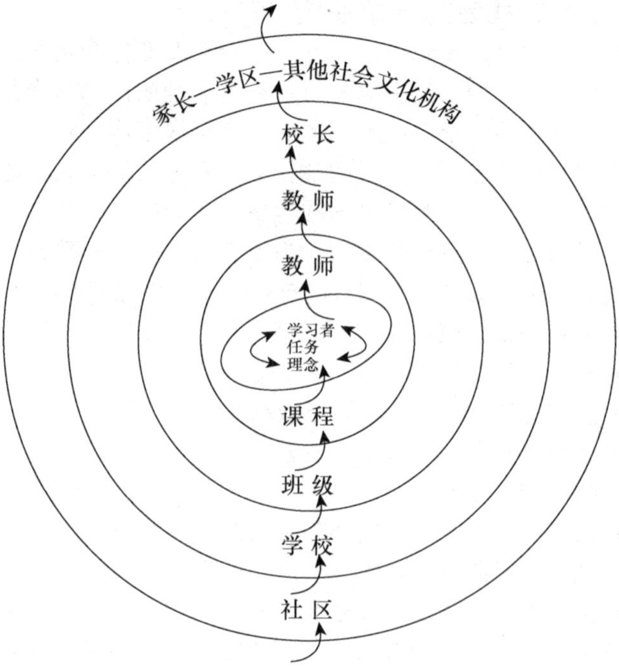

图 14—1　环境中的学校

资料来源：Cole and Griffin et al.，1987 and Gallego，Cole et al.，2001。

注意观察同心圆中的每一项活动是如何被镶嵌在一系列连锁或者互动的关系中的。比如，一项学习任务（位于同心圆的中心）受到教师和某些课程的影响，而这些又受到校长、学校乃至最终受到家庭、社区以及更大的社会因素的影响。新教师会慢慢发现，社会环境中有大量可变的因素影响着他们的课堂。

有些社区可以为学校提供许多资源，有些则不行。有些家庭可以为他们的孩子提供强有力的支持，为他们创造安全的成长环境；而有些家庭给予孩子的支持不足，孩子们会饿着肚子来上学或者受到虐待。从环境的视角来看待学校很重要，因为它会对教师的工作以及学生所学的知识产生最根本的影响（Couchenour & Chrisman，2004）。

学校具有与其他组织相同的特征

在某些方面，学校与社会上的其他组织相似。比如，学校也会要求它的成员达成一定的目标。正如一家纺织厂的目标可能是生产男士衬衫，丰田公司的目标是生产汽车，苹果公司的目标是创造出美观的设计和提供信息，对学校来说，最重要的目标就是为学生提供有目的的学习经验，培养自主学习者。像其他组织中的成员一样，当力争实现或已经实现了组织的目标时，学校里的成员——校长、教师和学生——就会得到奖励；同样，当他们失败时，也会受惩罚。比如，在一些州的试点学校中，如果一个教师团队能使学校在一系列评比中达标，他们就会受到嘉奖；如果教师无法设计出目的明确的学习活动或者使学生学无所获，那么他就会被解雇。再比如，如果学校没有达到诸如《不让一个孩子掉队》法案或现行的联邦法律等所规定的标准，就会被勒令接受考察或重组，学校中的相关成员也会受到惩罚。

学校与其他组织的另一个相似之处是需要协调工作。除了教师之外，学校的职员还包括课程协调员（curriculum coordinators）、管理者、护士、顾问、保安以及提供其他服务的人员。然而，学校里人数最多的还是学生，他们也应被视为组织成员。因为学校的任务是专门性的，常规程序和结构都是用来帮助成员执行他们的专门任务，这些多少都能使别人正在做的事情更为便利一些。学校里不容易协调工作的原因下文再谈。

学校有自己独有的特征

学校有与其他组织共通的特征，也有自己独有的特征。对我们来说，理解学校的独特特征是非常重要的。

目标模糊、矛盾　前文已多次重申，学校最重要的目标就是促进学生有目的地学习。就在这个抽象的层面上讲，大多数人都会同意这一目标。然而，当学校里的人们更确切地谈起有目的的学习意味着什么时，他们的表述大多是模糊的，而且可能与社会中其他团体的目标相冲突。

> 学校最重要的目标是提供一个目的明确且有助于提高学生学习能力的环境。

目标的模糊性可以通过公民教育来阐明。在西方社会中，大多数人认为学校有责任使学生社会化，培养认可民主政治体制的价值观并在他们自己的经济活动中拥有一定自由的公民。可是，学校工作人员、父母及其他人怎样了解这个目标是否正在逐步实现？比如说，父母就从来无法确定他们的子女是否拥有他们所期待的价值观。教师也无从得知他们过往的学生在成年之后是否成为了一个合格的公民：他们是否参与投票？是否积极地融入社会？是否尊重和维护少数民族群体的权利？

至于目标的矛盾性，公民目标是否与学业目标相冲突呢？两者孰轻孰重？如何在两者之间分配时间？良好公民应具备哪些素质？比如，有些人认为公民教育最重要的方面是让学生社会化，接受传统的价值观和信念。一些教会学校和私立学校都倾向于这一立场。还有一些人认为这种公民教育的方法只能通过教化，会导致偏狭和千篇一律。从这个观点看，良好的公民应该是能对现存价值观和结构进行质疑并致力于改造它们的具有批判精神的思想家。

> 目标的模糊性和矛盾性在学校里比在其他组织中更加普遍。

教育具有强制性　学校的第二个特征是其“客户”（学生）必须到学校接受义务教育。所有的州都有自己的义务教育法，要求父母送他们的孩子上学，正常情况下每个儿童都要学习到 16 岁。虽然大多数人都支持这些法律，因为这保证了所有孩子的最低教育水平，并有助于禁止使用童工，但也导致一个问题：没有学习动机的学生一直待在学校里。那些充斥着大量缺乏学习动机学生的学校，往往是教师们不愿意去的学校。最近一些学校实施了体制改革，如创建有选择的、有吸引力的学校，试图通过提供更多学校类型供学生及家长选择，以努力解决学校的强迫性所产生的问题。但是，无论如何，有一点是不变的：学生必须上学。

学生被强制上学形成了一个大多数其他组织没有的独特的主雇关系类型。

具有政治透明度　在大多数地区，学校是高度透明且带有政治性的。许多人特别关注所在地区的学校，考虑到地方言论的控制，那么学校便是为数不多的能提供让现代社会里的人们发表意见的平台。比如，在许多地区，人们很容易知道学校的事情，因为日报的很大一部分都致力于学校新闻，包括学校预算和学生的成绩。参加地方的学校董事会或者委员会会议并且表达观点也很容易，就像不需要预约就能轻易地直接走进大多数校长办公室一样。整个学校系统是开放性的。如今，教育质量不仅在地方是一项主要的政治问题，在州和国家层面也是如此。《不让一个孩子掉队》法案以及新颁布的联邦法律已经或者将会继续对学校和课堂产生重大影响。全州范围的测验通过大范围和大样本的监测方法对学校里教什么和怎么教进行引导。

这种情况就某些方面来说是有积极意义的。民众对学校的事情感兴趣是一件好事。这是民主社会中应该有的现象，而且这种关注还能给教育带来强大的社会支持和经济支持。但与此同时，这种情况会使学校及其雇员更容易受到特定利益集团想当然的误解或不公正批评，还会给学校制造一些不利于学生学习的状况。

学校是共同体　根据一些观察员的观点，学校还有一点和其他组织不同，那就是比起现代的官僚机构，它更像共同体（Ancess & Darling-Hammond，2003；Sergiovanni，1996）。塞格瓦尼认为，学校是有着共同目标且成员彼此尊重的共同体，而不是在科层管理结构和规范监督体制管理下的组织：

> 共同体是个体凭借自然意愿结合而成的集合体，其成员受到一套共同的思想和理想的约束。这种结合和约束极为密切，能使他们从“我”的集合转变成一个集体的“我们”。作为“我们”的一员，其成员是紧密结合的、有意义的关系网的一部分。（p. 48）

在某些方面，学校比其他现代组织更像共同体。

注意塞格瓦尼的措辞：“结合在一起的个体”（bonded individuals）、“共同的价值观”（shared ideas）和“集体的我们”（collective we）。

塞格瓦尼认为，在过去的一百年里，现代商业组织、军事组织和卫生领域都围绕正式的契约建立，而不像从前那样围绕着共同价值观来建立；而学校错误地采取了正式契约这种管理方式。虽然这种管理方式对商业和医院适用，但却不太适合学校。相反，这种管理方式正是当前学校诸多问题产生的根源。塞格瓦尼认为，学校在本质上同家庭、邻里以及自愿性的社会团体更为接近——所有这些组织都格外重视共同的价值观、归属感和团体感。

把学校比喻成共同体是有趣的且有潜力的。正如你将在本章后半部分看到的那样，一些研究表明，教师拥有共同的愿景和价值观并创造了一个以对话和归属感为特征的合作性专业共同体的学校，比那些教师关系更为正式和契约化的学校能创造出更高的学习效率。

规则、角色和教学文化

对学校进行思考的另一种方式就是对那些旨在使工作成功完成的规则、角色和组织管理进行思考。这些将对新教师在实习期间和第一年的教学经验产生深远的影响。

规则　规则是人们在特定的社会环境里希望彼此遵守的东西。它们确定了特定情况下可以实施的社会行为的范围。一些标准是非正式的，比如规定在海滩上要穿游泳衣而不是鸡尾酒会的晚礼服。相反，一些标准是正式的，比如一个人如果穿着无尾半正式晚礼服去海滩，他不会被逮捕，但是如果他违反了当地禁止裸泳的法令，他将会被逮捕。

在学校里，存在着许多影响教师和学生的正式和非正式规则。比如，在一些学校，新教师会发现这里的规则形成了友好和开放的氛围，这使他们感到自己受欢迎。在另外一些学校，人们彼此的关系则比较冷淡。在一些学校，规则是鼓励实验创新，这就使新教师敢于尝试一些新的理念，而在另外一些学校则不鼓励冒险尝试。在这里，我们需要强调与学校和教学文化相关联的两条重要规则，因为它们最为直接地影响着新教师的生活。

自治规则　在某些方面，相对较庞大的学校体制而言，教师几乎没有什么权力和影响力。可是他们在自己课堂上却能发挥很大的影响作用。这种影响是由一种被称为自治规则的规范所支持的。一旦他们到了教室关上门，教师，包括新教师在内，就能做很多他们想做的事情。在许多学校，他们自己对日常课程负责，并且可以做出几乎所有与教育教学有关的决定。施莫克和阿林顿（Schmoker，Allington，2007）观察了教师自治后发现，教师间缺少互动以及缺少相互观摩教学的渠道妨碍了有效教学，当然也就影响到了学生学习。

> 在自己的课堂上自由地教授想要教授的内容的期望属于“自治规则”的范畴。

不干涉规则　与自治规则平行的另一个规则被许多学者称为不干涉规则（Goodlad，1984；Lortie，1975；Sarason，1982）。教师在他们的课堂上被赋予自治权，而且也被严禁采用任何方式干涉其他教师。比如说，教师请求帮助是不恰当的，因为这表明该教师是失败的。同样，根据费曼-南姆斯等人（Feiman-Nemser and Floden，1986；Little，1990）的观点，对教师来说，告诉同伴做什么或者建议他教授不同的内容都是不被允许的。

> 不干涉规则是希望教师在学校里对彼此的工作互不干涉。

这并不是暗示某所学校里的教师同事之间不友好或者不相互支持。教师之间的交往其实很多，他们常常在情感层面上相互关心和支持。即便如此，教师通常还是避免谈论教学上的事情。应当指出的是，许多当代的学校改革都是旨在通过鼓励和帮助教师们一起工作，以打破自治和不干涉这两条规则。我们将在本章的后半部分再谈这个问题。

角色　组织和组织文化也描述了教师的角色。举例来说，教师的角色包括关于教师应该怎样对待学生，教师应怎样与其他教师和校长交往，以及教师应该在多大程度上参与学校范围的问题解决和决策。学校里的人们通过相互交往学会定位各自的角色。

教师角色在某些方面是清晰的、直接的。比如说，教师应该教给学生课程内容并评价学生的学习。可是，教师角色的另外一些方面却并不这么清晰，有时还有些矛盾。当新教师第一次走进学校的时候，这种矛盾会给他们带来麻烦和紧张感。

> 教师角色中某些方面的矛盾经常造成新教师的紧张。

在教师角色中，最基本的矛盾之一是，尽管建立学校就是为了方便教师将学生们归为一个个的群体进行教学，但是外界还是强烈期待教师能够将每个孩子都看成一个个的个体进行教育。这个冲突对于中学教师来说尤其尖锐，因为他们要在一天 24 小时的时间内应对 150～180 个学生。根据利伯曼和米勒（Lieberman，Miller，1992，1999）的观点，这个角色冲突使得教学非常个性化，因为处理个人教育和集体教育的矛盾要求发展个性化的教学风格。

教师角色中另一个基本矛盾就是教师与学生之间距离的尺度。一方面，人们期望教师与学生保持一定的社会距离，以便保持权威和纪律。实际上，正如第四章、第五章所述，对新教师来说，控制课堂是最重要的任务，因为他们知道，这一点对于新教师教学的评价非常重要。另一方面，大多数教师都知道，为了激发学生，帮助学生们学习，他们必须与学生形成某种密切的联系。新教师在很多方面感受到这种角色矛盾的压力。他们犹豫是否应该允许学生直呼自己的名字，如何与自己真正喜欢的个别学生适度交往，等等。有这样的压力非常正常，并且只有积累经验才能解决教师角色中的矛盾和冲突。

细胞化组织结构　与大多数别的组织相比，学校更像一个平面性组织。小学主要有教师和校长，而大部分中学里增加了一个角色——学科主任。一些人（Joyce et al.，1993；Lortie，1975）把这种组织叫作“细胞性结构”（见图 14—2），也就是说，每个教室都被视为一个细胞，教师负责组织学生、管理纪律以及教授学科内容。与不干涉规则搭配，这种安排经常为教师创造一个独立的工作环境。他们对什么时间、如何教授每一科目独立做出决定，并且不向其他教师求助。这种职业孤立性已经使一些观察者把教学视为一个“孤独的职业”。在过去的几年里，学校里又增加了许多新的角色，比如特殊教育教师、各种首席教师（lead teachers），也增加了组织课程的新方法。这可能表明学校的“细胞性结构”正在变化。但是目前，它仍是最普遍的管理方式。

> 学校组织被称为细胞，因为教师在他们自己的课堂——这个“细胞”——内独立地对组织领导功能和教学功能负责。

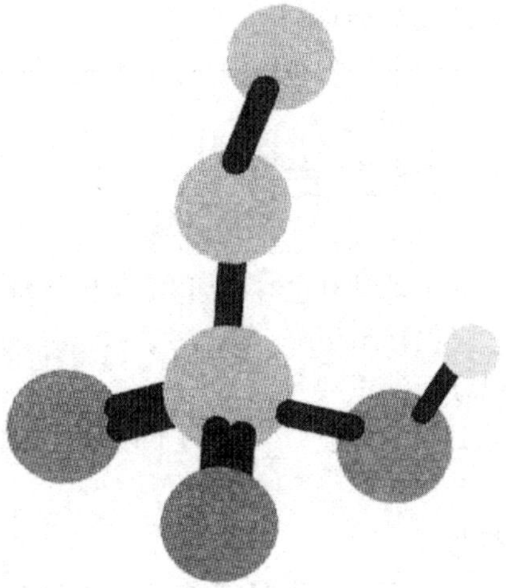

图 14—2　细胞性结构

松散结构　学校的细胞结构也促成了一种被称为松散结构（见图 14—3）的组织管理方式（Bohman & Deal，2002；Weick，1976）。这意味着在课堂上发生的事情并不与学校里其他方面发生的事情紧密地联系在一起。教师能独立于管理者和其他人之外开展自己的教育活动。联邦教育主管部门可能开发新课程，发明新的教学方法，但教师可以选择不采纳这些做法。积极的一面是，松散结构使个体教师在对所谓的“好”的教学缺乏基本认识的情况下有思考空间。反过来说，松散结构妨碍建立共同目标和协调活动，正如后面你将看到的，这些对有效学校的教育很重要。

图 14—3　松散结构

检测—拓展—探索

检测

- “学校是一个社会系统”这句话是什么意思？“学校是共同体”又是什么意思？
- 文化、历史和校风如何界定学校许多重要的职能和特点？
- 使学校不同于其他正式社会组织的特征是什么？
- 学校中有哪些规则是新教师要提前了解的？
- 教师角色在哪些方面是清晰的？哪些方面更为复杂和矛盾？

拓展

- 教学一直被称为“孤独的职业”。这种描述在多大程度上影响你坚持教学的决定？请登录“在线学习中心”，在“拓展问题投票栏”做出回应。

探索

- 请登录“在线学习中心”（www.mhhe.com/arends9e），并链接到与学校作为工作场所的本质相关的网站。

第 2 节　理论支持与实践支持

多年来，教育者一直把学校称作一个正式组织。实际上，沃勒（Waller，1932）写了一本关于教学社会学的重要著作，提供了许多对学校和教学本质的真知灼见。可是，仅仅在最近 30 年，教育者和教育研究者才开始强调学校作为工作场所和教学组织方面的重要性。本节能够提供一些例子，它们来自学者对下述课题的研究：教师工作的本质；教师的工作方式怎样才能对学生的学习产生影响。

教师工作的本质

一些人认为，教师的工作时间就是他们教学生的时间。另一些人认为，教师的工作主要就是与学生在一起时的工作。资深教师并不都认同这些观点。他们知道，除了直接针对学生的工作以外，还有很多其他事情要做。他们还知道，教学工作需要非常多的时间。多年来的研究证明并支持了这一点。

自从 1961 年以来，美国国家教育协会每五年对教师进行一次调查，要求他们汇报每周花在各种教学活动上的时间。四十多年来，这些调查的结果一直非常稳定。

- 2001 年，教师报告每周花在教学事务上的时间平均为 50.3 个小时。而 1961 年是 47 个小时。
- 要求坐班的时间一直是每周 37 个小时。
- 还有关于地区和学校规模的差别的报道。比起规模较大学校以及东北和东南地区的教师，小规模学校、中等规模的州以及西部地区的教师工作时间较长。

为了证实这些调查结果，防止夸大之词，研究者跟踪调查教师，以发现他们具体做什么工作以及做多长时间。在一项特别有趣的研究中，西弗和威洛尔（Cypher and Willower，1984）跟踪调查了五名中学教师。他们发现，这五名教师平均每周工作 48.5 小时，大约在校内花费 38 小时，在校外花费 10.5 小时。表 14—1 结合了西弗和威洛尔的研究结果、《都市生活》（*Metropolitan Life*，1995）上的调查数据以及国家教育协会的调查结果。表中的数据表明，大部分教师平均每周花费在教学活动上的时间不到工作时间的 40%，他们的工作时间有相当大的一部分被会议和与其他成年人（比如家长、校长和同事）交流占用了。

表 14—1　　教师怎样支配时间

活动	花费时间（分钟）	时间百分比（%）
教学		
直接教学	95.4	20.6
组织	15.9	3.4
复习	21.0	4.5
测试	22.9	5.0
监管	23.6	5.1

续前表

活动	花费时间（分钟）	时间百分比（%）
针对学生的其他工作		
学习监督	17.4	3.8
集会和俱乐部	5.9	1.3
控制与监督	12.7	2.7
与同事或其他人的交往		
例会	2.7	1.0
临时会议	46.5	10.0
交流	67.5	14.6
日常工作	89.8	20.0
旅行时间	24.6	5.3
私人时间	16.2	3.5

资料来源：Cypher and Willower，1984；*Metropolitan Life*，1995；NEA，2007。

对学校有效性的研究

人们越来越相信，就如个体教师的表现有助于学生学习一样，整个校园文化和教师群体的一致行为同样也有助于学生学习。这项研究有时被称为学校的有效性研究，有时也被称为组织环境研究。不管具体研究名称如何，这项研究一直试图表明，学校文化、共同体以及教师、管理者、家长的合作行为对学生学习非常关键。研究指出，参与者协同合作，对于在全校范围内就应该教什么、怎样教以及人们相互之间怎样联系达成一致意见都非常重要。看起来，在学校的某些特殊目标上，教师协同工作所产生的效果是单个教师无法取得的。

合作优势在学校里起作用，它能产生的效果超过单个教师所能取得的成绩。

此外，这项研究强调学校中人的因素。研究发现，对于学校来说，教学质量和教师专业共同体的素质要比在设施、书籍或者办公用品上的资金总投入更重要。

这并不意味着好的学校不需要这些资源，而是说相对于创建教师共同体而言，在学校图书馆或者物质设备上的花费居于次要位置而已。

在 20 世纪 70 年代末期，几项开创性研究在组织特征和组织过程的重要性方面提供了第一个证据。一位英国儿童精神病专家与其同事对伦敦 12 所中学进行调查（Rutter et al.，1979），在随后几年的时间里，洛特等人通过抽样调查收集了中学的学生行为、成绩以及组织程序的信息。他们发现，学生行为和成绩因学校不同而有显著差异。他们还发现，一些学校的学生更多地表现出良好行为，成绩也更为优异。更好的行为和更高的成绩与学校的社会化组织有很强的相关性，比如共同理念建构的程度、教师持共同态度的范围以及他们对待学生方式的一致性程度等。

行为和成绩与学校的社会组织方面有很强的相关性。

自从洛特开展研究以来，很多其他研究者在美国的小学和中学进行了类似的研究（Brookover et al.，1979；Firestone and Rosenblum，1988；Hindin et al.，Lee & Smith，1996；Rosenholz，1989）。几乎所有这些研究都得出了相似的结论，即一些学校发展了有利于学生学习的文化和共同体，而其他学校却没有。本章“研究摘要”中重点介绍的瓦莱丽·李和朱利亚·史密斯（Valerie Lee & Julia Smith）的研究是一项非常出色的研究范例，它阐明了当教师对学生的学习采取集体负责制时所能获得的成效。

学校有效性研究致力于发现某些学校比其他学校更有效的原因。

有效学校的特征

关于学校有效性的研究证明了学校层面有几个因素极大地影响着学生的学习。一些学者（Fullan，2001；Goodlad，1984；Joyce et al.，1993；Marzano，2003；moore，2006）对这些研究进行了总结，提出了一套从那些能持续保证学生高效学习的学校中总结出来的组织与教学特征。这些特征见表14—2。

表14—2　有效学校的主要特征

组织特征	课程与教学特征
让学生感到安全的环境	清晰且有挑战性的目标
全校对每一个学生的高期待	相关且组织连贯的课程
教师合议制，发挥集体效力	让学生有承担责任的机会
尊重并无微不至地关爱所有学生	教学策略的多样性
完全的合议制行政领导	绝大部分时间致力于学习
家庭与社区的支持和参与	经常检查家庭作业并给予反馈
集体关注学生学习	

有效学校特征被分为两类：涉及社会组织的特征；涉及教学与课程模式的特征。

总而言之，教学水平较高的学校对学生有着高期待，在这一点上，学校与学生及家长达成了清晰的共识。这些学校有着安全的校园环境、有力的行政领导和充分的社区支持。学校里的教师有着充足的权力、丰富多样的教学策略并且能够得到校领导和社区的支持。他们知道如何相互合作来设计互相关联且前后连贯的课程。最重要的是，教师以和睦相处的方式工作，建立以学习者为中心的学习团体，使所有学生的文化传统和语言习惯受到尊重。

研究摘要

一起工作的重要性

Lee, V. E., and Smith, J. B. (1996). Collective responsibility for learning and its effects on gains in achievement of early secondary school students. *American Journal of Education*, 104, 103-146.

媒体经常通过典型人物来描绘有效的教师。比如像电影《为人师表》(*Stand and Deliver*) 中的主角詹姆斯·艾斯克兰特 (Jaime Escalante)，他在几乎不可能的情况下使东洛杉矶的一群差生获得了优异的微积分成绩。或者是电影《霍兰德先生的乐章》(*Mr. Holland's Opus*) 中的戴维·霍兰德 (David Holland)，他毕其一生为学校中的音乐教育争取了一席之地，并凭借着他对学生的教育及学生个人生活的一腔热忱，极大地激发了那些孩子。诚然，那些鼓舞人心的教师个体是非常有效的，人们永远铭记他们。但同时我们也应该认识到，教师集体（而不是教师个人）共同对学生担负责任是极其重要的，而这也正是瓦莱丽·李和朱利亚·史密斯研究的焦点。

问题与方法：李和史密斯的研究首先基于以下假设：学生所受的教育围绕教师的工作展开，教师所做的工作对学校实现"学生学习"这一主要目标起着至关重要的作用。但是教师的工作由哪几部分组成？它是怎样组织起来的？更进一步说，教师的工作与学生学到多少知识之间是什么关系？这些都是李和史密斯进行大规模调查所要解决的问题。李和史密斯的研究是很重要的，在这里选用此例有两个原因：其一，其研究结果能直接说明教学组织方面的重要性；其二，该研究是教育研究中利用已有数据库进行研究的一个很好的实例，这些数据库是由政府机构制成供研究团体使用的。

样本和背景：研究者利用的数据来自一个颇具代表性的全国性样本，包括11 692名高二学生和9 904位这些学生的老师。样本取自820所学校，是由国家教育统计中心 (NELS, 1988) 所主持的"国家教育纵向研究"(National Educational Longitudinal Study) 的一部分。该研究于1988年调查了22 000多名八年级学生，1990年当这些学生在读高二时，又对他们进行了一次调查。这些学生和教师分别接受了调查和测验。在接受调查的教师中，有31%教数学课，32%教英语课，15%教社会课①，22%教科学课。研究数据来自820所学校，平均每个学校大约12位教师。

研究与步骤：研究者在数学、阅读、历史和科学四个科目上测试了八年级和十年级学生的学习成绩。此外，他们还测量了教师工作的三个特征：

(1) 对学生学习的集体负责制。在这一特征上测量了教师认为他们在多大程度上对学生的学习担负着个人和集体的责任，而不是把学习的困难归因于差生或者不和谐的家庭生活。

(2) 教职员工的合作度。在这一特征上测量了教师和管理者相处得如何、校长的支持程度、教师之间合作的程度以及对学校任务和目标的清晰了解程度。

① 在美国及欧洲许多国家，社会课是一门综合课程，与"科学"(含理化生) 并列。内容包括相对独立的历史、地理、政治、法律、经济、宗教等。——译者注

（3）教师的影响程度。在这一特征上测量了教师自己在课堂（如课程和作业）以及全校政策方面（比如纪律政策和学生分组的方式）的影响力和控制力。

结果：这项规模宏大而又复杂的研究得出了许多结果。鉴于我们的目的，此处仅重点阐明其中的几项。第一个也是最重要的研究结果是，在教师对学生学业成败采取集体负责制的学校里，学生取得的成绩明显高于那些抱怨学生的学校的成绩。表 14—3 表明八年级和十年级的学生在四个学科中所取得的成绩，并将教师集体负责程度高、中、低三类学校学生的成绩进行比较。表 14—3 的数据表明，在所有这些学科中，高度负责的学校里的学生获得的知识最多，比较不负责的学校里的学生获得的知识最少。研究者指出，三种类型学校间的差异是有统计学意义的。

表 14—3　高二年级学生在教师对学生学习负有不同程度责任（高、中、低水平）的学校的平均分

	对学生学习承担集体责任的水平		
科目	高（n=1 226）	中（n=8 801）	低（n=1 665）
数学分数	6.57	5.39	4.95
阅读分数	3.70	2.51	1.61
历史分数	2.95	1.51	1.26
科学分数	3.43	1.54	1.33

资料来源：Lee and Smith，1996，p. 119。

研究者还发现，学校工作人员合作的程度也会对学生的成绩产生影响，但不如教师集体责任制的影响大。有趣的是，这项研究没有发现教师控制程度与学生成绩之间有任何关系。换句话说，教师对课堂及学校政策的控制程度和影响力似乎并不会对学生的成绩产生影响。

讨论与启示：这项研究对教师及旨在促进学校发展的改革都有一些重要的启示。首先，研究结果强调了教师工作的重要性，尤其是他们对学生学习负有责任的信念。这意味着除非教师对学生学习集体负责的观念有所变化，否则包括使用新的教学方法和采用新的课程材料在内的改革措施都不会取得成功。

其次，该研究结果支持了两个观点：与其说有效学校是一个行政机构，不如说它是一个充满爱心的共同体；并且，在小环境中比在大环境中更有可能产生这种充满爱和奉献的共同体。因此那些学校改革者关于学校小型化的主张可能确实是正确的。

最后，研究证实了许多人很长时间以来一直笃信不疑的一点：教师是影响儿童教育的复杂因素中最重要的一个。但这项研究也指出一种新的观点，那就是，如果要实现这一点，教师就必须是与他人协同工作的教师，而不是单打独斗的教师。

不幸的是，新教师们会发现许多学校并不具备上述特征。要使这种情况得以改善，就需要多做些努力了。具体方法会在后面谈及。

一些观察者（Elisner，2003；Fullan，2007；Kohn，2000）认为，学校的特征以及有效的学校教育“长期以来都被想当然了”（Elisner，2003，p. 648），并且在传统的特征和假设受到挑战之前无法进行真正的学校改革。

检测—拓展—探索

检测

● 典型的教师工作日与一般人想象的有哪些不同？

● 除了对学生进行直接教学，教师还需要做哪些类型的工作？有多少时间花费在课外？

● 学校有效性研究有哪些发现？

● 根据李和史密斯以及其他人的研究，一致性的学校文化和合作性行为对教师具有怎样的重要性？

拓展

● 研究显示，教师合作对学生学习有重要影响。你对与其他教师合作的兴趣程度如何？请登录“在线学习中心”，在“拓展问题投票栏”发表见解。

探索

● 登录“在线学习中心”（www.mhhe.com/arends9e），可以链接到与学校有效性和学校改革内容相关的网站。

第 3 节　教师的组织技巧

对新教师来说，对组织环境和有效学校的观察和研究至关重要，原因有如下几点：第一，这些研究有助于你把学校作为一个社会组织来理解；第二，这些研究暗示了你的课堂是学校工作的一部分。同时，这一研究也注意到源自学校组织方式的几对矛盾：一方面，从表面上看，在有效学校里人们有着共同的目标、教师们统一组织安排他们的课程，并且教师对学生的期待、作业规则和纪律都受着共同规范和标准的指导；另一方面，学校的细胞性结构和教师自治的传统却使一个学校成为有效学校非常困难。

本章接下来主要谈与新教师有关的具体组织技巧，这些将按照学校中的几个教师需要与之打交道的重要角色来展开。当你读到这些组织技巧时，要记住有效学校研究中得出的一个主要结论是：全校范围的协同努力能够创造有利于学生学习的良好条件。

与同事合作

与同事建立良好的工作关系对新教师来说是一个重大挑战。只有理解共同协作的规则以及采取相应的行动才能在这方面取得成功。

规则　当新教师进入第一所学校时，他们应该了解用来协调同事关系的规则。不干涉和自治的规则前文已有论述，即在学校里同事之间应友好相处、相互支持，但不应该对他人的教学过程指手画脚。新教师也许会在餐厅里谈论学校的政策和某个学生的个性，但不会发表关于课程或者教学方法的议论。新教师会发现他们能在寻找住处和好医生方面得到同事提供的帮助，然而，如果遇到课堂管理方面的问题，就不能请求同事的帮助了（至少不是直接请求）。

大多数学校的细胞性结构意味着新教师可能被鼓励独立工作。其他教师不会来听他们的课，也不会邀请他们去听自己的课。在教学方面取得成功也只是被学生、家人或者好朋友所知晓；失败则会被保密。

可能采取的行为 不同学校的规则不会完全一致。实际上，一些学校的规则可能是支持专业方面的合作。如果教师和管理者能够认识到加强合作会有利于学生学习，那么这种专业方面的合作会变得更加普遍。不管现实情况如何，新教师总会有一些机会采用公开且积极的方式与同事合作。可是，这需要他们从自身实际出发制定一个周密的活动起始计划，以保证接下去活动的顺利进行。

听其他教师的课 本书突出强调了在学会教学的过程中集中听课和反思的重要性。对第一年任教的老师来说，应该连续听课。实际上，“在线学习中心”提供的许多听课时间表都可以多次使用——在早期实践体验时、在实习时，以及在开始教学的头几年内。

打算去听其他教师课的新教师应提早弄清楚在他们学校里课堂参观和听课是否是一种被人接受的行为。如果是，校长、主任或者学科带头人可以帮助你安排听课的机会。如果学校禁止相互听课，仍然可能会有其他你所不了解的学校可以听课。这就需要由校长或是课程主管来安排，因为需要请其他教师来为你代课。

> 教师可以尝试通过听课、讨论以及拜会同事等方式克服学校里的自治规则。

与同事讨论教育问题 即使学校规定禁止教师就教学问题广泛交往，大多数学校还是有一些教师喜欢相互讨论、共同行动。新教师可以主动寻找这种类型的教师，并与之交流。一开始可能只是讨论，慢慢地或许可以交换教学材料，互相参观教室和听课。

最后，新教师还可以寻找其他尚未融入不干涉规则的新教师，可能他们也正遇到许多与你相同的问题。新教师可以成立自己的互助小组，每周活动一次，交流共同关心的问题、分享教学策略。

参加小组和会议 学校通常会组织教师们一起共同备课。一些新教师可能还不习惯在教师集会上发言，但是学校里还有许许多多的小组是他们可以加入的。在这些小组中，他们可以通过模仿好的小组行为，比如坦诚交流、有效解决问题以及进行决策等提高对组织规则的认识。

参加教研活动 根据丹尼尔森（Danielson，2006）的研究，教研活动在日本、美国及其他发达国家被普遍采用。这一活动就是同一年级或同一学科的一组教师聚在一起讨论教学计划，然后其中一位教师按照这一教学计划上课，其他教师去听，课后一起评课并修改教学计划，另外一位教师再按修改后的教学计划上课。这一过程不断重复直至小组成员都认为这课已经足够好为止。据了解，新教师也会参加教研活动，并在讨论教学计划和与同事的交流中受益。

与管理者和领导合作

新教师需要保持联系的又一群体是学校的领导。学校规则支配着教师与领导的关系，并对具体的行为提出要求。

规则　大多数对教师与校长以及其他学校领导的关系进行细心观测的研究人员都指出，处理这些关系的规则有些模糊。一方面，学校的风气支持“校长是学校教育领导和教师角色模范”的观念。另一方面，不干涉规则不仅仅适用于教师，同样适用于校长和其他领导。这一规则通常禁止校长直接参与课程与教学策略的相关事宜。传统上，教师似乎希望校长在教师与外界压力之间起“缓冲器”的作用，而不要对他们的课堂教学过多干涉。然而，这种观念正在改变。如今，新教师很可能发现，许多校长会对课程和教学承担一些指导责任。

新教师可以采取几项措施与校长建立积极的交流渠道。

可能采取的行动　显然，校长们的教学理念和管理风格具有很大的差异性。有些是支持性的，有些则恰恰相反；有些能很好地处理组织和个人之间的关系，有些则不能。一位校长的价值观与另一位校长的价值观是很不相同的。有些情形下，校长的价值观与新教师的价值观是一致的；在其他情况下则完全相反。

不管校长是哪种类型的人，新教师都可以采取几项具体的措施来获取校长的支持，并与之建立起积极的工作关系。这些行动包括：

- 在最初的几周，定期地、主动地与校长会面，讨论学校对教师行为和学生行为的期望、学业目标以及学校的其他要求，以发现校长对有效学校和有效教学的看法。
- 采用书面形式向校长报告你的工作，尤其是你获得的特别成功，比如上了一堂好课，收到家长的表扬信以及成功解决与学生或者家长的冲突，做报告，组织学生实地考察或是筹划一场晚会等特殊事件。
- 邀请校长到你班上听课，尤其是听一堂颇具特色的课。小学教师可请校长参加晚会，中学教师可请校长参加特别的庆祝活动。
- 如果校长做了你喜欢的事情，尤其对你或者你的学生做了一件特别有意义的事情，给他写封感谢信。

所有这些建议，都有助于新教师和校长建立起积极的交流渠道。新教师一方面要努力弄清校长的期待，另一方面还要确保校长能够理解自己的教育活动。

与学校其他领导的合作　在许多学校，新教师除了要与校长合作，还要与学校里的其他领导合作，包括顾问、阅读专家、掌握特殊教育方法的教师、图书管理员、多媒体专家、课程专家以及部门领导。新教师应该记住，组织内的各种角色都按规则行事，而规则就是通过各种角色人物之间的互动形成的。这意味着新教师将会有一些与领导交往的空间。这种交往范围可以是完全忽略领导，也可以是积极寻求领导的支持和帮助。大多数情况下，我们都推荐后者。

在任教的最初几周内，新教师应努力与学校领导和专家建立积极的工作关系，原因如下：首先，与资深教师不同，新教师通常希望领导帮助自己，而且是以秘密的、不做评价的方式来提供帮助。其次，大多数顾问和专家教师都是受过高级培训而且课上得好的教师。这就意味着，如果与他们建立良好的工作关系，他们可能会把自己拥有的重要知识传授给新教师。最后，和校长或其他老师相比，专家教师有更多的时间为你提供帮助和支持。新教师应该与专家教师定期会面，讨论教学任务和对学生的期望，并且应该努力让这些人了解自己的课堂教学计划和活动。

与家长合作

家长是教师工作和职业生涯中的又一个重要群体。多年来，教育工作者一直清楚，校外因素（比如家庭和社会）对儿童和青年形成对学校的态度以及他们的学习都有很大的影响。的确，正是家庭的重要性促使本书添加了“家庭与学校”这一专栏并对本章家校合作部分的内容进行了更新和扩展。

早在 1966 年，科尔曼和他的同事就发现了家庭的重要性，并发现家庭特征是学生在学校获取成功的有效预示。在过去的 30 年里，许多后续研究继续进行，霍尼格、卡恩和麦克劳克林（Honig，Kahne，McLaughlin，2001）最近对这些研究做了总结，得出了一个非常重要的结论：家庭因素起重要作用。总体上说，这项研究表明，孩子在学校的学习和成功会因父母（或其他监护人）的支持而得到促进。

当然，教师与家长和其他社会成员合作并非易事，原因有几个：首先，支配家长—教师关系的传统规则多少有些矛盾。教师希望家长多关心孩子、多给予自己的教育计划以支持，但同时许多教师却又不希望他们干涉自己的课堂（Davies，1991；Feiman-Nemser & Floden，1986）。有些教师喜欢与学生父母保持一定的距离，很少与家长沟通，这在中学教师那里尤其明显。

其次，现在的社会不同于一个世纪前学校刚建立时的社会。环境变了，学生父母的工作负担比以前重了。家庭情况也发生了变化，正如上文阐释过的，核心家庭不再是主流了。如今，不管是在富人区还是在穷人区，许多家庭的所有成年人都外出工作。

最后，正如第二章中所描述的，学校和家庭之间的联系经常中断。很多时候，学校代表的文化背景与家长的文化背景非常不同。一般而言，教师和学校的管理者都是中产阶级、英语文化背景，仅使用英语这一门语言。然而，许多学生和他们的父母都是工人阶级，属于少数族裔群体，英语是其第二语言。由于语言特征和价值取向的不同，家庭和学校之间的关系存在着深深的隔阂或者说不协调。科尔诺（Corno，1989）研究了学校文化和家庭文化的差异，详情见表 14—4。

表 14—4　　家庭文化与学校文化之间的差异

家庭文化	学校文化
口语交流为主	书面语交流为主
亲密的	生疏的
随意的	正式的
儿童与成人的低比值	儿童与成人的高比值
成人是养育者	成人是领导者或管理者

资料来源：Adapted from “What It Means to Be Literate in Classrooms” by L. Corno (1989), in Bloom (ed.), *Classrooms and Literacy*. Norwood, NJ: Ablex。

科尔诺注意到家庭与学校之间的差异，尤其是当语言和价值取向方面存在差异时，那么即使在最好的学校教育情况下，家长与学校的沟通也会非常困难。

尽管有很多困难，与父母进行合作仍是重要的。家校合作不仅影响学生的学习，而且能为新教师营造一个有力的支持系统。这也是对教师工作的回报。下面是新教师与家长或者其他重要的成年人建立积极的、支持性关系的几种途径。要记住，同教学的其他方面一样，与家长合作的指导原则应随具体环境的变化而变化。有一点你需要心中有数，那就是在许多社区双亲家庭不再是主流的家庭形式。你还必须认识到，即使学生与双亲或者其他人一起生活，这些成年人也很有可能都工作在外。

可能的措施 教师和家长的交往有很多形式，包括向家长定期汇报，召开家长会以及争取家长提供校内帮助和家庭帮助。

向家长定期汇报 还记得第六章中提到过，任何年龄阶段儿童的父母都希望知道自己的孩子在学校里表现如何。传统的报告单只是给予父母有关这方面信息的一种方式。因为正式的报告单每季度仅发一次，并且仅对学生的进步做概括性的说明，所以资深教师还常常采取其他方式向家长汇报。

> 教师和家长的交往方式包括书面报告、家长会以及在需要的时候争取家长的帮助。

有些教师，特别是年幼儿童的教师，基本每周或每两周会通过短信、电话或电子邮件的形式与家长联系，向他们汇报班上的情况以及该学生在某些课上的表现。如此频繁且规律的联系使得教师能以一种自然的方式与家长交流学生的成功与不足，这比正式报告单的效果更好。

与家长交流的另一种方式——适用于初中和高中有很多学生的教师——是每周或者每月的简报或博客。其使用方法在第十章已有介绍。下面给出编制和发行班级或全校范围的简报和博客的指导建议（Dietz and Whaly，2005；Epstein，2001；Mathews，2007）：

> 简报和博客是把学生的课堂活动用书面形式提供给家长并时常更新的交流方式。

● 简报和博客有正式和非正式两种。采用带标题的报刊格式，要做得整洁、仔细。

● 简报和博客的语言要切合当地的社区文化和家长的社会背景。

● 简报和博客应坚持送到家。通常情况下最好每月一次。同时，简报和博客也可以与其他教师和校长分享。

● 简报和博客应提供一些家长们感兴趣的信息，比如当前的教学内容，教学大纲或教学计划的变化，课堂教学的新目标和新方向，新的规则，课堂常规和要求以及将要开展的项目。

● 简报和博客的一部分应用来表彰，比如表彰学习出色的学生或者集体、做出重大贡献的家长以及到班上参观或对班级有所贡献的社会人士，等等。

● 简报和博客应包含学生作业的样本，比如作文、诗歌或者项目方案。注意，最终应收录每个学生的作品。

● 简报和博客可以用来邀请家长参与到课堂活动中来，或是请他们充任班级、学校的助手。

召开家长会 大多数的新教师将会面对家长会这个问题。年幼儿童的教师有时需要在每学年开始的时候进行一次家访，并且每季度举行一次家长会。在正常情况下，高年级教师有更大的自由，他们可以根据需要或应家长的要求召开家长会。不管怎样，召开家长会都是教师的一项重要的组织职能，如果做得好，它能为教师和家长提供十分有价值的经验。这项职能也是令一些新教师感到紧张的原因。

家长会的准备工作包括：

（1）通知：目的、地点、时间、会议安排。应考虑家长的时间安排和可行性；可能的话，可以考虑提供几种时间方案。

（2）准备：查看学生的文件夹，收集学生的作品，准备相关材料。在家长到来之前熟悉每个学生的在校表现和发展情况。

（3）安排议程：列出要讨论和介绍的主题。

提前安排家长会主题可以减轻新教师在会议期间的紧张情绪。

（4）安排地点：布置舒适的座位，排除干扰。一旦家长进入你的地盘，很容易立刻处于被动和顺从的处境。为了避免让家长感觉教师权力的压迫，尽量不要与家长面对面相对而坐。应该精心安排座椅，以便你和家长处于平等的地位（座位同样大），并肩坐在桌旁。

会议具体包括下列程序：

（1）致欢迎词：营造和谐气氛。

（2）陈述：目的，时间限制，记录，选择顺序。这是你与家长分享信息、汇报手中数据的时间。你可能发现，在会议期间记录下你们的交谈内容——尤其是家长的反馈与反应——是非常有用的。另外，还要讨论你将来教育学生时可能会用到的各种方法，包括你的教学方向及对学生的期望。

（3）鼓励家长发言：分享信息、点评和提问。

（4）倾听：适时停顿。及时从家长的口头语言和肢体语言中捕捉信息。注意，家长会也是教师和家长进行交流的平台。

（5）小结。

（6）在积极的气氛中结束。

会后的步骤和建议包括下列各项：

（1）如果可以的话，与学生一起回顾会议内容。

（2）如果需要的话，与其他学校职员分享信息。

（3）为未来的工作制定好日程表。

（4）把未来需要做的工作清单印发下去，其中要对会上达成共识的部分以及教师和家长接下来要做的事做细致说明。

现在有许多学校尝试让学生参加家长会。明克和安德森（Minke and Anderson，2003）的报告称，这种类型的家长会既能促进家长之间的交流，还有利于学生之间相互学习。他们的结论是，让学生参加家长会是建立密切的家校联系的一种途径。

争取家长提供校内帮助和家庭帮助 新教师与家长合作的最后一种方式是请

他们担任教师或是教学助手，其工作场所既可以在学校里，也可以在家中。这种方式在小学和初中比在高中更为普遍，如果在家长不需要外出工作的社区就更容易实行。不管怎么样，如果给予适当的鼓励，新教师总能找到一些愿意提供帮助的家长或者监护人。家长可以帮忙：

● 组织小组活动。开展小组活动对教师来说有困难，因为在课堂上会有很多需要同时处理的事情。有效教师有时找家长来帮忙。如果新教师选择通过这种方式寻求家长的帮助，就应该考虑家长的时间表，并对他们进行一些培训，以便让他们知道如何去做。

● 组织实地考察及其他特殊活动。实地旅行和许多别的特殊事件（比如晚会或者庆祝会）可以请家长帮忙。经过适当鼓励和简单培训，家长就能够在这些时候派上大用场。

● 做教师的助手。一些教师请家长到课上做自己的助手，这样在批阅试卷、撰写和出版班级简报、组织晚会等事情上能够得到家长们很大的帮助。

> 教师可以通过邀请家长担任工作助手的方式来与之建立起积极的关系。

● 辅导学生做功课。大多数家长感到有责任辅导自己的孩子完成家庭作业。不过，许多家长不知道如何帮忙。有效教师会指导家长如何帮助他们的孩子。这也可以在全校的层面去做。通常需要举行特别的晚间系列会议，在会上，教师应向家长说明学生应完成哪些作业，如何帮助学生练习，并指导他们如何给予学生反馈。本书中介绍的许多技巧都能教给家长。向家长传授一些教学方面的技巧可能会花费一些时间，但这能增强教师对学生学习的影响，而且比教师采取其他措施都更有效。

许多地区，尤其是那些人口众多但经济落后的地区，正在采用家庭参与计划，这就要求教师采取新的行为方式。与父母及监护人合作虽说是困难的，但它是教师非常值得做的一项工作。它有助于打破家庭与学校之间的隔阂，而且能极大地增加儿童和青年在学校参与和成功的机会。

为学校发展而工作

如同学校的领导工作与内部协调工作一样，帮助学校发展也不是新教师关注的重点。然而，这是新教师应该了解的一个领域。促进班级和学校的发展也是教师的责任，而且，这一责任应该从参加工作时就开始，即使此时新教师能发挥的作用很小。

为什么要促进学校发展？今天学校的雏形在 19 世纪晚期就已形成。奇怪的是，人们对学校的模式怀有矛盾的心态。许多人觉得自己儿时上过的、熟悉的学校形式比较好，他们对挑战这种基本模式的变化感到不安：例如，试图消除和兼并邻校的观念，无论出于何种原因，在大多数社区一直遭到强烈抵制。与此同时，当学校不能符合人们当下的期望时，民众会立刻批评学校。布鲁斯·乔伊斯（Bruce Joyce，1993）发现了这种矛盾的本质，他写道：

> 纵观历史……（批评家们）……发现（学校）既过于落后又过于先进。

> 它落后于时代，使我们无法跟上时代的节拍……而大多数民众对教育改革又非常谨慎。人们在批评学校落后的同时又喜欢熟悉的旧校舍。他们倾向于认为当前教育中的问题是由改革（理解为降低标准）造成的，而不是因为他们已经习惯的旧有模式已经腐朽、过时。实际上，我们的社会与人们所熟知的、感到亲切的教育模式建立之时的社会相比，已经发生了翻天覆地的变化，许多学校已经严重落后于时代，不能满足当今儿童的需求。

乔伊斯是正确的。从正式的学校教育观念开始酝酿至今，世界已经发生了巨大的变化。正如人们所知，在过去的25年中，人们生活和社会制度的许多方面已经有了显著改变。新的通信和交通技术使世界变小，全球视野也由此取代了过去狭窄的眼界。人口模式的改变造成了多样的和多元性的社会标准，并大大增强了社会敏感性。包括通信卫星、文字处理器、微型计算机和互联网在内的新信息技术极大地改变了人们思考和使用信息的方式。在最近200年刚刚形成并使当前的学校和图书馆系统成为可能的印刷技术，现在必须与电子技术竞争了。如今，每个教室和大多数家庭都有可以进入全世界几大图书馆的电子接口，通过它可以获得储存在其中的信息和智慧。这些变化既影响了年轻人对课堂中所学内容的兴趣和价值判断，也影响了人们对教学及学校的信念和价值判断。

社会的变化也带来了儿童和青少年的变化。与以前相比，青年人成熟得更快，并且每代人都会面对不同的问题和追求。几十年前，美国社会学家詹姆斯·科尔曼在一篇题为《儿童发展超越学校水平》（The Children Have Outgrown the Schools，1972）的文章中就阐明了这个问题。在这篇文章中，他认为学校因提供不恰当的经验、追寻错误的目标而不适合学生发展。根据科尔曼的观点，学校创建之时的社会是一个“信息匮乏、行动丰富”的时代。这意味着人们（包括年轻人在内）有太多的事情要做，却得不到相应的辅助信息。然而，随着时间的推移，社会已经变成了“信息丰富、行动匮乏”的社会——人们现在能够接触到各种各样的信息，但是却少有依据信息去行动和实践的机会。科尔曼建议，当代课程需要创造更多让学生积极学习和参与的机会，而不仅仅是堆积越来越多的信息。四十多年过去了，许多人仍然赞同科尔曼的观点，认为学校依旧无法满足当代青年人的需求。今天，我们对学生寄予了厚望，可仍然有许多学生中途辍学；今天，我们认为学生应该在以学生为中心的课堂中建构知识，但通过标准化课程传递信息的方式仍占据优势；今天，我们认为应该为学生提供教育与日常生活的现实联系，然而有报告称，许多被称作“网络一代”的学生把更多的时间花在计算机而非学业上（Tapscott，1998；Trotter，2007）。如何改变学校以应对现实是一个困难且复杂的问题，这对年青一代的教师来说是一个挑战。新教师可以从以下方法着手：

可采纳的行为 作为一名新教师，面对你职业生涯的第一个班级，你可能会遇到许多困难和无法解答的问题，也可能为自己的职业理想与现实之间的矛盾所困扰。据了解，一些新教师带着屈从或失败的感觉接受了这些现实。另一些教师则怀着改进现状的愿望直面教学的复杂性。其实，即使在最初的几年，也有许多能够建立起良好模式且有助于学校发展的具体事情是教师可以去做的。

学校层面的工作 一名新教师要参与促进学校发展，首先要在别人提出建议时热心参与讨论。这些建议可能涉及州立法机构针对新教师的评价政策、本校区

所采纳的一门科学课程或者是校长提出的课堂管理办法。对于所有这些建议，新教师首先应该持接受的态度。根据富兰（Fullan，1992，2001）的观点，当教师面对改革建议时，他们应该在采取行动之前分别从个人及教师的角度考虑几个问题。这些问题包括：

（1）评估所建议的改革的本质。教师们需要对建议的改革进行仔细研究。他们需要决定改革是否必需并且是否已有成功经验。他们还需要对自己的优势进行评估。教师总是要面临很多改变，他们只能把精力投入其中的几个。在大多数情况下，一名教师只能同时处理一两项改进措施，并且只有把这些改进措施与学校的全局联系起来，才最容易成功。

利用技术促进教学

展望未来

所有重大改革的结果都具有两面性。汽车使个人的流动性增强，但它也导致了车祸、城市膨胀和交通拥堵。飞机有助于把世界变成一个地球村，但它也污染了环境并被用作恐怖主义制造大规模破坏的工具。21世纪，计算机和相关技术将对学生学习产生强大的积极作用。正如在前面几章中所描述的那样，对计算机使用的研究表明，计算机及相关技术不仅能够促进以教师为中心的教学，而且对活动教学和以学生为中心的教学提供了很强的技术支持。可是，负面效应也会产生。现在我们就讨论一些新教师应该了解的社会层面的技术问题，以及在利用技术促进学生学习的过程中与教师的专业成长有关的问题。

与技术相关的问题

正如在第一章所描述的那样，本书认为，技术将不会取代教育和教师，也不会彻底改变学校教育教学的传统组织方式。大部分学生还是会到附近的学校上学，还将在一个以年龄分班的教室里受教于教师。然而，新教师应该预见到，技术将在各个年级被深入使用，并且技术还将在学生的生活中发挥越来越重要的作用。这也会带来令未来教育者忧虑的社会问题。

信息时代的技术，用柯林斯和霍尔沃森（Collins and Halverson）的话来说，已经形成了自己的规则，即“定制、互动、学习者自控”（p. 5）。不管学校做了什么，年轻人都会用自己的计算机、ipods、手机来寻找兴趣和目标，接触和影响知识，这些知识可以是关于任何主题的，不管他们身在何处。互联网可以让他们“自己决定做什么、与谁联系，甚至自己决定成为什么样的人”（p. 5）。这种情况要求当前教育者重新思考教育在技术时代的角色和目标。越来越多的学习发生在与同伴的互动中，并且发生在校外。对学生学习的帮助将不仅来自专业指导人员，还将来自通过社交网络结识的一系列个体。

学习的内容也将接受检验。传统的理论学科——数学、语言、历史和科学——支配着当今学校的指定标准及课程框架。在不久的将来，教师及社会将不得不斟酌并回答有关“对于技术时代来说，传统理论课程是否还是最佳课程”的问题，比如：目前的课程范围是否过于狭窄？是否应该拓宽其范围，将新的读写能力及批判性思维纳入？是否应该从培养主流的阅读文本的技能转向培养处理视觉图像的技能？如果想把学生培养成有视觉文化且能有效处理网络信息的人，需要他们具备哪些技能和理解力？这对阅读教学来说意味着什么？对数学呢？

许多教师和家长相信，信息技术将会对儿童和青少年产生负面影响。年轻人把大量的时间花在了计算机上，而且玩电子游戏还使他们无暇顾及其他事情——读书、与家人共处、与朋友交往等。关于年轻人问题的频繁报道，比如沉溺于网络和暴力游戏的青年集体相互残杀，提高了人们对于计算机及相关技术负面效应的关注。

学校对于此类重大社会问题负有怎样的责任？教师个体能做些什么？

同样，教育工作者和家长也会对许多网站的内容、儿童可能会看到的东西以及他们可能聊天的对象忧心忡忡。虽然学校采取措施过滤掉了很多不适当的内容，但鲜有家庭的网络经过过滤，而且过滤措施有时还会引发一系列有关隐私和自由的问题。最后，家长和教育者还对社交网络（比如 Facebook、Twitter、YouTube）的增加和普及感到担忧。此类互动会带来什么危险？如果年轻人对网络越来越依赖，他们会失去什么？得到什么？

技术运用能力的增长

大多数研究者同意罗森和托特（Rosen，2010；Trotter，2007）的观点：在较大的社会范围内，技术会快速持续变化，而这些变化要求我们的教育机构和教师迅速做出回应。学校将会被要求把技术从外围课程转入核心理论课程和社会实践的主流中去。教师必须跟上技术变化，并随时更新他们使用技术的能力。

乐观地来看，任何新的领域都会有很多机会，技术也不例外。你有很多机会成为技术能手，并在这个快速发展的领域具有竞争力。这将有助于你与学生交流对未来的看法，那是一个在各项技术领域都要求掌握大量技能的时代。

（2）评估来自行政的支持。改革要想成功，通常离不开管理者（主管和校长）的积极支持。虽然教师可以不依靠管理者独自进行改革，但只有在对其可能的危险有充分考虑之后方可这样做。

（3）评估来自其他教师的支持。大多数学校要求实施改革首先要得到大多数教师的支持。如果一名或者几名教师想实施某个计划，比较明智的做法是先了解同事们的支持情况，如果支持情况不好，就先说服他们。在有合作氛围的学校，改革会比较容易展开。

（4）勇于突破传统。许多时候，教师们拒绝新思想、拒绝创新是因为它们与传统做法相违背。新老师能够为教育问题带来新的见解并勇于付诸实践。

展现领导能力　初始印象影响同事对新教师的接纳，无论是校内还是校外。新教师能为同事所熟悉并赢得他们尊敬的一种方式，就是在学校或者学校系统展示其领导潜能。下面是几位教师在其工作的第一年就成功展示出领导能力的例子，他们被校长和同事所称道。

- 伊莱恩所在的五、六年级的教研组有一门科学课程很弱。伊莱恩在大学里学的专业是生物学，比教研组其他更资深的教师有更多的科学背景。她自愿为大家修订科学课程，并寻找合适的材料供教师们使用。这种领导力得到教研组内成员的赞赏，并使她受到组内成员的高度评价和尊敬。

- 瓦莱丽是一名中学英语教师，她对学生在自己所在的教学楼走廊的不良行为感到不安。在自己班里有效处理了学生的不良行为之后，她又与邻班其他教师讨论解决这个问题。在她的领导下，他们制定了一套针对走廊不良行为的规则，并在班级之间相互监督学生行为的方式上达成了一致。

显然，新教师不应该让自己过多地承担领导责任。但重要的是，至少要做一件足够引起全校范围注意的事情，并投入精力取得成功。迎接教学中领导能力的挑战是教师职业生涯中最值得称道的成就之一。

检测—拓展—探索

检测

- 新教师采取什么行为才能与同事建立起积极的工作关系？
- 新教师采取什么行为才能与校长建立起积极的工作关系？
- 家长和教师常见的互动形式有哪些？教师如何才能与之建立起理想的关系？

拓展

- 你是否同意家长应该参与学校里的每一件事？登录“在线学习中心”，在“拓展问题投票栏”做答。

探索

- 登录 Anneburg Institute of School Reform Web 网站，复习教育者在推进学校改革时可用的两三个工具。它们用起来感觉如何？复习“学校改革指导”，将其与本书的观点进行比较。
- 登录 National Coalition of Parent Involvement in Education 网站。思考该组织的主要目标是什么？它提供了哪些增加父母和家庭参与度的工具和资源？

对课堂的反思

教师的工作

在本章的开头，你读到两位新教师繁忙的工作生活。他们不仅对学生非常关心，而且对学校活动非常投入。

思考教师工作的各个方面，写一篇关于学校领导和合作的反思报告。可以思考下列问题：你怎样看待教师工作的非教学方面？这些方面重要吗？或者这些方面会占用教师跟学生在一起的宝贵时间吗？你是怎么看待有效学校研究的？你相信当教师一起工作时就能展现协同优势并使学生成绩得到提高吗？抑或是，你认为提高学生学习的最好方式是给予教师最大限度的自主权？你什么时候开始教学生涯的？你认为教师工作的哪个方面最有价值？哪个方面最为棘手？你期望与同事和家长合作吗？或者，你会因为它占用了你本该花在学生身上的时间而对这方面工作心生厌恶吗？你可能想采用照片、录像、论文和其他作品的形式来说明你的反思，这些作品可以展示出你对“学校是教师工作的地方”这一观点的理解，以及一些学校比其他学校更为有效的原因。从你准备任教的年级的角度思考这一问题。将这些反思放入你的职业档案袋中，并将其与下面两位资深教师的观点进行比较。

埃米·卡伦（Amy Callen），马萨诸塞州波士顿市，林登试点学校，四、五年级

无论你是第一年任教的新教师，还是有20年教学经验的资深教师，在最后一个儿童登上回家的校车时，教学生活并没有结束。你们还需要批阅试卷，设计布告栏，研究新的教学单元，致电家长，召开家长会，参加会议，等等。作为一名教师，参与到学校共同体里是重要的。而且有很多种参与的方式。

可是，我所见到的最普遍的错误是承担了太多与你日常课堂工作无关的责任。当我开始教学生涯的时候，自愿去做能做的一切事情。我参加学校遗址理事会、招聘评价委员会，定期参加PTO会议，开办了一个课余数学俱乐部，并且常常发现直到晚上十点我还在学校。因为这些活动，再加上我的日常班级责任，我非常忙，几乎没有自己的生活。

在职业生涯刚开始的时候，教师应该在课堂以外的实践活动方面多花时间。参与学校和社区范围的职业发展计划、参加研究小组、听其他教师的课、接受听课并参加共同计划会议，所有这些经验都将提高你的课堂技能，使你作为教师的时间变得愉快，并能协调教师以外的角色。不要忘了，学校外面还有一个生活世界。

几年后，对你来说，班级管理似乎习以为常了。你将了解课堂内外的课程，并且将乐意与共同体分享知识和生活。这段时间可以参加PTO会议、办校报、写授权书或者辅导一个学生。人们将会赏识你的知识和生活，并且你将不再有挫折感或被压得喘不过气的紧张感觉。

在第一年里出现的机会都是非常诱人的，但是要有耐心。在你面前的是一生的教学生涯。第一年属于你。“自私”一点，仅仅选择对作为一个教育者的你和你的成长有利的机会。同时确保让你的同事知道你是学校团队的一员。

安杰拉·亚当斯（Angela Adams），佛罗里达州杰克逊维尔市，杰克逊维尔中学，七、八年级

教学是一种在生活的许多方面都能体现价值的职业。然而，对很多教师来说，教学仅仅是一份工作，而且在他们看来，这个工作仅限于在教室里。他们很少参与学校活动。在我职业生涯的第一年中，我想参与所有的学校活动，从科学俱乐部到啦啦队，从乐队到运动队。但我很快认识到，我表现得有点过了。现在，我根据自己的时间选择了一两项活动，我非常喜欢这些活动，并且能够投入足够的时间。尤其是我的学生参加音乐会、运动会和剧团时，我也会参加。因为，我认为这是一种非常好的与学生沟通、支持学生的方式，并能与学生建立积极有益的关系。

除了参与学生活动以外，教师也应该与其他教师打成一片。我们学校有一个专门的共同备课时间，此时教学组里的教师能在一起准备合作方案和日常课程安排。与其他教师合作，让我有更多新观点和新视角来审视自己任教的学科。另外，不要忘了家长这个群体！

总　结

描述学校作为社会组织及教师工作场所的观点。说明学校与其他组织的异同点。

- 学校是一个社会组织，是成年人工作和学生学习的场所。
- 学校里行动的方式不是完全自由和分散的，而是或多或少独立的和计划好的。
- 学校有独特的历史和文化（底蕴和校风），还有影响着学校的培养目标、进程以及实现这些目标和进程的方式、规则和任务。
- 虽然学校和其他组织类似，总体上以目的性和控制性为特征，他们也有属于自己的特征，比如目标模糊性、强制参与性、政治透明性、资源有限性和共同体的归属感等。

● 两个重要的规则规范着教学文化和学校行为，分别是自治和不干涉。自治规则允许教师在课堂里做他们想做的事情；不干涉规则禁止教师干涉其他教师的教学方法和过程。

● 角色同样规定教师如何工作。教师角色的某些方面是冲突的，比如说，既需要对集体中的学生进行个别关心，又需要与学生保持一定的距离。

描述学校背后的理论基础及教师工作的本质，概括有效学校的特征。

● 对教师日常工作生活的研究报告表明，除了做直接与学生相关的工作外，教师还要履行诸多组织职能，报告还表明教师工作需要大量的时间。

● 存在一个合理的理论来解释为什么一些学校比其他学校更有效。这项研究的一些方面尚有争议。

● 对学校的研究表明，尽管在每个课堂里的教学表现是非常重要的，但是校长、教师、家长和学生共同确定基本目标、期望、程序，以及教师对学生学习集体负责的方式，这些都对学生学习有重大影响。

● 更为有效的学校都有自己独特的教学程序和计划，这些教学程序和计划都具有下列特征：清晰的目标、很高的期望、博大的爱、强有力的领导、团体的支持、高学术水准的学习时间、对学生进步的频繁督促、连贯的课程以及教师多样化的教学方法。

描述教师必备的技能，讨论教师应如何与同事、领导和家长相处才能达到改进教育的目的。

● 教师为有效学校贡献的方式有很多，包括与同事、学校领导（比如校长）、家长合作以及引导学校发展。

● 与同事建立良好的工作关系是非常重要的。可以通过听课、自愿在委员会和工作组工作、找同事讨论教育问题等方式来加强这种关系。

● 教师可以通过定期会面、汇报课堂情况、参与学校活动的方式与校长和其他校领导建立起良好的工作关系。

● 父母及监护人如果能被及时告知学校里的事情，能在学校和家长会上受到欢迎，或者被邀请在家里和学校为他们孩子教育上的问题提供帮助，他们将成为教师的助手。家庭的参与能对学生在学校的表现产生强烈的、积极的影响。

● 帮助促进班级与学校进步是教师工作的一个重要方面。

● 在许多情况下学校不能适应当代青年的需要，不能满足人们对教育日益增长的期望，所以学校需要不断改进。

● 愿意为学校发展尽一份力的教师可以通过以下方式实现愿望：深入思考和理解他人所提的建议，通过培养和展现自己的领导力来促进学校的发展。

互动学习与应用学习

学习与探索

从“在线学习中心”获取学习指南，完成里面的练习测验。

观察与练习

登录“在线学习中心”的“教师教学”版块，听肯德拉（Kendra Ganzer）和埃米（Amy Callen）关于教师课外工作的音频。

完成第十四章配套的实践练习，包括：

- 实践练习 14.1：写一封给家长的信。
- 实践练习 14.2：设计行动研究的问题。
- 实践练习 14.3：向别人介绍你所任教的学校。

档案袋与教学实践活动

这部分内容的设计是为了加深你对本章内容和方法的理解。活动所需材料请见“在线学习中心”的“档案袋与教学实践活动”版块。

（1）完成本章最后“课堂反思”部分的练习。其中两篇推荐文章将有助于你整体地看待教师工作，尤其是学校层面的领导工作。（INTASC 原则 10：了解与同行、家长的关系）

（2）活动 14.1：评估你的专业技能。检查你对领导力及参与处理学校层面问题的理解和技能。（INTASC 原则 10）

（3）活动 14.2：采访其他教师。采访资深教师，了解他们是如何与父母建立起合作关系的。（INTASC 原则 10）

（4）活动 14.3：描述学校所在地的特点。收集学校附近地区的相关信息。（INTASC 原则 10）

（5）活动 14.4：档案袋：有效学校的平台。为教师工作及有效学校教育搭建一个平台。把你关于这方面的理解写下来，放入档案袋中。（INTASC 原则 10）

专业参考书目

Collins，A.，& Halverson，R.（2009）. *Rethinking education in the age of technology*. New York：Teachers College Press.

Danielson，C.（2006）. *Teacher leadership that strengthens professional practice*. Alexandria，VA：Association for Supervision and Curriculum Development.

Epstein，J.（2001）. *School，family，and community partnerships*. Boulder，CO：Westview Press.

Evans，R.（2002）. *The human side of school change：Reform，resistance，and the real-life problems of innovation*. San Francisco：Jossey-Bass.

Fullan，M.（2007）. *The new meaning of educational change*（4th ed.）. NewYork：Teachers College Press.

Kohn，A.（2000）. *The School Our Children Deserve*. New York：Houghton Mifflin.

Lieberman，A.，& Miller，L.（2008）. *Teachers in professional communities：Improving teacher and learning*. New York：Teachers College Press.

Lieberman，A.，& Miller，L.（2004）. *Teacher leadership*. San Francisco：Jossey-bass.

Murphy，C.，&Lick，D.（2005）. *Whole-faculty study groups：Creating professional learning communities that target student learning*（3rd ed.）. Thousand Oaks，CA：Corwin Press.

附录

阅读与应用研究

《学会教学》的第一章介绍了教与学相关知识基础的重要性，也介绍了如何通过教育研究促进教学实践，把教师从以前过于依赖感觉的习惯中解放出来。与其他复杂的人类活动一样，研究也有自己的规则和专业性术语，初学者对这些规则和术语会感到非常困惑。要学会从研究中学习，就要对研究方法和研究者使用的专业术语有一定的理解，并且知道在哪里获得信息。很明显，通过本书并不能充分、彻底地理解教育研究，但是本书“资源手册”会对某些关键概念进行介绍，这些关键概念对阅读、应用研究来说至关重要。本部分的目标就是帮助新教师批判地对待研究结果，阅读研究报告，获取教学实践所必需的研究结果。

主要的研究过程

为了准确地进行阅读、应用研究，首先要把握几个对于理解研究而言至关重要的基本特征。这些特征包括研究者陈述问题的方式、指导研究的中心思想或模式，以及研究者探寻各种变量之间关系的方式。

研究问题的提出

研究者和实践者经常以不同的方式提出问题。从研究者的角度来看，问题通常有三个要素：(1) 以疑问的方式明确提出来；(2) 集中关注两个或更多变量之间的关系；(3) 必须能从科学的角度进行检验。而实践性问题虽然有时也以疑问的形式提出，但很少集中关注可以明确验证的关系。相反，提出实践性问题的教师往往致力于指出事物“实然”与“应然”之间的差异。为了展示教师所面对的实践问题与研究者提出的研究问题之不同，我们以“学生动机”为例考虑两种类型的问题。教师可能提出一个实践性问题，比如：“我怎样才能使缺乏学习动力的学生每晚都坚持做家庭作业?”而研究者可能提出一个研究性的问题，比如：“在缺乏学习动力的学生投入家庭作业的时间方面，两种激励制度（在校自由时间和家长表扬）的效果怎样?”两个问题都以疑问的方式陈述，但是后一个问题的重点在于不同变量之间的关系，并且含有一个内在的研究程序。

教学研究的模式

研究者努力搞清楚他们所关注的教育领域。从本质上讲，他们是试图发现什么影响着错综复杂的教育环境与学习环境。为了达到这个目标，他们构建了关于如何教和如何学的理论，并且努力把教育领域的各种特征（变量）编排成能够更充分地解释教和学的模式。研究的变量就是会产生变化的某些个体（教师、学生、家长）的特点或者环境（课堂、家庭、学校和政府）的某些特征。最近几十年里，从事教和学研究的学者都遵循一种模式——罗伯特·弗洛登（Robert Floden）称之为"效果教学"模式。这个研究的目标和本质特征一直试图确认教师、学生、环境和学生成绩之间的关系（Floden，2001；Gage，1963；Mitzel，1960；Shulman，1986）。几年来，"效果教学"模式得到了持续的发展，而且增加了许多有趣且重要的变量。然而，正如图 R1—1 所展示的那样，在很大程度上，这个模式的基本框架没有变化。

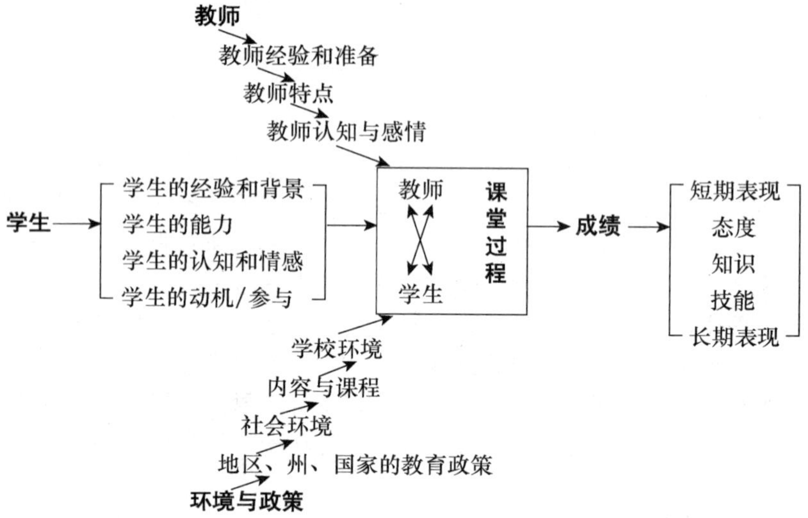

图 R1—1　教学和教学研究的理论模式

正如你所看到的那样，"效果教学"模式把变量分成五类：学生、教师、环境与政策、课堂过程、成绩。

（1）学生变量——学生带到课堂上来的特征，主要是他们的经历、能力、动机、认识和情感。

（2）教师变量——教师的特征，主要是他们的经历、所受培训以及特质，比如技巧、动机、认识和情感。

（3）环境与政策变量——教师和学生必须适应的大环境，比如社区特征、学校及其开设的课程，以及地区、州和国家的政策。

（4）课堂过程变量——课堂中发生的活动与程序，这些变量伴随着教师和学生的行为。课堂教学过程变量是本书最为关键的变量。

（5）成绩变量——教学和课堂互动的结果，包括知识、技能和态度。这些变量可分为长期表现、短期表现或者即时表现。

注意图 R1—1 模式中的箭头，这表明变量之间的假定因果关系。重点指出，这些箭头仅仅是预设的，并不总是准确的。以前讨论模式的时候，邓金和比德尔（Dunkin & Biddle，1974）阐明了在教和学过程中寻找因果关系的复杂性：

> 比如，就处理学生的方式来说，出身中产阶级的教师肯定不同于那些来自底层社会的教师。这是否就意味着社会阶层"造成"了不同的课堂行为呢？的确，这种解释可能是正确的，但是来自中下阶层的教师更容易考入不同类

型的大学，并且因此接受不同的教师培训，这也是事实。因而，后者更有可能是他们的课堂行为存在差异的真实原因。

另一些研究者（Shulman，1986）持这样一种立场：与其假定教师为因，学生为果，不如把教学想象为教师和学生合作的活动。教师也学，学生也教，因此模式中的箭头可以改为双向。使用“效果教学”模式的研究者努力探寻的主要是教师行为和学生成绩之间的关系，不然他们就能关注一系列更为广泛的变量，并探究变量之间的多重关系，包括学生和老师的认知和情感，以及课堂环境中的多种互动。

研究者还开发了其他模式，并提供了教学研究的概念图。虽然每个模式都建立在自己的观点与理论基础之上，但所有的模式都表明了教和学在复杂环境中的重要关系。在过去的十多年里，“效果教学”模式已经受到挑战。比如，一些后现代的理论家认为，任何“寻求确定性知识的努力都是徒劳的，因为所有人类的观察和理解都是以语言和环境为媒介建构的”（Floden，2001；Lyotard，1987）。汉密尔顿和麦克威廉（Hamilton & McWilliam，2001）认为“效果教学”模式已经“濒于消亡”了。其他人（Gilligan，1982；Noddings，1992，2001）也相信主流的“效果教学”模式已经失败了，因为它是从有特权的白人男性的主流观点出发构建的，忽视了非主流人士如穷人和女性的观点。比如，诺丁斯认为，学校教育和关于学校教育的研究中有一个约定俗成的观念，就是把具有女性化特征（比如关爱）的人看作下等的，而把具有男性化特征的人看作上等的。

关于如何进行阅读、应用研究，这个简短的资源手册主要介绍“效果教学”的观点。可是，在阅读手册全部内容的过程中，以及在阅读、应用研究的过程中，你应该时刻提醒自己，今天的教育研究代表着许多学术流派。教育研究和任何其他研究一样，在你的职业生涯中，会有重大变化与发展。

自变量和因变量

当你在本书或者其他地方读到有关研究时，常常会碰到自变量和因变量这样的术语。这些术语被研究者用来描述他们研究的变量的某个特别的方面。严格地说，自变量是指被假定为“原因”的特征，而因变量是“结果”。在教学研究中，伴随教师行为（原因）的变量通常是重要的自变量，学生态度或者成绩（结果）则是重要的因变量。

关于教学的知识实际上就是在图 R1—1 展示的模式中的许多自变量和因变量之间关系的知识。许多关系仅仅是暂时的，而且没有确定的解释。重要的是应该记住，像教学这样复杂的行为并不总是完全符合研究者所设计的模式。

教育研究的方法

教育研究者可以用几种不同的方法去研究有关教和学的问题。各种方法之间的主要差别与研究者对科学知识本质的假定，以及他们设计研究、收集信息、解释结果的方式直接相关。

关于科学知识的假设

当前，研究者对教育活动的本质和知识的本质有不同的假设，并且这些假设影响他们所做研究的类型。例如，一些研究者认为教育活动（对我们来说就是学校和课堂）是客观事实。这些研究者认为学校、课堂、教师和学生都是相对独立存在的，可以采用客观、公正的方式对之进行研究。持这种观点的研究者都把研究集中在可观察、可测量的行为上。这种方式常被认为是实证主义。在过去的一个世纪，教育领域里的研究很多都依靠这种实证假设。

建构主义是关于人类社会本质和知识本质的另外一种完全不同的观点，过去的三十多年里，这一观点在教育研究队伍中逐渐受到推崇。持这种观点的研究者认为，人类社会并不是独立存在的，而是参与者（主要是学生、教师，而且经常是研究者自己）自主建构的。建构主义这种看待世界的观点与本书其他部分论述的建构主义的教与学的原则是一致的。不过，虽然实证主义和建构主义在许多教育观点上针锋相对，但现实的研究大都不是仅依据它们中的一个进行的，而是从研究设计到研究方法都兼具以上两种视角。

这些关于人类社会和科学知识的观点非常重要，因为他们影响研究者的研究类型，也影响研究者分析、报告研究结果所使用的方式。例如，实证主义者更有可能一直采用所谓的定量研究。研究者假设存在一种客观事实，然后对行为进行客观研究，并且用统计方法来分析数据。而建构主义学者更有可能采用定性研究，依靠整体观察，用叙述的方式而不是数量的方式汇报结果，并且采用更为个人化的解释性手段开展整个研究。

多年来，在研究者中间，关于在研究过程中应该使用哪种方法一直存在着许多争论。然而，今天许多争论都已经解决，大多数研究者认为定性研究和定量研究都可以使用，并且有时会在同一研究过程中同时使用。两种方法都能为我们提供对于教学世界和课堂实践更深刻的认识，并揭示出其中至关重要的复杂因素，这是单独使用任何一种方法所不能达到的。

研究类型

现在，让我们更为详细地分析一下教育领域所使用的具体研究类型，这些研究类型在本书中都曾提到过。

描述性研究

不仅在教育领域，而且在其他许多领域，大多数人可能都乐意引用描述性研究的例子。也许有一天，你拿起报纸就能读到某人的调查结果。调查是描述性研究的一个类型。采用这种方法的研究者往往都是通过问卷调查或者访谈来收集关于某些现象的信息，或者测验人们对某些话题的观点或态度。

虽然做好一项调查研究非常困难，但是这种研究结果容易理解。在大多数情况下，调查研究用数字呈现结果，说明有明确特征或者持某种观点的民众的数量和百分比。调查研究的一个范例是借助一项知名的年度调查来了解公民关于学校的看法和意见，这项调查逐年进行以了解公众对公共事务的态度和倾向变化。

使用描述性方法的研究者，有时对那种能用定性方法研究的问题感兴趣，这些问题可以通过直接观察单个案例或者少量案例进行研究。可以采用案例研究的方式，或者在一些情况下采用人种志的方式。人种志是一个来自人类学领域的词，意思是对一个完整人群（比如一种文化、一个团体或特定角色组）进行全面研究。一般情况下，当实施这类研究的时候，研究者所能做的就是从众多可能性中选择一个典型案例，然后对这个典型案例进行深度观察。案例研究或者人种志的目标就是广泛收集信息，以便对研究问题进行详细描述和深入理解。人类学家的研究和皮亚杰的研究即是此类研究的例子。前者如玛格丽特·米德（Margaret Mead），她在萨摩亚与土著人住在一起，对其进行研究，发现了一些重要的潜在文化类型；皮亚杰则实施了对儿童的深度案例研究，以期发现幼儿的智力是如何发展和成长的。

通常，使用观察技术的研究者必须接近研究对象。实际上，一些研究者本身也变成参与者，力图影响他们正在研究的问题。

与使用问卷调查法和访谈法来收集信息相比，研究者通过观察法可以研究一个小组或者一个人的观点，反过来也可以更为全面地了解整个情境。可是，这种研究方法的缺点是研究者仅能研究一个或很少的案例。阅读这种研究结果的读者或者使用者必定要问：所选取的案例究竟有多大的典型性或代表性？而且得出的结论是否能支撑其他案例或者不同情境。

实验研究

另一种教育研究方法是实验法。这是一种建立在实证主义假设上的传统方法。大多数读者已经通过他们在中学和大学时所学的心理学、社会科学和自然科学课熟悉了这种方法的基本程序。这类研究结果在大众媒体上被频繁报道。

在教学实验研究中，研究者在研究过程中设置各种条件，以便能够控制某些具体变量，而不是按照这些变量原有的样子来对之进行描述或者研究。虽然教育实验的形式有很多，但典型的教育实验需要研究者实施三个重要的行动：（1）建立两个完全相同的小组；（2）对一个组（实验组）特殊处理，而对另一个组（控制组）不进行特殊处理；（3）比较一下这两个组可以测量的特征，看看是否因为这种特殊处理产生了不同。最为人所知的实验研究是医学领域的实验，其目的主要是验证治疗各种病症的特定药物所具有的积极或预想不到的效果。

由于统计或者伦理上的原因，很多教师和研究者感兴趣的问题并不能为实验所控制，所以在教育中很难做真正的实验。可是，当某些实验真正得以实施的时候，得出的结果是很有力的，因为这类实验往往能使研究者就变量之间的因果关系得出一些结论。最适合用实验法研究的教育问题是与特定教学模式和教学方法有关的问题。第十章中描述的“保龄球研究”就是一个很好的实验研究案例。

相关研究

因为教和学的很多方面都不能进行实验研究，所以研究者又经常使用另外一种重要研究方法。当研究者寻求两个或更多自变量之间的关系时，或者努力挑选出相互匹配的变量时，往往使用相关研究。大多数人对这种方法也非常熟悉。例如，表明抽烟与某些疾病之间有很大相关性的研究现在已众所周知。多年来，医学研究者已经证明，抽烟的人比不抽烟的人得肺癌和心脏病的概率更高。但是，因为要建立一个真正的实验还涉及伦理问题，而且实验中的实验组成员可能会出现死亡，所以这些因素之间的因果关系一直没有被实验证明。关于有效教学的许多研究也是相关研究。例如，表明课堂管理特征与学生学习有密切联系（这些在第五章介绍过）的许多研究几乎都是相关研究。

在教学研究中，研究者通常对发现某种类型的教师行为与学生学习之间的关系感兴趣。虽然这在教育领域中非常有用，但我们必须时刻牢记，相关研究不能确定变量之间的原因和结果，它仅能确定变量间的关系。后文对此将有更多相关论述。

因果比较研究

在教育领域，很多时候研究者感兴趣的变量是难以用实验加以控制的，而且所使用的数据必须来自已经固定的群体。在这种情况下，一种常常用来探索因果关系的方法就是因果比较研究（causal-comparative method）。因果比较研究与实验研究不同，在这里研究者无法控制自变量，因为这些自变量在研究开始前已经存在了。研究者要比较两个组：一组是带有某种特性或特征的被试（通常是已经存在的群体），另一组选择相似的被试但不具备这些特性或特征。下面是两个因果比较研究的例子。在这两个例子中，研究者研究的是已经存在的变量和已经划分好的组别（班级）。

- 一位研究者认为，教师对于西班牙裔学生来说比对于英裔学生更重要。这位研究者记录了教师的行为，然后对照教师与这两组学生的互动情况。这里的自变量是种族血统——显然这一特性早已存在，而且是无法控制的。
- 一位研究者致力于研究两个不同班级中的学生对学校的态度——一个班级的教师采用合作学习策略，另一个班级的教师主要采用直接教学法。研究者测量了两个班级学生的态度并进行对比。同样，自变量（合作学习对直接教学）早已在不同班级中存在而且不由研究者操控。

在因果比较研究中，经常可以看到研究手段的差异。因果比较研究中采用的统计检验与实验研究是一样的，但不同于相关研究的统计检验，后者要检验相关系数。与相关研究一样，因果比较研究的推论结果也受到限制，必须小心谨慎地解读，因为我们无法准确判断所观察到的变量是因还是果，或者是否存在同时影响自变量和因变量的第三种干扰因素。

统计概念与惯用表达方式

绝大多数教育研究都要测量个体或群体的某些特性，得到定量数据。经过多年探索，研究者已经发展出一套统计程序来组织、分析和解释这些数据。要阅读、应用研究成果，就要理解研究统计的基本程序和惯用的表达方式。研究者所采用的统计方法和统计符号并不神秘，它们只是一种让沟通更清晰和客观的手段。对于新教师来说，这些统计过程和所用符号或许有些费解。下面介绍几个主要概念，以帮助新教师更好地理解教育研究，或许还能激发他们深入探究。

样本

在教育研究中，要对所有教师和学生进行研究显然是不可能的。从研究需要出发，教育研究者必须从全体教师或学生中选取一小部分（样本）作为研究对象。市场调研人员调查电视观众喜欢收看哪些节目，用的就是抽样的办法。在某个时段，有数百万观众收看电视节目，调研人员只能从中选取 1 500～2 000 人进行调查。采用这种收视率调查的用户也认可这种市场调查结果，因为他们知道样本群体的收视习惯或多或少可以代表全体电视观众的选择。

采集样本的方法非常重要。如果样本没有代表性，调查结果显然会有失偏颇。1948 年美国总统选举期间就曾出现过一次著名的失误。选举前一夜，票选公司通过全国电话号码采集的样本显示，共和党候选人托马斯·杜威会当选。然而，第二天当选的却是民主党候选人哈里·杜鲁门。票选公司通过分析发现，在 1948 年，很多投票的人还没有电话，而那些未包含在样本中的、没有电话的人更愿意投票给民主党。如果民意测验专家想了解全体投票人会选择谁，那么从电话号码本中采样就是不合适的。今天研究者更加关注的是，当许多人只是使用手机的时候，我们从固定电话使用者中抽取的样本是否具有代表性。由此可见，阅读教育研究报告的时候，认真考虑研究者使用的抽样方法是很重要的。

随机

在教育研究中，“随机”这个概念也很重要。一般情况下，随机采样或随机分组意味着任何群体中的个体都有平等的机会被选为调查对象。在调查研究中，“随机”意味着研究者想尽办法覆盖全部要调查的人，然后随意决定从中选取哪些个体作为调查对象。在实验研究中（一组施加干预，另一组作为控制组），研究者要小心地把研究对象随机分到组里去。随机抽样和随机分组的原理是，采用这种方法的话，接受调查的样本或小组会具有相同的特征。不过，事实并非一定如此。偶然性总是存在的，比如，投掷硬币的时候，有可能连续一百次正面朝上。同样，随机抽样有可能无法代表全体，随机划分的两个小组也有可能存在显著差异。

数字、数据和惯用表达式

研究者还会采用一些惯用的数据统计方式来呈现研究成果，向他人做介绍。

均值　在本书以及其他地方出现的许多研究中，研究者会提供均值。利用均值，可以把一个组与另一个组对照。均值就是平均数。把所有数值相加，然后除以数值个数，所得即平均数。研究者介绍研究成果时，通常用符号 $\bar{x}$ 或 M 代表均值，用符号 N 代表用来计算均值的数值的个数。教育研究中采用的很多统计检验都要用到均值。

标准差　标准差是另一个提供连续性数据信息的统计术语。这一术语在很多统计表中都有，表示一系列数值与平均数的离散程度。平均数的差额，还有标准差的差额，一般被用来计算统计真实度的检验结果。介绍标准差时，最常用的符号就是 SD。

相关和相关系数　相关表示了存在于两个或更多变量之间的关系程度。一个为人熟知的例子就是学生智商和学生成绩之间的关系，以及特殊教学行为（如运用题海战术）与学生成绩的关系。另一个例子就是人的身高与他在篮球场上的表现之间的关系。

为了用数学术语来表示这些关系，研究者使用了一个名为相关系数的统计术语。相关系数的范围从＋1.00 经过 0.00 到－1.00，它们不再具有传统上的数学意义，在这里，加号表示正相关，减号表示负相关。因此，0.00 意味着不存在相关性，＋1.00 意味着完全正相关，－1.00 意味着完全负相关。正如在本书看到的许多研究摘要一样，教育或人类行为的任何其他方面中几乎没有完全正相关或负相关的情况存在。

如前所述，关于相关研究和相关系数，我们还需要注意的一个重要的事情就是，虽然它们能显示出变量之间的关系，但这些相关系数不能解释原因和结果。例如，很多研究都表明学生在学习上投入的时间与学业成就呈正相关。于是人们认为，教师让学生花在课业上的时间越多，测验成绩就越好。虽然这可能是真的，但学习时间与成绩的关系也可能恰恰相反。从逻辑上也可以推断，不是学习时间导致了学业成绩，恰恰相反，是因为成绩好的学生总是投入更多的时间去学习。

显著性检验　在关于人类行为的任何实验研究中，常出现一种情况：某种结果是由偶然因素导致的，而非人们正在研究的假定存在的关系导致的。研究者开发了一个叫作统计显著性（significance）检验的程序，以帮助确定研究结果是真实的还是偶然的。本书的研究报告中可以看到几种不同的显著性检验。需要记住的主要一点是，在研究中，单词“significance”的意义与通常用法不同。从一般意义上讲，这个单词的意思是重要的。在研究者的语言中，“significance”指研究结论的真实程度（与“偶然性”相对）。研究者通常认为，如果出现偶然性的比率仅仅为1%～5%，那么两组数值的差额在统计上是有效的。阅读本书中的研究报告时，你会经常看见符号 $p<0.01$ 或 $p<0.05$。这意味着这一研究结果偶然发生的概率小于1%或者5%。

效应值　近来，人们用一种名为“效应值”的习惯称谓来代替更传统的“显著性检验”。它常被用在将许多研究结果综合在一起的时候。当采用了实验方法（教学策略、课程、技术）的实验组和未加干预的对照组进行比较时，效应值（Glass，1982）显示了实验组的平均分预期会有多大或是多小。有多种方法可以测量和使用效应值。我们在这里采用的对效应值的测量方法是：通过求出两组平均数（实验组和控制组）的差异，然后用控制组的标准差来除它。按照科恩（Cohen，1988）的观点，效应值还可以视为实验组的得分与控制组得分的非重叠的百分比（pp. 21-23）。效应值为0.0表示实验组的分数分布与控制组的分数分布完全重叠。相反，效应值为1.7表示这两种分布不重叠的比例为75.4%。因此，报告出高效应值的研究就是在告诉阅读者：这种策略和方法有助于提高学生的学业表现。

阅读研究成果

批判地阅读研究成果

虽然今天教育领域中的大多数研究在公开发表前都有一个复审的过程。但是，阅读和应用研究结果的教师应该学会用批判的眼光来审视研究过程与结果。高尔等人（Gall，Borg，2002；Bracy，2006）列举了研究中可能出现的一些误差：

- 主观偏差。虽然研究目标是揭示真理，但有时某些人做研究是为了说服别人接受某种观点或者承认特定教育项目的效果。注意看一下，研究结果以特定方式呈现，研究者能否得到一些对自己有利的东西。如果能得到，存在主观偏差的可能性就会显著增加，对这项研究就要仔细检验。但是，这并不意味着所有开发新项目、发明新方法并对此进行研究的人都会有意制造偏差，捏造研究结果。
- 非主观偏差。有时，在研究者没有意识到的情况下，研究发生了偏差。如同生活的许多其他方面一样，假象会在我们没有意识到的情况下出现并影响我们的思考。
- 抽样偏差。抽样偏差令教育研究者极为头痛，因为从整个人群里面得到随机样本太难了。可是，正如你前面所读到的那样，如果样本包含偏差，结论可能就是虚假的。有些研究是自愿参与的，抽样不全面；有些研究为了抽样方便，使用整个小组进行研究，这些都足以引起调查研究结果的读者和使用者的注意。
- 尽力弄清楚变量是如何被设计和控制的。留心看看研究者是否犯了逻辑错误，或者控制变量的方式是否受到政策驱动。
- 观察和测量偏差。人类总有种看他们想看、听他们想听以及记住他们想记住的东西的倾向。即使研究者努力避开这一定式，也仍然会犯一些小错误。我们要审视观察手段或观察方案，看看研究者是否具备确保客观性的特征；审视访谈问题，看有没有诱导性或者威胁性的题目。这是检查观察者偏见是否影响研究结果的方法。

● 分析研究结论是怎样得出的。读者应该仔细研究和判断一项研究的结论是否同呈现的数据相一致。

阅读研究报告：一个案例

现在看看你是否能把这些研究理念运用到具体的研究报告上。阅读第十章中约翰逊关于保龄球课的研究摘要，看看自己是否能回答下列问题：

（1）该研究中对科学知识本质的假设是什么？

（2）这个研究是描述性研究、实验研究、相关研究或因果比较研究吗？

（3）研究中涉及哪些变量？哪些变量是自变量？哪些变量是因变量？

（4）这些变量适合图 R1—1 中所描述的哪一部分？

（5）研究者如何使用这些均值？通过研究分数以及真实度，你能得出什么结论？

（6）以你的结论为基础，说说合作学习的影响。

（7）你能在这个研究中发现哪几种形式的偏差？主观偏差？非主观偏差？观察和测量偏差？抽样情况如何？有无偏差？

（8）这个研究有什么优点？有什么局限？

坚持研究

一旦一个人开始了全职教学，因为有很多其他事情要做，所以坚持研究有时是很困难的。幸运的是，教师可以利用特殊服务以减少花在教和学的研究上的时间。从 20 世纪 60 年代中期开始，联邦政府越来越对教育研究感兴趣，并创建服务机构以鼓励将教育研究成果传递给一线课堂上的教师。对新教师来说，其中的两个服务机构可能有帮助。

地区教育实验室 对课堂教师来说，大部分研究结果都不是可以直接利用的。为了把这些研究转换成课堂材料和教学策略，并把研究成果传递给教师，地区教育实验室于 1964 年创建。虽然预算资金不能保证对地区内的每个课堂都进行直接帮助，但实验室人员还是成立了很多实用的工作间，并希望教师能参观他们的实验室以了解他们所做的工作。这些实验室也为有富余精力的教师提供了参与正在进行的研究和发展项目的机会。研究中心和地区实验室的完整名单可以通过访问本书的“在线学习中心”获取。

教育研究信息中心 20 世纪 60 年代中期，联邦政府着手将名为 ERICs 的教育研究信息中心接入互联网。现在该中心下设 16 个专门科目中心，这些科目中心又称为信息交换中心，由国家教育图书馆直接管理。它们的任务主要有三个：（1）收集各种教育专业领域相关主题的知识；（2）组织上传这些知识以便在美国的任何地方都能通过计算机进行提取；（3）将数据信息总结成简短公告或论文形式的不同专题供感兴趣的教师和其他教育人士查阅。

ERIC 系统的中心就是 ERIC 数据库，里面收录了 130 多万项关于教育研究和实践的摘要和文档。这个数据库可以通过互联网、光盘以及图书馆里的文摘杂志获取。所有重点大学的图书馆，许多较大的学区或者教育中介机构都可以用计算机直接连接 ERIC。你可以在实验室里联系一个能够给你展示如何进入 ERIC 并进行在线搜索的工作人员。这个人会和你讨论关于你想要的研究信息的主题类型，通过演示在线搜索可以给你一个可以获得文章和报告的类型的例子。

数字图书馆资源 今天，所有的大学图书馆以及许多公共图书馆都为读者提供了一系列数字资源，其中包括 EBSCOhost、LexisNexis 和美国第一搜索等提供的电子期刊和全文本资料。为了学会使用这些数字资源，可以联系图书馆职员或者访问图书馆的官方网站。

词汇表

A

能力分组（ability grouping）：根据学生的能力水平和学习准备状态将学生分入特定的班级或小组。

学科学习（academic learning）：同学校的基本科目以及与学习这些科目所需思维活动相关的学习活动。

成功学习时间（academic learning time）：指学生用来顺利学习某学科或完成某项学习任务的时间。

顺应（accommodation）：个体无法将新的情境纳入原有图式，于是建立起新的概念或新的图式来适应外部环境。

责任（accountability）：指教师为他们的教学活动和学生的学习负有的责任。

成就动机（achievement motives）：为了体验成功和追求完美而获得的采取行动和超越他人的行为动机。

行动研究（action research）：由教师作为研究者去不断改进自身的教学水平和学校事务的研究，也被称为教师研究。

先行组织者（advance organizer）：教师在讲解或让学生阅读教材之前呈现的一种引导性材料，它能清晰地关联到学生认知结构中的原有观念和新的学习任务。

归属动机（affiliative motives）：为获得友谊和与他人的亲密关系而采取行动的内在愿望。

复本信度（alternate-form reliability）：将同一主题的两个测验分别施测，最终看其结果达到一致性的程度。

类比（analogies）：对两种事物进行对比。

分析型智力（analytical intelligence）：由罗伯特·斯滕伯格提出，指涉及个体认知过程的智力表现。

分析（analyze）：修订版布鲁姆教育目标分类系统中六种认知过程的一个方面，指能够将材料分解成各个部分并显示彼此间的关系。

应用（apply）：修订版布鲁姆教育目标分类系统中六种认知过程的一个方面，指能够将特定知识在一个特定的情境中加以运用。

手工作品（artifacts）：学生在基于问题的教学中的学习成果，如报告、录像、计算机程序等。

教学艺术（art of teaching）：指教学的成功更多地取决于教师的个人经验和实践智慧，而不仅仅建立在研究和科学证明的基础上。

严明纪律（assertive discipline）：一种课堂管理方法，强调教师严格要求学生在课堂上做出合理行为，并果断制止学生的违纪行为。

评估（assessment）：为做出合理的教学决策而搜集关于学生和课堂的全方位信息的过程。

作为学习的评估（assessment as learning）：帮助学生评定他们自己和同伴的学习水平的评估。

为了学习的评估（assessment for learning）：指在教学过程中进行的，用来了解学生的先前知识和兴趣，监控他们的学习进程的评估。

对学习的评估（assessment of learning）：用来决定学生的成绩、名次、能否毕业以及进入大学等学习过程的评估。

同化（assimilation）：理解新的事物并将其纳入自己已有的知识结构中。

辅助技术（assistive technologies）：用以计算机为主的工具来帮助有特殊需要的学生。

归因理论（attribution theories）：决定动机的主要是个人的归因方式，即个人对自己成功或失败的认知和解释方式。

真实性评估（authentic assessment）：让学生在真实环境中展现他们的能力，以完成特定的任务。

真诚的人际关系（authentic relationships）：由教师和学生共同建立起来的彼此之间坦诚相待、休戚与共的关系。

自治规则（autonomy norm）：许多学校赋予教师的期望，即允许教师在课堂上做他们专业范围内想做的事情。

B

行为目标（behavioral objective）：制定教学目标的形式，强调对期待学生的行为、测验情境和学业表现标准进行精确而细致的描述。

行为理论（behavioral theory）：强调由外部事件、直接对行为的正强化或负强化来激发动机的理论。

行为主义（behaviorism）：一个重要的心理学流派，重视行为并强调个体的行为和学习活动是由外部环境决定的。

阶段标准（benchmarks）：学生在某一阶段应该掌握的特定教学标准的程度和核查点。

最佳教学实践（best practice）：证明在帮助学生学习方面行之有效的教学方法、教学过程和教学程序。

嗡嗡讨论小组（buzz groups）：一种帮助更多学生参与到讨论中的小组技术。

C

因果比较研究（causal-comparative research）：在自变量无法控制的情况下探索因果关系的研究。

缺陷（challenged）：指那些有特殊需要或有行为障碍的人。

检查学生对知识的理解（checking for understanding）：一种教师用来考查学生是否已经掌握新学习的知识或技能的技术。

环形座位模式（circle seating pattern）：经常用于讨论的、教师和学生围坐成一个圆环的座位安排，最大限度地保证参与者的自由交流。

课堂活动（classroom activities）：教师期待学生在课堂中去做的事情，比如听课、讨论、完成学习任务、参加测试等。

课堂生态学（classroom ecology）：一种看待课堂的视角，主要关心学生在课堂中怎样进行互动并实现相互依存。

课堂管理（classroom management）：教师组织和规范课堂的方式，旨在最大可能地促进学生对课堂教学的合作与参与行为，减少破坏行为。

班级会议（classroom meetings）：一种班级管理的方法，由教师定期组织，以帮助学生发现班级问题和解决问题的会议。

课堂过程（classroom processes）：利用个体交往和小组协作来帮助学生解决诸如课堂内部的期待、领导、吸引力、常规、人际沟通以及凝聚力等问题。

课堂性质（classroom properties）：课堂能够影响学生行为表现的显著特征，如多样性、同时性、及时性、不可预测性、公共性和历史性等。

课堂结构（classroom structures）：课堂围绕学习任务和参与度所进行的课堂组织的方式，以及课堂里用来规定目标和奖励的方式。

分组座位安排（cluster seating）：一种座位安排方式，将四或六名学生的课桌聚集成一个小组排列，便于合作学习和完成其他的小组任务。

认知建构主义观点（cognitive-constructivist perspective）：一种学习观点，认为当学习者积极参与到掌握和重建自己的知识的过程中时，学习才真正实现。

认知不协调（cognitive dissonance）：指个体所持有的观念与现实发生的事物和他人的观念产生不一致和冲突时的内心失衡状态。

认知过程维度（cognitive process dimension）：布鲁姆目标分类系统中认知过程的维度，指针对特定学习任务的认知过程和思维过程。

认知过程（cognitive processes）：与思维活动有关的师生活动。

认知心理学（cognitive psychology）：主要关注学习的心智发生过程的心理学。

认知结构（cognitive structures）：知识被组织和储存在头脑中的方式。

沟通技巧（communication skills）：有助于传递和接收言语和非言语信息的人际沟通技巧。

解决社区难题（community problem solving）：要求学生参与共同解决社区问题的教学措施。

竞争性目标结构（competitive goal structure）：当他人无法成功，个体才能成功达成目标的目标情境。

概念获得（concept attainment）：一种用归纳法讲授概念的方式，学生通过教师所提供概念的正例和反例来掌握概念的意义和特征。

概念（concepts）：将具有共同本质特征的知识和经验组织到类属中的方式。

概念教学（concept teaching）：教师在教学中主要帮助学生学会对观念、物体和经验进行分类和命名。

概念性知识（conceptual knowledge）：修订版布鲁姆教育目标分类系统中四种

知识分类之一，指关于原理、类别、理论和模式等基本知识和要素之间的关系的知识。

概念图（conceptual mapping）：一种视觉组织和图解的技术，一系列以逻辑方式组织的观念或概念，以便于清晰认识他们之间的关系。

条件性知识（conditional knowledge）：关于陈述性知识和程序性知识在哪些条件下合理使用的知识。

合取概念（conjunctive concept）：指基本属性不变而且其关键特征必须同时呈现的概念。

主观测试题（constructed-response items）：传统的测验项目，如论述题或简答题，要求学生提供他们自己的解答。

建构主义（constructivism）：认为学习是一种社会和文化的活动，知识是比较个体化的，学习者是通过与他人的交流建构意义的。

建构主义观（constructivist perspective）：认为知识通常是个人化的，人类通过经验来建构知识和意义。

内容标准（content standards）：规范学生应该掌握的特定科目的标准。

控制组（control group）：该组中的被试在实验研究中不经过特殊干预。

聚合式问题（convergent question）：聚焦于原因和结果的关系与分析的问题类型，寻求唯一的、最佳的答案。

合作性目标结构（cooperative goal structure）：是指学生意识到只有和自己一道工作的其他学生都实现目标，自己才能实现目标的任务情境。

矫正性反馈（corrective feedback）：给予学生关于他们表现如何的信息。

相关（correlation）：用来表示两个或多个变量关系的统计术语。

相关研究（correlational research）：调查两个变量间固有的内在关系的研究类型。

相关系数（correlation coefficient）：描述两个变量间相关程度的数量值，在＋1.00～－1.00之间。

创造（create）：修订版布鲁姆教育目标分类系统中六种认知过程的一个方面，指整合各种元素，形成一个有机的整体或重组元素，从而形成一个新的模式或结构。

创造型智力（creative intelligence）：由罗伯特·斯滕伯格提出，指一个人应对新情境或新经验的洞察力。

目标参照测验（criterion-referenced test）：根据预先设定的标准或要求来评价学生表现的测验。

关键属性（critical attribute）：一个概念区别于其他概念的本质特征。

批判性思维（critical thinking）：分析和评估人的认知过程的思维，包括对逻辑一致性的分析讨论，从而发现偏见或错误的推理。

言语提示（cuing）：教师发出的创建或改变教学情境的信息，目的是帮助学生准备好对教学做出适当的反应。

文化胜任力（cultural competence）：个体意识到自己的文化并设想它们塑造了人类的行为和价值观，同时努力去理解和尊重世界范围内人类的多元文化。

文化缺陷理论（cultural deficit theory）：当前遭受质疑的一种理论，想当然地认为少数族裔群体低水平的学业成就是由其文化和种族缺陷造成的。

文化差异理论（cultural difference theory）：当前被广泛认可的理论，认为少数族裔的学生成绩水平低是由于家庭文化与学校文化的脱节造成的，而不是某些文化缺陷造成的。

文化相关课程（culturally relevant curriculum）：教师将学生的生活世界和文化同学校和班级联系起来的教学实践。

文化多元主义（cultural pluralism）：一种鼓励少数族裔文化在全人类文化中保持他们的独特身份并重视文化多元性的思想。

文化（culture）：一个民族的全部生活方式；群体成员思考有关社会活动和解决问题的方法。

课程总揽表（curriculum mapping）：一种绘制出涵盖各个年级和各门科目的教学内容的技术。

课程标准（curriculum standards）：对学生应该掌握的知识和技能的描述。

D

悬而不决（dangle）：当教师开始一项活动后，将其搁置不再继续。

事后汇报（debriefing）：通过提问学生对讨论的看法来判断课堂讨论是否有效。

陈述性知识（declarative knowledge）：关于事实性的知识；关于事实、概念或原理的知识。

演绎推理（deductive reasoning）：由一般规则和原理推导出具体事例和情境的过程。

人口统计学假定（demographic assumption）：一个社会提出的关于该社会人口组成的假设。

因变量（dependent variable）：研究中随着自变量而发生变化的变量；自变量的结果。

描述性研究（descriptive research）：目的在于搜集某种现象之详细信息的研究。

制止行为（desist behavior）：教师用来制止学生的破坏性行为的教学措施。

必须制止的事件（desist incidence）：指某种课堂违纪事件已到了足够严重的程度，如果不及时处理就会带来数量更多、范围更大的课堂管理问题。

区别对待（differential treatment）：社会中多数族裔与少数族裔在种族、阶层、文化、性别方面不同的教育经历；也就是说，在课程质量、教学、课堂互动、教育投入、入学率等方面的差异。

差异性教学（differentiation）：调整标准化教学，满足特定学生需要的一种教学形式。

直接教学模式（direct instruction model）：一种教授基本技能与系列材料的教学方法，该模式中的课程有高度的目标指向，学习环境由教师严格控制。

直接讲述（direct presentation）：概念教学的几种方式之一。

残障（disability）：用来指具有特殊需要或残障的个体；在诸如听力、行走或学习方面存在障碍。

文化脱节（discontinuity）：用来指两种不同环境中不同的信仰、价值观和沟通交流方式（如家庭和学校）。

对话（discourse）：一般指发生在课堂中口头进行交流与沟通的方式。

发现式教学（discovery teaching or learning）：教学方法之一，强调教师应鼓励学生通过他们自己的探索和独立解决问题来学习概念和原理。

奇异性事件（discrepant event）：创设一种令人困惑的情境，激起学生的好奇心和进一步探索因果关系的动机；常由教师用在学生身上。

讨论法（discussion）：在教师和学生中借助口头语言来交流思想的教学方法。

析取概念（disjunctive concept）：结合单个或多个属性所形成的概念。

性情（dispositions）：个体的心理倾向和内在特质；用来指思维的固有特征。

分配任务（distributed practice）：在多个教学时段内布置给学生在短时间内需完成的活动。

发散式问题（divergent questions）：允许多种答案和解决途径并鼓励创新的问题。

自由时间（downtime）：在课堂教学中，当授课较早结束或学生等待进入下一项活动（如转入另一个教室或回家）之间的时间。

E

黑人英语（Ebonics）：指一些非裔美国人使用的方言。

生态系统（ecological system）：把课堂看作一种彼此之间高度相互依存的环境，教师、学生和其他人在其中进行互动。

效率原则（economy）：布鲁纳用来指在每一次教学中对所使用教学材料之总量的限制。

效应值（effect size）：统计学术语，指一种实验方法的预期效果同控制组所采用的更传统的方法之间进行比较时最大和最小的差距。

详细审问问题（elaborative interrogation questions）：指一个问题有后继的推理问题，要求学生确证或拓展自己的想法。

网络学习（e-learning）：指发生在互联网上的学习。也指虚拟学习或远程学习。

ELLs：英语学习者（English language learners）的简称。

情绪智力（emotional intelligence）：戈尔曼提出的一种能识别和控制自己的情绪并意识到他人的情绪的能力。

实施的课程（enacted curriculum）：统一计划并由教师在课堂中实施的课程。

基本概念（enduring understandings）：一门课程最基本的概念和观点，因其具有持久的价值要求每个学生都应该学习和掌握。

必要时间（engaged time）：学生实际花在一门课或一项学习活动上的时间；也叫任务时间。

公正（equity）：指让每个人感受到公正、公平、正义和平等。

ESL：英语作为第二语言学习者（English as a second language）的简称。

写作题（essay test）：要求学生用文字来表达思想和个人观点的测验方法。

基本问题（essential questions）：任何一门学科中反映最重要的思想和课程核

心观点的问题。

创设情境（establishing set）：教师在新课开始时使用的一个非常重要的步骤，目的在于让学生对新知识的学习做好准备。

民族（ethnicity）：指具有相同语言和传统的群体。

人种志（ethnography）：一种人类学研究方法，对一种文化、社会或特定的现象进行深入研究与描述的方法。

校风（ethos）：在特定的学校和课堂中具有的共同的信仰、价值观和行为方式。

评价（evaluate）：修订版布鲁姆教育目标分类系统中六种认知过程的一个方面，指能够在课程标准的基础上进行评价。

评价（evaluation）：指做出判断的过程，或确定特定方法的价值、某学生学习的价值的过程。

基于实践的训练（evidence-based practices）：指教师行之有效的并经研究证实能够有效促进学生学习的教学措施。

特殊群体（exceptionality）：指那些在社会性、智力、情感或生理上有特殊需要的学生。

展示（exhibits）：在以问题为基础的教学中学生对自己的作品或成果的展示。

实验组（experimental group）：在实验研究中接受特定处理的一组被试。

专家教师（expert teachers）：已经掌握教学的技艺和方法的资深教师。

解释性关系词（explaining links）：在讲授课中的关系词，指表明事件或观点的原因、结果、方法、目的的介词或连接词。

外部动机（extrinsic motivation）：指个体行为由奖惩或社会压力等外部因素引起。

F

事实性知识（factual knowledge）：修订版布鲁姆教育目标分类系统中知识的四种形式之一，指一个主题或专题的基本要素、事实和专业词汇等。

测验公平性（fairness）：测验中不带有因种族、出身或性别而导致的偏见和歧视的程度。

反馈（feedback）：给予学生关于他们学业表现的信息。

情调（feeling tone）：在一个学习环境或一项学习任务中使学生体验到积极情感或消极情感的状态。

场依存型（field dependent）：指个体倾向于将外部环境作为一个整体来加以感知。

场独立型（field independent）：指个体倾向于感知情境的部分而不是整体。

弹性分组（flexible grouping）：教师在阅读、写作或数学等学科教学中将同一班级内的学生临时按照能力进行分组的教学措施。

反复（flip-flop）：教师在开始一项活动后，中断并开始另一项活动，最后再回到最初的活动上去。

沉浸体验（flow experience）：一种让个体体验到纯粹的快乐，并且能够全身心地投入的体验。

正规课程（formal curriculum）：通常由教育机构，如国家教育主管部门或地方学区制定的课程。

形成性评估（formative evaluation）：在教学前或教学中进行的，用来计划和制定适应性。

打碎教学（fragmentation）：教师将完整的学习活动打乱成为数个小单元的过程。

完全双语方案（full bilingual program）：同时用两种语言进行教学，目的在于让学习者熟练地达到说和写。

G

根特表（Gantt chart）：一种备课技术，体现某一部分学习任务与其他部分的关系，以及每一部分何时开始与结束。

性别歧视（gender bias）：在对男性和女性的态度和行为表现方面总是喜欢一个胜过另一个。

天才学生（gifted and talented）：学生被确认为非常聪明、有创造性或具有某种特殊的天赋。

目标结构（goal structures）：确定了群体中学生之间相互依赖的程度，有三种不同类型的目标结构：合作性目标结构、竞争性目标结构和个体性目标结构。

常态曲线等级评定（grading on a curve）：依照常态曲线进行学生成绩的等级分配的方法。

目标等级评定（grading to criterion）：将学生在学业上的表现同预定的目标或标准进行比较，做出等级评定。

图表组织者（graphic organizer）：将即将呈现给学生的新知识结构以视觉图像的方式提供给学生。

团体发展（group development）：团体发展成为一个具有凝聚力和有效率的集体的过程。

小组调查（group investigation）：合作学习中的一种方法，学生自己选择学习的主题，共同合作去完成调查任务。

团体过程（group processes）：见课堂过程（classroom processes）。

团体技巧（group skills）：学生有效参与到团体中的技术。

指导练习（guided practice）：学生在教师的引导和监督下进行练习。

H

残障（handicapped）：指具有特殊需要或要求的个体。某些人认为其含有否定意义或对具有特殊需要的人有负面印象。

不干涉规则（hands-off norm）：许多学校在管理中希望每个教师不干涉其他教师的工作。

高级思维（higher-order thinking）：基于充分证据进行分析、批判和得出结论的抽象思维的过程。

高风险测验（high-stakes tests）：用来帮助学生进入更高级的学习计划和教育机构且具有重要意义的测验。

整体评分法（holistic scoring）：以论文题或其他写作作业的方式来评定学生成绩的技术，强调综合整体而不是个别部分。

家庭作业（homework）：学生个体的自主练习，是需要学生在课外完成的工作。

I

全纳教育（inclusion）：把轻微残障的学生和有较为严重残障的学生安置进正规班级，仅在有必要时才把他们编入特殊的班级中。

背景学习（in-context learning）：在这种学习情境中，学生掌握的知识和技能是实际生活中所需要的。

自主练习（independent practice）：没有教师指导，让学生靠自己独立完成的任务。

自主任务（independent task）：学生独立完成的学习任务。

自变量（independent variable）：在研究中，经过处理并对因变量的变化产生影响的变量。

个体性目标结构（individualistic goal structure）：个体独立工作就可以完成的目标情境。

个体性奖励结构（individualistic reward structure）：学生的目标达成与其他学生的目标达成无关。

个别化教育计划（individualized education plan）：针对低能力水平学生制定的，由教师、家长和特殊教育工作者共同实施且具有长期或短期教育目标的学习计划。

归纳推理（inductive reasoning）：从具体事例和数据信息总结出一般规则和原理的思维过程。

归纳式教学（inductive teaching）：见探究式教学（inquiry-based teaching）。

权力动机（influence motives）：促使一个人去采取行动以在学习上有更多的自主权并在学校事务上有更多发言权的内在动力。

信息加工过程（information processing）：个体借助头脑输入、储存和提取利用信息的过程。

注入策略（infusion strategies）：教授思维的方法，将思维教学注入常规的课堂教学中。

网络一代（igeneration）：指当前在计算机和数字技术环境中长大的一代学生。

探究式教学（inquiry-based teaching）：一种教学方法，强调帮助学生独自探索并形成从数据中独立提问和得出结论的技能。

教学的个别指导方面（instructional aspects of teaching）：教师的教学事务的一个方面，指在课堂上对学生进行面对面的指导。

教学目标（instructional objective）：对教师教学内容的概要陈述。

智力（intelligence）：指解决问题、适应自然环境和社会环境的一种或几种能力。

智商（intelligence quotient）：生理年龄与心理年龄比较的分数。

互动模式（interaction patterns）：指课堂中言语和非言语的沟通模式。

互相依存性任务（interdependent task）：在某种教学情境中，需要两个或更多个体共同工作才能完成的学习任务。

人际沟通技巧（interpersonal communication skills）：促进学生彼此间真诚沟通和积极关注的技巧。

内部动机（intrinsic motivation）：能使个人以特定方式采取行动，因为这能给个人带来满足感或快乐。

J

拼图组合法（Jigsaw）：合作学习的方法之一，将学生按多种能力水平混合分组，每个学生负责学习任务的一部分。

K

知识基础（knowledge base）：通过长期研究的积累和资深教师的智慧总结所获得的关于教师如何教学的知识。

知识维度（knowledge dimension）：修订版布鲁姆教育目标分类系统中关于学习者学到什么或需要学习什么的目标分类。

结果反馈（knowledge of results）：给予学生关于他们学业表现的反馈。

L

教学的领导方面（leadership aspects of teaching）：教师教学事务的一个方面，包括激发学生动机，促进合作，调控学生的学习环境和进程。

学习者中心的备课（learner-centered planning）：充分调动学生参与到教学过程中的备课。

学习能力（learning abilities）：个体具有的掌握知识和技能并融入学习环境的能力。

学习目标定向（learning goal orientation）：由内部因素激发学习动机并主要靠学生独立完成学习任务的学习定向。

学习偏好（learning preference）：学习者在学习过程中所偏爱的学习环境和学习方式。

学习进程（learning progression）：在掌握更复杂的课程内容和学习任务之前必须学习的基本技能和必要的知识。

学习策略（learning strategies）：学习者在完成学习任务的过程中所采取的计划、方法和策略等。

学习风格（learning styles）：学习者在学习过程中采取的特定方法和途径。

限制最少的环境（least restrictive environment）：指专门为残障学生安排的、非常像正规班级的环境。

LEP：英文熟练水平有限（limited English proficiency）的简称。

教案（lesson plan）：对一节课的教学组织。

实际发展水平（level of actual development）：由维果茨基提出的一个概念，用来指学习者当前实际解决问题的水平。

难度水平（level of difficulty）：指需要学生做出回答的问题的难易度。

潜在发展水平（level of potential development）：由维果茨基提出的一个概念，

用来指在教师或更多优秀同伴的帮助下学习者所能达到的解决问题的水平。

逻辑后果（logical consequences）：对个体的错误行为可能直接造成不良结果的惩罚。

长时记忆（long-term memory）：指信息被长时间储存在头脑中，在需要时可以被提取而加以运用。

松散联结系统（loosely coupled systems）：一种组织内部的安排，该组织的某一部分与其他部分并没有紧密的联系。

M

回归主流（mainstreaming）：将有特殊需要的学生完全或在部分时间内安置在正常班级中。

集体练习（massed practice）：在一个独立的时段内由教师布置给学生的学习任务。

有意义言语学习（meaningful verbal learning）：由奥苏伯尔提出，用来强调应教给学生知识之间有意义的内在联系的学习。

平均分（mean score）：一组得分的算术平均值。

熔炉政策（melting pot）：教育的意识形态政策的一种，认为少数民族文化应该融入一种新的、独立的、更优越的文化中来。

心理能力（mental abilities）：通过个体在特定认知活动上的表现来测定的能力。

心理年龄（mental age）：在智力测验中，针对一个特定年龄组所确定的平均智力水平。

心理计划（mental planning）：教师在审视和反思自己的教学时在头脑中的计划，并不总是诉诸文字。

元认知知识（metacognitive knowledge）：修订版布鲁姆教育目标分类系统中知识的四种类型之一，指关于自己认知过程的知识和自我意识。

隐喻（metaphors）：用一种事物来隐藏地表达另一种事物的言语表达方式。

因势利导（momentum）：库宁用来指教师控制教学进度和节奏的术语。

动机（motivation）：为达到重要的生活目标或为获得满足感而采取行动的过程。

多元文化教育（multicultural education）：旨在帮助学生认识和重视文化多样性的教学活动。

多元智力（multiple intelligences）：加德纳提出的理论，认为智力不是一种能力而是包括八种不同的能力。

多元模式（multiple models）：指在一节课或一个单元的教学中采取几种不同的模式展开教学。

N

需要理论（needs theory）：一种动机理论，认为人们为满足基本的和高级层次的需要而去激发动机和采取行动。

负强化物（negative reinforcer）：一种惩罚性刺激物，目的是消除或减少不良行为。

网络一代（Net generation）：生于20世纪七八十年代，精通和使用电脑和信息技术的一代人。

非本质属性（noncritical attributes）：在某个类别中不是全部而只是部分个体具有的特征。

非线性模式（nonlinear model）：计划者先行动，然后根据产生的结果（有预期的，也有非预期的）来设置目标，进而总结、解释他们的行为。

常模参照测验（norm-referenced test）：一种标准化测验，通过将学生的表现同具有代表性的群体的成绩相对比，进而评价学生的成就。

课堂常规（norms）：教师和学生对课堂行为的共同期望。

新教师（novice teacher）：刚刚入职正在摸索教学技术、积攒经验的教师。

集思广益（numbered heads together）：鼓励合作与参与的小组策略。

O

客观主义视角（objectivist perspective）：关于知识的传统观点认为，“真理”是存在的，且人类已取得一种客观的知识，同时它们可以通过发现来学习。

学习机会（opportunity to learn）：教师实际用于教学事务和学生活动上的总时间。

教学的组织方面（organizational aspects of teaching）：教师在工作中为完成学校的计划与协作而与校内其他成人间的互动交流。

超情境学习风格（out-of-context learning style）：与真正的、当前的需要不必然相关的学习——学生在学校的典型学习类型。

过度讲解（overwelling）：在学生已经掌握了教学内容之后，教师还是一遍又一遍地讲述。

一心多用（overlappingness）：一种课堂管理能力，指教师关注到学生的课堂干扰行为，在不打断教学过程的情况下加以处理。

过度学习（overlearning）：对一项任务或技能不断练习直到完全掌握并运用自如。

P

参与结构（participation structures）：建立起来的课堂规则，决定在课堂对话中谁可以在什么时间、对什么人说什么话。

教育学（pedagogy）：把对教学的科学性和艺术性的研究称作教育学；也指教学方法与途径。

表现性评估（performance assessment）：让学生在实际情境中完成特定任务以考查学生能力的评估形式。

能力目标定向（performance goal orientation）：学生努力达到外部规定的标准并在能力表现上超过别人的学习目标指向。

能力指标（performance indicators）：用来测量学生对特定目标和阶段标准的掌握情况。

能力标准（performance standards）：根据学生应该掌握的知识和技能，以及在各门科目上所应达到的水平而设定的教学要求。

正强化物（positive reinforcer）：给予个体的一种奖励性刺激物，以促使他们不断重复受赞赏的行为。

实证主义（positivism）：认为知识是固定不变的，可通过对行为的直接观察来充分掌握。

效力（power）：由布鲁纳提出，用来指教师从学科内容中选取最重要的思想和概念教给学生。

实际论证（practical arguments）：基于知识和信仰的推理，是教师借以做出教育教学决定的手段。

实践型智力（practical intelligence）：由罗伯特·斯滕伯格提出，指个体具有的适应和创新塑造自身环境的能力。

表扬（praise）：由教师提供给学生的积极的言语和非言语信息，用以强化和鼓励学生更多的良好行为。

讲授教学模式（presentation teaching model）：强调教师借助言语向学生解释新知识和新思想的教学模式。

预防性管理（preventative management）：认为可以通过充分的备课、有趣的内容和有效的教学来实现有效的课堂管理。

先前知识（prior knowledge）：学生在接受新知识前已经拥有的知识。

程序性知识（procedural knowledge）：关于如何做的知识；与完成特定的行为技能或复杂的认知策略有关。

程序（procedures）：教师建立的用来管理日常学习任务和协调学生的言语与行动的规则系统。

过程—结果研究（process-product research）：一种针对教师的教和学生的学习效果之间的关系进行研究的方法。

惩罚（punishments）：教师强加给学生的惩罚以减少他们的不良行为。

Q

定性研究（qualitative research）：更多借助整体观察和描述性报告而不是数量形式来进行研究的方法。

定量研究（quantitative research）：以客观的方式来研究行为并使用传统的数理统计方式来分析处理数据的研究方法。

R

种族（race）：指拥有共同生物特性的群体。

理性—线性模式（rational-linear model）：在做教学计划时，先设定目标，然后选择相应的策略或活动来完成这些预定的目标。

背诵法（recitation）：教师采用的一种教学方法，包括讲授知识、提问题、要求学生回答，然后通过表扬或纠错进行反馈。

重构标准（reconstitute standards）：指国家层面的课程标准要由地方教育者和教师（和作为学习主体的学生）在具体教学中不断精简和细化为可操作的具体目标。

反思（reflection）：教师认真和深入地思考个人教学和学生学习的行为和效果。

强化（reinforcement）：教师为鼓励和强化受赞许的行为而实施的举措。

强化原理（reinforcement principles）：一种心理学理论，认为受到强化的行为将会重现，而不受强化的行为将会消失。

关系概念（relational concept）：一个概念其特性依赖于与其他概念的关系。

信度（reliability）：一个测验多次施测获得相同结果的程度。

识记（remember）：修订版布鲁姆教育目标分类系统中六种认知过程的一个方面，指能够从长时记忆中辨别和提取相应的知识。

保留剧目（repertoire）：教师拥有的可用来帮助学生学习的全部教学方法和策略。

作答器（responders）：在讲授课或讨论课中学生用于回答教师提问的电子装置。

应答技术（response technique）：教师用来检验学生知识理解水平的技术。

奖励体系（reward structures）：课堂中教师给予学生奖励的方式，可分为个体性、竞争性、合作性奖励体系。

规则—例子—规则技术（rule-example-rule technique）：教师授课时，先讲述一般原理，然后详细举例，最后对规则进行总结性陈述。

行为规则（rules for behavior）：对发生在课堂上所期待的行为和不被允许的行为的规定。

S

样本（sample）：基于研究目的从大规模人群中选取的一组被试。

脚手架（scaffolding）：在教师或更资深的人的帮助下，学习者去掌握比其现有发展水平稍高的知识或技能。

图式（schema）：指个体（教师或学生）的知识结构或信息在记忆中组织和储存的方式。

学校文化（school culture）：学校成员看待社会行为的方式；一所学校的成员所具有的信仰、价值观和态度。“ethos”“tone”“community”常用来描述相同的现象。

有效学校研究（school effectiveness research）：致力于发现某些学校比其他学校更有效的特征。

教学的科学基础（scientific basis of teaching）：建立在研究和科学证据的基础上的教学决策。

科学推理（scientific reasoning）：与科学探究相联系的思维，涉及在客观证据的基础上得出结论。

课堂作业（seatwork）：在教室里布置的需要学生完成的任务和进一步的练习。

选择题（selected-response items）：传统测试项目的一种，如多选题和判断正误题，允许学生从备选答案中挑选出正确答案。

自我实现预言（self-fulfilling prophecy）：教师对学生的行为或学习的期望和预见使得这种行为真的发生。

自主学习者（self-regulate learner）：学习者能够清楚认识自己的学习情境，选择合理的学习策略，控制学习策略的有效实施，并保证对学习任务的持续关注直至其完成。

感觉记忆（sensory memory）：记忆系统的开始部分，对外部刺激进行最初加工的阶段。

短时工作记忆（short-term working memory）：在记忆系统中有意识的思维活动进行的阶段，也叫工作记忆。

流畅（smoothness）：教学过程紧凑、平稳而流畅。

教学的社会背景（social context）：教与学发生的具体环境并影响着教与学的过程。

社会认知理论（social cognitive theory）：一种学习理论，强调学习是观察的结果，学习行为受环境、信念和期望的影响。

社会公平课堂（socially just classroom）：学生在课堂学习中致力于社会范畴和课堂范围内的公正平等。

社会技能（social skills）：个体具有的在社会和小组学习中与他人有效互动和协作的能力和技巧。

社会文化理论（sociocultural theory）：认为个体的动机不仅仅受内部因素如需要、目标和期望等激发，还受到个体所认同的团体成员的期望和行为的影响。

社会经济地位（socioeconomic）：指人们在收入、家庭背景和社会声望方面的不同。

折半信度（split-half reliability）：将测试题目分为两个部分，把学生在这两个部分的成绩进行比较，看其成绩相似性和内在一致的程度。

教师发展阶段（stages of teacher development）：一种阐述教师的教学技能是如何从一个阶段到下一个阶段而不断发展成熟的理论。

标准差（standard deviation）：表示一系列数值与平均数的偏差幅度。

标准化测验（standardized tests）：指由专家编制、在全国范围内应用并得到正式发行的测验。

课程标准（standards）：对学生应该知道什么和学生应该具备什么能力的描述。今天常用来代称过去的教学目标。

显著性检验（statistical test and significance）：一种统计程序，用来确定研究结果是真实的还是偶然性造成的。

结构法（structural approach）：由斯宾塞·卡根提出的一种合作学习的方法。

知识结构（structures of knowledge）：特定科目中知识的组织方式。

学生档案袋（student portfolios）：指收集学生一段时间内的作业和完成的作品来进行评估的方式。

学生小组成绩分工法（student teams achievement divisions）：一种合作学习的方法，指将能力水平不同的学生分在一组，同时对个人和团体的努力给予奖励。

沉浸式（submersion approach）：当前一种不合理的教学方法，只是简单地将英语水平低的学生安置在普通班级中，不给予他们正规教学或其他支持而期望他们通过自己的努力学习英语的方法。

成功智力（successful intelligence）：罗伯特·斯滕伯格提出的智力类型，指个体在生活中有可能获得成功的能力。

终结性评估（summative evaluation）：在教学活动后，对教学的有效性和学生的学业表现进行的评价。

持续性期望效应（sustaining expectation effect）：指教师不改变他对一个学生的期望，甚至在这个学生的表现发生变化以后也维持之前的期望。

灵活排座（swing seating）：在合作学习课程中，允许学生自由移动的座位安排。

协同（synergy）：通过共同工作或协同行动获得积极的结果。

课程秩序（syntax）：一节课整体的节奏、次序或主要环节。

T

任务分析（task analysis）：把复杂的学习任务或技能分解为多个组成部分，以便学习者循序渐进地掌握。

任务体系（task structures）：学生学习具体学科时应该在课堂上完成的学习任务、相应的认知要求和社会性要求。

分类法（taxonomy）：对目标和观点进行分类并表明其关系的方法。

教师教学清晰度（teacher clarity）：描述教师在课程讲授过程中之清晰明确程度的术语。

教师效能研究（teacher effectiveness research）：是一种进行教学研究的方法，关注教师可观察到的行为与学生学业成绩之间的联系。

教师的激情（teacher enthusiasm）：教师所具有的一系列行为，如运用激昂的语言、生动的姿态促使学生对学习内容感兴趣。

教师的期望（teacher expectations）：教师对某些学生的学习能力持有的信念、态度和感受——可能准确也可能不准确。

教师研究（teacher research）：见行动研究。

教学模式（teaching model）：布鲁斯·乔伊斯用来形容一种整体的教学方法或教学计划。教学模式有以下属性：是一个清晰的理论框架，能指明学生应该学习什么，是具体的教学步骤、教学体系。

考试焦虑（test anxiety）：当学生在考试时感受到过度紧张而导致考试失败的现象。

测试蓝图（test blueprint）：一项用来设计试题的工具，运用测试蓝图，可使试卷结构平衡，合理地考查围绕知识和认知过程类型设计的教学目标。

再测信度（test-retest reliability）：指在不同时间用某项测验测试某个人得出一致结果的程度。

思维矩阵（thinking matrix）：一种用于训练学生思维技巧的图像工具，帮助学生思考在讨论课中问题的类型和他们所提供的答案。

思维程序（thinking routines）：一些能够使思维过程外显化，以便于学生认识和了解的思维规则。

思考—配对—分享（think-pair-share）：教师用来放慢课堂讨论的节奏，提高学生参与度的教学措施。

分层教学（tiered activities）：教师用来促使所有学生（不论其能力如何）在不同的抽象水平和复杂程度上学习同样知识和技能的教学策略。

任务执行时间（time on task）：指学生实际用于特定学科或学习活动的时间。

教学时间表（time-tabling）：在一定时期内如何完成一系列教学任务的时间计划。

过渡式双语教育方案（transitional bilingual programs）：对英语应用水平差的学生最初用他们的母语进行教学，然后逐渐增加英语教学直到他们熟练掌握。

转换（transitions）：在一节课中，教师从一种学习活动转换到另一种学习活动的时间。

U

理解（understand）：修订版布鲁姆教育目标分类系统中六种认知过程的一个方面，指能够对知识进行说明、举例、分类、总结、推理、比较和解释。

单元教案（unit plan）：针对具有相同的主题和教学目标的单元课程的教案，一个单元有好几个课时，分几天完成。

U形座位模式（U-shaped seating pattern）：一种适用于课堂讨论的座位安排，学生以U形方式就座，教师坐在U形的开放段。

V

效度（validity）：一个测验所能测出它想要测出的东西的程度。

增值性评估（value-added assessments）：对学生在一个学年内的某一科目学习中学习进步幅度的评估。

变量（variable）：会产生变化的某些个体（教师、学生、家长）的特点或者环境（课堂、家庭、学校和政府）的某些特征。

指示语（verbal signposts）：指教师帮助学习者从一个主题移向另一个主题的学习，并且能够提示学生什么是重要的所用的言语提示。

可视化思维（visible thinking）：将内部思维过程呈现出来并为学生所了解的过程。

视觉线索（visual cuing）：用视觉方式或手势语来告知学生应该做什么。

W

等待时间（wait-time）：指教师提问和学生回答之间的间隔及学生回答和教师反应之间的间隔。

明察秋毫（withitness）：教师迅速而准确地发现学生的课堂违纪行为的能力。

工作记忆（working memory）：见短时工作记忆（short-term working memory）。

Z

最近发展区（zone of proximal development）：由维果茨基提出的一个概念，指学习者实际发展水平与潜在发展水平之间的差距。

参考文献

A *broader, bolder approach to education*. (2008). Retrieved January 2010 from http://www.boldapproach.org

Adelman, C. (1991). *Women at thirty-something: Paradoxes of attainment*. Washington, DC: U.S. Department of Education.

Adventure Learning Foundation. Retrieved May 25, 2005, from http://www.questconnnect.org

Airasian, P., & Russell, M. (2007). *Classroom assessment* (6th ed.). New York: McGraw-Hill.

Albanese, M., & Mitchell, S. (1993). Problem-based learning: A review of literature on its outcomes and implementation issues. *Academic Medicine, 68*, 52–81.

Allen, V. (1991). Teaching bilingual and ESL children. In J. Flood, J. M. Jensen, D. Lapp, & J. R. Squire (eds.), *Handbook of research on teaching the English language arts*. New York: Macmillan.

Alliance for Children. (2004). *Tech tonic: Towards a new literacy of technology*. College Park, MD: Author.

Alschuler, A. S., Tabor, D., & McIntyre, J. (1970). *Teaching achievement motivation: Theory and practice in psychological education*. Middletown, CT: Education Ventures.

American Association of University Women (AAUW). (1992). *Shortchanging girls, shortchanging America*. Washington, DC: Author.

American Educational Research Association, American Psychological Association, & National Council on Measurement in Education. (1985). *Standards for educational and psychological testing*. Washington, DC: American Psychological Association.

A nation at risk. (1983). Washington, DC: National Commission on Excellence in Education.

Ancess, J., & Darling-Hammond, L. (2003). *Beating the odds: High schools as communities of commitment*. New York: Teachers College Press.

Anderman, E., & Anderman, L. (2009) *Classroom motivation*. New York: Prentice Hall.

Anderson, L. M. (1985). What are students doing when they do all that seatwork? In C. Fisher & D. Berliner (eds.), *Perspectives on instructional time*. New York: Longman.

Anderson, L. (1989). Classroom instruction. In M. Reynolds (ed.), *Knowledge base for beginning teachers*. New York: Pergamon.

Anderson, L. M., & Smith, E. L. (1987). Teaching science. In V. Richardson-Koehler (ed.), *Educator's handbook: A research perspective*. New York: Longman.

Anderson, L. W., & Krathwohl, D. R. (eds. with P. W Airasian, K. A. Cruikshank, R. E. Mayer, P. R. Pintrich, J. Raths, & M. C. Wittrock). (2001). *A taxonomy for learning, teaching, and assessing: A revision of Bloom's taxonomy of educational objectives*. New York: Longman.

Anyon, J. (1980). Social class and the hidden curriculum of work. *Journal of Education, 162*, 67–69.

Arends, R., & Kilcher, A. (2010). *Teaching for student learning: Becoming an accomplished teacher*. New York: Routledge.

Aronson, E., & Patnoe, S. (2010). *Cooperation in the classroom: The jigsaw method* (3rd ed.). London: Pinter & Martin Ltd.

Apple, M. (1990). *Ideology and the curriculum*. New York: Routledge.

Aronson, E., & Patnoe, S. (1997). *The Jigsaw classroom*. New York: Addison-Wesley/Longman.

ASCD whole child. Retrieved August 27, 2007, from http://www.wholechildeducation.org

Ashcroft, M. H. (2006). *Cognition* (4th ed.). Upper Saddle River, NJ: Prentice-Hall.

Atkinson, J., & Feather, N. (1966). *A theory of achievement motivation*. New York: Wiley.

Ausubel, D. P. (1960). The use of advance organizers in the learning and retention of meaningful verbal material. *Journal of Educational Psychology, 51*, 267–272.

Audet, R., & Jordon, L. (2005). *Integrating inquiry across the curriculum*. Thousand Oaks, CA: Corwin Press.

Ausubel, D. P. (1963). *The psychology of meaningful verbal learning*. New York: Grune & Stratton.

Baker, D. (1986). Sex differences in classroom interaction in secondary science. *Journal of Classroom Interaction, 22*, 212–218.

Bandura, A. (1977). *Social learning theory*. Englewood Cliffs, NJ: Prentice-Hall.

Bandura, A. (1986). *Social foundations of thought and action*. Englewood Cliffs, NJ: Prentice-Hall.

Bangert, R., Kulik, C., Kulik, J., & Morgon, M. (1991). The instructional effects of feedback on test-like events. *Review of Educational Research, 61*(2), 213–238.

Bangert-Drowns, R. L., Kulik, C. C., & Kulik, J. A. (1991). The instructional effects of feedback in testing events. *Review of Educational Research, 61*, 213–238.

Banks, J. (1998, October 16). Reliance on technology threatens the essence of teaching. *Chronicle of Higher Education*, p. B5.

Banks, J. (ed.). (1995). *The handbook of research on multicultural education*. New York: Macmillan.

Banks, J. (2007). *Introduction to multicultural education* (4th ed.). Boston: Allyn & Bacon.

Banks, J., et al. (2005). Teaching diverse students. In L. Darling-Hammond & J. Bransford (eds.), *Preparing teachers for a changing world*. San Francisco: Jossey-Bass.

Banks, J. A. (2001). *Cultural diversity and education* (4th ed.). Boston: Allyn & Bacon.

Banks, J. A., & Banks, C. (eds.). (1996a). *Handbook of research on multicultural education*. San Francisco: Jossey-Bass.

Banks, J. A., & Banks, C. (1996b). *Teaching strategies for ethnic studies* (6th ed.). Boston: Allyn & Bacon.

Barell, J. (2003). *Developing more curious minds*. Alexandria, VA: Association for Supervision and Curriculum Development.

Barell, J. (2006). *Problem-based learning: An inquiry approach* (2nd ed.). Thousand Oaks, CA: Corwin Press.

Barker, R. G. (1968). *Ecological psychology*. Stanford, CA: Stanford University Press.

Barsalou, L. W. (2000). Concepts: An overview. In A. E. Kazdin (ed.), *Encyclopedia of psychology*. New York: Oxford University Press.

Beaulieu, R. P., & Utecht, K. M. (1987). Frequently administered formative tests and student achievement. *Journal of Instructional Psychology, 14*, 195–200.

Bellanca, J. (2007). *A guide to graphic organizers: Helping students organize and process content for deeper learning* (2nd ed.). Thousand Oaks, CA: Corwin Press.

Bellanca, J. (2010). *Enriched learning projects: A practical pathway to 21st century*. Bloomington, IN: Solution Tree.

Benjafield, J. G. (1992). *Cognitions*. Englewood Cliffs, NJ: Prentice-Hall.

Benjamin, A. (2002). *Differentiated instruction: A guide for middle and high school teachers*. Larchmont, NY: Eye on Education.

Bennett, S., & Kalish, N. (2006). *The case against homework: How homework is hurting our children and what we can do about it*. New York: Crown.

Bennett, W., Finn, C., & Cribb, J. (1999). *The educated child: A parent's guide to preschool through eighth grade*. New York: Free Press.

Berger, K. (2004). *The developing person through the life span* (6th ed.). New York: Worth Publishing.

Berninger, V., & Richards, T. (2002). *Brain literacy for educators and psychologists*. San Diego, CA: Academic Press.

Beyer, B. (2001). Practical strategies for direct instruction in thinking skills. In A. Costa (ed.). *Developing minds: A resource for teaching thinking* (3rd ed.). Alexandria, VA: Association for Supervision and Curriculum Development.

Biklen, D. (1985). *Achieving the complete school*. New York: Teachers College Press.

Biklen, S. K., & Pollard, D. (2001). Feminist perspectives on gender in the classroom. In V. Richardson (ed.), *Handbook of research on teaching* (4th ed.). Washington, DC: American Educational Research Association.

Black, P., & Wiliam, D. (1998a). Assessment and classroom learning. *Assessment in Education, 5*(1), 7–73.

Black, P., & Wiliam, D. (1998b). Inside the black box: Raising standards through classroom assessment. *Phi Delta Kappan, 80*(2), 139–148.

Black, P., Harrison, C., Lee, C., Marshal, B., & Wiliam, D. (2004). Working inside the black box: Assessment for learning in the classroom. *Phi Delta Kappan, 86*(1), 8–21.

Bloom, B. S. (ed.). (1956). *Taxonomy of educational objectives. Handbook 1: Cognitive domain*. New York: David McKay.

Bloom, B. S. (1976). *Human characteristics and school learning*. New York: McGraw-Hill.

Bluestein, J. (1982). *The beginning teacher's resource handbook*. Albuquerque, NM: Instructional Support Services.

Blythe, T. (1997). *The teaching for understanding guide*. San Francisco: Jossey-Bass.

Bobbitt, F. (1918). *The curriculum*. Boston: Houghton Mifflin.

Bohn, C., Roehrig, A., & Pressley, M. (2004). The first days of school in the classrooms of two more effective and four less effective primary-grade teachers. *The Elementary School Journal, 104*(4), 269–287.

Borg, W. R., & Gall, M. D. (1993). *Educational research: An introduction* (4th ed.). New York: Longman.

Boss, S., Krauss, J., & Conery, L. (2008). *Reinventing project-based learning: Your field guide to real-world projects in the digital age*. Eugene, OR: International Society for Technology in Education.

Bozeman, M. (1995). *Signaling in the classroom* (mimeographed). Salisbury, MD: Salisbury State College.

Brandt, R. S. (2000). *Education in a new era*. Alexandria, VA: Association for Supervision and Curriculum Development.

Brannon, L. (2007). *Gender: Psychological perspectives* (5th ed.). Boston: Allyn & Bacon.

Bransford, J., Brown, A., & Cocking, R. (eds.). (2000). *How people learn*. Washington, DC: National Academy Press.

Bransford, J., Darling-Hammond, L., & LePage, P. (2005). Introduction. In L. Darling-Hammond & J. Bransford (eds.), *Preparing teachers for a changing world: What teachers should learn and be able to do*. San Francisco: Jossey-Bass.

Bredderman, T. (1983). Effects of activity-based elementary science on student outcomes: A quantitative synthesis. *Review of Educational Research, 53*, 499–518.

Brenton, Myron (1970). *What's happened to teacher?* New York: Coward-McCann.

Brody, N. (2001). Personal communication found in Santrock, J. W. (2004). *Education psychology* (2nd ed.). New York: McGraw-Hill.

Brookhart, S. M. (1997). A theoretical framework for the role of classroom assessment in motivating student effort and achievement. *Applied Measurement in Education, 10*, 161–180.

Brookhart, S. M., & Durkin, D. T. (2003). Classroom assessment, student motivation, and achievement in high school social studies classes. *Applied Measurement in Education, 16*(1), 27–54.

Brookhart, S. (2004). *Grading*. Upper Saddle River, NJ: Pearson.

Brookover, W., Beady, C., Flood, P., Schweitzer, J., & Wisenbaker, J. (1979). *School social systems and student achievement: Schools can make a difference*. New York: Praeger.

Brophy, J. (2004). *Motivating students to learn* (2nd ed.). Hillsdale, NJ: Erlbaum.

Brophy, J. E. (1981, Spring). Teacher praise: A functional analysis. *Review of Educational Research*, 5–32.

Brophy, J. E., & Good, T. L. (1974). *Teacher-student relationships: Causes and consequences*. New York: Holt, Rinehart & Winston.

Brophy, J. E., & Good, T. L. (1986). Teacher behavior and student achievement. In M. C. Wittrock (ed.), *Handbook of research on teaching* (3rd ed.). New York: Macmillan.

Brophy, J. E., & Putnam, J. (1979). Classroom management in the early grades. In D. L. Duke (ed.), *Classroom management*. Chicago: University of Chicago Press.

Brown, A. (1987). Metacognition, executive control, self-regulation, and other mysterious mechanisms. In F. Weinert & R. Kluwe (eds.), *Metacognition, motivation, and understanding*. Hillsdale, NJ: Erlbaum.

Brown, A., & Palincsar, A. (1985). *Reciprocal teaching of comprehension strategies*. Technical Report no. 334. Champaign-Urbana: University of Illinois.

Bruner, J. (1960). *The process of education*. Cambridge, MA: Harvard University Press.

Bruner, J. (1961). The art of discovery. *Harvard Education Review, 31*, 21–32.

Bruner, J. (1962). *On knowing: Essays for the left hand*. Cambridge, MA: Harvard University Press.

Bruner, J. (1966). *Toward a theory of instruction*. Cambridge, MA: Harvard University Press.

Bruner, J. (1990). *Acts of meaning*. Cambridge, MA: Harvard University Press.

Bruner, J. (1996). *The culture of education*. Cambridge, MA: Harvard University Press.

BSCS 5E Instructional Model. Retrieved January 2009 from http://www.bscs.org

Burbules, N. C. (1993). *Dialogue in teaching: Theory and practice*. New York: Teachers College Press.

Burbules, N. C., & Bruce, B. C. (2001). Theory and research on teaching as dialogue. In V. Richardson (ed.), *Handbook of research on teaching* (4th ed.). Washington, DC: American Educational Research Association.

Burmark, L. (2002). *Visual literacy: Learn to see, see to learn*. Alexandria, VA: Association for Supervision and Curriculum Development.

Cangelosi, J. (2007). *Classroom management strategies: Gaining and maintaining student cooperation* (6th ed.), Indianapolis, IN: Wiley.

Cangelosi, J. S. (1999). *Classroom management strategies: Gaining and maintaining students' cooperation* (4th ed.). New York: Longman.

Canner, J., et. al. (1991). Regaining trust: Enhancing the credibility of school testing programs. A report from the National Council on Measurement in Education Task Force. National Council on Measurement in Education. Mimeo.

Canter, L. (2005). *Classroom management for academic success*. Bloomington, IN: Solution Tree.

Canter, L., & Canter, D. M. (1976). *Assertive discipline*. Los Angeles: Canter & Associates.

Canter, L., & Canter, D. M. (2002). *Assertive discipline: Positive behavior management for today's classroom*. Santa Monica, CA: Canter & Associates.

Canter, L. (2009). *Assertive discipline: Positive behavioral management in today's classroom*. Bloomington, IN: Solution Tree.

Carnegie Corporation. (1986). *A nation prepared: Teachers for the twenty-first century*. New York: Author.

Cartiera, M. (2005). Best English language learners' practices in teacher preparation programs in Connecticut and beginning teachers' awareness and use of these practices. Doctoral dissertation. Central Connecticut State University.

Castle, S. (2002). "Learning Centers." Working Document. Fairfax, VA: George Mason University.

Cavanagh, S. (2008). Since NCLB law, test scores on rise. *Education Week, 27*(43), 3.

Cazden, C. B. (1972). *Child language and education*. New York: Holt, Rinehart & Winston.

Cazden, C. B. (1986). Classroom discourse. In M. C. Wittrock (ed.), *Handbook of research on teaching* (3rd ed.). New York: Macmillan.

Cazden, C. B. (1988). *Classroom discourse*. Portsmouth, NH: Heinemann.

Census Bureau. (2007). U.S. Department of Commerce. Current Population Survey (CPS). 1979 and 1989 November Supplement 1992, 1995, and 1999 October Supplement and American Community Survey (ACS) 2000–2007.

Census Bureau. (2007). U.S. Department of Commerce. Current Population Survey (CPS). October Supplement, selected years 1972–2007.

Charney, R. S. (1992). *Teaching children to care: Management in the responsive classroom*. Turner Falls, MA: Northeast Foundation for Children.

Chartock, R. (2009). *Strategies and lessons for culturally responsive teaching: A primer for K–12 teachers*. Boston: Allyn & Bacon.

Children's Defense Fund. (2000). *Every child deserves a fair start*. Washington, DC: Author.

Chomsky, N. (2002). *Understanding power: The indispensable Chomsky*. New York: New Press.

Claiborn, W. L. (1969). Expectancy effects in the classroom: A failure to replicate. *Journal of Educational Psychology, 60*, 377–383.

Clark, C. M., & Lampert, M. (1986). The study of teacher thinking: Implications for teacher education. *Journal of Teacher Education, 37*, 27–31.

Clark, C. M., & Yinger, R. J. (1979). *Three studies of teacher planning*. East Lansing, Institute for Research on Teaching, Michigan State University.

Coffield, F., Moseley, D., Hall, E., & Ecclestone, K. (2004). *Learning styles and pedagogy in post-16 learning: A systematic and critical review*. London: University of New Castle Upon Tyne.

Cognition and Technology Group at Vanderbilt. (1990). Anchored instruction. Unpublished paper. Nashville, TN: Vanderbilt University.

Cognition and Technology Group at Vanderbilt. (1996a). Looking at technology in context: A framework for understanding technology and educational research. In D. Berliner & E. R. Calfee (eds.), *Handbook of educational psychology*. New York: Wiley.

Cognition and Technology Group at Vanderbilt. (1996b). Designing environments to reveal, support, and expand our children's potentials. In S. A. Soraci & W. McIlvane (eds.), *Perspectives on fundamental processes in intellectual functioning*. Greenwich, CT: Ablex.

Cohen, E., & Lotan, R. (2004). Equity in heterogeneous classrooms. In J. Banks & C. Banks (eds.), *Handbook of research on multicultural education* (2nd ed.). San Francisco: Jossey-Bass.

Cohen, E. (1988). *Statistical power analysis for the behavioral sciences* (2nd ed.). Mahwah, NJ: Erlbaum.

Cohen, E. (1994). *Designing groupwork: Strategies for the heterogeneous classroom*. New York: Teachers College Press.

Coiro, J. (2005). Making sense of online text. *Educational Leadership, 63*(2), 30–35.

Cole, M., Griffin, P., & Laboratory of Comparative Cognition. (1987). *Contextual factors in education.* Madison: Wisconsin Center for Educational Research.

Coleman, J. (1961). *The adolescent society.* New York: Free Press.

Coleman, J. (1972, February). The children have outgrown the schools. *Psychology Today,* 72–82.

Collins, A., & Halveson, R. (2009). *Rethinking education in the age of technology: The digital revolution and schooling in America.* New York: Teachers College Press.

Collins, M. L. (1978). Effects of enthusiasm training on preservice elementary teachers. *Journal of Teacher Education, 29,* 53–57.

Columbia Education Science Center. Retrieved May 19, 2005, from http://ofcn.org/ciber.serv/academy/ace/sci/cecsci/eewcsci045.html

Colorado district scraps traditional teachers pay schedule. (2010). *Education Week.* Retrieved May 10, 2010, from http://www.edweek.org/ew/articles/2010/05/12/31pay/

Comer, J. P. (1988). Educating poor minority children. *Scientific American, 259*(5), 42–48.

Condition of education. (2000). Washington, DC: National Center for Education Statistics.

Condition of education. (2001). Washington, DC: National Center for Education Statistics.

Condition of education. (2002). Washington, DC: National Center for Education Statistics.

Condition of education. (2004). Washington, DC: National Center for Education Statistics.

Conditions of education. (2005). Washington, DC: National Center for Education Statistics.

Conditions of education. (2006). Washington, DC: National Center for Education Statistics.

Conditions of education. (2007). Washington, DC: National Center for Education Statistics.

Conditions of education. (2009). Washington, DC: National Center for Education Statistics.

Conway, P., & Clark, C. (2003). The journey inward and outward: A re-examination of Fuller's concerns-based model of teacher development. *Teaching and Teacher Education, 19,* 465–482.

Cook, A., & Tashlik, P. (2004). *Talk, talk, talk: Discussion-based classrooms.* New York: Teachers College Press.

Cooper, H. (1989). *Homework.* New York: Longman.

Cooper, H. M. (2006). *The battle over homework: Common ground for administrators, teachers, and parents.* Thousand Oaks, CA: Corwin Press.

Cooper, H., Jackson, K., Nye, B., & Lindsey, J. J. (2001). A model of homework's influence on the performance evaluation of elementary school students. *Journal of Experimental Education, 69*(2), 181–200.

Cooper, H., Robinson, J., & Patall, E. (2006). Does homework improve academic achievement? A synthesis of research, 1987-2003. *Review of Educational Research, 76*(1), 1–62.

Cooper, H., & Valentine, J. (2001). Using research to answer practical questions about homework. *Educational Psychologist, 36,* 143–153.

Corbett, L. Hill, C., & St. Rose, A. (2008). *Where the girls are: The facts about gender equity and education.* Washington, DC: American Association of University Educational Foundation.

Corno, L. (1989). What it means to be literate in classrooms. In D. Bloome (ed.), *Classrooms and literacy.* Norwood, NJ: Ablex.

Corno, L. (1996). Homework is a complicated thing. *Educational Researcher, 25*(8), 27–30.

Corno, L. (2001). Using research to answer practical questions about homework. *Educational Psychologist, 36,* 143–153.

Costa, A. (ed.). (2001). *Developing minds: A resource book for teaching thinking* (3rd ed.). Alexandria, VA: Association for Supervision and Curriculum Development.

Costantino, P. M., & DeLorenzo, M. N. (2002). *Developing a professional teaching portfolio: A guide for success.* Boston: Allyn & Bacon.

Cotton, K. (1995). *Effective school practices: A research synthesis, 1995 update.* Portland, OR: Northwest Regional Educational Laboratory.

Couchenour, D., & Chrisman, K. (2004). *Families, schools and communities.* New York: Thomson Delmar Learning.

Covington, M. V., & Mueller, K. J. (2001). Intrinsic versus extrinsic motivation: An approach/avoidance reformulation. *Education Psychology Review, 13,* 157–176.

Crater High School Rogue River Project. (1999). Retrieved May 25, 2005, from http://www.mind.net/dlmark/greenway/up&down.htm

Crawford, J. (1997). *Best evidence: Research foundations of the Bilingual Education Act.* Washington, DC: National Clearinghouse for Bilingual Education.

Cronback, L., & Snow, R. (1977). *Aptitudes and instructional methods: A handbook for research on interactions.* New York: Irvington.

Crooks, T. J. (1988). The impact of classroom evaluation practices on students. *Review of Educational Research, 58*(4), 438–441.

Cruickshank, D., & Metcalf, K. (1994). Explaining. In T. Husen & T. N. Postlewaite (eds.), *International encyclopedia of education* (2nd ed.). Oxford: Pergamon Press.

Csikszentmihalyi, M. (1990). *Flow: The psychology of optimal experience.* New York: Harper & Row.

Csikszentmihalyi, M. (1998). *Creativity: Flow and the psychology of discovery and invention.* New York: HarperCollins.

Cuban, L. (1982). Persistent instruction: The high school classroom, 1900–1980. *Phi Delta Kappan, 64,* 113–118.

Cuban, L. (1984). *How teachers taught: Constancy and change in American classrooms, 1900–1980.* New York: Longman.

Cuban, L. (1993). *How teachers taught: Constancy and change in American classrooms 1890–1990* (2nd ed.). New York: Teachers College Press.

Cuban, L. (2001). *Oversold and underused: Computers in the classroom.* Cambridge, MA: Harvard University Press.

Cuban, L. (2003). *Why is it so hard to get good schools*? New York: Teachers College Press.

Cullen, F. T., Cullen, J. B., Hayhow, V. L., & Plouffe, J. T. (1975). The effects of the use of grades as an incentive. *Journal of Educational Research, 68,* 277–279.

Cushner, K., McClelland, A., & Safford, P. (2005). *Human diversity in education* (4th ed.). New York: McGraw-Hill.

Cushner, K., McClelland, A., & Safford, P. (2008). *Human diversity in education: An integrative approach* (6th ed.). New York: McGraw-Hill.

Cypher, T., & Willower, D. J. (1984). The work behavior of secondary school teachers. *Journal of Research and Development, 18,* 17–24.

Daniel F. McCaffrey, Daniel M. Koretz, J.R. Lockwood, and Laura S. Hamilton (2004). *Evaluating Value-Added Models for Teacher Accountability.* Santa Monica, CA: Rand Cooperation.

Danielson, C. (1996). *Enhancing professional practice: A framework for teaching.* Alexandria, VA: Association for Supervision and Curriculum Development.

Danielson, C. (2006). *Teacher leadership that strengthens professional practice.* Alexandria, VA: Association for Supervision and Curriculum Development.

Darling-Hammond, L. (2000). Reforming teacher preparation and licensing. Debating the evidence. *Teachers College Record, 102*(1), 28–56.

Darling-Hammond, L. (2004). What happens to a dream deferred? The continuing quest for equal educational opportunity. In J. Banks & C. Banks (eds.), *Handbook of research on multicultural education* (2nd ed.). San Francisco: Jossey-Bass.

Darling-Hammond, L., & Bransford, J. (eds.). (2005). *Preparing teachers for a changing world: What teachers should learn and be able to do*. San Francisco: Jossey-Bass.

Darder, A. (1991). *Culture and power in the classroom*. New York: Bergin & Garvey.

DaSilva, S. (2005). Experienced teachers' proficiency for working with English language learners. Doctoral dissertation. Central Connecticut State University.

Davies, D. (1991). Schools reaching out: Family, school, and community partnerships for student success. *Phi Delta Kappan, 72*, 376–382.

deCharms, R. (1976). *Enhancing motivation*. New York: Irvington.

Deci, E., & Ryan, R. (1985). *Intrinsic motivation and self-determination in human behavior*. New York: Plenum.

Deci, E., & Ryan, R. (2002). The paradox of achievement: The harder you push, the worse it gets. In J. Aronson (ed.), *Improving academic achievement: Impact of psychological factors on education*. San Diego: Academic Press.

Delpit, L. (1988). The silenced dialogue. *Harvard Educational Review, 58*, 280–298.

Delpit, L. (1995). *Other people's children: Cultural conflict in the classroom*. New York: The New York Press.

Dempster, F. N. (1991). Synthesis of research on reviews and tests. *Educational Leadership, 48*, 71–76.

Dempster, F. N. (1992). Using tests to promote learning: A neglected classroom resource. *Journal of Research and Development in Education, 20*, 197–203.

Dewey, J. (1916). *Democracy and education*. New York: Macmillan.

Dewey, J. (1933). *How we think* (rev. ed.). Lexington, MA: Heath.

Dewey, J. (1938). *Experience and education*. New York: Macmillan.

Dietz, M., & Whaley, J. (2005). *School, family, and community*. Mississauga, ON, Canada: Jones and Bartlett Publishers.

Dilworth, M. E., & Brown, C. E. (2001). Consider the difference: Teaching and learning in culturally rich schools. In V. Richardson (ed.), *Handbook of research on teaching* (4th ed.). Washington, DC: American Educational Research Association.

Do, S. L., & Schallert, D. L. (2004). Emotions and classroom talk: Toward a model of the role of affect in students' experiences of classroom discussion. *Journal of Educational Psychology, 96*(4), 619–635.

Dodge, J. (2005). *Differentiation in action*. New York: Scholastic.

Dolezal, S. E., Welsh, L. M., Pressley, M., & Vincent, M. M. (2003). How nine third-grade teachers motivate student academic engagement. *Elementary School Journal, 103*(3), 239–269.

Donovan, M. S., & Bransford, J. D. (2005). *How students learn: Science in the classroom*. Washington, DC: National Academies Press.

Doyle, W. (1979). Classroom tasks and students' abilities. In P. L. Peterson & H. J. Walberg (eds.), *Research on teaching: Concepts, findings and implications*. Berkeley, CA: McCutchan.

Doyle, W. (1986). Classroom organization and management. In M. C. Wittrock (ed.), *Handbook of research on teaching* (3rd ed.). New York: Macmillan.

Doyle, W. (1990). Themes in teacher education research. In W. R. Houston (ed.), *Handbook of research on teacher education*. New York: Macmillan.

Doyle, W., & Carter, K. (1984). Academic tasks in classrooms. *Curriculum Inquiry, 14*, 129–149.

Dreikurs, R. (1968). *Psychology in the classroom: A manual for teachers* (2nd ed.). New York: Harper & Row.

Dreikurs, R., & Grey, L. (1968). *A new approach to discipline: Logical consequences*. New York: Hawthorne Books.

Dreikers, R. (with Grunwald, B. B., & Pepper, F. C.). (1998). *Maintaining sanity in the classroom: Classroom management techniques* (2nd ed.). New York: Behavioral Science Press.

Duchastel, P. C., & Brown, B. R. (1974). Incidental and relevant learning with instructional objectives. *Journal of Educational Psychology, 66*, 481–485.

Duckworth, E. (1987). *The having of wonderful ideas and other essays on teaching and learning*. New York: Teachers College Press.

Duckworth, E. (1991). Twenty-four, forty-two, and I love you: Keeping it complex. In K. Jervis & C. Montag (eds.), *Progressive education for the 1990s: Transforming practice*. New York: Teachers College Press.

Duffy, G., & Kear, K. (2007). What is the real message about research-based practice? *Phi Delta Kappan, 88*(8), 579–581.

Dunkin, M. J., & Biddle, B. J. (1974). *The study of teaching*. New York: Holt, Rinehart & Winston.

Dunn, K., & Dunn, R. (1978). *Teaching students through their individual learning styles*. Reston, VA: National Council of Principals.

Dunn, K., & Dunn, R. (1987). Dispelling outmoded beliefs about student learning. *Educational Leadership. 47*, 50–58.

Dunn, R., & Dunn, K. (1993a). *Teaching secondary students through their individual learning styles*. Boston: Allyn & Bacon.

Dunn, R., & Dunn, K. (1993b). *Teaching young children through their individual learning styles*. Boston: Allyn & Bacon.

Eamon, M. K. (2002). Effects of poverty on mathematics and reading achievement of young adolescents. *Journal of Early Adolescents, 22*, 49–74.

Earl, L. (2003). *Assessment as learning: Using classroom assessments to maximize student learning*. Thousand Oaks, CA: Corwin Press.

Eccles, J. S. (1989). Bringing young women to math and science. In M. Crawford & M. Gentry (eds.), *Gender and thought: Psychological perspectives*. New York: Springer-Verlag.

Education Trust. (1998). *Education watch, 1998*. Washington, DC: Author.

Eisner, E. (2003, May). Questionable assumptions about schooling. *Phi Delta Kappan*, 648–657.

Elearning 2010: Assessing the agenda for change. (2010, April). *Education Week*, Supplement.

Elliott, A. (2005, January 21). A bloody crime in New Jersey divides Egyptians once again. *New York Times*, A1, A24.

Emmer, E., Evertson, C., Clements, B., & Worsham, W. E. (2002). *Classroom management for secondary school teachers* (6th ed.). Englewood Cliffs, NJ: Prentice-Hall.

Emmer, E. T., Evertson, C., & Anderson, L. M. (1980). Effective classroom management at the beginning of the school year. *Elementary School Journal, 80*, 219–231.

Emmer, E. T., Evertson, C. M., & Worsham, M. E. (2005). *Classroom management for middle and high school teachers* (7th ed.). Boston: Allyn & Bacon.

Emmer, E., & Evertson, C. (2008). *Classroom management for middle and high school teachers* (8th ed.). Boston: Allyn & Bacon.

English Online. Retrieved May 23, 2005, from http://english.unitecnology.ac.nz

Englund, M., Luckner, A. E., Whaley, G., & Egeland, B. (2004). Children's achievement in early elementary school: Longitudinal effects of parental involvement, expectations, and quality of assistance. *Journal of Educational Psychology, 96*(4), 723–731.

Englund, M., et al. (2004). Children's achievement in early elementary school. Longitudinal effects of parental involvement, expectations and quality of assistance. *Journal of Educational Psychology, 96*(4), 723–731.

Epstein, J. (2001). *School, family, and community partnerships.* Boulder, CO: Westview.

Epstein, J. (2005). A case study of the partnership schools comprehensive school reform model. *Elementary School Journal, 106*(2) 151–170.

Epstein, J., Sanders, M., et al. (2002). *School, family and community partnerships. Handbook for action* (2nd ed.). Thousand Oaks, CA: Corwin Press.

Epstein, J., Simon, B., & Salinas, K. (1997). *Involving parents in homework in the middle grades.* Research Bulletin 18. Bloomington, IN: Phi Delta Kappan.

Epstein, J. L. (1988). How do we improve programs for parent involvement? *Educational Horizons, 66,* 58–59.

Epstein, J. L. (1995). School/family/community partnerships: Caring for children we share. *Phi Delta Kappan, 76,* 701–712.

Epstein, J. L. (2001). School, family, and community partnerships. In M. H. Bornstein (ed.), *Handbook of parenting* (2nd ed). Mahwah, NJ: Erlbaum.

Equity and race relations: What is cultural competence? (2010). Retrieved May 2010 from http://www.seattleschools.org/area/equityandrace/culturalcompetence.xml

Erickson, H. L. (2007). *Concept-based curriculum and instruction for the thinking classroom.* Thousand Oaks, CA: Corwin Press.

Erickson, H. L., & Tomlinson, C. A. (2002). *Concept-based curriculum and instruction: Teaching beyond the facts.* New York: Corwin Press.

Evaluating web pages: Techniques to apply and questions to ask. Retrieved July 8, 2007, from http://www.lib.berkeley.edu/TeachingLib/Guides/Internet/Evaluate

Evans, R. (2002). *The human side of school change: Reform, resistance, and the real-life problems of innovation.* San Francisco: Jossey-Bass.

Evans, R. (2002, May 22). Family matters: The real crisis in education. *Education Week,* 48–50.

Evertson, C., Emmer, E., & Worsham, M. (2002). *Classroom management for elementary school teachers* (6th ed.). Englewood Cliffs, NJ: Prentice-Hall.

Evertson, C. M., Emmer, E. T., & Worsham, M. E. (2005). *Classroom management for elementary teachers* (7th ed.). Boston: Allyn & Bacon.

Evertson, C., & Emmer, E. (2008). *Classroom management for elementary teachers* (8th ed.). Boston: Allyn & Bacon.

Evertson, C. M., Emmer, E. T., Sanford, J. P., & Clements, B. S. (1983). Improving classroom management: An experiment in elementary classrooms. *Elementary School Journal, 84,* 173–188.

Feiman-Nemser, S. (1983). Learning to teach. In L. S. Shulman & G. Sykes (eds.), *Handbook of teaching and policy.* New York: Longman.

Feiman-Nemser, S., & Floden, R. E. (1986). In M. C. Wittrock (ed.), *Handbook of research on teaching* (3rd ed.). New York: Macmillan.

Feldman, J. (2003). The simplicity principle in human concept learning. *Current Directions in Psychological Science, 12*(6), 227–232.

Felman, J. L. (2001). *Never a dull moment.* New York: Routledge.

Fenstermacher, G. D. (1986). Philosophy of research on teaching: Three aspects. In M. C. Wittrock (ed.), *Handbook of research on teaching* (3rd ed.). New York: Macmillan.

Fenton, E. (1966). *Teaching the new social studies in secondary schools: An inductive approach.* Washington, DC: International Thomson Publishing.

Finkelstein, D., & Samsonov, P. (2007). *PowerPoint for teachers: Dynamic presentations and interactive classrooms.* San Francisco: Jossey-Bass.

Firestone, W. A., & Rosenblum, S. (1988). Building commitment in urban high schools. *Educational Evaluation and Policy Analysis, 93,* 285–299.

Fisher, C. W., Berliner, D., Filby, N., Marliave, R., Cahen, L., & Dishaw, M. (1980). Teaching behavior, academic learning time, and student achievement: An overview. In C. Denham & A. Lieberman (eds.), *Time to learn.* Washington, DC: National Institute of Education, Department of Education.

Fisher, D., & Frey, N. (2007). *Checking for understanding: Formative assessment techniques for your classroom.* Alexandria, VA: Association for Supervision and Curriculum Development.

Fisher, T. (2007). Unwrapping the gifted: More than meets the eye. Retrieved November 12, 2007, from http://www.edweek.org

Flanders, N. A. (1970). *Analyzing teaching behavior.* Reading, MA: Addison-Wesley.

Flavel, J. (1985). *Cognitive development* (2nd ed.). Englewood Cliffs, NJ: Prentice-Hall.

Fleener, A. (1989). *Sample lesson plan format* (mimeographed). Minneapolis, MN: Augsburg College.

Floden, R. E. (2001). Research on effect of teaching: A continuing model for research on teaching. *Handbook of research on teaching* (4th ed.). Washington, DC: American Educational Research Association.

Fogarty, R., & Stoehr, J. (2007). *Integrating curricula with multiple intelligences: Teams, themes, and threads.* Thousand Oaks, CA: Corwin Press.

Ford, G. W., & Pugno, L. (eds.). (1964). *The structure of knowledge and the curriculum.* Chicago: Rand McNally.

Friedman, T. L. (2005). *The world is flat: A brief history of the twenty-first century.* New York: Farrar, Straus, and Giroux.

Friend, M., & Bursuck, W. (2002). *Including students with special needs* (3rd ed.). Boston: Allyn & Bacon.

Friend, M., & Bursuck, W. (2008). *Including students with special needs: A practical guide for classroom teachers* (5th ed.). Boston: Allyn & Bacon.

Fuchs, L. S., Fuchs, D., Kazdan, S., Karns, K., Calhoon, M. B., Hamlett, C. I., & Hewlett, S. (2000). Effects of workgroup structure on size and student productivity during collaborative work on complex tasks. *Elementary School Journal, 100*(3), 183.

Fullan, M. (1992). *The new meaning of educational change* (2nd ed.). New York: Teachers College Press.

Fullan, M. (2001). *The new meaning of educational change* (3rd ed.). New York: Teachers College Press.

Fullan, M. (2007). *The new meaning of educational change* (4th ed.). New York: Teachers College Press.

Fuller, F. (1969). Concerns of teachers: A developmental conceptualization. *American Educational Research Journal, 6,* 207–226.

Fuller, M. L., & Olsen, G. (1998). *Home-school relations: Working successfully with parents and families.* Boston: Allyn & Bacon.

Gage, N. L. (ed.). (1963). *Handbook of research on teaching.* Chicago: Rand McNally.

Gage, N. L. (1978). *The scientific basis of the art of teaching.* New York: Teachers College Press.

Gage, N. L. (1984). *An update of the scientific basis of the art of teaching* (mimeographed). Palo Alto, CA: Stanford University.

Gagné, E. D. (1985). *The cognitive psychology of school learning.* Boston: Little, Brown.
Gagné, E. D., Yekovick, C. W., & Yekovick, F. R. (1993). *The cognitive psychology of school learning* (2nd ed.). New York: HarperCollins.
Gagné, R. M. (1977). *The conditions of learning and theory of instruction* (3rd ed.). New York: Holt, Rinehart & Winston.
Gagné, R. M., & Briggs, L. J. (1980). *Principles of instructional design* (2nd ed.). New York: Holt, Rinehart & Winston.
Gagné, R. M., Briggs, L. J., & Wager, W. W. (1992). *Principles of instructional design* (5th ed.). New York: HBJ College and School Division.
Gall, M. (1984). Synthesis of research on teachers' questioning. *Educational Leadership, 42,* 40–47.
Gall, M. D. (1970). The use of questions in teaching. *Review of Educational Research, 40,* 707–721.
Gall, M., Borg, W., & Gall, J. (2002). *Educational research: An introduction* (7th ed.). Boston: Allyn & Bacon.
Gallagher, J. J., & Gallagher, S. A. (1994). *Teaching the gifted child* (4th ed.). Boston: Allyn & Bacon.
Gallego, M. A., Cole, M., & The Laboratory of Comparative Cognition. (2001). Classroom cultures and cultures in the classroom. In V. Richardson (ed.), *Handbook of research on teaching.* Washington, DC: American Educational Research Association.
Garcia, R. (1992). *Teaching in a pluralistic society. Concepts, models, and strategies.* New York: HarperCollins.
Gardner, H. (1983). *Frames of mind.* New York: Basic Books.
Gardner, H. (1985). *The mind's new science.* New York: Basic Books.
Gardner, H. (1991). *The unschooled mind: How children think and how schools should teach.* New York: Basic Books.
Gardner, H. (1993). *Multiple intelligences: The theory in practice.* New York: Basic Books.
Gardner, H. (1994). Multiple intelligences: The theory in practice. *Teacher's College Record, 83,* 501–513.
Gardner, H. (1999, February). Who owns intelligence? *Atlantic Monthly,* 67–75.
Gardner, H. (1998). Multiple intelligences: Myths and messages. In A. Woolfolk (ed.), *Reading in educational psychology* (2nd ed.). Boston: Allyn & Bacon.
Gardner, H. (2002). The pursuit of excellence through education. In M. Ferrari (ed.), *Learning from extraordinary minds.* Mahwah, NJ: Erlbaum.
Gardner, H. (2006). *Multiple intelligences: New horizons in theory and practice.* New York: Basic Books.
Gardner, H. (2009). *Five minds for the future.* Cambridge, MA: Harvard Business School Press.
Gay, G. (2000). *Culturally responsive teaching: Theory, research, and practice.* New York: Teachers College Press.
Gazzaniga, M. S. (2005). *The ethical brain.* Chicago: University of Chicago Press.
Gersten, R. (1996). Literacy instruction for language-minority students: The transition years. *The Elementary School Journal, 96,* 241–242.
Gazzaniga, M., Ivry, R., & Mangun, G. (2001). *Cognitive neuroscience: The biology of the mind* (2nd ed.). New York: Norton.
Getzels, J. W., & Thelen, H. A. (1960). The classroom group as a unique social system. In N. Henry (ed.), *The dynamics of instructional groups.* Chicago: National Society for the Study of Education, 59th Yearbook, Part 2.
Gewertz, C. (2001, August 8). Study estimates 850,000 U.S. children schooled at home. *Education Week,* 12.
Gewertz, C. (2007). Outside interests. In *Technology Counts 2007: A Digital Decade, Education Week, 26*(30), 24–27.
Gewertz, C. (2008). Consensus on learning time builds. *Education Week, 28*(5), 12.
Gijbels, D., Dochy, F., Van den Bossche, P., & Segers, M. (2005). Effects of problem-based learning: A meta-analysis from the angle of assessment. *Review of Educational Research, 75*(1), 27–61.
Gilles, R. M. (2002). The residual effects of cooperative learning experiences: A two-year follow-up. *Journal of Educational Research, 96*(1), 15–21.
Gillies, R. (2007). *Cooperative learning: Integrating theory and practice.* Thousand Oaks, CA: Sage.
Gilligan, C. (1982). *In a different voice: Psychological theory and women's development.* Cambridge, MA: Harvard University Press.
Glass, G. (1981). Effectiveness of special education. Paper presented at Wingspread Conference, Racine, WI.
Glass, G. (1982). Meta-analysis: An approach to the synthesis of research results. *Journal of Research in Science Teaching, 19*(2) 93–112.
Glasser, W. (1969). *Schools without failure.* New York: Harper & Row.
Glasser, W. (1986). *Control theory in the classroom.* New York: Harper & Row.
Glasser, W. (1990). *The quality school: Managing students without coercion.* New York: Harper & Row.
Glasser, W. (1998a). *Choice theory in the classroom.* New York: Harper Paperbacks.
Glasser, W. (1998b). *The quality school teacher.* New York: Harper.
Glasser, W. (1999). *Choice theory: A new psychology of personal freedom.* New York: Harper Paperbacks.
Glasser, W. A. (1992). *The quality school.* New York: HarperCollins.
Glynn, G. (2007). The teaching with analogies model: Build conceptual bridges with mental models. *Science and Children, 44*(8), 52–55.
Goeke, J. (2008). *Explicit instruction: Strategies for meaningful direct teaching.* Boston: Allyn & Bacon.
Gold, R. M., Reilly, A., Silberman, R., & Lehr, R. (1971). Academic achievement declines under pass-fail grading. *Journal of Experimental Education, 39,* 17–21.
Goleman, D. (1995). *Emotional intelligence.* New York: Bantam.
Goleman, D., McKee, A., & Boyatzis, R. E. (2002). *Primal leadership: Realizing the power of emotional intelligence.* Cambridge, MA: Harvard Business School.
Good, T., & Brophy, J. (2007). *Looking in classrooms* (10th ed.). Boston: Allyn & Bacon.
Good, T., & Brophy, J. (2008). *Looking in classrooms* (10th ed.). New York: Allyn & Bacon/Longman.
Good, T. L., & Grouws, D. A. (1977). Teaching effect: A process-product study in fourth grade mathematics classrooms. *Journal of Teacher Education, 28,* 49–54.
Good, T. L., & Grouws, D. A. (1979). The Missouri mathematics effectiveness project: An experimental study in fourth-grade classrooms. *Journal of Educational Psychology, 71,* 355–362.
Good, T. L., Grouws, D. A., & Ebmeier, H. (1983). *Active mathematics teaching.* New York: Longman.
Good, T. L., & Weinstein, R. (1986). Teacher expectations: A framework for exploring classrooms. In K. Zumwalt (ed.), *Improving teaching.* Alexandria, VA: Association for Supervision and Curriculum Development.

Goodlad, J. (1984). *A place called school: Prospects for the future.* New York: McGraw-Hill.

Goodlad, J. (2004). *Romances with schools.* New York: McGraw-Hill.

Gore, A. (2007). *The assault on reason.* New York: Penguin Press.

Gould, S. J. (1996). *The mismeasure of man* (2nd ed.). New York: Norton.

Graham, S., & Weiner, B. (1996). Theories and principles of motivation. In D. Berliner & R. Calfee (eds.), *Handbook of educational psychology.* New York: Macmillan.

Grant, C., & Sleeter, C. (2007). *Doing multicultural education for achievement and equity.* New York: Routledge.

Grant, C. A., & Sleeter, C. E. (1989). Race, class, gender, exceptionality, and education reform. In J. Banks & C. McGee Banks (eds.), *Multicultural education: Issues and perspectives.* Boston: Allyn & Bacon.

Greeno, J. G., Collins, A. M., & Resnick, L. B. (1996). Cognition and learning. In D. C. Berliner & R. C. Calfee (eds.), *Handbook of educational psychology.* New York: Simon & Schuster.

Gregorc, A. (1982). *Inside styles: Beyond the basics.* New Haven, CT: Gregorc Associates.

Gregory, G. (2008). *Differentiated instructional strategies in practice* (2nd ed.). Thousand Oaks, CA: Corwin Press.

Gregory, G., & Chapman, C. (2002). *Differentiated instructional strategies: One size doesn't fit all.* Thousand Oaks, CA: Corwin Press.

Griffiths, S., & Tan, S. (1992). Using reflective practice to link personal and public theories. *Journal of Education for Teaching, 18,* 69–84.

Grigoroenko, E., Meier, E., Lipka, J. Mohatt, G., Yanez, E., & Sternberg, R. (2004). Academic and practical intelligence: A case study of the yup'ik in Alaska. *Learning and Individual Differences, 14,* 183–207.

Grissmer, D., et al. (2000). *Improving student achievement: What state NAEP test scores tell us.* Santa Monica, CA: Rand.

Grolnick, W., Friendly, R., & Bellas, V. (2009). Parenting and children's motivation in school. In K. Wentzel & A. Wigfield (eds.), *Handbook of motivation in school.* New York: Routledge.

Gronlund, N. E. (2005). *Assessment of student achievement* (8th ed.). Boston: Allyn & Bacon.

Gronlund, N., & Brookhart, S. (2009). *Gronlund's writing instructional objectives* (8th ed.). Columbus, OH: Pearson.

Gronlund, N. E., Linn, R. L., & Davis, K. (2000). *Measurement and assessment in teaching* (8th ed.). Englewood Cliffs, NJ: Prentice-Hall.

Grothe, M. (2008). *I never met a metaphor I didn't like: A comprehensive compilation of history's greatest analogies, metaphors, and similes.* New York: HarperCollins.

Gump, P. V. (1967). *The classroom behavior setting: Its nature and relation to student behavior.* Washington, DC: U.S. Office of Education.

Gump, P. V. (1982). School settings and their keeping. In D. L. Duke (ed.), *Helping teachers manage classrooms.* Alexandria, VA: Association for Supervision and Curriculum Development.

Gunter, M. A., Estes, T. H., & Schwab, J. (2003). *Instruction: A models approach.* Boston: Allyn & Bacon.

Gurian, M. (1996). *The wonder of boys: What parents, mentors, and educators can do to shape boys into exceptional men.* New York: Putnam.

Gurian, M. (2002). *Boys and girls learn differently.* San Francisco: Jossey-Bass.

Gurian, M., & Stevens, K. (2005). *The minds of boys: Saving our sons from falling behind in school and life.* San Francisco: Jossey-Bass.

Guskey, T. R., & Bailey, J. M. (2001). *Developing grading and reporting systems for student learning.* Thousand Oaks, CA: Corwin Press.

Guskey, T. R., & Gates, S. L. (1986). Synthesis of research on mastery learning. *Educational Leadership, 43,* 73–81.

Guthrie, G. P., & Guthrie, L. F. (1991). Streamlining inter-agency collaboration for youth at risk. *Educational Leadership, 49*(1), 17–22.

Guzzetti, B. J., Snyder, T. E., & Glass, G. V. (1993). Promoting conceptual change in science: A comparative meta-analysis of instructional intervention from reading and science education. *Reading Research Quarterly, 28*(2), 117–155.

Haberman, M. (1991). The pedagogy of poverty versus good teaching. *Phi Delta Kappan, 72,* 290–294.

Hale, M., & City, E. (2006). *The teacher's guide to leading student-centered discussions: Talking about texts in the classroom.* Thousand Oaks, CA: Corwin Press.

Hallinan, M. (2003). Ability grouping and student learning. In D. Ravitch (ed.), *Brookings papers on educational policy.* Washington, DC: Brookings Institution.

Hallinan, M. T., & Sorensen, A. B. (1983). The formation and stability of instructional groups. *American Sociological Review, 48,* 838–851.

Halpern, D. F. (1995). Cognitive gender differences: Why diversity is a critical research issue. In H. Landrine (ed.), *Bringing cultural diversity to feminist psychology: Theory research and practice.* Washington, DC: American Psychological Association.

Halpern, D. F. (1996). Changing data, changing minds: What the data on cognitive sex differences tell us and what we hear. *Learning and Individual Differences, 8,* 73–82.

Halpern, D. F., & LaMay, M. L. (2000). The smarter sex: A critical review of sex differences in intelligence. *Educational Psychology Review, 55,* 47–86.

Hammerness, K., Darling-Hammond, L., Bransford, J., Berliner, D., Cochran-Smith, M., & McDonald, M. (2005). How teachers learn and develop. In L. Darling-Hammond & J. Bransford (eds.), *Preparing teachers for a changing world.* San Francisco: Jossey-Bass.

Hart, P. (2006). *Report findings based on a survey among California ninth and tenth graders.* Washington, DC: Peter D. Hart Research Associates. Available at http://www.connectedcalifornia.org/downloads/irvine_poll.pdf

Hart, B., & Risley, T. (1995). *Meaningful differences in the everyday experience of young American children.* Baltimore, MD: Brookes Publishing.

Harvard Family Research Council. (1995). *Raising our future: Families, schools, and communities joining together.* Cambridge, MA: Author.

Hatfield, S. (1996). *Effective use of classroom computer stations across the curriculum.* ERIC Document No. ED-396704.

Haycock, K. (2006). *Promise abandoned: How policy choices and institutional practices restrict college opportunities.* Washington, DC: Educational Trust.

Heath, S. B. (1983). *Ways with words: Language, life and work in communities and classrooms.* Cambridge, England: Cambridge University Press.

Heider, E. R., Cazden, C. B., & Brown, R. (1968). *Social class differences in the effectiveness and style of children's coding ability* (Project Literacy Reports, No. 9). Ithaca, NY: Cornell University.

Henning, J. (2008). *The art of discussion-based teaching: Opening up conversations in the classroom*. New York: Routledge.

Herrnstein, R. J., & Murray, C. (1994). *The bell curve: Intelligence and class structure in American life*. New York: Free Press.

Hess, D. (2009). *Controversy in the classroom: The democratic power of discussion*. New York: Routledge.

Heyman, R. (2003). *How to say it ® to boys*. Englewood Cliffs, NJ: Prentice Hall.

Hickey, D., Moore, A., & Pellegrino, J. (2001). The motivational and academic consequences of elementary mathematics environments: Do constructivist innovations and reforms make a difference? *American Educational Research Journal, 39*(3), 611–653.

Hicks, D. (ed.). (1996). *Discourse, learning and schooling*. New York: Cambridge University Press.

Hiller, J. H., Gisher, G. A., & Kaess, W. (1969). A computer investigation of verbal characteristics of effective classroom lecturing. *American Educational Research Journal, 6*, 661–675.

Hindin, A., Morocco, C., Mott, E., & Aquilar, C. (2007). More than just a group: Teacher collaboration and learning in the workplace. *Teachers and Teaching, 13*(4), 349–376.

Hmelo, C., Horton, D., & Kolodner, J. (2000). Designing to learn in complex systems. *Journal of the Learning Sciences, 9*(3), 247–298.

Hmelo-Silver, C. E. (2004). Problem-based learning: What and how do students learn? *Educational Psychology Review, 16*, 235–266.

Hmelo-Silver, C. E., & Barrows, H. S. (2006). Goals and strategies of a problem-based learning facilitator. *Interdisciplinary Journal of Problem-based Learning, 1*, 21–39.

Hodgkinson, H. L. (1983). Guess who's coming to college? *Higher Education, 17*, 281–287.

Hodgkinson, H. L. (1992). *A demographic look at the future*. Washington, DC: Institute for Educational Leadership.

Hollingsworth, J., & Ybarra, S. (2008). *Explicit direct instruction (EDI): The power of the well-crafted, well-taught lesson*. Thousand Oaks, CA: Corwin Press.

Honig, M. I., Kahne, J., & McLaughlin, M. W. (2001). School-community connections: Strengthening opportunity to learn and opportunity to teach. In V. Richardson (ed.), *Handbook of research on teaching* (4th ed.). Washington, DC: American Educational Research Association.

Housner, L. D., & Griffey, D. C. (1985). Teacher cognition: Differences in planning and interactive decision making between experienced and inexperienced teachers. *Research Quarterly for Exercise and Sport, 56*, 45–53.

Howard, T. C. (2003). Culturally relevant pedagogy: Ingredients for critical teacher reflection. *Theory into Practice, 42*(3), 195–203.

Hunt, D. (1974). *Matching models in education*. Toronto: Ontario Institute for Studies in Education.

Hunter, M. (1995). *Enhancing teaching*. New York: Macmillan.

Hunter, M. C. (1982). *Mastery teaching*. El Segundo, CA: TIP Publications.

Irvine, J. J., & York, D. E. (1995). Learning styles and culturally diverse students: A literature review. In J. Banks & C. Banks (eds.), *Handbook of research on multicultural education*. New York: Macmillan.

Jackson, L. (1999). Doing school: Examining the effect of ethnic identity and school engagement in academic performance and goal attainment. Paper presented at the annual meeting of the American Educational Research Association, Montreal.

Jacobs, G. M., Power, M. A., & Loh, W. I. (2002). *Teacher sourcebook for cooperative learning: Practical techniques, basic principles, and frequently asked questions*. Thousand Oaks, CA: Corwin Press.

Jacobs, H. H. (1997). *Mapping the big picture*. Alexandria, VA: Association for Supervision and Curriculum Development.

Jacobs, H. H. (2004). *Getting results with curriculum mapping*. Alexandria, VA: Association for Supervision and Curriculum Development.

James, M., & Gronlund, N. (2005). *Focused observation: How to observe children for assessment and curriculum planning*. St Paul, MN: Redleaf Press.

James, M., & Scharmann, L. (2007). Using analogies to improve teaching performance of preservice teachers. *Journal of Research in Science Teaching, 44*(4), 565–585.

Jensen, A. R. (1969). How much can we boost IQ and scholastic achievement? *Harvard Education Review, 2*, 79–83.

Jensen, E. (2005). *Teaching with the brain in mind* (2nd ed.). Alexandria, VA: Association for Supervision and Curriculum Development.

Jha, J., & Kelleher, F. (2007). *Boys' underachievement in education: An exploration in selected countries*. London: Commonwealth Secretariat.

Johnson, D., Johnson, R., & Holubec, E. (1998). *Cooperative learning in the classroom*. Alexandria, VA: Association for Supervision and Curriculum Development.

Johnson, D. W., & Johnson, F. P. (2003). *Joining together: Group theory and group skills* (8th ed.). Boston: Allyn & Bacon.

Johnson, D. W., & Johnson, F. P. (2006). *Joining together: Group theory and group skills* (9th ed.). Englewood Cliffs, NJ: Prentice-Hall.

Johnson, D., & Johnson, F. (2009). *Joining together: Group theory and group skills* (10th ed.). Upper Saddle River, NJ: Pearson.

Johnson, R., Rynders, J., Johnson, D. W., Schmidt, B., & Haider, S. (1979). Interaction between handicapped and nonhandicapped teenagers as a function of situational goal structuring: Implications for mainstreaming. *American Educational Research Journal, 16*, 161–167.

Jolliffe, W. (2007). *Cooperative learning in the classroom: Putting it into practice*. Thousand Oaks, CA: Sage Publications.

Jones, V., & Jones, L. (2009). *Comprehensive classroom management: Creating communities of support and solving problems* (9th ed.). New York: Prentice Hall.

Jordan, J. (1988). Nobody means more to me than you and the future life of Willie Jordan. *Harvard Educational Review, 58*, 363–374.

Joyce, B., Hersh, R., & McKibbin, M. (1993). *The structure of school improvement* (2nd ed.). New York: Longman.

Joyce, B., & Weil, M. (1972). *Models of teaching*. Englewood Cliffs, NJ: Prentice-Hall.

Joyce, B., Weil, M., & Calhoun, E. (2006). *Models of teaching* (7th ed.). Boston: Allyn & Bacon.

Jung, L., & Guskey, T. (2010). Grading exceptional learners. *Educational Leadership, 67*(5), 31–35.

Jussim, L., Robustelli, S., & Cain, T. (2009). Teacher expectations and self-fulfilliing prophecies. In K. Wentzel & A. Wigfield (eds.), *Handbook of motivation in school*. New York: Routledge.

Kagan, L., & Kagan, S. (2006). *Structures for success*. San Juan Capistrano, CA: Kagan Publishing.

Kagan, S. (2001, Spring). Kagan structures: Research and rationale. *Kagan Online Magazine*.

Kagan, S., & Kagan, M. (2008). *Kagan cooperative learning*. San Juan Capistrano, CA: Kagan Publishing.

Kansas State Science Standards. Retrieved May 23, 2005, from http://www.ksde.org/outcomes/science.html

Kaplan, A., Gheen, M., & Midgley, C. (2002). Classroom goal structure and student disruptive behavior. *British Journal of Educational Psychology, 72*(2), 191–212.

Keller, F. S. (1966). A personal course in psychology. In T. Urlich, R. Stachnik, & T. Mabry (eds.), *Control of human behavior*. Glenview, IL: Scott, Foresman.

Kilpatrick, W. (1918). The project method. *Teachers College Record, 19*, 319–333.

Kindion, D., & Thompson, M. (2000). *Raising Cain: Protecting the emotional life of boys*. New York: Ballentine Books/Random House.

Kirschner, P., Sweller, J., & Clark, R. (2006). Why minimal guidance during instruction does not work: An analysis of failure of constructivist, discovery, problem-based, experiential, and inquiry-based learning. *Educational Psychologist, 41*(2), 75–86.

Kissen, R. M. (ed.). (2003). *Getting ready for Benjamin: Preparing teachers for sexual diversity in the classroom*. Lanham, MD: Rowman and Littlefield.

Klahr, D., & Nibam, M. (2004). The equivalence of learning paths in early science instruction: Effects of direct instruction and discovery learning. *Psychological Science, 15*, 661–667.

Klausmeier, H. (1980). *Learning and teaching concepts*. New York: Academic Press.

Klausmeier, H. (1992). Concept learning and concept teaching. *Educational Psychologist, 27*, 267–286.

Kleinfeld, J. (1999). Student performance: Males versus females. *The Public Interest, 134*, 3–20.

Kohn, A. (1995). *Punishment by rewards: The trouble with gold stars, incentive plans, A's, praise and other bribes*. Boston: Houghton Mifflin.

Kohn, A. (1996). *Beyond discipline: From compliance to community*. Alexandria, VA: Association for Supervision and Curriculum Development.

Kohn, A. (2000). *The schools our children deserve: Moving beyond traditional classrooms and tougher standards*. New York: Marilner Books.

Kohn, A. (2002, November 8). The dangerous myth of grade inflation. *The Chronicle of Higher Education*, pp. B7–B9.

Kohn, A. (2004, November). Challenging students—And how to have more of them. *Phi Delta Kappan*, 184–194.

Kohn, A. (2006a). *Beyond discipline: From compliance to community* (10th Annual Edition). Alexandria, VA: Association for Supervision and Curriculum Development.

Kohn, A. (2006b). The truth about homework: Needless assignments persist because of widespread misconceptions about learning. *Education Week*. Retrieved September 8, 2006, from http://www.edweek.org/ew/articles/2006/09/02/o2kohn

Kohn, A. (2007). *The homework myth: Why our kids get too much of a bad thing*. Cambridge, MA: Capo Lifelong Books.

Kosminsky, E., & Kosminsky, L. (2003). *Improving motivation through dialogue*. Educational Leadership, *61*, 150–154.

Kottler, J., Zehm, S., & Kottler, E. (2005). *On being a teacher: The human dimension* (3rd ed.). Thousand Oaks, CA: Corwin Press.

Kotulak, R. (1996). *Inside the brain: Revolutionary discoveries of how the mind works*. Kansas City, MO: Andrew McMeel.

Kounin, J. S. (1970). *Discipline and group management in classrooms*. New York: Holt, Rinehart & Winston.

Krajcik, J., & Czerniak, C. (2007). *Teaching science in the elementary and middle school: A project based approach* (3rd ed.). Mahwah, NJ: Erlbaum.

Krajcik, J. S., Blumenfeld, P. C., Marx, R. W., & Soloway, E. (1994). A collaborative model for helping middle grade science teachers learn project-based instruction. *Elementary School Journal, 94*, 483–497.

Krajcik, J. S., Czerniak, C., & Berger, C. (2003). *Teaching children science: A project-based approach* (2nd ed.). Boston: McGraw-Hill.

Kryza, K., Stephens, S., & Duncan, A. (2007). *Inspiring middle and secondary learners. Honoring differences and creating community through differentiated instructional practices*. Thousand Oaks, CA: Corwin Press.

Kuiper, E., Volman, M., & Terwel, J. (2005). The Web as an information source in K–12 education: Strategies for supporting students in searching and processing information. *Review of Educational Research, 75*(3), 285–328.

Kulik, J. A. (2003). Grouping and tracking. In N. Colangelo & G. Davis (eds.), *Handbook of gifted education*. Boston: Allyn & Bacon.

Kumar, D. (1991). A meta-analysis of the relationship between science instruction and student engagement. *Education Review, 43*(1), 49–66.

LaBrec, S. (1994). *How to respond to culturally diverse student populations*. Alexandria, VA: Association for Supervision and Curriculum Development.

Ladd, G., Herald-Brown, S., & Kochel, K. (2009). Peers and motivation. In K. Wentzel & A. Wigfield (eds.), *Handbook of motivation in school*. New York: Routledge.

Ladson-Billings, G. (1992). Culturally relevant teachers: The key to making multicultural education work. In C. A. Grant (ed.), *Research and multicultural education*. London: Falmer Press.

Ladson-Billings, G. (1994). *The dreamkeepers: Successful teachers of African American children*. San Francisco: Jossey-Bass.

Ladson-Billings, G. (1995a). But this is just good teaching! The case for culturally relevant pedagogy. *Theory Into Practice, 34*, 161–165.

Ladson-Billings, G. (1995b). Toward a theory of culturally relevant pedagogy. *American Education Research Journal, 32*, 465–491.

Lake, S. (1988). *Equal access to education: Alternatives to tracking and ability grouping* (Practitioner's Monograph No. 2). Sacramento: California League of Middle Schools.

Lambros, A. (2004). *Problem-based learning in K-12 classrooms: A teacher's guide to implementation*. Thousand Oaks, CA: Corwin Press.

Lampert, M. (2001). *Teaching problems and the problems of teaching*. New Haven, CT: Yale University Press.

Landsburg, M. (2008, June 21). Graduation rates declining in L.A. Unified despite higher enrollments. *Los Angeles Times*, p. B1.

Landsman, J. (2004). Confronting the racism of low expectations. *Educational Leadership, 62*(3), 28–32.

Leahy, S., Lyon, C., Thompson, M., & Wiliam, D. (2005). Classroom assessment: Minute-by minute and day-by-day. *Educational Leadership, 63*(3), 18–24.

Learner-Centered Work Group. (1997). *Learner-centered psychological principles: A framework for school reform and redesign*. Washington, DC: American Psychological Association.

Learning Expeditions. Retrieved August 10, 2005, from http://www.cosi.org/progress/learningExpeditions/index.html

Lee, H. (1960). *To kill a mockingbird*. Philadelphia: Lippincott.

Lee, V. E., & Smith, J. B. (1996). Collective responsibility for learning and its effects on gains in achievement of early secondary school students. *American Journal of Education, 104,* 1103–1146.

Leinhardt, G. (1989). Math lessons: A contrast of novice and expert competence. *Journal for Research in Mathematics Education, 20,* 52–75.

Leinhardt, G. (1992). What research on learning tells us about teaching. *Educational Leadership, 49*(7), 20–25.

Leinhardt, G. (2001). Instructional explanations: A commonplace for teaching and location for contrasts. In V. Richardson (ed.), *Handbook of research on teaching* (4th ed.). Washington, DC: American Educational Research Association.

Leonard, J. (2000). How group composition influenced the achievement of sixth-grade mathematics students. *Mathematical Thinking and Learning, 3*(2&3), 175–200.

Lessow-Hurley, J. (2003). *Meeting the needs of second language learners: An educator's guide.* Alexandria, VA: Association for Supervision and Curriculum Development.

Lewin, K., Lippitt, R., & White, R. (1939). Patterns of aggressive behavior in experimentally created social climates. *Journal of Social Psychology, 10,* 271–299.

Lieberman, A. (1995). Restructuring schools: The dynamics of changing practice, structure and culture. In A. Lieberman (ed.), *The work of restructuring schools: Building from the ground up.* New York: Teachers College Press.

Lieberman, A., & Miller, L. (1984). *Teachers, their world, and their work.* Alexandria, VA: Association for Supervision and Curriculum Development.

Lieberman, A., & Miller, L. (1992). *Teachers—Their world and their work: Implications for school improvement.* New York: City College Press.

Lieberman, A., & Miller, L. (1999). *Teachers: Transforming their world and their work.* New York: Teachers College Press.

Lieberman, A., & Miller, L. (2004). *Teacher leadership.* San Francisco: Jossey-Bass.

Lieberman, A., & Miller, L. (2008). *Teachers in professional communities: Improving teacher and learning.* New York: Teachers College Press.

Linn, M. C., & Hyde, J. S. (1989). Gender, mathematics, and science. *Educational Researcher, 18*(8), 17–27.

Lippitt, R., & White, R. (1963). An experimental study of leadership and group life. In E. E. Macoby, T. M. Newcomb, & F. L. Hartley (eds.), *Readings in social psychology.* New York: Holt, Rinehart & Winston.

Little, J. W. (1990). The persistence of privacy: Autonomy and initiative in teachers' professional relations. *Teachers College Record, 91,* 509–536.

Lobato, J., Clarke, D., & Burns, A. B. (2005). Initiating and eliciting in teaching: A reformulation in telling. *Journal of Research in Mathematics Education, 36*(2), 101–112.

Lortie, D. C. (1975). *School-teacher: A sociological study.* Chicago: University of Chicago Press.

Luiten, J., Ames, W., & Aerson, G. (1980). A meta-analysis of advance organizers on learning and retention. *American Educational Research Journal, 17,* 211–218.

Lyman, F. (1983). *Journaling procedures* (mimeographed). College Park: University of Maryland.

Lyman, F. (1985). *Think-pair-share* (mimeographed). College Park: University of Maryland.

Lyman, F. (1986). *Procedures for using the question/response cues* (mimeographed). College Park: University of Maryland and the Howard County Public Schools.

Lyotard, J. (1987). The postmodern condition. In K. Baynes, J. Bohman, & T. McCarthy (eds.), *After philosophy: End or transformation?* Cambridge, MA: MIT Press.

Lytton, H., & Romney, D. M. (1991). Parents' sex-related differential socialization of boys and girls: A meta-analytic review. *Psychological Bulletin, 109,* 267–295.

Ma, X. (1995). Gender differences in mathematics achievement between Canadian and Asian educational systems. *Journal of Educational Research, 89,* 118–127.

Macbeth, D. (2000). On an actual apparatus for conceptual change. *Science Education, 84*(2), 226–234.

Macias, J. (1990). Scholastic antecedents of immigrant students: Schooling in a Mexican immigrant-sending community. *Anthropology and Education Quarterly, 21,* 291–318.

Maehr, M., & Zusho, A. (2009). Achievement goal theory: The past, present, and future. In K. Wentzel & A. Wigfield (eds.), *Handbook of motivation in school.* New York: Routledge.

Mager, R. F. (1962). *Preparing instructional objectives.* Palo Alto, CA: Fearon.

Mager, R. F. (1997). *Preparing instructional objectives: A critical tool in the development of effective instruction* (3rd ed.). Los Angeles: Center for Effective Instruction.

Magnusson, S., & Palincsar, A. (1995). The learning environment as a site of science reform. *Theory into Practice, 34*(1), 43–50.

Marchand-Martella, N., Slocum, T., & Martella, R. (2004). *Introduction to direct instruction.* Boston: Allyn & Bacon.

Marzano, R. (2006). *Classroom assessment and grading that works.* Alexandria, VA: Association for Supervision and Curriculum Development.

Marzano, R. (2007). *The art and science of teaching: A comprehensive framework for effective instruction.* Alexandria, VA: Association for Supervision and Curriculum Development.

Marzano, R., & Haystead, M. (2008). *Making standards useful in the classroom.* Alexandria, VA: Association for Supervision and Curriculum Development.

Marzano, R. (2009). Teaching with interactive whiteboards. *Educational Leadership, 67*(3), 80–82.

Marzano, R., & Pickering, D. (2007). Errors and allegations about research on homework. *Phi Delta Kappan, 88*(7), 507–513.

Marzano, R., & Pickering, D. (2007). The case for and against homework. *Educational Leadership, 64*(6), 74–79.

Marzano, R., Pickering, D., & McTighe, J. (1993). *Assessing student outcomes.* Alexandria, VA: Association for Supervision and Curriculum Development.

Marzano, R. J. (1992). *A different kind of classroom: Teaching with dimensions of learning.* Alexandria, VA: Association for Supervision and Curriculum Development.

Marzano, R. J. (2000). *Transforming classroom grading.* Alexandria, VA: Association for Supervision and Curriculum Development.

Marzano, R. J. (2003). *What works in schools: Translating research into action.* Alexandria, VA: Association for Supervision and Curriculum Development.

Marzano, R. J. (2004). *Building background knowledge for academic achievement: Research on what works in schools.* Alexandria, VA: Association for Supervision and Curriculum Development.

Marzano, R. J., Marzano, J. S., & Pickering, D. J. (2003). *Classroom management that works: Research-based strategies for every teacher.* Alexandria, VA: Association for Supervision and Curriculum Development.

Maslow, A. (1970). *Motivation and personality* (2nd ed.). New York: Harper & Row.

Mathews, J. (2007, January 21). Tips for building a stronger parent-school relationship. *Chicago Tribune Online Edition.* Retrieved January 26, 2007, from http://www.chicagotribune.com

Mayer, R. E. (1979). Can advance organizers influence meaningful learning? *Review of Educational Research, 49,* 371–383.

Mayer, R. E. (2003). *Learning and instruction.* Upper Saddle River, NJ: Merrill.

Mayer, R., & Massa, L. (2003). Three facets of visual and verbal learners: Cognitive ability, cognitive style, and learning preferences. *Journal of Educational Psychology, 95*(40), 833–846.

McClelland, D. C. (1958). Methods of measuring human motivation. In J. W. Atkinson (ed.), *Motives in fantasy, action and society.* New York: Van Nostrand.

McClelland, D. C. (1985). *Human motivation.* New York: Scott Foresman.

McCombs, B. L. (2001). What do we know about learners and learning? The learner-centered framework. Paper presented at the annual meeting of the American Educational Research Association, Seattle.

McCombs, G., & Miller, L. (2007). *Learner-centered classroom practices and assessments.* Thousand Oaks, CA: Corwin Press.

McCown, R. R., & Roop, P. (1992). *Educational psychology and classroom practice: A partnership.* Needham Heights, MA: Allyn & Bacon.

McCutcheon, G. (1980, September). How do elementary teachers plan? *Elementary School Journal,* 4–23.

McCutcheon, G., & Milner, H. R. (2002). A contemporary study of teacher planning in a high school English class. *Teachers and Teaching: Theory and Practice, 8*(1), 81–94.

McDonald, E., & Hershman, D. (2010). *Classrooms that spark!: Recharge and revive your teaching.* San Francisco: Jossey-Bass.

McLaughlin, D. (1996). Personal narratives for school change in Navajo settings. In D. McLaughlin & W. Tierney (eds.), *Naming silenced lives: Personal narratives and processes of school change.* London: Routledge Press.

McLaughlin, M., & Talbert, J. (2001). *Professional communities and the work of high school teaching.* Chicago: University of Chicago Press.

McMillan, J. (2006). Classroom *assessment: Principles and practice for effective standards-based instruction* (4th ed.). Boston: Allyn & Bacon.

McTighe, J., & Lyman, F. T. (1988). Cueing thinking in the classroom: The promise of theory-embedded tools. *Educational Leadership, 45,* 18–24.

McTighe, J., & O'Connor, K. (2005). Seven practices for effective leadership. *Educational Leadership, 62*(3), 13–19.

Mendler, A. (2006). *Motivating students who don't care: Successful techniques for educators.* Bloomington, IN: Solution Tree.

Mergendoller, J., Bellisimo, Y., & Maxwell, N. (2000). Comparing problem-based learning and traditional instruction in high school economics. *Journal of Educational Research, 93*(6), 374–383.

Merrill, M. D., & Tennyson, R. D. (1977). *Teaching concepts: An instructional design approach.* Englewood Cliffs, NJ: Educational Technology.

Merrow, J. (2009). When roads diverge: Where will the charter movement take education? *Education Week,* Sept 30, 2009, 32.

Mertler, C. A. (2001). Designing and scoring rubrics for your classroom. *Practical Assessment, Research and Evaluation, 7*(25). Retrieved April 1, 2005, from http://PAREonline.net/getvn.asp?v=7&n=25

Metropolitan life survey of the American teacher. (1995). New York: Louis Harris & Associates.

Metts, S. (2005). Suggestions for classroom discussion. Retrieved August 10, 2005, from http://www.cat.ilstu.edu/teaching-tips/handouts/classdis.shtml

Meyer, R. (2004). Should there be a three-strike rule against discover learning? A case for guided methods of instruction. *American Psychologist, 59,* 14–59.

Meyer, E. (2010). *Gender and sexual diversity in schools: Explorations of educational purpose.* New York: Springer Publishing.

Miles, R. (1989). *Racism.* London: Routledge.

Milton, O., et al. (1986). *Making sense of college grades.* San Francisco: Jossey-Bass.

Minke, K. M., & Anderson, K. J. (2003). Restructuring routine parent-teacher conferences. The family-school conference model. *Elementary School Journal, 104*(1), 13–34.

Mishel, L. (2006, March 8). The exaggerated dropout crisis. Civic Enterprise Report as cited in *Education Week,* 30.

Mitchell, S. N., Reilly, R., Bramwell, F. G., Lilly, F., & Solnosky, A. (2004). Friendship and choosing groupmates: Preferences for teacher-selected vs. student-selected grouping in high school science classes. *Journal of Instructional Psychology, 31*(1), 20–33.

Mitzel, H. (1960). Teacher effectiveness. In C. W. Harris (ed.), *Encyclopedia of educational research* (3rd ed.). New York: Macmillan.

Moll, L., & Gonzalez, N. (2004). Engaging life: A funds of knowledge approach to multicultural education. In J. Banks & C. Banks (eds.), *Handbook of research on multicultural education* (2nd ed.). San Francisco, Jossey-Bass.

Monitoring the future, 12th Grade study: 1983, 1990, 1995, and 2000. (2000). Ann Arbor: University of Michigan Institute of Social Research.

Moore, S. (2006). *Workplace matters: Workplace conditions.* Best Practices NEA Research. Retrieved December 10, 2007, from http://www.nea.org/assets/docs/

Murphy, C., & Lick, D. (2005). *Whole-faculty study groups: Creating professional learning communities that target student learning* (3rd ed.). Thousand Oaks, CA: Corwin Press.

Murphy, P. K., Delli, L. M., & Edwards, M. N. (2004). The good teacher and good teaching: Comparing beliefs of second-grade students, preservice teachers, and inservice teachers. *Journal of Experimental Education, 72*(2), 69–92.

Narvaez, L., & Brimijoin, K. (2010). *Differentiation at work, K–5: Principles, lessons, and strategies.* Thousand Oaks, CA: Corwin Press.

National Center for Education Statistics, U.S. Department of Education. (2004). Condition of education. Retrieved March 15, 2005, from http://nces.ed.gov/programs/coe/2004/section1/index.asp

National Home Education Research Institute. (2005). Retrieved February 2005 from http://www.nheri.org

NEA survey of teachers 1961–2001. Retrieved December 10, 2007, from http://www.nea.org

Nettles, S. M. (1991). Community involvement and disadvantaged students: A review. *Review of Educational Research, 61,* 379–406.

Neu, T., & Weinfeld, R. (2006). *Helping boys succeed in school.* Austin, TX: Prufrock Press.

Newcomb, T. M. (1961). *The acquaintance process.* New York: Holt, Rinehart & Winston.

Nickerson, R. (1987). Why teach thinking? In J. Baran & R. Sternberg (eds.), *Teaching thinking skills: Theory and practice.* Boston: Harvard University Press.

Nichols, S., & Berliner, D. (2007). *Collateral damage: How high stakes testing is corrupting American schools.* Boston: Harvard University Press.

Niguidula, D. (1998). Research on digital portfolios for the Coalition of Essential Schools.

Noblit, G. (1995). In meaning: The possibilities of caring. *Phi Delta Kappan, 77,* 682.

Noddings, N. (1984). *Caring: A feminine approach to ethics and moral education.* Berkeley: University of California Press.

Noddings, N. (1992). *The challenge to care in schools: An alternative approach to education.* New York: Teachers College Press.

Noddings, N. (1995). Teaching themes of care. *Phi Delta Kappan, 77,* 676.

Noddings, N. (2001). The caring teacher. In V. Richardson (ed.), *Handbook of research on teaching* (4th ed.). Washington, DC: American Educational Research Association.

Noddings, N. (2005). *The challenge to care in schools: An alternative approach to education* (2nd ed.). New York: Teachers College Press.

Novak, J. D. (2004, January). Reflections on a half-century of thinking in science education and research: Implications from twelve-year longitudinal study of children's learning. *Canadian Journal of Science, Mathematics, and Technology,* 23–41.

Novak, J. D., & Musonda, D. (1991). A twelve-year longitudinal study of science concept teaching. *American Educational Research Journal, 28,* 125–130.

Nystrand, M., et al. (1997). *Opening dialogue: Understanding the dynamics of language and learning in English classrooms.* New York: Teachers College Press.

Oakes, J. (1985). *Keeping track: How schools structure inequality.* New Haven, CT: Yale University Press.

Oakes, J. (1992). Can tracking research inform practice? Technical, normative, and political considerations. *Educational Researcher, 21*(4), 12–21.

Oakes, J., & Lipton, M. (1999). *Teaching to change the world.* Boston: McGraw-Hill.

Oakes, J., & Lipton, M. (2003). *Teaching to change the world* (2nd ed.). New York: McGraw-Hill.

Oakes, J., & Lipton, M. (2006). *Teaching to change the world* (3rd ed.). New York: McGraw-Hill.

Oakes, J., Joseph, R., & Muir, K. (2004). Access and achievement in mathematics and science: Inequalities the endure and change. In J. Banks & C. Banks (eds.). *Handbook of research on multicultural education* (2nd ed.), San Francisco: Wiley & Sons.

Oakes, J., & Saunders, M. (2002). *Access to textbooks, instructional material, equipment, and technology: Inadequacy and inequality in California's public schools.* Los Angeles: University of California at Los Angeles.

Ogbu, J. U. (1995). Understanding cultural diversity and learning. In J. Banks & C. Banks (eds.), *Handbook of research on multicultural education.* New York: Macmillan.

Ogbu, J. U. (1997). Understanding the school performance of urban blacks: Some essential background knowledge. In H. Walberg, O. Reyes, & R. P. Weissberg (eds.), *Children and youth: Interdisciplinary perspectives.* Norwood, NJ: Ablex.

Ogle, D. (1986). K-W-L: A teaching model that develops active reading of expository text. *Reading Teacher, 39*(6), 564–570.

Oja, S. N., & Smulyan, L. (1989). *Collaborative action research: A developmental approach.* New York: Falmer Press.

Okagaki, L. (2000). Determinants of intelligence: Socialization of intelligence. In A. Kazdin (ed.), *Encyclopedia of psychology.* Washington, DC: American Psychological Association.

Omi, M., & Winant, H. (1994). *Racial formation in the United States.* New York: Routledge.

Ormrod, J. E. (2000). *Educational psychology: Developing learners* (3rd ed.). Upper Saddle River, NJ: Merrill.

Ormrod, J. (2008). *Educational psychology: Developing learners* (6th ed.). Upper Saddle River, NJ: Prentice Hall.

Palincsar, A. (1998). Social constructivist perspectives on teaching and learning. In J. Spence, J. Darley, & D. Foss (eds.), *Annual review of psychology.* Palo Alto, CA: Annual Reviews.

Palincsar, A., & Brown, A. (1989). Instruction for self-regulated reading. In L. Resnick & L. Kloper (eds.), *Toward the thinking curriculum: Current cognitive research.* Alexandria, VA: Association for Supervision and Curriculum Development.

Palincsar, A. S. (1986). The role of dialogue in providing scaffolding instruction. *Educational Psychologist, 21,* 73–98.

Palincsar, A. S., & Herrenkohl, L. R. (2002). Designing collaborative learning contexts. *Theory into Practice, 41,* 26–32.

Pallas, A., Natriello, G., & McDill, E. (1989). The changing nature of the disadvantaged population: Current dimensions and future trends. *Educational Researcher, 18,* 16–22.

Panza, C., Poytthast, A., & Cathey, C. (2006). Thinking outside the room: Enhancing philosophy courses with online forums. *Teaching Philosophy, 29*(4), 279–297.

Papert. S. (1980). *Mindstorms: Children, computers, and powerful ideas.* New York: Basic Books.

Patrick, B., Hisley, J., & Kempler, T. (2000). What's everybody so excited about? The effects of teacher enthusiasm on students' intrinsic motivation and vitality. *Journal of Experimental Education, 68*(3), 217–237.

Paullio, H. R. (1985). A tiger examines his stripes. *Teaching-Learning Issues,* No. 55. Knoxville: University of Tennessee Press.

Paullio, H. R. (1992). Learning new materials is fun—yes, but will it be on the test? *Teaching-Learning Issues,* No. 72, Knoxville: University of Tennessee Press.

Pedulla, H., et al. (2003). *Perceived effects of state-mandated testing programs on teaching and learning.* Boston: National Board on Education Testing and Public Policy.

Pelech, J., & Pieper, G. (2010). *The comprehensive handbook of constructivist teaching: From theory to practice.* Charlotte, NC: Information Age Publishing.

Perelman, L. (1992). *School's out. Hyperlearning, the new technology and the end of education.* New York: William Morrow.

Perkins, D. N. (1992). *Smart school: From training memories to educating minds.* New York: Free Press.

Perkins, D. N. (1995). *Outsmarting IQ: The emerging science of learnable intelligence.* New York: Free Press.

Perna, D., & Davis, J. (2007). *Aligning standards and curriculum for classroom success.* Thousand Oaks, CA: Corwin Press.

Perry, W. (1969). *Forms of intellectual and ethical development during the college years.* New York: Holt, Rinehart & Winston.

Peterson, K., & Deal, T. (2002). *The shaping of school culture fieldbook.* San Francisco: Jossey-Bass.

Peterson, P. L., Marx, R. W., & Clark, C. (1978). Teacher planning, teacher behavior and student achievement. *American Educational Research Journal, 15,* 417–432.

Phillips, S. (1972). Participant structures and communicative competence: Warm Springs children in community and classroom. In C. Cazden & D. Hymes (eds.), *Functions of language in the classroom.* New York: Teachers College Press.

Piaget, J. (1954). *The construction of reality in the child.* New York: Basic Books.

Piaget, J. (1963). *Psychology of intelligence.* Paterson, NJ: Littlefield Adams.

Pintrich, P. R. (2003). A motivational science perspective on the role of student motivation in learning and teaching contexts. *Journal of Educational Psychology, 95*(4), 667–686.

Pintrich, P. R., & Schunk, D. H. (2002). *Motivation in education: Theory, research, and applications* (2nd ed.). Englewood Cliffs, NJ: Prentice-Hall.

Pogrow, S. (1990). Challenging at-risk students: Findings from the HOTS program. *Phi Delta Kappan, 71,* 389–397.

Pogrow, S. (1999). Systematically using powerful learning environments to accelerate the learning of disadvantaged students in grades 4–8. In C. Reigluth (ed.), *Instructional design theories and models.* Hillsdale, NJ: Erlbaum.

Pollard, D. S. (1998). The contexts of single-sex classes. In *Separated by sex: A critical look at single-sex education.* Washington, DC: American Association of University Women Education Foundation.

Popham, W. J. (2001). *The truth about testing: An educator's call to action.* Alexandria, VA: Association for Supervision and Curriculum Development.

Popham, J. (2008). *Transformative assessment.* Alexandria, VA: Association for Supervision and Curriculum Development.

Pressley, M., et al. (1992). Encouraging mindful use of prior knowledge: Attempting to construct explanatory answers to facilitate learning. *Educational Psychologist, 27,* 91–109.

Pressley, M., Roehrig, A., Raphael, L., Dolezal, S., Bohn, K., Mohan, L., Wharton-McDonald, R., & Bogner, K. (2003). Teaching processes in elementary and secondary education. In W. M. Reynolds & G. E. Miller (eds.), *Comprehensive handbook of psychology:* Vol. 7, *Educational psychology.* New York: Wiley.

Putnam, J. (2005). *Organizing and managing the learning community.* New York: McGraw-Hill.

Ravitch, D. (2010). *The death of and life of the great American school system: How testing and choice are undermining education.* New York: Basic Books.

Redfield, D., & Rousseau, E. (1981). A meta-analysis of experimental research on teacher questioning behavior. *Review of Educational Research, 51,* 237–245.

Resnick, L. (1987a). Learning in school and out. *Educational Researcher, 16,* 13–20.

Resnick, L. B. (1987b). *Education and learning to think.* Washington, DC: National Academy Press.

Resnick, L. B., & Klopfer, L. E. (eds.). (1989). *Toward the thinking curriculum: Current cognitive research.* Alexandria, VA: Association for Supervision and Curriculum Development.

Reynolds, M. C. (ed.). (1989). *Knowledge base for the beginning teacher.* New York: Pergamon.

Richardson, V. (ed.). (2001). *Handbook of research on teaching* (4th ed.). Washington, DC: American Educational Research Association.

Richardson, V., & Placier, P. (2001). Teacher change. In V. Richardson (ed.), *Handbook of research on teaching* (4th ed.). Washington, DC: American Educational Research Association.

Richardson, W. (2010). *Blogs, wikis, podcasts, and other powerful Web tools for classrooms.* Thousand Oaks, CA: Corwin Press.

Richardson-Koehler, V. (ed.). (1987). *Educators' handbook: A research perspective.* New York: Longman.

Richert, A. E. (2002). Narratives that teach: Learning about teaching from the stories teachers tell. In N. Lyons & V. LaBoskey (eds.), *Narrative knowing in teaching: Exemplars of reflective teaching, research, and teacher education.* New York: Teachers College Press.

Riddle, J. (2009). *Engaging the eye generation: Visual literacy strategies for the K–5 classroom.* Portland, ME: Stenhouse.

Ringstaff, C., Sandholtz, J. H., & Dwyer, D. C. (1995). Trading places: When teachers utilize student expertise in technology-intensive classrooms. In *Apple education research reports.* Eugene, OR: International Society for Technology in Education.

Rist, R. C. (1970). Student social class and teacher expectations: The self-fulfilling prophecy in ghetto education. *Harvard Education Review, 40,* 411–451.

Ritchhart, R. (2002). *Intellectual character: What it is, why it matters, and how to get it.* San Francisco: Jossey-Bass.

Ritchhart, R. (2005). The seven cultural forces that define our classrooms. Unpublished paper.

Ritchhart, R., & Perkins, D. (2008). Making thinking visible. *Educational Leadership, 65*(5), 57–61.

Ritchhart, R., Palmer, P., Church, M., & Tishman, S. (2006). Thinking routines: Establishing patterns of thinking in the classroom. Paper presented at the annual meeting of the American Educational Research Association, San Francisco, April.

Robelen, E. W. (2007). E-learning curve. In *Technology Counts 2007: A Digital Decade, Education Week, 26*(30), 34–36.

Robinson, A., & Clinkenbeard, P. (1998). Giftedness: An exceptionality examined. In J. Spence, J. Darley, & D. Foss (eds.), *Annual review of pyschology.* Palo Alto, CA: Annual Reviews.

Robinson, A., Shore, B., & Enersen, D. (2006). *Best practices in gifted education: An evidence-based guide.* Austin, TX: Prufrock Press.

Roeser, R., Urdan, T., & Stephens, J. (2009). School as a context for student motivation and achievement. In K. Wentzel & A. Wigfield (eds.), *Handbook of motivation in school.* New York: Routledge.

Rosen, L. (2010). *Rewired: Understanding the iGeneration and the way they learn.* New York. Palgrave Macmillan.

Rosenholz, S. (1989). *Teacher's workplace: The social organization of schools.* New York: Longman.

Rosenshine, B. (1970). Enthusiastic teaching: A research review. *School Review, 78,* 499–514.

Rosenshine, B. (1979). Content, time and direct instruction. In P. L. Peterson & H. J. Walberg (eds.), *Research on teaching.* Berkeley, CA: McCutchan.

Rosenshine, B. (1980). How time is spent in elementary classrooms. In C. Denham & A. Lieberman (eds.), *Time to learn.* Washington, DC: U.S. Department of Education.

Rosenshine, B. (2002). Converging findings on classroom instruction. In A. Molner (ed.), *School reform proposals: The research evidence.* Tempe: Arizona State University Research Policy Unit.

Rosenshine, B., & Furst, N. (1973). The use of direct observation to study teaching. In R. M. W. Travers (ed.), *Second handbook of research on teaching.* Chicago: Rand McNally.

Rosenshine, B., & Stevens, R. (1986). Teaching functions. In M. C. Wittrock (ed.), *Handbook of research on teaching* (3rd ed.). New York: Macmillan.

Rosenthal, R., & Jacobson, L. (1968). *Pygmalion in the classroom.* New York: Holt, Rinehart & Winston.

Rothman, R. (1995). *Measuring up: Standards, assessment and school reform.* San Francisco: Jossey-Bass.

Rothstein, R. (2004, October). A wider lens on the black-white achievement gap. *Phi Delta Kappan,* 105–110.

Rowe, M. B. (1974a). Relation of wait-time and rewards to the development of language, logic, and fate control. Part II: Rewards. *Journal of Research in Science Teaching, 11,* 291–308.

Rowe, M. B. (1974b). Wait-time and rewards as instructional variables, their influence on language, logic, and fate control. Part I: Wait-time. *Journal of Research in Science Teaching, 11,* 81–94.

Rowe, M. B. (1986). Wait time: Slowing down may be a way of speeding up. *Journal of Teacher Education, 37,* 43–50.

Rugen, L., & Hart, S. (1994). The lessons of learning expeditions. *Educational Leadership, 52,* 20–23.

Rugg, H. (1926). Curriculum-making and the scientific study of education since 1910. In H. Rugg (ed.), *Twenty-sixth yearbook of the national society for the study of education, Part I.* Bloomington, IL: Public Schools Publishing.

Rutter, M., Maughan, B., Mortimore, P., Ouston, J., & Smith, A. (1979). *Fifteen thousand hours: Secondary schools and their effects on children.* Cambridge, MA: Harvard University Press.

Ryan, R., & Brown, K. (2005). Legislating competence: The motivational impact of high stakes testing as an educational reform. In C. Dweck & A. Elliot (eds.), *Handbook of competence.* New York: Guilford.

Ryan, R. M., & Deci, E. L. (2000). Self-determination theory and the facilitation of intrinsic motivation, social development, and well-being. *American Psychologist, 55,* 68–78.

Ryan , R., & Deci, E. (2009). Promoting self-determined school engagement: Motivation, learning, and well-being. In K. Wentzel & A. Wigfield (eds.), *Handbook of motivation in school.* New York: Routledge.

Ryle, G. (1949). *The concept of mind.* London: Hutchinson's University Library.

Sabers, D., Cushing, K. S., & Berliner, D. C. (1991). Differences among teachers in task characterized by simultaneity, multidimensionality, and immediacy. *American Educational Research Journal, 28*(1), 63–88.

Sadker, M. (1985). *Women in educational administration.* Washington, DC: Mid-Atlantic Center for Sex Equity.

Sadker, M., & Sadker, D. (1994). *Failing in fairness: How America's schools cheat girls.* New York: Scribner.

Sadker, M., Sadker, D., & Klein, S. (1991). The issue of gender in elementary and secondary education. *Review of Research in Education, 17,* 269–334.

Sanders, W. L., & Rivers, J. C. (1996). *Cumulative and residual effects of teachers on future student academic achievement* (unpublished paper). Knoxville: University of Tennessee.

Santrock, J. (2005). *Child development* (11th ed.). New York: McGraw-Hill.

Santrock, J. W. (1976). Affect and facilitative self-control. Influence of ecological setting, cognition, and social agent. *Journal of Educational Psychology, 68*(5), 529–535.

Santrock, J. W. (2006). *Educational psychology: Classroom update* (3rd ed.). New York: McGraw-Hill.

Sarason, S. (1982). *The culture of school and the problem of change* (2nd ed.). Boston: Allyn & Bacon.

Sarason, S. D. (1995). *Parental involvement and the political principle.* San Francisco: Jossey-Bass.

Savin-Baden, M. (2003). *Facilitating problem-based learning.* Philadelphia: Open University Press.

Savin-Baden, M. (2008). *Problem-based online learning.* New York: Routledge.

Sax, L. (2009). *Boys adrift: The five factors driving the growing epidemic of unmotivated boys and underachieving young men.* New York: Basic Books.

Schafer, W. D. (1991). Essential assessment skills in professional education of teachers. *Educational Measurement: Issues and Practices, 10*(1), 3–6.

Schafer, W., & Lissitz, R. (1987). Measurement training for school personnel: Recommendations and reality. *Journal of Teacher Education, 38,* 57–63.

Schalock, D., et al. (2007). *Working in standards-based environments.* Monmouth, OR: Teaching Research.

Schmoker, M., & Allington, R. (2007). The gift of bleak research: How the Pianta classroom study can help schools improve immediately. *Education Week,* May 16, 27+.

Schmuck, R. (1997). *Practical action research for change.* Arlington Heights, IL: Skylight Professional Development.

Schmuck, R., & Schmuck, P. (2001). *Group processes in the classroom* (8th ed.). New York: McGraw-Hill.

Schmuck, R. A., & Schmuck, P. A. (1992). *Small districts, big problems.* Newbury Park, CA: Corwin Press.

Schön, D. A. (1983). *The reflective practitioner.* San Francisco: Jossey-Bass.

Schön, D. A. (1987). *Educating the reflective practitioner.* San Francisco: Jossey-Bass.

Schuck, R. (1981). The impact of set induction on student achievement and retention. *Journal of Educational Research, 74,* 227–232.

Schuh, K. L. (2003). Knowledge construction in the learner-centered classroom. *Journal of Educational Psychology, 95*(2), 426–443.

Schulman, L. S. (1986). Paradigms and research programs in the story of teaching: A contemporary perspective. In M. C. Wittrock (ed.), *Handbook of research on teaching* (3rd ed.). New York: Macmillan.

Schute, V. (2008). Focus on formative feedback. *Review of Educational Research, 78*(1), 154–189.

Schwab, J. (1966). *Biological science curriculum study: Biology teacher's handbook.* New York: Wiley.

Segro, G. (1995). Meeting the needs of all students: Making ability grouping work. *NASSP Bulletin,* 79(56), 18–26.

Serbin, L., & O'Leary, D. (1975, January). How nursery schools teach children to shut up. *Psychology Today,* 56–58.

Sergiovanni, T. (1996). *Leadership for the schoolhouse.* San Francisco: Jossey-Bass.

Sharan, S. (1999). *Handbook of cooperative learning methods.* New York: Praeger.

Sharan, S., Kussell, P., Hertz-Lazarowitz, R., Bejarano, Y., Raviv, S., & Sharan, Y. (1984). *Cooperative learning in the classroom: Research in desegregated schools.* Hillsdale, NJ: Erlbaum.

Sharp, V. (2002). *Computer education for teachers* (4th ed.). New York: McGraw-Hill.

Shepard, L., et al. (2005). Assessment. In L. Darling-Hammond & J. Bransford (eds.), *Preparing teachers for a changing world.* San Francisco: Jossey-Bass.

Shui-fong, Lam, & Pui-shan, Yim. (2004). The effects of competition on achievement motivation in Chinese classrooms. *British Journal of Educational Psychology, 74*(2), 281–297.

Shulman, L. S. (2004). *The wisdom of practice: Essays on teaching, learning, and learning to teach.* San Francisco: Jossey-Bass.

Silver, H., & Strong, R. (2000). *So each may learn: Integrating learning styles and multiple intelligences.* Alexandria, VA: Association for Supervision and Curriculum Development.

Simkins, M., Cole, K., Tavalin, F., & Means, B. (2002). *Increasing student learning through multimedia projects.* Alexandria, VA: Association for Supervision and Curriculum Development.

Sizer, T. (1984). *Horace's compromise: The dilemma of the American high school.* Boston: Houghton Mifflin.

Skinner, B. F. (1956). *Science and human behavior.* New York: Macmillan.

Skowron, J. (2006). *Powerful lesson planning: Every teacher's guide to effective instruction* (2nd ed.). Thousand Oaks, CA: Corwin Press.

Slavin, R. (1983). *Cooperative learning.* New York: Longman.

Slavin, R. (1986). *Student team learning* (3rd ed.). Baltimore: Center for Research on Elementary and Middle Schools, Johns Hopkins University.

Slavin, R. E. (1987). *Ability grouping and student achievement in elementary schools: A best-evidence synthesis.* Baltimore: Johns Hopkins University Press.

Slavin, R. E. (1990). Achievement effects of ability grouping in secondary schools. *Review of Educational Research, 57*(3), 293–336.

Slavin, R. (1994). *Using student team learning* (4th ed.). Baltimore: Johns Hopkins University.

Slavin, R. (1995a). *Cooperative learning* (2nd ed.). Boston: Allyn & Bacon.

Slavin, R. (1995b). Cooperative learning and race relations. In J. Banks & C. Banks (eds.), *Handbook of research on multicultural education.* New York: Macmillan.

Slavin, R. (1996). *Every child, every school: Success for all.* Thousand Oaks, CA: Corwin Press.

Slavin, R., & Madden, N. (2000). *One million children: Success for all.* Thousand Oaks, CA: Corwin Press.

Slavin, R. E., & Madden, N. S. (eds.). (2001). *Success for all.* Mahwah, NJ: Erlbaum.

Slavin, R., Madden, N., Dolan, L., & Wasik, B. (1992). *Success for all.* Arlington, VA: Educational Research Services.

Slavin, R., Madden, N., Dolan, L., & Wasik, B. (1994). Roots and wings: Inspiring academic excellence. *Educational Leadership, 52*, 10–14.

Slavin, R., Sharan, S., Kagan, S., Hertz-Lazarowitz, R., Webb, C., & Schmuck, R. (eds.). (1985). *Learning to cooperate, cooperating to learn.* New York: Plenum Press.

Smith, D. (2006). *Introduction to special education: Teaching in an age of challenge* (3rd ed.). Boston: Allyn & Bacon.

Smith, H. (1995). Rogue eco-system project. *Educational Connection, 1*, 3–4.

Smith, M., & Connolly, W. (2005). The effects of interpretative authority on classroom discussion of poetry: Lessons from one teacher. *Communication Education, 54*(4), 271–288.

Sorensen, A. B., & Hallinan, M. T. (1986). Effects of ability grouping on growth in academic achievement. *American Educational Research Journal, 23*, 519–542.

Sousa, D. (2006). *How the brain learns* (3rd ed.). Thousand Oaks, CA: Corwin Press.

Spaulding, C. L. (1992). *Motivation in the classroom.* New York: McGraw-Hill.

Spiegel, D. L. (2005). *Classroom discussion: Strategies for engaging all students, building higher-level thinking skills, and strengthening reading and writing across the curriculum.* New York: Scholastic Teaching Resources.

Sprinthall, R. C., Sprinthall, N. A., & Oja, S. N. (1998). *Educational psychology: A developmental approach* (7th ed.). New York: McGraw-Hill.

Stahl, S. (2002). Different strokes for different folks? In L. Abbeduto (ed.), *Taking sides: Clashing on controversial issues in educational psychology.* Guilford, CT: McGraw/Duskin.

Stallings, J., & Kaskowitz, D. (1974). *Follow-through classroom observation evaluation 1972–1974* (SRI project URU-7370). Stanford, CA: Stanford Research Institute.

Starch, D., & Elliot, E. C. (1912). Reliability of grading high school work in English. *Scholastic Review, 20*, 442–456.

Starch, D., & Elliot, E. C. (1913). Reliability of grading high school work in history. *Scholastic Review, 22*, 676–681.

Starkey, D. (1980). *The origins of concept formation: Object sorting and object preference in early infancy.* (ERIC No. ED 175555: Resources in Education).

Steele, C. M. (1992, April). Race and the schooling of Black Americans. *Atlantic Monthly*, 68–78.

Steffe, K., & Gale, J. (eds.). (1995). *Constructivism in education.* Hillsdale, NJ: Erlbaum.

Sternberg, R. J. (1985). *Beyond IO: A triarchic theory of human intelligence.* New York: Cambridge University Press.

Sternberg, R. J. (1994). Answering questions and questioning answers. *Phi Delta Kappan, 76*(2), 136–138.

Sternberg, R. J. (1999a, Spring). Ability and expertise: It's time to replace the current model of intelligence. *American Educator*, 10–13.

Sternberg, R. J. (1999b). Myths, countermyths, and truths about intelligence. In A. Woolfork (ed.), *Readings in educational psychology.* Boston: Allyn & Bacon.

Sternberg, R. J. (2002a). *Cognitive psychology* (3rd ed.). Belmont, CA: Wadsworth.

Sternberg, R. J. (2002b). Intelligence: The triarchic theory of intelligence: Toward a theory of successful intelligence. In M. Bennett (ed.), *Encyclopedia of education* (2nd ed.). New York: Macmillan.

Sternberg, R., & Grigorenko, E. (2004). Successful intelligence in the classroom. *Theory into Practice, 43*(4), 274–280.

Sternberg, R., Jarvin, L., & Grigorenko, E. (eds.). (2009). *Teaching for wisdom, intelligence, creativity, and success.* Thousand Oaks, CA: Corwin Press.

Sternberg, R., Nokes, C., Geissler, P., Prince, R., Okatcha, F., & Bundy, D. (2001). The relationship between academic and practical intelligence: A case study in Kenya. *Intelligence, 29*(5), 401–418.

Sternberg, R., Torff, B., & Grigorenko, E. (1998). Teaching for successful intelligence raises school achievement. *Phi Delta Kappan, 79*(9). pp. 667–669

Sternberg, R. (2009). Teaching for wisdom, intelligence, and creativity. *School Administrator, 66*(4), 2–4.

Sternberg, R., & Williams, W. (2002). *Educational psychology.* Boston: Allyn & Bacon.

Stevens, R., & Slavin, R. (1995). The cooperative elementary school: Effects on students' achievement, attitudes, and social relations. *American Educational Research Journal, 32*(2), 321–351.

Stiggins, R. (2007). *Introduction to student-involved assessment for learning* (5th ed.). Englewood Cliffs, NJ: Prentice-Hall.

Stiggins, R. J. (2004). *Student-involved assessment for learning* (4th ed.). Englewood Cliffs, NJ: Prentice-Hall.

Stiggins, R., Arter, J., Chappuis, J., & Chappuis, S. (2006). *Classroom assessment for student learning: Doing it right—Using it well.* Portland, OR: ETS Assessment Training Institute.

Stipek, D. J. (1996). Motivation and instruction. In D. Berliner & R. Calfee (eds.), *Handbook of educational psychology.* New York: Macmillan.

Stipek, D. J. (2002). *Motivation to learn: Integrating theory and practice* (4th ed.). Boston: Allyn & Bacon.

Strauss, V. (2006). As homework grows, so do arguments against it. *Washington Post.* Retrieved September 12, 2006, from http://www.washingtonpost.com/wp-dyn/content/article/2006/09/11/

Strauss, V. (2008, May 20). No crisis for boys in school. *The Washington Post.* http://www.washingtonpost.com/wp-dyn/content/article/2006/09/11/

Stronge, J. (2007). *Qualities of effective teachers* (2nd ed.). Alexandria, VA: Association for Supervision and Curriculum Development.

Stronge, J. H., Tucker, P. D., & Hindman, J. L. (2004). *Handbook for qualities of effective teachers.* Alexandria, VA: Association for Supervision and Curriculum Development.

Suchman, R. (1962). *The elementary school training program in scientific inquiry.* Report to the U.S. Office of Education. Urbana: University of Illinois.

Sue, D., & Sue, D. (2007). *Counseling the culturally diverse: Theory and practice* (5th ed.). Hoboken, NJ: Wiley.

Sullo, B. (2007). *Activating the desire to learn.* Alexandria, VA: Association for Supervision and Curriculum Development.

Tannen, D. (1990). *You just don't understand: Women and men in conversation.* New York: William Morrow.

Tannen, D. (1994). *Gender and discourse.* New York: Oxford University Press.

Tapscott, D. (1998). *Growing up digital: The rise of the Net generation.* New York: McGraw-Hill.

Tapscott, D. (2000). The digital divide. *Jossey-Bass reader on technology and learning.* San Francisco: Jossey-Bass.

Tapscott, D. (2008). *Grown up digital: How the Net generation is changing the world.* New York: McGraw-Hill.

Tapscott, D. (2010). Changing the pedagogy for the Net generation. ASCD Inservice. Retrieved March 7, 2010, from http://www.typepad.com/services

Taylor, R. (1949). *Basic principles of curriculum and instruction.* Chicago: University of Chicago Press.

Technology Counts 2007: A Digital Decade, Education Week, 26(30).

Tennyson, R. (1978). Pictorial support and specific instructions as design variables for children's concept and rule learning. *Educational Communication and Technology: A Journal of Research and Development, 26,* 291–299.

Tennyson, R., Youngers, J., & Suebsonthi, P. (1983). Concept learning by children using instructional presentation forms for prototype formation and classification-skill development. *Journal of Educational Psychology, 75,* 280–290.

Terrell, S., & Rendulic, P. (1996). Using computer-managed instructional software to increase motivation and achievement in elementary school children. *Journal of Research on Computing in Education, 26*(3), 403–414.

Tharp, R., & Entz, S. (2003, September). Research-based principles for teaching complex thinking. *Young Children,* 38–43.

Thelen, H. A. (1954). *Dynamics of groups at work.* Chicago: University of Chicago Press.

Thelen, H. A. (1960). *Education and the human quest.* New York: Harper & Row.

The Metlife survey of the American teacher (1995-2006). Retrieved December 10, 2007, from http://www.metlife.com

Tieso, C. L. (2003). Ability grouping is not just tracking anymore. *Roeper Review, 26*(1), 29–37.

Tileston, D. (2003) *What every teacher should know about instructional planning.* Thousand Oaks, CA: Corwin Press.

Tileston, D. W. (2007). *Teaching strategies for active learning.* Thousand Oaks, CA: Corwin Press.

Timpson, W. M., & Tobin, D. N. (1982). *Teaching as performing.* Englewood Cliffs, NJ: Prentice Hall.

Tishman, S., Perkins, D., & Jay, E. (1995). *The thinking classroom.* Boston: Allyn & Bacon.

Tobias, S., & Duffy, T. (eds.). (2009). *Constructivist instruction: Success or failure?* New York: Routledge.

Tobin, K., Kahle, J. B., & Fraser, B. J. (eds.). (1992). *Windows into science classrooms: Problems associated with higher-level cognitive learning.* New York: Falmer Press.

Tollefson, N. (2002). Classroom applications of cognitive theories of motivation. *Educational Psychology Review, 12*(1), 63–83.

Tomlinson, C. (2004a). *The differentiated classroom: Responding to the needs of all learners.* Alexandria, VA: Association for Supervision and Curriculum Development.

Tomlinson, C. (2004b). *How to differentiate instruction in mixed ability classrooms* (2nd ed.) Alexandria, VA: Association for Supervision and Curriculum Development.

Tomlinson, C., & McTighe, J. (2006). *Integrating differentiated instruction and understanding by design.* Alexandria, VA: Association for Supervision and Curriculum Development.

Tomlinson, C. A. (1995). *How to differentiate instruction in mixed-ability classrooms.* Alexandria, VA: Association for Supervision and Curriculum Development.

Tomlinson, C. A. (1999). *The differentiated classroom: Responding to the needs of all learners.* Alexandria, VA: Association for Supervision and Curriculum Development.

Tomlinson, C. A. (2001). Grading for success. *Educational Leadership, 58*(6), 12–15.

Tomlinson, C. A., & Germundson, A. (2007). Teaching as jazz. *Educational Leadership, 64*(8), 27–31.

Travers, R. M. (ed.). (1973). *Second handbook of research on teaching.* Chicago: Rand McNally.

Triandis, H. C. (2001). Individualism and collectivism. In D. Matsumato (ed.), *The handbook of culture and psychology.* New York: Oxford University Press.

Trotter, A. (2007). Getting up to speed. In *Technology Counts 2007: A Digital Decade, Education Week 26*(30), 10–16.

Tuckman, W. B. (1992). Does the length of the assignment or the nature of grading practices influence the amount of homework students are motivated to produce? *Journal of General Education, 41,* 190–199.

Tuckman, B. (1995). Assessing effective teaching. *Peabody Journal of Education, 70*(2), 127–138.

Turnbull, A., Turnbull, H., & Wehmeyer, M. (2006). *Exceptional lives: Special education in today's schools* (5th ed.). Upper Saddle River, NJ: Prentice-Hall.

Turnbull, A., Turnbull, H., & Wehmeyer, M. (2010). *Exceptional lives: Special education in today's schools* (6th ed.). Upper Saddle River, NJ: Prentice Hall.

Tyack, D., & Cuban, L. (2000). Teaching by machine. *The Jossey-Bass reader on technology and learning.* San Francisco: Jossey-Bass.

Tyler, R. W. (1949). *Basic principles of curriculum and instruction.* Chicago: University of Chicago Press.

Tyre, P. (2006, January 30). The trouble with boys: They're kinetic, maddening and failing at school. Now educators are trying new ways to help them succeed. *Newsweek.* Retrieved from http://www.newsweek.com/id/47522

Tyre, P. (2008). *The trouble with boys: A surprising report card on our sons, their problems at school, and what parents and educators must do.* New York: Three Rivers Press.

Udelhofen, S. (2005). *Keys to curriculum mapping: Strategies and tools to make it work.* Thousand Oaks, CA: Corwin Press.

U.S. Census Bureau Documents on Poverty. (2002). Retrieved from http://www.census.gov/hhes/www/poverty.html

U.S. Department of Education, Office of Bilingual Education and Minority Language Affairs. (1998). *Facts about limited English proficient students.* Washington, DC: U.S. Government Printing Office.

U.S. Department of Education. (1999). *To assure the free appropriate public education of all children with disabilities: Twenty-first century report to Congress on the implementation of the Individuals with Disabilities Act, A-2.* Washington, DC: Author.

United States Department of Education. (2004). Secretary Paige announces new policies to help English language learners. Retrieved February 2005 from http://www.ed.gov/news/pressrelease/2004/02/02.02192004.html

United States Department of Education. (2010). *Revised classification system.* Washington, DC: Author.

VanSledright, B. A. (2002). Fifth graders investigating history in the classroom: Results from a researcher-practitioner design experiment. *Elementary School Journal, 103*(2), 131–160.

Vedder, P., & Veendrick, A. M. (2003). The role of task and reward structure in cooperative learning. *Scandinavian Journal of Educational Research, 47*(5), 529–543.

Veenman, S. (1984). Perceived problems of beginning teachers. *Review of Educational Research, 54,* 143–178.

Viadero, D. (2007). Collecting evidence. In *Technology Counts 2007: A Digital Decade, Education Week, 26*(30), 30–33.

Viadero, D. (2008). Research yields clues on the effects of extra time on for learning. *Education Week, 28*(5), 16–18.

Villegas, A., & Lucas, T. (2002). *Educating culturally responsive teachers: A coherent approach.* Albany: State University of New York Press.

Villegas, A. M. (1991). *Culturally responsive teaching.* Princeton, NJ: Educational Testing Service.

Vygotsky, L. S. (1978). *Mind in society. The development of higher psychological processes.* Cambridge, MA: Harvard University Press.

Vygotsky, L. S. (1994). The problem of environment. In Rene van der Veer & J. Valsiner (eds.), *The Vygotsky reader.* Cambridge, England: Blackwell.

Walberg, H. (1999). Productive teaching. In H. C. Waxman & H. J. Walberg (eds.), *New directions for teaching practice research.* Berkeley, CA: McCutchen.

Walberg, H. J. (1986). Syntheses of research on teaching. In M. C. Wittrock (ed.), *Handbook of research on teaching* (3rd ed.). New York: Macmillan.

Walker, J. E., Shea, T. M., & Bauer, A. M. (2003). *Behavior management: A practical approach for educators* (8th ed.). Englewood Cliffs, NJ: Prentice-Hall.

Waller, W. (1932). *The sociology of teaching.* New York: Russell & Russell.

Wallis, C., & Steptoe, S. (2006, December 18). How to bring our schools out of the 20th century. *The New Times,* 50–56.

Walsh, J., & Sattes, B. (2005). *Quality questioning: Research-based practice to engage every learner.* Thousand Oaks, CA: Corwin Press.

Wang, M. C., Reynolds, M., & Walberg, H. (1995). Serving students at the margin. *Educational Leadership, 52,* 12–17.

Wang, M. C., Walberg, H. J., & Reynolds, M. C. (1992). A scenario for better—not separate—special education. *Educational Leadership, 50,* 35–38.

Wapner, S., & Kemick, J. (1991). *Field-dependence-independence: Cognitive styles across the life span.* Hillsdale, NJ: Erlbaum.

Watkins, C. (2005). *Classrooms as learning communities. What's in it for schools?* New York: Routledge.

Webb, N. M., Farivar, S. H., & Mastergeorge, A. M. (2002). Productive helping in cooperative groups. *Theory into Practice, 41*(1), 13–20.

Weick, K. E. (1976). Educational organizations as loosely coupled systems. *Administrative Science Quarterly, 21,* 1–19.

Weimer, M. (2002). *Learner-centered teaching: Five key changes to practice.* San Francisco: Jossey-Bass.

Weinbaum, A. (ed.). (2004). *Teaching as inquiry: Asking hard questions to improve practice and student achievement.* New York: Teachers College Press.

Weiner, B. (ed.). (1974). *Achievement motivation and attribution theory.* Morristown, NJ: General Learning Corporation.

Weiner, B. (1986). *An attributional theory of motivations and emotion.* New York: Springer.

Weiner, B. (1992). *Human motivation: Metaphors, theories, and research.* Newbury Park, CA: Sage.

Weinstein, C. (2007). *Middle and secondary classroom management: Lessons from research and practice* (3rd ed.). New York: McGraw-Hill.

Weinstein, C., & Novodvorsky, I. (2010). *Secondary classroom management: Lessons from research and practice* (5th ed.). New York: McGraw-Hill.

Weinstein, C., Romano, M., & Mignano, A. (2010). *Elementary classroom management: Lessons from research and practice* (5th ed.). New York: McGraw-Hill.

Weinstein, C. S., & Mignano, A. J. (2004). *Elementary classroom management: Lessons from research and practice* (3rd ed.). New York: McGraw-Hill.

Weinstein, C., & Mignano, A. (2007). *Elementary classroom management: Lessons from research and practice* (4th ed.). New York: McGraw-Hill.

Weisz, D. (n.d.) *Action research project: Equitable distribution of questioning and feedback in the classroom* (mimeographed). College Park: University of Maryland.

Wenger, E. (1998). *Communities of practice: Learning meaning and identity.* New York: Cambridge University Press.

Wenglinsky, H. (2005/06) Technology and achievement: The bottom line. *Educational Leadership, 63*(4), 29–32.

Wenglinsky, H. (2002). The link between teacher classroom practices and student academic performance. *Educational Policy Analysis Archives, 10*(12).

Wentzel, K. R., Barry, C. M., & Caldwell, K. A. (2004). Friendship in middle school: Influences on motivation and school adjustments. *Journal of Educational Psychology, 96*(2), 195–204.

Wigfield, A., & Eccles, J. (2002). *Development of achievement motivation.* San Diego: Academic Press.

Wiggins, G., & McTighe, J. (1998). *Understanding by design.* Alexandria, VA: Association for Supervision and Curriculum Development.

Wiggins, G., & McTighe, J. (2005). *Understanding by design* (2nd ed.). Alexandria, VA: Association for Supervision and Curriculum Development.

Wiggins, G. P. (1997). *Assessing student performance.* San Francisco: Jossey-Bass.

Wiggins, G. P. (1998). *Educative assessment: Designing assessments to inform and improve student performance.* San Francisco: Jossey-Bass.

Wiliam, D. (2007). Content then process: Teacher learning communities in the service of formative assessment. In D. Reeves (ed.), *Ahead of the curve: The power of assessment to transform teaching and learning.* Bloomington, IN: Solution Tree.

Willard-Holt, C. (2003). Raising expectations for the gifted. *Educational Leadership, 61*(2), 72–75.

Williams, R. (2007a). *Cooperative learning: A standard for high achievement.* Thousand Oaks, CA: Corwin Press.

Williams, R. (2007b). *Higher order thinking skills: Challenging all students to achieve.* Thousand Oaks, CA: Corwin Press.

Williams, W., et al. (1996). *Practical intelligence in schools.* New York: HarperCollins.

Williams, W. M., & Ceci, S. J. (1997). "How'm I doing?" Problems with the use of student ratings of instructors and courses. *Change, 29*(5), 12–23.

Williams, W., Blythe, T., White, N., Li, J., Sternberg, R., & Gardner, H. (1996). *Practical intelligence for school.* New York: HarperCollins.

Willis, J. (2006). *Research-based strategies that ignite student learning.* Alexandria, VA: Association for Supervision and Curriculum Development.

Winner, E. (2000). The origins and ends of giftedness. *American Psychologist, 55,* 159–169.

Winger, T. (2009). Grading what matters. *Educational Leadership, 67*(3), 73–75.

Wise, A. (1995). NCATE's emphasis on performance. *NCATE Quality Teaching, 5,* 1–12.

Wittrock, M. C. (ed.). (1986). *Handbook of research on teaching* (3rd ed.). New York: Macmillan.

Wolfe, P. (2001). *Brain matters: Translating research into classroom practice.* Alexandria, VA: Association for Supervision and Curriculum Development.

Wolk, S. (2007). Why go to school. *Phi Delta Kappan, 88*(9), 648–654.

Women on Words and Images. (1975). *Dick and Jane as victims: Sex stereotyping in children's readers.* Princeton, NJ: Unpublished manuscript.

Woolfolk, A. (ed.). (1998). *Readings in educational psychology* (2nd ed.). Boston: Allyn & Bacon.

Woolfolk, A. (2005). *Educational psychology, active learning edition* (9th ed.). Boston: Allyn & Bacon.

Woolfolk, A. (2007). *Educational psychology* (10th ed.). Boston: Allyn & Bacon.

Woolfolk, A. (2010). *Educational psychology* (11th ed.). Upper Saddle River, NJ: Merrill.

Wormeli, R. (2006). *Fair isn't always equal: Assessing and grading in the differentiated classroom.* Portland, ME: Stenhouse Publishers.

Yazzie-Mintz, E. (2006). *Voices of student engagement.: A report on the 2006 high school survey of student engagement.* Available at http://www.ceep.indiana.edu/hassse/pdf/HSSSE_Report.pdf

Yinger, R. (1980). A study of teacher planning. *Elementary School Journal, 80,* 107–127.

Zahorik, J. (1970). The effects of planning on teaching. *The Elementary School Journal, 71,* 143–151.

Zambo, R., & Hess, R. K. (1996). The gender differential effects of a procedural plan for solving mathematic word problems. *School Science and Mathematics, 96,* 362–370.

Zeichner, K., & Noffke, S. (2001). Practitioner research. In V. Richardson (ed.), *Handbook of research on teaching* (4th ed.). Washington, DC: American Educational Research Association.

Zenub, K., et al. (2006). *Focus on families! How to build and support family-centered practices in after school.* Cambridge, MA: Harvard Family Research Project.

Zoller, K., & Landry, C. (2010). *The choreography of presenting: The 7 essential abilities of effective presenters.* Thousand Oaks, CA: Corwin Press.

Zull, J. E. (2002). *The art of changing the brain: Enriching the practice of teaching by exploring the biology of learning.* Sterling, VA: Stylus.

Zumwalt, K. (1989). The need for curricular vision. In M. Reynolds (ed.), *Knowledge base for the beginning teacher.* New York: Pergamon Press.

后　记

《学会教学》在美国是一本相当有影响的著作，目前已经第九次再版。2007年，笔者曾经带领一批译者翻译过该书的第六版。

现在这个版本是根据美国麦格劳-希尔国际出版公司（The McGraw-Hill Companies，Inc.）2012年第九版翻译的。虽然增加一章，并且调整了一些内容，但全书的主要结构及内容仍然保持着基本的稳定。有了先前翻译工作的基础，使得本次的翻译工作节省了许多时间和精力，在斟酌字句、把握意义方面也有了极为宝贵的参照。因此，特别感谢参与第六版翻译工作的各位译者，他们是：张秋玲、郭睿、赵宁宁、郑一丹、谭文明、罗兴娟、沈静、吴多望、黄晶慧。

承担本版翻译任务的是北京师范大学课程与教学研究院的博士生和硕士生，具体的分工是：马力克·阿不力孜：序言、第一章、第十章、附录；张建桥：第二章、第六章；王珍菊：第三章；林要：第四章；江笑：第五章；闫国瑞：第七章；黄华：第八章、第九章；李孝成：第十一章；唐志强：第十二章、第十三章、词汇表；李凌：第十四章。最后由我通阅审校全书。

丛立新

2015年4月

Richard I. Arends
Learning to Teach, 9th edition
9780078024320

北京市版权局著作权合同登记号：01-2011-4584

图书在版编目(CIP)数据

学会教学：第九版/（美）阿伦兹著；丛立新等译. —北京：中国人民大学出版社，2016.6
（教育新视野）
ISBN 978-7-300-22691-0

Ⅰ.①学… Ⅱ.①阿…②丛… Ⅲ.①课堂教学-教学研究-中小学 Ⅳ.①G632.421

中国版本图书馆 CIP 数据核字（2016）第 059488 号

教育新视野
学会教学（第九版）
［美］理查德·I·阿伦兹（Richard I. Arends） 著
丛立新 马力克·阿不力孜 张建桥 等 译
Xuehui Jiaoxue

出版发行	中国人民大学出版社		
社　　址	北京中关村大街 31 号	**邮政编码**	100080
电　　话	010－62511242（总编室）		010－62511770（质管部）
	010－82501766（邮购部）		010－62514148（门市部）
	010－62515195（发行公司）		010－62515275（盗版举报）
网　　址	http://www.crup.com.cn		
	http://www.ttrnet.com(人大教研网)		
经　　销	新华书店		
印　　刷	涿州市星河印刷有限公司		
规　　格	185 mm×260 mm 16 开本	**版　　次**	2016 年 6 月第 1 版
印　　张	35.5 插页 1	**印　　次**	2020 年 11 月第 4 次印刷
字　　数	821 000	**定　　价**	108.00 元

教师反馈表

麦格劳-希尔教育集团（McGraw-Hill Education）是全球领先的教育资源与数字化解决方案提供商。为了更好地提供教学服务，提升教学质量，麦格劳-希尔教师服务中心于 2003 年在京成立。在您确认将本书作为指定教材后，请填好以下表格并经系主任签字盖章后返回我们（或联系我们索要电子版），我们将免费向您提供相应的教学辅助资源。如果您需要订购或参阅本书的英文原版，我们也将竭诚为您服务。

★ 基本信息					
姓		名		性别	
学校			院系		
职称			职务		
办公电话			家庭电话		
手机			电子邮箱		
通信地址及邮编					

★ 课程信息					
主讲课程一1		课程性质		学生年级	
学生人数		授课语言		学时数	
开课日期		学期数		教材决策者	
教材名称、作者、出版社					

★ 教师需求及建议			
提供配套教学课件（请注明作者/书名/版次）			
推荐教材（请注明感兴趣领域或相关信息）			
其他需求			
意见和建议（图书和服务）			
是否需要最新图书信息	是、否	系主任签字/盖章	
是否有翻译意愿	是、否		

McGraw Hill Education | Higher Education

教师服务热线：800-810-1936
教师服务信箱：instructorchina@mheducation. com
网址：www. mheducation. com

麦格劳-希尔教育教师服务中心
地址：北京市东城区北三环东路 36 号环球贸易中心 A 座 702 室教师服务中心　100013
电话：010-57997618/57997600
传真：010 59575582